Gewerbesteuergesetz

vom 1. Dezember 1936 mit Durchführungsverordnung v. 26. Febr. 1937 und Richtlinien

Erläutert von

Dr. Matthias Metz

Regierungsrat am Zentralfinanzamt München

1937

J. Schweitzer Verlag (Arthur Sellier)

München, Berlin und Leipzig

Druck von Dr. F. P. Datterer & Cie., Freising-München.

Vorwort

Das vorliegende Buch will in gedrängter Form eine Erläuterung des nunmehr geltenden Gewerbesteuerrechts geben. Nach der Art der Anlage soll dabei das Buch nicht bloß den Berufskameraden der Finanzämter, sondern auch den Gemeindebeamten, die mit der Durchführung des Gewerbesteuergesetzes betraut sind, den Vollzug des Gesetzes erleichtern. Gerade um letzteren Zweck zu erfüllen, sind die Bestimmungen der Reichsabgabenordnung, die auf die Einhebung der Gewerbesteuer Bezug haben, in weitem Umfang in die Erläuterungen hineingearbeitet worden.

Der Druck des Buches war im wesentlichen abgeschlossen, als die Gewerbesteuerrichtlinien vom 14. April 1937 erschienen; letztere konnten deshalb in den Erläuterungen nicht mehr berücksichtigt werden, sie wurden aber im Wortlaut im Anhang abgedruckt. Abweichungen der Erläuterungen gegenüber den Richtlinien ergeben sich im wesentlichen nur zu der Frage der Behandlung der Organgesellschaften; auf Seite 70 und 352 des Buches wird verwiesen.

München, Mai 1937.

Der Verfasser.

Inhalt

Abkürzungsverzeichnis

AG.	= Aktiengesellschaft
AO.	= Reichsabgabenordnung
BGB.	= Bürgerliches Gesetzbuch
DB.	= Durchführungsbestimmungen
DStBl.	= Deutsches Steuerblatt
DStZ.	= Deutsche Steuerzeitung
DV.	= Durchführungsverordnung
I. DV.	= Erste Verordnung zur Durchführung des ...
EinfGRealStG.	= Einführungsgesetz zu den Realsteuergesetzen vom 1. Dez. 1936
EStG.	= Einkommensteuergesetz vom 16. Okt. 1934
Erste EStDVO.	= Erste Verordnung zur Durchführung des Einkommensteuergesetzes vom 6. Febr. 1935
FAG.	= Finanzausgleichsgesetz
GmbH.	= Gesellschaft mit beschränkter Haftung
GewO.	= Gewerbeordnung
GewStG.	= Gewerbesteuergesetz
Erste GewStDVO.	= Erste Verordnung zur Durchführung des Gewerbesteuergesetzes vom 26. Febr. 1937
GewStRG.	= Gewerbesteuerrahmengesetz
HGB.	= Handelsgesetzbuch
KommGes.	= Kommanditgesellschaft
KommGes.a. A.	= Kommanditgesellschaft auf Aktien
KStG.	= Körperschaftsteuergesetz vom 16. Okt. 1934
I. KStDVO.	= Erste Verordnung zur Durchführung des Körperschaftsteuergesetzes vom 6. Febr. 1935
LStDVO.	= Verordnung zur Durchführung des Steuerabzugs vom Arbeitslohn vom 29. Nov. 1934
oHG.	= offene Handelsgesellschaft
RBewG.	= Reichsbewertungsgesetz vom 16. Okt. 1934
RBewDB.	= Durchführungsbestimmungen zum Reichsbewertungsgesetz vom 2. Febr. 1935
RFH.	= Reichsfinanzhof; es bedeutet z. B. Bd. 18 S. 92 Band 18 Seite 92 der Amtlichen Sammlung der Entscheidungen und Gutachten des RFH
RGBl. I	= Reichsgesetzblatt Teil I
RMBl.	= Reichsministerialblatt
RStBl.	= Reichssteuerblatt
StAnpG.	= Steueranpassungsgesetz vom 16. Okt. 1934
StW.	= Steuer und Wirtschaft
Urt.	= Urteil
UStDB.	= Durchführungsbestimmungen zum Umsatzsteuergesetz vom 17. Okt. 1934
UStG.	= Umsatzsteuergesetz vom 16. Okt. 1934
VO.	= Verordnung
VStG.	= Vermögensteuergesetz vom 16. Okt. 1934

Gewerbesteuergesetz

(GewStG)

Vom 1. Dezember 1936

Die Reichsregierung hat das folgende Gesetz beschlossen, das hierdurch verkündet wird:

Abschnitt I

Allgemeines

§ 1 Steuerberechtigte

Die Gemeinden sind berechtigt, eine Gewerbesteuer als Gemeindesteuer zu erheben.

§ 2 Steuergegenstand

(1) Der Gewerbesteuer unterliegt jeder stehende Gewerbebetrieb, soweit er im Inland betrieben wird. Unter Gewerbebetrieb ist ein gewerbliches Unternehmen im Sinn des Einkommensteuergesetzes zu verstehen. Im Inland betrieben wird ein Gewerbebetrieb, soweit für ihn im Inland oder auf einem in einem inländischen Schiffsregister eingetragenen Kauffahrteischiff eine Betriebstätte unterhalten wird.

(2) Als Gewerbebetrieb gilt stets und in vollem Umfang die Tätigkeit

1. der offenen Handelsgesellschaften, Kommanditgesellschaften und anderer Gesellschaften, bei denen die Gesellschafter als Unternehmer (Mitunternehmer) des Gewerbebetriebs anzusehen sind;
2. der Kapitalgesellschaften (Aktiengesellschaften, Kommanditgesellschaften auf Aktien, Gesellschaften mit beschränkter Haftung, Kolonialgesellschaften, bergrechtliche Gewerkschaften), der Erwerbs- und Wirtschaftsgenossenschaften und der Versicherungsvereine auf Gegenseitigkeit. Ist ein solches Unternehmen dem Willen eines anderen inländischen Unternehmens derart untergeordnet, daß es keinen eigenen Willen hat, so gilt es als Betriebstätte dieses Unternehmens.

(3) Als Gewerbebetrieb gilt auch die Tätigkeit der sonstigen juristischen Personen des privaten Rechts und der nichtrechtsfähigen Vereine, soweit sie einen wirtschaftlichen Geschäftsbetrieb (ausgenommen Land- und Forstwirtschaft) unterhalten.

§ 3 Befreiungen

Von der Gewerbesteuer sind befreit:

1. die Deutsche Reichspost, die Deutsche Reichsbahn, das Unternehmen „Reichsautobahnen", die Monopolverwaltungen des Reichs und die staatlichen Lotterieunternehmen;
2. die Reichsbank, die Deutsche Rentenbank, die Deutsche Rentenbank-Kreditanstalt;
3. Staatsbanken, soweit sie Aufgaben staatswirtschaftlicher Art erfüllen;
4. die öffentlichen oder unter Staatsaufsicht stehenden Sparkassen, soweit sie der Pflege des eigentlichen Sparverkehrs dienen;
5. Hauberg-, Wald-, Forst- und Laubgenossenschaften und ähnliche Realgemeinden. Unterhalten sie einen Gewerbebetrieb, der über

den Rahmen eines Nebenbetriebs hinausgeht, so sind sie insoweit steuerpflichtig;

6. Unternehmen, die nach der Satzung, Stiftung oder sonstigen Verfassung und nach ihrer tatsächlichen Geschäftsführung ausschließlich und unmittelbar gemeinnützigen, mildtätigen oder kirchlichen Zwecken dienen. Unterhalten sie einen wirtschaftlichen Geschäftsbetrieb (ausgenommen Land- und Forstwirtschaft), der über den Rahmen einer Vermögensverwaltung hinausgeht, so sind sie insoweit steuerpflichtig;
7. Hochsee- und Küstenfischerei, wenn sie mit weniger als sieben im Jahresdurchschnitt beschäftigten Arbeitnehmern oder mit Schiffen betrieben wird, die eine eigene Triebkraft von weniger als 100 Pferdekräften haben;
8. Vereinigungen, die die gemeinschaftliche Benutzung land- und forstwirtschaftlicher Betriebseinrichtungen oder Betriebsgegenstände oder die Bearbeitung oder Verwertung der von den Mitgliedern selbst gewonnenen land- und forstwirtschaftlichen Erzeugnisse zum Gegenstand haben (z. B. Dresch-, Molkerei-, Pflug-, Viehverwertungs-, Wald-, Zuchtgenossenschaften, Waldbauvereine, Winzervereine), soweit die Bearbeitung oder Verwertung im Bereich der Land- und Forstwirtschaft liegt.

§ 4 Hebeberechtigte Gemeinde

(1) Die stehenden Gewerbebetriebe unterliegen der Gewerbesteuer in der Gemeinde, in der eine Betriebstätte zur Ausübung des stehenden Gewerbes unterhalten wird. Befinden sich Betriebstätten desselben Gewerbebetriebs in mehreren Gemeinden oder erstreckt sich eine Betriebstätte über mehrere Gemeinden, so wird die Gewerbesteuer in jeder Gemeinde nach dem Teil des Steuermeßbetrags erhoben, der auf sie entfällt.

(2) Befindet sich die Betriebstätte in einem Gutsbezirk, so trifft die oberste Landesbehörde die näheren Bestimmungen über die Erhebung der Steuer.

§ 5 Steuerschuldner

(1) Steuerschuldner ist der Unternehmer. Als Unternehmer gilt der, für dessen Rechnung das Gewerbe betrieben wird. Wird das Gewerbe für Rechnung mehrerer Personen betrieben, so sind diese Gesamtschuldner.

(2) Im Fall eines Wechsels in der Person des Unternehmers ist Steuerschuldner bis zum Ende des Kalendermonats, in dem der Wechsel eintritt, der bisherige Unternehmer, vom Beginn des folgenden Kalendermonats ab der neue Unternehmer.

§ 6 Besteuerungsgrundlagen

(1) Besteuerungsgrundlagen für die Gewerbesteuer sind der Gewerbeertrag und das Gewerbekapital.

(2) Neben dem Gewerbeertrag und dem Gewerbekapital kann die Lohnsumme als Besteuerungsgrundlage gewählt werden. Die Lohnsummensteuer darf nur mit Zustimmung der obersten Gemeindeaufsichtsbehörde erhoben werden. Die Richtlinien hierfür erlassen der Reichsminister des Innern und der Reichsminister der Finanzen.

Abschnitt II

Gewerbesteuer nach dem Gewerbeertrag und dem Gewerbekapital

Unterabschnitt 1

Gewerbesteuer nach dem Gewerbeertrag

§ 7 Begriff des Gewerbeertrags

Gewerbeertrag ist der Gewinn aus dem Gewerbebetrieb, der nach den Vorschriften des Einkommensteuergesetzes oder des Körperschaftsteuergesetzes zu ermitteln ist, vermehrt und vermindert um die in den §§ 8 und 9 bezeichneten Beträge.

§ 8 Hinzurechnungen

Dem Gewinn aus Gewerbebetrieb (§ 7) werden folgende Beträge wieder hinzugerechnet, soweit sie bei der Ermittlung des Gewinns abgesetzt sind:

1. Zinsen für Schulden, die wirtschaftlich mit der Gründung oder dem Erwerb des Betriebs (Teilbetriebs) oder eines Anteils am Betrieb oder mit einer Erweiterung oder Verbesserung des Betriebs zusammenhängen oder der nicht nur vorübergehenden Verstärkung des Betriebskapitals dienen;
2. Renten und dauernde Lasten, die wirtschaftlich mit der Gründung oder dem Erwerb des Betriebs (Teilbetriebs) oder eines Anteils am Betrieb zusammenhängen. Das gilt nicht, wenn diese Beträge beim Empfänger zur Steuer nach dem Gewerbeertrag heranzuziehen sind;

3. die Gewinnanteile des stillen Gesellschafters, sowie Gehälter und sonstige Vergütungen jeder Art, die für eine Beschäftigung des stillen Gesellschafters oder seines Ehegatten im Betrieb gewährt worden sind. Das gilt nicht, wenn diese Beträge beim Empfänger zur Steuer nach dem Gewerbeertrag heranzuziehen sind;
4. die Gewinnanteile, die an persönlich haftende Gesellschafter einer Kommanditgesellschaft auf Aktien auf ihre nicht auf das Grundkapital gemachten Einlagen oder als Vergütung (Tantieme) für die Geschäftsführung verteilt worden sind, sowie Gehälter und sonstige Vergütungen jeder Art, die für eine Beschäftigung der Ehegatten dieser Gesellschafter im Betrieb gewährt worden sind;
5. Gehälter und sonstige Vergütungen jeder Art, die für eine Beschäftigung des Ehegatten des Unternehmers oder Mitunternehmers im Betrieb gewährt worden sind;
6. Gehälter und sonstige Vergütungen jeder Art, die von einem im § 2 Absatz 2 Ziffer 2 und Absatz 3 bezeichneten Unternehmen an wesentlich Beteiligte oder an ihre Ehegatten für eine Beschäftigung im Betrieb gewährt worden sind;
7. Vorteile, die von Vereinigungen zum gemeinsamen Ankauf von Lebensmitteln oder hauswirtschaftlichen Gegenständen im großen und Absatz im Einzelhandel an Käufer gewährt worden sind (Kundengewinn), soweit diese Vorteile drei vom Hundert der auf die Waren geleisteten Barzahlungen überstiegen haben. Hierbei ist es gleichgültig, ob der Kundengewinn Mitgliedern oder Nichtmitgliedern gewährt worden ist;
8. die Hälfte der Miet- und Pachtzinsen für die Benutzung der nicht in Grundbesitz bestehenden Wirtschaftsgüter des Anlagevermögens, die im Eigentum eines anderen stehen. Das gilt nicht, soweit die Miet- oder Pachtzinsen beim Empfänger zur Steuer nach dem Gewerbeertrag heranzuziehen sind;
9. die Anteile am Verlust einer offenen Handelsgesellschaft, einer Kommanditgesellschaft oder einer anderen Gesellschaft, bei der die Gesellschafter als Unternehmer (Mitunternehmer) des Gewerbebetriebs anzusehen sind.

§ 9 Kürzungen

Die Summe des Gewinns und der Hinzurechnungen wird gekürzt um:

1. drei vom Hundert des Einheitswerts des zum Betriebsvermögen des Unternehmers gehörenden Grundbesitzes; maßgebend ist der Einheitswert, der durch den letzten Einheitswertbescheid festgestellt worden ist. An Stelle der Kürzung nach Satz 1 erfolgt bei einer Kapitalgesellschaft, die ausschließlich eigenen Grundbesitz oder neben eigenem Grundbesitz noch eigenes Kapitalvermögen verwaltet und nutzt, auf Antrag die Kürzung um den Teil des Gewerbeertrags, der auf den Grundbesitz entfällt, es sei denn, daß der Grundbesitz ganz oder zum Teil dem Gewerbebetrieb eines Gesellschafters oder einem Unternehmen dient, an dem ein Gesellschafter wesentlich beteiligt ist;
2. die Anteile am Gewinn einer offenen Handelsgesellschaft, einer Kommanditgesellschaft oder einer anderen Gesellschaft, bei der die Gesellschafter als Unternehmer (Mitunternehmer) des Gewerbebetriebs anzusehen sind;
3. den Teil des Gewerbeertrags eines inländischen Unternehmens, der auf eine nicht im Inland belegene Betriebstätte entfällt.

§ 10 Maßgebendes Wirtschaftsjahr für die Ermittlung des Gewerbeertrags

(1) Maßgebend ist der Gewerbeertrag des Kalenderjahrs, das dem Erhebungszeitraum (§ 14 Absatz 2) unmittelbar vorangegangen ist. Bei Gewerbetreibenden, die Bücher nach den Vorschriften des Handelsgesetzbuchs zu führen verpflichtet sind und solche tatsächlich führen, gilt der Gewerbeertrag als in dem Kalenderjahr bezogen, in dem das Wirtschaftsjahr oder die Wirtschaftsjahre geendet haben.

(2) Umfaßt infolge Umstellung des Wirtschaftsjahrs der für die Ermittlung des Gewinns maßgebende Zeitraum mehr oder weniger als zwölf Monate, so ist das mutmaßliche Ergebnis der ersten zwölf Monate als Gewerbeertrag zugrunde zu legen.

(3) Ist der Gewerbebetrieb neu gegründet oder ist ein bereits bestehender Gewerbebetrieb infolge Wegfalls des Befreiungsgrunds steuerpflichtig geworden, so ist das mutmaßliche Ergebnis der ersten zwölf Monate des Gewerbebetriebs als Gewerbeertrag zugrunde zu legen.

(4) Wird im Lauf des Erhebungszeitraums ein Gewerbebetrieb neu gegründet oder ein bereits bestehender Gewerbebetrieb infolge Wegfalls des Befreiungsgrunds steuerpflichtig, so ist das mutmaßliche Ergebnis der ersten zwölf Monate des Gewerbebetriebs als Gewerbeertrag zugrunde zu legen.

§ 11 Steuermeßzahl und Steuermeßbetrag

(1) Bei der Berechnung der Gewerbesteuer nach dem Gewerbeertrag ist von einem Steuermeßbetrag auszugehen. Dieser ist durch Anwendung eines Hundertsatzes (Steuermeßzahl) auf den Gewerbeertrag zu ermitteln. Der Gewerbeertrag ist auf volle 100 Reichsmark nach unten abzurunden.

(2) Die Steuermeßzahlen für den Gewerbeertrag betragen:

1. bei natürlichen Personen und bei Gesellschaften im Sinn des § 2 Absatz 2 Ziffer 1:

für die ersten 1200 RM. des Gewerbeertrags . . .	0	v. H.
für die weiteren 1200 RM. des Gewerbeertrags . .	1	„
für die weiteren 1200 RM. des Gewerbeertrags . .	2	„
für die weiteren 1200 RM. des Gewerbeertrags . .	3	„
für die weiteren 1200 RM. des Gewerbeertrags . .	4	„
für alle weiteren Beträge	5	„

2. bei anderen Unternehmen . . . . 5 „ .

(3) Bei Hausgewerbetreibenden ermäßigen sich die Steuermeßzahlen des Absatzes 2 Ziffer 1 auf die Hälfte.

Unterabschnitt 2

Gewerbesteuer nach dem Gewerbekapital

§ 12 Begriff des Gewerbekapitals

(1) Als Gewerbekapital gilt der Einheitswert des gewerblichen Betriebs im Sinn des Reichsbewertungsgesetzes mit den sich aus den Absätzen 2 bis 4 ergebenden Änderungen.

(2) Dem Einheitswert des gewerblichen Betriebs werden folgende Beträge wieder hinzugerechnet, soweit sie bei der Feststellung des Einheitswerts abgezogen sind:

1. die Verbindlichkeiten, die den Schuldzinsen, den Renten und dauernden Lasten und den Gewinnanteilen im Sinn des § 8 Ziffern 1 bis 3 entsprechen;
2. die Werte (Teilwerte) der nicht in Grundbesitz bestehenden Wirtschaftsgüter, die dem Betrieb dienen, aber im Eigentum eines Mitunternehmers oder eines Dritten stehen, es sei denn, daß sie zum Gewerbekapital des Überlassenden gehören.

(3) Die Summe des Einheitswerts des gewerblichen Betriebs und der Hinzurechnungen wird gekürzt um:

1. die Summe der Einheitswerte, mit denen die Betriebsgrundstücke in dem Einheitswert des gewerblichen Betriebs enthalten sind;
2. den Wert (Teilwert) einer zum Gewerbekapital gehörenden Beteiligung an einer offenen Handelsgesellschaft, einer Kommanditgesellschaft oder einer anderen Gesellschaft, bei der die Gesellschafter als Unternehmer (Mitunternehmer) des Gewerbebetriebs anzusehen sind.

(4) Unterhält ein Unternehmen eine oder mehrere Betriebstätten im Ausland, so ist nur das inländische Gewerbekapital zu berücksichtigen.

(5) Maßgebend ist der Einheitswert, der durch den letzten Einheitswertbescheid festgestellt worden ist.

§ 13 Steuermeßzahl und Steuermeßbetrag

(1) Bei der Berechnung der Gewerbesteuer nach dem Gewerbekapital ist von einem Steuermeßbetrag auszugehen. Dieser ist durch Anwendung eines Tausendsatzes (Steuermeßzahl) auf das Gewerbekapital zu ermitteln. Das Gewerbekapital ist auf volle 1000 Reichsmark nach unten abzurunden.

(2) Die Steuermeßzahl für das Gewerbekapital beträgt 2 vom Tausend.

(3) Für Gewerbebetriebe, deren Gewerbekapital weniger als 3000 Reichsmark beträgt, wird ein Steuermeßbetrag nicht festgesetzt.

Unterabschnitt 3

Einheitlicher Steuermeßbetrag

§ 14 Festsetzung des einheitlichen Steuermeßbetrags

(1) Durch Zusammenrechnung der Steuermeßbeträge, die sich nach dem Gewerbeertrag und dem Gewerbekapital ergeben, wird ein einheitlicher Steuermeßbetrag gebildet.

(2) Der einheitliche Steuermeßbetrag wird für das Rechnungsjahr (Erhebungszeitraum) festgesetzt und, soweit mehrere Gemeinden beteiligt sind (§ 4 Absatz 1 Satz 2), zerlegt. Als Rechnungsjahr gilt der Zeitraum vom 1. April bis 31. März.

§ 15 Pauschfestsetzung

Wird die Einkommensteuer oder die Körperschaftsteuer in einem Pauschbetrag festgesetzt, so kann die für diese Festsetzung zuständige Behörde im Einvernehmen mit dem Reichsminister des Innern oder

der von ihm bestimmten Behörde auch den einheitlichen Steuermeßbetrag in einem Pauschbetrag festsetzen.

Unterabschnitt 4

Festsetzung und Erhebung der Steuer

§ 16 Hebesatz

Die Steuer wird auf Grund des einheitlichen Steuermeßbetrags nach dem von der Gemeinde für jedes Rechnungsjahr festzusetzenden Hundertsatz (Hebesatz) festgesetzt und erhoben. Der Hebesatz muß unbeschadet der Vorschrift des § 17 für alle in der Gemeinde vorhandenen Unternehmen der gleiche sein.

§ 17 Zweigstellensteuer

(1) Für Bank-, Kredit- und Wareneinzelhandelsunternehmen, die in einer Gemeinde eine Betriebstätte unterhalten, ohne in dieser ihre Geschäftsleitung zu haben, kann der Hebesatz hinsichtlich der in dieser Gemeinde belegenen Betriebstätte bis zu drei Zehnteln höher sein, als für die übrigen Gewerbebetriebe (Zweigstellensteuer). Für die Zweigstellensteuer sind die Verhältnisse zu Beginn des Erhebungszeitraums maßgebend.

(2) Dient eine Betriebstätte, die unter Absatz 1 fällt, nur zum Teil Zwecken des Bank-, Kredit- oder Wareneinzelhandelsgeschäfts (z. B. Fabrikationszweigstelle mit Ladengeschäft), so gilt die Erhöhung des Hebesatzes nur für den Teil des Steuermeßbetrags, der auf diesen Teil der Betriebstätte entfällt.

(3) Die Zweigstellensteuer muß für alle in der Gemeinde vorhandenen Unternehmen der im Absatz 1 bezeichneten Art die gleiche sein.

§ 18 Fälligkeit

(1) Die Steuer ist mit je einem Viertel ihres Jahresbetrags am 15. Mai, 15. August, 15. November und 15. Februar fällig.

(2) Abweichend vom Absatz 1 ist die Steuer fällig:

1. am 15. Mai mit ihrem Jahresbetrag, wenn dieser 5 Reichsmark nicht übersteigt,
2. am 15. Mai und 15. November zu je einer Hälfte ihres Jahresbetrags, wenn dieser 10 Reichsmark nicht übersteigt.

§ 19 Vorauszahlungen

Der Steuerschuldner hat bis zur Bekanntgabe eines neuen Steuerbescheids zu den im § 18 bezeichneten Zeitpunkten entsprechende

Vorauszahlungen unter Zugrundelegung der zuletzt festgesetzten Jahressteuerschuld zu entrichten.

§ 20 Abrechnung über die Vorauszahlungen

(1) Ist die Summe der Vorauszahlungen, die bis zur Bekanntgabe des neuen Steuerbescheids zu entrichten waren (§ 19), kleiner als die Steuerschuld, die sich nach dem bekanntgegebenen Steuerbescheid für die vorangegangenen Fälligkeitstage ergibt (§ 18), so hat der Steuerschuldner den Unterschiedsbetrag innerhalb eines Monats nach Bekanntgabe des neuen Steuerbescheids zu entrichten (Nachzahlung). Die Verpflichtung, rückständige Vorauszahlungen schon früher zu entrichten, bleibt unberührt.

(2) Ist die Summe der Vorauszahlungen, die bis zur Bekanntgabe des neuen Steuerbescheids entrichtet worden sind, größer als die Steuerschuld, die sich nach dem bekanntgegebenen Steuerbescheid für die vorangegangenen Fälligkeitstage ergibt, so wird der Unterschiedsbetrag durch Aufrechnung oder Zurückzahlung ausgeglichen.

(3) Die Vorschriften der Absätze 1 und 2 gelten entsprechend, wenn die Festsetzung durch einen neuen Bescheid (z. B. Berichtigungsfestsetzung, Rechtsmittelentscheidung) geändert wird.

§ 21 Nachentrichtung der Steuer

Hatte der Steuerschuldner bis zur Bekanntgabe der Jahressteuerschuld keine Vorauszahlungen nach § 19 zu entrichten, so hat er die Steuerschuld, die sich nach dem bekanntgegebenen Steuerbescheid für die vorangegangenen Fälligkeitstage ergibt (§ 18), innerhalb eines Monats nach Bekanntgabe des Steuerbescheids zu entrichten.

§ 22. Erhebung bei Beginn und Erlöschen der Steuerpflicht.

(1) Wird im Lauf des Erhebungszeitraums ein Gewerbebetrieb neu gegründet oder tritt ein bereits bestehender Gewerbebetrieb infolge Wegfalls des Befreiungsgrunds in die Steuerpflicht ein, so wird die Steuer vom Beginn des Monats ab erhoben, der auf den Eintritt in die Steuerpflicht folgt.

(2) Erlischt die Steuerpflicht im Lauf des Erhebungszeitraums, so wird die Steuer bis zum Ende des Kalendermonats erhoben, in dem die Steuerpflicht wegfällt. Entsprechendes gilt für die Fälle, in denen eine Betriebstätte in einer Gemeinde im Lauf des Erhebungszeitraums wegfällt, es sei denn, daß in dieser Gemeinde eine von mehreren Betriebstätten bestehen bleibt. Vorübergehende Unterbrechungen, die durch die Art des Betriebs veranlaßt sind, heben die

Steuerpflicht für die Zwischenzeit bis zur Wiederaufnahme des Betriebs nicht auf.

(3) Geht ein Gewerbebetrieb auf einen anderen bereits bestehenden Gewerbebetrieb über, so wird die Steuer bis zum Schluß des Erhebungszeitraums erhoben, in dem der Übergang erfolgt.

Abschnitt III

Lohnsummensteuer

§ 23 Besteuerungsgrundlage

(1) Besteuerungsgrundlage ist die Lohnsumme, die in jedem Kalendermonat an die Arbeitnehmer der in der Gemeinde belegenen Betriebsstätte gezahlt worden ist.

(2) Übersteigt die Lohnsumme des Gewerbebetriebs in dem Rechnungsjahr nicht 24 000 Reichsmark, so werden von ihr 7 200 Reichsmark abgezogen. Hat die Steuerpflicht nicht während des ganzen Rechnungsjahres bestanden, so ermäßigen sich diese Beträge entsprechend.

§ 24 Lohnsumme

(1) Lohnsumme ist die Summe der Vergütungen, die an die Arbeitnehmer der in der Gemeinde belegenen Betriebsstätte gezahlt worden sind.

(2) Vergütungen sind vorbehaltlich der Absätze 3 bis 5 die Arbeitslöhne im Sinn des § 19 Absatz 1 Ziffer 1 des Einkommensteuergesetzes, soweit sie nicht durch besondere Bestimmungen oder Anweisungen des Reichsministers der Finanzen von der Lohnsteuer befreit sind.

(3) Zur Lohnsumme gehören nicht:

1. Beträge, die gezahlt worden sind an
   a) Lehrlinge, die auf Grund eines schriftlichen Lehrvertrags eine ordnungsmäßige Ausbildung erfahren,
   b) Arbeitnehmer, für die ein Einstellungszwang nach dem Gesetz über die Beschäftigung Schwerbeschädigter besteht,
   c) Arbeitnehmer, die das 60. Lebensjahr überschritten haben,

   wenn beim einzelnen Arbeitnehmer der Jahrestag seiner Vergütungen die Lohngrenze nicht überschreitet, die für die Angestelltenversicherung maßgebend ist;

2. Entschädigungen, die einem Arbeitnehmer als Ersatz für entgangene oder entgehende Einnahmen oder für die Aufgabe oder Nichtausübung einer Tätigkeit, einer Gewinnbeteiligung oder einer Anwartschaft auf eine solche gewährt worden sind;
3. Beträge, die nach § 8 Ziffern 3 bis 6 für die Ermittlung des Gewerbeertrags dem Gewinn hinzuzurechnen sind.

(4) Bei Staatsbanken und Sparkassen bleiben die Vergütungen in dem Verhältnis außer Ansatz, in dem der steuerfreie Gewinn zu dem Gesamtgewinn der Staatsbank oder Sparkasse steht.

(5) In den Fällen des § 3 Ziffern 5, 6 und 8 bleiben die Vergütungen an solche Arbeitnehmer außer Ansatz, die nicht ausschließlich oder überwiegend in dem steuerpflichtigen Betrieb oder Teil des Betriebs tätig sind.

§ 25 Steuermeßzahl, Steuermeßbetrag und Hebesatz

(1) Bei der Berechnung der Lohnsummensteuer ist von einem Steuermeßbetrag auszugehen. Dieser ist durch Anwendung eines Tausendsatzes (Steuermeßzahl) auf die Lohnsumme zu ermitteln. Die Lohnsumme ist auf volle 10 Reichsmark nach unten abzurunden.

(2) Die Steuermeßzahl bei der Lohnsummensteuer beträgt 2 vom Tausend.

(3) Der Hebesatz für die Lohnsummensteuer muß unbeschadet der Vorschrift des Absatzes 4 für alle in der Gemeinde vorhandenen Unternehmen der gleiche sein. Er kann von dem Hebesatz für die Gewerbesteuer nach dem Gewerbeertrag und dem Gewerbekapital abweichen.

(4) Die Vorschrift des § 17 (Zweigstellensteuer) gilt entsprechend für die Lohnsummensteuer.

§ 26 Fälligkeit

Die Lohnsummensteuer für einen Kalendermonat ist am 15. des darauffolgenden Monats fällig. Gleichzeitig mit der Entrichtung der Steuer ist der Gemeindebehörde eine Erklärung über die Berechnungsgrundlagen abzugeben.

§ 27 Festsetzung des Steuermeßbetrags

(1) Der Steuermeßbetrag nach der Lohnsumme wird nur auf Antrag des Steuerschuldners oder einer beteiligten Gemeinde und nur dann festgesetzt, wenn ein berechtigtes Interesse an der Fest-

setzung dargetan wird. Die Festsetzung des Steuermeßbetrags erfolgt jeweils für ein Rechnungsjahr unter Zugrundelegung der Lohnsumme, die der Unternehmer in dem Rechnungsjahr gezahlt hat.

(2) Der Antrag auf Festsetzung des Steuermeßbetrags muß innerhalb der ersten sechs Monate nach Ablauf des Rechnungsjahrs gestellt werden.

Abschnitt IV

Zerlegung

§ 28 Allgemeines

(1) Werden Betriebsstätten zur Ausübung des Gewerbes in mehreren Gemeinden unterhalten, so ist der einheitliche Steuermeßbetrag in die auf die einzelnen Gemeinden entfallenden Anteile (Zerlegungsanteile) zu zerlegen. Das gleiche gilt in den Fällen, in denen eine Betriebsstätte sich über mehrere Gemeinden erstreckt.

(2) Maßgebend für die Zerlegung sind die Verhältnisse zu Beginn des Erhebungszeitraums. In den Fällen des § 22 Absatz 1 sind die Verhältnisse zu Beginn des Monats maßgebend, der auf den Eintritt in die Steuerpflicht folgt.

§ 29 Zerlegungsmaßstab

(1) Zerlegungsmaßstab ist:

1. bei Versicherungs-, Bank- und Kreditunternehmen:
   das Verhältnis, in dem die Summe der in allen inländischen Betriebsstätten erzielten Betriebseinnahmen zu den in den Betriebsstätten der einzelnen Gemeinden erzielten Betriebseinnahmen steht;
2. in den übrigen Fällen, vorbehaltlich der Ziffer 3:
   das Verhältnis, in dem die Summe der Arbeitslöhne, die an die bei allen inländischen Betriebsstätten beschäftigten Arbeitnehmer gezahlt worden sind, zu den Arbeitslöhnen steht, die an die bei den Betriebsstätten der einzelnen Gemeinden beschäftigten Arbeitnehmer gezahlt worden sind;
3. bei Wareneinzelhandelsunternehmen:
   zur Hälfte das in Ziffer 1 und zur Hälfte das in Ziffer 2 bezeichnete Verhältnis.

(2) Bei der Zerlegung nach Absatz 1 sind die Betriebseinnahmen oder Arbeitslöhne anzusetzen, die in dem nach § 10 Absatz 1 maß-

gebenden Kalenderjahr (Wirtschaftsjahr) erzielt oder gezahlt worden sind. In den Fällen des § 10 Absätze 2 bis 4 sind die mutmaßlichen Betriebseinnahmen oder Arbeitslöhne der ersten zwölf Monate zugrunde zu legen.

(3) Bei Ermittlung der Verhältniszahlen sind die Betriebseinnahmen oder Arbeitslöhne auf volle 1000 RM. abzurunden.

§ 30 Zerlegung bei mehrgemeindlichen Betriebsstätten

Erstreckt sich die Betriebstätte auf mehrere Gemeinden, so ist der einheitliche Steuermeßbetrag oder Zerlegungsanteil auf die Gemeinden zu zerlegen, auf die sich die Betriebsstätte erstreckt, und zwar nach der Lage der örtlichen Verhältnisse unter Berücksichtigung der durch das Vorhandensein der Betriebstätte erwachsenden Gemeindelasten.

§ 31 Begriff der Arbeitslöhne für die Zerlegung

Arbeitslöhne sind die Vergütungen im Sinn des § 24 Absätze 2 bis 5 mit folgenden Abweichungen:

1. nach dem Gewinn berechnete einmalige Vergütungen (z. B. Tantiemen, Gratifikationen) sind nicht anzusetzen. Das gleiche gilt für sonstige Vergütungen, soweit sie bei dem einzelnen Arbeitnehmer 40000 Reichsmark übersteigen;
2. bei Unternehmen, die nicht von einer juristischen Person betrieben werden, sind für die im Betrieb tätigen Unternehmer (Mitunternehmer) insgesamt 6000 Reichsmark jährlich anzusetzen;
3. bei Eisenbahnunternehmen sind die Vergütungen, die an die in der Werkstättenverwaltung und im Fahrdienst beschäftigten Arbeitnehmer gezahlt worden sind, mit dem um ein Drittel erhöhten Betrag anzusetzen.

§ 32 Zeitraum für die Zerlegung in besonderen Fällen

Ist in der Zeit nach dem Beginn des Zeitraums, der für die Ermittlung des Gewerbeertrags maßgebend ist (§ 10 Absätze 1 bis 3), und vor dem Beginn des Erhebungszeitraums eine Betriebsstätte neu errichtet worden, so sind bei der Ermittlung der Verhältniszahlen für den Erhebungszeitraum die Betriebseinnahmen oder Arbeitslöhne zu berücksichtigen, die in den auf die Errichtung folgenden zwölf Monaten mutmaßlich in dieser Betriebsstätte erzielt oder gezahlt werden.

§ 33 Zerlegung in besonderen Fällen

(1) Führt die Zerlegung nach §§ 28 bis 32 zu einem offenbar unbilligen Ergebnis, so ist nach einem Maßstab zu zerlegen, der die tatsächlichen Verhältnisse besser berücksichtigt. In dem Zerlegungsbescheid hat das Finanzamt darauf hinzuweisen, daß bei der Zerlegung Satz 1 angewendet worden ist.

(2) Einigen sich die Gemeinden mit dem Steuerschuldner über die Zerlegung, so ist der Steuermeßbetrag nach Maßgabe der Einigung zu zerlegen.

§ 34 Kleinbeträge

(1) Übersteigt der einheitliche Steuermeßbetrag nicht den Betrag von 10 Reichsmark, so ist er in voller Höhe der Gemeinde zuzuweisen, in der sich die Geschäftsleitung befindet. Befindet sich die Geschäftsleitung im Ausland, so ist der Steuermeßbetrag der Gemeinde zuzuweisen, in der sich die wirtschaftlich bedeutendste der inländischen Betriebsstätten befindet.

(2) Übersteigt der Steuermeßbetrag zwar den Betrag von 10 Reichsmark, würde aber nach den Zerlegungsvorschriften einer Gemeinde ein Zerlegungsanteil von nicht mehr als 10 Reichsmark zuzuweisen sein, so ist dieser Anteil der Gemeinde zuzuweisen, in der sich die Geschäftsleitung befindet. Absatz 1 Satz 2 ist entsprechend anzuwenden.

§ 35 Zerlegung bei der Lohnsummensteuer

Erstreckt sich eine Betriebstätte über mehrere Gemeinden, so ist der unter Zugrundelegung der Lohnsumme berechnete Steuermeßbetrag durch den Unternehmer auf die beteiligten Gemeinden in entsprechender Anwendung der §§ 30 und 31 zu zerlegen. Auf Antrag einer beteiligten Gemeinde setzt das Finanzamt den Zerlegungsanteil fest.

Abschnitt V

Übergangs- und Schlußvorschriften

§ 36 Erstmalige Anwendung des Gesetzes

(1) Das Gesetz ist erstmalig für das am 1. April 1937 beginnende Rechnungsjahr anzuwenden.

(2) Bis zur Bekanntgabe des ersten Steuerbescheids auf Grund dieses Gesetzes hat der Steuerschuldner zu den im § 18 Absatz 1 bezeichneten Zeitpunkten Vorauszahlungen auf die Gewerbesteuer nach dem Gewerbeertrag und dem Gewerbekapital von je einem Viertel der nach dem Landesrecht zuletzt festgesetzten gesamten Jahressteuerschuld zu entrichten. Ergeben sich unter Zugrundelegung der zuletzt festgesetzten Jahressteuerschuld nach § 18 Absatz 2 andere Fälligkeitstage und andere Teilbeträge, so sind diese für die Vorauszahlungen maßgebend.

Berlin, 1. Dezember 1936.

Einleitung.

I. Die Entwicklung der Gewerbesteuergesetzgebung im Deutschen Reich bis zur Einführung des Reichsgewerbesteuergesetzes.

Die Erzbergersche Finanzreform überließ den Ländern vor allem die Realsteuern, hierunter auch die Gewerbesteuer. Die Ausgestaltung der Realsteuern blieb dabei im wesentlichen den Ländern überlassen. Einschränkungen ergaben sich zunächst lediglich durch die Bestimmungen der §§ 8—10 des Landessteuergesetzes vom 30. März 1920 (RGBl. S. 402), später des Finanzausgleichgesetzes (zu vgl. Art. VII des Gesetzes zur Änderung des Landessteuergesetzes vom 23. Juni 1923 — RGBl. I S. 483 —). § 8 Abs. 2 bestimmte, daß die Realsteuern nach Merkmalen des Wertes, des Ertrags, der Ertragsfähigkeit oder des Umfangs des Grundvermögens oder des Gewerbeertrags unter Berücksichtigung der Wirtschaftlichkeit der Betriebe bemessen werden. Die Landesregierungen haben nähere Bestimmungen über diese Merkmale zu erlassen. In § 9 des Gesetzes ist weiter gesagt, daß die Steuern vom Grundvermögen und vom Gewerbeertrag nicht wie Einkommensteuern ausgestaltet werden dürfen, sowie daß die Besteuerungsmerkmale, die auf die Berücksichtigung der persönlichen Leistungsfähigkeit des Steuerpflichtigen abzielen, nicht zugrunde gelegt werden sollen. Die Bestimmungen der §§ 8 und 9 des Finanzausgleichgesetzes in der Fassung des Gesetzes vom 30. Juni 1923 besagten im wesentlichen nur Selbstverständliches. Weit einengender waren dem gegenüber die Schranken, die den Ländern durch die Reichssteuergesetzgebung des Jahres 1925 gezogen wurden. Durch § 13 des Gesetzes über Änderungen des Finanzausgleichgesetzes zwischen Reich, Ländern und Gemeinden vom 10. August 1925 — RGBl. I S. 254 — erfuhren nämlich die angeführten Bestimmungen des Finanzausgleichgesetzes 1923 Änderungen, welche die den Ländern bis jetzt noch verbliebene Möglichkeit, die Realsteuern nach eigenem Belieben und Bedürfnis auszugestalten, wesentlich einschränkten. Nach den neu eingefügten § 8a bis § 9 des Finanzausgleichgesetzes in der Fassung der Bekanntmachung vom 27. April 1926 — RGBl. I S. 203 —, die auf § 1 Abs. 1 des Reichsbewertungsgesetzes vom 10. August 1925 (RGBl. I S. 214) zurückgeht und mit diesem gleichlautend ist, hatten die Länder, wenn sie Grund- oder Gebäudesteuern nach Merkmalen des Wertes erhoben, die für die Vermögensteuer des Reiches festgestellten Werte auch für diese Steuern zugrunde zu legen. Nach § 13 Ziff. 3 des Gesetzes vom 10. August 1925 über Änderungen des Finanzausgleichgesetzes zwischen Reich, Ländern und Gemeinden — nunmehr § 10 des Finanzausgleichgesetzes — sollten den Grund- und Gebäudesteuern und Gewerbesteuern Besteuerungsmerkmale, die auf die allgemeine Leistungsfähigkeit des Pflichtigen abzielen, nicht zugrunde gelegt werden. Die Berücksichtigung solcher Merkmale, die mit dem Grundvermögen oder Gewerbebetrieb in wirtschaftlichem Zusammenhange stehen, wurde dadurch nicht ausgeschlossen. Sofern die Länder und nach Maßgabe der Landesgesetzgebung die Gemeinden die Grund- und Gebäudesteuer oder die Gewerbesteuer ganz oder zum Teil nach dem Merkmal des Werts erhoben, ergaben sich aus § 4 des Reichsbewertungsgesetzes 1925 weitere Einschränkungen.

Die in § 1 Abs. 1 des Reichsbewertungsgesetzes 1925 und § 9 des Finanzausgleichgesetzes festgesetzte Bindung der Länder an die Einheitswerte ist praktisch nicht in Erscheinung getreten. Schon in § 82 Abs. 2 des Reichsbewertungsgesetzes vom 10. August 1925 (RGBl. I S. 214) wurde der Reichsminister der Finanzen ermächtigt und angewiesen, den Zeitpunkt, von dem ab die Länder und Gemeinden für die Grund- und Gebäudesteuern sowie Gewerbesteuern nach Maßgabe des § 1 Abs. 2, § 4 an die Vorschriften dieses Gesetzes gebunden waren, um ein Jahr hinauszuschieben, wenn die Feststellung der Einheitswerte nach dem Hauptfeststellungszeitpunkt vom 1. Januar 1925 nicht so zeitig beendet war, daß sich vor dem Beginn des Kalenderjahres 1926 durch Vergleichung zwischen den in den verschiedenen Ländern festgestellten Einheitswerten zuverlässig übersehen ließ, ob die festgestellten Werte den tatsächlichen Verhältnissen entsprachen und als gleichmäßig gelten konnten. Die Bindung an die Einheitswerte ist in der Folge immer wieder hinausgeschoben worden, letztmals durch das Gesetz über die weitere Hinausschiebung der Bindung der Länder und Gemeinden an die nach dem Reichsbewertungsgesetz festgestellten Einheitswerte vom 15. April 1930 (RGBl. I S. 142).

Einen neuerlichen Schritt zur Vereinheitlichung und Vereinfachung der Gewerbesteuer stellten die Vorschriften des dritten Teiles, Kap. III der Verordnung des Reichspräsidenten zur Sicherung von Wirtschaft und Finanzen vom 1. Dezember 1930 (RGBl. I S. 517/537) — in der Folge Gewerbesteuerrahmengesetz genannt — dar. Die Notverordnung setzte im wesentlichen die Gesetzesvorschläge in Kraft, die dem Reichstag unterm 28. November 1928 und dem Reichsrat unterm 14. November 1930 vorgelegt worden waren (Reichstagsdrucksache Nr. 568 von 1928, Reichsratsdrucksache Nr. 181 von 1930). Nach der beabsichtigten Regelung sollten die Vorschriften der Verordnung am 1. April 1932 in Kraft treten. Für den Fall, daß in einem Land die Einheitsbewertung des Grundbesitzes und des Betriebsvermögens einschließlich der Zerlegung nicht spätestens bis zum 31. Dezember 1931 fertig gestellt sein sollte, hatte der Reichsminister der Finanzen auf Antrag des Landes zu bestimmen, daß die reichsrechtliche Regelung auf das Land erst ab 1. April 1933 Anwendung findet. Dies ist alsdann durch die Erste Verordnung über die Hinausschiebung des Inkrafttretens des Grundsteuerrahmengesetzes und des Gewerbesteuerrahmengesetzes vom 17. Februar 1932 (RGBl. I S. 73) für die meisten Länder bestimmt worden. Eine weitere Hinausschiebung der Bindung der Länder an die reichsrechtlichen Vorschriften wurde durch die Notverordnung vom 18. März 1933 (RGBl. I S. 109/118) herbeigeführt. Hiernach konnte der Reichsfinanzminister auf Antrag einer Landesregierung bestimmen, daß die Vorschriften des Grundsteuerrahmengesetzes, des Gewerbesteuerrahmengesetzes und des Steueranpassungsgesetzes auf das Land ganz oder teilweise für die Rechnungsjahre 1933 und 1934 noch nicht Anwendung finden. Gleichzeitig wurde in der Notverordnung hervorgehoben, daß die reichsrechtliche Regelung in allen Ländern spätestens am 1. April 1935 zur Anwendung gelangt. Auf Grund dieser Ermächtigung ist durch die Zweite Verordnung über die Hinausschiebung des Inkrafttretens des Grundsteuerrahmengesetzes und des Gewerbesteuerrahmengesetzes vom 12. April 1933 (RGBl. I S. 200) für das Rechnungsjahr 1933 im wesentlichen die gleiche Regelung getroffen worden wie in der erwähnten Verordnung vom 17. Februar 1932 für das Rechnungsjahr 1932. Für das Rechnungsjahr 1934 ist die Hinausschiebung in der Dritten Verordnung über die Hinausschiebung des Inkrafttretens des Grundsteuerrahmengesetzes und des Gewerbesteuerrahmengesetzes vom 2. Februar 1934 (RGBl. I S. 83) geregelt worden.

Nach der Notverordnung vom 18. März 1933 hätten die Rahmengesetze über die Realsteuern vom 1. April 1935 an von allen Ländern angewendet werden müssen. Bei der entsprechenden Regelung war davon ausgegangen worden, daß nach dem Stand vom 1. Januar 1934 eine allgemeine neue Einheitsbewertung stattfindet. Von dieser ist jedoch abgesehen worden, weil das zu diesem Zeitpunkt vorliegende Material nicht ausreichte, um eine einwandfreie Bewertung darauf aufzubauen. Die Einheitswertfeststellung ist aus diesem Grund, und weil eine Neufassung des Reichsbewertungsgesetzes damals bevorstand, auf den 1. Januar 1935 verschoben worden. Mit Rücksicht hierauf war aber eine nochmalige Hinausschiebung der Anwendung der reichsrechtlichen Regelung der Grundsteuer und der Gewerbesteuer geboten. Diese — letztmalige — Hinausschiebung ist durch das Gesetz über das Inkrafttreten der reichsrechtlichen Regelung der Grundsteuer und der Gewerbesteuer vom 21. Januar 1935 (RGBl. I S. 23) erfolgt.

Das Gewerbesteuerrahmengesetz ist mehrfach geändert worden und zwar

1. durch Kap. II Ziff. 2 des 1. Teils der 2. VO. des Reichspräsidenten zur Sicherung von Wirtschaft und Finanzen vom 5. Juni 1931 (RGBl. I S. 279/80),
2. durch Kap. VII Art. 2 der VO. des Reichspräsidenten über Maßnahmen auf dem Gebiete der Finanzen, der Wirtschaft und der Rechtspflege vom 18. März 1933 (RGBl. I S. 109/117),
3. durch § 4 des Gesetzes zur Regelung der Warenhaussteuer und der Filialsteuer für das Jahr 1933 vom 15. Juli 1933 (RG.-Bl. I S. 492),
4. durch § 45 Abs. 3 Ziff. 2 des Steueranpassungsgesetzes vom 16. Okt. 1934 (RGBl. I S. 925/941),
5. durch § 3 Abs. 2 Satz 2 des Realsteuersperrgesetzes vom 7. März 1935 (RGBl. I S. 349).

Zufolge der dem Reichsminister der Finanzen in dem Gesetz vom 28. Juni 1935 (RGBl. I S. 810) zur Anpassung einiger Steuergesetze an die Steuergesetze vom 16. Okt. 1934 gegebenen Ermächtigung ist das Gewerbesteuerrahmengesetz durch die Bek. vom 30. Juni 1935 (RGBl. I S. 830) neu bekanntgegeben worden.

Das Gewerbesteuerrahmengesetz ist nur in den Ländern Mecklenburg und Oldenburg eingeführt worden.

II. Kurzer Überblick über das Landesgewerbesteuerrecht.

Mit Rücksicht darauf, daß das Finanzausgleichgesetz in der ursprünglichen Fassung die Rechte der Länder, ihre Realsteuern beliebig auszugestalten, nur wenig beschnitt und daß weiter die — obenerwähnten — Bestimmungen des Reichsbewertungsgesetzes 1925 und des Gewerbesteuerrahmengesetzes nur teilweise zur Auswirkung gelangt sind, ist das Gewerbesteuerrecht in den deutschen Ländern bis jetzt ein sehr buntscheckiges geblieben. Besonders vielgestaltig ist das Landessteuerrecht hinsichtlich der Besteuerungsgrundlagen. In einigen Ländern ist der Gewerbeertrag die einzige Besteuerungsgrundlage für die Gewerbesteuer. In anderen Ländern (vor allem Bayern, Sachsen, Baden usw.) wird die Gewerbesteuer auf Grund des Gewerbeertrags und des Gewerbekapitals erhoben; in wieder anderen Ländern bildet das Gewerbekapital nur hilfsweise — wenn der Gewerbeertrag hinter einem bestimmten Mindestmaß zurückbleibt — die Besteuerungsgrundlage. In anderen Ländern werden Gewerbeertrag und Lohnsumme zugrunde gelegt. In Preußen war den Gemeinden ein Wahlrecht eingeräumt, die Gewerbesteuer entweder auf Grund des Gewerbeertrages und des Gewerbekapitals oder auf Grund des Gewerbeertrags und der Lohnsumme zu erheben.

Eine außerordentliche Vielgestaltigkeit wiesen die bisherigen Landessteuergesetze auch in der Bildung der Besteuerungsgrundlagen, insbesondere des Gewerbeertrags und des Gewerbekapitals auf; hier waren es insbesondere die Frage der Hinzurechnung der Betriebsschulden zum Betriebskapital, die Frage der Hinzurechnung der von dem Betriebe gemieteten oder gepachteten Grundstücke und Räume, die Frage des Abzugs von Miet- und Pachtzinsen bei der Feststellung des gewerblichen Reinertrags, die die verschiedensten Regelungen aufwiesen.

Daß bei dieser Vielgestaltigkeit der Besteuerungsgrundlagen und ihrer Bildung auch die Tarife — und Freigrenzen — die größten Abweichungen zeigten bzw. zeigen mußten, und daß insgesamt Vergleichungsmöglichkeiten zwischen der gewerbesteuerlichen Belastung in den einzelnen Ländern nicht möglich waren, bedarf keiner besonderen Erwähnung mehr.

III. Das Reichsgewerbesteuergesetz.

In § 2 des Gesetzes über das Inkrafttreten der reichsrechtlichen Regelung der Grundsteuer und der Gewerbesteuer vom 21. Januar 1935 (RGBl. I S. 23) ist bestimmt, daß die Vorschriften des Grundsteuerrahmengesetzes vom 1. Dezember 1930 und des Gewerbesteuerrahmengesetzes vom 1. Dezember 1930 durch eine reichsrechtliche Regelung ersetzt werden, die am 1. April 1937 in Kraft tritt. Soweit das Gewerbesteuerrecht in Betracht kommt, ist die Bestimmung des § 2 des vorerwähnten Gesetzes am 1. Dezember 1936 durch den Erlaß des Gewerbesteuergesetzes verwirklicht worden; das Gesetz tritt programmäßig am 1. April 1937 in Kraft.

Das Gesetz zerfällt in 5 Abschnitte; Abschnitt I enthält allgemeine Bestimmungen, Abschnitt II regelt die Besteuerungsgrundlagen, Abschnitt III die Lohnsummensteuer, Abschnitt IV die Zerlegung der Steuermeßbeträge; in Abschnitt V sind Übergangs- und Schlußvorschriften enthalten. Für die Anwendung des Gesetzes sind von besonderer Bedeutung die Unterabschnitte 1 und 2 des Abschnitts I des Einführungsgesetzes zu den Realsteuergesetzen (EinfG. RealStG.) vom 1. Dezember 1930, die allgemeine Bestimmungen über die Gemeindeabgaben sowie Bestimmungen über den Gewerbesteuerausgleich zwischen Wohngemeinden und Betriebsgemeinden (Ausgleichszuschuß) enthalten.

Gewerbesteuergesetz

(GewStG)

Vom 1. Dezember 1936

Die Reichsregierung hat das folgende Gesetz beschlossen, das hierdurch verkündet wird:

Abschnitt I

Allgemeines

§ 1

Steuerberechtigte

Die Gemeinden sind berechtigt, eine Gewerbesteuer als Gemeindesteuer zu erheben.

Inhaltsangabe:

I. Wesen der Gewerbesteuer.

1. Allgemeines. Die Gewerbesteuern des früheren Landessteuerrechts waren laut bindender Bestimmung des Finanzausgleichgesetzes (FAG.) Realsteuern oder Objektsteuern; die Gewerbesteuern konnten nach Merkmalen des Wertes, des Ertrags, der Ertragsfähigkeit oder des Umfangs des Gewerbebetriebs unter Berücksichtigung der Wirtschaftlichkeit der Betriebe bemessen werden (§ 8 Abs. 2 FAG. i. d. F. der Bek. vom 27. April 1926, RGBl. I S. 203); den Gewerbesteuern sollten Besteuerungsmerkmale, die auf die allgemeine steuerliche Leistungsfähigkeit des Pflichtigen abzielten, nicht zugrunde gelegt werden. Die Berücksichtigung solcher Merkmale, die mit dem Gewerbebetrieb in wirtschaftlichem Zusammenhange standen, wurde dadurch nicht ausgeschlossen (§ 10 FAG.). Das Reichsgewerbesteuergesetz hält an dem Charakter der Gewerbesteuer als einer Objektsteuer oder Realsteuer grundsätzlich fest.

2. Wesen der Realsteuer. Die Realsteuer will die Steuerobjekte — Gewerbebetrieb oder Grundvermögen — nach ihrem Ertrag oder Wert, den sie losgelöst von ihren Rechtsbeziehungen zu einer Person an sich haben, gleichmäßig erfassen; im Mittelpunkt der Besteuerung steht der Gewerbebetrieb — oder das Grundstück —, d. i. eine Sache. Demgegenüber tritt — im Gegensatz zur Einkommen- und Körperschaftsteuer — die Person des Steuerpflichtigen d. i. des

Steuersubjekts grundsätzlich zurück; persönliche Befreiungen oder Rücksichtnahme auf persönliche-, Einkommens- und Vermögensverhältnisse des Steuerpflichtigen sind der Gewerbesteuer fremd. Die Gewerbesteuer kann deshalb auch im Vergleich zur Einkommen- und Körperschaftsteuer keine Doppelbesteuerung darstellen. Die Einkommensteuer will die von einer Person in einem bestimmten Zeitraum entfaltete wirtschaftliche Kraft, die Gewerbesteuer aber die Kraft und den Wert des Unternehmens selbst treffen.

Der Charakter der Gewerbesteuer als Realsteuer kommt im Gesetz in mehreren Bestimmungen eindeutig zum Ausdruck: § 2 Abs. 1 S. 1 bestimmt: „Der Gewerbesteuer unterliegt jeder stehende Gewerbebetrieb." Durch den Wechsel in der Person des Unternehmers wird die Steuerpflicht des Betriebs als solchen nicht berührt (§ 5 Abs. 2 GB.). Die Bestimmungen des § 8 haben den Zweck, gewisse Abzüge, die bei der Einkommen- und Körperschaftsteuer mit Rücksicht auf die Person des Steuerpflichtigen gemacht wurden, wieder aufzuheben, um den Grundsatz zur Geltung zu bringen, daß all das, was der Gewerbebetrieb als solcher erbringt, auch der Gewerbesteuer unterworfen wird.

3. Die Gewerbesteuer als Einheitswertsteuer. Gemäß § 18 Abs. 2 RBewG. gilt der Erste Abschnitt der besonderen Bewertungsvorschriften (§§ 20 bis 66) nach näherer Regelung durch die in Betracht kommenden Gesetze auch für die Grundsteuer und die Gewerbesteuer usw. Die Gewerbesteuer ist demnach auch E i n h e i t s w e r t s t e u e r.

II. Die Gewerbesteuer als Gemeindesteuer.

1. Das frühere Landessteuerrecht. Nach dem Gesetz ist die Gewerbesteuer eine Gemeindesteuer. Den Ländern kommt hiernach ein Verfügungsrecht über die Gewerbesteuer nicht mehr zu. Die Bestimmung entspricht der Ankündigung, die Staatssekretär Fritz Reinhardt in der Vollsitzung der Akademie für Deutsches Recht am 26. Juni 1934 dahingehend gemacht hat, daß Gewerbesteuer und Grundsteuer die wichtigsten Grundlagen der finanziellen Selbstverwaltung der Gemeinden sein werden (zu vgl. RStBl. 34 S. 753/766). Die Bestimmung bringt für die meisten Länder neues Recht. Nach den bisherigen Landessteuergesetzen war die Frage, welche Körperschaft zur Hebung der Gewerbesteuer berechtigt war, verschieden geregelt. In manchen Ländern (Preußen, Mecklenburg) war die Gewerbesteuer in vollem Umfange den Gemeinden zur Ausschöpfung überlassen, wieder in anderen Ländern (Hamburg, Lippe) wurde die Gewerbesteuer ausschließlich vom Lande erhoben. In den meisten Ländern aber war die Gewerbesteuer Landessteuer, den Gemeinden (und Gemeindeverbänden) war aber das Recht verliehen, Zuschläge zur Gewerbesteuer in Form von Umlagen zu erheben; in Braunschweig wurden die Gemeinden lediglich am Aufkommen der Gewerbesteuer seitens des Landes beteiligt. Das GewStG. schafft einheitliches Recht, insoferne mit seinem Inkrafttreten am 1. April 1937 die einzigen Steuergläubiger die Gemeinden sind. Die Länder sind als Steuergläubiger weggefallen. Eine Frage ist, ob den

Gemeindeverbänden ein Ausschöpfungsrecht hinsichtlich der Gewerbesteuer zukommt. Die Frage ist zu verneinen. Das Gesetz nennt als Hebeberechtigte ausdrücklich nur die Gemeinden; den Gemeindeverbänden steht ein Hebungsrecht nicht mehr zu. Es ergibt sich dies daraus, daß die Gemeindeverbände — anders wie im Gewerbesteuerrahmengesetz — als Steuergläubiger nicht mehr genannt werden. Zu vgl. die Bestimmung des § 5 Abs. 2 EinfGRealStG., wonach in den Fällen, in welchen nach dem bisherigen Landessteuerrecht die Gemeindeverbände Ansprüche aus Steuervereinbarungen mit den Steuerpflichtigen erworben haben, diese Ansprüche auf die Gemeinden übergehen, die zur Erhebung dieser Steuern berechtigt sind. Die Gemeindeverbände sind in Zukunft darauf angewiesen, ihren Finanzbedarf durch Umlagen auf die ihnen zugehörigen Gemeinden oder Gemeindeverbände zu decken.

2. **„Berechtigung" der Gemeinden zur Erhebung einer Gewerbesteuer.** Die Gemeinden sind nach dem Gesetz nur „berechtigt", eine Gewerbesteuer zu erheben; sie können deshalb auch auf die Erhebung der Gewerbesteuer verzichten; weder zur Erhebung noch zum Verzicht auf die Erhebung ist eine Genehmigung oder Zustimmung der vorgesetzten oder der obersten Landesbehörde erforderlich. Ein Zwang zur Erhebung der Gewerbesteuer ergibt sich auch nicht aus den Bestimmungen des FAG. § 8 Abs. 1 des FAG. i. d. Fassung der Bek. vom 27. April 1926 (RGBl. I S. 203) hatte noch bestimmt: „Die Länder erheben Grund- und Gebäudesteuern und Gewerbesteuern." Schon diese Bestimmung war dahingehend ausgelegt worden, daß die Länder Realsteuern erheben können. Nunmehr bestimmt § 8 FAG. i. d. F. des § 27 des EinfGRealStG. im Einklang mit § 1 des EinfGRealStG. vom 1. Dez. 1936 (RGBl. I S. 961) eindeutig: „Die Gemeinden können Grundsteuer und Gewerbesteuer (Steuer vom stehenden Gewerbe) nach den gesetzlichen Vorschriften erheben." Ein Zwang zur Erhebung der Gewerbesteuer kann auch nicht aus den sonstigen Bestimmungen des FAG. entnommen werden; jedenfalls sagt das FAG. an keiner Stelle, daß die Ausnützung der Realsteuern Voraussetzung ist für die Beteiligung der Gemeinden an den Reichssteuern.

Ein mittelbarer Zwang zur Erhebung der Gewerbesteuer ergibt sich auch nicht aus den Bestimmungen des Bürgersteuergesetzes; § 4 BStG. vom 16. Okt. 1934, RGBl. I S. 985 gilt nicht mehr (§ 22 EinfGRealStG.).

Die Zustimmung der obersten Gemeindeaufsichtsbehörde ist erforderlich, wenn die Gemeinden neben der eigentlichen Gewerbesteuer auch die Lohnsummensteuer erheben wollen (§ 6 Abs. 2 GewStG.).

III. Die Rechtsgrundlagen für die Gewerbebesteuerung.

1. Die wichtigste Rechtsgrundlage für die Gewerbebesteuerung ist das Gewerbesteuergesetz vom 1. Dez. 1936; die Bestimmungen des Gesetzes sind zwingender Natur. Eine Ergänzung erfährt das Gesetz durch die Unterabschnitte 1 und 2 des Abschn. I des EinfGRealStG.

2. Eine weitere Rechtsgrundlage bildet das Gesetz über gegenseitige Besteuerung vom 10. Aug. 1925 (RGBl. I S. 252); gemäß § 4 des Ges. i. d. F. des Unterabschn. 4 des Abschn. I des EinfGRealStG. können die Gemeinden Grundbesitz und Gewerbebetriebe des Reichs nach Maßgabe des Grundsteuerges. vom 1. Dez. 1936 (RGBl. I S. 986) und des Gewerbesteuerges. vom 1. Dez. 1936 (RGBl. I S. 979) besteuern.

3. Hinzuweisen ist noch auf § 8 des FAG. i. d. F. des Abschn. II Unterabschn. 2 EinfGRealStG., der das FAG. ändert; hienach können die Gemeinden Grundsteuer und Gewerbesteuer (Steuer vom stehenden Gewerbe) nach den gesetzlichen Bestimmungen erheben.

4. Von besonderer Bedeutung für die Durchführung des Gewerbesteuergesetzes sind das Einkommensteuergesetz vom 16. Okt. 1934 (RGBl. I S. 1005), das Körperschaftsteuergesetz vom 16. Okt. 1934 (RGBl. I S. 1031) und das Reichsbewertungsgesetz vom 16. Okt. 1934 (RGBl. I S. 1035). Gemäß § 2 Abs. 1 Satz 2 GewStG. ist unter Gewerbebetrieb ein gewerbliches Unternehmen im Sinn des Einkommensteuergesetzes zu verstehen; gemäß § 7 GewStG. ist Gewerbeertrag der Gewinn aus dem Gewerbebetrieb, der nach den Vorschriften des Einkommensteuergesetzes oder des Körperschaftsteuergesetzes zu ermitteln ist, vermehrt und vermindert um gewisse Beträge und gemäß § 12 Abs. 1 GewStG. gilt als Gewerbekapital mit gewissen Änderungen der Einheitswert des gewerblichen Betriebs im Sinn des Reichsbewertungsgesetzes.

5. Von ebensolcher Bedeutung für das Gewerbesteuerrecht ist die Reichsabgabenordnung; hinsichtlich der Geltung dieses Gesetzes ergibt sich folgender Rechtszustand: Gemäß § 4 gelten, soweit die Realsteuern von Finanzämtern und Landesfinanzämtern verwaltet werden, die Vorschriften der Reichsabgabenordnung (siehe nachstehende Ziffer IV). Soweit die Realsteuern nicht von den Finanzämtern und Landesfinanzämtern verwaltet werden, gelten die bisherigen landesrechtlichen Bestimmungen grundsätzlich weiter; es finden aber die folgenden Bestimmungen der Reichsabgabenordnung sinngemäß Anwendung (§ 4 Abs. 2 AO.):

a) die Vorschriften über die Haftung und die Verjährung,

b) die Vorschriften über Erlaß, Erstattung und Anrechnung von Steuern (§ 131 Abs. 2 Satz 1 und § 131 Abs. 3),

c) die Vorschriften über die Abhängigkeit des Realsteuerbescheids vom Steuermeßbescheid (§ 212 b Abs. 2 und 3 und § 232),

d) die Vorschriften über Rechtsnachfolger und Haftpflichtige (§§ 210 a und 240).

Die im § 1 Abs. 1 (AO.) enthaltenen Begriffsbestimmungen sowie die Vorschriften über das Steuergeheimnis (§§ 22 und 412) und die Ersatzpflicht (§ 23) gelten für alle Steuern des Reichs, der Länder, der Gemeinden, der Gemeindeverbände usw. Die Vorschriften der Reichsabgabenordnung über das gerichtliche Verfahren in Steuerstrafsachen (§§ 461 bis 467, §§ 469, 470, 472 bis 476) gelten, soweit sie nach §§ 3 bis 5 nicht unmittelbare Anwendung finden, sinngemäß für alle öffentlichen Abgaben (§ 8 AO.). Vorschriften, aus denen sich ein weiterreichendes Anwendungsgebiet der Reichsabgabenordnung ergibt, bleiben unberührt (§ 8a AO.).

IV. Die Verwaltung der Gewerbesteuer.

1. Grundsätzliches. Für die Verwaltung der Gewerbesteuer gilt folgendes: Die Festsetzung und Zerlegung der Steuermeßbeträge einschließlich der Vorbereitung, der Nachprüfung, der Steueraufsicht, des Rechtsmittelverfahrens und des Strafverfahrens obliegt grundsätzlich und kraft zwingenden Rechts den Finanzämtern und Landesfinanzämtern (§ 18 Ziff. 1 AO.); die Gemeinden können an der Durchführung dieser Aufgaben nicht beteiligt werden. Ihnen obliegt grundsätzlich nur die Festsetzung, Erhebung und Beitreibung der Steuer (§§ 16 ff. GewStG.). Aber auch insoweit ist eine andere Regelung möglich. Gemäß § 18 Ziff. 2 AO. liegen den Finanzämtern und Landesfinanzämtern ob auch sonstige (nicht unter § 18 Ziff. 1 AO. fallende) Verwaltungsgeschäfte auf dem Gebiet der Realsteuern, soweit der Reichsminister der Finanzen die Verwaltungsgeschäfte den Finanzämtern und Landesfinanzämtern übertragen hat. Unter die sonstigen Verwaltungsgeschäfte im Sinn der Ziff. 2 fällt auch die Erhebung und Beitreibung der Gewerbesteuer (nicht auch die Festsetzung des Hebesatzes, die ureigenes Recht der Gemeinden ist). Von Bedeutung ist aber insoweit, daß gemäß § 18 Ziff. 2 Satz 2 derartige Verwaltungsgeschäfte den Finanzämtern und Landesfinanzämtern nicht mehr neu übertragen werden können. Soweit derzeit die Erhebung und Beitreibung der Gewerbesteuer den Finanzämtern und Landesfinanzämtern obliegen, bewendet es bei dem derzeitigen Rechtszustand mit der Maßgabe, daß diese Aufgaben den Gemeinden bis zum 1. April 1940 zurückzuübertragen sind.

2. Die oberste Sachleitung bei Durchführung des Gewerbesteuergesetzes. Während bei der Verwaltung der Reichssteuern die oberste Sachleitung uneingeschränkt dem Reichsminister der Finanzen zusteht (§ 17 Abs. 2 AO.), ergibt sich bei der Verwaltung der Realsteuern eine gewisse Teilung: soweit die Feststellung und Zerlegung der Besteuerungsgrundlagen bei der Grundsteuer, ferner die Festsetzung und Zerlegung der Steuermeßbeträge bei der Gewerbesteuer (einschließlich der Vorbereitung, der Nachprüfung, der Steueraufsicht, des Rechtsmittelverfahrens und des Strafverfahrens) in Betracht kommt, steht die oberste Sachleitung dem Reichsminister der Finanzen (§ 19 Abs. 1 mit § 18 Ziff. 1 AO.), im übrigen — d. h. bei Durchführung der in § 18 Ziff. 2 genannten Aufgaben — den obersten Landesbehörden (§ 19 Abs. 1 AO.) zu. Zur obersten Sachleitung der obersten Landesbehörden gehören aber weder Maßnahmen der Personalleitung noch organisatorische Maßnahmen (§ 19 Abs. 2 AO.). Weisungen an die Finanzämter erteilen die obersten Landesbehörden durch die Präsidenten der Landesfinanzämter. In dringenden Fällen können die obersten Landesbehörden Weisungen an die Finanzämter unmittelbar erteilen; hiervon ist gleichzeitig dem Präsidenten des Landesfinanzamts Kenntnis zu geben (§ 19 Abs. 4 AO.). Der Abgabenberechtigte (Land, Gemeinde usw.) kann über seine vom Finanzamt verwalteten öffentlich-rechtlichen Abgaben Auskunft (und zwar grundsätzlich nicht schriftliche Auskunft, sondern mündliche Auskunft) verlangen.

3. Ermächtigung des Reichsministers der Finanzen zum Erlaß von Rechtsverordnungen und Verwaltungsvorschriften. Der Reichsminister der Finanzen kann zur Durchführung und zur Ergänzung der vom Reiche erlassenen Steuergesetze, insbesondere auch zur Überleitung der Gesetzgebung und der Behördenorganisation, Rechtsverordnungen und Verwaltungsvorschriften erlassen. Er kann insbesondere den Umfang der Befreiungen, Steuerermäßigungen und Steuervergütungen näher bestimmen (§ 12 Abs. 1 AO.). Zu Vorschriften im Sinn der vorgenannten Bestimmungen, die eine Realsteuer unmittelbar betreffen, bedarf der Reichsminister der Finanzen der Zustimmung des Reichsministers des Innern (§ 12 Abs. 2 AO.). Vorschriften, die lediglich die den Gemeinden als eigene Aufgabe obliegende (nicht nach § 26 AO. übertragene) Verwaltungstätigkeit auf dem Gebiete der Realsteuern, der Bürgersteuer oder der Wertzuwachssteuer betreffen, erläßt der Reichsminister des Innern mit Zustimmung des Reichsministers der Finanzen (§ 12 Abs. 3 AO.). Gemäß § 13 Abs. 1 AO. kann der Reichsminister der Finanzen für bestimmte Arten von Fällen aus Billigkeitsgründen allgemein anordnen, daß abweichend von den Vorschriften des Reichsrechts a) von Reichssteuern Befreiung gewährt wird oder die Steuern niedriger festgesetzt werden; b) von Realsteuern Befreiung gewährt wird oder die Steuermeßbeträge für die Realsteuern niedriger festgesetzt werden; c) die Besteuerungsgrundlagen für die Besteuerung nach dem Einkommen, dem Ertrag, dem Vermögen oder dem Umsatz niedriger festgestellt werden. Zu Vorschriften, die eine Realsteuer unmittelbar betreffen (§ 13 Abs. 1 Ziff. 2 AO.), bedarf der Reichsminister der Finanzen der Zustimmung des Reichsministers des Innern (§ 13 Abs. 2 AO.). Der Reichsminister der Finanzen kann anordnen, daß die Festsetzung, die Erstattung und die Vergütung von Steuern und anderen steuerrechtlichen Geldleistungen unterbleiben, wenn der Betrag, der festzusetzen, zu erstatten oder zu vergüten ist, eine gewisse Grenze voraussichtlich nicht übersteigt (§ 14 Abs. 1 AO.). Der Reichsminister der Finanzen kann Bestimmungen über die Abrundung von Steuern und anderen steuerrechtlichen Geldleistungen treffen (§ 14 Abs. 2 AO.). Die Reichsregierung kann Vorschriften über die Gewährung von Reichshilfe an ausländische Steuerbehörden erlassen und zur Ausgleichung der in- und ausländischen Besteuerung oder zur Anwendung eines Vergeltungsrechts die Steuerpflicht abweichend von den Gesetzen über die Reichssteuern und von den reichsrechtlichen Vorschriften über die Realsteuern regeln.

V. Insbesondere die Tätigkeit der Gemeinden bei der Verwaltung der Gewerbesteuer.

1. Die ureigenen Rechte der Gemeinden. Wie bereits oben unter Ziff. IV 1 ausgeführt wurde, steht den Gemeinden ein Mitwirkungsrecht auf dem Gebiete der Festsetzung und Zerlegung der Besteuerungsgrundlagen nicht zu (§ 18 Ziff. 1); die Einhebung und Beitreibung der Gewerbesteuer kann den Gemeinden bis 1. April 1940 entzogen sein.

Im übrigen obliegt die Verwaltung der Gewerbesteuer den Gemeinden. Zu den — ureigenen — Rechten der Gemeinden gehören insbesondere das Recht darüber zu befinden, ob 1. überhaupt eine Gewerbesteuer erhoben, 2. ob, wenn eine Gewerbesteuer erhoben wird, neben dem Gewerbeertrag und dem Gewerbekapital auch die Lohnsumme als Besteuerungsgrundlage gewählt werden (§ 6 Abs. 2 GewStG.) und 3. welcher Hundertsatz (Hebesatz) der Steuermeßzahl festgesetzt und zur Erhebung gelangen soll (§ 16 GewStG.). Zu 2 bedarf der gemeindliche Beschluß der Zustimmung der obersten Gemeindeaufsichtsbehörde; was die Festsetzung der Hebesätze betrifft, so ist diese für die Rechnungsjahre 1937 und 1938 an die in den §§ 7 und 8 des EinfGRealStG. vorgesehenen Beschränkungen geknüpft.

2. Das Recht, Vereinbarungen mit den Gewerbesteuerpflichtigen abzuschließen. Gem. § 5 EinfGRealStG. können die Gemeinden außerdem Vereinbarungen mit Steuerpflichtigen über die Höhe der Gewerbesteuer treffen. Die Bestimmung bedeutet eine bedeutsame Ausnahme von dem im Steuerrecht als einem Teil des Verwaltungsrechts geltenden Grundsatze, wonach Vergleiche und Vereinbarungen über die Höhe der Steuern nicht zulässig sind. Zu vgl. die Entsch. des preuß. OVG. in Bd. 36 S. 92: „Vereinbarungen über die Höhe öffentlichrechtlicher Gebühren sind ausgeschlossen"; der bayer. VGH. hat in dem Urt. Bd. 40 S. 39 in einer Umlagensache ausgesprochen, daß die Gemeinde niemand, der nach dem Gesetz umlagenpflichtig ist, hiervon befreien und auch einen anderen Umlagenmaßstab an Stelle des gesetzlichen nicht einführen kann; von der Erhebung der gesetzlich begründeten Umlage könne nur insoweit Abstand genommen werden, als im Gesetz ausdrücklich eine Grundlage dafür vorgesehen sei. Der Standpunkt des Reichssteuerrechts ist der gleiche; nach der Rechtsprechung des RFH. sind Vergleiche und Vereinbarungen mit den Steuerpflichtigen als schlechthin nichtig, d. h. als nicht vorhanden anzusehen (zu vgl. insbesondere das Urt. II A 453/25 vom 20. Okt. 1925 = Bd. 18 S. 92).

Die Bestimmung des § 5 EinfGRealStG. hat ihre Vorbilder in § 49 der preuß. Gewerbesteuerordnung, wonach von gewissen Betrieben an Stelle der Gemeindegrundsteuer von Gewerbebetrieben ein für mehrere Jahre im voraus zu bestimmender fester jährlicher Betrag zu entrichten ist, und in § 42 Gewerbesteuerrahmengesetzes, wonach die Länder bestimmen können, ob und unter welchen Voraussetzungen sie oder ihre Gemeinden in Einzelfällen Vereinbarungen mit Steuerschuldnern über die Höhe der Gewerbesteuer abschließen können. Die Notwendigkeit derartiger Vereinbarungen wird sich vor allem dann ergeben, wenn sich in einer Gemeinde ein neuer Gewerbebetrieb niederlassen will, da die Gewerbebetriebe für die ersten Jahre vielfach einer gewissen steuerlichen Schonung bedürfen. Allerdings besteht die Gefahr, daß die Gemeinden, welche sich für den Gewerbebetrieb interessieren, einander Konkurrenz machen und sich gegenseitig in der Zusage von steuerlichen Zugeständnissen überbieten. Mit Rücksicht hierauf sieht § 5 EinfGRealStG. vor, daß die Vereinbarungen über die Höhe der von den Unternehmern zu fordernden Gewerbesteuer der Zustimmung der obersten Gemeindeaufsichtsbehörde bedürfen. Die Bestimmung des § 5 EinfG. RealStG. hat den Zweck, sowohl die Gemeinden als auch die Steuerpflichtigen von dem Risiko der Unsicherheit zu befreien, die in den konjunkturellen Schwankungen der Wirtschaftslage bei industriellen Unternehmungen begründet ist; er will aber nicht einzelne Steuerpflichtige von vornherein steuerlich begünstigen oder gar völlig freistellen, was dem Grundsatze der Gleichmäßigkeit der Besteuerung aufs schärfste widersprechen würde.

Vereinbarungen sind, wie § 5 Abs. 1 deutlich erkennen läßt, nur auf gewerbesteuerlichem — nicht also auch auf grundsteuerlichem Gebiete — zulässig.

Gemäß § 5 Abs. 2 EinfGRealStG. bleiben die bisherigen Vereinbarungen, die Länder und Gemeinden (Gemeindeverbände) mit Steuerpflichtigen über die Höhe der Realsteuern — also nicht bloß der Gewerbesteuer — wirksam abgeschlossen haben, unberührt. Den Steuerpflichtigen bleiben also ihre erworbenen Rechte gewahrt. Soweit aus diesen Vereinbarungen den Ländern und den Gemeindeverbänden Ansprüche zustehen, geht der Anspruch auf die Gewerbesteuer am 1. April 1937 und der Anspruch auf die Grundsteuer am 1. April 1938 auf die Gemeinden über, die zur Erhebung dieser Steuern berechtigt sind.

Die den Unternehmern im Wege von Steuervereinbarungen zustehenden Gewerbesteuerbefreiungen oder Vergünstigungen müssen den in Frage stehenden Gemeinden gegenüber geltend gemacht werden; bei Festsetzung der Steuermeßbeträge können sie nicht berücksichtigt werden.

§ 2

Steuergegenstand

(1) Der Gewerbesteuer unterliegt jeder stehende Gewerbebetrieb, soweit er im Inland betrieben wird. Unter Gewerbebetrieb ist ein gewerbliches Unternehmen im Sinn des Einkommensteuergesetzes zu verstehen. Im Inland betrieben wird ein Gewerbebetrieb, soweit für ihn im Inland oder auf einem in einem inländischen Schiffsregister eingetragenen Kauffahrteischiff eine Betriebstätte unterhalten wird.

(2) Als Gewerbebetrieb gilt stets und in vollem Umfang die Tätigkeit

1. der offenen Handelsgesellschaften, Kommanditgesellschaften und anderer Gesellschaften, bei denen die Ge-

sellschafter als Unternehmer (Mitunternehmer) des Gewerbebetriebs anzusehen sind;

2. der Kapitalgesellschaften (Aktiengesellschaften, Kommanditgesellschaften auf Aktien, Gesellschaften mit beschränkter Haftung, Kolonialgesellschaften, bergrechtliche Gewerkschaften), der Erwerbs- und Wirtschaftsgenossenschaften und der Versicherungsvereine auf Gegenseitigkeit. Ist ein solches Unternehmen dem Willen eines anderen inländischen Unternehmens derart untergeordnet, daß es keinen eigenen Willen hat, so gilt es als Betriebstätte dieses Unternehmens.

(3) Als Gewerbebetrieb gilt auch die Tätigkeit der sonstigen juristischen Personen des privaten Rechts und der nichtrechtsfähigen Vereine, soweit sie einen wirtschaftlichen Geschäftsbetrieb (ausgenommen Land- und Forstwirtschaft) unterhalten.

Kurze Inhaltsangabe.

Abs. 1:

I. Der Begriff des Gewerbebetriebs:

1. der steuerrechtliche Begriff des Gewerbetriebs;
2. sein Verhältnis zum Gewerbebegriff der Gewerbeordnung und des Handelsgesetzbuchs;
3. die einzelnen Merkmale des Gewerbebetriebs.

II. Die einzelnen Merkmale des steuerlichen Begriffs des Gewerbebetriebs:

A. Eine selbständige Tätigkeit:

1. der Begriff der selbständigen Tätigkeit;
2. der Begriff der Unselbständigkeit;
3. Grenzfälle zwischen gewerblicher Selbständigkeit und Unselbständigkeit;
   a) Handlungsagenten,
   b) Hausgewerbetreibende, Heimarbeiter, Zwischenmeister,
   c) verschiedene Einzelfälle,
   d) die Unselbständigkeit juristischer Personen.

B. Eine Tätigkeit, die sich als Beteiligung am allgemeinen wirtschaftlichen Verkehr darstellt:

1. Begriff der Beteiligung am allgemeinen wirtschaftlichen Verkehr.
2. Als Gewerbebetriebe scheiden hiernach aus:
   a) Tätigkeiten, die sich auf die Deckung der eigenen Bedürfnisse beschränken;
   b) die Verwaltung des eigenen Vermögens;
      aa) die Nutzung des eigenen Kapitalvermögens,
      bb) die Nutzung des Grundvermögens,
      cc) Gewerbebetrieb ist der Handel mit Grundstücken,
      dd) die Nutzung von Erfinderrechten;
   c) freie Berufstätigkeiten;
   d) die sog. Hoheitsbetriebe.

C. Eine gewerbsmäßige Tätigkeit.

D. Die Absicht der Gewinnerzielung.

1. Begriffliches;
2. die Gewinnabsicht fehlt:
   a) bei Liebhabereibetrieben;
   b) bei Versilberung der eigenen Bestände.

III. Nichtwesentliche Merkmale für den Begriff des Gewerbebetriebs;

1. die Art der Verwendung des Gewerbeertrags;
2. die Zweckbestimmung des Gewerbebetriebs;
3. die Erlaubtheit oder Unerlaubtheit der gewerblichen Tätigkeit.

IV. Steuergegenstand ist jeder inländische stehende Gewerbebetrieb:

1. Steuergegenstand ist jeder stehende Gewerbebetrieb:
   a) Allgemeines;
   b) Frage der Personenidentität;
   c) die Nichtanwendbarkeit des Grundsatzes bei den Körperschaften des § 2 Abs. 2 und 3 des Ges.;
   d) der Grundsatz im Hinblick auf die Haushaltbesteuerung;
   e) Wirkung des Grundsatzes.
2. Steuergegenstand ist jeder inländische Gewerbebetrieb:
   a) Grundsätzliches;
   b) Begriff des Inlands;
   c) Wirkung des Grundsatzes;
   d) Bedeutung der Doppelbesteuerungsverträge.
3. Steuergegenstand ist jeder stehende Gewerbebetrieb:
   a) Allgemeines;
   b) Abgrenzung des stehenden Gewerbebetriebs vom Gewerbebetrieb im Umherziehen;
   c) Wirkung des Grundsatzes;
   d) Einzelfälle.

V. Begriff der Betriebstätte.

VI. Beginn und Ende des Gewerbebetriebs:

1. Beginn des Gewerbebetriebs:
   a) bei Körperschaften;
   b) bei Einzelpersonen;
2. Änderungen des Gewerbebetriebs;
3. Ende des Gewerbebetriebs.

VII. Bedeutung des Grundsatzes, daß Gewerbebetrieb ein gewerbliches Unternehmen im Sinne des Einkommensteuerrechts ist.

Abs. 2:

VIII. Die Fiktion des Abs. 2:

1. Allgemeines;
2. die dreifache Bedeutung der Fiktion.

IX. Die einzelnen Gruppen des Abs. 2:

1. die Personalgesellschaften:
   a) die offenen Handelsgesellschaften;
   b) Kommanditgesellschaften;
   c) ähnliche Gesellschaften des Handelsrechts, bei denen die Gesellschafter als Unternehmer (Mitunternehmer) anzusehen sind;
   d) Familiengesellschaften;
   e) die Behandlung der offenen Handelsgesellschaften usw. nach Einkommen- und Gewerbesteuerrecht im allgemeinen;
2. die Kapitalgesellschaften, Erwerbs- und Wirtschaftsgenossenschaften und die Versicherungsvereine auf Gegenseitigkeit:
   a) Allgemeines;
   b) die einzelnen Gesellschaften;
   c) die Organschaft bei der Gewerbesteuer:

aa) Grundsätzliches zur Organschaft;
bb) die Organschaft bei der Gewerbesteuer im einzelnen;
cc) Wirkungen der Organschaft.

X. Abs. 3:

1. Allgemeines;
2. die Gruppen des Abs. 3:
   a) sonstige juristische Personen des privaten Rechts;
   b) die nichtrechtsfähigen Vereine;
3. Voraussetzung der Gewerbesteuerpflicht (Unterhaltung eines wirtschaftlichen Geschäftsbetriebes):
   a) Begriff des wirtschaftlichen Geschäftsbetriebes;
   b) Einzelfälle;
4. Abgrenzung der Körperschaften des privaten Rechts von den Körperschaften des öffentlichen Rechts.

XI. Die Gewerbesteuerpflicht der Körperschaften des öffentlichen Rechts:

1. Grundsätzliches;
2. Einzelheiten:
   a) Abgrenzung der gewerbesteuerpflichtigen und nichtgewerbesteuerpflichtigen Betriebe der Körperschaften des öffentlichen Rechts;
   b) Vergleich mit der Regelung nach dem Körperschaftsteuergesetz;
   c) der Begriff des Gewerbebetriebes;
   d) Umfang der Gewerbesteuerpflicht der Betriebe der Körperschaften des öffentlichen Rechts.

XII. Nicht unter die Gewerbesteuer fallen:

1. die Land- und Forstwirtschaft:
   a) Begriff der Land- und Forstwirtschaft;
   b) die landwirtschaftlichen Nebenbetriebe;
2. die freien Berufe:
   a) Begriffliches;
   b) Abgrenzung gegenüber den Gewerbebetrieben;
   c) Einzelfälle.

I. Der Begriff des Gewerbebetriebs.

1. **Der steuerrechtliche Begriff des Gewerbebetriebs.** Der Begriff des Gewerbebetriebs ist im Gegensatz zu den meisten Ländergesetzen im Gewerbesteuergesetz nicht umschrieben. Das Gesetz beschränkt sich darauf, zu bestimmen, daß als Gewerbebetrieb anzusehen ist ein gewerbliches Unternehmen im Sinn des Einkommensteuergesetzes. Nun ist auch im Einkommensteuergesetz (§ 2 Abs. 3 Ziff. 2, § 15 EStG.) der Begriff des Gewerbebetriebs nicht erläutert. Dieses Gesetz hat vielmehr stillschweigend den Begriff des Gewerbebetriebes, wie er von der Rechtslehre, der Rechtsprechung — vorab des PrOVG. und des RFH. — und vom Schrifttum entwickelt worden ist, stillschweigend übernommen. Hiernach ist unter Gewerbebetrieb zu verstehen: „eine mit der Absicht auf Gewinnerzielung unternommene selbständige, berufsmäßige Arbeitstätigkeit, die sich als Beteiligung am allgemeinen wirtschaftlichen Verkehr darstellt." (Zu vgl. Urt. Bd. 14 S. 143; Bd. 15 S. 347, 350; Urt. VI A 1609/32 vom 25. April 1934 = RStBl. 34 S. 902.) Unter Gewerbe sind nicht bloß Industrie und Handel, sondern auch das selbständige Handwerk zu verstehen und zwar in allen Fällen

ohne Rücksicht darauf, ob und in welcher Höhe etwa in dem Betrieb nicht bloß die Arbeitskraft des Inhabers, sondern auch Geldkapital und fremde Arbeitskräfte ausgewertet werden. Diese letzteren wirtschaftlichen Nutzungswerte ändern nur den Grad der Gewinnmöglichkeiten, aber nicht die Art des Betriebs des Gewerbes (RFH. Bd. 28 S. 21).

2. Das Verhältnis des steuerrechtlichen Begriffs des Gewerbebetriebs zum Gewerbebegriff der Gewerbeordnung und des Handelsgesetzbuchs. Bei der Umschreibung des steuerlichen Begriffs des Gewerbebetriebs kann auf die Gewerbeordnung und auf das Handelsgesetzbuch, welche beide Gesetze es mit dem Gewerbe zu tun haben, nicht zurückgegriffen werden. Die GewO. schreibt zwar im § 14 die allgemeine Anzeigepflicht für den Beginn eines selbständigen Gewerbebetriebs vor, enthält sich aber einer Begriffsbestimmung und erstreckt sich nur auf gewisse Gruppen und Arten von Gewerbebetrieben. Ihr Gegenstand ist neben der Regelung der Berechtigung zum Gewerbebetrieb die Regelung des Gewerbewesens in polizeilicher Hinsicht. Das Handelsgesetzbuch beschränkt sich in den §§ 1—3 auf das Handelsgewerbe, dagegen werden die wichtigen Gewerbegruppen der Industrie und des Handwerks einschließlich des selbständigen Hausgewerbes, soweit sie nicht in handelsrechtlichen Formen ausgeübt werden (§ 2 HGB.), nicht einbezogen. Demgegenüber bezieht sich der steuerrechtliche Gewerbebegriff auf alle Tätigkeiten, welche einen gewerblichen Charakter tragen; der Gewerbesteuer sind deshalb auch Tätigkeiten unterworfen, welche die GewO. und das HGB. überhaupt nicht berühren oder nicht als Gewerbe ansehen.

3. Die einzelnen Merkmale des Gewerbebetriebs. Die einzelnen subjektiven und objektiven Merkmale des Gewerbebetriebs müssen sämtliche gegeben sein; fehlt auch nur eines, dann liegt kein Gewerbebetrieb vor (RFH. Bd. 15 S. 347). Im einzelnen müssen folgende Merkmale vorliegen:

A. eine selbständige Tätigkeit;

B. die Tätigkeit muß sich als Beteiligung am allgemeinen wirtschaftlichen Verkehr darstellen;

C. die Tätigkeit muß in der Absicht auf Gewinnerzielung unternommen sein;

D. Tätigkeit muß berufsmäßig ausgeübt werden.

II. Die einzelnen Merkmale des steuerlichen Begriffs des Gewerbebetriebs.

A. Eine selbständige Tätigkeit.

1. Der Begriff der gewerblichen Selbständigkeit. Die gewerbliche Tätigkeit muß eine selbständige sein; nur der ist Gewerbetreibender, der auf eigene Rechnung und Verantwortung eine Tätigkeit ausübt; die Selbständigkeit braucht dabei keine restlose zu sein, sie braucht insbesondere nicht einer vollkommenen persönlichen und wirtschaftlichen, namentlich aber finanziellen Abhängigkeit, gleichzukommen. Die subjektive Selbständigkeit äußert sich vor allem darin, daß der Gewerbetreibende arbeiten kann, wann er will, daß er keine bestimmte Arbeitszeit einzuhalten braucht, daß er unabhängig von den Weisungen und der Aufsicht eines Dritten ist, ferner daß er die Arbeit nicht selbst zu verrichten braucht. Der Begriff der Tätigkeit auf eigene Rechnung darf aber nicht in dem Sinn eingeschränkt werden, daß die rein vermittelnde Tätigkeit des Kommissionärs (§ 383 HGB.), des Handelsmaklers (§§ 93 ff. HGB.) und des Handlungsagenten (§§ 84 ff. HGB.), deren Aufgabe es ist, das Interesse Dritter wahrzunehmen, nicht als Tätigkeit auf eigene Rechnung angesprochen werden könnte.

Zur subjektiven Selbständigkeit muß die objektive Selbständigkeit, d. h. die Ausgestaltung eines Betriebs zu einer in sich abgeschlossenen, für sich bestehenden Beteiligung am allgemeinen wirtschaftlichen Verkehr treten. Nicht erforderlich ist dabei, daß ein Betrieb mit bestimmten Anlagen ausgestattet ist.

2. Der Begriff der Unselbständigkeit. Den Gegensatz zu den selbständigen Gewerbetreibenden bilden die unselbständig gewerblich Tätigen, das sind die Arbeitnehmer. Als Arbeitnehmer sind Personen anzusehen, die in der Regel auf Grund eines Dienstvertrags — nicht Werkvertrags — gegen Entgelt für einen anderen, den Arbeitgeber, in dessen Betrieb Arbeit leisten. Auf die Art und den Umfang der Beschäftigung, deren Zeitdauer und das Lebensalter der Beschäftigten kommt es hiebei nicht an. Es ist namentlich unerheblich, ob die Beschäftigung für den Betrieb von wesentlicher Bedeutung ist, ob sie den eigentlichen Beruf des Beschäftigten bildet und seine Arbeitskraft voll in Anspruch nimmt oder ob täglich nur stundenweise gearbeitet wird. Ebenso ist der Begriff des Arbeitnehmers unabhängig von der Form, in der das Entgelt gewährt wird. Das Entgelt braucht also nicht in einem Barlohn, sondern kann ganz oder teilweise in der Gewährung von Kost und Unterkunft oder in anderen Sachleistungen bestehen. Voraussetzung für die Arbeitnehmerschaft ist nur, daß nicht auf Grund eines Werkvertrags eine selbständige Tätigkeit ausgeübt wird, sondern ein Dienstverhältnis besteht, bei dem der Dienstverpflichtete die Arbeit in Person zu leisten hat und bei deren Ausführung er in gewissem Umfang von Weisungen des Arbeitgebers abhängig ist (zu vgl. RFH. Bd. 13 S. 274).

Die Grenzen zwischen selbständiger und unselbständiger Erwerbstätigkeit sind flüssig. Eine für alle Fälle passende Begriffsbestimmung gibt es nicht. Die Selbständigkeit oder Unselbständigkeit eines gewerblich Tätigen können in der Regel nicht vermutet werden (RFH. Bd. 5 S. 317). Für die Selbständigkeit eines gewerblich Tätigen ist im Zweifelsfall entscheidend, ob er sich einem anderen gegenüber in eine persönliche Unabhängigkeit begeben hat; ein Angestelltenverhältnis ist dann anzunehmen, wenn eine Person derartig in den Geschäftsorganismus eines anderen eingeordnet ist, daß sie dessen Weisungen zu befolgen hat. Entscheidend sind dabei nicht einzelne Anzeichen, sondern die gesamten Verhältnisse. Die Unterscheidungsmerkmale, wie sie für andere Rechtsgebiete, z. B. für das Zivilrecht, das Handels- und Gewerberecht, die Sozialversicherung, das Polizeirecht gelten, sind nicht schlechthin für das Steuerrecht ausschlaggebend, für welches die Entscheidungen nicht so sehr nach rechtlichen als vielmehr nach wirtschaftlichen Gesichtspunkten zu treffen sind (zu vgl. RFH. Bd. 5 S. 319; 19 S. 82; 21 S. 37). Nicht schlechthin entscheidend — wenn auch von wesentlicher Bedeutung — ist, ob jemand zur Kranken- oder Invalidenversicherung angemeldet ist und ob jemand zur Lohnsteuer herangezogen wird, ferner ob jemand für mehrere Arbeitgeber tätig sein darf, ob er die Arbeit mit eigenem Werkzeug leistet, eine eigene Werkstätte hat, eigene Angestellte beschäftigt, ob er Umlagen zu einer Handwerks- oder Handelskammer zu zahlen hat usw. Nicht von Bedeutung ist, wie bereits bemerkt wurde, in welcher Weise die Entlohnung erfolgt. Sowohl der selbständige Gewerbetreibende wie auch der unselbständige Angestellte kann seinen Gewinn bzw. Lohn in der Form von Provisionen oder in der Form einer Gewinnbeteiligung beziehen. Nicht schlechthin entscheidet endlich auch die Fassung eines etwa vorliegenden Vertrages (vgl. RFH. Bd. 30 S. 305): es kommt auf die wirtschaftliche und gesellschaftliche Stellung an, wie sie sich tatsächlich gestaltet hat.

Gem. § 1 Abs. 1 der Lohnsteuerdurchführungs-VO. vom 29. Nov. 1934 (RStBl. 34 S. 1489) sind Arbeitnehmer Personen, die im öffentlichen oder privaten Dienst angestellt oder beschäftigt sind oder waren und die aus dem Dienstverhältnis oder früherem Dienstverhältnis Arbeitslohn beziehen. Arbeitnehmer sind auch die Rechtsnachfolger dieser Personen, soweit sie Arbeitslohn aus dem früheren Dienstverhältnis ihres Rechtsvorgängers beziehen. Gemäß § 1 Abs. 2 liegt ein Dienstverhältnis vor, wenn der zum Dienst Verpflichtete auf Grund der vertraglichen Vereinbarung dem Arbeitgeber (öffentliche Körperschaft, Unternehmen, Haushaltungsvorstand) seine Arbeitskraft schuldet. Dies ist der Fall, wenn die tätige Person in der Betätigung ihres geschäftlichen Willens unter der Leitung des Arbeitgebers steht oder im geschäftlichen Organismus des Arbeitgebers dessen Weisungen zu folgen verpflichtet ist und für seine Tätigkeit Arbeitslohn bezieht. Abs. 3 sagt: „Arbeitnehmer ist nicht, wer Lieferungen und sonstige Leistungen innerhalb der von ihm selbständig ausgeübten gewerblichen oder beruflichen Tätigkeit im Inland gegen Entgelt ausführt, soweit es sich um die Entgelte für diese Lieferungen und sonstigen Leistungen handelt (umsatzsteuerpflichtige Entgelte).“ Letztere Bestimmung hat — nach der Rechtsprechung des RFH. zu der materiell gleichlautenden Bestimmung des § 36 Abs. 3 EStG. 25 (zu vgl. Urt. VI A 967/31 vom 9. Juli 1931 = StW. 31 Nr. 1026, VI A 1702/30 vom 15. Okt. 1930 = RStBl. 31 S. 105, VI A 55/32 vom 1. Juni 1934 = RStBl. 34 S. 1029) — die Bedeutung, daß für die Frage nach der Abgrenzung zwischen den unselbständigen Angestellten und den selbständigen Gewerbetreibenden entscheidend ist, ob nach den Vorschriften des UStG. die betreffenden Einnahmen umsatzsteuerpflichtig sind. Liegt Umsatzsteuerpflicht vor, so kommt Lohnsteuerpflicht nicht in Betracht; der Pflichtige ist vielmehr auch einkommensteuerrechtlich — und gewerbesteuerrechtlich — als (gewerblich oder freiberuflich) selbständig zu behandeln. Dagegen ist umgekehrt der Pflichtige als unselbständig zu behandeln, wenn für seine Einnahmen keine Umsatzsteuerpflicht besteht.

Es ist möglich, daß jemand mit einem Teile seiner Tätigkeit als Angestellter, mit einem anderen Teile als selbständiger Unternehmer auftritt, dies selbst dann, wenn dieser zweite Teil seiner Tätigkeit auf Grund desselben Vertragsverhältnisses erfolgt, auf dem seine Tätigkeit als Angestellter beruht. In diesem Sinn hat der RFH. in dem Urt. Nr. V A 779/31 vom 22. Nov. 1931 einen Herbergsvater bezüglich seiner hauptsächlichen Tätigkeit als Quartierwirt als Angestellten eines Herbergsverbandes und bezüglich der Beköstigung der Herbergsgäste als selbständigen Unternehmer angesehen (zu vgl. auch RFH. Bd. 30 S. 305). Dagegen ist es begrifflich ausgeschlossen, daß jemand gleichzeitig Inhaber eines Betriebs und Angestellter desselben Betriebs ist.

Als unselbständig sind zu erachten:

a) die im Reichs-, Staats-, Gemeinde-, Kirchen-, Stiftungs- und sonstigen öffentlichen Dienst verwendeten Personen (Beamte, Angestellte, Arbeiter);

b) die in der Privatwirtschaft für Rechnung Dritter beschäftigten Personen.

3. Grenzfälle zwischen gewerblicher Selbständigkeit und Unselbständigkeit.

a) Handlungsagenten. Das Wirtschaftsleben weist eine Reihe von Grenzfällen zwischen selbständiger und unselbständiger Tätigkeit auf; hierher gehören vor allem die Fälle der in der Wirtschaft tätigen Agenten. Nach der Rechtsprechung des RFH. ist der Agent entsprechend seiner Behandlung in § 84 HGB. grundsätzlich selbständiger Kaufmann: entsprechend dieser Regelung hat der RFH. die Textilhandelsvertreter als selbständige Gewerbetreibende erachtet (Urt. VI A 526/32 vom 13. April 1932 = RStBl. 32 S. 575). Was die Versicherungsagenten betrifft, so ist zu unterscheiden zwischen dem Agenten, der selbst Versicherungen abschließt und dem Agenten, der eine verwaltende und beaufsichtigende Tätigkeit zu entfalten hat, d. i. dem Generalagenten. Ersterer ist grundsätzlich Handlungsagent im Sinn des § 84 HGB. und daher selbständiger Gewerbetreibender. Der Umstand, daß er verpflichtet ist, dem Geschäftsherrn die erforderlichen Nachrichten zu geben, ihm von jedem Versicherungsabschluß Anzeige zu erstatten und mit ihm abzurechnen, und daß es ihm verboten ist, für andere Firmen tätig zu werden, schließt die Annahme einer selbständigen gewerblichen Tätigkeit nicht aus (RFH. Bd. 5 S. 266). Die Vermittlungsagenten sind selbständige Gewerbetreibende auch dann, wenn sie, wie es häufig vorkommt, die Bezeichnung Bezirksdirektoren oder Subdirektoren führen. Demgegenüber ist der eigentliche Generalagent, weil er in den Organismus des Geschäftsherrn als unselbständiges Glied eingeordnet ist, unselbständiger Angestellter. Betreibt der Generalagent neben seiner Verwaltungstätigkeit auch die Vermittlung und den Abschluß von Versicherungen, so wird eine gemischte Tätigkeit angenommen und der Generalagent wegen seiner vermittelnden Tätigkeit als selbständig, im übrigen als unselbständig behandelt (Urt. V A 114/33 vom 15. Dez. 1933 = RFH. Bd. 35 S. 214, VI A 778/33 vom 4. Sept. 1935 = RStBl. 35 S. 1513). Gewerbesteuerpflichtig sind nach den vorstehend entwickelten Grundsätzen weiter die Bezirksdirektoren der Deutschen Reichs-Postreklame-GmbH. (Urt. V A 555/33 vom 24. Okt. 1934 = RStBl. 35 S. 461).

b) Hausgewerbetreibende, Heimarbeiter, Zwischenmeister. Ein schwieriges Grenzgebiet bietet weiter das sog. Hausgewerbe. Grundsätzlich ist bei den im Hausgewerbe beschäftigten Personen zwischen den Heimarbeitern, den Hausgewerbetreibenden und Zwischenmeistern zu unterscheiden. Die Grenze zwischen ihnen ist flüssig. Die Entscheidung, ob jemand als Hausgewerbetreibender oder als Heimarbeiter zu erachten ist, läßt sich nur nach den tatsächlichen Verhältnissen treffen. Neben gewissen äußeren Merkmalen, wie der polizeilichen Anmeldung des Gewerbes (§ 14 GewO.), der Anmeldung zum Handelsregister usw. sind zur Beurteilung des Einzelfalls die mit den Arbeitgebern abgeschlossenen Verträge, die Arbeitsbedingungen, die Abmachungen über Kündigungsfrist usw. heranzuziehen. Die Tatsache, daß jemand Beginn, Ende und Umfang der Arbeit frei bestimmen, andere Arbeiter heranziehen, Aufträge von verschiedenen Seiten entgegennehmen kann usw., deutet auf einen Hausgewerbetreibenden hin. Nicht immer ist ausschlaggebend, ob ein Dienst- oder Werkvertrag vorliegt. Immerhin wird aber im allgemeinen ein Hausgewerbetreibender auf Grund eines Werkvertrags, ein Heimarbeiter auf Grund eines Dienst- oder Arbeitsverhältnisses tätig (RFH. Bd. 11 S. 317; Bd. 16 S. 148). Bei der Beurteilung ist im übrigen auch auf die typischen Verhältnisse des in Frage stehenden Industriezweigs und Industriegebiets abzustellen. Nach § 3 des Ges. über Heimarbeit vom 23. März 1934 (RGBl. I S. 214) ist Heimarbeiter — im Sinne des HeimarbeitG. — wer, ohne Gewerbetreibender zu sein, in eigener Wohnung oder selbstgewählter Betriebstätte allein oder unter Mithilfe von Familienangehörigen im Auftrag und für Rechnung Gewerbetreibender oder von Zwischenmeistern gewerblich arbeitet. Hausgewerbetreibender ist, wer als Gewerbetreibender in eigener Wohnung oder Betriebstätte im Auftrag und für Rechnung von Gewerbetreibenden oder Zwischenmeistern unter eigener Handarbeit Waren herstellt oder bearbeitet, wobei er selbst wesentlich am Stück arbeitet. Dies gilt auch dann, wenn der Gewerbetreibende die Roh- und Hilfsstoffe selbst beschafft oder vorübergehend unmittelbar für den Arbeitsmarkt arbeitet. Zwischenmeister ist, wer die ihm vom Gewerbetreibenden übertragene Arbeit an Heimarbeiter oder Hausgewerbetreibende weitergibt.

Gewerbesteuerlich sind der Hausgewerbetreibende und der Zwischenmeister selbständige Gewerbetreibende und deshalb gewerbesteuerpflichtig, der Heimarbeiter unselbständiger Arbeiter und daher gewerbesteuerfrei.

Die in der bayerischen Glasindustrie tätigen Poliermeister sind nicht als selbständige Gewerbetreibende, sondern als Angestellte der

Glasfabriken (zu vgl. RFH. Bd. 16 S. 148), die in der Hausindustrie für rheinische Seidenfabrikanten tätigen Bandwirkermeister, die mit eigenen Bandstühlen und Werkzeugen arbeiten und fremde Arbeitskräfte gegen Lohn beschäftigen, nicht als selbständige Heimarbeiter, sondern als selbständige Hausgewerbetreibende anzusehen (RFH. Bd. 11 S. 317).

Neben den Begriffen der Hausgewerbetreibenden und der Heimarbeiter spielt noch der Begriff der sog. Lohngewerbetreibenden eine Rolle. Es sind hierunter diejenigen Gewerbetreibenden zu verstehen, die in eigenen Betriebstätten im Auftrag und für Rechnung anderer gewerblicher Unternehmungen gewerbliche Erzeugnisse auf Lohn herstellen und bearbeiten, wobei sie die Roh- oder Hilfsstoffe selbst beschaffen oder von den Auftraggebern überwiesen erhalten. Die Lohngewerbetreibenden sind, wie es schon ihr Name besagt, selbständige Gewerbetreibende. Von besonderer Bedeutung ist die Lohnmüllerei und Lohnbäckerei.

4. Verschiedene Einzelfälle. Als gewerblich selbständig werden in der Regel anzusehen sein:

Anzeigenwerber (Urt. VI A 1173/25 vom 21. April 1926 = RStBl. 26 S. 220);

Artisten, die sich nicht auf eine bestimmte Zeit für einen Auftraggeber verpflichten, sondern bei den einzelnen Auftraggebern nur gelegentlich auftreten (zu vgl. RFH. Bd. 20 S. 276; zu vgl. auch Urt. VI A 358/36 vom 10. Juni 1936 = RStBl. 36 S. 1010);

die Bewirtschafter von Bahnhofwirtschaften und Bahnhofgeschäften, Bahnhofkiosken, von Ratskellern (Urt. V A 67/20 vom 9. März 1923 = RStBl. 23 S. 196); ferner Speise- und Schlafwagenunternehmungen, obwohl diese Betriebe häufig sehr weitgehenden Beeinträchtigungen ihrer gewerblichen Tätigkeit in den mit der Reichsbahn und Gemeinden abgeschlossenen Verträgen unterworfen sind. Gewerblich unselbständig werden in der Regel sein die Kantinenwirte, die den Kantinenbetrieb für bestimmte Betriebe auszuüben pflegen, ferner die Winzerwirte im pfälzischen Weinbaugebiet (Urt. V A 150/31 vom 11. Dez. 1931 = Bd. 30 S. 305).

Bauhandwerker (wie Schlosser, Tischler, Schreiner, Dachdecker, Glaser usw.); sie sind als selbständige Gewerbetreibende auch dann anzusehen, wenn sie bei einem Hausbau mitwirken und dabei in stärkere wirtschaftliche Abhängigkeit zum Bauherrn bzw. Unternehmer gelangen; sie treten zu den Personen, die ihnen Arbeiten übertragen, nicht in ein solches Arbeitsverhältnis, daß sie die Weisungen derselben als Arbeitnehmer zu befolgen hätten; sie sind namentlich auch in der Zeit der Ausführung ihrer Arbeiten weitgehend unabhängig (zu vgl. RFH. Urt. VI A 722/27 vom 18. Nov. 1927 = RStBl. 28 S. 47).

Dienstmänner, Gepäckträger auf Bahnhöfen (zu vgl. Urt. V A 263/25 vom 12. Dez. 1925 = RStBl. 26 S. 115); Kapellmeister, die mit zusammengestellten Kapellen konzertieren unter der Voraussetzung, daß sie nur gelegentlich und nicht an bestimmten Tagen in dem Betrieb eines Gastwirts, eines Vereins usw. auftreten müssen und in der Zusammenstellung ihrer Truppe frei sind. In den gleichen Fällen wird auch ein Unterordnungsverhältnis zwischen dem Dirigenten der Kapelle und den mitwirkenden Musikern im Sinn eines Verhältnisses von Arbeitgeber und Arbeitnehmer nicht als vorliegend erachtet werden können, anzunehmen ist vielmehr ein Gesellschaftsverhältnis zwischen den einzelnen Musikern (Gelegenheitsgesellschaft). Urt. V A 459/29 vom 17. März 1930 = RStBl. 30 S. 564; Urt. V A 805/31 vom 1. Juli 1932 = RFH. Bd. 31 S. 279. Unselbständigkeit ist in der Regel gegeben, wenn die Kapelle auf Grund fester Vereinbarungen jeden Tag oder an mehreren Tagen in der Woche auftreten muß (sog. Kaffeehausmusiker). Die Kaffeehausmusiker sind nach der Auffassung des RFH. unselbständige Angestellte des Gaststättenunternehmers;

die in öffentlichen Schlachthäusern von der Schlachthofverwaltung den Metzgern gegen von diesen zu bezahlendes Entgelt zur Verfügung gestellten sog. Kopfschlächter sind Angestellte (Urt. VI A 778/36 vom 30. Sept. 1936 = RStBl. 36 S. 1179).

Gewerblich selbständig werden in der Regel sein: die Hausschneiderinnen, Störnäherinnen (RFH. Bd. 28 S. 91), Wasch- und Putzfrauen, ferner Hausverwalter, namentlich wenn sie mehrere Häuser verwalten — gleichgültig ist, welchen Beruf die Hausverwalter sonst innehaben; sie können Gewerbetreibende sein, sie können aber auch Angehörige eines freien Berufes sein, zu vgl. Urt. d. RFH.s Nr. V A 739/28 vom 8. Febr. 1929 = RStBl. 29 S. 237, Nr. VI A 690/30 vom 1. Mai 1930, Nr. V A 489/33 vom 22. März 1934 = RStBl. 34 S. 653, — dagegen sind die sog. Hausmeister in der Regel Angestellte.

Bier- und Milchfahrer, Fremden- und Bergführer, Stundenbuchhalter — diese können allerdings auch als Angestellte anzusehen sein, dies dann, wenn weitgehende Bindungen zu den einzelnen Unternehmungen, für die sie tätig werden, bestehen — zu vgl. RFH. Bd. 14 S. 208.

Einer besonderen Würdigung bedürfen jene Berufsarten, deren Tätigkeit in gewissem Umfange durch staatliche (polizeiliche) Vorschriften geregelt und deren Stellung eine mehr oder weniger beamtenähnliche ist. Grundsätzlich ist davon auszugehen, daß staatliche Vorschriften über Ausbildung, Prüfung, Beeidigung und Anstellung sowie der Umstand, daß diese Berufsarten in manchen Beziehungen der staatlichen Aufsicht unterliegen, daß das Einkommen häufig in Form von Gebühren bezogen wird und daß die Berufsarten eine Art Monopolstellung einnehmen, weder der Annahme der Selbständigkeit noch der Annahme einer gewerblichen Tätigkeit entgegenstehen. Als gewerblich selbständig werden deshalb in der Regel anzusehen sein:

die Schornsteinfeger (zu vgl. RFH. Bd. 2 S. 339, Urt. Nr. V A 136/26 vom 8. Juni 1926);

Fleischbeschauer (zu vgl. Urt. V A 399/31 vom 21. April 1932 = RStBl. 32 S. 809 und die dort angegebene Rechtsprechung, ferner Urt. V A 369/34 vom 17. Mai 1935 = RStBl. 35 S. 1115; wegen der oldenburgischen Fleischbeschauer RFH. Bd. 38 S. 104) — läßt eine Stadtgemeinde die Fleischbeschau auf ihrem Schlachthof durch beamtete Tierärzte oder andere Kräfte vornehmen, dann kann ein Angestelltenverhältnis gegeben sein —;

Hebammen — Unselbständigkeit liegt vor, wenn eine Hebamme in einer Klinik angestellt ist — RFH. Bd. 21 S. 245);

Leichenschauer; amtlich anerkannte Sachverständige für die Prüfung von Kraftfahrzeugen und Kraftfahrzeugführern, sofern sie nicht Beamte oder Angestellte der Verwaltungsbehörde sind (V A 259/33 vom 16. Febr. 1934 = RSt.-Bl. 34 S. 653);

Abdecker (Urt. d. RFH.s Nr. V A 493/31 vom 11. Febr. 1932 = RFH. Bd. 30 S. 209).

5. Die Unselbständigkeit juristischer Personen. Der wirtschaftlichen Selbständigkeit können auch juristische Personen entbehren; das ist dann der Fall, wenn sie bloße Organe anderer Unternehmer sind. Das Organverhältnis wird nur durch finanzielle, wirtschaftliche und organisatorische Abhängigkeit begründet. Beim Fehlen dieser Voraussetzungen ist die Rechtsperson auch dann insoweit gewerblich selbständig, als sie für das andere Unternehmen wie ein Angestellter tätig wird (RFH. Bd. 36 S. 39). Über die Anwendung der Organtheorie und ihre Auswirkungen bei der Gewerbesteuer zu vgl. die Ausführungen unter XI 2 c.

B. Eine Tätigkeit, die sich als Beteiligung am allgemeinen wirtschaftlichen Verkehr darstellt.

1. Begriff der Beteiligung am allgemeinen wirtschaftlichen Verkehr. Der Wille, ein Gewerbe zu betreiben, muß nach außen dem Publikum oder wenigstens den beteiligten Kreisen erkennbar in Erscheinung treten; als geeignete Mittel, einen Gewerbebetrieb erkennbar zu machen, kommen in Betracht die Eröffnung eines Geschäftslokals, die Versendung von Zirkularen, die Anmeldung zum Handelsregister usw. (zu vgl. RFH. Bd. 19 S. 305; Urt. VI A 1843/29 vom 4. Dez. 1929 = RStBl. 30 S. 345).

2. Als gewerbesteuerpflichtige Tätigkeiten haben hiernach alle Tätigkeiten auszuscheiden, die nicht in den allgemeinen wirtschaftlichen Verkehr eingreifen; nicht gewerbesteuerpflichtig sind hienach:

a) die Tätigkeiten, die sich auf die Deckung der eigenen Bedürfnisse beschränken, z. B. die Besorgung der Hauswirtschaft, die Herstellung von Kleidern für den eigenen Bedarf. Aus den gleichen Gründen ist auch das Schlachten von Vieh, ferner die Herstellung von Ziegeln für den eigenen Wirtschaftsbedarf niemals ein steuerpflichtiges Gewerbe. Das Gesagte gilt grundsätzlich nicht für die Tätigkeiten der in § 2 Abs. 2 GewStG. genannten Rechtsgebilde. Diese Tätigkeiten bilden kraft besonderer Fiktion einen Gewerbebetrieb auch dann, wenn sie nicht in den allgemeinen wirtschaftlichen Verkehr eingreifen.

b) Die Verwaltung des eigenen Vermögens. Die Verwaltung des eigenen Vermögens stellt auch dann keinen Gewerbebetrieb dar, wenn das Vermögen besonders geschickt verwaltet wird, wenn bereits beim Erwerb des Vermögens die spätere Möglichkeit günstiger Wiederveräußerung berücksichtigt, wenn über die aus dem Vermögen fließenden Einnahmen Bücher geführt und regelmäßige Abschlüsse gemacht werden.

aa) Die Nutzung des Kapitalvermögens im besonderen: Das Ausleihen eigener oder auch nur geliehener Gelder stellt keinen Gewerbebetrieb dar, dies auch dann nicht, wenn sich der Darleiher für das geliehene Geld erhöhte, z. B. wechselmäßige Sicherheiten geben läßt. Auch der Ein- und Verkauf von Wertpapieren, selbst wenn er fortgesetzt betätigt wird, reicht zur Annahme eines Gewerbebetriebes jedenfalls solange nicht aus, als er sich in den gewöhnlichen Formen, wie sie bei Privatleuten die Regel bilden, abspielt, d. h. in der Erteilung von Aufträgen an eine Bank oder einen Bankier (RFH. Bd. 19 S. 305). Ein Gewerbebetrieb ist auch dann nicht anzunehmen, wenn jemand die Kursentwicklung der Wertpapiere genau verfolgt, sich über die Aussichten der einzelnen Wertpapiere eingehend unterrichtet und infolgedessen zu einem fortgesetzten Wechsel in der Anlage seines Vermögens schreitet, also Spekulationsgeschäfte betreibt. Ein Gewerbebetrieb kann in den vorstehenden Fällen erst bei Hinzutreten besonderer Umstände in Betracht kommen, die das Ausleihen der Gelder als bankmäßigen oder ähnlichen Betrieb erscheinen lassen; ein Gewerbebetrieb wird besonders dann anzunehmen sein, wenn das Ausleihen gewohnheitsmäßig auf kurze, einen häufigen Umsatz des Kapitals ermöglichende Zeiträume erfolgt, wenn es also dem Darleiher nicht lediglich auf die Nutzung des Kapitals in den üblichen Formen ankommt, sondern wenn der Darleiher unter Verwertung seiner Tätigkeit und Geschicklichkeit dauernd einen darüber hinausgehenden Gewinn anstrebt (PrOVG. St. 5, 346). Ein gewerbsmäßiger Effektenhandel kann dann gegeben sein, wenn jemand ein eigenes Geschäftslokal unterhält oder regelmäßig die Börse besucht oder vielleicht auch, wenn jemand in sonstiger Weise, d. h. nicht bloß seinem Bankier gegenüber, als Ein- und Verkäufer von Effekten hervortritt oder sich an der Gründung von Gesellschaften beteiligt, ohne die Hilfe eines Bankiers in Anspruch zu nehmen (zu vgl. RFH. Bd. 19 S. 305 und Urt. Nr. VI A 1843/29 vom 4. Dez. 1929 = StW. 1930 Nr. 358). Ein Gewerbebetrieb liegt nicht vor, wenn sich eine natürliche Person an einer oder mehreren in die Form von juristischen Personen gekleideten Gesellschaften beteiligt. Eine Ausnahme ist allenfalls dann gegeben, wenn der sich Beteiligende sich der Gesellschaften lediglich als vorgeschobener juristischer Personen zur Ausübung eines eigenen Gewerbebetriebs bedient (Urt. VI A 199/28 vom 7. Nov. 1928 = RStBl. 29 S. 60).

bb) Die Nutzung des Grundvermögens im besonderen: Ebensowenig wie die Nutzung des Kapitalvermögens ist die Nutzung des Grundvermögens — besonders in der Form der Vermietung und Verpachtung des Grundbesitzes — ein Gewerbebetrieb (zu vgl. RFH. Bd. 14 S. 143). Ein Gewerbebetrieb ist auch dann nicht gegeben, wenn die vermieteten Gegenstände in gewerblichen Gegenständen — z. B. in einer Ziegelei, einem Warenhaus — bestehen (RFH. Bd. 17 S. 113, zu vgl. auch Urt. III A 867/31 vom 20. Okt. 1932 = RStBl. 33 S. 43) oder wenn die Verwaltung des Grundvermögens in kaufmännischer Weise und nach kaufmännischen Grundsätzen geführt wird. Einen gewerblichen Betrieb stellt auch die Erbauung eines Hauses zum Zwecke der Vermietung nicht dar. Anders wird die Rechtslage, wenn die Vermietung oder Verpachtung eines Gebäudes über die gewerbesteuerfreie Nutzung des Gebäudes hinausgeht, sei es, daß zur Vermietung andere Handlungen hinzutreten, die nicht nur Nutzung des Grundbesitzes sind, sei es, daß die Vermietungstätigkeit infolge ihrer Intensität das Maß der sonst bei den üblichen langfristigen Vermietungen von Grundstücken erforderlichen Tätigkeit überschreitet (zu vgl. RFH. Urt. Nr. IV A 32/32 vom 13. April 1932 = RStBl. 32 S. 587). Eine gewerbliche Tätigkeit kann z. B. anzunehmen sein, wenn Erbauer und Vermieter von Gebäuden ein Architekt ist, der in der Hauptsache mit fremden Geldern arbeitet (zu vgl. RFH. Urt. VI A 1277/29 vom 4. Sept. 1929 = StW. 1929 Nr. 931), wenn die vermieteten Gegenstände umfangreiche Anlagen, z. B. Garagen darstellen (Urt. VI A 684/32 vom 7. Dez. 1932 = RStBl. 33 S. 224), wenn die Vermietung möblierter und unmöblierter Zimmer in einem Umfange stattfindet, daß die Vermietung den Charakter des Beherbergungsgewerbes annimmt. Einen Gewerbebetrieb stellt insbesondere auch das Vermieten ganzer Wohnungen und einzelner möblierter Zimmer an Kurgäste in Badeorten dar, dies selbst dann, wenn die sonst mit derartigen Vermietungen verbundene Beherbergungstätigkeit des Vermieters fehlt (PrOVGSt. 18, 154). Ein Gewerbebetrieb ist weiter bei Vorliegen der Voraussetzungen des § 28 a UStDB. gegeben. Im übrigen gehört nach den Grundsätzen des EStG. die Vermietung (auch Untervermietung) möblierter Zimmer zu den Einkünften aus Vermietung und Verpachtung.

cc) Gewerbebetrieb ist der Handel mit Grundstücken. Nicht als Nutzung von Grund und Boden, sondern als stehender Gewerbebetrieb ist der Handel mit Grundstücken (Immobilienhandel und die Güterschlächterei) anzusehen. Eine einmalige oder gelegentliche — ohne die Absicht der Wiederholung, wenn auch mit der Absicht der Gewinnerzielung — erfolgte Veräußerung von Grundstücken ist im allgemeinen noch kein Grundstückshandel. Wer aus seinem Häuserbesitz ein Haus abstößt, wird dadurch noch nicht zum Güterhändler (Pr. OVG. St. 4, 414; 5, 430; 10, 388; 12, 402; 13, 362). Güterhandel kann erst in Frage kommen, wenn zum Umsatz von Grundstücken noch eine den Umsatz von Grundstücken bezielende, auf Gewinn gerichtete Tätigkeit hinzukommt. Als solche Tätigkeit ist jedoch nicht bloß der fortgesetzte Ein- und Verkauf von Grundstücken, sondern schon das Angebot von solchen im Bereitstellen der Grundstücke zum Verkauf gegeben. Beim Grundstücksgeschäft liegt ein gewisses Hervortreten nach außen schon dann vor, wenn der Besitzer des Geländes von Kauflustigen leicht ermittelt werden kann und es meist aus der Lage des Grundstücks ersichtlich ist, daß es zum Verkaufe bereit ist (Urt. III A 419/31 vom 12. Jan. 1933 = RStBl. 33 S. 619). Veräußert jemand, der vor längerer Zeit, etwa schon vor dem Krieg, als Grundstückshändler Grundstücke aufgekauft, während des Krieges und der Inflationszeit aber den An- und Verkauf eingestellt hatte, jetzt allmählich seine Grundstücke, so kann er die Grundstücke für den Regelfall steuerlich nicht als privates Vermögen behandeln (VI A 182/36 vom 25. März 1936 = RStBl. 36 S. 769). Die Aufteilung der Grundstücke in Bauplätze — wo überhaupt die Verwertung als Bauplätze in Frage kommt — ist keine notwendige Voraussetzung für den Grundstückshandel; es genügt, daß in den Kreisen der Interessenten bekannt ist, daß die Grundstücke in den Händen eines Besitzers sind, der sich mit Immobilienverkäufen befaßt (bayer. OVK. Bd. V S. 50, XII S. 17 u. 52, XIII S. 141, XIV S. 263). Unerheblich ist, ob die Grundstücke zum Zwecke der Weiterveräußerung erworben worden waren (PrOVGSt. 10, 388; 12, 402; 13, 362). Nicht erforderlich ist, daß besondere Geschäftsräume vorhanden sind. Ein Gewerbebetrieb ist nicht anzunehmen, wenn ein Landwirt im vorgerückten Alter seinen Besitz parzellenweise verkauft, dies besonders dann, wenn sich der Verkauf im wesentlichen in einem Steuerabschnitt vollzieht. Es handelt sich in diesem Falle um einen Ausfluß der landwirtschaftlichen Betätigung (zu vgl. RFH. VI A 200/31 vom 28. Jan. 1931 = RStBl. 31 S. 257; VI A 1914/31 vom 16. März 1932 = RStBl. 32 S. 515; VI A 667/35 vom 26. Aug. 1936 = RStBl. 36 S. 1113). Ein Gewerbebetrieb liegt dagegen dann vor, wenn aus einem größeren landwirtschaftlichen Betrieb ein zusammenhängendes Trennstück zum Zweck der Erschließung als Vorortsiedlung tatsächlich ausgesondert und planmäßig durch Parzellierung, Aufschließung und Verkauf für Einzelbauplätze oder Kleinsiedlungen verwertet wird (VI A 115/36 vom 1. April 1936 = RStBl. 36 S. 1110).

Die Einkünfte aus der Nutzung von Kapital- und Grundvermögen sind dann gewerbliche Einkünfte, wenn das Kapital — oder die Beteiligung — oder das Grundvermögen dem gewerblichen Betriebsvermögen zuzurechnen sind (zu vgl. Bem. II zu § 7).

dd) *Die Nutzung von Erfinderrechten.* Was von der Nutzung des Kapital- und Grundvermögens gilt, gilt auch von der Nutzung von erworbenen Erfinderrechten. Solange sich jemand darauf beschränkt, ein Erfinderrecht gewinnbringend durch laufende Lizenzen zu verwerten, ist er noch nicht als Gewerbetreibender tätig. Anders wird die Rechtslage, wenn zu dieser Tätigkeit noch andere Tätigkeiten (Fabrikation von Mustern, Besuch von Kundschaften) dazukommen (VI A 25/36 vom 11. März 1936 = RStBl. 36 S. 786). Die Verwertung *eigener* Erfindungen stellt einen Gewerbebetrieb dann dar, wenn die Erfindung im Rahmen eines Gewerbebetrieb gemacht wurde; rührt die Erfindung aus einer gelegentlichen oder vorübergehenden Tätigkeit her, so liegen „sonstige" Einkünfte (§ 22 Ziff. 3 EinkStG.), also nicht gewerbliche Einkünfte vor.

c) Die freien Berufstätigkeiten. Das Merkmal der Beteiligung am wirtschaftlichen Verkehr mangelt weiter den sog. freien Berufstätigkeiten (Einzelheiten unter Ziff. XII 2).

d) Die sog. Hoheitsbetriebe. Das Merkmal der Beteiligung am wirtschaftlichen Verkehr fehlt schließlich allen den Betrieben von Körperschaften des öffentlichen Rechtes, die die ihnen durch die Verfassung und sonstigen Gesetze zugewiesenen hoheitsrechtlichen Aufgaben erfüllen. Übt ein Betrieb hoheitsrechtliche Befugnisse aus, so ist gleichgültig, ob die in Betracht kommenden Tätigkeiten auch von privaten Unternehmungen ausgeübt werden könnten (Einzelheiten unter Ziff. XI).

C. Eine gewerbsmäßige, d. h. fortgesetzte Tätigkeit.

1. Der Begriff der Gewerbsmäßigkeit erfordert eine auf die Erzielung eines mehr oder weniger ständigen Erwerbs gerichtete Tätigkeit, der die Absicht zugrunde liegt, die Tätigkeit nicht nur einmal, sondern fortgesetzt, wenn auch nur bei günstiger Gelegenheit, vorzunehmen. Die Erwerbstätigkeit muß sonach in der Absicht bewirkt werden, Erwerbsgeschäfte derselben Art wiederholt zu tätigen und durch den wiederholten Abschluß sich eine dauernde Einnahme zu verschaffen. Eine, wenn auch zu Erwerbszwecken, so doch ohne die Absicht der Wiederholung nur gelegentlich ausgeübte Tätigkeit ist hiernach kein Gewerbebetrieb (Beispiel Verlag und Vertrieb einer einzelnen selbstverfaßten Druckschrift). Nicht notwendig ist, daß die einzelnen Ausübungshandlungen durch einen vorher gefaßten Willensentschluß zu einer Einheit zusammengefaßt wurden; es genügt vielmehr, daß objektiv mehrere aufeinander folgende gleichwertige Handlungen unter Ausnützung derselben Gelegenheit oder derselben dauernden Verhältnisse vorgenommen werden (RFH. Bd. 20, 363; 22, 201). Die gewerbliche Tätigkeit braucht dabei keine dauernde zu sein (zu vgl. bayer. OVG. Bd. 19, 294). Die Tätigkeit braucht weiter keine ununterbrochene zu sein: Saisonbetriebe sind gewerbesteuerpflichtig, auch wenn die Saison nur einen kurzen Zeitabschnitt umfaßt.

Der Begriff der Gewerbsmäßigkeit kann unter Umständen schon durch eine einmalige Handlung erfüllt werden; dies ist dann der Fall, wenn ein vorhergehender Entschluß zur Fortsetzung der Tätigkeit bestand. Mangels eines solchen vorher gefaßten Entschlusses zum fortgesetzten Handeln kann in der Ausführung einer Tätigkeit eine gewerbliche Tätigkeit ebensowenig erblickt werden wie in der einmaligen Übernahme z. B. einer Konkursverwaltung oder einer Zwangsverwaltung. Eine einmalige Tätigkeit, die nach der Absicht des Ausübenden nicht wiederholt werden soll, kann auch nicht dadurch zu einer gewerblichen werden, daß sie sich eine längere Zeit hinzieht (zu vgl. RFH. Bd. 24 S. 144).

D. Die Absicht der Gewinnerzielung.

1. **Begriffliches.** Die Absicht der Gewinnerzielung muß einen der Hauptzwecke der Tätigkeit bilden; wo die Gewinnabsicht nur von

nebensächlicher und untergeordneter Bedeutung ist, kann von einem Gewerbebetrieb nicht die Rede sein. Das Fehlen der Gewinnabsicht ist dabei dann anzunehmen, wenn durch den Betrieb nur die Deckung der Betriebskosten, der Schuldzinsen und eine der wirklichen Entwertung entsprechende Amortisation der Betriebsanlagen erzielt werden, wenn also den Unternehmern aus dem Betrieb kein Nutzen in irgendeiner Form zufließen soll und zufließt, insbesondere auch, wenn die sämtlichen Erträgnisse für das Unternehmen selbst verwendet werden müssen, nicht aber dem Unternehmen zur freien Verfügung einschließlich der Deckung seines Lebensbedarfs zustehen. Eine Gewinnabsicht kann auch dann nicht angenommen werden, wenn in einem Betriebe bloß nebenbei, gelegentlich oder zufällig ein Gewinn erzielt wird. Werden allerdings fortlaufend Gewinne erzielt, so wird das nicht auf eine nur gelegentliche oder ganz nebensächliche Folge des Gewerbebetriebs zurückgeführt werden können, sondern sie werden wohl regelmäßig als die Folge der bewußten Absicht der Gewinnerzielung anzusehen sein, die, wenn auch nicht der Hauptzweck, so doch ein wesentlicher Nebenzweck des Betriebs ist. Liegt ein Gewerbebetrieb vor, so verliert dieser die gewerbliche Eigenschaft nicht dadurch, daß in einem oder mehreren Steuerabschnitten kein Gewinn erzielt wurde. Entscheidend ist nicht, daß ein Gewinn tatsächlich erzielt wird, sondern daß ein Gewinn angestrebt wird. Die mit der Absicht der Gewinnerzielung unternommene Tätigkeit behält deshalb ihren gewerblichen Charakter auch dann, wenn in Wirklichkeit ein Gewinn nicht erzielt wird. Ob die Gewinnabsicht auf die Erzielung von Geld oder anderen Vermögensvorteilen gerichtet ist, macht keinen Unterschied.

2. Fehlen der Absicht auf Gewinnerzielung.

a) Liebhabereibetriebe. Das Merkmal der Gewinnabsicht fehlt, wenn eine Tätigkeit nur aus Liebhaberei ausgeübt wird. Liebhaberei ist anzunehmen, wenn nach den ganzen Umständen des Falles keine einigermaßen begründete Wahrscheinlichkeit besteht, daß, auf die Dauer gesehen, aus dem Betriebe ein Überschuß der Einnahmen über die Ausgaben erwartet werden kann, wenn also ein Betrieb ohne jedwede Rücksicht auf die Aussichten aufrecht erhalten wird. Gleichgültig ist, ob Unternehmen der gleichen Art gewinnbringend betrieben werden können oder nicht oder ob die vorhandenen Einrichtungen einem ähnlichen Betriebe gedient haben, bei dem Gewinne erzielt wurden. Es kommt lediglich darauf an, ob bei dem Betrieb, wie er im Steuerabschnitte vorliegt, damit zu rechnen ist, daß zwar nicht in jedem Jahre, aber doch im Durchschnitt der Jahre, soweit sich das überblicken läßt, ein Überschuß der Einnahmen über die Ausgaben erwartet werden kann (zu vgl. Urt. d. RFH. Nr. VI A 1973/29 vom 9. April 1930 = RStBl. 30 S. 364).

b) Liquidation des Unternehmens. Nach der Rechtsprechung zu den Landessteuergesetzen wurde die Liquidation eines Betriebs nicht mehr als Gewerbebetrieb angesehen, weil mit der Liquidation die produktive Tätigkeit aufgehört hat. Für das Gewerbesteuergesetz, das sich insoweit an die einkommensteuerrechtliche Beurteilung anschließt, gilt diese Auffassung nur mit Einschränkungen. Ein Gewerbebetrieb liegt zwar dann nicht mehr vor, wenn der Gewerbetreibende nach Einstellung des Betriebs nur noch gelegentlich Waren, die ihm verblieben sind, abstößt. Dagegen ist ein Gewerbebetrieb gegeben, wenn und solange der Gewerbetreibende mit der Absicht auf Gewinnerzielung die Bestände ausverkauft, um sein Geschäft aufzulösen (PrOVGSt. Bd. 7 S. 101; 8, 377), zu vgl. Anm. VI 1 b und 3 zu § 2.

III. Nicht wesentliche Merkmale für den Begriff des Gewerbetriebes.

1. Die Art der Verwendung des Gewerbeertrags. Die Eigenschaft als Gewerbebetrieb verliert ein Betrieb nicht dadurch, daß die erzielten Gewinne dem Inhaber des Gewerbebetriebs nicht verbleiben, sondern an einen Dritten für gemeinnützige, mildtätige oder wohltätige Zwecke abgeführt werden. Gewinnabsicht und Gewinnverwendung sind zwei voneinander völlig verschiedene Begriffe.

2. Die Zweckbestimmung des Gewerbebetriebes. Die Eigenschaft als Gewerbebetrieb geht weiter auch nicht dadurch verloren, daß er gemeinnützigen Zwecken dient. Der Umstand, daß eine rein gewerbliche Tätigkeit gemeinnützig ist, z. B. der Volksbildung oder der Heimatkunde dient, schließt grundsätzlich die Annahme eines Gewerbebetriebes nicht aus, wenn im übrigen die Absicht besteht, Gewinn zu erzielen (zu vgl. u. a. RFH. Nr. III A 1038/30 vom 16. Juli 1931 = RStBl. 32 S. 116). Allerdings ist, wenn ein Betrieb gemeinnützig ist, die Frage besonders sorgfältig zu prüfen, ob überhaupt ein Gewerbebetrieb vorliegt, weiter sind Betriebe, die gemeinnützigen usw. Zwecken dienen, in weitem Umfange von der Gewerbesteuer befreit (zu vgl. § 3 Ziff. 6 GewStG.).

3. Unwesentlich ist, ob die gewerbliche Tätigkeit erlaubt oder unerlaubt ist. Nach dem früheren Recht konnte als Gewerbebetrieb nur eine erlaubte Tätigkeit in Betracht kommen. Demgegenüber hat sich die Rechtsprechung des RFH. von Anfang an auf den Standpunkt gestellt, daß es für den Begriff des Gewerbes nicht mehr als erforderlich erachtet werden könne, daß es sich um eine erlaubte Tätigkeit handle (zu vgl. Entsch. in Bd. 3 S. 173, 5 S. 228, 8 S. 140, 15 S. 347, ferner RStBl. 1929 S. 474, 1932 S. 333). Das StAnpG. vom 16. Oktober 1934 (RGBl. I S. 925) hat diese Verwaltungspraxis bestätigt; in § 5 Abs. 2 dieses Gesetzes wird bestimmt, daß die Besteuerung nicht dadurch ausgeschlossen wird, daß ein Verhalten (ein Tun oder Unterlassen), das den steuerpflichtigen Tatbestand erfüllt oder einen Teil des steuerpflichtigen Tatbestands bildet, gegen ein gesetzliches Gebot oder Verbot oder gegen die guten Sitten verstößt.

Voraussetzung für die Heranziehung eines unsittlichen oder verbotenen Betriebs zur Gewerbesteuer ist, daß dieser tatsächlich einen Gewerbebetrieb im Sinne des GewStG. darstellt. Zweifelsfrei ist, daß unsittliche und verbotene Geschäfte, die ein Gewerbetreibender im Rahmen seines Gewerbebetriebs tätigt, als zum Gewerbebetrieb gehörig zu behandeln sind. Hiernach sind z. B. wucherische Geschäfte, die ein Kaufmann im Rahmen seines Gewerbebetriebs tätigt, dem Gewerbebetriebe zuzurechnen. Das gleiche gilt, wenn ein Gewerbetreibender im Rahmen seines Geschäfts Waren, von denen er weiß, daß sie gestohlen oder geschmuggelt sind, veräußert. Zweifel sind aber dann möglich, wenn das ausgeübte Gewerbe an sich — objektiv — unsittlich oder strafbar ist. Man denke an das „Gewerbe der Wahrsagerinnen, der gewerbsmäßigen Kuppler" usw. In dem Urt. VI A 16/31 vom 4. März 1931 = RStBl. 31 S. 528 hat der RFH. die Annahme eines Finanzgerichts, daß Einnahmen aus eigener gewerbsmäßiger Unzucht der Besteuerung nach dem EStG. unterliegen, als irrig bezeichnet. Er weist in den Urteilsgründen darauf hin, daß die Einkommensteuerpflicht zwar nicht dadurch berührt werde, daß die Betätigung, die Einkünfte abwerfe, unsittlich oder rechtswidrig sei. Voraussetzung der Besteuerung nach dem EStG. sei jedoch, daß die Einkünfte, um die es sich handle, unter eine der im § 6 Abs. 1 EStG. (1925) — nunmehr § 2 Abs. 3 — aufgeführten Einkommensarten fielen; die Einkünfte aus eigener gewerbsmäßiger Unzucht ließen sich aber bei keiner dieser Arten unterbringen. Die gewerbsmäßige Unzucht sei trotz dieser Bezeichnung nach der Verkehrsauffassung kein Gewerbebetrieb. Das Urt. VI A 875/29 vom 3. Juli 1929 (RStBl. 29 S. 474) läßt dahingestellt, ob die Einkünfte aus Kuppelei als Einkünfte aus Gewerbe zur Einkommensteuer herangezogen werden können, da für alle Fälle eine Einkommensbesteuerung aus dem Gesichtspunkt der sonstigen Leistungsgewinne — § 2 Abs. 3 Nr. 7 EStG. 34 — gerechtfertigt sei.

Grundsätzlich ist davon auszugehen, daß der Begriff des Gewerbebetriebs im Sinne des Gewerbesteuerrechts weit auszulegen ist. Es kann hienach keinem Bedenken unterliegen, den Betrieb der Wahrsagerinnen, der Abtreiber, der gewerbsmäßigen Glücksspieler, ferner die Bordellbetriebe usw. als gewerbesteuerpflichtige Betriebe anzusehen.

IV. Steuergegenstand ist jeder inländische stehende Gewerbebetrieb.

1. Der Grundsatz der Besteuerung jedes einzelnen Gewerbebetriebs.

a) Allgemeines. Nach den Gewerbesteuergesetzen der Länder wurden entweder sämtliche Gewerbebetriebe (wie z. B. in Bayern und in Württemberg) oder die Gewerbebetriebe derselben Person, soweit sie innerhalb der gleichen Gemeinde betrieben wurden, als ein steuerpflichtiges Gewerbe veranlagt. Das RGewStG. sieht, was zweifellos besser dem Wesen der Gewerbesteuer als einer Objektsteuer entspricht, grundsätzlich jeden selbständigen Gewerbebetrieb als Steuergegenstand an. Es gilt nicht der Grundsatz der Einheit des Unternehmers — wie z. B. im Umsatzsteuerrecht — sondern der Grundsatz der Einheit des Unternehmens. Betreibt eine und dieselbe — natürliche — Person mehrere gewerbliche Tätigkeiten, die der Gewerbesteuer unterliegen, so ist zunächst festzustellen, ob diese mehreren gewerblichen Tätigkeiten einen oder mehrere Gewerbebetriebe darstellen. Eine allgemeine Bestimmung darüber, was als ein (einheitlicher) selbständiger Gewerbebetrieb anzusehen ist, läßt sich bei der Vielgestaltigkeit der wirtschaftlichen Verhältnisse, dem Ineinandergreifen der einzelnen gewerblichen Tätigkeiten und dem Fortschreiten der Technik nicht treffen. Nach § 2 Abs. 1 RBewG. bestimmt sich der Umfang einer wirtschaftlichen Einheit nach den Anschauungen des Verkehrs; die örtliche Gewohnheit, die tatsächliche Übung sowie die Zweckbestimmung und die wirtschaftliche Zusammengehörigkeit oder Unabhängigkeit der einzelnen Gegenstände sind zu berücksichtigen. Mehrere Gegenstände kommen dabei als wirtschaftliche Einheit nur insoweit in Betracht, als sie denselben Eigentümern gehören. Von besonderer Bedeutung ist auch der Wille des Eigentümers. Es ist deshalb im Einzelfalle zu untersuchen, ob der Eigentümer die mehreren wirtschaftlichen Tätigkeiten als eine Einheit ansehen will und ob es seine Absicht ist, daß die mehreren Tätigkeiten einem einheitlichen Zwecke dienen. Ein Gewerbetreibender kann zweifellos ein bisher an verschiedenen Betriebstätten betriebenes Unternehmen, das eine wirtschaftliche Einheit bildete, in mehrere wirtschaftliche Einheiten auflösen. Mehrere wirtschaftliche Einheiten werden besonders dann anzunehmen sein, wenn die Betriebe von verschiedenen Mittelpunkten aus als gesonderte Betriebe bewirtschaftet werden. Für die wirtschaftliche Selbständigkeit sprechen namentlich die besondere Bezeichnung des einzelnen Unternehmens im Verkehr, getrennte Buchführung, getrennter Geldverkehr, getrenntes Personal, getrenntes Geschäftsjahr. Nicht erforderlich ist eigene Rechtspersönlichkeit oder Eintrag in das Handelsregister (zu vgl. bes. Urt. d. RFH. VI A 2088/29 vom 21. März 30 = RStBl. 30 S. 361). Die Annahme mehrerer wirtschaftlicher Einheiten wird nicht dadurch ausgeschlossen, daß der Eigentümer der mehreren wirtschaftlichen Einheiten in der Lage ist, für deren Betrieb besondere Weisungen zu erteilen und die Erträge der Betriebe zu vereinigen, um über sie zu verfügen. Inwieweit die gesonderte Bewirtschaftung durch die Oberleitung des Inhabers aufgehoben wird oder noch trotz der Beaufsichtigung und Oberleitung des Inhabers bestehen bleibt, ist nach den tatsächlichen Verhältnissen des Einzelfalls zu beurteilen. Es ist von Bedeutung, ob die Einwirkung des Eigentümers auf die mehreren Betriebe selbst noch als eine wesentliche Mitwirkung bei der Bewirtschaftung anzusehen ist und dadurch zwischen den Betrieben engere Beziehungen, ein wirtschaftliches Zusammenwirken geschaffen oder nur eine Tätigkeit entfaltet wird, wie sie bei einer Vermögensverwaltung an sich nötig ist. Selbstverständlich ist, daß bloße Filialen, Zweigniederlassungen und sonstige unselbständige Teilbetriebe eines Unternehmens stets mit dem Hauptbetrieb veranlagt werden. Daß die Filialen eine eigene Buchführung haben, ist gleichgültig.

Ein einheitlicher Betrieb wird dann nicht angenommen werden können, wenn ein Einzelkaufmann mehrere Betriebe unterhält, die miteinander nichts zu tun haben, z. B. eine Spinnerei und eine Maschinenfabrik.

b) Anwendbarkeit des Grundsatzes nur bei Personenidentität der Betriebsinhaber. Die Frage, ob in einem gegebenen Fall nur ein Betrieb oder mehrere Betriebe vorliegen, kann nur auftauchen, wenn sich die mehreren Betriebe in der Hand einer und derselben Person befinden. Sie kann sich von vorneherein nicht ergeben, wenn keine Personenidentität besteht. Personenidentität liegt z. B. nicht vor, wenn die gleichen Personen eine Fabrik in der Form der GmbH. und ein Verkaufsgeschäft in der Form einer offenen Handelsgesellschaft betreiben.

c) Die Nichtanwendung des Grundsatzes bei den Körperschaften des § 2 Abs. 2 und 3. § 2 Abs. 1 schlägt im vorneherein nicht ein, wenn ein Unternehmen der in § 2 Abs. 2 und 3 bezeichneten Arten mehrere wirtschaftliche Tätigkeiten ausübt. In diesem Falle kann die Frage, ob ein oder mehrere Gewerbebetriebe ausgeübt werden, nicht aufgeworfen werden, da die gesamte Tätigkeit eines der in § 2 Abs. 2 und 3 bezeichneten Unternehmen ohne Rücksicht darauf, ob die mehreren Betriebe miteinander zusammenhängen oder nicht, stets nur einen Gewerbebetrieb bildet.

Für die Körperschaften des öffentlichen Rechts gilt die Fiktion des § 2 Abs. 2 des Gesetzes nicht; besitzt deshalb eine Körperschaft des öffentlichen Rechts mehrere selbständige Gewerbebetriebe, so ist jeder Betrieb für sich der Gewerbesteuer unterworfen.

Wird ein einheitlicher Gewerbebetrieb von mehreren Personen betrieben, so wird der Betrieb einheitlich zur Gewerbesteuer herangezogen.

d) Der Grundsatz im Hinblick auf die Haushaltbesteuerung. Die Haushaltbesteuerung (§ 22 EinkStG.) ist dem Gewerbesteuergesetz unbekannt; eine Zusammenveranlagung von Ehegatten kommt also nicht in Betracht, wenn beide Ehegatten verschiedene Gewerbe betreiben. (Beispiel: der Ehemann betreibt ein Zigarrengeschäft, die Ehefrau ist Näherin.)

e) Wirkung des Grundsatzes. Der Grundsatz der getrennten Veranlagung der einzelnen Betriebe hat zur Folge, daß jeder Betrieb für sich betrachtet und veranlagt wird. Eine Zusammenrechnung der Erträge und Betriebskapitalien findet nicht statt, ebensowenig kann ein Ausgleich von Gewinnen und Verlusten unter den einzelnen Betrieben erfolgen.

2. Steuergegenstand ist jeder inländische Gewerbebetrieb.

a) Grundsätzliches: Steuergegenstand ist jedes selbständige stehende Gewerbe nur insoweit, als es im Inland betrieben wird. Im Inland betrieben wird ein Gewerbebetrieb, soweit für ihn im Inland eine Betriebsstätte unterhalten wird. In diesen Sätzen ist der Grundsatz der territorialen Beschränkung der Gewerbesteuer ausgedrückt. Die Gewerbesteuer ist eine Objektsteuer; sie darf deshalb im Gegensatz zu den Personalsteuern, die grundsätzlich das ganze Einkommen und das ganze Vermögen einer Person treffen, nur da erhoben werden, wo sich der Steuergegenstand befindet. Gleichgültig ist dabei, wo der Inhaber des Gewerbebetriebs seinen Wohnsitz hat und ob er die deutsche Staatsangehörigkeit besitzt. Erstreckt sich ein Steuergegenstand über das Gebiet des Inlands hinaus, so unterliegt er der Gewerbesteuer in dem Inland nur soweit, als er sich auf das Inland erstreckt (zu vgl. § 9 Ziff. 3, § 12 Abs. 4 GewStG.). Ein ausländischer Gewerbebetrieb, der im Inland keine Betriebstätte unterhält, kann einer inländischen Gewerbesteuer überhaupt nicht unterworfen werden.

b) Begriff des Inlands. Unter Inland im Sinn des Gewerbesteuergesetzes ist das Reichsgebiet, d. i. das von den Reichsgrenzen umschlossene Gebiet der Erdoberfläche, zu verstehen. Der Umfang dieses staatsrechtlichen Inlands erfährt eine Erweiterung insofern, als die an das deutsche Festland angrenzenden Küstengewässer in einer Ausdehnung bis zu drei Seemeilen nach völkerrechtlichen Grundsätzen einer beschränkten Gebietshoheit unterliegen. Zum Inland zählt auch Helgoland (zu vgl. RFH. Bd. 5 S. 299; 8 S. 220). Als Inland gilt auch jedes in einem inländischen Schiffsregister eingetragene Kauffahrteischiff (zu vgl. Bem. V).

Aus der in Abs. 1 getroffenen Regelung ergibt sich, daß der Begriff des Steuergegenstandes und damit der Steuerpflicht nicht auf das einzelne Land oder die einzelne Gemeinde abgestellt ist. Steuergegenstand ist also nicht nur jeweils der Teil des Gewerbes, der von dem einzelnen Steuergläubiger zu seinen Steuern herangezogen werden kann, nämlich die in der einzelnen Gemeinde belegene Betriebstätte, sondern der gesamte Gewerbebetrieb, der — ganz allgemein betrachtet — der Gewerbesteuer im Inland überhaupt unterliegt. Wenn sich also ein Gewerbebetrieb über mehrere Gemeinden erstreckt, so zerfällt er nicht in ebensoviele Steuergegenstände, als Steuergläubiger beteiligt sind, sondern er bildet einen einheitlichen Steuergegenstand. In Übereinstimmung damit wird auch in den Vorschriften, die sich mit dem Neueintritt in die Steuerpflicht und dem Erlöschen der Steuerpflicht (§ 22 GewStG.) befassen, unter dem Begriff Steuerpflicht stets die allgemeine Steuerpflicht im Reichsgebiet überhaupt und nicht die konkrete Steuerpflicht in einer einzelnen Gemeinde verstanden; demgemäß ist bei Anwendung dieser Vorschriften vom gesamten Gewerbe, d. h. also vom Steuergegenstand im Sinne des § 2 Abs. 1, und nicht etwa von der einzelnen Betriebstätte auszugehen. Diese Regelung entspricht dem Grundgedanken des Gesetzes, wonach im Hinblick auf die einheitliche reichsrechtliche Regelung nur der ganze Gewerbebetrieb den Ausgangspunkt bilden kann.

c) Wirkung des Grundsatzes. Erstreckt sich ein Steuergegenstand auch auf das Ausland, so ist der ausländische Teil nicht Steuergegenstand. Er ist also auszuscheiden (§ 9 Ziff. 3, § 12 Abs. 4 GewStG.). Hierbei ist zu bemerken, daß a) bei allen Körperschaften, Personenvereinigungen und Vermögensmassen, die weder ihre Geschäftsleitung noch ihren Sitz im Inland haben, nur die Wirtschaftsgüter einen gewerblichen Betrieb bilden, die zum inländischen Betriebsvermögen gehören (§ 56 Abs. 2 RBewG., und daß b) gesondert festgestellt wird der Einheitswert des inländischen Teils einer wirtschaftlichen Einheit, wenn eine wirtschaftliche Einheit oder Untereinheit sich sowohl auf Inland als auch auf Ausland erstreckt (§ 27 RBewG.). Der inländischen Besteuerung sind selbstverständlich auch gewerbliche Unternehmen unterworfen, die außerhalb des Deutschen

Reiches ihren Sitz usw. haben, aber in Deutschland eine Betriebstätte unterhalten.

d) Bedeutung der Doppelbesteuerungsverträge: Bei Würdigung der Frage sind besonders auch die Doppelbesteuerungsverträge zu berücksichtigen, die mit einer Reihe von ausländischen Staaten abgeschlossen worden sind. Es bestehen Doppelbesteuerungsverträge mit:

Danzig, zu vgl. V. v. 19. Nov. 1923, RGBl. II, 426 betr. direkte Steuern; V. vom 19. Nov. 1923, RGBl. II, 428 über Rechtsschutz und Rechtshilfe in Steuersachen (ÄndV. vom 29. Juli 1926, RGBl. II, 428).

Italien, Vertrag vom 31. Okt. 1925; G. vom 7. Dez. 1925, RGBl. II, 1145. (Ratif. 1159) für direkte Sach- und Personalsteuern.

Österreich, Vertrag vom 23. Mai 1922 für direkte Steuern; Vertrag vom 23. Mai 1922 betr. Rechtshilfe und Rechtsschutz; G. vom 14. Febr. 1923, RGBl. II, 90.

Rußland, Steuerabkommen vom 12. Okt. 1925; G. vom 6. Jan. 1926, RGBl. II, 1, 39 u. 57 (Ratif. 138).

Schweden, Abkommen vom 25. April 1928, Ges. vom 25. Juli 1928, RGBl. II, 521 (Ratif. 603).

Schweiz, Vertrag vom 24. März 1923, RGBl. II, 453 betr. Arbeitseinkommen; G. vom 8. Dez. 1923 (Ratif. 1924, RGBl. II, 33); Abkommen vom 12. Febr. 1934, RGBl. II, 37 für direkte Steuern und Erbschaftsteuer; Schlußprotokoll vom 15. Juli 1934.

Tschechoslowakei, Verträge vom 31. Dez. 1921, 18. März 1922 z. Ausgl. der in- und ausländischen Besteuerung (direkte Steuern usw.) und über Rechtsschutz und Rechtshilfe in Steuersachen; G. vom 14. Febr. 1923, RGBl. II, 69 und 77 (Ratif. 1923, RGBl. II, 224).

Ungarn, Verträge vom 6. Nov. 1923 und 26. Nov. 1923 zur Ausgleichung der in- und ausländischen Besteuerung (direkte Steuern usw.) und über Rechtsschutz und Rechtshilfe in Steuersachen; G. vom 29. Juni 1925, RGBl. II, 641, 655 (Ratif. RGBl. II, 969).

Finnland, Abkommen vom 25. Sept. 1935 zur Vermeidung der Doppelbesteuerung auf dem Gebiete der direkten Steuern und über Rechtsschutz und Rechtspflege in Steuersachen und Schlußprotokolle hiezu; Bek. vom 13. Jan. 1936, RGBl. II, 28 und 36.

Polen, Anordnung zur vorläufigen Beseitigung von Doppelbesteuerungen im Verhältnis zu Polen, Erl. vom 29. Febr. 1936, RStBl. 1936 S. 196.

Die Doppelbesteuerungsverträge bestimmen in der Regel, daß zur Gewerbesteuer nur der auf eine inländische Betriebsstätte entfallende Ertrag bzw. das auf eine inländische Betriebstätte entfallende Gewerbekapital herangezogen werden darf.

3. Steuergegenstand ist jeder stehende Gewerbebetrieb.

a) Allgemeines. Nach dem Gewerbesteuergesetz unterliegt der Gewerbesteuer lediglich das stehende Gewerbe. Nicht der Gewerbesteuer ist damit der Gewerbebetrieb im Umherziehen, das Wandergewerbe, unterworfen; letzteres wird von einer besonderen Steuer, d. i. der Wandergewerbe- oder Hausier- bzw. Wanderlagersteuer getroffen. Die Regelung ist dabei die, daß die Besteuerung eines Betriebs als Wandergewerbebetriebs die Besteuerung desselben Betriebs als stehenden Betriebs ausschließt. § 1 der Ersten GewStDVO. bestimmt, daß, soweit ein stehender Gewerbebetrieb vorliegt, weder eine Steuer vom Gewerbebetrieb im Umherziehen (Wandergewerbesteuer), noch eine Steuer vom Wanderlagerbetrieb (Wanderlagersteuer) erhoben werden darf. Die nach dem bisherigen bayer. Hausiersteuerrechte gegebene Möglichkeit, ein und dieselbe gewerbliche Tätigkeit der Gewerbe- und der Hausiersteuer zu unterwerfen (VGH. Bd. XIV S. 54, XVI S. 40), besteht nicht mehr.

b) Abgrenzung des stehenden Gewerbebetriebs vom Gewerbebetrieb im Umherziehen. Bei der bestehenden Regelung ist die Abgrenzung der Gebiete beider Steuern von besonderer Wichtigkeit. Die Rechtslage ist nun die, daß sowohl das GewStG. als auch die Erste GewStDVO. davon absehen, beide Gewerbegruppen von einander abzugrenzen. Da aber in den Landeshausiersteuergesetzen im einzelnen bestimmt ist, welche gewerbliche Tätigkeiten unter die Hausiersteuerpflicht fallen, so wird die Grenze in der Weise zu ziehen sein, daß einfach jeder nicht den Gegenstand der Wandergewerbesteuer bildende Gewerbebetrieb, mag er überhaupt nicht als Wandergewerbebetrieb erscheinen oder in Abweichung von der Regel hausiersteuerfrei sein, als stehender Gewerbebetrieb zu behandeln ist.

Die Wandergewerbesteuerpflicht wird in den landesrechtlichen Wandergewerbe- oder Hausiersteuergesetzen — bis auf geringfügige Abweichungen — im engsten Anschluß an die Vorschriften der Reichsgewerbeordnung über den Gewerbebetrieb im Umherziehen geregelt. Dieser enge Zusammenhang kommt dabei dadurch zum Ausdruck, daß die Verpflichtung zur Nachsuchung des nach der Reichsgewerbeordnung erforderlichen polizeilichen Wandergewerbescheins die Wandergewerbesteuerpflicht und die damit verbundene Verbindlichkeit zur Lösung des Besteuerungsnachweises zur Folge hat. Aus der Gewerbeordnung sind im einzelnen folgende Bestimmungen wichtig:

§ 55 GewO.: Hiernach bedarf eines Wandergewerbescheines, wer außerhalb des Gemeindebezirks seines Wohnorts oder der durch besondere Anordnung der höheren Verwaltungsbehörde dem Gemeindebezirk des Wohnorts gleichgestellten nächsten Umgebung desselben ohne Begründung einer gewerblichen Niederlassung und ohne vorgängige Bestellung in eigener Person 1. Waren feilbieten, 2. Warenbestellungen aufsuchen oder Waren bei anderen Personen als bei Kaufleuten oder an anderen Orten als in offenen Verkaufsstellen zum Wiederverkauf ankaufen, 3. gewerbliche Leistungen anbieten, 4. Musikaufführungen, Schaustellungen, theatralische Vorstellungen oder sonstige Lustbarkeiten, ohne daß ein höheres Interesse der Kunst oder Wissenschaft dabei obwaltet, darbieten will, soweit nicht für die in Ziffer 2 bezeichneten Fälle in Gemäßheit des § 44 a GewO.

eine Legitimationskarte genügt. Dem Gewerbebetrieb im Umherziehen (Hausierhandel) ist gleichgestellt das Halten von Wanderlagern, d. h. das vorübergehende Feilhalten von Waren zum Verkauf aus freier Hand außerhalb des Wohnorts des Unternehmers und außerhalb des Meß- und Marktverkehrs und öffentlicher Ausstellungen von einer festen Verkaufsstätte aus. Eine besondere Art des Wanderlagers ist die Wanderauktion, d. h. der Verkauf von Waren für Rechnung auswärtiger Unternehmer im Wege der Auktion und die Versteigerung von Waren durch ansässige Gewerbetreibende mit stehendem Handelsgewerbe für Rechnung solcher Unternehmer. Gem. § 56 c GewO. dürfen solche Wanderauktionen nur ausnahmsweise veranstaltet werden.

Gem. § 59 GewO. bedarf eines Wandergewerbescheines nicht: 1. wer selbstgewonnene oder rohe Erzeugnisse der Land- und Forstwirtschaft, des Garten- und Obstbaues, der Geflügel- und Bienenzucht, sowie selbstgewonnene Erzeugnisse der Jagd und Fischerei feilbietet; 2. wer in der Umgebung seines Wohnorts bis zu 15 km Entfernung von demselben selbstverfertigte Waren, welche zu den Gegenständen des Wochenmarktverkehrs gehören, feilbietet oder gewerbliche Leistungen, hinsichtlich deren dies Landesgebrauch ist, anbietet; 3. wer selbstgewonnene Erzeugnisse oder selbstverfertigte Waren, hinsichtlich deren dies Landesgebrauch ist, zu Wasser anfährt und von dem Fahrzeuge aus feilbietet; 4. wer bei öffentlichen Festen, Truppenzusammenziehungen oder anderen außergewöhnlichen Gelegenheiten mit Erlaubnis der Ortspolizeibehörde die von derselben zu bestimmenden Waren feilbietet. Die Landesregierungen können gem. § 59 Abs. 2 GewO. in weiterem Umfange den Gewerbebetrieb im Umherziehen mit Gegenständen des gemeinen Verbrauchs ohne Wandergewerbeschein innerhalb ihres Gebiets gestatten.

Von besonderer Bedeutung sind weiter die Bestimmungen der §§ 42 und 44 GewO. Gem. § 42 darf, wer zum selbständigen Betrieb eines stehenden Gewerbes befugt ist, dasselbe innerhalb und unbeschadet der Bestimmungen des dritten Teiles der GewO. auch außerhalb des Gemeindebezirks seiner gewerblichen Niederlassung ausüben. Eine gewerbliche Niederlassung gilt (§ 42 Abs. II GewO.) nicht als vorhanden, wenn der Gewerbetreibende im Inland ein zu dauerndem Gebrauch eingerichtetes, beständig oder doch in regelmäßiger Wiederkehr von ihm benutztes Lokal für den Betrieb seines Gewerbes nicht besitzt. § 44 GewO. lautet: (Abs. 1.) „Wer ein stehendes Gewerbe betreibt, ist befugt, auch außerhalb des Gemeindebezirks seiner gewerblichen Niederlassung persönlich oder durch in seinem Dienste stehende Reisende für die Zwecke seines Gewerbebetriebs Waren aufzukaufen und Bestellungen auf Waren zu suchen. Diese Vorschrift gilt auch für Handlungsagenten, die ein stehendes Gewerbe betreiben, in Ansehung der Befugnis, als Vermittler oder Vertreter des Geschäftsherrn den Ankauf von Waren vorzunehmen oder Bestellungen auf Waren zu suchen."

(Abs. 2): „Die aufgekauften Waren dürfen nur behufs deren Beförderung nach dem Bestimmungsorte mitgeführt werden; von den Waren, auf welche Bestellungen gesucht werden, dürfen nur Proben und Muster mitgeführt werden, soweit nicht der zuständige Reichsminister für bestimmte Waren, welche im Verhältnis zu ihrem Umfang einen hohen Wert haben und übungsgemäß an die Wiederverkäufer im Stück abgesetzt werden, zum Zwecke des Absatzes an Personen, welche damit Handel treiben, Ausnahmen zuläßt."

(Abs. 3): „Das Ankaufen darf ferner nur bei Kaufleuten oder solchen Personen, welche die Waren produzieren, oder in offenen Verkaufsstellen erfolgen. Imgleichen darf das Aufsuchen von Bestellungen auf Waren, mit Ausnahme von Druckschriften, anderen Schriften und Bildwerken, soweit nicht der zuständige Reichsminister noch für andere Waren oder Gegenden oder Gruppen von Gewerbetreibenden Ausnahmen zuläßt, ohne vorgängige ausdrückliche Aufforderung nur bei Kaufleuten in deren Geschäftsräumen oder bei solchen Personen geschehen, in deren Geschäftsbetrieb Waren der angebotenen Art Verwendung finden."

Die §§ 42 und 44 GewO. bezeichnen die gewerblichen Tätigkeiten, welche begrifflich und gemäß den gewerbepolizeilichen Vorschriften nicht als Ausübung des Wandergewerbes, sondern als Ausfluß des stehenden Gewerbes erscheinen und deshalb nicht der Wandergewerbesteuerpflicht unterliegen. Gemäß § 44 a genügt für ihre Vornahme der Besitz einer Legitimationskarte; ein Wandergewerbeschein ist nicht erforderlich. Sind allerdings die Bedingungen des § 44 GewO. nicht erfüllt, tritt Wandergewerbesteuerpflicht ein.

Hausiersteuerfrei ist ferner der Meß- und Marktverkehr (§§ 64 bis 71 GewO.).

c) Wirkung des Grundsatzes: Nach den Ausführungen unter 1 kann ein und derselbe Betrieb nur einmal, und zwar entweder als stehender Gewerbebetrieb oder als Wandergewerbebetrieb besteuert werden. Dagegen ist es möglich, daß ein und derselbe Steuerpflichtige sowohl zur Hausiersteuer als auch zur Gewerbesteuer herangezogen wird; dies ist dann der Fall, wenn der Gewerbetreibende sowohl einen stehenden als auch einen Wandergewerbebetrieb unterhält. Voraussetzung für das Bestehen der beiden Besteuerungsformen ist, daß am Wohnsitz des Gewerbetreibenden ein ständiger Mittelpunkt des Geschäftsbetriebs des Gewerbetreibenden besteht, der einen stehenden Gewerbebetrieb begründet, und daß daneben noch Tätigkeiten ausgeübt werden, die der Hausiersteuer unterliegen. Dabei bleibt zu beachten, daß diejenigen außerhalb des Wohnorts ausgeübten Arten des Gewerbebetriebs, die nicht der Steuer vom Gewerbebetriebe im Umherziehen unterliegen, auch hinsichtlich der Besteuerung als Ausfluß und Ausübung des stehenden Gewerbebetriebs anzusehen bzw. dem letzteren zuzurechnen sind.

Bei der Verbindung von hausiersteuerpflichtigem Wandergewerbe und stehendem Gewerbe in der Hand desselben Gewerbetreibenden ist jede Betriebsform für sich zu besteuern; der auf das Wandergewerbe entfallende Gewinn und das auf das Wandergewerbe entfallende Kapital sind — allenfalls im Wege der Schätzung — auszusondern.

d) Einzelfälle. Nach dem Gesagten unterliegen, da eine Hausiersteuerpflicht nicht gegeben ist, der Gewerbesteuer: die Gewerbetreibenden, die ihren Hausierhandel am Wohnort ausüben (sog. Stadthausierer), ferner die seßhaften Gewerbetreibenden, die ihre selbstgefertigten, zu den Gegenständen des Wochenmarktverkehrs gehörenden Waren in nicht größerer Entfernung als 15 km vom Wohnort, ferner die ihre Waren auf Märkten und Messen feilbieten, endlich die sog. Detail- oder Musterreisenden.

V. Der Begriff der Betriebstätte.

Nach § 1 Abs. 1 S. 2 wird ein Gewerbebetrieb im Inland betrieben, soweit für ihn im Inland oder auf in einem inländischen Schiffsregister eingetragenen Kauffahrteischiff eine Betriebstätte unterhalten wird. Voraussetzung für das Bestehen einer Gewerbesteuerpflicht ist demnach das Vorhandensein einer inländischen Betriebstätte.

Der Begriff der Betriebstätte ist nunmehr — unter Verwertung der Ergebnisse der Rechtsprechung — einheitlich für alle Reichssteuern in § 16 Abs. 1 StAnpG. geregelt. Hiernach ist Betriebstätte im Sinn der Steuergesetze jede feste örtliche Anlage oder Einrichtung, die der Ausübung des Betriebs eines stehenden Gewerbes dient. Diese Definition entspricht dem Ergebnis der bisherigen Rechtsprechung, wonach der Begriff der Betriebstätte einen festen örtlichen Mittelpunkt, bestehend in einer Anlage oder Einrichtung, voraussetzt, in welchem sich entsprechend der Willensbildung des Unternehmers dauernd und bleibend Tätigkeiten vollziehen, die den Inhalt des Gewerbebetriebs oder doch einen Teil dieses ausmachen. Ein fester örtlicher Mittelpunkt ist gegeben, wenn eine unmittelbare örtliche Beziehung zu einem bestimmten Teile der Erdoberfläche, mit dem die Anlage oder Einrichtung in einer festen, d. h. dauernden Verbindung stehen muß, vorliegt (zu vgl. Urt. IV A 210/34 vom 6. März 1935 = Bd. 37 S. 265). Nicht erforderlich ist, daß zum Zwecke der Ausübung der gewerblichen Tätigkeit ein nach außen abgeschlossenes Lokal vorhanden ist; wohl aber muß das Lokal, sofern ein solches vorhanden ist, andernfalls der Raum, in welchem sich die gewerbliche Tätigkeit vollzieht, der Verfügungsgewalt des Unternehmers oder seines Angestellten insoweit, als es zur Ausübung der gewerblichen Tätigkeit erforderlich ist, unterworfen sein. Daß die gewerblichen Räume dem Unternehmer eigentümlich gehören oder von ihm gemietet sind, ist nicht notwendig. Nicht erforderlich ist weiter, daß die Betriebstätte im Verhältnis zum ganzen Betrieb von besonderer Bedeutung ist: Betriebstätten sind deshalb nicht nur die eigentlichen Fabrikationswerkstätten und Verkaufsstätten, sondern auch die Kontore, Reparaturwerkstätten usw.

Der Begriff der Betriebstätte erfordert weiter eine gewisse Dauer der Betriebsausübung. Nur vorübergehende Anlagen oder Einrichtungen (z. B. Montagen, Beschickung von Ausstellungen und Messen), können deshalb den Begriff der Betriebstätte nicht erfüllen. Stätten, an denen Bauten errichtet werden, sind nur dann Betriebstätten, wenn die Dauer der Arbeiten 12 Monate überstiegen hat oder voraussichtlich übersteigen wird.

Die gewerbliche Tätigkeit muß in dem örtlichen Mittelpunkt entweder vom Unternehmer selbst oder von einer Mittelsperson ausgeübt werden, die sein Stellvertreter, sein Organ ist, d. h. in einem Abhängigkeitsverhältnis zu ihm steht und an Stelle des Unternehmers die in dessen Betrieb fallenden Handlungen vornimmt. Ein solches Organ ist vor allem ein Angestellter; es kann aber auch ein selbständiger Gewerbetreibender — z. B. ein Agent oder Spediteur — als Organ erscheinen. Zu vgl. Urt. RFH. Bd. 20 S. 315 und die dort angegebene Rechtsprechung, ferner Urt. IV B 47/33 vom 22. März 1934 = RStBl. 34 S. 523; Beschl. IV B 20/34 vom 28. Juni 1935 = RStBl. 35 S. 1023. Im letztgenannten Beschl. wird ausgeführt, daß die „anderen ständigen Vertreter" nicht bloße Angestellte zu sein brauchen; „allerdings dürfe der ständige Vertreter, dessen Betriebsführung für einen anderen eine Betriebstätte begründen solle, damit nicht lediglich sein eigenes selbständiges Gewerbe betreiben; er müsse vielmehr als Vertreter (Organ) dieses anderen für dessen gewerbliches Unternehmen tätig werden, insoweit also auch in einem Abhängigkeitsverhältnis zu dem Unternehmen stehen, dessen Geschäfte er besorge".

Die Voraussetzung, daß sich in einer Gemeinde eine Betriebstätte des Unternehmens befindet, ist auch dann erfüllt, wenn die in den einzelnen Gemeinden befindlichen Filialbetriebe des Gesamtunternehmens in die Form selbständiger juristischer Personen, insbesondere in die Form von Ges. m. b. H. gekleidet sind, wobei allerdings diese Gesellschaften als Organe einer übergeordneten Gesellschaft zu dieser in einem Abhängigkeitsverhältnis stehen müssen (vgl. § 2 Abs. 2 Ziff. 2 S. 2 des Ges.).

Als hauptsächliche Beispiele für Betriebstätten — die Aufzählung ist also nicht erschöpfend — führt § 16 Abs. 2 in inhaltlicher Übereinstimmung mit § 11 Abs. 2 FAG. und § 5 GewStRG. drei Gruppen von Anlagen und Einrichtungen besonderer Art auf. Als Betriebstätten gelten hienach:

1. die Stätte, an der sich die Betriebsleitung befindet;

2. Zweigniederlassungen, Fabrikationsstätten, Warenlager, Ein- und Verkaufsstellen, Landungsbrücken (Anlagestellen von Schiffahrtsgesellschaften), Kontore und sonstige Geschäftseinrichtungen, die dem Unternehmer (Mitunternehmer) oder seinem ständigen Vertreter (z. B. einem Prokuristen) zur Ausübung des Gewerbes dienen;

3. Bauausführungen, deren Dauer zwölf Monate überstiegen hat oder voraussichtlich übersteigen wird.

Ein Eisenbahnunternehmen hat eine Betriebstätte nur in den Gemeinden, in denen sich der Sitz der Verwaltung, eine Station oder eine für sich bestehende Betrieb- oder Werkstätte oder eine sonstige gewerbliche Anlage befindet, ein Bergbauunternehmen nur in den Gemeinden, in denen sich oberirdische Anlagen befinden, in welchen eine gewerbliche Tätigkeit entwickelt wird.

Ein Unternehmen, das der Versorgung mit Gas, Wasser, Elektrizität oder Wärme dient, hat keine Betriebstätte in den Gemeinden, durch die nur eine Zuleitung geführt, in denen aber Gas, Wasser, Elektrizität oder Wärme nicht abgegeben wird.

In der Aufzählung sind neu aufgeführt die Warenlager und Landungsbrücken. Was zunächst die Warenlager betrifft, so ist — wie die Begründung zum StAnpG. ausführt — allgemein anerkannt, daß zu den Betriebstätten auch diejenigen Warenlager gehören, die der Steuerpflichtige als sog. eigene Warenlager unter seinem Namen unterhält. Die weitere Frage, ob auch solche Warenlager, die ein Steuerpflichtiger bei einem Spediteur oder Agenten innehat, als Betriebstätten des Steuerpflichtigen anzusehen sind, läßt sich nur nach den Umständen des Einzelfalles beantworten. Es kommt darauf an, ob der Spediteur oder Agent, bei dem sich das Kommissionslager befindet, als ständiger Vertreter des Steuerpflichtigen — s. o. — angesprochen werden kann. Wenn ja, dann bildet das beim Spediteur oder Agenten unterhaltene Warenlager eine Betriebstätte des Steuerpflichtigen (Beschl. IV B 47/33 vom 22. März 1934 = RStBl. 34 S. 523). Daß Landungsbrücken als Betriebstätten anzusehen sind, ist durch die Rechtsprechung bereits anerkannt. Es sei auf das Urt. RStBl. 1926 S. 333 verwiesen: „Bei einer Schiffahrtsgesellschaft gilt als Betriebstätte jede bestimmte Anlegestelle, an der regelmäßig und fortlaufend Personen oder Güter angenommen werden. Der Umstand, daß die Anlegestelle der Gesellschaft nicht gehört oder ihr nicht ausschließlich zur Verfügung steht, spielt dabei keine Rolle."

Gas-, Wasser- und Elektrizitätswerke bilden mit ihren gesamten Leitungen und sonstigen Einrichtungen eine einheitliche Betriebstätte. Als Betriebsgemeinden können dabei entsprechend der gesetzlichen Bestimmung die Gemeinden nicht angesehen werden, durch welche das Gas usw. nur hindurchgeleitet wird, wohl aber die von den Werken versorgten Gemeinden, gleichgültig, ob das Gas usw. von den Werken unmittelbar an die einzelnen Verbraucher oder im ganzen an die versorgten Gemeinden selbst abgesetzt und von diesen mittels eigener Leitungen den einzelnen Verbrauchern zugeführt wird (zu vgl. auch PrOVG. VIII GSt. 567/30 vom 10. Mai 1931).

Der in RFH. Bd. 13 S. 317 ausgesprochene Grundsatz, wonach Betriebstätten bergbaulicher Betriebe auch für solche Gemeinden anerkannt werden können, in denen sich nur unterirdische Anlagen befinden, ist aufgegeben worden (zu vgl. auch RStBl. 35 S. 572).

Bei Betriebstätten auf Schiffen, die in einem inländischen Schiffsregister eingetragen sind, ist die Gemeinde des inländischen Heimathafens hebeberechtigt. Das gilt nicht bei Kauffahrteischiffen, die im sog. regelmäßigen Liniendienst ausschließlich zwischen ausländischen Häfen verkehren (zu vgl. § 13 der Ersten GewStDVO.). Kriegsschiffe gelten stets als Inland, auch wenn sie sich ständig im Ausland aufhalten; Gewerbebetriebe, z. B. Kantinenbetriebe, die auf Kriegsschiffen ausgeübt werden, sind daher stets gewerbesteuerpflichtig; hebeberechtigt ist die Gemeinde des Hauptliegehafens.

Ein ausländischer Betrieb hat eine Betriebstätte im Inland

dann, wenn die ausländische Firma eine dauernde feste Einrichtung im Inland geschaffen hat (Urt. Bd. 20 S. 310; ferner Urt. vom 6. März 1928 = RStBl. 28 S. 127; VI A 231 und 232/34 vom 19. Dez. 1934 = RStBl. 35 S. 491). Es genügt das Vorhandensein einer ständigen Vertretung mit eigener Betriebstätte, da hier die erforderliche ununterbrochene Beziehung zu dem Orte durch die Betriebstätte des Vertreters hergestellt wird. Der im Inland bestellte ständige Vertreter kann sowohl ein abhängiger Angestellter als auch ein mit Vollmacht versehener selbständiger Gewerbetreibender sein (zu vgl. RFH. 20, 310; 21, 169; 25, 352). Es ist nicht erforderlich, daß der ständige Vertreter immer die gleiche Person ist, auch nicht, daß er seinen Wohnsitz im Inland hat, wohl aber muß eine dauernde Einrichtung geschaffen sein, die wirtschaftlich betrachtet, ähnliche Zwecke verfolgt wie die Betriebstätte. Von einer solchen dauernden Einrichtung kann nicht gesprochen werden, wenn die ausländische Firma gelegentlich Reisende ins Inland zum Besuch der Kundschaft schickt oder wenn die Vermittlertätigkeit eines inländischen Agenten nur gelegentlich in Anspruch genommen wird. Die Reisenden können zwar als Vertreter der ausländischen Firmen angesehen werden, aber da sie nur gelegentlich im Inland sind, nicht als ständige Vertreter. Zur Annahme eines inländischen Gewerbebetriebs genügt weiter nicht, daß im Inlande nur Geschäfte abgeschlossen werden, auch nicht, daß dies häufig oder regelmäßig geschieht. Der Gewerbebetrieb muß vielmehr eine solche Beziehung zu einem inländischen Orte haben, daß man ihn als ununterbrochen an diesem Orte befindlich ansehen kann (Urt. I A 56/33 vom 29. Juni 1934 = StW. 34 Nr. 622).

VI. Beginn und Ende des Gewerbebetriebs.

Bei Beantwortung der Frage, wann ein Gewerbebetrieb begonnen ist und wann er aufhört, ist nach der neuen Rechtsentwicklung scharf zu unterscheiden zwischen den Gewerbebetrieben der in § 2 Abs. 2 und 3 aufgeführten Unternehmungen und den Gewerbebetrieben natürlicher Personen:

1. Beginn des Gewerbebetriebs.

a) Bei Körperschaften. Gemäß § 2 Abs. 2 und 3 des G. begründet die Tätigkeit der dort aufgeführten Unternehmen stets und ohne Rücksicht auf den Gegenstand der Betätigung kraft ihrer Rechtsform einen — gewerbesteuerpflichtigen — Gewerbebetrieb. Nach § 56 Abs. 1 RBewG. bilden einen Gewerbebetrieb insbesondere alle Gegenstände, die den dort bezeichneten Unternehmungen, die im wesentlichen dieselben sind wie die in § 2 GewStG. aufgeführten, gehören. Hieraus ist zu folgern, daß diese Unternehmungen, solange sie Vermögen besitzen, auch einen gewerblichen Betrieb unterhalten und der Gewerbesteuerpflicht unterliegen (zu vgl. die sinngemäß zu verwertenden Urteile des RFH. in Bd. 23 S. 309 und Bd. 26 S. 143). Hieraus ist weiter zu folgern, daß der Gewerbebetrieb dieser Unternehmungen schon beginnt, sobald der Gesellschaftsvertrag abgeschlossen ist und die Gesellschaft Vermögen erwirbt

— wobei gleichgültig ist, ob das Vermögen von den Gesellschaftern eingebracht oder von dritter Seite erworben wurde — und daß der Betrieb solange fortdauert, als Vermögen vorhanden ist. Der Gewerbebetrieb beginnt damit nicht erst, sobald die eigentliche satzungsgemäße gewerbliche Tätigkeit begonnen oder sobald die Gesellschaft in das Handelsregister eingetragen wird und der Gewerbebetrieb endet nicht schon, sobald das Unternehmen vorübergehend oder auf die Dauer eingestellt oder in Liquidation getreten ist oder sich unter Geschäftsaufsicht begibt oder sich einer Sanierung unterwirft (zu vgl. neben den oben erwähnten Urteilen des RFH. in Bd. 23 S. 309 und Bd. 26 S. 143 auch die Urteile III A 43/29 vom 24. Febr. 1930 = StW. 30 Nr. 442, III A 20/29 vom 5. Juni 1930 = RStBl. 30 S. 544, III A 19/28 vom 26. Sept. 1930 = StW. 30 Nr. 1335, III A 208/30 vom 1. Okt. 1931 = RStBl. 32 S. 287, III A 709/30 vom 3. März 1932 = RStBl. 32 S. 457, III A 150/32 vom 15. Dez. 1932 = RStBl. 33 S. 364, VI A 559/36 vom 5. Aug. 1936 = RStBl. 36 S. 1099). Selbstverständlich ist, daß ein Wechsel der Gesellschafter oder Teilhaber der genannten Unternehmungen nicht das Ende des bisherigen und den Beginn eines neuen Gewerbebetriebs zur Folge haben kann; dagegen ist in der Regel der Beginn eines neuen Gewerbebetriebs dann anzunehmen, wenn ein Betrieb fortan in einer anderen Gesellschaftsform betrieben oder wenn ein Einzelbetrieb in einen Gesellschaftsbetrieb umgewandelt wird. Anders ist die Rechtslage, soweit es sich um Erbengemeinschaften handelt, die steuerlich als offene Handelsgesellschaften zu behandeln sind (zu vgl. Anm. IX 1 c zu § 2). Eine Erbengemeinschaft kann steuerlich nur insoweit und solange als oHG. behandelt werden, wie sie das gemeinschaftliche Gewerbe ausübt. Mit der endgültigen Einstellung dieses Gewerbebetriebs hört die Erbengemeinschaft auf, steuerrechtlich eine oHG. zu sein. Die Rechtslage ist hier also anders wie bei einer handelsrechtlichen offenen Handelsgesellschaft. Der Umstand, daß sich noch ehemalige Betriebsgegenstände im gemeinschaftlichen Besitz der Erben befinden, schließt die Annahme nicht unbedingt aus, daß der Gewerbebetrieb beendet ist (zu vgl. Urt. III A 196/33 vom 22. Sept. 1933 = RStBl. 34 S. 54).

b) Bei Einzelpersonen. Bei Einzelbetrieben entscheidet sich die Frage, wann der Betrieb begonnen hat, darnach, wann die gewerbliche Tätigkeit begonnen hat und demnach die Voraussetzungen einer gewerblichen Tätigkeit vorliegen. Der Wille, sich am allgemeinen wirtschaftlichen Verkehr zu beteiligen, muß nach außen deutlich hervortreten. Es genügt in diesem Sinne, wenn der Kaufmann einen Laden aufgemacht oder die Eröffnung des Geschäfts öffentlich angezeigt hat; daß er schon Umsätze erzielt hat, ist nicht erforderlich. Nach der neueren — außerordentlich weitgehenden — Rechtsprechung zum EStG., die nach § 2 Abs. 1 GewStG. auch für die GewSt. gilt, ist auch die auf Eröffnung eines Gewerbebetriebs gerichtete vorbereitende Tätigkeit bereits Gewerbebetrieb (RFH. Bd. 39 S. 160). Der RFH. sagt hier: „Wie Liquidation noch Gewerbebetrieb ist, so ist die auf Eröffnung eines Betriebs abzielende Vorbereitungstätigkeit schon Gewerbebetrieb. Der Gewerbebetrieb beginnt sonach bereits mit der ersten Vorbereitungshandlung und endigt erst mit der letzten Abwicklungshandlung.“ Ein Gewerbebetrieb liegt deshalb bereits vor, wenn das Gewerbelokal gemietet oder wenn mit dem Bau oder der Einrichtung der Betriebstätte begonnen ist. Die Eintragung in das Handelsregister ist ein bloßer Formalakt, kann also für den Beginn der gewerblichen Tätigkeit nicht entscheidend sein.

2. Änderungen des Gewerbebetriebs. Änderungen in der Art, dem Umfange oder dem Orte des Betriebes oder Wechsel in der Betriebstätte, Eröffnung oder Einstellung auswärtiger Betriebsstätten begründen keine Änderung des Gewerbebetriebs. Vorübergehendes, wenn auch längeres Ruhen der geschäftlichen Tätigkeit braucht der Annahme des fortdauernden Gewerbebetriebs nicht entgegenzustehen (zu vgl. StW. 25 Nr. 294). Zeitweilige, durch die Natur des Gewerbes bedingte Unterbrechungen des Betriebes im Laufe des Jahres (namentlich bei wiederkehrend zeitweise ruhenden Gewerben, z. B. der Bauhandwerker, der Händler mit Saisonartikeln, der Hotels und die Zimmervermieter in Bade- und Kurorten) bedingen deshalb kein zeitweiliges Ende des Betriebs. Ein Ruhen des Betriebs ist dabei immer anzunehmen, wenn die Absicht der späteren Wiederaufnahme des Betriebs schlüssig begründet ist. Beim Grundstückshandel spricht die Vermutung dafür, daß der Gewerbebetrieb solange fortgesetzt wird, als noch verkäufliche Grundstücke vorhanden sind (zu vgl. § 22 Abs. 2 Satz 3 des Ges.).

3. Ende des Gewerbebetriebs. Ein Gewerbebetrieb ist als erloschen anzusehen, wenn er tatsächlich nicht mehr betrieben wird. Dies ist namentlich der Fall, wenn jemand seinen Gewerbebetrieb, so wie er ist und steht, veräußert oder wenn das inländische Betriebsvermögen in das Ausland verbracht wird. Die Abmeldung des Betriebes oder die Löschung im Handelsregister können für sich allein niemals das Ende des Gewerbebetriebs bedeuten.

Das Ende des Gewerbebetriebs wird nicht schon durch den Eintritt in die Liquidation, sondern erst mit deren Abschluß herbeigeführt (zu vgl. Urt. III A 61/28 vom 18. Sept. 1930 und III A 19/28 vom 2. Sept. 1930 = StW. 30 Nr. 1328 und 1335). Der Gewerbebetrieb dauert hierbei solange fort, als noch eine gewerbliche Tätigkeit, wenn auch nur zu Liquidationszwecken, stattfindet. Möglich ist, daß der Steuerpflichtige einzelne Betriebsgegenstände behält und in sein Privatvermögen überführt. In dem Besitz solcher Gegenstände allein liegt noch keine Fortsetzung der Liquidation, dies auch dann nicht, wenn der Steuerpflichtige die Absicht hat, den einen oder anderen Gegenstand bei sich bietender Gelegenheit zu versilbern. Voraussetzung ist aber, daß die eigentliche Verkaufstätigkeit (Liquidation) beendet ist (vgl. Urt. 196/33 vom 22. Sept. 1933 = RStBl. 34 S. 54, RFH. Bd. 35 S. 254, Bd. 39 S. 160).

Gemäß § 4 Abs. 1 der Ersten GewStDVO. bleibt ein Unternehmen, das aufgelöst wird, Steuergegenstand bis zur Beendigung der Abwicklung. Da es eine Abwicklung nur bei Personengesellschaften, bei Kapitalgesellschaften usw., nicht aber bei Gewerbebetrieben natürlicher Personen gibt, kann sich die Bestimmung nur auf erstere beziehen. Parzellierungsgesellschaften, die einen großen Landkomplex erwerben und alsdann liquidieren, unterliegen hiernach der Gewerbesteuer bis zur vollständigen Durchführung der Abwicklung.

Gemäß § 4 Abs. 2 der Ersten GewStDVO. wird das Weiterbestehen eines Gewerbebetriebs für die Zwecke der Gewerbesteuer durch die Eröffnung des Konkursverfahrens nicht berührt. Die Bestimmung ist allgemeiner Natur und bezieht sich deshalb auf alle Gewerbebetriebe.

In der Stillegung eines Gewerbebetriebs ist, soferne die Stillegung nicht bloß auf vorübergehende Zeit beabsichtigt ist, die Aufgabe des Gewerbebetriebs zu erblicken.

VII. Bedeutung des Grundsatzes, daß Gewerbebetrieb ein gewerbliches Unternehmen im Sinne des Einkommensteuerrechts ist.

Bei der Durchführung des Gewerbesteuergesetzes wird sich vor allem die Frage ergeben, ob die Gewerbesteuerbehörde an die von der Einkommensteuerbehörde bei der Veranlagung der Einkommensteuer getroffene Feststellung, daß ein Betrieb ein Gewerbebetrieb ist, gebunden ist. Aus der Fassung des Gesetzes kann diese weitgehende Folgerung nicht hergeleitet werden; aus dieser ergibt sich vielmehr nur, daß ein Gewerbebetrieb im Sinn des GewStG. ein Betrieb ist, der nach den Grundsätzen, wie sie für das EStG. gelten, als Gewerbebetrieb anzusehen ist, nicht aber, daß ein — gewerbesteuerpflichtiger — Gewerbebetrieb jeder Betrieb ist, der von der Einkommensteuerbehörde als solcher angesehen wurde. Hat deshalb die Einkommensteuerbehörde in irriger Auslegung dieser Grundsätze bestimmte Einkünfte als Einkünfte aus einem gewerblichen Unternehmen erachtet (§ 15 Abs. 1 Ziff. 1 EStG.), so ist die Gewerbesteuerbehörde an diese Auffassung nicht gebunden; der Steuerpflichtige kann seinerseits noch im Verfahren über die Festsetzung der Steuermeßbeträge die Einwendung bringen, daß sein Betrieb — mag er auch bei der inzwischen rechtskräftig gewordenen Einkommensteuerveranlagung als Gewerbebetrieb angesehen worden sein — gar kein Gewerbebetrieb sei.

Die Anwendung der Grundsätze des Einkommensteuerrechts hat zur Folge, daß die Ausübung der Land- und Forstwirtschaft sowie eines freien Berufes keinen Gewerbebetrieb darstellt. Der Begriff der Land- und Forstwirtschaft sowie des freien Berufs ist dabei für das Gewerbesteuerrecht derselbe wie für das Einkommensteuerrecht. (Über die Einzelheiten siehe unter Anm. XII.)

Abs. 2.

VIII. Die Fiktion des § 2 Abs. 2.

1. Allgemeines. Gemäß § 2 Abs. 2 gilt grundsätzlich stets und in vollem Umfange als Gewerbe die Tätigkeit der daselbst aufaufgeführten Unternehmungen. Der Gesetzgeber stellt also eine gesetzliche Fiktion (praesumptio iuris et de iure) auf, der gegenüber selbst der Nachweis nicht durchschlägt, daß ein Gewerbebetrieb nicht vorliegt. In der näheren Ausgestaltung der Fiktion will der Gesetzgeber offenbar unterschieden haben zwischen den Rechtsgebilden des § 2 Abs. 2 Ziff. 2, den Personalgesellschaften (§ 2 Abs. 2 Ziff. 1) und den Rechtsgebilden des Abs. 3. Bei den Rechtspersonen des § 2 Abs. 2 Ziff. 2 gilt die Fiktion unbeschränkt. Für die Personalgesellschaften möchte bei dem Wortlaut des Gesetzes („bildet stets und in vollem Umfang") zunächst das gleiche angenommen werden. Indes muß bei den Personalgesellschaften offenbar ein Unterschied gemacht werden. Wie sich aus den Worten des Gesetzes in § 2 Abs. 2 Ziff. 1 GewStG. „bei denen die Gesellschafter als Unternehmer (Mitunternehmer) des Gewerbebetriebs anzusehen sind", ergibt, ist Voraussetzung der Anwendbarkeit der Fiktion, daß die offene Handelsgesellschaft überhaupt einen Gewerbebetrieb innehat. Nur unter dieser Voraussetzung soll offenbar — der Wille des Gesetzgebers kommt nicht klar zum Ausdruck — die Fiktion Platz greifen. Eine oHG., die nur Landwirtschaft betreibt oder nur einen freien Beruf ausübt oder nur eigenes Kapital oder Grundvermögen verwaltet, unterliegt nicht der Gewerbesteuer; übt dagegen eine Personalgesellschaft einen Gewerbebetrieb aus, so unterliegen die gesamten Erträge, gleichgültig aus welchen Quellen sie herrühren, und das gesamte Kapital der Gewerbesteuer. Bei den Gebilden des § 2 Abs. 3 gilt die Fiktion nur, soweit sie einen wirtschaftlichen Geschäftsbetrieb (ausgenommen Land- und Forstwirtschaft) unterhalten.

2. Die dreifache Bedeutung der Fiktion. Soweit hiernach die Fiktion des Abs. 2 gilt, hat sie eine dreifache Bedeutung:

a) Zunächst bedarf es bei den genannten Gesellschaften keiner Prüfung, ob ihre Tätigkeit im einzelnen Falle und insgesamt wirklich einen Gewerbebetrieb darstellt und ob insbesondere alle Voraussetzungen für einen Gewerbebetrieb vorliegen. Demzufolge sind auch gewerbesteuerpflichtig reine Verwaltungsgesellschaften (sog. Holdinggesellschaften) und bloße Interessengemeinschaften, Sanierungsgesellschaften, Syndikate, Kartelle, Studien- und Propagandagesellschaften, soferne sie in eine der genannten Gesellschaftsformen gekleidet sind. Auch die in den genannten Gesellschaftsformen betriebene Land- und Forstwirtschaft, Obst-, Wein- und Gartenbau unterliegen der Gewerbesteuer. Das gleiche gilt für die Ausübung eines freien Berufs.

b) Bei den in § 2 Abs. 2 aufgeführten Gesellschaften unterliegt der gesamte Ertrag, gleichgültig aus welchen Einkünften er herrührt und das gesamte Kapital, gleichgültig in welchem Umfange es gewerblichen Zwecken dient, der Gewerbesteuer. Der Einwand, daß ein Teil des Ertrags aus Einkünften aus Landwirtschaft, aus Kapital usw. herrührt, kann nicht gebracht werden.

c) Die in § 2 Abs. 2 genannten Gesellschaften werden stets als Einheit zur Gewerbesteuer herangezogen, was insbesondere dann von Belang ist, wenn in einer derartigen Rechtsform mehrere verschiedene nur durch die Person des Gewerbetreibenden (der Gesellschaft) miteinander verbundene Unternehmen betrieben werden (z. B. an einem Orte eine Schokoladefabrik, an einem anderen Orte eine Kartonfabrik). Zwecks Feststellung der Besteuerungsmerkmale werden daher der Ertrag und das Kapital der mehreren Einzelunternehmen zusammengerechnet.

Die Regelung des § 2 Abs. 2 entspricht jener, wie sie für das Körperschaft- und Reichsbewertungsrecht gilt. Hiernach ist das Einkommen von buchführungspflichtigen Erwerbsgesellschaften, aus welcher Einkommensart es auch herrühren mag, steuerlich so zu behandeln und zu ermitteln, als ob es gewerbliches wäre (zu vgl. für das frühere Recht Urt. I A 54/36 vom 21. April 1936 = RSt.-Bl. 36 S. 559, für das geltende Recht § 19 der 1. DurchfVO. z. KStG.). Gemäß § 56 Abs. 1 RBewG. bilden einen gewerblichen Betrieb insbesondere alle Wirtschaftsgüter, die den folgenden Körperschaften, Personenvereinigungen und Vermögensmassen gehören, wenn diese ihre Geschäftsleitung oder ihren Sitz im Inland haben: 1. Kapitalgesellschaften (Aktiengesellschaften, Kommanditgesellschaften auf Aktien, Gesellschaften mit beschränkter Haftung, Kolonialgesellschaften, bergrechtliche Gewerkschaften); 2. Erwerbs- und Wirtschaftsgenossenschaften; 3. Versicherungsvereinen auf Gegenseitigkeit; 4. sonstigen juristischen Personen, wenn sie einen wirtschaftlichen Geschäftsbetrieb unterhalten und vorwiegend die Erzielung wirtschaftlicher Vorteile für sich oder ihre Mitglieder bezwecken; 5. nichtrechtsfähigen Vereinen, Anstalten, Stiftungen und anderen Zweckvermögen, wenn die für die sonstigen juristischen Personen des privaten Rechts geforderten Voraussetzungen gegeben sind; 6. Kreditanstalten des öffentlichen Rechts; 7. offenen Handelsgesellschaften, Kommanditgesellschaften und ähnlichen Gesellschaften, bei denen die Gesellschafter als Unternehmer (Mitunternehmer) anzusehen sind.

Der Grundsatz des § 2 Abs. 2 gilt auch, wenn die in ihm aufgeführten Gesellschaften usw. ihre Betriebe verpachtet haben; es ist also auch die Verpachtung als eine gewerbliche Tätigkeit im Sinne des § 2 Abs. 2 des Gesetzes anzusehen.

IX. Die einzelnen Gruppen des § 2 Abs. 2.

§ 2 Abs. 2 unterscheidet zwei Gruppen:

1. Die erste Gruppe umfaßt die Tätigkeit der Personengesellschaften, d. i. offenen Handelsgesellschaften, Kommanditgesellschaften und anderen Gesellschaften, bei denen die Gesellschafter als Unternehmer (Mitunternehmer) eines Gewerbebetriebs anzusehen sind.

a) Die offenen Handelsgesellschaften. Sie sind gemäß §§ 105 ff. HGB. Gesellschaften, deren Zweck auf den Betrieb eines Handelsgewerbes unter gemeinschaftlicher Firma gerichtet ist und bei denen jeder Gesellschafter mit seinem ganzen Vermögen für die Verbindlichkeiten der Gesellschaft unbeschränkt haftet. Begriffsnotwendig ist der Betrieb eines Handelsgewerbes im Sinn der §§ 1 und 2 HGB. unter gemeinsamer Firma.

Keine begrifflich notwendige Voraussetzung für das Bestehen einer oHG. ist die Eintragung ins Handelsregister. Ist allerdings eine Gesellschaft in das Handelsregister eingetragen, so wird in der

Regel eine Prüfung dahingehend, ob eine oHG. im steuerrechtlichen Sinne vorliegt, überflüssig sein; andererseits kann die Eintragung in das Handelsregister für sich allein eine Gesellschaft noch nicht zu einer oHG. machen, wenn begriffsnotwendige Voraussetzungen (Betrieb eines Gewerbes im Sinne der §§ 1 und 2 HGB. unter gemeinsamer Firma) nicht vorliegen. — Wenn z. B. Ehemann und Ehefrau zur Verwaltung ihres Vermögens eine oHG. gründen und zu Unrecht die Eintragung in das Handelsregister erreichen, so ist diese oHG. trotz ihrer Eintragung in das Handelsregister steuerlich nicht als solche anzuerkennen (zu vgl. Urt. VI A 2024/32 vom 8. Aug. 1934 = StW. 34 Nr. 601); desgleichen kann auch eine Anwaltssozietät, bei der weder der Betrieb eines Handelsgewerbes noch auch ein in kaufmännischer Weise eingerichteter Geschäftsbetrieb in Frage kommt, nicht wie eine oHG. behandelt werden. — Ist eine Eintragung in das Handelsregister nicht erfolgt, so ist steuerlich trotzdem eine oHG. anzunehmen, wenn mehrere Personen eines der in § 1 Abs. 2 HGB. bezeichneten Gewerbe betreiben. Voraussetzung ist aber in jedem Falle, daß der Betrieb des Unternehmens sowohl über den Umfang des Handwerks als auch über den Umfang des Kleingewerbes hinausgeht. Über den Umfang des Kleingewerbes wird ein Betrieb dann nicht hinausgehen, wenn die Verkehrssitte nach der Art des Betriebs keine kaufmännische Bildung des Leiters und keine Buchführung verlangt und der Umfang des Gewerbes nur klein ist.

Das Vorliegen eines förmlich abgeschlossenen Vertrags ist für die Annahme einer oHG. nicht Voraussetzung; es genügt, daß aus den Umständen entnommen werden kann, daß die beteiligten Personen sich verpflichtet haben, den Betrieb des Gewerbes gemeinschaftlich zu fördern in der Absicht, das Ergebnis des Betriebs allen Beteiligten, wenn auch zu verschiedenen Teilen, zukommen zu lassen. Andererseits genügt auch der Abschluß eines Vertrags allein noch nicht zur Entstehung einer oHG.; erforderlich ist vielmehr, daß das Handelsgewerbe tatsächlich betrieben wird.

Betreiben mehrere Personen ein Gewerbe, das zwar nicht zu den im § 1 Abs. 2 HGB. bezeichneten Gewerbearten gehört, das aber nach Art und Umfang einen in kaufmännischer Weise eingerichteten Geschäftsbetrieb erfordert, so liegt handelsrechtlich eine oHG. erst vor, wenn die Eintragung in das Handelsregister erfolgt ist; indes ist auch in diesem Falle steuerlich eine oHG. schon vor der Eintragung gegeben.

Offene Handelsgesellschaften sind in diesem Sinne auch Gesellschaften, die im Verkehr wie solche auftreten (RFH. Bd. 18 S. 85). Der RFH. hat wiederholt die Möglichkeit anerkannt, auch solche Gesellschaften, die wie z. B. Gesellschaften des bürgerlichen Rechts handelsrechtlich keine offenen Handelsgesellschaften sind, aber wirtschaftlich einer solchen gleichstehen, steuerlich wie offene Handelsgesellschaften zu behandeln. Eine Vereinigung von Zechenbesitzern, die eine diesen gemeinschaftlich gehörende Benzolfabrik für gemeinschaftliche Rechnung durch eine GmbH. als ihr Organ betreiben läßt, ist einer oHG. gleichgestellt worden (RFH. Bd. 26

S. 177). Eine Personenvereinigung, die unter gemeinsamer Firma gewerbsmäßig Güter für eine andere Person befördert, ist steuerlich dann als oHG. zu behandeln, wenn das Unternehmen über die Grenzen des Kleingewerbes hinausgeht (Urt. III A 67/31 vom 4. Mai 1932).

b) Kommanditgesellschaften (§§ 161 ff. HGB.) sind Gesellschaften, deren Zweck auf den Betrieb eines Handelsgewerbes unter gemeinschaftlicher Firma gerichtet ist, wenn bei einem oder bei einigen von den Gesellschaftern die Haftung gegenüber den Gesellschaftsgläubigern auf den Betrag einer bestimmten Vermögenseinlage beschränkt ist (Kommanditisten), während bei dem anderen Teile eine Beschränkung der Haftung nicht stattfindet (persönlich haftende Gesellschafter).

c) Ähnliche Gesellschaften des Handelsrechts, bei denen die Gesellschafter als Unternehmer (Mitunternehmer) anzusehen sind. Der Begriff des Mitunternehmers ist ein wirtschaftlicher; Unternehmer oder Mitunternehmer kann nur derjenige sein, auf dessen Rechnung und Gefahr das Unternehmen ausschließlich oder teilweise betrieben wird; der Mitunternehmer muß am Gedeih und Verderb des Unternehmens beteiligt sein. Als den offenen Handelsgesellschaften ähnliche Gesellschaften kommen in diesem Sinne in Betracht die Partenreedereien (zu vgl. RFH. Bd. 20 S. 35), ferner Erbengemeinschaften, wenn die Erbauseinandersetzung hinsichtlich des von der Erbengemeinschaft betriebenen Unternehmens auf längere Zeit ausgeschlossen ist und das Unternehmen nach Art und Umfang einen in kaufmännischer Weise eingerichteten Geschäftsbetrieb erfordert (zu vgl. RFH. Bd. 29 S. 71). Wie offene Handelsgesellschaften sind unter Umständen auch stille Gesellschaften zu behandeln. Nach bürgerlichem Recht zählt der stille Gesellschafter nicht zu den Gesellschaftern der oHG. Steuerrechtlich muß nach der Rechtsprechung des RFH. zwischen den typischen stillen Gesellschaftern und solchen stillen Gesellschaftern unterschieden werden, die an den Vermögenswerten der oHG. beteiligt sind. Der typische stille Gesellschafter beteiligt sich mit einer Vermögenseinlage, die in das Vermögen des Geschäftsinhabers übergeht, an dem Handelsgewerbe eines anderen. Seine Beteiligung beschränkt sich auf die Teilnahme an Gewinn und Verlust; die Verlustbeteiligung kann dabei ausgeschlossen werden; eine Eintragung in das Handelsregister erfolgt nicht; eine persönliche Haftung des stillen Gesellschafters gegenüber den Gläubigern des Unternehmens tritt nicht ein; an den Anlagewerten ist er nicht beteiligt. Ein solcher typischer Gesellschafter ist nicht Mitunternehmer. Einkommensteuerrechtlich versteuert er seine Erträge aus der stillen Beteiligung als Einkünfte nicht aus Gewerbebetrieb, sondern aus Kapitalvermögen (§ 20 Abs. 1 Nr. 2, § 37 Abs. 1 Nr. 2 EStG. 34). Demgegenüber ist der nichttypische stille Gesellschafter als Unternehmer bzw. Mitunternehmer anzusehen; seine Einkünfte sind Einkünfte aus Gewerbebetrieb gemäß § 15 Nr. 2 EStG.

Die Beurteilung der Frage, ob im Einzelfalle eine typische stille Gesellschaft oder nichttypische stille Gesellschaft im Sinne einer oHG.

vorliegt, hängt vom gesamten Inhalt der unter den Beteiligten getroffenen Vereinbarungen ab. Mitunternehmerschaft liegt regelmäßig vor, wenn die Beteiligten nicht nur am laufenden Ertrag (oder Verlust), sondern auch an den Anlagewerten und dem Geschäftswert und damit am Gedeih und Verderb des Unternehmens beteiligt sind. Der Unterschied zwischen typischer stiller Gesellschaft und nichttypischer stiller Gesellschaft wird besonders deutlich erkennbar, wenn man fragt, was der stille Gesellschafter bei Aufgabe der stillen Beteiligung zu fordern hat. Bekommt er lediglich sein Kapitalguthaben oder einen im voraus bestimmten festen, über sein Kapitalguthaben hinausgehenden Betrag bei Aufgabe der stillen Beteiligung ausbezahlt, so handelt es sich für die Regel um einen typischen stillen Gesellschafter. Eine nichttypische stille Beteiligung kann sich z. B. aus der Vereinbarung ergeben, daß der stille Gesellschafter bei seinem Ausscheiden nicht nur an dem bilanzmäßigen Reingewinn, sondern auch an einem eventuellen Mehrwert des ganzen Unternehmens teilhaben soll. Neben der Beteiligung am Gedeih und Verderb des Unternehmens kommt es für die Beurteilung der Frage auch darauf an, welche Rechte im Leben der Gesellschaft dem Gesellschafter zustehen. Beschränkt sich die Stellung des Gesellschafters auf mehr oder weniger belanglose Kontrollrechte, so wird der stille Gesellschafter in der Regel typischer stiller Gesellschafter, also nicht Mitunternehmer sein (zu vgl. RFH. Bd. 18 S. 162; Bd. 20 S. 39; Bd. 26 S. 173).

d) Familiengesellschaften. Vielfach arbeiten erwachsene Söhne im Gewerbebetrieb der Eltern mit; dabei wird häufig vereinbart, daß die Söhne nach Art offener Handelsgesellschafter oder auch Kommanditisten am Gewerbebetrieb beteiligt sein sollen. Derartige Vereinbarungen werden häufig aus Gründen der Steuerersparnis getroffen; Verwaltung und Rechtsprechung stehen ihnen deshalb mit einem gewissen Mißtrauen gegenüber. Nach der Rechtsprechung des RFH. ist eine der Voraussetzungen für die Anerkennung derartiger Familiengesellschaften, daß den Gesellschaftern als solchen auch eine Stellung im Betriebe zukommt, wie sie Mitunternehmern zusteht. Der RFH. hat deshalb Familiengesellschaften insbesondere dann die steuerliche Anerkennung versagt, wenn die Eltern nach Begründung des Gesellschaftsverhältnisses nach wie vor ganz oder doch in einem beträchtlichen Umfange die selbständige Stellung im Betriebe behalten, daß sie aus dem Betriebe entnehmen können, was sie wollen, während die Kinder als Mitunternehmer nur das entnehmen dürfen, was ihnen gestattet wird. Beteiligungen an offenen Handelsgesellschaften oder Kommanditgesellschaften erfolgen für die Regel dadurch, daß dem Betriebe neues Kapital zugeführt wird. Wird die Beteiligung der Kinder an dem Betriebe der Eltern einfach durch Abtrennung vom Kapitalkonto der Eltern gebildet, so kann das zu der Auffassung führen, daß die Kapitalabzweigung weniger mit Rücksicht auf die Begründung eines Gesellschaftsverhältnisses, als vielmehr aus Gründen einer vermögensrechtlichen Auseinandersetzung erfolgt ist. Zur Annahme der Mitunternehmerschaft kann nicht die bloße Arbeitshilfe im Betriebe der Eltern genügen, insbesondere wenn man bedenkt, daß die Aufnahme eines oder mehrerer Gesellschafter in den Betrieb regelmäßig weitgehende vermögensrechtliche und schließlich auch erbrechtliche Folgen mit sich bringt, die, wenn sie ernstlich gewollt sind, nach den Erfahrungen des Lebens eine entsprechend genaue, meist schriftlich festgehaltene Regelung bei Begründung des Gesellschaftsverhältnisses erfahren; unter einfach gelagerten Verhältnissen mag ein Gesellschaftsvertrag zwischen Vater und Sohn auch als stillschweigend zustande gekommen angenommen werden können. Eine entsprechend genaue Regelung des Beteiligungsverhältnisses wird aber — eben mit Rücksicht auf die vermögens- und erbrechtlichen Folgen der Begründung der Mitunternehmerschaft — namentlich dann geboten sein, wenn mehrere Kinder vorhanden sind. Für alle Fälle bedarf es aber der Darlegung, welche Tatsachen — abgesehen von der Mitarbeit — Mitrechte eines Kindes am Betriebsvermögen und Betriebsgewinn als ernsthaft begründet erscheinen lassen (zu vgl. Urt. VI A 834/35 vom 27. Nov. 1935 = RStBl. 36 S. 251).

e) Die Behandlung der offenen Handelsgesellschaften usw. nach Einkommen- und Gewerbesteuerrecht im allgemeinen. Die Gesellschaften im Sinn des § 2 Abs. 2 Ziff. 1 haben einkommensteuerrechtlich keine eigene Rechtspersönlichkeit; die unter der Firma einer oHG. usw. betriebenen Unternehmungen sind nicht als von der oHG. usw. betriebene Unternehmen, sondern als die Unternehmen ihrer persönlich haftenden Gesellschafter anzusehen. Das Bestehen der Gesellschaften wird aber einkommensteuerrechtlich insofern anerkannt und beachtet, als die von den Gesellschaftern erzielten Reineinkünfte einheitlich festgestellt werden (zu vgl. § 215 Abs. 2 AO.). Durch den Feststellungsbescheid ist dabei festzustellen nicht etwa der Gewinn und Verlust der Gesellschaft als solcher, sondern die Summe der Gewinne — und allenfalls auch Verluste — der an der Gesellschaft beteiligten Gesellschafter. Gewerbesteuerrechtlich spielen die Gesellschafter der oHG., KomGes. usw. keine Rolle, da der Gewerbesteuer der — einheitliche — Betrieb der oHG. usw. unterliegt. Haben die Gesellschafter der oHG., einer KomGes. oder einer anderen Gesellschaft, bei der die Gesellschafter als Unternehmer (Mitunternehmer) des Gewerbebetriebs anzusehen sind, einen eigenen Gewerbebetrieb, so sind die Anteile am Verlust einer oHG. dem Gewinn dieses Betriebs hinzuzurechnen (§ 8 Ziff. 9 GewStG.), andererseits ist die Summe des Gewinns — des eigenen Gewerbebetriebs — und der Hinzurechnungen zu kürzen um die Anteile am Gewinn einer oHG. usw. (§ 9 Ziff. 2 GewStG.). Gemäß § 12 Abs. 3 Ziff. 2 Ges. ist die Summe des Einheitswerts des gewerblichen Betriebs und der Hinzurechnungen zu kürzen um den Wert (Teilwert) einer zum Gewerbekapital gehörenden Beteiligung an einer oHG. usw.

Keine Gesellschaft, bei denen die Gesellschafter als Unternehmer (Mitunternehmer) des Gewerbebetriebs anzusehen sind, stellen Gesellschaften dar, die bloß gemeinsame Belange verfolgen. Als Gesellschaften im Sinn des § 2 Abs. 2 Ziff. 1 haben deshalb auszuscheiden bloße Interessengemeinschaften, d. h. Gemeinschaften, die

— in der Regel — zur Erzielung einer größeren Rentabilität der Betriebe von Gewerbetreibenden abgeschlossen werden, ohne daß von diesen die gewerbliche Selbständigkeit aufgegeben wird (Urt. VI A 833/33 vom 9. Mai 1934 = Bd. 36 S. 128), weiter sog. Metaverbindungen, bei denen jeder der Beteiligten im eigenen Namen, aber für fremde Rechnung abschließt (zu vgl. Urt. VI A 2120/29 vom 23. Juli 1930 = RStBl. 30 S. 716), ferner Gemeinschaften von Gewerbetreibenden, z. B. von Brauern, die lediglich die von ihnen benötigten Erzeugnisse gemeinsam herstellen und die anfallenden Unkosten verhältnismäßig tragen. Keine Gesellschaften im Sinn einer Mitunternehmerschaft bilden schließlich sog. Arbeitsgemeinschaften, d. h. Gemeinschaften, zu der sich mehrere gewerbliche Unternehmer für die Aufführung eines Bauwerks auf gemeinsame Rechnung zusammengeschlossen haben; derartige Arbeitsgemeinschaften bilden nur einen Ausfluß der eigenen gewerblichen Tätigkeit der beteiligten Firmen.

2. Die zweite Gruppe stellen die Kapitalgesellschaften, die Erwerbs- und Wirtschaftsgenossenschaften und die Versicherungsvereine auf Gegenseitigkeit dar; ihr Kreis deckt sich völlig mit den in § 1 Abs. 1 Ziff. 1 bis 3 KStG. und § 56 Abs. 1 Ziff. 1 bis 3 RBewG. genannten Gesellschaften.

a) Allgemeines. Die in Frage stehenden Gesellschaften sind mit ihrem gesamten Gewinn, gleichviel aus welchen Einkunftsarten er sich zusammensetzt, der Gewerbesteuer unterworfen.

b) Die einzelnen Gesellschaften. Die Aktiengesellschaft (zu vgl. das Gesetz über Aktiengesellschaften und Kommanditgesellschaften auf Aktien [Aktiengesetz] vom 30. Jan. 1937, RGBl. I S. 107) ist eine reine Kapitalgesellschaft; bei ihr sind sämtliche Gesellschafter mit Einlagen auf das in Aktien zerlegte Grundkapital beteiligt; eine persönliche Haftung der Gesellschafter (Aktionäre) kommt nicht in Betracht.

Bei der Kommanditgesellschaft auf Aktien (zu vgl. das Gesetz über Aktiengesellschaften und Kommanditgesellschaften auf Aktien (Aktiengesetz) vom 30. Jan. 1937, RGBl. I S. 107) haftet mindestens einer der Gesellschafter den Gesellschaftsgläubigern unbeschränkt (persönlich haftender Gesellschafter), während die übrigen sich nur mit Einlagen auf das in Aktien zerlegte Grundkapital der Gesellschaft beteiligen (Kommanditisten).

Die Kolonialgesellschaften sind Gesellschaften, welche sich mit der Betreibung oder Förderung kolonialer Unternehmungen befassen; sie sind — im Gegensatz zu den übrigen in § 2 Abs. 2 Ziff. 2 aufgeführten Gesellschaften — Körperschaften des öffentlichen Rechts; ihre rechtlichen Verhältnisse sind im Schutzgebietsgesetze vom 17. April 1886 i. d. F. vom 10. Sept. 1900 (RGBl. S. 812) geregelt. Äußerlich sind sie den Aktiengesellschaften nachgebildet, unterscheiden sich aber von diesen dadurch, daß für ihre Errichtung das Erfordernis eines Grundkapitals nicht besteht.

Wegen der bergbautreibenden Vereinigungen vgl. Art. 67 EG.z. BGB.; zu den rechtsfähigen bergbautreibenden Vereinigungen gehören vor allem die rechtsfähigen Berggewerkschaften, zu den nichtrechtsfähigen die preuß. Gewerkschaften alten Rechtes. Nicht zu den bergbautreibenden Vereinigungen in diesem Sinn rechnen die in die Form einer anderen Erwerbsgesellschaft, z. B. einer Aktiengesellschaft oder einer Gesellschaft m. b. H., gekleideten bergbautreibenden Vereinigungen; diese Unternehmungen gehören vielmehr den Erwerbsgesellschaften zu, in deren Rechtsform sie gekleidet sind.

Die rechtlichen Verhältnisse der Gesellschaften m. b. H. sind geregelt im Gesetz betr. die Gesellschaften mit beschränkter Haftung in der Fassung der Bek. vom 20. Mai 1898 (RGBl. S. 846) mit Novellen vom 24. Dez. 1922 (RGBl. 1923 S. 22) und vom 28. Juni 1926 (RGBl. I S. 315). Die Gesellschafter sind mit Einlagen auf das in Geschäftsanteile zerlegte Stammkapital der Gesellschaft beteiligt; eine persönliche Haftung für die Verbindlichkeiten der Gesellschaft ist wie bei der Aktiengesellschaft ausgeschlossen.

Wegen der Genossenschaften zu vgl. das Gesetz betr. die Erwerbs- und Wirtschaftsgenossenschaften in der Fassung vom 20. Mai 1898 (RGBl. S. 810), abgeändert durch das Gesetz vom 1. Juli 1922 (RGBl. I S. 567) mit Novelle vom 19. Jan. 1926 (RGBl. I S. 91). Hierher zählen die eingetragenen Genossenschaften mit unbeschränkter Haftpflicht, die eingetragenen Genossenschaften mit unbeschränkter Nachschußpflicht, die eingetragenen Genossenschaften mit beschränkter Haftpflicht, ferner — da grundsätzlich a l l e Genossenschaften Erwerbsgesellschaften sind — Genossenschaften, die nicht eingetragen sind, aber durch Beleihung juristische Persönlichkeit erlangen (zu vgl. Art. 165 EG.z.BGB.), schließlich grundsätzlich auch die nichtrechtsfähigen Genossenschaften (z. B. nicht eingetragene Molkerei-, Dresch- usw. Genossenschaften).

Die Versicherungsvereine auf Gegenseitigkeit — zu vgl. Gesetz über die Beaufsichtigung der Privatversicherungsunternehmungen und Bausparkassen vom 6. Juni 1931 (RGBl. I S. 315, insbesondere §§ 1 und 7). — Hierher gehören nicht nur die privatrechtlichen, sondern auch die öffentlich-rechtlichen Versicherungsanstalten, die auf Gegenseitigkeit gegründet sind (zu vgl. RFH. Bd. 14 S. 109). Bei öffentlich-rechtlichen Versicherungsanstalten kann dabei die Begründung der Gegenseitigkeit auch schon dann angenommen werden, wenn das Mitbestimmungsrecht der Versicherten bei der Verwaltung der Anstalt nicht besonders hervortritt und wenn dem einzelnen Versicherten ein Anteil am Vermögen der Anstalt nicht zusteht (zu vgl. RFH. Bd. 28 S. 145).

Das Wesen der Versicherungsvereine auf Gegenseitigkeit besteht darin, daß Versicherer und Versicherte dieselben Personen sind; anders die Versicherungsaktiengesellschaften, bei denen das Versicherungsgeschäft in der Hand des Unternehmers einen gewerblichen Betrieb bildet.

c) D i e O r g a n s c h a f t b e i d e r G e w e r b e s t e u e r. Von der Gewerbesteuerpflicht ist lediglich die Tätigkeit solcher unter die Ziff. 2

fallenden Gesellschaften ausgenommen, die Organe anderer Unternehmen sind.

aa) Allgemeines zum Begriff der Organschaft: Die Annahme einer selbständigen gewerblichen Tätigkeit wird nicht ohne weiteres durch die Tatsache begründet, daß die Tätigkeit von einer juristischen Person ausgeübt wird. Auch eine juristische Person kann unter Umständen so in den Organismus eines anderen Betriebs eingegliedert sein, daß sie im Interesse des ihr übergeordneten Unternehmens tätig ist und auf dessen Weisungen sowie auf dessen Risiko ihre Geschäfte führt. Nach der Rechtsprechung des RFH., wie sie besonders in dem Urteil Bd. 20 S. 46 zum Ausdruck kommt (zu vgl. auch Urteile Bd. 9 S. 169, Bd. 19 S. 270, Bd. 20 S. 48, Bd. 23 S. 9, Bd. 33 S. 63 und Bd. 34 S. 228) ist eine juristische Person dann Organ, wenn sie finanziell und wirtschaftlich und organisatorisch — nach Art einer bloßen Geschäftsabteilung — in ein anderes Unternehmen eingegliedert ist (finanziell durch Kapitalbesitz der Oberorgangesellschaft, wirtschaftlich durch Bindung der geschäftlichen Betätigung an bestimmte Weisungen der Obergesellschaft, organisatorisch durch Leitung und Überwachung der Geschäftsführung) und wenn hiernach ein Handeln der Organgesellschaft auf eigene Rechnung und Gefahr im Innenverhältnis ausgeschlossen ist. Eine besondere Form der Eingliederung ist nicht vorgeschrieben. Ob diese Voraussetzungen im Einzelfall gegeben sind, ist Tatfrage; maßgebend ist das Gesamtbild der tatsächlichen Verhältnisse; die bürgerlich-rechtliche Gestaltung der Beziehungen ist belanglos. Die Tatsache, daß die Organgesellschaft nach außen im eigenen Namen auftritt und handelt, eine eigene Geschäftsführung besitzt, eigene Bilanzen aufstellt, steht ihrer Anerkennung als Organ nicht entgegen. Daß sich die Organgesellschaft in demselben Geschäftszweige wie die Obergesellschaft betätigt, ist nicht erforderlich.

Die Organschaft wird für das Umsatzsteuerrecht — für dieses nunmehr ausdrücklich durch die Bestimmung des § 2 Abs. 2 UStG. — und für das Körperschaftsteuerrecht anerkannt. Für das Körperschaftsteuerrecht schließt allerdings die Angestellteneigenschaft einer juristischen Person deren subjektive Steuerpflicht nicht aus. Zwischen den juristisch selbständigen Gesellschaften eines Organverhältnisses können echte Schulden und Forderungen bestehen, die grundsätzlich auch steuerrechtlich anzuerkennen sind; eine Organgesellschaft kann auch eigene, von ihr selbst (als Einkünfte aus Gewerbebetrieb) zu versteuernde Einkünfte beziehen und schließlich zählt der von der Organgesellschaft erzielte Gewinn zu den Einkünften der Obergesellschaft erst nach eingehender Prüfung und Feststellung, daß die Organgesellschaft auf Grund einer Vereinbarung oder auf Grund einer bindenden Weisung der Obergesellschaft zur Abführung des Gewinns an letztere verpflichtet ist.

bb) Die Organschaft im Gewerbesteuerrecht: Voraussetzung der Gewerbesteuerpflicht eines Unternehmens ist Selbständigkeit des Unternehmens; ein unselbständiges Unternehmen kann nicht Subjekt der Gewerbesteuer sein. Aus dieser Erwägung ist die Organschaft in ständiger Rechtsprechung vom preuß. OVG. für die preuß. Gewerbesteuer anerkannt worden. Die gleichen Erwägungen führten offenbar dazu, die Organschaft auch für die Reichsgewerbesteuer ausdrücklich anzuerkennen. Gemäß § 2 Abs. 2 Ziff. 2 Satz 2 gilt, wenn das Unternehmen einer Kapitalgesellschaft oder einer Erwerbs- und Wirtschaftsgenossenschaft oder eines Versicherungsvereins auf Gegenseitigkeit dem Willen eines anderen Unternehmens derart untergeordnet ist, daß es keinen eigenen Willen mehr hat, dieses Unternehmen als Betriebstätte dieses Unternehmens.

a) Der Begriff der Organschaft wird in § 3 der Ersten GewSt.-DVO. für die Gewerbesteuer wie folgt bestimmt: „Eine Kapitalgesellschaft ist dem Willen eines gewerblichen Unternehmens dann derart untergeordnet, daß sie keinen eigenen Willen hat (Organgesellschaft), wenn sie nach dem Gesamtbild der tatsächlichen Verhältnisse finanziell, wirtschaftlich und organisatorisch in dieses Unternehmen eingegliedert ist."

Die Organschaft gilt bei der Gewerbesteuer nur, wenn Organ eine der in § 2 Abs. 2 Ziff. 2 aufgeführten Kapitalgesellschaften usw. ist, sie gilt deshalb nicht, wenn Organ eines der in § 1 Abs. 2 Ziff. 1 und Abs. 3 genannten Rechtsgebilde ist. Ist eine offene Handelsgesellschaft oder Kommanditgesellschaft von einem anderen Unternehmen mehr oder weniger, z. B. in der Weise abhängig, daß sich ihre Anteile in den Händen einer GmbH. befinden, so bildet ihre Tätigkeit trotzdem einen selbständigen Gewerbebetrieb.

Oberorgan muß ein anderes Unternehmen sein. Ein anderes Unternehmen in diesem Sinne kann das Unternehmen einer der im § 2 Abs. 2 und Abs. 3 aufgeführten Gesellschaften sein.

Es erhebt sich die Frage, ob eine Kapitalgesellschaft auch Organ eines Unternehmens ihres einzigen Gesellschafters sein kann. Die Frage ist zu bejahen.

Gewerbebetriebe, die in der Form einer Einmanngesellschaft (AG., GmbH.) auftreten, die also von einem einzigen Gesellschafter völlig beherrscht werden, rechnen an sich als selbständige Gesellschaften. Es ist aber möglich, daß der Gesellschafter, der die tatsächlichen Anteile einer Kapitalgesellschaft besitzt, diese so untrennbar mit eigenen Unternehmungen, also einem eigenen Betrieb, in der Weise verschmilzt, daß der Betrieb der Kapitalgesellschaft nicht mehr erkennbar ist. In diesem Falle erscheint die Kapitalgesellschaft als Organbetrieb des Betriebes des Gesellschafters.

cc) Wirkungen der Organschaft: Bei der Gewerbesteuer schließt die Feststellung, daß eine Kapitalgesellschaft Organ eines Unternehmens ist, die selbständige Heranziehung dieser Kapitalgesellschaft zur Gewerbesteuer schlechthin aus. Der Gewinn und das Kapital der Organgesellschaft werden einzig und allein beim Organträger besteuert. Die Tätigkeit der Organgesellschaft begründet eine Betriebstätte der Obergesellschaft.

Es ist möglich, daß der Organträger seinerseits — z. B. wegen gemeinnütziger oder mildtätiger Betätigung — von der Gewerbesteuer befreit ist. Da die Anwendung der Organschaft auf die Gewerbesteuer voraussetzt, daß der Organträger seinerseits gewerbesteuerpflichtig ist, so ist in diesem Falle der Organgesellschaft die Anerkennung als Organ zu versagen.

Die Organschaft scheidet bei der Gewerbesteuer aus, wenn Oberorgan ein ausländisches Unternehmen ist. In diesem Falle gilt das an sich als Organ des ausländischen Unternehmens anzusehende inländische Unternehmen als selbständig.

X. § 2 Abs. 3.

1. Allgemeines. Gemäß Abs. 3 gilt als Gewerbebetrieb auch die Tätigkeit der sonstigen juristischen Personen des privaten Rechts und der nichtrechtsfähigen Vereine; eine Gewerbesteuerpflicht kommt aber nur insoweit in Betracht, als diese einen wirtschaftlichen Geschäftsbetrieb unterhalten. Die Fiktion des § 2 Abs. 2 GewStG. wird also nur unvollkommen aufrechterhalten. Nach der Regelung des Gesetzes kommen drei Möglichkeiten in Betracht: aa) Die gesamte Betätigung der genannten Rechtspersonen ist als wirtschaftlicher Geschäftsbetrieb zu werten; bb) ein Teil der Betätigung stellt einen wirtschaftlichen Geschäftsbetrieb dar; cc) die gesamte Betätigung ist rein ideeller oder geselliger Art. Im Falle aa ist gewerbesteuerpflichtig der gesamte Gewinn und das gesamte Betriebskapital; im Falle bb unterliegt der Gewerbesteuerpflicht der auf den wirtschaftlichen Geschäftsbetrieb entfallende Gewinn und das auf den wirtschaftlichen Geschäftsbetrieb entfallende Betriebskapital; im Falle cc entfällt die Gewerbesteuerpflicht.

2. Die Gruppen des § 2 Abs. 3. Im einzelnen fallen unter die dritte Gruppe:

a) s o n s t i g e j u r i s t i s c h e P e r s o n e n d e s p r i v a t e n R e c h t s: hierunter fallen alle sonstigen juristischen Personen des privaten Rechts, die nicht bereits in eine der voraufgeführten Gruppen eingereiht werden können. In Frage kommen vor allem die rechtsfähigen Vereine. Gemäß § 21 BGB. erlangen Vereine, deren Zweck nicht auf einen wirtschaftlichen Geschäftsbetrieb gerichtet ist, Rechtsfähigkeit durch Eintragung in das Vereinsregister des zuständigen Amtsgerichts (Vereine mit idealen Bestrebungen); Vereine, deren Zweck auf einen wirtschaftlichen Geschäftsbetrieb gerichtet ist, erlangen in Ermangelung besonderer reichsgesetzlicher Vorschriften Rechtsfähigkeit durch staatliche Verleihung (§ 22 BGB.). Hierher gehören weiter die Vereine, die nach älterem Landesrecht mit juristischer Persönlichkeit ausgestattet sind, weiter die rechtsfähigen Anstalten, Stiftungen und Zweckvermögen des privaten Rechts; sie können seit dem Inkrafttreten des BGB. die Rechtsfähigkeit nur durch staatliche Verleihung erhalten; die vor dem Inkrafttreten des BGB. nach Reichs- und Landesrecht als juristische Personen entstandenen Stiftungen und Anstalten bestehen als solche fort. Unter Anstalt ist nach Oertmann (Komm. zum BGB. §§ 80 und 89) jeder verselbständigte, aber nicht auf körperschaftlichem Zusammenschluß einer Vielheit von Mitgliedern oder Stiftungsakten beruhende soziale Organismus zu verstehen. Eine Stiftung (§§ 80 bis 88 BGB.) ist nach Staudinger eine rechtsfähige Verbandsperson, deren Daseinszweck die Durchführung des Willens ihres Gründers, d. i. der Stiftung durch Verwendung eines hierzu gewidmeten Vermögens ist. Die Stiftungen können wie die juristischen Personen privatrechtliche oder öffentlichrechtliche sein. Unter § 2 Abs. 3 fallen nur privatrechtliche Stiftungen. Hinsichtlich der privatrechtlichen Stiftungen unterscheidet das BGB. keine besondere Arten, es läßt aber in dieser Hinsicht dem Landesrecht weiten Spielraum. Nach dem Landesrecht spielen die sog. Familienstiftungen eine besondere Rolle. Wegen des Begriffs und der steuerlichen Behandlung der Familienstiftungen zu vgl. § 12 StAnpG. Den Stiftungen stehen sonstige Zweckvermögen und rechtsfähige und nicht rechtsfähige Personenvereinigungen gleich (§ 12 Abs. 2 StAnpG.). Unter Zweckvermögen ist eine selbständige, einem bestimmten Zweck dienende Vermögensmasse zu verstehen, die aus dem Vermögen des Widmenden ausgeschieden ist und eigene Einkünfte besitzt (RFH. Bd. 21 S. 301). Zu nennen sind hier vor allem die Sammelvermögen im Sinn des § 1914 BGB., die Unterstützungskassen (zu vgl. RFH. Bd. 9 S. 325, Bd. 10 S. 240, Bd. 16 S. 67). Ein Zweckvermögen liegt auch vor, wenn die Einkünfte eines Nachlaßvermögens der Verfügung der Erben entzogen sind und das Vermögen später nicht den Erben oder ihren Rechtsnachfolgern auszuhändigen ist. Zu den sonstigen juristischen Personen des privaten Rechts zählen weiter die sog. Realgemeinden nach Art. 164 EG.z.BGB., soweit sie Rechtsfähigkeit besitzen. Gemäß Art. 164 EG.z.BGB. bleiben die landesgesetzlichen Vorschriften über die zur Zeit des Inkrafttretens des BGB. bestehenden Realgemeinden und ähnlichen Verbände, deren Mitglieder als solche zu Nutzungen an land- und forstwirtschaftlichen Grundstücken, an Mühlen, Bräuhäusern und ähnlichen Anlagen berechtigt sind, bestehen; in Betracht kommen alle unter verschiedenen Bezeichnungen vorkommenden agrarischen und forstwirtschaftlichen Genossenschaften (Markgenossenschaften, Gütergemeinden, Alpengenossenschaften, ferner Kommunebrauereien usw.). Unter § 2 Abs. 3 fallen aber die Realgemeinden nur, soweit sie juristische Personen des privaten Rechts sind.

b) Die nichtrechtsfähigen Vereine. Hierunter sind alle Gemeinschaften ohne eigene Rechtspersönlichkeit zu verstehen, bei denen ein auf Vertrag beruhender Zusammenschluß von einzelnen Personen oder juristischen Personen (auch nichtrechtsfähigen Vereinigungen) oder mehreren dieser Gruppen gegeben ist. Nach dem Urt. des RG. in RGZ. Bd. 60 S. 94 ist „der nichtrechtsfähige Verein eine dauernde Verbindung einer größeren Anzahl von Personen zur Erreichung eines ihnen gemeinsamen Zwecks, die sich eine die wesentlichsten Merkmale einer korporativen Organisation enthaltende Gestaltung gegeben hat, einen Gesamtnamen führt, und bei welcher ein Wechsel in dem Mitgliederbestande und zwar nicht vermöge besonderen Ausnahmerechts, sondern naturgemäß infolge des Wesens der Vereinigung stattfindet". Ein nichtrechtsfähiger Verein kann auch vorliegen, ohne daß die Form der Vereinigung eine ausdrückliche gesetzliche Regelung gefunden hat oder daß die zusammengeschlossenen Personen in ihrem Zusammenschluß sich zu einer besonderen

Rechtsform bekennen (RFH. Bd. 15 S. 311). Die nichtrechtsfähigen Vereine unterliegen bürgerlich-rechtlich den Vorschriften über die Gesellschaft, unterscheiden sich aber von diesen dadurch, daß sie eine vereinsartige Organisation besitzen.

Unter die nichtrechtsfähigen Vereine fallen insbesondere die nichtrechtsfähigen Realgemeinden; als nichtrechtsfähige Vereine sind häufig auch die Kartelle (insbesondere Kontingentierungskartelle), Syndikate und Konsortien aufgezogen. Dagegen gehören nicht hieher Gebilde, bei denen die Mitglieder als Unternehmer (Mitunternehmer) des Betriebs anzusehen sind. Diese Gebilde rechnen zu den Personalgesellschaften im Sinn des § 2 Abs. 2 Ziff. 1 GewStG.

Der Gewerbesteuerpflicht unterliegt nicht die Tätigkeit der Gesellschaften des bürgerlichen Rechts (§ 705 BGB.) sowie der nichtrechtsfähigen Stiftungen, Anstalten, Zweckvermögen und Vermögensmassen (zu vgl. die Regelung des § 3 KStG.).

3. Die genannten Vereine usw. sind gewerbesteuerpflichtig, soweit sie einen wirtschaftlichen Geschäftsbetrieb unterhalten.

a) Der Begriff des wirtschaftlichen Geschäftsbetriebs. Der Begriff des wirtschaftlichen Geschäftsbetriebs hat durch die Rechtsprechung des RFH. und das Schrifttum eine feststehende Auslegung erfahren. Hiernach ist unter „Geschäftsbetrieb" die planmäßige geschäftliche Betätigung, unter „wirtschaftlichem Geschäftsbetrieb" eine solche geschäftliche Betätigung zu verstehen, die Erwerbszwecke verfolgt (zu vgl. insbesondere RFH. Bd. 32 S. 161). Gemäß § 5 der Ersten GewStDVO. ist ein wirtschaftlicher Geschäftsbetrieb eine planmäßige wirtschaftliche Tätigkeit zur Erzielung von Einnahmen oder anderen wirtschaftlichen Vorteilen, die über eine einmalige Betätigung hinausgeht. Die Absicht der Gewinnerzielung ist nicht erforderlich.

Nach der gegebenen Begriffsbestimmung kommt es für die Beurteilung der Frage, ob ein wirtschaftlicher Geschäftsbetrieb vorliegt, lediglich auf die Art der Betätigung des Vereins usw. und nicht darauf an, ob die Erträgnisse den Mitgliedern oder Dritten zufließen. Die Steuerfreiheit ist in jedem Falle eines wirtschaftlichen Geschäftsbetriebs und damit auch dann zu versagen, wenn das Vermögen des Vereins in der Form eines wirtschaftlichen Geschäftsbetriebs den satzungsgemäßen Zwecken dienstbar gemacht wird. Der Zweck des wirtschaftlichen Geschäftsbetriebs wird also nicht gewertet.

Der Begriff des wirtschaftlichen Geschäftsbetriebs ist weiter als der Begriff des Gewerbebetriebs. Insbesondere braucht der Betrieb — zu vgl. auch die Begriffsbestimmung in der 1. DurchfVO. z. GewStG. — nicht auf Gewinnerzielung gerichtet zu sein; es genügt vielmehr, daß Ersparnisse oder andere wirtschaftliche Vorteile erstrebt werden (Urt. III A 105/33 vom 21. Juni 1933 = RStBl. 33 S. 1347). Erforderlich ist aber die Teilnahme am allgemeinen Wirtschaftsleben durch die betreffende Betätigung; zu dem Begriff „Geschäftsbetrieb" gehört die Einrichtung z. B. eines gewerblichen oder kaufmännischen Betriebs, in dem der Betriebsinhaber fortlaufend sich in nach außen erkennbarer Weise am Geschäftsleben beteiligt. Verfolgt der Betriebsinhaber durch seine geschäftliche Betätigung auch Erwerbszwecke, dann liegt ein „wirtschaftlicher" Geschäftsbetrieb vor. Das Vorhandensein einer kaufmännischen Organisation und Buchführung rechtfertigt aber allein noch nicht die Annahme eines wirtschaftlichen Geschäftsbetriebs. Auch bloße zur Verwaltung des vorhandenen Vermögens vorgenommene Rechtshandlungen, auch wenn diese planmäßig erfolgen und auf die Erlangung von wirtschaftlichen Vorteilen abzielen, stellen noch keinen wirtschaftlichen Geschäftsbetrieb dar.

Nicht erforderlich ist nach dem Gesagten, daß der Verein usw. gerade einen gewerblichen Betrieb im Sinn des § 2 Abs. 1 Ziff. 2, §§ 15 bis 17 EStG. unterhält; es kann vielmehr der Erwerbszwecke verfolgende Betrieb auch ein solcher sein, der sich auf eine andere Tätigkeit erstreckt; jedoch ist Steuerfreiheit gegeben, wenn ein land- und forstwirtschaftlicher Betrieb unterhalten wird — über den Begriff der Land- und Forstwirtschaft s. Anm. XII Ziff. 1 —.

Die Verpachtung eines wirtschaftlichen Geschäftsbetriebs bildet wiederum einen wirtschaftlichen Geschäftsbetrieb; ein Gesangverein, der seine Schankwirtschaft verpachtet, unterliegt hiernach der Gewerbesteuer.

Ein wirtschaftlicher Geschäftsbetrieb ist nur insoweit gewerbesteuerpflichtig, als er über den Rahmen einer Vermögensverwaltung hinausgeht. (Zum Begriff der Vermögensverwaltung zu vgl. Anm. II B 2 zu § 2, ferner Anm. 7 zu § 3 Ziff. 6). Die auf die bloße Vermögensverwaltung entfallende Tätigkeit unterliegt hiernach nicht der Gewerbesteuer. Die Bestimmung entspricht sachlich jener des § 3 Ziff. 6 Satz 2 GewStG.

b) Einzelfälle. Gewerbesteuerfrei ist die Tätigkeit von Vereinen usw., die keinen wirtschaftlichen Geschäftsbetrieb unterhalten; eine Tätigkeit, die bloß ideale Zwecke, z. B. die Zwecke der Förderung der Bildung, der Geselligkeit, des Gesangs, des Sports usw. verfolgt, kann, soweit sie von Gebilden der im Abs. 3 bezeichneten Art ausgeübt wird, die Gewerbesteuerpflicht nicht auslösen. Die Gewerbesteuerpflicht wird in diesen Fällen auch nicht dadurch herbeigeführt, daß die idealen Zwecke durch gelegentliche Maßnahmen wirtschaftlicher Art (z. B. durch Abhalten von Jahresfesten, Verkauf von Festzeichen) gefördert werden; die wirtschaftliche Tätigkeit darf aber niemals als Zweck, auch nicht als Nebenzweck der Tätigkeit des Vereins erscheinen, sondern darf nur eine gelegentliche, zufällige und nebensächliche sein. Erscheint die wirtschaftliche Tätigkeit als Nebenzweck gegenüber den idealen Zwecken, so ist das Verhältnis des wirtschaftlichen zum idealen Zweck festzustellen und in diesem Verhältnis tritt die Gewerbesteuerpflicht ein. Überwiegt die wirtschaftliche Betätigung die ideale so sehr, daß erstere als Hauptzweck überwiegt, so ist die gesamte Tätigkeit des Vereins gewerbesteuerpflichtig.

Beispiel: Ein Gesangverein, der gelegentlich ein Konzert veranstaltet und den Erlös für sich verwendet, ist noch nicht gewerbesteuerpflichtig. Geht aber der Verein darauf aus, durch Veranstaltung von Konzerten und Aufführen von Theaterstücken sich Einnahmen zu verschaffen, dann ist die Gewerbsteuerpflicht zweifellos gegeben.

Teilsteuerpflicht tritt auch ein, wenn Vereine von an sich geselliger, sportlicher Art usw. Gast- und Schankwirtschaften usw. unterhalten.

Die Bestimmungen der §§ 21 und 22 BGB. über den Begriff des wirtschaftlichen bzw. idealen Vereins sind für die Anwendung des § 2 Abs. 3 GewStG. ohne Bedeutung. Nach § 21 BGB. ist für das Zivilrecht durch die Tatsache, daß ein Verein in das Vereinsregister eingetragen ist, der Nachweis erbracht, daß es sich um einen nichtwirtschaftlichen (idealen) Verein handelt. Für die Gewerbesteuerpflicht ist es gleichgültig, ob der Verein in das Vereinsregister eingetragen ist. Es ist vielmehr selbständig zu prüfen, ob der betreffende Verein einen wirtschaftlichen Geschäftsbetrieb unterhält. Steuerpflichtig sind trotz Eintragung in das Vereinsregister Begräbnisvereine und Feuerbestattungsvereine mit versicherungsähnlichem Charakter, Verbände, die die Umlegung der den einzelnen Gesellschaften entstandenen Feuerschäden übernehmen.

Die Tätigkeit rechtsfähiger Vereine, Stiftungen usw. wird häufig gewerbesteuerfrei sein, weil diese Tätigkeit ausschließlich und unmittelbar gemeinnützigen, mildtätigen oder kirchlichen Zwecken dient (§ 3 Ziff. 6 des Ges.). Die Anwendung des § 2 Abs. 3 und des § 3 Ziff. 6 wird deshalb vielfach zu demselben Ergebnis führen. Über die Einzelheiten zu vgl. Anm. 7 b zu § 3 Ziff. 6.

4. Abgrenzung der Körperschaften des privaten Rechts von den Körperschaften des öffentlichen Rechts. Unter § 2 Abs. 2 fallen — mit Ausnahme der Kolonialgesellschaften — ausschließlich Körperschaften des privaten Rechts; es ergibt sich dies aus der Fassung des Abs. 3: „Als Gewerbebetrieb gilt auch die Tätigkeit der ‚sonstigen' juristischen Personen des privaten Rechts." Hieraus ist die Folgerung abzuleiten, daß die Tätigkeit der juristischen Personen des öffentlichen Rechts nicht nach § 2 Abs. 2 bzw. 3 des Ges. beurteilt werden kann, insbesondere, daß die Fiktion dieser Bestimmungen für die juristischen Personen des öffentlichen Rechts nicht gilt. Mit Rücksicht hierauf ist es notwendig, die juristischen Personen des privaten Rechts von jenen des öffentlichen Rechts abzugrenzen.

Körperschaften des öffentlichen Rechts sind nach Reichsrecht neben Reich, den Ländern und Gemeinden die deutsche Reichsbahn, die deutsche Reichspost, die Monopolverwaltungen des Reichs und die staatlichen Lotterieunternehmungen, die Nationalsozialistische Deutsche Arbeiterpartei (§ 1 Abs. 1 des Ges. zur Sicherung der Einheit von Partei und Staat vom 1. Dez. 1933 = RGBl. I S. 1016), die Reichskulturkammern (Ges. vom 22. Sept. 1933 = RGBl. I S. 661, 1. DurchfVO. vom 1. Nov. 1933 = RGBl. I S. 797), der Deutsche Gemeindetag (Ges. vom 15. Dez. 1933 = RGBl. I S. 1065), die Träger der sozialen Versicherungen (Krankenkassen, Berufsgenossenschaften, Landesversicherungsanstalten, Reichsanstalt für Arbeitsvermittlung und Arbeitslosenversicherung, Reichsversicherungsanstalt für Angestellte), Reichsknappschaft, der Reichsnährstand (§ 1 Abs. 2 Satz 1 der 1. VO. über den vorläufigen Aufbau des Reichsnährstandes vom 8. Dez. 1933 = RGBl. I S. 493, 497), die Zwangsinnungen, die Innungsverbände, ferner die öffentlich-rechtlichen Religionsgesellschaften; nach Landesrecht: die Stiftungen des öffentlichen Rechts, die Universitäten, Hochschulen, Akademien, die Gemeindeverbände, Bezirksverbände aus Gemeinde- und Gutsbezirken, Schulverbände, Deichverbände, die evangelischen und katholischen Bistümer, in den meisten Ländern die Industrie- und Handelskammern, die Handwerkskammern usw. Von den Religionsgesellschaften sind öffentlich-rechtliche Körperschaften nach Reichsrecht die Deutsche Evangelische Kirche (RG. über die Verfassung der Deutschen Evangelischen Kirche vom 14. Juli 1933, RGBl. I S. 471), Evangelische Landeskirche Nassau-Hessen (2. DurchfVO. vom 5. Nov. 1935 zum RG. vom 24. Sept. 1936 = RGBl. I S. 1283), die Evangelische Landeskirche Kurhessen-Waldeck (4. DurchfVO. vom 29. Nov. 1935 = RGBl. I S. 1369); nach Landesrecht sind öffentlich-rechtliche Körperschaften in Preußen die kath. Kirche (in Gestalt der Erzbistümer und Bistümer sowie der Kirchengemeinden und ihrer Gesamtverbände), die altkathol. Kirche und ihre Gemeinden, die — acht — evangelischen Landeskirchen im ganzen und in ihren verschiedenen Untergliederungen, die Russisch-orthodoxe Kirche in Berlin; in Bayern die kathol. Kirche, die ev.-luth. Kirche in Bayern r. d. Rh., die Vereinigte prot.-ev.-christl. Kirche der Pfalz, sowie die ev.-ref. Gemeinden, die altkathol. Religionsgesellschaft in Bayern mit verschiedenen Gemeinden, die Vereinigung der bayer. Mennonitengemeinden, die bischöfl. Methodistenkirche in Bayern; in Württemberg die kathol. Kirche, die evang. Landeskirche, die ev.-ref. Gemeinde in Stuttgart-Cannstatt, die bischöfl. Methodistenkirche in Württemberg; in Sachsen die ev.-luth. Landeskirche, die römisch-kathol. Kirche, die ev.-ref. Gemeinde in Dresden und Leipzig.

Welche Körperschaften sonst als Körperschaften des öffentlichen Rechts anzusehen sind, kann allgemein nicht gesagt werden. Die Reichssteuergesetze bestimmen den Begriff der Körperschaften des öffentlichen Rechts nicht. Es sind deshalb die nach Landesrecht bestehenden öffentlich-rechtlichen Körperschaften als solche auch für das Reichssteuerrecht anzuerkennen. Nur dort, wo das Landesrecht keine Antwort auf die Frage gibt, ob eine bestimmte Körperschaft öffentlichrechtliche oder privatrechtliche Natur besitzt, ist nötigenfalls nach allgemeinen Rechtsgrundsätzen die Einordnung von den Reichssteuerbehörden vorzunehmen (RFH. Bd. 23 S. 306). Hierbei ist zu beachten, daß die Grenze zwischen den Körperschaften, Stiftungen und Anstalten des öffentlichen Rechts und jenen des privaten Rechts keine feste ist. Auch das BGB. hat es unterlassen, eine Begriffsbestimmung zu geben, es vielmehr der Praxis und der Rechtsprechung überlassen, Grundsätze zu bilden. Als solche Grundsätze lassen sich im wesentlichen folgende herausstellen:

a) eine Körperschaft, Stiftung oder Anstalt, die als solche des öffentlichen Rechts anerkannt werden will, muß öffentliche Aufgaben, insbesondere Aufgaben des Staates und seiner Selbstverwaltungskörper erfüllen; die Körperschaft usw. muß dementsprechend regelmäßig in den öffentlichen Organismus eingegliedert sein;

b) der Staat muß an dem Bestehen der Körperschaften ein Interesse haben;

c) die Körperschaften müssen mit öffentlichen Organen (Behörden, Beamten) ausgestattet sein und gegenüber ihren Mitgliedern hoheitliche Befugnisse (Zucht- und Finanzgewalt) besitzen; sie müssen weiter gewisse staatliche Vorrechte, insbesondere auf steuerlichem Gebiete, genießen.

Nicht unbedingt ausschlaggebend ist, daß die Körperschaft seinerzeit durch einen Akt der Gesetzgebung oder durch eine zulässige Verwaltungsanordnung begründet worden ist. Haben allerdings die zuständigen Landesbehörden entschieden, daß eine Körperschaft die Eigenschaft einer Körperschaft des öffentlichen Rechts besitzt, dann gilt die Körperschaft für die Gewerbesteuerbehörde als öffentlich-rechtliche Körperschaft. Möglich ist, daß eine Körperschaft, die seinerzeit als Körperschaft des öffentlichen Rechts begründet worden ist, diesen Charakter im Laufe der Zeit verloren hat (zu vgl. Oertmann, BGB. Anm. 2, ferner RFH. Bd. 23 S. 301, Bd. 30 S. 201).

XI. Die Gewerbesteuerpflicht der Körperschaften des öffentlichen Rechts.

1. Grundsätzliches. In § 2 Abs. 2 und Abs. 3 werden als Personen, deren Tätigkeit der Gewerbebesteuerung unterworfen ist, nur solche aufgeführt, die ausschließlich dem privaten Rechte angehören. — Eine Ausnahme bilden lediglich die Kolonialgesellschaften. — Die Körperschaften des öffentlichen Rechts werden nicht erwähnt. Damit ist aber nicht gesagt, daß die Tätigkeit der Körperschaften des öffentlichen Rechts immer von der Gewerbesteuer befreit ist. Die Fiktion des § 2 Abs. 2 des Ges., die nur die dort aufgeführten Gesellschaften betrifft, läßt vielmehr den allgemeinen Grundsatz des § 2 Abs. 1 des Ges., wonach der Gewerbesteuer jeder stehende Gewerbebetrieb unterliegt, soweit er im Inland betrieben wird, unberührt. Da eine Bestimmung des Inhalts, wonach die Betriebe der Körperschaften des öffentlichen Rechts der Gewerbesteuer nicht unterworfen sind, fehlt, so ergibt sich hieraus, daß diese grundsätzlich unter die allgemeine Regel fallen. § 2 Abs. 1 der Ersten GewStDVO. bestimmt nunmehr ausdrücklich, daß Unternehmen von Körperschaften des öffentlichen Rechts gewerbesteuerpflichtig sind, wenn sie als stehende Gewerbebetriebe anzusehen sind. Der Grund für diese Regelung liegt in der Erwägung, daß der Wettbewerb der Körperschaften des öffentlichen Rechts auf Gebieten, die der Privatwirtschaft vorbehalten bleiben sollen, steuerlich nicht begünstigt werden darf.

2. Einzelheiten.

a) Abgrenzung der gewerbesteuerpflichtigen Betriebe der öffentlich-rechtlichen Körperschaften. Der Gewerbesteuer unterliegen die stehenden Gewerbebetriebe der öffentlich-rechtlichen Körperschaften; der Begriff des Gewerbebetriebs ist der allgemeine Begriff. Es kommt also darauf an, ob ein Betrieb einer öffentlich-rechtlichen Körperschaft eine selbständige, fortgesetzte auf Gewinn gerichtete Tätigkeit entfaltet, die sich als Beteiligung am allgemeinen wirtschaftlichen Verkehr darstellt. Diese Voraussetzungen fehlen regelmäßig bei den Betrieben, die die ihnen durch Verfassung und sonstigen Gesetze zugewiesenen hoheitsrechtlichen Aufgaben erfüllen (sog. Hoheitsbetriebe). § 2 Abs. 2 der Ersten GewStDVO. bestimmt: „Unternehmen von Körperschaften des öffentlichen Rechts, die überwiegend der Ausübung der öffentlichen Gewalt dienen (Hoheitsbetriebe), gehören nicht zu den Gewerbebetrieben. Eine Ausübung der öffentlichen Gewalt ist insbesondere anzunehmen, wenn es sich um Leistungen handelt, zu deren Annahme der Leistungsempfänger auf Grund gesetzlicher oder behördlicher Anordnung verpflichtet ist. Zu den Hoheitsbetrieben gehören z. B. Forschungsanstalten, Wetterwarten, Schlachthöfe, Friedhöfe, Anstalten zur Nahrungsmitteluntersuchung, zur Desinfektion, zur Leichenverbrennung, zur Müllbeseitigung, zur Straßenreinigung und zur Abführung von Spülwasser und Abfällen." Übt ein Betrieb hoheitsrechtliche Befugnisse aus, so ist gleichgültig, ob die in Betracht kommenden Tätigkeiten auch von privaten Unternehmen ausgeübt werden könnten. Zu bemerken ist hierbei, daß die öffentlich-rechtlichen Körperschaften berechtigt sind, den Kreis der Aufgaben zu umschreiben, die sie als hoheitsrechtliche ansehen wollen. Ob die hoheitsrechtliche Betätigung mit der Absicht der Gewinnerzielung verknüpft ist oder nicht, ist ohne Belang.

Gewerbesteuerfrei sind, weil die Merkmale der Beteiligung am allgemeinen wirtschaftlichen Verkehr und der Gewinnerzielung fehlen, solche Betriebe von Körperschaften des öffentlichen Rechts, die nur der Befriedigung der eigenen Bedürfnisse der Körperschaften dienen und etwa nur gelegentlich und ganz nebensächlich an einzelne Private gegen Entgelt Erzeugnisse abgeben. In Frage kommen u. a. gemeindliche Kiesgruben.

Der Charakter von Gewerbebetrieben wird häufig solchen öffentlich-rechtlichen Betrieben fehlen, die nicht auf einen gewerblichen Gewinn abzielen, sondern vorwiegend öffentlichen gemeinnützigen oder wohltätigen Zwecken unmittelbar zu dienen bestimmt sind; das Zurückgreifen auf die Befreiungsbestimmung des § 3 Ziff. 6 GewStG. wird unter diesem Gesichtspunkt bei derartigen „Betrieben" nicht notwendig sein. Zu nennen sind hier u. a. die Volksbäder, Volksküchen, Suppenanstalten, Pfand- und Leihhausbetriebe usw.

Unternehmungen von Körperschaften des öffentlichen Rechts, die vorzugsweise auf einen Erwerb abzielen, müssen als gewerbliche gelten, auch wenn sie daneben allgemeinen Bedürfnissen dienen oder die erworbenen Mittel im öffentlichen Interesse verwenden. Die sog. Versorgungsbetriebe werden deshalb — wie der Körperschaftsteuer — so in der Regel auch der Gewerbesteuer unterliegen. § 2 Abs. 3 der Ersten GewStDVO. sagt: „Versorgungsbetriebe von Körperschaften des öffentlichen Rechts und öffentlich-rechtliche Versicherungsanstalten unterliegen der Gewerbesteuer. Dies gilt auch dann, wenn sie mit Zwangs- oder Monopolrechten für ein Gebiet des Deutschen Reichs ausgestattet sind." Die Bestimmung will an dem allgemeinen Begriff des Gewerbebetriebes selbstverständlich nicht rütteln. Versorgungsbetriebe, die die allgemeinen Voraussetzungen des Gewerbebetriebs nicht erfüllen, die also z. B. ohne Rücksicht auf Ertragserzielung geführt werden und auch in der Regel mit Verlust abschließen, sind hiernach gewerbesteuerfrei.

Die Beschäftigung von Gefangenen mit gewerblichen Arbeiten durch eine Gefangenenanstalt selbst bildet keinen Gewerbebetrieb. Anders ist die Rechtslage, wenn für einen Unternehmer in der Anstalt eine Betriebstätte eingerichtet ist.

Von besonderer Bedeutung ist, daß die Fiktion des § 2 Abs. 2 des Ges. für die Körperschaften des öffentlichen Rechts nach keiner Richtung hin gilt; hieraus ergeben sich die nachstehenden Folgerungen:

α) Die Betriebe der Körperschaften des öffentlichen Rechts sind gewerbesteuerpflichtig nur dann, wenn sie „gewerbliche" Betriebe sind; land- und forstwirtschaftliche Betriebe von Körperschaften des öffentlichen Rechts unterliegen hiernach der Gewerbesteuerpflicht nicht.

Fraglich ist, ob auch die Verpachtung eines Betriebs einer öffentlich-rechtlichen Körperschaft einen gewerblichen Betrieb darstellt. Die Bestimmung des § 1 Abs. 3 der 1. DurchfVO. z. KStG. bejaht diese Frage. Für das Gewerbesteuerrecht wird, da nach Einkommensteuerrecht die Verpachtung eines Betriebs für die Regel keine gewerbliche Tätigkeit darstellt, die Frage zu verneinen sein.

β) Die gewerblichen Betriebe der öffentlich-rechtlichen Körperschaften sind jeder für sich zur Gewerbesteuer heranzuziehen.

γ) Die Organtheorie gilt für die Gewerbebesteuerung der Betriebe der Körperschaften des öffentlichen Rechts nicht. Das hat zur Folge, daß ein an sich gewerbesteuerpflichtiger Betrieb, der Organ eines gewerbesteuerpflichtigen oder gewerbesteuerfreien Betriebs einer Körperschaft des öffentlichen Rechts ist, als selbständiger Betrieb zu besteuern ist (s. o. Anm. IX 2 c zu § 2).

Betriebe von Körperschaften des öffentlichen Rechts, die in eine privatrechtliche Form gekleidet sind, werden nach den für diese Rechtsform geltenden Vorschriften besteuert (zu vgl. § 5 Abs. 2 der 1. DurchfVO. z. KStG.). Derartige Betriebe sind wie die in § 2 Abs. 2 des Ges. aufgeführten Unternehmen zu behandeln.

b) Vergleich mit der Regelung des Körperschaftsteuergesetzes. Der sich für das Gewerbesteuerrecht ergebende Rechtszustand ist wesentlich verschieden von jenem, wie er nach dem KStG. für die Besteuerung der Betriebe der Körperschaften des öffentlichen Rechts gilt. Gemäß § 1 Abs. 1 Ziff. 6 KStG. sind unbeschränkt körperschaftsteuerpflichtig Betriebe „gewerblicher Art" von Körperschaften des öffentlichen Rechts. Gemäß § 1 Abs. 1 der 1. DurchfVO. z. KStG. gehören zu den Betrieben gewerblicher Art von Körperschaften des öffentlichen Rechts alle Einrichtungen, die einer nachhaltigen wirtschaftlichen Tätigkeit zur Erzielung von Einnahmen oder anderen wirtschaftlichen Vorteilen dienen. Die Absicht, Gewinne zu erzielen, ist nicht erforderlich. Während also ein Betrieb einer öffentlich-rechtlichen Körperschaft gewerbesteuerpflichtig nur sein kann, wenn er alle Merkmale eines Gewerbebetriebs aufweist — u. a. auch mit der Absicht der Gewinnerzielung geführt ist —, unterliegen der Körperschaftsteuer alle Betriebe gewerblicher Art, also alle Betriebe, die wie Gewerbebetriebe geführt werden. Der Umstand, daß ein Betrieb einer Körperschaft des öffentlichen Rechts der Körperschaftsteuer unterliegt, kann deshalb kein Beweis dafür sein, daß er auch gewerbesteuerpflichtig ist.

3. Wann liegt ein „Betrieb" vor? Die Beantwortung der Frage, wann ein „Betrieb" im Sinn des GewStG. gegeben ist, bietet vielfach Schwierigkeiten, dies deshalb, weil die Betriebe der Körperschaften des öffentlichen Rechts vielfach gegenüber anderen Tätigkeitsgebieten der Körperschaften nicht so herausgehoben sind, daß sie ohne weiteres als selbständige, für sich allein bestehende Steuersubjekte angesehen werden können, sondern organisatorisch mit anderen Betrieben so verwoben und verflochten sind, daß die mehreren Betriebe nach außen hin zunächst als ein einheitliches Ganzes, z. B. als die Bauverwaltung eines Landes, die Hoch- und Tiefbauverwaltung einer Gemeinde, erscheinen. Die Frage ist die, ob und inwieweit es angängig ist, die in einer einheitlichen Verwaltung zusammengefaßten Betriebe in steuerpflichtige Betriebe zu zerlegen und nach welchen Gesichtspunkten die Zerlegung erfolgen muß. Ein Beispiel für die Schwierigkeiten bieten vielfach die Gartenverwaltungen der Stadtgemeinden. Diese Gartenverwaltungen umfassen in der Regel nicht nur die städtischen Parkanlagen und Gärten, sondern auch Gastwirtschaften und sonstige Gaststätten. Dürfen nun die Gastwirtschaften und sonstigen Gaststätten aus der einheitlichen Gartenverwaltung herausgenommen und als selbständige „Betriebe gewerblicher Art" der Besteuerung unterworfen werden?

Nach der Rechtsprechung des RFH. z. KStG. 1925, die hier sinngemäß verwendet werden kann, haben die Steuerbehörden im Einzelfall zu prüfen, ob ein bestimmtes Tätigkeitsgebiet einer Körperschaft des öffentlichen Rechts aus dem gesamten Wirkungskreis der Körperschaft so herausgehoben und verselbständigt ist, daß es als selbständiger Betrieb und damit als Steuersubjekt angesehen werden kann (Urt. I A 4/32 vom 19. April 1932 = RStBl. 32 S. 522). Nach dem Urt. I A 28/32 vom 19. April 1932 ist es Tatfrage, ob ein Betrieb einer Körperschaft des öffentlichen Rechts einen steuerlich selbständigen Betrieb oder nur einen unselbständigen Teilbetrieb eines anderen Betriebs derselben Körperschaft darstellt. Nach dem Urt. I A a 644/29 vom 22. Okt. 1929 = RStBl. 29 S. 666 „kann als ein Betrieb einer Körperschaft des öffentlichen Rechts angesehen werden ein Inbegriff fortdauernder wirtschaftlicher Verrichtungen, die unter einem einheitlichen Willen auf ein bestimmtes sachliches Ziel gerichtet sind, dadurch in sich wirtschaftlich zusammenhängen und eine funktionelle Einheit bilden, innerhalb der Gesamtbetätigung aber sich als etwas besonderes hervorheben. Es muß sich beim Betrieb um eine Tätigkeit von einigem wirtschaftlichem Gewicht handeln, so etwa, daß auch eine Einzelperson als Inhaberin gedacht werden kann. Was den Grad der Selbständigkeit betrifft, den ein Betrieb besitzen muß, so sagt hierüber das Gesetz nichts; es schreibt insbesondere nicht vor, daß der Betrieb vollständig selbständig sein muß. Erforderlich ist nur eine gewisse Selbständigkeit, weil andernfalls von einem Betrieb, d. h. von einem sich aus der Gesamtbetätigung heraushebenden Aufgaben- und Betätigungskreis nicht gesprochen werden kann". In welcher Weise sich die Selbständigkeit zu äußern hat, kann allgemein nicht gesagt werden. Die Selbständigkeit eines Betriebs wird im Zweifelsfall gegeben sein, wenn für den Betrieb eine besondere kaufmännische oder technische Leitung vorhanden ist. Dabei ist unerheblich, ob die technische Leitung in der Hand eines Beamten liegt, der neben dieser Tätigkeit noch eine andere, z. B. eine Verwaltungstätigkeit, ausübt. Von Bedeutung ist weiter, ob für den Betrieb ein besonderer Haushaltplan aufgestellt ist; ist dies der Fall, so wird man auf einen selbständigen Betrieb schließen können.

Gemäß § 1 Abs. 1 der 1. DurchfVO. z. KStG. gehören zu den Betrieben gewerblicher Art von Körperschaften des öffentlichen Rechts alle Einrichtungen, die einer nachhaltigen wirtschaftlichen Tätigkeit zur Erzielung von Einnahmen oder anderen wirtschaftlichen Vorteilen dienen. Die Absicht, Gewinn zu erzielen, ist nicht erforderlich. Abs. 2 a. a. O. sagt: „Die Einrichtung ist als Betrieb gewerblicher Art nur dann steuerpflichtig, wenn sie sich innerhalb der Gesamtbetätigung der Körperschaft wirtschaftlich heraushebt. Diese wirtschaftliche Selbständigkeit kann in einer besonderen Leitung, in einem geschlossenen Geschäftskreis, in der Buchführung oder in einem ähnlichen auf eine Einheit hindeutenden Merkmal bestehen; daß die Bücher bei einer anderen Verwaltung geführt werden, ist unerheblich."

Bloße Nebentätigkeiten, wie sie mehr oder weniger bei allen Hoheitsbetrieben vorkommen (Altpapierverkauf usw.), können selbstverständlich keinen Gewerbebetrieb begründen. Enthält allerdings die gewerbliche Nebentätigkeit die Merkmale des Gewerbebetriebs und hebt sie sich aus der gesamten Tätigkeit als etwas besonderes heraus, so ist sie gewerbesteuerpflichtig. In diesem Sinn werden z. B. die Kantinenbetriebe, Erholungsheime usw. von Behörden, die Kantinenbetriebe und Offizierskasinos von Truppenteilen der Wehrmacht, weiter auch die Regiments- usw. Musiken der Gewerbesteuerpflicht unterliegen.

Nach § 1 Abs. 3 der 1. DurchfVO. z. KStG. steht die Verpachtung eines Betriebs, der an sich körperschaftsteuerpflichtig wäre, wenn er vom Verpächter unmittelbar betrieben würde, einem Betrieb gewerblicher Art gleich. Das gleiche soll für jede andere entgeltliche Überlassung von Einrichtungen, Anlagen oder Rechten zu Betriebszwecken dieser Art gelten. Hiernach ist Körperschaftsteuerpflicht nicht nur gegeben wenn eine Stadtgemeinde ihren Ratskellerbetrieb selbst unterhält, sondern auch dann, wenn sie ihn verpachtet hat. Auf das Gewerbesteuerrecht wird diese Regelung nicht ohne weiteres übertragen werden können, weil die Verpachtung eines Betriebs nach Einkommensteuerrecht (§ 2 Abs. 1 GewStG.) in der Regel keinen Gewerbebetrieb darstellt (zu vgl. Anm. II B 2 b zu § 2).

4. Umfang der Gewerbesteuerpflicht der Betriebe von Körperschaften des öffentlichen Rechts. Die gewerblichen Betriebe von Körperschaften des öffentlichen Rechts sind in demselben Umfang gewerbesteuerpflichtig wie die übrigen gewerbesteuerpflichtigen Rechtssubjekte. Hiernach sind bei den Gewerbebetrieben der Körperschaften des öffentlichen Rechts die gesamten Erträge, wie sie in den Betrieben anfallen, gewerbesteuerpflichtig. Gewerbesteuerpflichtig ist bei den Gewerbebetrieben von Körperschaften des öffentlichen Rechts grundsätzlich jeder einzelne Betrieb. Die Körperschaften haben für die Beurteilung der Steuerpflicht auszuscheiden. Hieraus ergeben sich nachstehende Folgen:

a) Ein Betrieb kann steuerfrei — z. B. wegen Verfolgens gemeinnütziger Zwecke — nur dann sein, wenn er selbst die Voraussetzungen, von deren Vorliegen das Gesetz die Steuerfreiheit abhängig macht, erfüllt. Auf die Zwecke der Körperschaft des öffentlichen Rechts kommt es nicht an. Damit ist ausgesprochen, daß es zur Steuerbefreiung nicht genügt, wenn die Betriebe mittelbar den Zwecken der öffentlich-rechtlichen Körperschaften, denen sie zugehören, dienen.

b) Steuerpflichtig sind schlechtweg die von den Betrieben erzielten Gewinne. Diese Gewinne dürfen nicht um die Beträge gekürzt werden, die an die Körperschaft abgeführt werden. Richtet eine an sich steuerfreie Körperschaft des öffentlichen Rechts einen steuerrechtlich selbständigen und mangels eines Befreiungsgrunds steuerpflichtigen Betrieb ein, so handelt es sich bei der Zuführung der Gewinne durch die unselbständigen Betriebe an die Körperschaft des öffentlichen Rechts stets um die Verwendung des Einkommens des Betriebs, die der Verwendung des Einkommens physischer Personen zum Selbstverbrauch für persönliche Zwecke und der Verwendung des Einkommens von Erwerbsgesellschaften zur Verteilung als Dividenden, Gewinnanteilen u. dgl. entspricht. Dabei macht es keinen Unterschied, ob die Verpflichtung zur Abführung des vom Betrieb erzielten Gewinns an die Körperschaft in der Satzung oder Verfassung des Betriebs besonders vorgeschrieben ist.

c) Verluste von steuerlich verselbständigten Betrieben dürfen nicht gegen Gewinne anderer in gleicher Weise verselbständigter Betriebe aufgerechnet werden; jeder Betrieb ist vielmehr für sich zu betrachten. Hieraus ergeben sich für die Körperschaften des öffentlichen Rechts gewisse Benachteiligungen gegenüber den Körperschaften des privaten Rechts: weist z. B. eine AG. mehrere Betriebe auf, von denen die einen mit Gewinn, die anderen mit Verlust abschließen, so kann eine Gewerbesteuer nur erhoben werden, wenn die gesamten Betriebe nach Ausgleich der Verluste einen Gewinn ergeben.

d) Gewerbesteuerpflichtige Betriebe müssen für die gewerbesteuerlichen Belange so angesehen werden, als ob sie losgelöst von der sie unterhaltenden Körperschaft für sich allein bestehen würden. Hieraus ergibt sich, daß solche Betriebe für die Gewerbesteuer eigenes Vermögen haben können. Die Sache ist so anzusehen, als ob das in den Betrieben investierte Kapital nicht der Körperschaft des öffentlichen Rechts, sondern dem Betrieb gehören würde.

Eine besondere Frage ist, ob und inwieweit mit steuerrechtlicher Wirkung Schuldverhältnisse zwischen den Betrieben und den hinter ihnen stehenden Körperschaften anerkannt werden können. Der RFH. hat bei Erwerbsgesellschaften solchen Darlehen, die in Wirklichkeit nur Beteiligungen an der Gesellschaft darstellen, den Abzug versagt. Aus den gleichen Gründen kann von dem Hereinnehmen fremder Geldmittel und damit der Begründung eines echten Schuldverhältnisses aber auch dann keine Rede sein, wenn eine Körperschaft des öffentlichen Rechts einen von ihr geschaffenen Betrieb mit dem erforderlichen Betriebskapital ausstattet, dies auch dann nicht, wenn die in den Betrieb hineingesteckten und dort arbeitenden Beträge in den Bilanzen der Betriebe als Betriebsschulden geführt werden. Dieser Grundsatz gilt auch für solche Betriebe, die in die Form einer selbständigen Körperschaft des bürgerlichen Rechts gekleidet sind. Von der steuerlichen Berücksichtigung müssen hiernach alle von den Körperschaften des öffentlichen Rechts aus allgemeinen Haushaltsmitteln aufgewendeten Beträge, aber auch „Darlehen" ausgeschlossen werden, die von den Körperschaften des öffentlichen Rechts den Betrieben als ständiges Betriebskapital gegeben worden sind, unter der Voraussetzung, daß mit der alsbaldigen Rückzahlung des Darlehens nicht gerechnet werden kann. Die Abzugsfähigkeit entfällt in den vorbezeichneten Fällen auch dann, wenn für die von der Körperschaft gewährten Mittel und Darlehen seitens der Betriebe „Zinsen" zu zahlen sind. Abzugsfähig sind dagegen in der Regel einmal Zinsen für Schulden, die sich tatsächlich und rechtlich als fremdes angeliehenes Kapital darstellen. In Betracht kommen vor allem die Anleiheschulden; die Abzugsfähigkeit kommt aber nur für solche Anleiheschulden in Betracht, die nicht für die allgemeinen Haushaltszwecke der Körperschaft des öffentlichen Rechts, sondern eben für die besonderen Zwecke des Betriebs aufgenommen und verwendet worden sind. In Zweifelsfällen wird sich für die Beantwortung der Frage, ob eine abzugsfähige Anleiheschuld gegeben ist, ein Anhalt daraus gewinnen lassen, ob die Anleiheschuld als solche in der Bilanz des Betriebs erscheint und ob der Zinsendienst für die Anleiheschulden aus den Betriebseinnahmen des Betriebs bestritten wird. Abzugsfähig sind weiter Zinsen für Darlehen, die den Betrieben von den hinter ihnen stehenden Körperschaften des öffentlichen Rechts lediglich zur Befriedigung eines vorübergehenden Geldbedarfs gewährt worden sind. In diesem Falle kann von der Verstärkung des Betriebskapitals des Betriebs, von der Zurverfügungstellung eines dauernden Betriebskapitals keine Rede sein.

XII. Die Abgrenzung des Gewerbebetriebs gegenüber der Land- und Forstwirtschaft und der selbständigen Arbeit.

Gemäß § 2 Abs. 1 GewStG. unterliegt der Gewerbesteuer jeder Gewerbebetrieb, soweit er im Inland betrieben wird. Unter Gewerbebetrieb ist dabei ein gewerbliches Unternehmen im Sinn des

Einkommensteuergesetzes zu verstehen. Das Einkommensteuergesetz rechnet die Land- und Forstwirtschaft (§ 2 Abs. 3 Ziff. 1, § 13), ferner die Ausübung einer selbständigen Arbeitstätigkeit (§ 2 Abs. 3 Ziff. 3, § 18) nicht zur gewerblichen Tätigkeit, sondern läßt diese beiden Berufstätigkeiten als selbständige Tätigkeiten neben der gewerblichen Tätigkeit erscheinen (zu vgl. auch die Bestimmung des § 56 Abs. 3 RBewG., wonach als Gewerbe nicht gilt die Land- und Forstwirtschaft, wenn sie den Hauptzweck des Unternehmens bildet). Hieraus ergibt sich, daß die Ausübung der Land- und Forstwirtschaft sowie einer selbständigen Arbeitstätigkeit nicht der Gewerbesteuer unterliegt. Diese gesetzliche Regelung entspricht der geschichtlichen Entwicklung des Gewerbebegriffs, wonach die Land- und Forstwirtschaft als überwiegende Ur- und Eigenproduktion, sowie die selbständige Arbeitstätigkeit, deren Kern die Ausübung eines freien Berufs bildet, nicht als ein Gewerbebetrieb anzusehen sind.

Land- und Forstwirtschaft sowie selbständige Arbeitstätigkeit auf der einen Seite und die gewerbliche Tätigkeit auf der anderen Seite haben verschiedene Begriffsmerkmale gemeinsam; es ist deshalb notwendig, die gewerbliche Tätigkeit von den beiden anderen Berufsarten abzugrenzen.

1. Die Land- und Forstwirtschaft.

a) Begriff der Land- und Forstwirtschaft. Unter Landwirtschaft wird herkömmlicherweise „die Ausnutzung der Fruchtbarkeit des Bodens zur Gewinnung organischer, d. i. pflanzlicher und tierischer Erzeugnisse sowie die unmittelbare Verwertung dieser Erzeugnisse einschließlich der erzeugten Pflanzen und Tiere selbst" verstanden. Die Rechtsprechung hat diese Erläuterung des Begriffs „Land- und Forstwirtschaft" im wesentlichen übernommen (Urt. I A 248/28 vom 3. Aug. 1928 = StW. 29 Nr. 307: „Die Grundlage der Landwirtschaft bildet in erster Linie der Anbau von Pflanzen"; III 36/28 vom 17. Juli 1930 = RStBl. 30 S. 625: „Die Landwirtschaft stützt sich unter allen Umständen auf die pflanzenhervorbringende Kraft des Bodens"). Meist ist allerdings Pflanzenkultur (Auswahl und Pflege bestimmter Kulturpflanzen) die Grundlage der Landwirtschaft; aber auch die bloße Pflanzennutzung ist als Grundlage der Landwirtschaft anzuerkennen; auch dann, wenn der Mensch nur die von der Natur ohne sein Zutun hervorgebrachten Kräuter durch Vieh abweiden läßt, betreibt er Landwirtschaft. Die reine Wiesen- und Weidewirtschaft im Allgäu und anderen Gegenden Deutschlands ist in diesem Sinne Landwirtschaft (Urt. III A 484/30 vom 26. März 1931 = StW. 32 Nr. 560).

Den Kern der Landwirtschaft bildet nach dem Gesagten zweifellos der Landbau in seinen verschiedenen Arten als Ackerbau, Wiesenbau (Wiesen- und Grünlandwirtschaft), Hopfenbau, Weinbau, Tabakbau, Pflanzenzucht in Gewächshäusern und Pilzzucht in Kellern — zu vgl. Urt. RFH. Bd. 34 S. 163, das aber noch zum alten Recht ergangen ist — und auch als Gartenbau, letzterer wenigstens dann, wenn die Haupttätigkeit in der Bearbeitung des Grund- und Bodens behufs Hervorbringung von Pflanzengattungen besteht.

Nicht notwendig ist, daß die Bodenbewirtschaftung Selbstzweck des landwirtschaftlichen Betriebs ist.

Die Landwirtschaft umfaßt nicht nur die Gewinnung, sondern auch die Verwertung der landwirtschaftlichen Erzeugnisse; es gehören deshalb zu ihr auch die Tierhaltung, die Tierzucht und die Tiermast, soferne die gehaltenen Tiere mit Futtermitteln ernährt werden, die überwiegend auf eigenen oder gepachteten Grundstücken gewonnen werden. Von einem landwirtschaftlichen Betriebe kann dagegen nicht mehr gesprochen werden, wenn die Grundlage der Tierzucht gekaufte oder überwiegend gekaufte Futtermittel sind, wenn also der Zusammenhang mit der Nutzbarmachung des Bodens verloren geht (zu vgl. Urt. VI B 212/25 vom 30. Sept. 1925 = RStBl. 25 S. 219). Werden die in einem Betriebe gehaltenen Tiere teils mit selbsterzeugtem, teils mit gekauftem Futter ernährt, so ist der Betrieb der Landwirtschaft zuzurechnen, wenn im Gesamtergebnis der Wert der Futtermittel eigener Erzeugung den Wert der gekauften Futtermittel übersteigt. Dies gilt auch für die Frage, ob Hühnerfarmen — zu vgl. Urt. III A 10/36 vom 20. Febr. 1936 = Bd. 39 S. 132 — ferner Pelztierfarmen als landwirtschaftliche Betriebe anzusehen sind.

Zur Land- und Forstwirtschaft rechnet auch die Bienenzucht und zwar auch dann, wenn sie nicht im Zusammenhang mit einem sonstigen land- und forstwirtschaftlichen Betrieb ausgeübt wird (Urt. III A 789/31 vom 16. Juni 1932 = Bd. 31 S. 129), ferner die Wanderschäfereien.

Der RFH. hat in seiner Rechtsprechung zu den Steuergesetzen 1925 zur Landwirtschaft nur die Viehzuchtbetriebe gerechnet und unter Vieh solche Tiere verstanden, die entweder unmittelbar — sei es durch ihr Fleisch, z. B. Rinder, Schweine, Geflügel, sei es durch ihre Erzeugnisse, z. B. Geflügel und Bienen — der Volksernährung zugutekommen oder die in der Landwirtschaft verwendet werden und dadurch wenigstens mittelbar der Volksernährung dienen, z. B. Pferde (vgl. Urt. I A 213/28 vom 19. Okt. 1928 = RStBl. 29 S. 26 und III A 113/29 vom 6. März 1930 = RStBl. 1930 S. 253). Nach den Steuergesetzen 1934 rechnet zur Landwirtschaft die Tierzucht. Indes kann nicht jede Art von Tierzucht zur Landwirtschaft gerechnet werden; auszuscheiden hat die Züchtung von Tieren, die nach der Verkehrsauffassung mit der Landwirtschaft nichts mehr zu tun haben, wie die Züchtung von Hunden, Kanarienvögeln usw.

Unter Forstwirtschaft versteht man die planmäßige, auf Gewinnung und Verwertung von Walderzeugnissen aller Art gerichtete Tätigkeit, soweit sie nicht im Rahmen eines landwirtschaftlichen oder gewerblichen Betriebs erfolgt. Auch die Forstwirtschaft stützt sich unter allen Umständen auf die Ausnutzung und die pflanzenhervorbringende Kraft des Grund und Bodens.

Zur Forstwirtschaft gehört vor allem der Anbau und die Pflege von Pflanzen, ferner der Verkauf der Pflanzen (Bäume), sei es auf dem Stamm oder in gefälltem Zustande, weiter die Veräußerung von Streu, Zapfen, Beeren und Pilzen, Weihnachtsbäumen. Zur

Forstwirtschaft gehört weiter auch die Be- und Verarbeitung des geschlagenen Holzes, soweit diese Tätigkeit nicht über den Bereich der Forstwirtschaft hinausgeht. Zur Forstwirtschaft zu rechnen sind deshalb auch die Verarbeitung des angefallenen Holzes zu Brennholz, Bau- und Werkholz, zu Brettern in eigenen Sägewerken, solange nur in eigenen Wäldern geschlagenes Holz verarbeitet wird.

Als gärtnerische Betriebe sind die Betriebe anzusehen, die sich mit der Aufzucht von Pflanzen, Blumen, Früchten, Bäumen auf eigenen oder gepachteten Grundstücken und mit der Verarbeitung, Veredelung und dem Verkauf der selbstgewonnenen Erzeugnisse befassen. Wie die Landwirtschaft im engeren Sinn ist auch die Gärtnerei Nutzbarmachung des Grund und Bodens. Dabei braucht aber die Nutzbarmachung des Grund und Bodens nicht unbedingt notwendig der Pflanzenerzeugung zu dienen, sie kann auch der Fortentwicklung und der Veredelung der Pflanzen, der Verarbeitung und Umformung der Pflanzenerzeugnisse dienen. Gärtnerische Betriebe sind deshalb auch Betriebe wie Blumenzwiebel- und Azaleentreibereien und ähnliche, die Blumenzwiebeln, Azaleen usw. mit fertig vorgebildeten Blütenknospen (halbfertige Erzeugnisse) kaufen und durch eigene Zucht zur Blüte bringen. Der Gartenbau gewinnt seine Erzeugnisse teils durch Kultur im Freien, teils durch Kultur unter Glas. Beide Verfahren werden oft zur Gewinnung eines Erzeugnisses nacheinander angewendet (zu vgl. RFH. Bd. 34 S. 163). Von den landwirtschaftlichen Betrieben unterscheiden sich die gärtnerischen Betriebe durch die gesteigerte Bodenbewirtschaftung, die vor allem durch das Vorhandensein besonderer Einrichtungen (Gewächshäuser, überglaste Flächen, Bewässerungsanlagen usw.) ermöglicht wird. Der feldmäßig betriebene Gemüse- und Obstbau ist zur Landwirtschaft zu rechnen.

Keine gärtnerischen, sondern gewerbliche Betriebe liegen vor, wenn ganz oder überwiegend gekaufte Erzeugnisse weiter verarbeitet oder verwertet werden, wenn also überhaupt keine Bodenbewirtschaftung stattfindet oder die Bodenbewirtschaftung nur eine untergeordnete Rolle spielt wie z. B. beim Handel mit fremden Gartenerzeugnissen jeglicher Art, weiter bei der Pflege und Instandhaltung fremder Gärten, der Herstellung von Dekorationsarbeiten, dem Verkauf von Blumen und Gebinden in eigenen Verkaufsläden außerhalb des Gartenbetriebs, bei Blumen- und Kranzbindereien, die vorwiegend mit gekaufter Ware arbeiten. Wenn früher die Kunstgärtnereien dann zu den gewerblichen Betrieben gerechnet wurden, wenn der gesamte Betrieb durch besondere Vor- und Einrichtungen, die Auswahl von Erzeugnissen, die kaufmännische Gestaltung des Absatzes, den von der normalen Bodenbewirtschaftung erheblich abweichenden Ertrag sich von dem gewöhnlichen Gartenbau unterschied, so ist diese Unterscheidung nicht mehr berechtigt. Zum Gartenbau rechnet auch die Pilzzucht (a. A. Urt. III A 214/33 vom 12. Okt. 1933 = Bd. 34 S. 163).

Zur Landwirtschaft zählen auch die Weinbaubetriebe; zum Weinbau gehört auch der Verkauf der selbstgewonnenen Erzeugnisse. Werden fremde Weine dazugekauft, so geht der Charakter eines

Weinbaubetriebs dann nicht verloren, wenn die dazu gekauften Mengen verhältnismäßig geringfügig sind.

Zur Landwirtschaft gehören schließlich auch die Binnenfischerei, Fischzucht und Teichwirtschaft. Hierbei kommt es nicht darauf an, ob die Fische etwa überwiegend mit selbstgewonnenen Erzeugnissen gefüttert oder ob die Fischerei in eigenen oder gepachteten Gewässern oder im Zusammenhang mit einem landwirtschaftlichen Betrieb ausgeübt wird (Urt. VI A 173/35 vom 10. Okt. 1935 = RStBl. 36 S. 186). Die Küsten- und Hochseefischerei sind dagegen Gewerbebetriebe.

Nach § 13 Abs. 1 EStG. 34 sind Einkünfte aus Land- und Forstwirtschaft:

1. Einkünfte aus dem Betrieb von Landwirtschaft, Forstwirtschaft, Weinbau, Gartenbau, Obstbau, Gemüsebau, Baumschulen und aus allen Betrieben, die Pflanzen und Pflanzenteile mit Hilfe der Naturkräfte gewinnen; 2. Einkünfte aus Tierzucht, Viehmästereien, Abmelkställen, Geflügelfarmen und ähnlichen Betrieben, wenn zur Tierzucht oder Tierhaltung überwiegend Erzeugnisse verwendet werden, die im eigenen landwirtschaftlichen Betrieb gewonnen worden sind; 3. Einkünfte aus Binnenfischerei, Fischzucht und Teichwirtschaft; 4. Einkünfte aus Jagd, wenn diese mit dem Betrieb einer Landwirtschaft oder einer Forstwirtschaft im Zusammenhang steht. Zu vgl. auch § 29 Abs. 3 RBewG. 1934, ferner RFM.-Erl. vom 8. Aug. 1935, RStBl. 1935 S. 1074 unter I 7.

Zur Frage der Abgrenzung der Landwirtschaft gegenüber dem Gewerbe ist noch folgendes zu bemerken: Ist nach den gemachten Ausführungen ein landwirtschaftlicher Betrieb gegeben, so kann diese Eigenschaft nicht mit Rücksicht darauf verloren gehen, daß der Betrieb unter Anwendung technischer Errungenschaften und unter Zuhilfenahme von technisch-wissenschaftlich geschultem Personal in neuzeitlichen Arbeitsweisen und Betriebsformen durchgeführt wird. Der Umstand, daß der Inhaber eines landwirtschaftlichen Betriebs wissenschaftliche Laboratorien, Versuchsfelder, kaufmännische Büros unterhält, kann grundsätzlich nicht dazu führen, einen Betrieb, der landwirtschaftliche Naturerzeugnisse hervorbringt, zu einem gewerblichen Betrieb zu machen. Weiter ist auch der Verwendungszweck der durch die Bodenbewirtschaftung erzielten Pflanzengattungen sowie die Höhe des dafür vereinnahmten Entgelts für die Bestimmung des Betriebs als eines landwirtschaftlichen Betriebs in der Regel ohne Bedeutung. Ob Bodenfrüchte für die menschliche oder tierische Ernährung, als Saatgut oder zu gewerblichen Zwecken angebaut werden, stets handelt es sich bei der Erzeugung dieser Früchte um landwirtschaftliche Urproduktion. In diesem Sinn hat der RFH. auch Saatgutbetriebe mit den modernsten Betriebsmitteln als landwirtschaftliche Betriebe erklärt: „Zwischen einem Saatgutzüchter und einem Landwirt im gewöhnlichen Sinne besteht kein Unterschied in der Berufsart, sondern lediglich in der Art und Weise der Berufsausübung. Beide treiben Bodenwirtschaft. Jener ist nur „Spezialist" auf einem besonderen

Gebiete der landwirtschaftlichen Betätigung. Der von dem Züchter gewonnene Samen ist genau so wie die Pflanze, die ihn trägt, Erzeugnis der Urproduktion. Im Vergleich mit der gemeinüblichen Landwirtschaft erfordert der Betrieb einer Saatgutwirtschaft besondere Kenntnisse und gewöhnlich auch ein bedeutendes Kapital; er verursacht größere Arbeit, größere Unkosten und bedingt vor allem auch ein größeres Risiko des Unternehmens. Dem entspricht auf der anderen Seite, daß der Saatgutzüchter für seine Erzeugnisse ein höheres Entgelt erhält, wie es für die durchschnittliche Handelsware gezahlt wird. Diesem Umstande kann aber bei der steuerlichen Beurteilung keine ausschlaggebende Bedeutung beigelegt werden. Als gewerbliche Betriebe erscheinen die Samenzuchtbetriebe dann, wenn sie in größerem Umfange fremdes Muttermaterial auf fremden Grundstücken vermehren" (Urt. III A 227/33 vom 23. Nov. 1933 = RStBl. 34 S. 148).

Zum landwirtschaftlichen Betrieb gehört als Bestandteil grundsätzlich die sich in gewissem Umfange bewegende Be- und Verarbeitung der selbstgewonnenen Erzeugnisse. Die Auffassung, daß solche von Land- und Forstwirten zur Verarbeitung selbstgewonnener Erzeugnisse ausgeübten Tätigkeiten, die von anderen Personen auch als selbständige gewerbliche Tätigkeiten ausgeübt werden könnten, stets einen gewerblichen Betrieb darstellen, ist irrig. Die Verarbeitung der selbstgewonnenen Produkte muß aber noch in dem Bereich des landwirtschaftlichen Betriebs liegen. Das ist jedenfalls dann der Fall, wenn die für die Verarbeitung der gewonnenen Erzeugnisse zur Verfügung stehenden Einrichtungen dem land- und forstwirtschaftlichen Betriebe untergeordnet und im Verhältnis zu diesem nur von nebensächlicher Bedeutung sind. Der Rahmen der Landwirtschaft wird in diesem Sinn nicht überschritten, wenn z. B. die Erzeugnisse zwecks besserer Verwertung mittels Maschinen gesäubert, sortiert usw. werden, wenn aus selbstgewonnener Milch Butter und Käse, aus selbstgezogenen Früchten Most- und Dörrobst zum Verkaufe hergestellt werden, wenn die selbstgewonnene Milch am Gewinnungsorte ausgeschänkt wird. Der landwirtschaftliche Charakter geht dagegen verloren, wenn die zur Verarbeitung der im eigenen Betriebe gewonnenen Erzeugnisse verwendeten Einrichtungen aus dem Bereiche der reinen Landwirtschaft heraustreten und den Charakter gewerblicher Einrichtungen annehmen. Ein gewerblicher Betrieb ist in diesem Sinn regelmäßig gegeben, wenn die selbstgewonnenen Erzeugnisse z. B. zu Mehl, Brot, Zucker, Stärke usw. für den Verkauf verarbeitet werden.

Bestandteil des landwirtschaftlichen Betriebs ist schließlich auch der Absatz der selbstgewonnenen Erzeugnisse, dies auch dann, wenn sich der Absatz in Formen vollzieht, wie sie sich in kaufmännischen Betrieben zur Erzielung von Ordnung und Übersicht herausgebildet haben und gleichgültig, an wen sich der Absatz vollzieht. „Der Umstand, daß die gewonnene Milch zu zwei Dritteln an Verbraucher und nur zu einem Drittel an Wiederverkäufer abgegeben wird, ist ohne Belang. Für den Charakter eines landwirtschaftlichen Betriebs kann es nicht ausschlaggebend sein, ob z. B. ein Kartoffelbauer seine Kartoffeln an einen Großhändler verkauft oder auf seinem Wagen zum Markt in die Stadt bringt und dort zentnerweise an die Verbraucher unmittelbar absetzt (Urt. III A 36/28 vom 17. Juli 1930 = RStBl. 30 S. 625). Die unerläßliche Voraussetzung für die Annahme eines landwirtschaftlichen Betriebs ist allerdings, daß sich der Absatz auf selbstgewonnene Erzeugnisse in rohem oder verarbeitetem Zustande beschränkt. Die gewerbsmäßige Ausdehnung des Verkaufs auf fremde Erzeugnisse ist ein Handelsgewerbe.

b) Landwirtschaftliche Nebenbetriebe. Zu den landwirtschaftlichen Betrieben rechnen auch die land- und forstwirtschaftlichen Nebenbetriebe. Gemäß § 13 Abs. 2 Ziff. 1 EStG. gilt als Nebenbetrieb ein Betrieb, der dem land- und forstwirtschaftlichen Hauptbetrieb zu dienen bestimmt ist. Der Begriff ist aus der Rechtsprechung zum RBewG. übernommen worden. Hiernach nimmt die Verkehrsauffassung einen landwirtschaftlichen Nebenbetrieb dann an, wenn lediglich oder doch im wesentlichen nur die im landwirtschaftlichen Betrieb gewonnenen Erzeugnisse verarbeitet werden und wenn der Betrieb dazu bestimmt ist, eine bessere Verwertung der landwirtschaftlichen Erzeugnisse zu ermöglichen oder durch die Lieferung von Rückständen die Landwirtschaft zu fördern. In der neueren Rechtsprechung macht der RFH. bei der Beurteilung der Frage einen Unterschied zwischen sog. Substanzbetrieben und Verarbeitungsbetrieben, wobei unter Substanzbetrieben die Betriebe verstanden werden, die die Substanz des Hauptbetriebs ausnutzen — in Frage kommen vor allem Steinbrüche, Ziegeleien, Papierfabriken, Kalkbrennereien usw. —, während als Verarbeitungsbetriebe solche Betriebe angesehen werden, die die Erzeugnisse des Hauptbetriebs verarbeiten und die Abfälle wieder dem Hauptbetrieb zuführen. Hierher gehören vor allem die Brennereien, Mühlen, Molkereien, Krautfabriken, Kartoffelflockereien usw. Bei Würdigung der Frage, wann ein Substanzbetrieb als landwirtschaftlicher Nebenbetrieb erachtet werden kann, ist davon auszugehen, daß die Gewinnung und Verarbeitung der Bodensubstanz an sich kein Ausfluß der landwirtschaftlichen Betätigung ist, sondern zu der im allgemeinen dem Gewerbe zuzurechnenden Urerzeugung gehört. Gemäß § 15 Ziff. 1 EStG. gehören in diesem Sinne zu den Einkünften aus gewerblichen Unternehmen auch Einkünfte aus gewerblicher Bodenbewirtschaftung, z. B. aus Bergbauunternehmen und aus Betrieben zur Gewinnung von Torf, Steinen und Erden, soweit sie nicht land- oder forstwirtschaftliche Nebenbetriebe sind (zu vgl. §§ 29 Abs. 5, 54 Abs. 2 RBewG.). Ein Substanzbetrieb kann deshalb ein landwirtschaftlicher Nebenbetrieb nur dann sein, wenn zwischen Hauptbetrieb und Nebenbetrieb eine Abhängigkeit besteht und wenn gleichzeitig der Substanzbetrieb gegenüber der Landwirtschaft nur eine untergeordnete Rolle spielt. Die Abhängigkeit des Substanzbetriebs vom landwirtschaftlichen Betrieb wird regelmäßig nur bei kleineren Substanzbetrieben gegeben sein, — da nur in kleineren Verhältnissen die Haltung eigener Arbeitskräfte und sonstiger Gegenstände des Betriebsvermögens für die ausschließlichen Zwecke des Substanzbetriebes unwirtschaftlich und daher die Führung des Substanzbetriebs nur im Zusammenhang mit der Bewirtschaftung eines landwirtschaftlichen Betriebs überhaupt rentabel sein wird —. In Fortführung dieses Gedankengangs wird anzunehmen sein, daß nach der Verkehrsanschauung ein Substanzbetrieb, der der inneren Beziehung zum landwirtschaftlichen Betrieb entbehrt, nur dann noch ein Nebenbetrieb der Landwirtschaft ist, wenn es sich um eine Betätigung handelt, die von so geringem Umfang und so geringer wirtschaftlicher Bedeutung ist, daß sie gegenüber der Landwirtschaft nur eine ganz untergeordnete Rolle spielt, und daß die Zugehörigkeit der dieser Betätigung dienenden Fläche zum landwirtschaftlichen Betrieb den landwirtschaftlichen Hauptzweck dieses Betriebs nicht wesentlich beeinflußt. Diese Zugehörigkeit wird z. B. anzuerkennen sein bei den üblichen Torfstichbetrieben, Kies- und Sandgruben, die ohne besondere gewerbliche Anlagen oder doch nur mit technischen Hilfsmitteln unbedeutenden Umfangs betrieben werden können (Urt. VI A 259/29 vom 20. Juni 1929 = RStBl. 29 S. 443, III A 691/31 vom 2. Juni 1932 = Bd. 31 S. 118).

Bei den Verarbeitungsbetrieben liegen die Dinge insoferne anders, als bei ihnen bereits die wirtschaftliche Grundlage des ganzen Betriebs, nämlich die zu verarbeitenden Produkte, im landwirtschaftlichen Betriebe gewonnen werden. Daraus ergibt sich ohne weiteres ein wirtschaftlicher Zusammenhang zwischen dem landwirtschaftlichen Betrieb und dem Verarbeitungsbetrieb. Nach dem Urt. III A 1023/30 vom 17. Sept. 1930 = Bd. 29 S. 258 läßt sich die Frage, ob ein Verarbeitungsbetrieb ein landwirtschaftlicher Nebenbetrieb ist, nur von Fall zu Fall entscheiden. Von besonderer Bedeutung ist die Verkehrsauffassung. In den Vordergrund zu stellen ist, ob es dem Betriebsinhaber weniger darauf ankommt, mit Hilfe des Verarbeitungsbetriebs seinen landwirtschaftlichen Betrieb zu fördern als darauf, im Verarbeitungsbetrieb eine neue und selbständige Einnahmequelle zu besitzen, mit ihr selbständige wirtschaftliche Zwecke zu verfolgen und aus dem Verarbeitungsbetrieb möglichst hohe Erträgnisse zu erzielen. Von entscheidender Bedeutung ist insoweit, in welchem Umfange die Betriebsführung des gewerblichen Betriebs sich von dem landwirtschaftlichen Betriebe abhängig gemacht oder von der unmittelbaren Beziehung zu ihm losgelöst hat, z. B. durch Hinzukauf fremder Erzeugnisse. Nach der Verkehrsanschauung wird weiter Gewicht darauf zu legen sein, ob der gewerbliche Betrieb seine selbständige Bedeutung im Wirtschaftsleben dadurch zum Ausdruck bringt, daß er im Verkehr mit einer gewissen Selbständigkeit und als besonderes wirtschaftliches Unternehmen auftritt, z. B. mit Geschäftspapieren nach Art gewerblicher Unternehmungen, mit eigenen Fabrikmarken, eigenen Etiketten, Eintragung ins Handelsregister u. dgl. Ohne Bedeutung für die Beantwortung der Frage sind regelmäßig die Umsatz- und Einkommensteuerzahlen aus beiden Betrieben (zu vgl. Urt. III A 245/29 vom 3. Juli 1930 = RStBl. 30 S. 541, III A 96/29 vom 29. Juli 1930 = RStBl. 31 S. 4, RFH. Bd. 30 S. 148.

Unter Umständen ist der Gewerbebetrieb die Hauptsache und der landwirtschaftliche Betrieb gewerblicher Nebenbetrieb. Beispiele:

Ein großes Ziegeleiunternehmen auf dem Land betreibt nebenher in geringem Umfang Landwirtschaft, um insbesondere das vorhandene Land bis zur Ausziegelung zu nutzen und um das Futter für seine Zugpferde zu gewinnen. Ein Industrieunternehmer kauft ein Landgut auf, um billige und gute Lebensmittel für seine Arbeiterschaft zu beschaffen. Ein Viehhändler kauft oder pachtet große Weiden, um die von ihm aufgekauften und zum Wiederverkauf bereit gestellten Rindviehbestände während des Sommerhalbjahres durchzufüttern (RFH. Bd. 31 S. 118). Da nach Einkommensteuerrecht ein landwirtschaftlicher Betrieb nicht Nebenbetrieb eines gewerblichen Betriebs sein kann, sind derartige „gewerbliche Nebenbetriebe" aus dem Hauptbetrieb auszuscheiden und gewerbesteuerfrei.

2. Die freien Berufe.

a) Begriffliches. Einen Gewerbebetrieb stellen weiter nicht dar die in § 2 Abs. 3 Ziff. 3, § 18 EStG. genannten Berufe. Hierher zählen vor allem die freien Berufe. Den freien Berufen konnten nach der ursprünglichen Auffassung nur solche Berufe zugerechnet werden, die in ihrer letzten Wurzel auf Geistesdisziplinen zurückgehen, die wie die reinen Wissenschaften, Kunst und Religion um ihrer selbst willen, ohne Rücksicht auf die wirtschaftliche Auswirkung ihrer Ergebnisse betrieben werden. In der Hauptsache handelt es sich um die sog. höheren geistigen Berufsarten, für die sich im Sprachgebrauch in Anknüpfung an den geschichtlichen aus dem Altertum überkommenen Begriff der artes liberales die Bezeichnung „freie Berufe" eingebürgert hatte. Der RFH., dessen Rechtsprechung für die Entwicklung des Begriffs der freien Berufe von ausschlaggebender Bedeutung war, lehnte es zunächst ab, auch solche Berufe als freie Berufe anzuerkennen, die sich ausschließlich aus den Bedürfnissen des wirtschaftlichen Lebens entwickelt hatten und deren Ergebnisse kein wissenschaftliches Interesse erringen konnten, das über die unmittelbar praktischen Interessen des Wirtschaftszweigs, dem die Berufe dienten, hinausging. Die Entwicklung, die überall die Anwendung der Ergebnisse der Geisteswissenschaften auf das Leben sucht, hat in der Folge zu einer Erweiterung des Begriffs zugunsten anderer Tätigkeiten, die eine technisch wissenschaftliche Vorbildung verlangen, geführt. Das EStG. 34 hat in § 18 Abs. 1 Ziff. 1 dieser Entwicklung Rechnung getragen und hat den Begriff des freien Berufes gegenüber jenem in § 35 Abs. 1 Ziff. 1 des EStG. 25 wesentlich ausgedehnt. Es ist eine Reihe von Berufstätigkeiten, die bisher als Gewerbebetriebe gegolten hatten, wie z. B. die Bücherrevisoren (Buchsachverständigen) — zu vgl. Urt. VI A 1448/32 vom 13. Dez. 1933 = RFH. Bd. 35 S. 10 gegenüber Urt. Bd. 14 S. 145 — als freie Berufe anerkannt worden. Im einzelnen gehören nach dem EStG. 34 zu den freien Berufen „insbesondere" die wissenschaftliche, künstlerische, schriftstellerische, unterrichtende oder erzieherische Tätigkeit, die Berufstätigkeit der Ärzte, Rechtsanwälte und Notare, der Ingenieure, der Architekten, der Handelsmakler, der Heilkundigen, der Zahntechniker, der Landmesser, der Wirtschaftsprüfer, der Steuerberater, der Buchsachverständigen und „ähnlicher Berufe". Wie sich aus den Worten „insbesondere" und „ähnlicher Berufe" ergibt, ist die Aufzählung im Gesetze nicht erschöpfend; es gehören deshalb zu den freien Berufen auch Berufsarten, die ähnliche Ziele wie die freien Berufe verfolgen und unter ähnlichen Bedingungen wie diese arbeiten. Zu nennen sind die Berufstätigkeiten der Schriftsteller, Journalisten, gerichtlichen Sachverständigen, Erfinder, Dolmetscher, Hebammen (RFH. Bd. 21 S. 245). Als den Heilkundigen ähnliche Berufe kommen in Betracht die der Masseure, Magnetiseure, selbständigen Krankenschwestern und Krankenpflegerinnen. Das kennzeichnende Merkmal der freien Berufe ist die persönliche Tätigkeit; das weitere Merkmal, daß der freiberuflich Tätige über eine abgeschlossene wissenschaftliche (hochschulmäßige) Ausbildung verfügt, ist fallen gelassen worden.

Die freien Berufe sind, da sie einkommensteuerrechtlich nicht als Gewerbebetriebe gelten, gewerbesteuerfrei.

Gemäß § 18 Abs. 1 Ziff. 2 sind Einkünfte aus selbständiger Arbeit — also nicht gewerbliche Einkünfte —, die Einkünfte der Einnehmer einer staatlichen Lotterie, wenn sie nicht Einkünfte aus Gewerbebetrieb sind. Nach der Rechtsprechung des RFH. sind die Lotterieeinnehmer im allgemeinen — unselbständige — Angestellte der staatlichen Lotterieverwaltung (RFH. Bd. 26 S. 31; Bd. 32 S. 206; zu vgl. auch das gleichlautende Urt. des PrOVGSt. Bd. IV S. 432). Die Unselbständigkeit wird aus den geschäftlichen Anweisungen für die Lotterieeinnehmer gefolgert, in denen der Verwaltung der staatlichen Lotterien, der Generaldirektion, in jeder Beziehung die Stellung von vorgesetzten Dienstbehörden eingeräumt ist. Nur in wenigen Ausnahmefällen behandelt der RFH. die Lotterieeinnehmer als selbständige Gewerbetreibende: einmal dann, wenn Kaufleute den Vertrieb der Staatslose nur als Hilfsgeschäft im Rahmen ihres gewerblichen Betriebs übernommen haben (Urt. Bd. 21 S. 224), weiter dann, wenn der Umfang der Loszuteilung an den Lotterieeinnehmer einen kaufmännisch eingerichteten Betrieb erfordert (Urt. VI A 1056/28 vom 16. Jan. 1929 = RStBl. 30 S. 753; VI A 722—724/30 vom 28. Mai 1930 = RStBl. 30 S. 754). Die staatlichen Lotterieeinnehmer sind schließlich auch insoweit gewerblich selbständig, als sie Gewinnlisten, die sie von dem Lotterieunternehmen gekauft haben, an ihre Kunden weiter veräußern (Urt. V A 388/34 vom 12. April 1935 = RStBl. 35 S. 863). Durch besondere Bestimmung (zu vgl. § 11 der ErstenGewStDVO.) wird die Tätigkeit der Einnehmer einer staatlichen Lotterie auch insoweit von der Gewerbesteuer befreit, als sie im Rahmen eines Gewerbebetriebs ausgeübt wird (zu vgl. Anhang zu § 3 Ziff. 4).

Keine gewerblichen Einkünfte sind schließlich auch — § 18 Abs. 1 Ziff. 3 EStG. 34 — die Einkünfte aus sonstiger selbständiger Arbeit, z. B. Vergütungen für die Vollstreckung von Testamenten, für Vermögensverwaltung und für die Tätigkeit als Aufsichtsratsmitglied. Dementsprechend sind diese Tätigkeiten auch gewerbesteuerfrei. Hierher gehören neben den Tätigkeiten der Testamentsvollstrecker, Vermögensverwalter und Aufsichtsratsmitglieder die

Tätigkeit der Hausverwalter (Urt. VI A 690/30 vom 1. Mai 1930 = RStBl. 30 S. 381), der Nachlaßpfleger, Zwangsverwalter, Berufstreuhänder. Die bezeichneten Tätigkeiten sind aber gewerbesteuerpflichtig, wenn sie im Rahmen eines Gewerbebetriebs, also neben einer sonstigen gewerblichen Tätigkeit, ausgeübt werden.

b) Abgrenzung gegenüber den Gewerbebetrieben. Die „freien Berufstätigkeiten" fallen nur dann nicht unter die Gewerbesteuer, wenn wirklich freie Berufstätigkeiten vorliegen. Nehmen die freien Berufstätigkeiten die Eigenschaft von Gewerbebetrieben an, so unterliegen sie der Gewerbesteuer.

a) Eine Tätigkeit, die an sich zu den Aufgaben der freien Berufe gehört, wird zu einem Gewerbebetrieb, sobald sie nicht mehr von dem Unternehmer (oder Unternehmen) im wesentlichen selbständig, sondern durch zu diesem Zweck angestellte Personen ausgeübt wird. Selbst wenn in diesem Fall der Unternehmer sich an der freiberuflichen Tätigkeit persönlich beteiligt, so werden ihm gleichzeitig doch durch die Leitung derartige geschäftliche und verwaltungsmäßige Aufgaben gestellt, daß die Voraussetzungen eines gewerblichen Betriebs erfüllt werden. So gehört die unterrichtende Tätigkeit zu den freien Berufen. Der Betrieb einer Musikschule, Kraftfahrschule oder sonstigen Privatschule, in der durch bezahlte Kräfte Unterricht erteilt wird, hingegen ist ein gewerbliches Unternehmen (Urt. I A 382/28 vom 29. Mai 1929 = RStBl. 29 S. 471; Urt. I A 288/27 vom 21. Dez. 1928 = RStBl. 29 S. 189. Das gleiche gilt für künstlerische Unternehmen (z. B. Theaterunternehmen, vgl. RFH. Bd. 2 S. 66, Bd. 5 S. 135).

Persönliche Ausübung ist noch anzunehmen, wenn der freiberuflich Tätige sich nur für untergeordnete Tätigkeiten fremder Arbeitskräfte bedient. Indes macht bereits die Erteilung von Prokura an einen Angestellten ohne weiteres das Unternehmen zu einem gewerblichen Betriebe (Urt. III A 648/31 vom 20. Okt. 1932 = RStBl. 32 S. 1092); desgleichen begründet die Tatsache, daß einer der Firmeninhaber lediglich kapitalmäßig beteiligt ist, ohne selbst der freien Berufstätigkeit nachzugehen, zwangsläufig die Eigenschaft eines Gewerbebetriebs (Urt. III A 885/31 vom 10. Okt. 1932 = RStBl. 33 S. 207).

b) Auch Körperschaften oder bürgerlich-rechtliche Gesellschaften, die Angehörige der freien Berufe anstellen, um durch diese ihre an sich auf freiberuflichem Gebiete liegenden gesellschaftlichen Aufgaben zu erfüllen, üben keine freiberufliche, sondern eine gewerbliche Tätigkeit aus. In diesem Sinne wird in dem Gutachten des RFH. Bd. 1 Abtlg. B S. 12 und S. 17 bezüglich der Privatkrankenanstalten ausgeführt, daß die Anstalten selbst nicht Angehörige des ärztlichen Berufsstandes sind. Die gleiche Beurteilung liegt dem Urt. Bd. 4 S. 14 zugrunde, in welchem eine GmbH., die sich bei der Erteilung von Rat in Steuersachen wissenschaftlich geschulter Kräfte bediente, als Unternehmen behandelt wurde, das die Kenntnisse seiner Angestellten zu gewerblichen Zwecken verwertet (zu vgl. noch Urt. III A 885/31 vom 10. Okt. 1932 = RStBl. 33 S. 207). Nur in Ausnahmefällen hat der RFH. bei Gesellschaften

— bei offenen HGes. und GmbH. — das Vorhandensein einer freien Berufstätigkeit anerkannt, nämlich dann, wenn die Gesellschaft nichts anderes ist als die Rechtsform für die gemeinschaftliche Ausübung des freien Berufs durch die Gesellschafter (Bd. 5 S. 135; III A 21/33 vom 30. Juni 1933 = RStBl. 33 S. 886); es müssen aber alle Gesellschafter oder Teilhaber die freie Berufstätigkeit, und zwar persönlich ausüben. Persönliche Berufsausübung ist auch dann zu bejahen, wenn sich mehrere freiberuflich Tätige zur gemeinschaftlichen Ausübung des Berufs auf gemeinsame Rechnung zu einer Gesellschaft des bürgerlichen Rechts zusammenschließen, z. B. bei einer Anwaltschafts- oder Ärztegemeinschaft. Soweit Kapitalgesellschaften in Betracht kommen, kann gemäß § 2 Abs. 2 Ziff. 2 GewStG. eine freie Berufstätigkeit keinesfalls mehr angenommen werden.

c) Einzelfälle. Angehörige der freien Berufe üben vielfach Tätigkeiten aus, die nach ihrer Art gewerbliche sind. Zu nennen sind insbesondere die Ärzte, die Inhaber von Sanatorien, Kuranstalten usw. sind.

Nach der Rechtsprechung des RFH. dient eine derartige Anstalt unter zwei Voraussetzungen der Ausübung eines freien Berufs: einmal muß die Anstalt ein notwendiges Hilfsmittel für die ärztliche Berufstätigkeit bilden, der vom Arzte erstrebte Heilzweck muß die Behandlung in einer derartigen Anstalt erforderlich machen wie z. B. bei einer Entbindungs-, Lungenheil- oder Irrenanstalt. Anstalten, die im wesentlichen der Erholung dienen, fallen nicht hierunter. Sodann muß hinzukommen, daß aus der Anstalt, d. h. aus der Unterbringung und Verpflegung der Kranken kein besonderer Gewinn erstrebt wird, daß also der Betrieb der Anstalt keine besondere Einnahmequelle neben der ärztlichen Tätigkeit bildet. Das ist im allgemeinen dann anzunehmen, wenn die Verpflegungsgelder nur die Unkosten der Anstalt (einschließlich Absetzungen für Abnutzung) decken oder, falls die ärztliche Behandlung in dem Verpflegungssatz inbegriffen ist, wenn die erzielten Überschüsse das Maß der üblichen Vergütung für die geleistete ärztliche Tätigkeit nicht übersteigen. (Urt. I A 231/27 vom 31. Jan. 1929 = RStBl. 29 S. 133; I A 158/28 vom 26. April 1929 = RStBl. 29 S. 468; III A 48/28 vom 5. Dez. 1929 = RStBl. 30 S. 225; III A 51/29 vom 27. Nov. 1930 = RStBl. 32 S. 235; III A 409/34 vom 9. Juli 1936 = RStBl. 36 S. 958.) Nach dem letztgenannten Urteil ist die Frage, ob ein Arzt aus der von ihm betriebenen Heilanstalt Gewinn erstrebt, im allgemeinen darnach zu beurteilen, ob die Anstalt tatsächlich Gewinn bringt. Hierbei sind die Zinsen des in der Anstalt angelegten eigenen Vermögens des Arztes und der Mietwert der Anstaltsräume nicht abzuziehen. Für die Beurteilung sind die Verhältnisse am Stichtag maßgebend. Eine nach dem Stichtag vorgenommene Änderung der Betriebsführung (z. B. eine Herabsetzung der Verpflegungssätze) ist daher nicht zu berücksichtigen.

Dient die Anstalt in erster Linie Erholungszwecken und wird nach dem Vorstehenden aus dem Anstaltsbetrieb ein Gewinn erstrebt, so stellt dieser einen Gewerbebetrieb dar, der als solcher der Gewerbesteuer unterliegt. Der Betrieb einer Kuranstalt ist mitunter nach allgemeinen Grundsätzen auch dann ein Gewerbebetrieb, wenn Inhaber der Anstalt mehrere, eine bürgerlichrechtliche Gesellschaft bildende Ärzte sind und wenn die Behandlung der Patienten in der Anstalt wesentlich in den Händen eines von den Gesellschaftern angestellten Arztes liegt, oder wenn die Gewinnbeteiligung nicht nach dem Maß der Krankenbehandlung, sondern nach dem Maß der gesellschaftlichen Einlage erfolgt (III A 111/30 vom 8. Nov. 1930 = RStBl. 1931 S. 611).

Architekten sind alle wissenschaftlich vorgebildeten Personen, die sich berufsmäßig mit der Leitung und Beaufsichtigung oder Ausführung (nicht auf eigene Rechnung) von Hochbauten beschäftigen; wird der Architekt darüber zu einem Bauunternehmer, indem er fortgesetzt Häuser auf eigene Rechnung zum Zwecke der gewinnbringenden Wiederveräußerung errichtet, so wird seine Tätigkeit zu einem Gewerbebetrieb (Urt. III A 67/28 vom 18. Dez. 1930 = RStBl. 32 S. 101); nach dem Urt. VI A 1445/29 vom 2. Aug. 1930 = StW. 30 Nr. 1201 ist ein Architekt, der mit Hilfe von Baukostenzuschüssen ein Miethaus errichtet, im Zweifel als Gewerbetreibender zu behandeln. Zu den freien Berufen gehören Dentisten, d. s. Personen, die auf Grund sachlicher Vorbildung, aber ohne abgeschlossene Hochschulbildung, selbständig die Zahnheilkunde ausüben. Nicht zu den freien Berufen rechnen dagegen die sog. Zahntechniker, die lediglich für Zahnärzte und Dentisten zahntechnische Arbeiten ausführen, also nicht Zahnbehandlung vornehmen; ihre Tätigkeit unterliegt der Gewerbesteuer.

§ 3

Befreiungen

Von der Gewerbesteuer sind befreit:

1. die Deutsche Reichspost, die Deutsche Reichsbahn, das Unternehmen „Reichsautobahnen", die Monopolverwaltungen des Reichs und die staatlichen Lotterieunternehmen;
2. die Reichsbank, die Deutsche Rentenbank, die Deutsche Rentenbank-Kreditanstalt;
3. Staatsbanken, soweit sie Aufgaben staatswirtschaftlicher Art erfüllen;
4. die öffentlichen oder unter Staatsaufsicht stehenden Sparkassen, soweit sie der Pflege des eigentlichen Sparverkehrs dienen;
5. Hauberg-, Wald-, Forst- und Laubgenossenschaften und ähnliche Realgemeinden. Unterhalten sie einen Gewerbebetrieb, der über den Rahmen eines Nebenbetriebs hinausgeht, so sind sie insoweit steuerpflichtig;

6. Unternehmen, die nach der Satzung, Stiftung oder sonstigen Verfassung und nach ihrer tatsächlichen Geschäftsführung ausschließlich und unmittelbar gemeinnützigen, mildtätigen oder kirchlichen Zwecken dienen. Unterhalten sie einen wirtschaftlichen Geschäftsbetrieb (ausgenommen Land- und Forstwirtschaft), der über den Rahmen einer Vermögensverwaltung hinausgeht, so sind sie insoweit steuerpflichtig;
7. Hochsee- und Küstenfischerei, wenn sie mit weniger als sieben im Jahresdurchschnitt beschäftigten Arbeitnehmern oder mit Schiffen betrieben wird, die eine eigene Triebkraft von weniger als 100 Pferdekräften haben;
8. Vereinigungen, die die gemeinschaftliche Benutzung land- und forstwirtschaftlicher Betriebseinrichtungen oder Betriebsgegenstände oder die Bearbeitung oder Verwertung der von den Mitgliedern selbst gewonnenen land- und forstwirtschaftlichen Erzeugnisse zum Gegenstand haben (z. B. Dresch-, Molkerei-, Pflug-, Viehverwertungs-, Wald-, Zuchtgenossenschaften, Waldbauvereine, Winzervereine), soweit die Bearbeitung oder Verwertung im Bereich der Land- und Forstwirtschaft liegt.

Vorbemerkung zu § 3.

1. Allgemeines (Vergleich mit dem Körperschaft- und Vermögensteuergesetz, persönliche und sachliche Steuerbefreiungen);
2. keine erschöpfende Aufzählung der Steuerbefreiungsgründe in § 3;
3. Ausdehnung der Steuerbefreiung;
4. Bedeutung des Steuermeßbescheids für die Steuerbefreiung;
5. Stichtag für das Vorliegen der Steuerbefreiungsvoraussetzungen;
6. Abstellung der Steuerbefreiung auf die einzelnen Betriebe.

1. Die Steuerbefreiungsbestimmungen des GewStGes. schließen sich, soweit die Ziffern 1—6 des Ges. in Betracht kommen, nahezu wörtlich an die im geltenden Körperschaftsteuergesetz und Vermögensteuergesetz enthaltenen Befreiungsbestimmungen an. Die Befreiungsbestimmungen der Ziffern 7 und 8, die im KStG. nicht enthalten sind, sind in das GewStG. aufgenommen worden, weil ähnlich lautende Bestimmungen in verschiedenen Landessteuergesetzen, namentlich im preuß. GewStG., rechtens waren.

§ 3 enthält subjektive Steuerbefreiungen, d. h. Steuerbefreiungen, die die dort aufgeführten Betriebe, die an sich der Gewerbesteuer unterliegen würden, als solche befreien. Die Befreiungen sind dabei grundsätzlich allgemeiner Art, insoferne jeweils die gesamten Erträge und das gesamte Betriebskapital steuerbefreit sind. Zu bemerken ist, daß die in den Ziff. 3, 4, 5 und 6 genannten Unternehmen subjektiv steuerpflichtig werden, wenn sie auch steuerlich nicht begünstigte Geschäfte betreiben; sie genießen aber alsdann sachliche Steuerbefreiungen.

2. Die — subjektiven — Steuerbefreiungen sind in § 3 nicht erschöpfend aufgeführt; weitere subjektive Befreiungen sind in den §§ 8, 9, 10 und 11 der Ersten GewStDVO. sowie in anderen gesetzlichen Bestimmungen enthalten (zu vgl. Anhang zu § 3).

Auf etwaigen besonderen Rechtstiteln beruhende Steuerbefreiungen (Steuerbefreiungen auf Grund besonderen Privilegs) können nicht berücksichtigt werden.

Möglich ist, daß nach den bisherigen Landessteuerrechten besondere Vereinbarungen über eine zeitweilige Befreiung gewisser Betriebe von der Gewerbesteuer getroffen worden sind; derartige Vereinbarungen behalten gemäß § 5 EinfGRealStG. ihre Wirksamkeit; diese Befreiungen sind aber keine solchen im Sinne des § 6; sie können deshalb auch nicht im Verfahren über die Festsetzung der Steuermeßbeträge berücksichtigt (§ 212a Abs. 3 AO.), müssen vielmehr unmittelbar gegenüber der Gemeinde geltend gemacht werden.

Gem. § 4 des Ges. über gegenseitige Besteuerung vom 10. Aug. 1925 i. d. F. des § 24 EinfGRealStG. können die Gemeinden Gewerbebetriebe des Reichs nach Maßgabe des GewStG. vom 1. Dez. 1936 befreien. Die Bestimmung will lediglich sicher stellen, daß die Gewerbebetriebe des Reichs nicht in größerem Umfange zur Gewerbesteuer herangezogen werden als die sonstigen Betriebe; die Bestimmung bringt damit sachlich keine neue Befreiung.

3. Von der Gewerbesteuer sind nur die in § 6 GewStG. und GewStDVO. genannten Unternehmen befreit; Unternehmen, die von steuerbefreiten Unternehmen mehr oder weniger abhängig, aber selbständige Rechtssubjekte darstellen, fallen nicht unter die Befreiung. Steuerpflichtig sind deshalb z. B. auch selbständige Gesellschaften, die der Reichsbahn und Reichspost angegliedert sind.

4. Gemäß § 212a Abs. 3 AO. liegt in der Festsetzung des Steuermeßbetrags auch die Feststellung der sachlichen Steuerpflicht und der persönlichen Steuerpflicht (Steuerschuldnerschaft). Der Bestimmung des § 212a Abs. 3 AO. entspricht jene des § 232 Abs. 2 AO.; diese Bestimmung lautet: „Liegen einem Steuerbescheid Entscheidungen zugrunde, die in einem Feststellungsbescheid getroffen worden sind, so kann der Steuerbescheid nicht mit der Begründung angefochten werden, daß die in dem Feststellungsbescheid oder in dem Steuermeßbescheid getroffenen Entscheidungen unzutreffend seien. Dieser Einwand kann nur gegen den Feststellungsbescheid oder gegen den Steuermeßbescheid erhoben werden." Aus diesen Bestimmungen ergibt sich 1. daß bereits durch die Tatsache, daß für einen Betrieb ein Steuermeßbetrag in einer bestimmten Höhe festgesetzt worden bzw. nicht festgesetzt worden ist, die Inanspruchnahme der

Gewerbesteuerpflicht für einen Betrieb in einem bestimmten Umfang oder die Freistellung des Betriebs von der Gewerbesteuer für den Zeitraum, für den der Steuermeßbescheid gilt, begründet wird; daß 2. Einwendungen gegen die Heranziehung des Betriebs zur Gewerbesteuer bzw. gegen die Heranziehung des Betriebs zur Gewerbesteuer in einem bestimmten Umfang für einen bestimmten Zeitraum bereits in dem Verfahren über die Festsetzung des Steuermeßbetrags gebracht werden müssen und daß 3. die gleichen Einwendungen in dem Gewerbesteuerveranlagungsverfahren nicht mehr gebracht werden können.

5. Stichtag für das Vorliegen der Steuerbefreiungsvoraussetzungen. Ein Steuermeßbetrag wird grundsätzlich festgesetzt und damit die Steuerpflicht in Anspruch genommen, wenn die Gewerbesteuerpflicht nach den Verhältnissen im Bemessungszeitraum (§ 10 GewStG.) gegeben war. Erlischt allerdings die Steuerpflicht im Lauf des Erhebungszeitraums — z. B. weil die Voraussetzungen für die Steuerbefreiung eingetreten sind —, so wird die Steuer nur noch bis zum Ende des Kalendermonats erhoben, in dem die Steuerpflicht wegfällt (§ 22 Abs. 2 GewStG.). Gemäß § 226 AO. hat das Finanzamt, wenn nach dem Ablauf des Bemessungszeitraums die Steuerpflicht weggefallen ist, auf Antrag des Steuerpflichtigen durch schriftlichen Bescheid auszusprechen, von wann ab die Steuer nicht mehr zu entrichten ist. Steuerbefreiungsgründe werden damit bei der Gewerbesteuer grundsätzlich mit Wirkung vom Ablauf des Monats an berücksichtigt, in welchem sich die Steuerbefreiungsgründe ergeben haben.

6. Abstellung der Steuerbefreiungen auf den Betrieb. Die Steuerbefreiung kommt dem Betriebe, und zwar jedem Betriebe zu, hinsichtlich dessen die Voraussetzungen für die Steuerbefreiung gegeben sind. Ein Unternehmer kann in diesem Sinn gewerbesteuerpflichtige und gewerbesteuerfreie Betriebe besitzen.

Erläuterungen zu § 3.

Ziff. 1: Steuerbefreiung der Deutschen Reichspost, der Deutschen Reichsbahn, des Unternehmens „Reichsautobahnen“, der Monopolverwaltungen des Reichs und der staatlichen Lotterieunternehmen;

Ziff. 2: Steuerbefreiung a) der Reichsbank, b) der Deutschen Rentenbank und c) der Deutschen Rentenbankkreditanstalt;

Ziff. 3: Steuerbefreiung der Staatsbanken:
- a) Begriff der Staatsbanken,
- b) Abgrenzung der Steuerbefreiung,
- c) Abgrenzung des Begriffs der Geschäfte staatswirtschaftlicher und allgemeinwirtschaftlicher Art;

Ziff. 4: Steuerbefreiung der öffentlichen oder unter Staatsaufsicht stehenden Sparkassen:
- a) Regelung des Körperschaftsteuergesetzes,
- b) Abgrenzung der Steuerbefreiung der Sparkassen,
- c) Begriff der Sparkassen:

aa) Allgemeines,
bb) Begriff der öffentlichen Sparkassen,
cc) Begriff der unter Staatsaufsicht stehenden Sparkassen;

d) die Regelung des Reichsbewertungsgesetzes,
e) Ausscheidung des steuerpflichtigen Gewinns (Ertrags) und Betriebskapitals;

Ziff. 5: Steuerbefreiung der Hauberg- usw. Gesellschaften und ähnlichen Realgemeinden:

a) das Recht der Realgemeinden und Abgrenzung der Steuerbefreiung,
b) Begriff des Nebenbetriebs,
c) Ermittlung der steuerbefreiten Beträge und Gewerbekapitalien;

Ziff. 6: Steuerfreiheit der Unternehmen, die nach der Satzung, Stiftung oder sonstigen Verfassung ausschließlich und unmittelbar gemeinnützigen, mildtätigen oder kirchlichen Zwecken dienen:

1. Allgemeines,
2. Subjektives Anwendungsgebiet der Steuerbefreiung,
3. Gemeinsame Voraussetzungen für die Steuerbefreiung:
   a) Festlegung der begünstigten Zwecke in der Satzung und tatsächliche Verfolgung der begünstigten Zwecke,
   b) ausschließliche Verfolgung der begünstigten Zwecke,
   c) die Unternehmen müssen den begünstigten Zwecken unmittelbar dienen;
4. Begriff der gemeinnützigen Zwecke:
   a) die gesetzlichen Bestimmungen,
   b) Begriff der Gemeinnützigkeit im einzelnen:
      aa) für die Gründung und Unterhaltung des Unternehmens muß treibende Kraft der Gemeinsinn sein;
      bb) das Unternehmen darf — objektiv — nur solche Zwecke verfolgen, deren Erfüllung unmittelbar der Allgemeinheit zugute kommt,
      cc) Umfang des Personenkreises der von dem gemeinnützigen Unternehmen begünstigten Personen,
      dd) Besonderheiten;
   c) Beispiele für gemeinnützige bzw. nichtgemeinnützige Unternehmen;
5. Begriff der mildtätigen Zwecke:
   a) die gesetzlichen Bestimmungen,
   b) Erläuterungen;
6. Begriff der kirchlichen Zwecke:
   a) die gesetzlichen Bestimmungen,
   b) Erläuterungen;

7. Wegfall der subjektiven Steuerbefreiung bei Unterhaltung eines über den Rahmen einer Vermögensverwaltung hinausgehenden wirtschaftlichen Geschäftsbetriebs:
   a) Begriffliches,
   b) Vergleich mit der Regelung des § 2 Abs. 3 GewStG.;

Ziff. 7: Steuerbefreiung der Hochsee- und Küstenfischerei;

Ziff. 8: Steuerbefreiung der land- und forstwirtschaftlichen Benutzungs-, Bearbeitungs- und Verwertungsvereinigungen:
1. Allgemeines,
2. der Kreis der begünstigten Vereinigungen,
3. sachliche Voraussetzungen:
   a) Allgemeines,
   b) die sachlichen Voraussetzungen bei den Benutzungsvereinigungen im besonderen,
   c) die sachlichen Voraussetzungen bei den Verwertungsvereinigungen im besonderen;
4. Wegfall der Steuerbefreiung bei Nichterfüllung der gesetzlichen Vorbedingungen.

Ziff. 1. Gewerbesteuerfrei sind die Deutsche Reichspost, die Deutsche Reichsbahn, das Unternehmen „Reichsautobahnen", die Monopolverwaltungen des Reichs und die staatlichen Lotterieunternehmen.

Die Befreiung der Reichspost ist in ihrer geschichtlichen, politischen Eigenart begründet. Befreit ist der gesamte Betrieb der Reichspost, also auch der Kraftwagenverkehr. Die Befreiung der Monopolverwaltungen erklärt sich daraus, daß es sich bei ihnen im Grunde genommen lediglich um in Betriebsform gekleidete Erhebungen von öffentlichen Abgaben handelt. Aus dem gleichen Grunde sind auch die staatlichen Lotterieunternehmungen — hierzu gehört vor allem die Preuß.-Süddeutsche Klassenlotterie — befreit. Die Befreiung der Deutschen Reichsbahngesellschaft entspricht der Bestimmung in § 14 des Ges. über die Deutsche Reichsbahngesellschaft vom 30. Aug. 1924 (RGBl. II S. 272). Die Befreiung des Unternehmens „Reichsautobahnen" ist in § 10 der Ersten VO. zur Durchführung des Ges. über die Errichtung eines Unternehmens „Reichsautobahnen" (RGBl. II S. 621) vorgesehen.

Die Befreiungsbestimmung des § 3 Ziff. 1 gilt nicht für die Deutsche Zündwaren-Monopolgesellschaft (§ 6 der Ersten GewSt.-DVO.).

Ziff. 2. In Ziff. 2 werden befreit die Reichsbank, die Deutsche Rentenbank und die Deutsche Rentenbankkreditanstalt. Die Befreiungen sind bereits in früheren Gesetzen ausgesprochen:

a) wegen der Befreiung der Reichsbank und ihrer Zweiganstalten zu vgl. § 45 des Bankgesetzes vom 30. Aug. 1924 (RGBl. II S. 235),

b) wegen der Befreiung der Rentenbank zu vgl. § 5 der VO. vom 15. Okt. 1923 (RGBl. I S. 963).

c) Die Deutsche Rentenbank-Kreditanstalt ist gem. § 16 Abs. 1 des Ges. über die Errichtung der Deutschen Rentenbank-Kreditanstalt vom 18. Juli 1925 von den Steuern, die das Reich, die Länder und die Gemeinden (Gemeindeverbände) vom Einkommen, vom Vermögen, vom Grundbesitz sowie vom Gewerbebetrieb erheben, insoweit befreit, wie es die Landschaften (die landschaftlichen Kreditanstalten) nach den jeweils geltenden Vorschriften sind. Landschaften sind als gewerbliche Betriebe grundsätzlich der Gewerbesteuerpflicht unterworfen. Es war deshalb notwendig, die Gewerbesteuerfreiheit der Deutschen Rentenbank-Kreditanstalt besonderes auszusprechen.

Ziff. 3. Gewerbesteuerfrei sind die Staatsbanken, soweit sie Aufgaben staatswirtschaftlicher Art erfüllen.

a) Begriff der Staatsbanken. Unter Staatsbanken sind grundsätzlich alle Banken zu verstehen, die sich ausschließlich im Besitz eines Staates befinden, also nicht nur solche, die sich ausdrücklich als Staatsbanken bezeichnen (Urt. I A 124/33 vom 17. Mai 1933 = RStBl. 33 S. 973). Andererseits kann auch die bloße Bezeichnung als Staatsbank zur Erlangung der Steuerfreiheit nicht genügen. Steuerbefreit sind zweifellos die Preußische Seehandlung, die Bayerische und Sächsische Staatsbank.

b) Abgrenzung der Steuerbefreiung. Die Staatsbanken sind von der Gewerbesteuer befreit, soweit sie Aufgaben staatswirtschaftlicher Art erfüllen. Erfüllen sie auch Aufgaben allgemeiner wirtschaftlicher Art, so werden sie persönlich gewerbesteuerpflichtig. Es sind hiernach folgende Fälle möglich:

α) Eine Staatsbank erfüllt nur Aufgaben staatswirtschaftlicher Art; sie ist alsdann mit dem gesamten Ertrag und Kapital gewerbesteuerfrei;

β) eine Staatsbank erfüllt Aufgaben staatswirtschaftlicher und allgemein wirtschaftlicher Art; sie ist alsdann mit den Erträgen und Kapitalien, die auf die Aufgaben staatswirtschaftlicher Art entfallen, gewerbesteuerfrei (sachliche Befreiung), mit den restlichen Erträgen und Kapitalien aber gewerbesteuerpflichtig.

c) Abgrenzung des Begriffs der Geschäfte staatswirtschaftlicher und allgemeinwirtschaftlicher Art. Eine feste Abgrenzung des Begriffs „Geschäfte staatswirtschaftlicher und allgemeinwirtschaftlicher Art" gibt es nicht. Von Staatsbanken unmittelbar an private Geldnehmer gewährte Kredite gehören auch dann nicht zu den Geschäften staatswirtschaftlicher Art, wenn sie zu von dem Staate geförderten Zwecken und aus staatlichen Mitteln gegeben werden (Urt. I A 124/33 vom 17. Mai 1933 = RStBl. 33 S. 973).

Ziff. 4. Die öffentlichen oder unter Staatsaufsicht stehenden Sparkassen, soweit sie von der Körperschaftsteuer befreit sind.

a) Die Regelung des Körperschaftsteuergesetzes. Gemäß § 4 Abs. 1 Ziff. 4 KStG. sind von der Körperschaftsteuer befreit die öffentlichen oder unter Staatsaufsicht stehenden Sparkassen,

soweit sie der Pflege des eigentlichen Sparverkehrs dienen. § 7 der Ersten VO. z. Durchf. d. KStG. bestimmt: „Die öffentlichen oder unter Staatsaufsicht stehenden Sparkassen sind von der Körperschaftsteuer befreit, soweit sie der Pflege des eigentlichen Sparverkehrs dienen. Sie sind steuerpflichtig mit den Geschäften, die der Pflege des eigentlichen Sparverkehrs nicht dienen." In § 8 der gen. DurchfVO. ist übergangsweise bestimmt, daß zur Ermittlung der steuerfreien und steuerpflichtigen Geschäfte bei der Veranlagung der Körperschaftsteuer für das Kalenderjahr 1934 — und nach Weisung der Veranlagungsrichtlinien 1935 (RStBl. 36 S. 33/54) — auch bei der Veranlagung für das Kalenderjahr 1935 noch anzuwenden sind:
a) die Verordnung über die Abgrenzung des eigentlichen Sparkassenverkehrs im Sinne der Reichssteuergesetze (Sparkassenverordnung) vom 22. März 1928 (RGBl. I S. 109 — RStBl. 28 S. 164 —);
b) die Verordnung über die Sicherung der von Sparkassen im eigentlichen Sparkassenverkehr gewährten Personalkredite (Kreditsicherungsverordnung) vom 4. Mai 1928 (RGBl. I S. 155 — RStBl. 1928 S. 165).

b) Abgrenzung der Steuerbefreiung. Die Sparkassen wären an sich als Gewerbebetriebe der Gewerbesteuer unterworfen; ihre — subjektive — Steuerbefreiung war deshalb besonders auszusprechen. Die Regelung des Gewerbesteuerrechtes ist dabei die, daß entsprechend der für die Körperschaftsteuer getroffenen Regelung in vollem Umfange gewerbesteuerfrei sind die öffentlichen oder unter Staatsaufsicht stehenden Sparkassen, die ausschließlich der Pflege des eigentlichen Sparverkehrs dienen. Öffentliche oder unter Staatsaufsicht stehende Sparkassen, die auch sparverkehrsfremde Geschäfte betreiben, sind lediglich mit den Gewerbeerträgen und den Gewerbekapitalien gewerbesteuerfrei, die auf den eigentlichen Sparverkehr entfallen (sachliche Steuerbefreiung).

c) Begriff der Sparkassen:

aa) Allgemeines: Nach den Urteilen RFH. Bd. 8 S. 108, Bd. 31 S. 183 sind Sparkassen Kreditanstalten, die den Zweck haben, insbesondere den minderbemittelten Volksschichten Gelegenheit zur Ansammlung und Verzinsung kleiner ersparter Beträge zu geben. Was unter Sparverkehr zu verstehen ist, ist in den §§ 22 ff. des Reichsgesetzes über das Kreditwesen (KWG.) vom 5. Dezember 1934 (RGBl. I S. 1203) bestimmt. Spareinlagen sind darnach Geldeinlagen auf Konten, die nicht den Zwecken des Zahlungsverkehrs, sondern der Anlage dienen und als solche, insbesondere durch Ausfertigung von Sparbüchern, gekennzeichnet sind. In dem Urteil I A 250/34 vom 23. Mai 1935 = RStBl. 35 S. 1049 wird der Begriff der Sparkassen wie folgt erläutert:

„Das KStG. enthält keine Begriffsbestimmung der Sparkassen. Diese ist daher aus der Verkehrsanschauung herzuleiten. Diese versteht unter Sparkassen Einrichtungen, die vorwiegend dazu dienen sollen, die Ansammlung und zinsbringende Anlegung kleiner erübrigter Geldsummen namentlich für die minderbemittelte Bevölkerung, zu ermöglichen, um deren Spartrieb zu wecken und zu fördern

(RFH. Bd. 8 S. 108). Eine Einrichtung enthält also ihr Wesen als Sparkasse durch die ihren Hauptzweck bildende Pflege des Sparverkehrs. Der Begriff Sparverkehr ist enger als Sparkassenverkehr, der auch Geschäfte umfaßt, die über den Sparverkehr hinausgreifen, jedoch von den Sparkassen im Interesse ihrer Sparkunden aufgenommen werden müssen, wie z. B. Giro- und Scheckverkehr sowie Bankgeschäfte irgendwelcher Art (vgl. Evers, Komm. zum KStG., 1. Aufl., Anm. 34 zu § 2). Diese Geschäfte sind allmählich hineingewachsen in den Kreis derjenigen Geschäftszweige, die, wenn von Sparkassen gepflegt, zu den sparkasseneigenen gerechnet werden können. Aber diese von den Sparkassen zulässigerweise „auch" betriebenen Geschäfte sind es nicht, die einer Einrichtung die Eigenschaft einer Sparkasse aufprägen. Durch das Reichsgesetz über das Kreditwesen vom 5. Dezember 1934 (RGBl. I S. 1203) ist die eigentliche Wesensart des Spargeschäfts und hierdurch mittelbar der Sparkasse durch Trennung von Geschäften anderer Art wieder klar herausgestellt worden (siehe Pfundtner-Neubert, Das neue Deutsche Reichsrecht, Anm. 3 zu § 1 des Reichsgesetzes über das Kreditwesen). Nach § 22 Abs. 1 sind Spareinlagen Geldeinlagen auf Konten, die nicht den Zwecken des Zahlungsverkehrs, sondern der Anlage dienen. Im § 25 wird das Spargeschäft gekennzeichnet durch „Spareinlagen und die zu ihrer Deckung bestimmten Anlagen". Hiermit wird das die Wesensart der Sparkassen begründende Spargeschäft in einen Gegensatz zum Giroverkehr gestellt. Im § 22 Abs. 3 ist das für den Giroverkehr typische Geschäft, d. h. die Überweisung für Spareinlagen, ausdrücklich verboten. Auch die übrigen Vorschriften der §§ 22 bis 27 (z. B. Führung eines Sparbuchs, Art der Anlage der Spargelder usw.) zeigen deutlich die Abgrenzung des Sparverkehrs gegenüber dem Giroverkehr. Aus dem Gesetz vom 5. Dezember 1934 ergibt sich, daß die Rechtsentwicklung nicht auf eine Erweiterung, sondern auf eine Beschränkung und genaue Bezeichnung des Spargeschäfts hinzielt, so daß eine weitherzige Auslegung des Begriffs der Sparkasse nicht gerechtfertigt ist." Im Sinne dieser Rechtsauffassung hat der RFH. in dem vorstehenden Urt. I A 250/34 ausgesprochen, daß die sächsischen Girokassen, weil sie nicht das eigentliche Spargeschäft pflegen, sondern der Verwendung vorübergehend müßiger Gelder dienen, keine Sparkassen sind.

bb) Begriff der öffentlichen Sparkassen. Unter öffentlichen Sparkassen sind solche zu verstehen, die ihre Erträgnisse der Allgemeinheit zur Verfügung stellen und diese Zweckbestimmung durch eine Mitwirkung der Behörden bei ihrer Verwaltung gesichert haben.

cc) Begriff der unter Staatsaufsicht stehenden Sparkassen. Unter Staatsaufsicht stehende Sparkassen sind — im Gegensatz zu den öffentlichen Sparkassen — private Sparkassen, die steuerliche Rechtsfähigkeit besitzen. Als Sparkassen in diesem Sinn können aber Einrichtungen von Privatunternehmen nur dann angesprochen werden, wenn Geschäfte betrieben werden, wie sie von Sparkassen betrieben zu werden pflegen und wenn nach der Satzung der Einrichtung und dem tatsächlichen Geschäftsgebaren die Sicherung der eingelegten Spargelder gewährleistet ist (Urt. I A 877/29 vom 11. März / 5. Juni 1930 = RStBl. 30 S. 442). Die Sparabteilung eines in der Form einer Kapitalgesellschaft betriebenen Bankunternehmens, die weder bürgerlich-rechtlich noch steuerliche Rechtsfähigkeit besitzt, genießt die Steuervergünstigung nicht (Urt. I A 142/33 vom 16. Jan. 1934 = RStBl. 34 S. 633).

d) Die Regelung des Reichsbewertungsgesetzes. Gemäß § 59 Ziff. 1 RBewG. gehören nicht zum Betriebsvermögen die Wirtschaftsgüter, die nach den Vorschriften des Vermögensteuergesetzes oder anderer Gesetze von der Vermögensteuer befreit sind. Gemäß § 3 Abs. 1 Ziff. 4 VStG. sind von der Vermögensteuer befreit die öffentlichen oder unter Staatsaufsicht stehenden Sparkassen, soweit sie der Pflege des eigentlichen Sparverkehrs dienen. Eine Sparkasse, die sich auf die Pflege des eigentlichen Sparverkehrs beschränkt, hat deshalb kein Betriebsvermögen. Bei den übrigen Sparkassen ist Betriebsvermögen der Teil des Vermögens, der sparverkehrsfremden Zwecken dient.

e) Die Ausscheidung des steuerpflichtigen Gewinns und Betriebskapitals. Wie unter Anm. a ausgeführt wurde, waren die Sparkassenverordnung vom 22. März 1928 und die Kreditsicherungsverordnung vom 4. Mai 1928 nur noch übergangsweise bei der Veranlagung der Körperschaftsteuer 1934 und 1935 anzuwenden. Da gemäß § 10 Abs. 1 GewStG. für die Ermittlung des Gewerbeertrags der Gewerbeertrag des Kalenderjahrs maßgebend ist, das dem Erhebungszeitraum unmittelbar vorangegangen ist, so scheiden die Ergebnisse der Körperschaftsteuerveranlagungen 1934 und 1935 für die Ermittlung des Gewerbeertrags nach dem GewStG. aus; eine Bedeutung hat erst die Körperschaftsteuerveranlagung für das Kalenderjahr 1936 (1935/36), für welche die Anwendung der Sparkassenverordnung und der Kreditsicherungsverordnung nicht mehr in Betracht kommt. Die Sparkassenverordnung und die Kreditsicherungsverordnung haben damit für die Gewerbesteuer keine Bedeutung mehr.

Im § 25 KWG. ist bestimmt: „Kreditinstitute, welche Spareinlagen annehmen, sind verpflichtet, das Spargeschäft (Spareinlagen und die zu ihrer Deckung bestimmten Anlagen) in der Buchführung von dem übrigen Geschäft getrennt zu führen sowie in den Monatsausweisen, in den Jahresbilanzen und in den Gewinn- und Verlustrechnungen gesondert auszuweisen; in den Jahresabschlüssen müssen sämtliche Kosten des Spargeschäfts ersichtlich gemacht werden."

Nähere Bestimmungen zur Durchführung des § 25 KWG. sind noch nicht erlassen. Für die Übergangszeit sind für die Frage der Ausscheidung des steuerpflichtigen Gewinnteils der steuerbegünstigten Sparkassen in den Richtlinien für die Veranlagung der Einkommensteuer und Körperschaftsteuer vom 30. Jan. 1937 unter G II (RSt.-Bl. 37 S. 217/255) Grundsätze enthalten. Hienach ist wie folgt zu verfahren:

aa) Der Gesamtgewinn ist nach den Vorschriften des RStG. zu ermitteln.

bb) Bei der Ermittlung des steuerpflichtigen Anteils am Gesamtgewinn ist von der steuerlichen Betriebsergebnisbilanz am Schluß des Wirtschaftsjahrs auszugehen (für 1936 also von der Steuerbilanz auf 31. Dezember 1936). Die Schuldenseite dieser Bilanz ist nach den für die Vermögensteuer in dem Runderlaß vom 8. August 1935 S 3300—530 III unter Ziff. 13 (RStBl. 35 S. 1074, 1079) aufgestellten Grundsätzen in „Spareinlagen", in „nicht in Spareinlagen bestehende Verbindlichkeiten" und in „sonstige Verbindlichkeiten" aufzuteilen.

cc) Der steuerpflichtige Teil des Gesamtgewinns ergibt sich aus dem Verhältnis, in dem die nicht in Spareinlagen bestehenden Einlagen und die eingegangenen Verbindlichkeiten einerseits zu den gesamten Einlagen und den eingegangenen Verbindlichkeiten andererseits stehen.

Es kann vorkommen, daß die einzelnen Schuldenposten einer Sparkasse am Stichtag von dem Jahresdurchschnitt erheblich abweichen. Für diese Fälle ist gestattet, daß auf Grund der Zweimonatsbilanzen der Sparkasse ausnahmsweise der Jahresdurchschnitt der einzelnen Schuldenposten festgestellt und der Aufteilung zugrunde gelegt wird.

Die Vorschrift, nach welchem Verhältnis der Wert des steuerpflichtigen Teils (des „Betriebsvermögens") aus dem gesamten Vermögen einer steuerbegünstigten Sparkasse auszuscheiden ist, enthält § 51 RBewDB. 1935. Darnach ist als Wert des Betriebsvermögens derjenige Teil des gesamten Vermögens der Sparkasse anzusehen, der sich aus dem Verhältnis ergibt, in dem die nicht in Spareinlagen bestehenden Einlagen und die eingegangenen Verbindlichkeiten einerseits zu den gesamten Einlagen und den eingegangenen Verbindlichkeiten andererseits stehen (über die Durchführung im einzelnen zu vgl. Runderl. des RMin. d. Fin. vom 8. Aug. 1935 S. 3300 — 530 III = RStBl. 35 S. 1074).

Ziff. 5. Hauberg-, Wald-, Forst- und Laubgenossenschaften und ähnliche Realgemeinden. Unterhalten sie einen Gewerbebetrieb, der über den Rahmen eines Nebenbetriebs hinausgeht, so sind sie insoweit steuerpflichtig.

Die bezeichneten Körperschaften würden an sich gemäß § 2 Abs. 2 des Ges. der Gewerbesteuer unterliegen; durch die Bestimmung des § 3 Ziff. 5 werden sie aber grundsätzlich gewerbesteuerfrei gestellt; gleichgültig ist dabei, ob die bezeichneten Körperschaften als juristische Personen anzusehen sind oder nicht. (Urt. I A 459/31 vom 28. Juni 1932 = Bd. 31 S. 204.) Die Realgemeinden werden zumeist privatrechtliche Körperschaften sein (zu vgl. Urt. I a A 822/28 vom 8. Okt. 1929 = RStBl. 29 S. 594). Da § 3 Befreiungsvorschriften enthält, die sowohl privatrechtliche als auch öffentlich-rechtliche Körperschaften betreffen, so sind die in der Ziff. 5 genannten Genossenschaften und Realgemeinden gewerbesteuerfrei, gleichgültig ob sie privat- oder öffentlich-rechtliche Körperschaften sind.

a) Das Recht der Realgemeinden und Abgrenzung der Steuerbefreiung. Das Recht der Realgemeinden wurde in Art. 164 EGzBGB. vorbehalten. Darnach bleiben in Kraft die landesrechtlichen Vorschriften über die zur Zeit des Inkrafttretens des BGB. bestehenden Realgemeinden und ähnlichen Verbände, deren Mitglieder als solche zu Nutzungen an land- und forstwirtschaftlichen Grundstücken, an Mühlen, Bräuhäusern und ähnlichen Anlagen berechtigt sind. Wie die im GewStG. aufgeführten Beispiele beweisen, müssen die Realgemeinden eine Nutzung von Gegenständen bezwecken, die der Land- und Forstwirtschaft eigen sind. Genossenschaften, die die Nutzung an Bräuhäusern oder anderen gewerblichen Anlagen zum Gegenstande haben, können deshalb nicht unter die Bestimmung fallen (zu vgl. hierzu das Urt. I A 408/32 vom 29. Mai 1934 = StW. 34 Nr. 565).

Realgemeinden sind nach dem Gesetze grundsätzlich gewerbesteuerfrei. Sie werden aber gewerbesteuerpflichtig, wenn sie einen Gewerbebetrieb unterhalten, der über den Rahmen eines Nebenbetriebs hinausgeht. Sie werden aber in diesem Falle nicht mit dem gesamten Ertrage und dem gesamten Betriebskapital gewerbesteuerpflichtig, sondern nur mit dem Teile des Ertrags und des Gewerbekapitals, der auf den Gewerbebetrieb entfällt. Es liegt insoweit eine sachliche Befreiung vor.

b) Begriff des Nebenbetriebs. Ob ein steuerfreier Nebenbetrieb vorliegt, ist im wesentlichen Tatfrage. Ein Nebenbetrieb muß im Zusammenhang mit einem Hauptbetrieb stehen, er muß überwiegend die Aufgabe haben, den Zwecken eines anderen Betriebs zu dienen, ihn zu fördern und sein Erträgnis zu erhöhen. Besonders wichtig ist, welche wirtschaftliche Bedeutung dem als Nebenbetrieb anzusehenden Betriebe zukommt und welche Rente er im Verhältnis zum Hauptbetrieb abwirft. Kommt dem „Nebenbetrieb" eine selbständige Bedeutung zu, so wird die Realgemeinde steuerpflichtig.

c) Ermittelung der steuerbefreiten Erträge und Kapitalien. Die steuerbefreiten Erträge und Betriebskapitalien müssen, wenn eine Buchführung, welche die steuerbefreiten und steuerpflichtigen Erträge ausweist, nicht vorhanden ist, im Wege der Schätzung ermittelt werden. Wegen des Betriebskapitals zu vgl. I 2 d zu § 12.

Ziff. 6. Gewerbesteuerfrei sind die Unternehmen, die nach der Satzung, Stiftung oder sonstigen Verfassung ausschließlich und unmittelbar gemeinnützigen, mildtätigen oder kirchlichen Zwecken dienen. Unterhalten sie einen wirtschaftlichen Geschäftsbetrieb (ausgenommen Land- und Forstwirtschaft), der über den Rahmen einer Vermögensverwaltung hinausgeht, so sind sie insoweit steuerpflichtig.

1. Allgemeines. Voraussetzung für die volle (persönliche) Steuerbefreiung der in der Ziff. 6 genannten Unternehmen ist, daß die Unternehmen keinen wirtschaftlichen Geschäftsbetrieb unter-

halten, der über den Rahmen einer Vermögensverwaltung hinausgeht; unterhalten die Unternehmen einen wirtschaftlichen Geschäftsbetrieb, der über den Rahmen einer Vermögensverwaltung hinausgeht, so ist die persönliche Steuerpflicht gegeben; die Unternehmen genießen aber alsdann eine sachliche Steuerbefreiung; sie werden nur mit den Erträgen und den Kapitalien, die auf den wirtschaftlichen Geschäftsbetrieb entfallen, steuerpflichtig.

Die Steuerbefreiungsbestimmungen des § 3 Ziff. 6 GewStG. entsprechen jenen des § 4 Abs. 1 Ziff. 6 KStG. und des § 3 Abs. 1 Ziff. 6 VStG. Während allerdings nach dem KStG. und VStG. nur Körperschaften, Personenvereinigungen und Vermögensmassen begünstigt werden, bezieht sich die Bestimmung des § 3 Ziff. 6 GewStG. nach ihrem Wortlaut auf alle Unternehmen. Tatsächlich besteht aber eine Abweichung gegenüber den Personalsteuergesetzen nicht, da sich die Bestimmung des Gesetzes, wonach die Unternehmen nach der Satzung, Stiftung oder sonstigen Verfassung den begünstigten Zwecken dienen müssen, nur auf Körperschaften, Personenvereinigungen usw., nicht dagegen auch auf natürliche Personen erstrecken kann.

Bei vielen Unternehmen, die ausschließlich und unmittelbar begünstigten Zwecken dienen, wird die Gewerbesteuerpflicht von vornherein entfallen, weil sie keinen Gewerbebetrieb darstellen. Allerdings kann dieser Gesichtspunkt bei den in § 2 Abs. 2 aufgeführten Körperschaften keine Rolle spielen, weil die Tätigkeit dieser Körperschaften stets und in vollem Umfange als Gewerbebetrieb gilt; dagegen kommt dem Gesichtspunkt bei sonstigen Unternehmen Bedeutung zu: ist ein Unternehmen wegen Verfolgung gemeinnütziger Zwecke kein Gewerbebetrieb mehr — besonders häufig wird die Gewinnabsicht fehlen — dann ist ein Zurückgreifen auf die Befreiungsbestimmung des § 3 Ziff. 6 GewStG. entbehrlich.

2. Subjektives Anwendungsgebiet. Für die Steuerfreiheit gemäß § 3 Ziff. 6 kommen, wie erwähnt, alle Betriebe in Betracht, die der Gewerbesteuerpflicht unterliegen können, also auch Betriebe von Einzelpersonen und Betriebe von Körperschaften des öffentlichen Rechts.

Die Voraussetzungen für die Gewerbesteuerfreiheit müssen bei den Betrieben selbst gegeben sein. Da die Tätigkeit der in § 2 Abs. 2 und 3 GewStG. aufgeführten Körperschaften einen einheitlichen Gewerbebetrieb bildet, muß die Körperschaft als solche gemeinnützigen Zwecken dienen; es kann also nicht aus dem Tätigkeitsgebiet der Körperschaft ein Teilbetrieb herausgenommen und dieser wegen Verfolgung gemeinnütziger usw. Zwecke von der Gewerbesteuer befreit werden. Das Gesagte gilt allerdings nicht für Körperschaften des öffentlichen Rechts.

Ein Organbetrieb kann nicht deshalb gewerbesteuerfrei belassen werden, weil der Oberorganbetrieb steuerbegünstigten Zwecken dient; in derartigen Fällen scheidet vielmehr die Anwendung der Organschaft aus; ebensowenig kann der Betrieb einer Körperschaft des öffentlichen Rechts die Steuerfreiheit gemäß § 3 Ziff. 6 mit der

Behauptung geltend machen, daß die Körperschaft als solche steuerbegünstigte Zwecke verfolge.

3. Gemeinsame Voraussetzungen für die Steuerfreiheit.

a) Festlegung der begünstigten Zwecke in der Satzung. Die in Frage stehenden Betriebe müssen nach der Satzung, Stiftung oder sonstigen Verfassung und nach ihrer tatsächlichen Geschäftsführung den begünstigten Zwecken dienen. Es muß hiernach einmal eine Satzung, Stiftung oder sonstige Verfassung vorhanden sein, die für den Betrieb nicht nur vorübergehend gilt; durch einen je nach den Bedürfnissen gefaßten Beschluß des Unternehmens kann die Satzung nicht ersetzt werden (RFH. Bd. 32 S. 166/69). Eine Satzung ist auch dann erforderlich, wenn das dem begünstigten Zwecke dienende Unternehmen eine Kapitalgesellschaft ist. Als Verfassung kann bei Gesellschaften der Gesellschaftsvertrag gelten („sonstige Verfassung"). In dem Urt. Bd. 23 S. 301 hat der RFH. eine Ausnahme von dem Erfordernis der satzungmäßigen Festlegung insoferne zugelassen, als man bei historischen Gebilden (z. B. bei den aus früheren Klöstern hervorgegangenen ritterschaftlichen Versorgungsanstalten) gelten lassen könne, daß die Satzung nicht in einer erschöpfenden schriftlichen Aufzeichnung der für die betreffende Körperschaft maßgebenden Bestimmungen zu bestehen brauche, sondern daß an Stelle solcher Aufzeichnungen ganz oder zum Teil auf das Herkommen verwiesen werde, aus dem auf die tatsächliche Geschäftsgebarung der Körperschaft im allgemeinen mit hinreichender Sicherheit geschlossen werden könne (zu vgl. auch Urt. III A 244/34 vom 29. Nov. 1934 = RStBl. 35 S. 626). In der Satzung usw. muß eine Bestimmung enthalten sein, die die Widmung des Unternehmens zu den begünstigten Zwecken vorsieht und sie dabei so deutlich ausspricht, daß sich hieraus ohne weiteres ersehen läßt, daß der Begriff der Gemeinnützigkeit usw. nicht verkannt ist. Bei einer Stiftung kann die fehlende Satzungsbestimmung, daß bei Auflösung der Stiftung oder bei Wegfall der bisherigen Zwecke das Vermögen der Stiftung für steuerbegünstigte Zwecke zu verwenden ist, nicht durch die Vorschriften der §§ 87, 88 mit 46 BGB. ersetzt werden (Urt. I A 319/36 vom 17. Nov. 1936 = RStBl. 37 S. 273).

Die Verfolgung der begünstigten Zwecke darf nicht bloß auf dem Papier stehen; es ist vielmehr notwendig, daß sich, was im Gesetze unmittelbar zum Ausdruck kommt, das Unternehmen in gemeinnütziger usw. Weise auch tatsächlich betätigt. In diesem Sinn hat der RFH. einer Personenvereinigung, die nach ihrer Satzung ausschließlich gemeinnützigen Zwecken dienen sollte, die aber eine Reihe von Jahren hindurch nichts Ernstliches unternahm, um ihre satzungsmäßigen Zwecke zu erfüllen, die Anerkennung der Körperschaftsteuerfreiheit versagt (zu vgl. Urt. I A 36/31 vom 31. Jan. 1933 = RFH. Bd. 26 S. 167).

b) Die begünstigten Zwecke müssen ausschließlich verfolgt werden. Gemäß § 7 Abs. 2 der Ersten GewStDVO. dienen Unternehmen, die von einer Körperschaft, Personenvereinigung oder Vermögensmasse betrieben werden, nur dann ausschließlich gemeinnützigen, mildtätigen oder kirchlichen Zwecken, wenn sie andere als die in den §§ 17 bis 19 des Steueranpassungsgesetzes bezeichneten Zwecke nicht verfolgen und außerdem die folgenden Voraussetzungen erfüllen:

1. Der Anteil der Mitglieder oder Gesellschafter am Reingewinn darf satzungsmäßig und tatsächlich vier vom Hundert der eingezahlten Kapitalanteile und, bei nicht voll eingezahlten Kapitalanteilen, vier vom Hundert der Einlagen nicht übersteigen. Außerdem muß sichergestellt sein, daß den Mitgliedern sonstige Vermögensvorteile nicht zugewendet werden.

2. Es darf niemand durch unverhältnismäßig hohe Vergütungen (z. B. Aufsichtsratsvergütungen, Vorstandsgehälter) oder durch Verwaltungsausgaben, die dem Zweck der Körperschaft fremd sind, begünstigt werden.

3. Es muß satzungsgemäß vorgeschrieben und tatsächlich sichergestellt sein,

a) daß die Mitglieder bei ihrem Ausscheiden oder bei Auflösung der Körperschaft nicht mehr als ihre Kapitalanteile und, wenn die Kapitalanteile nicht voll eingezahlt sind, nicht mehr als die Einlagen zurückerhalten;

b) daß bei Auflösung der Körperschaft oder bei Wegfall der bisherigen Zwecke das Vermögen der Körperschaft für gemeinnützige, mildtätige oder kirchliche Zwecke verwendet wird, soweit es in diesem Zeitpunkt die Kapitalanteile der Mitglieder und, bei nicht voll eingezahlten Kapitalanteilen, die eingezahlten Einlagen übersteigt."

Das Wort „ausschließlich" ist absolut eindeutig in dem Sinn, daß ein irgendwie geartetes Übergreifen des Unternehmens auf andere als kirchliche, mildtätige oder gemeinnützige Zwecke die Steuerbefreiung verwirkt. Von einer ausschließlich gemeinnützigen Betätigung kann nicht mehr die Rede sein, wenn neben den gemeinnützigen Zwecken auch andere, insbesondere Erwerbs- oder sonstige eigennützige Zwecke, verfolgt werden. Eine Stiftung ist z. B. nicht mehr ausschließlich gemeinnützig, wenn auch nur unbeachtliche Teile ihrer Einkünfte für nicht gemeinnützige Nebenzwecke verwendet werden oder wenn sich die Stifter vorab für sich oder für ihre Familienmitglieder lebenslängliche Renten festgesetzt haben (Urt. I A a 801/28 vom 8. Jan. 1929 = RStBl. 29 S. 143).

Das Erfordernis der Ausschließlichkeit wird nicht verletzt, wenn eine an sich gemeinnützigen Zwecken dienende Stiftung einen Teil ihrer Erträgnisse in Erfüllung einer der Stiftung bei ihrer Errichtung gemachten Auflage für nicht steuerbegünstigte Zwecke verwendet (RFH. Bd. 32 S. 255). Das Erfordernis der Ausschließlichkeit wird weiter nicht verletzt, wenn ein Verein, der an sich gemeinnützigen Zwecken dient, sich nur nebenher in geselliger Weise betätigt. Beispiel: Wenn eine Schützengilde nach den Satzungen neben dem Schießsport auch die Geselligkeit pflegt und dies durch gesellige

Veranstaltungen irgendwelcher Art, und zwar in der Weise tut, daß beide Zwecke in gleicher Weise verfolgt werden oder der nicht gemeinnützige Zweck in den Vordergrund tritt — die geselligen Veranstaltungen nehmen z. B. einen Umfang an, wie er einem Vergnügungsverein eigen ist — so ist der Schützengesellschaft die Gewerbesteuerfreiheit zu versagen, weil sie nicht mehr ausschließlich gemeinnützigen Zwecken dient. Wenn dagegen der nichtgemeinnützige Zweck (Pflege der Geselligkeit) nicht Selbstzweck, sondern ein regelmäßig nicht zu entbehrendes Mittel zur Erreichung des gemeinnützigen Zweckes ist — die tatsächliche Gebarung ist im wesentlichen entscheidend — so steht eine derartige Betätigung der Anerkennung der Schützengesellschaft als ausschließlich gemeinnützigem Unternehmen nicht im Wege (zu vgl. RFH. Bd. 12 S. 308).

Das Erfordernis der Ausschließlichkeit wird schließlich nicht dadurch verletzt, daß von einem Unternehmen neben kirchlichen Zwecken gleichzeitig auch gemeinnützige usw. Zwecke verfolgt werden; nur muß die Verfolgung anderer als begünstigter Zwecke ausgeschlossen sein.

c) Die Betriebe müssen den steuerbegünstigten Zwecken unmittelbar dienen. Die Betriebe müssen mit den steuerbegünstigten Zwecken in unmittelbarem Zusammenhange stehen. Es genügt nicht, daß bloß die von dem Betriebe erzielten Überschüsse steuerbegünstigten Zwecken zugeführt werden, während die Unternehmung selbst auf einen nicht begünstigten Zweck gerichtet ist. Beispiele: Ein Schützenverein dient gemeinnützigen Zwecken nur dann, wenn er sich unmittelbar auf schießsportlichem Gebiete betätigt, nicht aber auch, wenn er durch die Unterhaltung eines gewerblichen Betriebs die schießsportlichen Interessen fördert. Eine Stiftung, die eine Brauerei betreibt, dient nicht deshalb unmittelbar gemeinnützigen usw. Zwecken, weil sie die aus dem Betrieb der Brauerei gewonnenen Erträgnisse charitativen Zwecken zuführt. Es liegt insoweit lediglich eine mittelbare Förderung der steuerbegünstigten Zwecke vor. Desgleichen verfolgt eine Stiftung, die einen Teil ihrer Überschüsse einer Gemeinde zur Erfüllung von Aufgaben zuwendet, die der Gemeinde kraft Gesetzes obliegen, nicht ausschließlich gemeinnützige Zwecke (Urt. I A 388/32 vom 11. Juli 1933 = RStBl. 33 S. 1055). Ein Verein, der lediglich dem Zwecke dient, einem gemeinnützigen Verein Räume zur Verfügung zu stellen, die zur Abhaltung von Sitzungen und außerdem mittelbar oder unmittelbar der Förderung der Zwecke des gemeinnützigen Vereins dienen sollen, ist nicht gemeinnützig (Urt. III A 208/32 vom 30. Juni 1932).

4. Der Begriff der gemeinnützigen Zwecke.

a) Die gesetzlichen Bestimmungen. Gemäß § 7 Abs. 1 der Ersten GewStDVO. bestimmt sich die Frage, ob ein Zweck als gemeinnützig anzusehen ist, nach den §§ 17 bis 19 des StAnpG. § 17 StAnpG., der den Begriff der Gemeinnützigkeit festlegt, lautet:

(1) Gemeinnützig sind solche Zwecke, durch deren Erfüllung ausschließlich und unmittelbar die Allgemeinheit gefördert wird.

(2) Eine Förderung der Allgemeinheit ist nur anzunehmen, wenn die Tätigkeit dem gemeinen Besten, das heißt dem Wohl der deutschen Volksgemeinschaft auf materiellem, geistigem oder sittlichem Gebiet, nützt. Ob dies der Fall ist, beantwortet sich nach den Anschauungen der Volksgesamtheit.

(3) Unter den Voraussetzungen des Abs. 2 sind als Förderung der Allgemeinheit anzuerkennen insbesondere:

1. die Förderung der öffentlichen Gesundheitspflege, der Jugendpflege und Jugendfürsorge sowie der körperlichen Ertüchtigung des Volks durch Leibesübungen (Turnen, Spiel, Sport);
2. die Förderung der Wissenschaft, Kunst und Religion, die Erziehung, Volks- und Berufsbildung, der Denkmalpflege, Heimatpflege, Heimatkunde und des deutschen Volkstums im Ausland. Hierunter fällt auch die Förderung derjenigen Theater, die im öffentlichen Interesse von einer Körperschaft des öffentlichen Rechts geführt oder unterhalten werden.

(4) Ein Personenkreis ist nicht als Allgemeinheit anzuerkennen, wenn er durch ein engeres Band, wie Zugehörigkeit zu einer Familie, zu einem Familienverband oder zu einem Verein mit geschlossener Mitgliederzahl, durch Anstellung an einer bestimmten Anstalt und dergleichen fest abgeschlossen ist oder wenn infolge seiner Abgrenzung nach örtlichen oder beruflichen Merkmalen, nach Stand oder Religionsbekenntnis oder nach mehreren dieser Merkmale die Zahl der in Betracht kommenden Personen dauernd nur klein sein kann.

(5) Gemeinnützigkeit liegt nicht vor, wenn eine Tätigkeit nur den Belangen bestimmter Personen oder eines engeren Kreises von Personen dient oder in erster Linie eigenwirtschaftliche Zwecke (zum Beispiel gewerbliche Zwecke oder sonstige Erwerbszwecke) verfolgt.

(6) Der Umstand, daß die Erträge eines Unternehmens einer Körperschaft des öffentlichen Rechts (zum Beispiel dem Reich, einer Gemeinde oder einem Gemeindeverband) zufließen, bedeutet für sich allein noch keine unmittelbare Förderung der Allgemeinheit.

b) Begriff der Gemeinnützigkeit im einzelnen. Ein Unternehmen ist gemeinnützig im steuerlichen Sinn nur dann, wenn folgende zwei — subjektive und objektive — Voraussetzungen gegeben sind:

aa) Für die Gründung und Unterhaltung des Unternehmens muß treibende Kraft der Gemeinsinn sein. Es kommt also in erster Linie auf die Gesinnung des Unternehmers an. Der Gemeinsinn muß sich in selbstloser Weise im Geiste der Opferwilligkeit, sei es in freiwilliger Arbeit, sei es durch Hingabe materieller Mittel, betätigen. Soweit Unternehmungen von Personenvereinigungen in Betracht kommen, kann Gemeinnützigkeit nur dann in Betracht kommen, wenn weder die Personen, die den Willen des Vereins bestimmen, noch auch die Personenvereinigung als solche ihren eigenen wirtschaftlichen Interessen dienen. An sich können auch Personenvereinigungen selbstlos handeln. Indes muß als allgemeiner Erfahrungssatz gelten, daß Selbstlosigkeit des Handelns die Ausnahme und das Streben nach persönlichem Nutzen die Regel bildet. Soweit die Teilhaber oder die Gesellschafter einer Personenvereinigung ein Interesse an dem von ihnen betriebenen Unternehmen haben, liegt Gemeinnützigkeit in der Regel nicht vor. Mag auch eine Personenvereinigung oder Gesellschaft durch ihren Betrieb der Allgemeinheit dienen wollen und auch tatsächlich dienen, so empfängt sie dennoch von der Mehrheit ihrer Gesellschafter her wenigstens zu einem gewissen Teil die Zuwendung besonderer Vorteile an diese Gesellschafter als Zielsetzung. Die Förderung der Allgemeinheit ist aber dann nicht mehr die treibende Kraft des von der Personenvereinigung oder Gesellschaft unterhaltenen Betriebs (zu vgl. Art. III A 170/32 vom 14. Dez. 1932 = RStBl. 33 S. 76 und die dort angegebene Rechtsprechung).

Für die Frage, ob eine Personenvereinigung subjektiv gemeinnützig ist, ist die Satzung von entscheidender Bedeutung.

bb) Das Unternehmen darf — objektiv — nur solche Zwecke verfolgen, deren Erfüllung unmittelbar der Allgemeinheit zugute kommt. Nach § 17 Abs. 2 Satz 1 StAnpG. ist eine Förderung der Allgemeinheit nur dann anzunehmen, wenn die Tätigkeit dem gemeinsamen Besten, d. h. dem Wohl der deutschen Volksgemeinschaft auf materiellem, geistigem oder sittlichem Gebiete nutzt. Hiernach werden im vorneherein — übrigens im Einklang mit der bisherigen Rechtsprechung des RFH. — nur deutsche Zwecke als gemeinnützig anerkannt. Die Förderung der Interessen von Ausländern ist kein gemeinnütziger Zweck, dies auch dann nicht, wenn dadurch mittelbar gleichzeitig deutschen Interessen gedient wird (RFH. Bd. 6 S. 260).

Gemäß § 17 Abs. 2 Satz 2 StAnpG. beantwortet sich die Frage, ob die Voraussetzungen für die Annahme einer Förderung der Allgemeinheit gegeben sind, nach den Anschauungen der Volksgesamtheit. Im Anschluß an die bisherige Rechtsprechung des RFH. muß angenommen werden, daß solche Zwecke nicht als gemeinnützig anerkannt werden können, über deren Eigenschaft in dieser Hinsicht unter größeren Teilen der Volksgenossen Streit besteht. Nicht als gemeinnützig erscheinen in diesem Sinn: Feuerbestattungsvereine, solange als größere Teile des deutschen Volkes der Feuerbestattung ablehnend gegenüber stehen (Urt. I A 458/30 vom 9. Jan. 1931 = RStBl. 31 S. 230; III A 105/33 vom 21. Juni 1933 = RStBl. 33 S. 1347), bestimmte Heilverfahren, solange diese von der herrschenden Meinung der von den deutschen Universitäten vertretenen medizinischen Wissenschaft einhellig oder doch nahezu einhellig als unwissenschaftlich abgelehnt werden (Urt. V A 215/29 vom 11. Nov. 1929 = Bd. 26 S. 102), Antialkoholvereine (als gemeinnützig erscheinen dagegen Vereine, die lediglich den Zweck verfolgen, den Alkoholmißbrauch zu bekämpfen, insbesondere Schäden, Mißstände und besondere Gefahren auf dem Gebiete des Alkoholismus zu beseitigen), Logen; nicht gemeinnützig ist weiter ein Zweck, dessen Erfüllung lediglich den Interessen nichtarischer Staatsangehöriger dient (Urt. I A 227/35 vom 7. April 1936 = RStBl. 36 S. 442, RFH. Bd. 39 S. 202). Ausschließlich gemeinnützige Zwecke liegen nicht vor, wenn durch die Förderung der

Sonderinteressen eines Personenkreises die Interessen anderer Erwerbsstände erheblich geschädigt werden (zu vgl. RFH. Bd. 6 S. 57, Bd. 20 S. 70).

cc) Im bisherigen Recht war besonders streitig, wieweit der Kreis der von dem gemeinnützigen Unternehmen begünstigten Personen reichen muß. Das StAnpG. beantwortet diese Frage in § 17 Abs. 4 und 5. Außer Zweifel steht, daß die Allgemeinheit, „der die Zwecke des Unternehmens förderlich sein müssen", personell und örtlich begrenzt sein kann, daß aber auch der Personenkreis eines einzelnen Unternehmens oder etwa eines Familienverbands nicht zur Gemeinnützigkeit ausreicht (RFH. 10 S. 144). In den Urteilen Bd. 5 S. 13 und Bd. 7 S. 334 ist ausgesprochen, daß gemeinnützig oder mildtätig Stiftungen, Anstalten und Personenvereinigungen sein können, die nur einem örtlich oder beruflich oder nach beiden Seiten begrenzten Teil zugute kommen, sofern dieser Kreis nicht durch ein bestehendes engeres Band in sich abgeschlossen ist, wie es sich insbesondere aus der Zugehörigkeit zu einer engeren Familie oder auch schon zu einem Verein mit geschlossener Mitgliederzahl ergibt.

In dem Urt. III A 164/36 vom 10. Dez. 1936 = RStBl. 37 S. 166 wird ausgesprochen: „Wenn ein Verein, dessen Mitglieder einem bestimmten Beruf angehören, notleidende berufsangehörige Nichtmitglieder unterstützen will, dann kann die Gemeinnützigkeit dieses Zwecks nur dann verneint werden, wenn die Zahl der zu unterstützenden Berufsgenossen dauernd nur klein sein kann."

dd) Besonderheiten. Zum Begriff der Gemeinnützigkeit gehört im Gegensatz zum Begriff der Wohltätigkeit nicht die Unterstützung hilfsbedürftiger oder minderbemittelter Personen (RFH. Bd. 6 S. 274, Bd. 34 S. 202); denn unter der Allgemeinheit, der ein gemeinnütziges Unternehmen dienen muß, ist die Bevölkerung als solche oder ein größerer Kreis von Personen aus der Bevölkerung zu verstehen; ob an den Leistungen nur minderbemittelte oder auch bemittelte Kreise teilnehmen, ist gleichgültig. Der Umstand, daß seitens eines gemeinnützigen Unternehmens hohe Gehälter an die Leiter des Unternehmens bezahlt werden, vermag dem Unternehmen die Eigenschaft als gemeinnützig nicht zu nehmen. Wenn eine Stiftung, die ein Krankenhaus betreibt, an die Spitze der Anstalt einen Arzt stellt, der auf seinem Gebiete den größten Namen besitzt, und wenn sie diesem Arzte ein seinem Rufe entsprechendes hohes Gehalt bezahlt, so kann nicht um des hohen Gehaltes wegen die Anerkennung der Gemeinnützigkeit versagt werden (Urt. I A 70/32 vom 16. Sept. 1932 = RStBl. 32 S. 1106).

Der Umstand, daß Personenvereinigungen, Anstalten u. dgl. kraft behördlicher Anordnung mit Beitrittszwang ausgestattet sind, vermag diesen Personenvereinigungen usw. nicht ohne weiteres die Eigenschaft als gemeinnützig zu verleihen. Auch bei einem Verein mit Beitrittszwang bleibt der Wille des einzelnen Vereinsmitglieds lebendig. Sehen und suchen die meisten Vereinsmitglieder in der Vereinstätigkeit ihren Vorteil, so kann, mag auch der Wille der den Beitrittszwang festsetzenden Behörde auf ausschließliche Gemeinnützigkeit gerichtet sein, doch nicht die Steuerbefreiung gemäß § 3 Ziff. 6 eintreten.

Gemäß § 17 Abs. 6 StAnpG. bedeutet der Umstand, daß die Erträge eines Unternehmens einer Körperschaft des öffentlichen Rechts (z. B. dem Reich, einer Gemeinde oder einem Gemeindeverband) zufließen, für sich allein noch keine unmittelbare Förderung der Allgemeinheit. Dieser Grundsatz entspricht der Rechtsprechung des RFH. (zu vgl. u. a. RFH. Bd. 26 S. 135), wonach ein Betrieb nicht schon deshalb gemeinnützig ist, weil er von einer öffentlich-rechtlichen Körperschaft unterhalten wird, oder weil er öffentlich-rechtlichen Charakter hat, oder weil seine Erträge einer öffentlich-rechtlichen Körperschaft zufließen.

c) Beispiele für gemeinnützige bzw. nichtgemeinnützige Unternehmen. Nach dem Gesagten werden in der Regel als gemeinnützig angesehen werden können: Turnvereine, Gesangvereine, Schützenvereine (zu vgl. Urt. III A 311/30 vom 29. Jan. 1931 = RStBl. 32 S. 105; III A 96/32 vom 27. April 1932 = RStBl. 32 S. 572), Sportvereine (bezügl. des Segelsports zu vgl. das Urt. I A 148/31 vom 28. Mai 1931 = RStBl. 31 S. 553), Vereinigungen, die der Förderung des Luftverkehrs dienen (Urt. III A 70/29 vom 16. Okt. 1930 = RStBl. 31 S. 858), Rennvereine, deren satzungsmäßiger Zweck darin besteht, durch Abhaltung von Pferderennen und anderen geeigneten Maßnahmen die Pferdezucht im Deutschen Reich zu fördern (Urt. III A 351/33 vom 11. Jan. 1934 = RStBl. 34 S. 246, RFH. Bd. 35 S. 147: „Die Gemeinnützigkeit wird nicht dadurch beeinträchtigt, daß Rennen veranstaltet werden, die der Allgemeinheit nur gegen Eintrittsgeld in verschiedener Höhe zugänglich sind"). Gemeinnützig sind weiter historische, kunsthistorische und Altertums-Vereine, weiter Vereinigungen usw., die die Förderung der öffentlichen Gesundheitspflege bezwecken (keine Gemeinnützigkeit, wenn das angewendete Heilverfahren von der herrschenden Meinung der von den deutschen Universitäten vertretenen medizinischen Wissenschaft einhellig oder doch nahezu einhellig als unwissenschaftlich abgelehnt wird, RFH. Bd. 26 S. 102), Vereinigungen, die Krankenanstalten (RFH. Bd. 6 S. 101), ferner Vereinigungen, die Kindermilchanstalten unterhalten (RFH. Bd. 6 S. 240, wenn die Entgelte für die den Kindern gelieferte Milch hinter den sonst bei auf Erwerb abzielenden Privatanstalten üblichen Entgelten zurückbleiben), öffentliche Leihanstalten, wenn sie keine Gewinne erzielen (RFH. Bd. 2 S. 303), Volksbadeanstalten, wenn sie im allgemeinen Interesse und im Interesse der Volksgesundheit unterhalten und keine Überschüsse erzielt werden (RFH. Bd. 4 S. 181), von Vereinigungen unterhaltene Tiergärten, wenn der Besuch allen Bevölkerungskreisen offensteht und keine übermäßigen Eintrittsgelder erhoben werden (RFH. Bd. 4 S. 151), Vereine für Volksbibliotheken, wenn die Bibliothek allen Volkskreisen offensteht und keine Überschüsse erzielt werden. Vereinigungen mit Privatschulen werden als ausschließlich gemeinnützig ausnahmsweise dann angesehen werden können, wenn die Privatschule aus öffentlichen Mitteln unterstützt wird, die durchschnittlichen Entgelte hinter den von Schulerwerbsunternehmungen erhobenen zurückbleiben, der ausschließliche Zweck der Schule lediglich auf die Ausbildung der Schüler gerichtet ist, womit einem Bedürfnis der Bevölkerung und damit der Allgemeinheit gedient wird (RFH. Bd. 6 S. 324). Gemeinnützig ist weiter ein Verein, dessen Zweck lediglich darauf gerichtet ist, den Alkoholmißbrauch zu bekämpfen, insbesondere Schäden, Mißstände und besondere Gefahren auf dem Gebiete des Alkoholismus zu beseitigen; dagegen ist nicht gemeinnützig ein Verein, dessen satzungsmäßiger Zweck darauf gerichtet ist, das Volk zur völligen Enthaltung vom Alkoholgenuß zu erziehen (Urt. I A 42/34 vom 10. Juli 1934 = RStBl. 35 S. 324).

Nicht gemeinnützig sind Vereinigungen, die an sich gemeinnützigen Zwecken dienen, die aber zugleich auch die Förderung der geschäftlichen Interessen ihrer Mitglieder bezwecken. Aus der Praxis: Nicht gemeinnützig sind die Erwerbs- und Wirtschaftsgenossenschaften (RFH. Bd. 6 S. 287: „das geltende Recht kennt nur solche Genossenschaften, deren unmittelbarer Zweck dem Interesse der Genossen dient; auch wenn ihre Gründung auf wirtschaftliche und soziale Gründe zurückzuführen ist, dienen die Genossenschaften nicht ausschließlich gemeinnützigen Zwecken), Einkaufsverbände mit dem Zweck, zur Verbilligung des Warenumlaufs gemeinschaftlich einzukaufen und den Umsatz zu vermitteln (RFH. Bd. 4 S. 120, Bd. 5 S. 98: derartige Verbände dienen, mögen auch der Kleinhandel und die Kundschaft des Kleinhandels gefördert und mögen auch keine Gewinne erzielt werden, den wirtschaftlichen Interessen der Gesellschafter), Verein Kreditreform (I A 326/32 vom 23. Mai 1933 = RStBl. 33 S. 910), Automobilklubs Urt. I A 112/34 vom 8. Aug. 1934 = RStBl. 34 S. 991); nicht gemeinnützig sind weiter: eine sich mit der entgeltlichen Verwahrung von Wertpapieren befassende Landeskreditkasse (RFH. Bd. 7 S. 7), ein privater Feuerversicherungsverein auf Gegenseitigkeit (RFH. Bd. 7 S. 200) — gemeinnützig ist dagegen eine mit Beitrittszwang ausgestattete Landesbrandversicherungsanstalt (RFH. Bd. 12 S. 153) —, Vereinigungen von Meiereiverbänden (Urt. III A 341/32 vom 10. Nov. 1932 = RStBl. 33 S. 17), Vereine zur Förderung industrieller Interessen (Urt. III A 124/32 vom 16. Juni 1932 = RSt.-Bl. 32 S. 783), Betriebe von Zwangsinnungen, wenn sie überwiegend die Förderung der wirtschaftlichen Vorteile der Innungsmitglieder bezwecken (Urt. I A 270/31 vom 14. Juli 1931 = RStBl. 31 S. 822). Nicht gemeinnützigen Zwecken dienen Vereine, die die Hebung des Sparsinns der Bevölkerung oder bestimmter Volkskreise bezwecken. Nach dem Urt. I A 866/29 vom 5. Juni 1930 = RStBl. 30 S. 442) können sich öffentliche oder dem öffentlichen Verkehr dienende Sparkassen nicht darauf berufen, daß sie ausschließlich und unmittelbar gemeinnützigen Zwecken dienen. Nichts anderes kann gelten, wenn der gleiche Zweck von einer nicht dem öffentlichen Verkehr dienenden Sparkasse verfolgt wird.

5. Begriff der mildtätigen Zwecke.

a) Die gesetzlichen Bestimmungen. Gemäß § 7 Abs. 1 der Ersten GewStDVO bestimmt sich die Frage, ob ein Zweck als mildtätig anzusehen ist, nach den §§ 17—19 des StAnpG. vom 16. Okt. 1934. Gemäß § 18 (Abs. 1) StAnpG. sind mildtätig solche Zwecke, die ausschließlich und unmittelbar darauf gerichtet sind, bedürftige Deutsche Volksgenossen zu unterstützen. Bedürftig sind solche Personen (Abs. 2), die infolge ihrer wirtschaftlichen Lage der Hilfe bedürfen. Mildtätigen Zwecken dienen (Abs. 3) insbesondere Betriebe und Verwaltungen, die ausschließlich zur persönlichen und wirtschaftlichen Hilfeleistung für bedürftige Personen bestimmt sind.

b) Erläuterungen. Mildtätigkeit kann nur dort angenommen werden, wo Personen geholfen werden soll, die infolge ihrer wirtschaftlichen Lage der Hilfe bedürfen. Spricht sich die Bedürftigkeit in anderer Richtung aus, dann kann ein Unternehmen, das Abhilfe bringen soll, unter Umständen gemeinnützig sein, es ist aber nicht mildtätig (zu vgl. Urt. I A 128/28 vom 6. Juni 1928).

Mildtätige Zwecke liegen nicht bloß dann vor, wenn den unterstützten Personen bloß das zur Deckung des Existenzminimums Notwendige gewährt wird; Mildtätigkeit kann auch geübt werden, wenn für höhere Lebenszwecke bedürftiger Personen gesorgt werden soll, die sie aus eigenen Mitteln nicht oder nur schwer erreichen können. Der Mangel, dem abgeholfen werden soll, muß aber als Bedürftigkeit angesprochen werden können. Ein Zweck, der darauf gerichtet ist, die Kosten des Besuchs höherer Schulanstalten durch unbemittelte Zöglinge zu bestreiten, ist nicht mildtätig (Urt. I A 227/35 vom 7. April 1936 = RStBl. 36 S. 442, RFH. Bd. 39 S. 202). Der Steuerbefreiung steht nicht entgegen, daß für die Gewährung der Mildtätigkeit, z. B. einer Unterstützung, ein Entgelt gewährt wird; nur muß sich dieses Entgelt planmäßig unter dem Betrage des Gewährten halten. Eine Erwerbsabsicht auf seiten des Gebers schließt die Mildtätigkeit aus. Fraglich kann sein, ob die Steuerbefreiung dadurch ausgeschaltet wird, daß die Mildtätigkeit nur an einem bestimmten Personenkreis geübt wird. Die Frage wird zu verneinen sein, wenn es sich um einen Personenkreis handelt, der zwar — durch Religion, Berufsart usw. — begrenzt ist, aber immerhin größer ist und in seiner Zusammensetzung wechselt. In dem Urt. III A 244/34 vom 29. Nov. 1934 = RStBl. 35 S. 626 wird die Mildtätigkeit bejaht in einem Falle, in welchem in ein Kloster satzungsgemäß unbemittelte Beamtentöchter aufgenommen werden (zu vgl. andererseits das Urt. Bd. 23 S. 301).

Die Anerkennung der Mildtätigkeit wird dadurch gehindert, daß nach der Satzung die Unterstützungsempfänger Angehörige einer nichtarischen Rasse sind (das Urt. I A 227/35 vom 7. April 1936 = RStBl. 36 S. 442 ist überholt; zu vgl. nunmehr Urt. III A 194/36 vom 10. Dez. 1936 = RStBl. 37 S. 21).

6. Begriff der kirchlichen Zwecke.

a) Die gesetzlichen Bestimmungen. Gemäß § 7 Abs. 1 der Ersten GewStDVO. bestimmt sich die Frage, ob ein Zweck als kirchlich anzusehen ist, nach den §§ 17 bis 19 des StAnpG. vom 16. Oktober 1934. Gem. § 19 Abs. 1 des StAnpG. sind kirchlich solche Zwecke, durch deren Erfüllung eine christliche Religionsgesellschaft des öffentlichen Rechts ausschließlich und unmittelbar gefördert wird. Nach Abs. 2 des § 19 gehören zu diesen Zwecken insbesondere die Errichtung, Ausschmückung und Unterhaltung von Gotteshäusern und kirchlichen Gemeindehäusern, die Abhaltung des Gottesdienstes, die Ausbildung von Geistlichen, die Erteilung von Religionsunterricht, die Beerdigung und die Pflege des Andenkens der Toten, ferner die Verwaltung des Kirchenvermögens, die Besoldung der Geistlichen, Kirchenbeamten und Kirchendiener, die Alters- und Invalidenversorgung für diese Personen und die Versorgung ihrer Witwen und Waisen. Gewerbesteuerfrei werden hiernach sein die Vereine und Stiftungen für Kirchenbauten, Kirchenbeleuchtung, Beschaffung von Kirchengerät (Paramentenvereine), Kirchenchorvereine, ferner Vereine und Stiftungen zwecks Erhöhung der Gehälter usw. der Geistlichen und Kirchendiener usw.

b) Erläuterungen. Die Aufzählung in den Durchführungsbestimmungen enthält nur Beispiele; sie ist also erweiterungsfähig. Als kirchliche Zwecke müssen u. a. auch die Zwecke der Mission und des Religionsunterrichts in einer bestimmten Kirche angesehen werden. Auch die Herausgabe einer Zeitschrift kann kirchlichen Zwecken dienen. Der Anzeigenteil sowie die Scherz- und Rätselecke stehen der Anerkennung der Steuerfreiheit nicht entgegen. Das gleiche gilt für die Abhandlungen unterhaltenden und kulturellen Inhalts, soweit diese nicht schon ihrem Charakter nach unmittelbar kirchlichen Zwecken dienen (Urt. I A 178/34 vom 5. Dez. 1934 = DStZtg. 35 S. 672).

Kirchliche Zwecke sind nur die Zwecke öffentlich-rechtlicher Religionsgesellschaften. Privatrechtlich eingetragene Vereinigungen fallen nicht unter die Vergünstigung.

Die kirchlichen Zwecke dürfen nicht mit religiösen Zwecken verwechselt werden. Es kann deshalb nicht schon die Pflege irgendeiner bestimmten Religion oder Weltanschauung, z. B. des Freidenkertums, die Befreiung von der Gewerbesteuer wegen Verfolgung ausschließlich kirchlicher Zwecke herbeiführen. Ebensowenig dürfen den kirchlichen Zwecken die Förderung der christlichen Liebestätigkeit (Karitas) oder der Wohltätigkeit gleichgestellt werden.

7. Wegfall der subjektiven Steuerbefreiung bei Unterhaltung eines über den Rahmen einer Vermögensverwaltung hinausgehenden wirtschaftlichen Geschäftsbetriebs.

Nach früherem Recht wurde die Gemeinnützigkeit usw. bejaht, wenn ein Unternehmen sich die Mittel zur Erfüllung des gemeinnützigen Zwecks durch einen Gewerbebetrieb erwarb, sie also sich gewissermaßen von außen zuführte (RFH. Bd. 22 S. 204; Bd. 25 S. 103). Der RFH. ging insoweit von der Auffassung aus, daß zwischen dem Zweck, den eine Körperschaft verfolge, und den Mitteln, mit denen dieser Zweck verfolgt werde, unterschieden werden müsse; nur der Zweck brauche ein solcher zu sein, der die Allgemeinheit unmittelbar fördere. In späteren Steuergesetzen hat der Gesetzgeber die Steuervergünstigung insoweit beseitigt, als ein gemeinnütziges Unternehmen einen über den Rahmen einer bloßen Vermögensverwaltung hinausgehenden wirtschaftlichen Geschäftsbetrieb unterhält. Die Personalsteuergesetze 1934 und auch das GewStG. 1936 haben diese Regelung übernommen. Die Unternehmen der in § 3 Ziff. 6 genannten Art werden hienach steuerpflichtig, wenn sie einen wirtschaftlichen Geschäftsbetrieb unterhalten, der über den Rahmen einer Vermögensverwaltung hinausgeht; die Gewerbesteuer ist aber nur aus den auf den wirtschaftlichen Geschäftsbetrieb entfallenden Erträgen und Gewerbekapitalien geschuldet.

a) Begriffliches. Wegen des Begriffs des wirtschaftlichen Geschäftsbetriebs zu vgl. Anm. X 3 a zu § 2 Abs. 3. Was den Begriff der Vermögensverwaltung betrifft, so ist dieser nach der Rechtsprechung des RFH. enge auszulegen; er deckt sich nicht mit dem Begriff der Vermögensverwaltung nach bürgerlichem Recht (zu vgl. RFH. Bd. 24 S. 176; Urt. III A 358/30 vom 26. März 1931 = RStBl. 32 S. 107).

Unter Vermögensverwaltung ist nur die reine Vermögensverwaltung zu verstehen. Die Tätigkeit des Unternehmens muß sich deshalb auf die verzinsliche Anlage von Kapitalvermögen oder auf die Vermietung oder Verpachtung von unbeweglichem Vermögen oder Sachinbegriffen beschränken. Eine Vermögensverwaltung im Sinn des Steuerrechts liegt jedenfalls dann nicht mehr vor, wenn und solange jemand einen Betrieb wie ein selbständiger Unternehmer (z. B. als Gewerbetreibender) führt. Beispiel: Betrieb einer Druckerei und Verlag von Zeitungen: Urt. I A 28/34 vom 26. März 1935 = RStBl. 35 S. 855. Ein wirtschaftlicher Geschäftsbetrieb, der über den Rahmen einer Vermögensverwaltung hinausgeht, ist regelmäßig auch die Verpachtung eines wirtschaftlichen Geschäftsbetriebs. Nach Gewerbesteuerrecht ist anders wie nach Körperschaftsteuer- und Vermögensteuerrecht unschädlich, daß der über den Rahmen einer Vermögensverwaltung hinausgehende wirtschaftliche Geschäftsbetrieb in dem Betrieb der Land- und Forstwirtschaft besteht. Eine gemeinnützigen Zwecken dienende Stiftung, die lediglich einen großen Forstbesitz innehat, ist hiernach gewerbesteuerfrei.

Der Zweck der Bestimmung des § 3 Ziff. 6 Satz 2 ist lediglich, in den Fällen, in denen ein gemeinnütziges Unternehmen sich die Mittel zur Ermöglichung ihrer Gemeinnützigkeit durch Maßnahmen, die außerhalb der unmittelbaren gemeinnützigen Betätigung liegen, erwirbt, die steuerliche Vergünstigung insoweit zu versagen, als ein über eine bloße Vermögensverwaltung hinausgehender wirtschaftlicher Geschäftsbetrieb vorliegt, der sich am Wirtschaftsleben beteiligt und naturgemäß zu anderen Unternehmungen gleicher Geschäftsrichtung in Wettbewerb tritt. Dagegen sind Einrichtungen und Maßnahmen eines gemeinnützigen Unternehmens, die unmittelbar die Erfüllung des gemeinnützigen Zwecks darstellen, nicht geeignet, unter dem Gesichtspunkt des wirtschaftlichen Geschäftsbetriebs die Steuerfreiheit zu versagen (Urt. III A 378/34 vom 25. Juli 1935 = RStBl. 35 S. 1493). Der wirtschaftliche Geschäftsbetrieb ist in diesem Falle nichts anderes und nichts weiteres als die Gesamtheit derjenigen Maßnahmen und Einrichtungen, die unmittelbar der Erfüllung des gemeinnützigen Unternehmens dienen (RFH. Bd. 35 S. 147). Zweifelhaft bleibt, ob ein wirtschaftlicher Geschäftsbetrieb auch bei einer Betätigung anzunehmen ist, die mit der gemeinnützigen Tätigkeit so notwendig verbunden ist, daß die gemeinnützigen Zwecke ohne diese Betätigung gar nicht erreicht werden könnten. Beispiel: Ein Verein unterhält eine Fürsorgeerziehungsanstalt, in der die verwahrloste Jugend durch Betrieb handwerklicher Werkstätten für Knaben oder einer Wäscherei für verwahrloste Mädchen wieder an Arbeit gewöhnt wird. Die Arbeiten werden auch für Private gegen die üblichen Preise erledigt. Da nach der Auffassung des Gesetzgebers der Zweck eines wirtschaftlichen Geschäftsbetriebs, wo ein solcher vorliegt, unbeachtet bleiben soll, wird in den vorbezeichneten Fällen ein wirtschaftlicher Geschäftsbetrieb angenommen werden müssen. Anders wäre es nur, wenn im Beispiele das Arbeitsergebnis nicht zu den üblichen Preisen verwertet würde, sondern gemeinnützigen Anstalten zugute käme.

Die Frage, ob ein über eine Vermögensverwaltung hinausgehender wirtschaftlicher Geschäftsbetrieb vorliegt, kann erst auftauchen, wenn ein Unternehmen ausschließlich und unmittelbar den begünstigten Zwecken dient. Die Frage kann unerörtert bleiben, wenn das gesamte Vermögen des Unternehmens einem wirtschaftlichen Geschäftsbetriebe dient, der über eine Vermögensverwaltung hinausgeht. Betreibt das Unternehmen einen derartigen Geschäftsbetrieb, besitzt aber auch Vermögen, das diesem Geschäftsbetriebe nicht dient, dann muß die Frage geprüft werden, ob das Unternehmen nach der Satzung usw. ausschließlich und unmittelbar kirchlichen, gemeinnützigen oder mildtätigen Zwecken dient. Nur im Falle der Bejahung dieser Frage ist der Vermögensteil, der einem über eine Vermögensverwaltung hinausgehenden wirtschaftlichen Geschäftsbetriebe nicht dient, von der Gewerbesteuer befreit. Es kommt hierbei nicht darauf an, ob dieser Vermögensteil ausschließlich und unmittelbar kirchlichen, gemeinnützigen oder mildtätigen Zwecken dient (zu vgl. Urt. III A 377/32 vom 19. Jan. 1934 = RStBl. 34 S. 248).

Gemäß § 11 Abs. 2 der 1. VO. z. Durchf. d. KStG. liegt ein wirtschaftlicher Geschäftsbetrieb, der über den Rahmen einer Vermögensverwaltung hinausgeht, stets vor bei Kreditinstituten, Versicherungsunternehmen, Pensions-, Witwen-, Waisen-, Sterbe-, Kranken-Unterstützungskassen und sonstigen Hilfskassen für Fälle der Not oder Arbeitslosigkeit. Die Bestimmung ist auch für das Gewerbesteuerrecht verwertbar (zu vgl. aber die Ausführungen unter Anhang zu § 3 Ziff. 2).

b) Vergleich mit der Regelung des § 2 Abs. 3 Gew.-StG. Gemäß § 2 Abs. 3 GewStG. gilt als Gewerbebetrieb auch die Tätigkeit der sonstigen juristischen Personen des privaten Rechts — rechtsfähigen Vereine, Stiftungen, Anstalten und Zweckvermögen — und der nichtrechtsfähigen Vereine, soweit sie einen wirtschaftlichen Geschäftsbetrieb (ausgenommen Land- und Forstwirtschaft) unterhalten. Wird ein wirtschaftlicher Geschäftsbetrieb nicht unterhalten, dann liegt ein Gewerbebetrieb nicht vor. Die unter § 2 Abs. 3 Gew.-

StG. fallenden sonstigen juristischen Personen des privaten Rechts — z. B. Sportvereine — und nichtrechtsfähigen Vereine werden häufig auch unter dem Gesichtspunkt des § 3 Ziff. 6 nicht der Gewerbesteuerpflicht unterliegen. Die Vorschriften der §§ 2 Abs. 3 und 3 Ziff. 6 werden deshalb häufig zusammentreffen. Liegt nun bei einem Verein ein wirtschaftlicher Geschäftsbetrieb nicht vor, so erübrigt sich regelmäßig ein Zurückgreifen auf die Vorschrift des § 3 Ziff. 6 GewStG., weil eben alsdann ein Gewerbebetrieb überhaupt nicht gegeben ist. Liegt ein wirtschaftlicher Geschäftsbetrieb vor, so kommt nach beiden Bestimmungen eine Gewerbesteuerpflicht nur insoweit in Betracht, als der wirtschaftliche Geschäftsbetrieb über den Rahmen einer Vermögensverwaltung hinausgeht.

Ziff. 7.

Hochsee- und Küstenfischerei, wenn sie mit weniger als sieben im Jahresdurchschnitt beschäftigten Arbeitnehmern oder mit Schiffen betrieben wird, die eine eigene Triebkraft von weniger als 100 Pferdekräften haben.

a) Begünstigt ist die Hochsee- und Küstenfischerei; die Binnenfischerei bedurfte einer Befreiung nicht, weil die Einkünfte hieraus gemäß § 13 Abs. 1 Ziff. 3 EStG. Einkünfte aus Land- und Forstwirtschaft sind und weil hiernach die Binnenfischerei im vorneherein nicht unter die Gewerbesteuer fällt.

b) Die Hochsee- und Küstenfischerei ist gewerbesteuerfrei, wenn sie entweder mit weniger als sieben im Jahresdurchschnitt beschäftigten Arbeitnehmern oder mit Schiffen betrieben wird, die eine eigene Triebkraft von weniger als 100 Pferdestärken haben. Beide Voraussetzungen brauchen nicht gleichzeitig gegeben zu sein. Es ist also auch ein Hochseefischereibetrieb gewerbesteuerfrei, der mehr als sieben Arbeitnehmer im Jahresdurchschnitt beschäftigt, aber Schiffe verwendet, die eine eigene Triebkraft von weniger als 100 Pferdekräfte haben.

c) Für die Feststellung der Zahl der Arbeitnehmer wird die Zahl der geleisteten Arbeitstage zugrunde zu legen sein, wobei auf den Arbeitnehmer jährlich 300 Arbeitstage zu rechnen sind.

Ziff. 8.

Vereinigungen, die die gemeinschaftliche Benutzung land- und forstwirtschaftlicher Betriebseinrichtungen oder Betriebsgegenstände oder die Bearbeitung oder Verwertung der von den Mitgliedern selbst gewonnenen land- und forstwirtschaftlichen Erzeugnisse zum Gegenstand haben (z. B. Dresch-, Molkerei-, Pflug-, Viehverwertungs-, Wald-, Zuchtgenossenschaften, Waldbauvereine, Winzervereine), soweit die Bearbeitung oder Verwertung im Bereich der Land- und Forstwirtschaft liegt.

1. Allgemeines. Gemäß § 2 Abs. 2 Ziff. 2 des Ges. bildet einen Gewerbebetrieb stets und in vollem Umfang die Tätigkeit der Erwerbs- und Wirtschaftsgenossenschaften. Hiervon macht die Ziff. 8 eine Ausnahme, insoferne — entsprechend der Regelung der Mehrzahl der bisherigen Landessteuergesetze — gewisse landwirtschaftliche Vereinigungen — in Frage kommen in der Hauptsache landwirtschaftliche Genossenschaften — unter bestimmten Voraussetzungen von der Gewerbesteuer befreit werden.

Steuerfrei sind im einzelnen Vereinigungen, die

1. die gemeinschaftliche Benutzung land- und forstwirtschaftlicher Betriebseinrichtungen oder Betriebsgegenstände,

2. die Bearbeitung oder Verwertung der von den Mitgliedern selbst gewonnenen land- und forstwirtschaftlichen Erzeugnisse zum Gegenstand haben, soweit die Bearbeitung und Verwertung in dem Bereich der Land- und Forstwirtschaft liegt.

Unter Land- und Forstwirtschaft ist auch der Weinbau, Gartenbau, Obst- und Gemüsebau zu verstehen (§ 13 Abs. 1 Ziff. 1 EStG.).

Gewerbesteuerpflichtig sind

a) alle gewerblichen Genossenschaften ohne Ausnahme, es müßte denn sein, daß in einem Einzelfalle die Befreiungsbestimmung des § 3 Ziff. 6 GewStG. zutrifft,

b) von den landwirtschaftlichen Genossenschaften alle diejenigen, die ihren Geschäftsbetrieb über den Kreis ihrer Mitglieder erstrecken sowie weiter alle Produktivgenossenschaften, deren Erzeugnisse einen Grad der Veredelung erfahren, die nicht mehr im Bereiche des land- oder forstwirtschaftlichen Betriebs liegt. Gewerbesteuerpflichtig sind u. a. auch die landwirtschaftlichen Vorschuß- und Kreditvereine.

2. Der Kreis der begünstigten Vereinigungen im einzelnen. Begünstigt sind alle Personenvereinigungen, gleichgültig ob sie durch Eintragung Rechtsfähigkeit erworben haben, ob sie gerade die Rechtsform der Genossenschaften besitzen oder ob es sich um eine sonstige Personenvereinigung mit geschlossener Mitgliederzahl handelt. Steuerfreiheit genießen auch Genossenschaften, die mit nicht zur Genossenschaft gehörigen stillen Gesellschaftern eine Vereinigung bilden, auf die die Voraussetzungen der Gesetzesbestimmung zutreffen.

Steuerfrei sind nicht nur solche Vereinigungen, die lediglich im Auftrag und für Rechnung der einzelnen Mitglieder deren Erzeugnisse verkaufen, sondern auch Vereinigungen, die die Erzeugnisse ihrer Mitglieder selbst erwerben und im rohen Zustande oder nach weiterer Verarbeitung für eigene Rechnung absetzen, obwohl sie insoweit ein eigenes Gewerbe betreiben. Eine einschränkende Auslegung im ersteren Sinne würde offensichtlich den Absichten des Gesetzgebers nicht entsprechen, sie ist auch nach dem Wortlaut des Gesetzes nicht veranlaßt.

3. Sachliche Voraussetzungen:

a) Allgemeines. Gemeinsame Voraussetzung für die Gewerbesteuerfreiheit ist bei beiden Gruppen von Personenvereinigungen, daß sie sich auf den Kreis ihrer Mitglieder beschränken. Es dürfen demzufolge bei den Benutzungsgenossenschaften die gemeinschaftlichen Betriebseinrichtungen und Betriebsgegenstände nur von den Mitgliedern benutzt, und es dürfen bei den Verwertungsgenossenschaften nur die von den Mitgliedern selbst gewonnenen Erzeugnisse bearbeitet oder verwertet werden. Die Ausdehnung der Bearbeitung und Verwertung durch die Vereinigung auf fremde Erzeugnisse schließt die Befreiung in vollem Umfang aus, nicht etwa nur hinsichtlich der Bearbeitung und Verwertung der hinzugekauften fremden Erzeugnisse. Die Ausdehnung der Bearbeitung und Verwertung auf fremde Erzeugnisse muß aber solchenfalls eine gewerbsmäßige sein; eine gelegentliche, unter besonderen Umständen oder aus besonderer Veranlassung erfolgende Veräußerung fremder Erzeugnisse ohne die Absicht der Wiederholung genügt nicht, um die Steuerpflicht der Vereinigung zu begründen. Das gleiche gilt für die Benutzungsvereinigungen; stellt eine Dreschmaschinengenossenschaft gelegentlich und ohne Erwerbsabsicht ihre Dreschmaschine einem Nichtmitglied zur Verfügung, so wird die Genossenschaft hiewegen noch nicht gewerbesteuerpflichtig.

Maßgebend für die Steuerpflicht oder die Steuerbefreiung sind die tatsächlichen Verhältnisse und die hiernach entwickelte Tätigkeit, nicht etwa der in der Satzung ausgesprochene Zweck.

Keine Voraussetzung der Steuerfreiheit ist, daß die Personenvereinigung keinen gewerblichen Gewinn anstrebt. Da der Geschäftsbetrieb der Personenvereinigung auf den Kreis der Mitglieder und auf eine ganz bestimmte Tätigkeit beschränkt sein muß, wird in der Regel ein gewerblicher Gewinn nicht entstehen können. Indes mag es auch Personenvereinigungen geben,, die durch rationellste Betriebsweise und durch Aufziehen eines kaufmännischen Apparates tatsächlich Gewinne zu erzielen suchen. Auch diese Personenvereinigungen sind, wenn sie im übrigen die Voraussetzungen der Ziff. 8 erfüllen, gewerbesteuerfrei.

b) Die sachlichen Voraussetzungen bei den Benutzungsvereinigungen im besonderen. Bei den Benutzungsvereinigungen darf nur die Benutzung von land- und forstwirtschaftlichen Betriebseinrichtungen oder -gegenständen in Betracht kommen. Als derartige Betriebseinrichtungen und -gegenstände kommen alle diejenigen in Betracht, die in landwirtschaftlichen usw. Betrieben irgendwelcher Größe verwendet zu werden pflegen. Zu nennen sind vor allem Dreschmaschinen, Pflüge, Magazine, Zuchtbullen, Eber, besondere Wägen zum Transport von Vieh usw. Die Beschränkung auf den Kreis der Mitglieder bezieht sich lediglich auf die Benutzung der angeschafften Gegenstände, dagegen dürfen die benutzten Gegenstände selbstverständlich von Nichtmitgliedern erworben werden. Nicht begünstigt sind solche Vereinigungen, die die Benützung von Betriebseinrichtungen rein gewerblicher Art zum Gegenstande haben, dies auch dann, wenn diese Genossenschaften aus lauter Landwirten bestehen.

c) Die sachlichen Voraussetzungen bei den Verwertungsgenossenschaften im besonderen. Bei den Verwertungsgenossenschaften darf einmal nur die Verwertung von landwirtschaftlichen usw. Erzeugnissen in Betracht kommen; zu nennen sind vor allem Getreide, landwirtschaftliche Tiere, Milch, Butter, Erzeugnisse der Forstwirtschaft und des Gartenbaus. Gleichgültig ist, ob die Personenvereinigungen die selbstgewonnenen Erzeugnisse weiter verarbeiten oder ohne weitere Verarbeitung vertreiben. Vereine, welche die von ihren Mitgliedern gewonnenen Erzeugnisse an Milch, Wein usw. ohne weitere Verarbeitung vertreiben, können deshalb nicht anders behandelt werden als solche Vereine, welche den Erzeugnissen ihrer Mitglieder zuvor noch eine weitere Verarbeitung angedeihen lassen. Die Bearbeitung oder Verwertung muß sodann in dem Bereich der Land- und Forstwirtschaft liegen. Das will im Ergebnis nichts anderes besagen, als daß die Genossenschaften nur dann gewerbesteuerfrei sind, wenn sie Tätigkeiten ausüben, deren Ausübung auch bei einem Landwirt usw. nicht gewerbesteuerpflichtig wäre. Bei einem Landwirt usw. sind aber nur solche in das gewerbliche Gebiet einschlagende Tätigkeiten nicht gewerbesteuerpflichtig, die dem landwirtschaftlichen, forstwirtschaftlichen oder gärtnerischen Betrieb untergeordnet und im Verhältnis zu diesem nur von nebensächlicher Bedeutung, also bloße Nebenbetriebe sind. Gewerbesteuerpflicht ist dann gegeben, wenn die Einrichtungen aus dem Bereiche der reinen Land- und Forstwirtschaft heraustreten und den Charakter selbständiger gewerblicher Unternehmungen annehmen. Steuerbegünstigt ist hiernach die in den üblichen Grenzen sich bewegende nächste Be- und Verarbeitung, wie z. B. das Ausdreschen des Getreides, das Keltern des Mostes und Weines, das Trocknen der Früchte, die Verarbeitung der Milch zu Käse und Butter. Dagegen liegt nicht im Bereiche der Land- und Forstwirtschaft die Verarbeitung in Fabriken oder sonstigen gewerblichen Anlagen, die nicht lediglich dem land- und forstwirtschaftlichen Betriebe dienen und diesem untergeordnet sind, sondern regelmäßig auch als selbständige Unternehmen von anderen als Land- und Forstwirten betrieben werden, z. B. die Verarbeitung in einer Zuckerfabrik, in Stärke-, Konserven-, Krautfabriken, Zellulose-, Papierfabriken usw. Betreibt eine an sich befreite Vereinigung neben der steuerbegünstigten Tätigkeit noch ein solches selbständiges Unternehmen, so unterliegt sie zwar nicht — wie im Falle des Hinzukaufs fremder Erzeugnisse — in vollem Umfange, aber mit dem Ertrag aus dem selbständigen Unternehmen — und mit dem diesem dienenden gewerblichen Anlage- und Betriebskapital — der Gewerbesteuer.

Vereinigungen von Landwirten zum Einschlachten von Vieh, Pökeln und Räuchern des Fleisches sind gewerbesteuerpflichtig.

Die von den Vereinigungen zu verwertenden Erzeugnisse müssen von den Mitgliedern selbst gewonnen sein. Die gewerbsmäßige Ausdehnung des Verkaufs auf Erzeugnisse, die nicht von den Mitgliedern herrühren, macht die Vergünstigung hinfällig.

4. Wegfall der Steuerbefreiung bei Nichterfüllung der gesetzlichen Vorbedingungen. Ist eine Genossenschaft steuerpflichtig, weil sie die in der Bestimmung aufgeführten Bedingungen nicht erfüllt hat, z. B. über den Kreis ihrer Mitglieder hinausgegangen ist, so erstreckt sich die Steuerpflicht auf den gesamten Betrieb, nicht nur auf einen Teil, z. B. den Geschäftsbetrieb mit Nichtmitgliedern.

Anhang zu § 3.

Wie bereits unter Ziffer 2 der Vorbemerkung zu § 3 ausgeführt wurde, sind die subjektiven Steuerbefreiungen in § 3 GewStG.

nicht erschöpfend aufgeführt; weitere Steuerbefreiungen sind in der Ersten GewStDVO. sowie in anderen gesetzlichen Bestimmungen enthalten.

1. Gewerbesteuerfreiheit der Krankenanstalten (§ 8 der Ersten GewStDVO.).

a) Die Krankenanstalten des Reichs, eines Landes, einer Gemeinde oder Gemeindeverbands sind gewerbesteuerfrei, auch wenn sie im einzelnen Falle die Voraussetzungen eines Gewerbebetriebs erfüllen.

b) Die Krankenanstalten, die von sonstigen Körperschaften (z. B. Kapital-, Personal- oder Religionsgesellschaften) oder natürlichen Personen betrieben werden, sind gewerbesteuerfrei, wenn sie „in besonderem Maße der minderbemittelten Bevölkerung dienen" (§ 8 Abs. 2 und 7 der Ersten GewStDVO.). Privatkrankenanstalten gehören aber nur dann zu den steuerbegünstigten Krankenanstalten, wenn sie die Konzession nach § 30 der Reichsgewerbeordnung besitzen.

Eine Krankenanstalt dient in besonderem Maß der minderbemittelten Bevölkerung, wenn die in § 8 Abs. 2 bis 6 aufgeführten Voraussetzungen erfüllt sind. Es dürfen hiernach insbesondere die Pflegesätze die Beträge nicht überschreiten, die der Präsident des Landesfinanzamts als Höchstsatz bezeichnet hat; sodann müssen mindestens 40 vom Hundert der jährlichen Verpflegungstage auf Kranke der Sozialversicherung und der öffentlichen Fürsorge oder auf solche Selbstzahler entfallen, die nicht mehr als den niedrigsten Pflegesatz entrichten und bei denen die ärztlichen Gebühren nachweislich die Mindestsätze der staatlichen Gebührenordnung nicht überschritten haben.

Wenn die Krankenanstalten die Voraussetzungen der Ersten GewStDVO. nicht erfüllen, unterliegen sie der Gewerbesteuer, soweit sie selbstverständlich Gewerbebetriebe darstellen. Unterhält ein Arzt als Mittel zur Ausübung seines Berufs eine Krankenanstalt, ohne daß aus der Verpflegung der Kranken bei der Höhe der Verpflegungsgelder eine besondere Einnahmequelle fließen soll, so liegt nicht ein Gewerbebetrieb, sondern Ausübung eines freien Berufs vor (zu vgl. Anm. XII 2 zu § 2).

2. Die Gewerbesteuerfreiheit der Pensions- und ähnlichen Kassen. Gemäß § 9 der Ersten GewStDVO. sind von der Gewerbesteuer befreit Pensionskassen und ähnliche Kassen (Witwen-, Waisen-, Sterbe-, Kranken-, Unterstützungskassen und sonstige Hilfskassen für Fälle der Not oder Arbeitslosigkeit), wenn sie die für eine Befreiung von der Körperschaftsteuer erforderlichen Voraussetzungen erfüllen.

Die Voraussetzungen, unter denen Pensionskassen und ähnliche Kassen von der Körperschaftsteuer befreit sind, sind in den §§ 13 bis 15 der Ersten KStDVO. aufgeführt. Diese Bestimmungen lauten:

§ 13

Allgemeines

Rechtsfähige Pensionskassen und ähnliche rechtsfähige Kassen (rechtsfähige Witwen-, Waisen-, Sterbe-, Kranken-, Unterstützungskassen und sonstige rechtsfähige Hilfskassen für Fälle der Not oder Arbeitslosigkeit) sind von der Körperschaftsteuer unter den folgenden Voraussetzungen befreit:

1. Die Kasse muß für Zugehörige oder frühere Zugehörige eines einzelnen wirtschaftlichen Geschäftsbetriebs oder mehrerer wirtschaftlich miteinander verbundener Geschäftsbetriebe bestimmt sein. Zu den Zugehörigen im Sinn dieser Bestimmung rechnen auch deren Angehörige (§ 10 StAnpG.).

2. Die Mehrzahl der Personen, denen die Leistungen der Kasse zugute kommen sollen (Leistungsempfänger), darf sich nicht aus dem Unternehmer oder dessen Angehörigen und bei Gesellschaften nicht aus den Gesellschaftern oder deren Angehörigen zusammensetzen.

3. Bei Auflösung der Kasse darf ihr Vermögen satzungsmäßig nur den Leistungsempfängern oder deren Angehörigen zufallen oder für ausschließlich gemeinnützige oder mildtätige Zwecke verwendet werden.

4. Außerdem müssen bei Kassen mit Rechtsanspruch der Leistungsempfänger die Voraussetzungen der §§ 14, 16, bei Kassen ohne Rechtsanspruch der Leistungsempfänger die Voraussetzungen der §§ 15, 16 erfüllt sein.

§ 14

Kassen mit Rechtsanspruch der Leistungsempfänger

Für rechtsfähige Pensionskassen und ähnliche rechtsfähige Kassen, die den Leistungsempfängern einen Rechtsanspruch gewähren, müssen außer den im § 13 genannten noch die folgenden Voraussetzungen erfüllt sein:

1. Die Kasse muß als Versicherungsunternehmen nach dem Gesetz über die Beaufsichtigung der privaten Versicherungsunternehmungen und Bausparkassen vom 6. Juni 1931 (Reichsgesetzbl. I S. 315) oder als öffentlich-rechtliche Versicherungsanstalt beaufsichtigt werden.

2. Der Betrieb der Kasse muß nach dem Geschäftsplan als soziale Einrichtung sichergestellt sein. Eine soziale Einrichtung im Sinn dieser Bestimmung liegt insbesondere dann nicht vor, wenn

a) das Arbeitseinkommen der Mehrzahl der Leistungsempfänger den Betrag von 6000 RM jährlich übersteigt

oder

b) die Leistungen der Kasse die folgenden Beträge übersteigen:
als Pension 4000 RM jährlich,
als Witwengeld 3000 RM jährlich,
als Waisengeld 1200 RM jährlich für jede Waise,
als Sterbegeld 500 RM als Gesamtleistung.

§ 15

Kassen ohne Rechtsanspruch der Leistungsempfänger

Für rechtsfähige Unterstützungskassen und sonstige rechtsfähige Hilfskassen für Fälle der Not oder Arbeitslosigkeit, die den Leistungsempfängern keinen Rechtsanspruch gewähren, müssen außer den im § 13 genannten noch die folgenden Voraussetzungen erfüllt sein:

1. Die ausschließliche und unmittelbare Verwendung des Vermögens und der Einkünfte der Kasse muß satzungsmäßig und tatsächlich für die Zwecke der Kasse dauernd gesichert sein.

2. Die Gefolgschaft darf zu laufenden Beiträgen oder zu sonstigen Zuschüssen nicht verpflichtet sein.

3. Der Gefolgschaft oder den Vertrauensmännern der Gefolgschaft muß satzungsmäßig und tatsächlich das Recht zustehen, an der Verwaltung sämtlicher Beträge, die der Kasse zufließen, beratend mitzuwirken.

Die Voraussetzungen für die Steuerfreiheit müssen bei Beginn des Kalenderjahrs (Wirtschaftsjahrs) gegeben sein, für das die Steuerbefreiung geltend gemacht wird. Werden die Voraussetzungen erst im Lauf eines Kalenderjahrs (Wirtschaftsjahrs) erfüllt, so tritt die Steuerbefreiung erst mit dem Beginn des folgenden Kalenderjahrs (Wirtschaftsjahrs) ein (§ 16 der Ersten KStDVO.).

Nach den Richtlinien für die Veranlagung der Einkommensteuer und Körperschaftsteuer vom 30. Jan. 1937 (RStBl. 37 S. 217) unter G III, die entsprechend auch für die Gewerbesteuer gelten, sind Kassen, die im Kalenderjahr 1936 gegründet sind und die Voraussetzungen des KStG. 34 für die Steuerbefreiung erfüllen, schon bei der Veranlagung für das Kalenderjahr 1936 als steuerfrei zu behandeln. Die grundsätzliche Anordnung, daß die Erfüllung der Voraussetzungen erst für das folgende Jahr wirksam wird, hat damit für die Fälle keine Bedeutung, in denen die Kassen im Kalenderjahr 1936 gegründet worden sind. Hierbei ist zu beachten:

a) die Erleichterung gilt nicht nur für neugegründete Kassen, sondern auch für bereits bestehende Kassen, die erst im Laufe des Kalenderjahrs 1936 umgestellt worden sind. Voraussetzung ist, daß die bestehenden Kassen nach den bisherigen Vorschriften von der Körperschaftsteuer befreit waren;

b) die Gründung oder Umstellung der Kasse muß für das Kalenderjahr 1935 (Wirtschaftsjahr 1934/35) oder für das Kalenderjahr 1936 (Wirtschaftsjahr 1935/36) beschlossen worden sein;

c) es ist nicht notwendig, daß der Beschluß über die Gründung oder Umstellung der Kasse gleichzeitig mit dem Beschluß über das Geschäftsergebnis des Unternehmens gefaßt wird;

d) in jedem Fall müssen die Unternehmen und die Kassen bis zum 31. Dezember 1936 alle Maßnahmen getroffen haben, um die für die Steuerfreiheit vorgesehenen Voraussetzungen zu erfüllen.

Da die Voraussetzungen für die Steuerfreiheit der rechtsfähigen Pensionskassen und ähnlichen rechtsfähigen Kassen eine lange Frist für die Umstellung dieser Kassen erfordern, ist in den obenbezeichneten Richtlinien die Verlängerung der Übergangsvorschrift des § 17 der Ersten KStDVO. verfügt worden. Bei der Veranlagung zur Körperschaftsteuer — und der Steuermeßbeträge der Gewerbesteuer — für die Kalenderjahre bzw. Rechnungsjahre 1936 bis 1938 sind daher noch die Steuerbefreiungsvorschriften des § 9 Abs. 1 Nr. 10 KStG. 1925 anzuwenden. Hiernach sind steuerfrei: Rechtsfähige Pensions-, Witwen-, Waisen-, Sterbe-, Kranken-, Unterstützungs- und sonstige Hilfskassen für Fälle der Not oder der Arbeitslosigkeit; das gleiche gilt für nichtrechtsfähige Kassen dieser Art, wenn die dauernde Verwendung der Einkünfte für die Zwecke der Kassen und für den Fall der Auflösung einer Kasse die Verwendung ihres Kapitals für entsprechende Zwecke gesichert ist. Diese Steuerfreiheit gilt aber nur für Kassen, die am 1. Januar 1936 bereits bestanden und auch schon damals die Voraussetzungen des § 9 Abs. 1 Nr. 10 KStG. 1925 erfüllt haben.

Nach den mehrfach genannten Richtlinien dürfen Unterstützungsfonds, die nach dem KStG. 1925 als steuerfrei anerkannt worden sind, auch bei der Veranlagung zur Körperschaftsteuer für die Kalenderjahre 1936 bis 1938 steuerfrei bleiben, wenn die Voraussetzungen, die dem KStG. 1925 gemäß erforderlich waren, unverändert fortbestehen, und die Fonds nur zu den Zwecken verwendet werden, für die sie bestimmt sind. Auf die Gewerbesteuer dürfte diese Billigkeitsbestimmung in Ermangelung einer entsprechenden Erstreckung nicht anwendbar sein.

3. Gewerbesteuerfreiheit für neue Unternehmen. Gemäß § 10 Abs. 1 der Ersten GewStDVO. ist der Reichsminister der Finanzen ermächtigt, im Einvernehmen mit dem Reichsminister des Innern Unternehmen zur Entwicklung neuer Herstellungsverfahren oder zur Herstellung neuartiger Erzeugnisse für eine von ihm zu bestimmende Zeit von der Gewerbesteuer ganz oder teilweise zu befreien. Die Entscheidung obliegt also nicht der an sich für Gewerbesteuer-Erlasse zuständigen Gemeinde. Voraussetzung ist, daß für das Unternehmen ein überragendes Bedürfnis der gesamten deutschen Volkswirtschaft anerkannt wird und der Steuerausfall der Gemeinde zugemutet werden kann.

Ob ein überragendes Bedürfnis der gesamten Deutschen Volkswirtschaft vorliegt, wird im Einzelfall durch den Reichsminister der Finanzen im Benehmen mit dem Reichswirtschaftsminister, dem Reichsminister für Ernährung und Landwirtschaft und dem Reichsarbeitsminister bestimmt.

Die Freistellung von der Gewerbesteuer darf nicht gewährt werden, wenn das neue Unternehmen in unmittelbarem Wettbewerb mit einem Unternehmen steht, das am 15. Juli 1933 in der Deutschen Volkswirtschaft bereits bestanden hat (§ 3 des Ges. über Steuererleichterungen vom 15. Juli 1933, RGBl. I S. 491).

4. Gewerbesteuerfreiheit für die Einnehmer einer staatlichen Lotterie. Gemäß § 11 der Ersten GewStDVO. unterliegt die Tätigkeit der Einnehmer einer staatlichen Lotterie auch dann nicht der Gewerbesteuer, wenn sie im Rahmen eines Gewerbebetriebs ausgeübt wird (zu vgl. Bem. XII 2 zu § 2). Die Bestimmung bedeutet eine völlige Freistellung der Tätigkeit der Einnehmer einer staatlichen Lotterie von der Gewerbesteuer. Gewerbesteuerfrei ist die Tätigkeit deshalb nicht nur, wenn sie hauptberuflich, sondern auch wenn sie im Rahmen eines sonstigen Gewerbebetriebs, oder wenn sie von einer der in § 2 Abs. 2 oder 3 genannten Rechtspersonen ausgeübt wird. Soferne die Einkünfte aus der Einnehmertätigkeit in anderen gewerblichen Einkünften enthalten sind, müssen sie für die Gewerbesteuer ausgeschieden werden.

5. Die Gewerbesteuerfreiheit des Umschuldungsverbands nach dem Gemeindeumschuldungsgesetz. Der Umschuldungsverband ist gemäß § 1 Abs. 3 des Gemeindeumschuldungsgesetzes vom 21. Sept. 1933 (RGBl. I S. 647) von den Steuern vom Gewerbebetrieb befreit.

6. Wegen der Gewerbesteuerfreiheit **des Werberats der Deutschen Wirtschaft und der von ihm gegründeten Vereinigungen** zu vgl. § 3 der Zweiten Verordnung zur Durchführung des Ges. über Wirtschaftswerbung vom 27. Okt. 1933 (RGBl. I S. 791).

7. Der Zweckverband Reichsparteitag Nürnberg ist gemäß § 8 des Ges. vom 29. März 1935 (RGBl. I S. 459) von allen öffentlichen Abgaben und damit von der Gewerbesteuer befreit.

8. Wegen der Gewerbesteuerbefreiung **der Konversionskasse für deutsche Auslandsschulden** zu vgl. Gesetz vom 9. Juni 1933 (RGBl. I S. 349).

Für das Rechnungsjahr 1937 sind von der Gewerbesteuer befreit:

1. Wohnungsunternehmen, solange sie auf Grund der Gemeinnützigkeitsverordnung vom 1. Dezember 1930 (RGBl. I S. 593 i. d. Fassung nach dem Ges. zur Sicherung der Gemeinnützigkeit im Wohnungswesen vom 14. Juli 1933 (RGBl. I S. 484) und der sie ergänzenden Bestimmungen als gemeinnützig anerkannt sind. — Ist ein Wohnungsunternehmen als gemeinnützig anerkannt worden, so kann die Finanzbehörde nicht mehr die Anerkennung als gemeinnützig versagen; sie kann vielmehr lediglich nachprüfen, ob das Wohnungsunternehmen auf Grund der Gemeinnützigkeitsverordnung als gemeinnützig anerkannt ist;

2. Unternehmen, solange sie als Organe der staatlichen Wohnungspolitik (§ 28 der Gemeinnützigkeitsverordnung) anerkannt sind;

3. die von den zuständigen Reichs- und Landesbehörden begründeten oder anerkannten gemeinnützigen Siedlungsunternehmen im Sinn des Reichssiedlungsgesetzes vom 11. August 1919 (RGBl. 1919 S. 1429);

4. die von den obersten Landesbehörden zur Ausgabe von Heimstätten zugelassenen gemeinnützigen Unternehmen im Sinn des Reichsheimstättengesetzes.

§ 4

Hebeberechtigte Gemeinde

(1) Die stehenden Gewerbebetriebe unterliegen der Gewerbesteuer in der Gemeinde, in der eine Betriebstätte zur Ausübung des stehenden Gewerbes unterhalten wird. Befinden sich Betriebstätten desselben Gewerbebetriebs in mehreren Gemeinden oder erstreckt sich eine Betriebstätte über mehrere Gemeinden, so wird die Gewerbesteuer in jeder Gemeinde nach dem Teil des Steuermeßbetrags erhoben, der auf sie entfällt.

(2) Befindet sich die Betriebstätte in einem Gutsbezirk, so trifft die oberste Landesbehörde die näheren Bestimmungen über die Erhebung der Steuer.

1. § 4 regelt die Frage, in welchen Gemeinden die der Gewerbesteuer unterliegenden Betriebe zur Gewerbesteuer heranzuziehen sind. Grundsatz ist, daß hebeberechtigt die Gemeinde ist, in der eine Betriebstätte zur Ausübung des stehenden Gewerbes unterhalten wird. Befinden sich Betriebstätten desselben Gewerbebetriebs in mehreren Gemeinden oder erstreckt sich eine Betriebstätte über mehrere Gemeinden, so wird die Gewerbesteuer in jeder Gemeinde nach dem Teil des Steuermeßbetrags erhoben, der auf sie entfällt. Aus diesen Bestimmungen lassen sich folgende Grundsätze ableiten:

a) Auf die Beteiligung an der Gewerbesteuer besteht, soweit die Voraussetzungen (Vorliegen einer Betriebstätte) gegeben sind, ein Rechtsanspruch; dieser Rechtsanspruch einer Gemeinde auf Beteiligung an der Gewerbesteuer ist von keinem Antrag abhängig, er ist vielmehr von Amts wegen zu berücksichtigen. Ist der Rechtsanspruch der Gemeinde unberücksichtigt geblieben, so greift das in § 387 Abs. 3 AO. vorgesehene Verfahren Platz (siehe im einzelnen Vorbem. zu Abschnitt IV GewStG.).

b) Die Zuweisung eines Teiles des Steuermeßbetrages hat auch dann zu erfolgen, wenn die Gemeinde eine Gewerbesteuer nicht erhebt; in Höhe dieses Teils wird alsdann eine Gewerbesteuer nicht erhoben; ein Zuwachsrecht besteht nicht.

c) Zu zerlegen ist der Steuermeßbetrag, wie er für den Gewerbebetrieb als solchen festgestellt ist; anteilsberechtigt sind deshalb grundsätzlich auch solche Gemeinden, in denen sich verlustbringende Betriebstätten befinden.

2. Zum Begriff der Betriebstätte zu vgl. Anm. V zu § 2. Die Art und Weise, wie die Zerlegung vorzunehmen ist, wird für die Gewerbesteuer materiellrechtlich in Abschnitt IV (§§ 28—35) GewStG., formellrechtlich in den §§ 382—389 AO. geregelt.

3. Hebeberechtigt sind grundsätzlich nur die Gemeinden (§ 1 des Ges.); hieraus ist an sich die Folgerung abzuleiten, daß Gutsbezirke bei der Verteilung unberücksichtigt zu bleiben haben. Da aber der in einem Gutsbezirk erzielte Ertrag bzw. das im Gutsbezirk angelegte Kapital im Gesamtertrag bzw. im Gewerbekapital enthalten ist, müßte die Nichtbeteiligung dieses Gutsbezirks für diesen eine Schädigung zur Folge haben. Mit Rücksicht hierauf ist die in § 4 Abs. 2 enthaltene Bestimmung vorgesehen (zu vgl. auch § 12 der Ersten GewStDVO.).

§ 5

Steuerschuldner

(1) Steuerschuldner ist der Unternehmer. Als Unternehmer gilt der, für dessen Rechnung das Gewerbe be-

trieben wird. Wird das Gewerbe für Rechnung mehrerer Personen betrieben, so sind diese Gesamtschuldner.

(2) Im Fall eines Wechsels in der Person des Unternehmers ist Steuerschuldner bis zum Ende des Kalendermonats, in dem der Wechsel eintritt, der bisherige Unternehmer, vom Beginn des folgenden Kalendermonats ab der neue Unternehmer.

Kurze Inhaltsangabe:

1. Der Steuerschuldner bei der Gewerbesteuer:
   a) Allgemeines,
   b) der Unternehmer als Steuerschuldner,
   c) Inhalt der Steuerschuldnerschaft,
   d) gesamtschuldnerische Haftung,
   e) Unwirksamkeit von Vereinbarungen über die Verpflichtung zur Zahlung der Gewerbesteuer,
   f) Bedeutung des Steuermeßbescheids für die Feststellung der Person des Steuerschuldners.
2. Die Haftung für die Gewerbesteuer:
   a) Haftung des Organbetriebs für die Steuern des Oberorgans (§ 114 AO.),
   b) Haftung des Eigentümers von Betriebsgegenständen für die Gewerbesteuern des Betriebsinhabers (§ 115 AO.),
   c) Haftung des Betriebsnachfolgers.
3. Steuerschuldnerschaft bei Wechsel in der Person des Unternehmers:
   a) Allgemeines,
   b) Wann liegt ein Wechsel in der Person des Unternehmers vor?
4. Haftung des Erwerbers eines gewerblichen Betriebs:
   a) Voraussetzungen der Erwerberhaftung,
   b) Übereignung eines Betriebs im ganzen,
   c) Umfang der Haftung des Erwerbers,
   d) Folgen der Haftung.

1. Der Steuerschuldner bei der Gewerbesteuer.

a) Allgemeines. Steuerobjekt der Gewerbesteuer ist der Gewerbebetrieb. Naturgemäß kann sich aber ein Steueranspruch nur gegen eine bestimmte — sei es natürliche oder juristische — Person richten; die subjektive Steuerpflicht erscheint in diesem Sinn nur als die Folge der Notwendigkeit einer Vertretung des steuerpflichtigen Betriebs. Das Unternehmen als solches spielt in Ansehung der Steuerschuld keine Rolle; insbesondere kann eine dingliche Haftung des Betriebsvermögens nicht anerkannt werden.

b) Der Unternehmer als Steuerschuldner. Nach dem GewStG. ist Steuerschuldner der Unternehmer. Als Unternehmer gilt der, für dessen Rechnung das Gewerbe betrieben wird und der das geschäftliche Risiko trägt. Es kommt also nicht darauf an, wer als Betriebsinhaber im Handelsregister eingetragen ist oder auf wessen Namen das Firmenschild lautet. Ein nach außen als selbständiger

Unternehmer auftretender Kaufmann kann wirtschaftlich und steuerrechtlich nach innen bloß Angestellter eines Dritten sein (RFH. Bd. 36 S. 20). Rein äußerlich betrachtet, wird in der Regel der Inhaber auch der Unternehmer des Gewerbebetriebes sein. Als Unternehmer gilt auch, wer ein Gewerbe durch einen Geschäftsführer, Verwalter oder einen anderen Stellvertreter auf eigene Rechnung betreibt; dagegen kann diejenige Person, die ein Gewerbe im Auftrag und für Rechnung eines anderen betreibt, selbst dann nicht als Unternehmer angesehen werden, wenn ihr Lohn in einem Prozentsatz des aus der gewerblichen Tätigkeit des Auftraggebers gezogenen Gewinns besteht. Die Tatsache einer etwaigen finanziellen Abhängigkeit des Unternehmers von einem anderen macht den letzteren noch nicht zum Unternehmer. Wird ein Gewerbebetrieb durch einen Treuhänder ausgeübt, so ist Gewerbetreibender der Treugeber; die persönliche Haftung trifft allerdings auch den Treuhänder (§ 11 Ziff. 3 StAnpG., § 109 Abs. 1 AO.). Bei verpachteten Betrieben ist Unternehmer der Pächter.

Steuerschuldner ist der Unternehmer. Auf die Rechtsform des Unternehmens kommt es nicht an. Schuldner der Gewerbesteuer können deshalb nicht nur natürliche Personen, sondern alle Arten von juristischen Personen des privaten und öffentlichen Rechts, nichtrechtsfähige Personenvereinigungen (offene Handelsgesellschaften, Kommanditgesellschaften sowie andere Gesellschaften, bei denen die Gesellschafter als Unternehmer [Mitunternehmer] des Gewerbebetriebs anzusehen sind), ferner rechtsfähige und nichtrechtsfähige Vereine, rechtsfähige Stiftungen, Anstalten und Zweckvermögen sein.

Da bei der Gewerbesteuer der Grundsatz der Selbständigkeit des einzelnen Betriebs gilt (§ 2 Anm. IV), kann ein und derselbe Unternehmer mehrfacher Steuerschuldner sein.

Der Kaufmann kann unter seiner Firma klagen und verklagt werden (§ 17 Abs. 2 HGB.); steuerpflichtig ist und bleibt jedoch der oder die Inhaber der Firma.

c) Inhalt der Steuerschuldnerschaft. Dem Staate haftet für die Steuerschuld der Unternehmer. Ist der Unternehmer eine einzelne natürliche Person, so ist die Haftung nicht auf die Mittel des Betriebs beschränkt, sondern erfaßt das ganze Betriebs- und Privatvermögen. Kommen als Unternehmer Gesellschaften, Vereine oder Genossenschaften in Betracht, so gelten für die persönliche Haftung der einzelnen Gesellschafter und Mitglieder sinngemäß die Vorschriften des bürgerlichen Rechts (§ 113 AO.). Hiernach besteht eine unbeschränkte persönliche Haftung bei der offenen Handelsgesellschaft (§§ 105 ff. HGB.) sowie jenen Gesellschaften, die steuerrechtlich der offenen Handelsgesellschaft gleichstehen, ferner bei den nichtrechtsfähigen Vereinen; bei der Kommanditgesellschaft (§ 161 HGB.) und bei der Kommanditgesellschaft auf Aktien (zu vgl. §§ 219 ff. des Ges. über AG. u. KGaA. vom 30. Jan. 1937 — RGBl. I S. 107 —) haften die Kommanditisten nur mit ihrer Einlage. Bei der stillen Gesellschaft hängt der Umfang der Haftung des stillen Gesellschafters davon ab, ob er typischer stiller Gesellschafter, also nur mit einer Vermögenseinlage an dem Geschäfte eines Dritten beteiligt ist oder ob er Mitunternehmer ist; im ersteren Falle haftet er, soweit überhaupt eine Haftpflicht besteht, nur mit der Einlage, im letzteren Falle unbeschränkt. Eine beschränkte persönliche Haftung der Mitglieder besteht bei der Genossenschaft mit unbeschränkter Haftung nach Maßgabe der §§ 2, 120 und 122 GenG., bei der Genossenschaft mit unbeschränkter Nachschußpflicht gemäß § 22 GenG., bei der Genossenschaft mbH. gemäß § 2 GenG. Eine persönliche Haftung der Mitglieder bzw. Anteilseigner kommt nicht in Betracht bei der Aktiengesellschaft (§ 1 des Ges. über AG. und KGaA. vom 30. Jan. 1937 — RGBl. I S. 107 —), bei der Gesellschaft mit beschränkter Haftung (§ 13 GmbHGes.), bei der Kolonialgesellschaft (§ 8 des Ges. betr. die Rechtsverhältnisse der deutschen Schutzgebiete vom 19. März 1888, RGBl. S. 75) und beim Versicherungsverein auf Gegenseitigkeit (§ 19 VVG.).

d) Gesamtschuldnerische Haftung. Wird das Gewerbe für Rechnung mehrerer Personen betrieben, so sind diese Gesamtschuldner. Dieser Fall ist vor allem gegeben, wenn ein Gewerbe von Ehegatten oder mehreren Personen in der Form einer oHG. oder KG. oder einer sonstigen Gesellschaft des bürgerlichen Rechts, bei der die Gesellschafter als Mitunternehmer anzusehen sind, betrieben wird. Ein Gesamtschuldverhältnis liegt auch vor, wenn Unternehmerin eine Erbengemeinschaft ist.

Inhalt und Wirkung der Gesamtschuldnerschaft ergeben sich aus § 7 StAnpG.; diese Bestimmung lautet:

(1) Personen, die dieselbe steuerrechtliche Leistung schulden oder nebeneinander für dieselbe steuerrechtliche Leistung haften, sind Gesamtschuldner.

(2) Personen, die zusammen zu veranlagen oder gemeinsam zu einer Steuer heranzuziehen sind, sind Gesamtschuldner. Dies gilt auch dann, wenn eine oder mehrere dieser Personen bei getrennter Veranlagung oder bei getrennter Heranziehung steuerfrei wären.

(3) Jeder Gesamtschuldner schuldet die ganze Leistung. Dem Finanzamt steht es frei, an welchen Gesamtschuldner es sich halten will. Es kann die geschuldete Leistung von jedem Gesamtschuldner ganz oder zu einem Teil fordern.

(4) Zahlung (Entrichtung) durch einen Gesamtschuldner kommt den anderen Gesamtschuldnern zu statten. Bis zur Entrichtung des ganzen Betrags bleiben alle Gesamtschuldner verpflichtet.

(5) Hier ohne Interesse.

(6) Steuerpflichtige Sondervorschriften, die von Absatz 1 oder von Absatz 3 Sätzen 2 und 3 abweichen, bleiben unberührt.

Abweichungen im Sinn des § 7 Abs. 6 StAnpG. bestehen für das Gewerbesteuerrecht nicht.

Sind zur Entrichtung einer Steuer mehrere gesamtschuldnerisch verpflichtet, so ist es in jedem Fall zulässig, gegen die Gesamtschuldner einen einheitlichen Steuerbescheid zu erlassen. Das gilt auch dann, wenn nach dem Rechtsverhältnis, das zwischen den Gesamtschuldnern besteht, die Steuer nicht von allen Gesamtschuldnern zu tragen ist (§ 210 Abs. 2 AO.).

e) Unwirksamkeit von Vereinbarungen über die Verpflichtung zur Zahlung der Gewerbesteuer. Vereinbarungen, die der Unternehmer mit dritten Personen über die Verpflichtung zur Zahlung der Steuer getroffen hat, berühren den Steueranspruch des Staates, der öffentlich-rechtlicher Natur ist, nicht und können dem in Anspruch genommenen Unternehmer lediglich ein Regreßrecht gegenüber dem Dritten nach privatrechtlichen Grundsätzen verleihen.

f) Bedeutung des Steuermeßbescheids für die Feststellung der Person des Steuerschuldners. Formellrechtlich liegt bereits in der Festsetzung des Steuermeßbetrags auch die Feststellung der sachlichen Steuerpflicht und der persönlichen Steuerpflicht (Steuerschuldnerschaft). Glaubt derjenige, gegen den der Steuermeßbescheid gerichtet ist, nicht der Steuerschuldner zu sein, so muß er diese Auffassung durch Rechtsmittel gegen den Steuermeßbescheid zur Geltung bringen. Besteht Streit darüber, ob ein gewerblicher Betrieb, für den ein Steuermeßbetrag festgesetzt worden ist, nach Ablauf des Bemessungszeitraums, aber vor Ablauf des Erhebungszeitraums auf einen anderen Unternehmer übergegangen ist, so hat auf Antrag des bisherigen oder des neuen Unternehmers oder auf Antrag der Gemeinde das Finanzamt durch schriftlichen Bescheid zu entscheiden (§ 225 b AO., vgl. auch § 235 Ziff. 4 AO.).

2. Die Haftung für die Gewerbesteuer. § 5 Abs. 1 regelt bloß die Frage der Steuerschuldnerschaft. Daneben bleiben die Bestimmungen zu beachten, die Vorschriften über die Steuerhaftung enthalten. Diese Bestimmungen sind teils solche, die sich auf alle Steuern beziehen — §§ 109, 113, 117, 118, 120 AO. —, teils solche, die Steuern betreffen, die sich wie die Gewerbesteuer auf den Betrieb eines Unternehmens gründen. In letzterer Hinsicht kommt in Betracht:

a) die Vorschrift des § 114 AO., die die Haftung des Organbetriebs für die Steuern des Oberorgans regelt, bei denen die Steuerpflicht sich auf den Betrieb des Unternehmens gründet. Die Vorschrift lautet: „Ist eine Rechtsperson (eine juristische Person) dem Willen eines anderen Unternehmens (dem Willen eines Unternehmers) derart untergeordnet, daß sie keinen eigenen Willen hat, so haftet sie für diejenigen Steuern des beherrschenden Unternehmens (Unternehmers), bei denen die Steuerpflicht sich auf den Betrieb des Unternehmens gründet." Die Vorschrift hat zur Folge, daß das Organ für die vom Oberorgan geschuldeten Gewerbesteuern haftet. Über die Anwendung der Organschaft auf die Gewerbesteuer Anm. IX 2 c zu § 2 Abs. 2.

b) Die Vorschrift des § 115 AO.; diese Bestimmung lautet: (1) Gehören Gegenstände, die einem gewerblichen Unternehmen dienen, nicht dem Unternehmer, sondern einem seiner Angehörigen oder einer an dem Unternehmen wesentlich beteiligten Person, so haftet der Eigentümer der Gegenstände mit diesen für diejenigen Steuern des Unternehmers, bei denen die Steuerpflicht sich auf den Betrieb des Unternehmens gründet. (2) Eine Person ist an einem

Unternehmen wesentlich beteiligt, wenn sie und ihre Angehörigen zusammen zu mehr als einem Viertel beteiligt sind. Beteiligung durch Vermittlung eines Treuhänders oder einer Gesellschaft steht einer unmittelbaren Beteiligung gleich.

Die Bestimmung will die Beitreibung der Gewerbesteuer in den Fällen ermöglichen, in denen sie sich deswegen als schwierig erweisen würde, weil alle oder bestimmte pfändbaren, dem Betriebe dienenden Gegenstände einem anderen als dem Unternehmer gehören und der Unternehmer selbst kein pfändbares Vermögen besitzt. Dies gilt besonders für die Fälle, in denen der Unternehmer mit gepachteten Betriebsmitteln wirtschaftet. Um in diesen Fällen die Beitreibung zu ermöglichen, bestimmt § 115 AO., daß der Eigentümer der Gegenstände mit diesen Gegenständen für die Steuerschuld des Unternehmers haftet. Unter Gegenständen sind sowohl bewegliche als auch unbewegliche zu verstehen. Hierher gehören vor allem gemietete oder gepachtete Gegenstände, ferner gewerbliche Gegenstände, die einem Dritten (auch der Ehefrau) als Sicherheit für Forderungen oder aus sonstigen Gründen übereignet wurden, ferner Warenvorräte, an denen sich der Lieferant das Eigentumsrecht bis zu ihrer Bezahlung vorbehalten hat. Die Haftung des Eigentümers der Gegenstände ist aber nach einer mehrfachen Hinsicht beschränkt:

aa) er haftet nur mit den Gegenständen; eine persönliche Haftung kommt nicht in Betracht;

bb) er haftet für die Steuerschuld nur solange, als er die Gegenstände dem Betrieb des anderen gewidmet hat; dienen die Gegenstände nicht mehr dem Betrieb des anderen, so können sie nicht mehr verhaftet werden;

cc) der Eigentümer haftet nur, wenn er Angehöriger des Unternehmers oder an der Unternehmung wesentlich beteiligt ist:

α) Angehörige im Sinn der Steuergesetze sind die folgenden Personen: 1. der Verlobte; 2. der Ehegatte, auch wenn die Ehe nicht mehr besteht; 3. Verwandte in gerader Linie und Verwandte zweiten und dritten Grades in der Seitenlinie; 4. Verschwägerte in gerader Linie und Verschwägerte zweiten Grades in der Seitenlinie; 5. durch Annahme an Kindes Statt in gerader Linie Verbundene; 6. Pflegeeltern und Pflegekinder (§ 10 StAnpG.).

β) Eine Person ist an einem Unternehmen wesentlich beteiligt, wenn sie und ihre Angehörigen zusammen zu mehr als einem Viertel unmittelbar oder mittelbar, z. B. durch Treuhänder oder durch ein anderes Unternehmen beteiligt sind.

Verlangt ist eine Beteiligung an einem Unternehmen, d. h. an dem Kapital des Unternehmens; es muß also eine Einlage in den Gewerbebetrieb des anderen gemacht worden sein; bloße Beteiligung am Ertrag des Unternehmens genügt nicht. In Betracht kommt vor allem die stille Beteiligung (§§ 355 ff. HGB.). Die Anteile mehrerer Gesellschafter werden nicht zusammengerechnet. Eine Ausnahme bildet lediglich der Fall, daß mehrere Angehörige an einem Unternehmen beteiligt sind. Die Anteile dieser mehreren Angehörigen werden zusammengerechnet. Die Anteile, die eine GmbH. gemäß § 33 GmbHGes. als eigene besitzt, zählen bei Prüfung der Frage, ob ein Gesellschafter wesentlich beteiligt ist, jedenfalls dann nicht mit, wenn die Gesellschafter zugleich die Geschäftsführer sind (PrOVG. VIII GSt. 371/31 vom 1. März 1932 = DStBl. 1932 S. 733). Die Haftung wird schon dann ausgelöst, wenn lediglich die Angehörigen an dem Unternehmen beteiligt sind. Beteiligung der Person, deren Haftung in Anspruch genommen ist, ist nicht notwendig. Es haftet hiernach der Ehegatte, wenn die Ehegattin zu mehr als einem Viertel an dem Gewerbebetriebe eines Dritten beteiligt ist.

c) Die Bestimmung des § 116 AO. (zu vgl. Anm. 4).

3. Steuerschuldnerschaft bei Wechsel in der Person des Unternehmers.

a) Allgemeines. Abs. 2 führt den Gedanken des Abs. 1, daß nämlich gewerbesteuerpflichtig der Gewerbebetrieb ist, während Steuerschuldner der Unternehmer ist, fort. Wenn also ein Gewerbebetrieb auf einen anderen Unternehmer übergeht, so erlischt damit grundsätzlich (und zwar mit dem Ende des Kalendermonats, in dem der Wechsel eintritt) nur die Steuerschuldnerschaft des früheren Unternehmers, während das Gewerbe selbst beim Erwerber nach wie vor steuerpflichtig ist. Die Steuerschuld geht auf den Erwerber in dem bisherigen Umfange über. Unter Umständen kann allerdings der Wechsel in der Person des Unternehmers ein Ende des Gewerbebetriebs selbst herbeiführen, nämlich dann, wenn die Verhältnisse ausnahmsweise so liegen, daß man nicht mehr von der Fortdauer des alten Gewerbebetriebs reden kann. Für diesen Fall kommen dann die Grundsätze des § 22 GewStG. zur Anwendung.

b) Wann liegt ein Wechsel in der Person des Unternehmers vor? Die Anwendung des Abs. 2 setzt voraus, daß der ganze Steuergegenstand auf einen anderen Unternehmer übergeht. Das ist jedenfalls dann der Fall, wenn der gesamte Betrieb mit Firma, Aktiven und Passiven übergeht. Die Anwendung des Abs. 2 wird aber auch dann in Frage kommen, wenn nur der Betrieb in seinen wesentlichsten Grundlagen oder auch nur ein organischer Teil des Betriebs übergeht. Die Frage wird in der Hauptsache die sein, ob nach der Auffassung des Verkehrs, auf die es auch hier maßgebend ankommt, der übergegangene Betrieb noch als der frühere Betrieb angesehen werden kann. Dies ist u. U. für den Fall anzunehmen, daß lediglich die Warenvorräte und das Inventar auf den Erwerber übergehen, während die Übernahme von Schulden und Forderungen ausgeschlossen ist; desgleichen dürfte der Umstand, daß der neue Unternehmer die Firma nicht übernimmt, der Anwendung des Abs. 2 nicht unbedingt hinderlich sein. Nicht anwendbar ist Abs. 2 aber in den Fällen, in denen der neue Inhaber nicht den Betrieb als solchen erworben, sondern unter Benutzung der erworbenen Teile des alten Geschäfts in Wirklichkeit ein neues Geschäft begründet hat oder in denen ein unselbständiger, nichtwesentlicher Teil des Betriebs — z. B. eine Filiale — auf eine dritte Person übergeht.

Worauf der Wechsel in der Person des Unternehmers zurückgeht, ist gleichgültig; er kann verursacht sein durch die Veräußerung des Unternehmens, durch Erbgang (Erbteilung, Vermächtnis, Verpachtung usw.). Es ist hiernach also auch der Erblasser noch Steuerschuldner bis zum Ende des Monats, in dem er verstorben ist. Gemäß § 8 StAnpG. geht in diesem Falle die Steuerschuld des Rechtsvorgängers auf den Rechtsnachfolger über. Wegen der Haftung der Erben zu vgl. § 8 Abs. 2 StAnpG.

4. Haftung des Erwerbers eines gewerblichen Betriebs. Abs. 2 regelt bloß die Frage der Steuerschuldnerschaft beim Wechsel des Unternehmers. Eine andere Frage ist auch insoweit die Frage der Haftung. In letzterer Hinsicht kommt die für die Gewerbesteuer sehr bedeutsame Bestimmung des § 116 AO. in Betracht. Hiernach haftet in den Fällen, in denen ein Unternehmen oder ein in der Gliederung eines Unternehmens gesondert geführter Betrieb im ganzen übereignet wird, der Erwerber neben dem früheren Unternehmer für Steuern, bei denen die Steuerpflicht sich auf den Betrieb des Unternehmens gründet, vorausgesetzt, daß die Steuern auf die Zeit seit dem Beginn des letzten, vor der Übereignung liegenden Steuerabschnitts oder Kalenderjahrs entfallen. § 116 Abs. 1 gilt auch für die Gewerbesteuer, da bei dieser sich die Steuerpflicht auf den Betrieb des Unternehmens gründet. Im einzelnen sind folgende Ausführungen veranlaßt:

a) Voraussetzungen der Erwerberhaftung. Die Haftung nach § 116 ist begründet, wenn ein Unternehmen oder ein in der Gliederung eines Unternehmens gesondert geführter Betrieb übereignet wird. Das bedeutet, daß der Erwerber — entgeltlich oder unentgeltlich — Eigentümer des Betriebs werden muß. Die Übereignung wird in der Regel durch ein Rechtsgeschäft herbeigeführt. Es sind aber auch andere Arten des Eigentumsübergangs denkbar. Unter § 116 fällt jedenfalls der Eigentumsübergang durch Zuschlag in der Zwangsversteigerung. Dagegen ist die Haftung ausgeschlossen, wenn ein Betrieb aus der Konkursmasse erworben wird (§ 116 Abs. 3 S. 1). Ein Eigentumsübergang liegt schließlich auch dann vor, wenn jemand das Verfügungsrecht über ein Unternehmen in einer Weise erhält, daß er wirtschaftlich als Eigentümer erscheint. Keine Übereignung stellt die Verpachtung, ferner die Übereignung zu Sicherungszwecken oder zu treuen Händen dar. Grundsätzlich gleichgültig ist, warum die die Haftung begründende Übereignung erfolgt ist. Der Umstand, daß B das Unternehmen des A erworben hat, um eine ihm gegen A zustehende Forderung zu retten, vermag deshalb die gesetzlich begründete Haftung nicht zu beseitigen.

Der Pächter haftet ebensowenig für die Steuerschulden des Verpächters oder eines früheren Verpächters wie der Verpächter für die Steuerschulden eines Pächters haftet, wenn der Pachtgegenstand an ihn zurückfällt. Dagegen ist die Haftung gegeben, wenn jemand einen Betrieb erwirbt, ihn aber nicht selbst betreibt, sondern nach dem Erwerb verpachtet (zu vgl. RFH. Bd. 37 S. 316).

b) Übereignung eines Unternehmens im ganzen. Ein Unternehmen wird im ganzen übereignet, wenn ein lebendes, d. h. ein fortsetzbares Unternehmen in die Hand des Erwerbers übergeht. Diese Voraussetzung ist gegeben, wenn der Betrieb entweder unverändert oder doch in seinen wesentlichen Grundlagen in die Hand des Erwerbers kommt; letzterer muß den übergegangenen Betrieb ohne weiteres fortsetzen oder, wenn der Betrieb in der Hand des Veräußerers kurze Zeit geruht hat, ohne weiteres wieder aufbauen können. Ob der Erwerber den übergegangenen Betrieb tatsächlich fortsetzt oder fortsetzen will, ist gleichgültig. Die Haftung ist deshalb auch dann begründet, wenn der Betrieb zwecks Stillegung erworben wurde. Was wesentliche Grundlagen des Betriebs sind, kann nur von Fall zu Fall entschieden werden. Sie können nach der Art des Unternehmens sehr geringfügig sein, wenn sie nur für die Fortsetzung des Betriebs maßgebende Bedeutung haben.

„Ein in der Gliederung des Unternehmens gesondert geführter Betrieb liegt vor, wenn eine getrennte selbständige Geschäftsführung besteht. Ein Geschäftszweig (Betriebszweig), für den keine getrennte, selbständige Geschäftsführung besteht, stellt sich als unselbständige Abteilung eines einheitlich geführten Unternehmens dar" (RFH. Bd. 27 S. 241).

c) Umfang der Haftung des Erwerbers. Nach der früheren Fassung der AO. erstreckte sich die Haftung des Betriebserwerbers auf die laufenden und auf die festgesetzten, aber noch nicht entrichteten Steuern. Nach der nunmehrigen Fassung beschränkt sich die Haftung auf die Steuern, die auf die Zeit seit dem Beginn des letzten, vor der Übereignung liegenden Kalenderjahrs entfallen. Für frühere Rückstände haftet der Erwerber nicht.

Die Haftung gemäß § 116 Abs. 1 AO. erstreckt sich nicht auf solche Zuschläge zur ursprünglichen Steuerschuld, die sich als Ungehorsamsfolgen darstellen und als solche an die Person — nicht das Unternehmen — des ursprünglichen Steuerschuldners geknüpft sind. Der Erwerber haftet deshalb nicht für in der Person des Veräußerers entstandene Säumniszuschläge und Zuschläge wegen nicht rechtzeitig abgegebener Erklärungen (§ 168 Abs. 2 AO.), ferner nicht für Geldstrafen, die gegen den Veräußerer wegen steuerlicher Verfehlungen verhängt worden sind, und für Kosten des Verfahrens.

d) Folgen der Haftung. Wenn die Voraussetzungen des § 116 Abs. 1 AO. gegeben sind, so haftet der Erwerber neben dem früheren Eigentümer. Beide sind Gesamtschuldner (zu vgl. § 7 Abs. 1 StAnpG., Anm. 1 d zu § 5).

Vereinbarungen zwischen bisherigem Eigentümer und Erwerber des Betriebs dahingehend, daß der Erwerber für Steuerschulden des bisherigen Betriebsinhabers nicht aufzukommen habe, berühren die Rechte des Steuergläubigers nicht.

§ 6

Besteuerungsgrundlagen

(1) Besteuerungsgrundlagen für die Gewerbesteuer sind der Gewerbeertrag und das Gewerbekapital.

(2) Neben dem Gewerbeertrag und dem Gewerbekapital kann die Lohnsumme als Besteuerungsgrundlage gewählt werden. Die Lohnsummensteuer darf nur mit Zustimmung der obersten Gemeindeaufsichtsbehörde erhoben werden. Die Richtlinien hierfür erlassen der Reichsminister des Innern und der Reichsminister der Finanzen.

1. Die Rechtslage nach dem Landessteuerrecht. Das Landessteuerrecht wies, wie bereits in der Einleitung bemerkt wurde, hinsichtlich der Besteuerungsgrundlagen eine besondere Vielgestaltigkeit auf. In einigen Ländern war der Gewerbeertrag die einzige Besteuerungsgrundlage für die Gewerbesteuer. In anderen Ländern wurde die Gewerbesteuer auf Grund des Gewerbeertrags und des Gewerbekapitals, also einer zweifachen Besteuerungsgrundlage, erhoben; in wieder anderen Ländern bildete das Gewerbekapital nur hilfsweise — wenn der Gewerbeertrag hinter einem bestimmten Mindestmaß zurückblieb — die Besteuerungsgrundlage. In anderen Ländern wurden Gewerbeertrag und Lohnsumme zugrunde gelegt.

2. Das Reichsgewerbesteuerrecht. Nach dem Gewerbesteuerrahmengesetz war in erster Linie Besteuerungsgrundlage der Gewerbeertrag; das Gewerbekapital war nicht selbständige Besteuerungsgrundlage, sondern es wurde nur hilfsweise als Korrektiv herangezogen (§ 13 des Gewerbesteuerrahmenges.). Auch die Lohnsumme war keine obligatorische Besteuerungsgrundlage; es blieb den Ländern überlassen, zusätzlich neben der Gewerbeertragsteuer die Erhebung einer Lohnsummensteuer vorzuschreiben (§ 19 des Gewerbesteuerrahmenges.).

Während noch der Referentenentwurf zum Gewerbesteuergesetz als einzige obligatorische Besteuerungsgrundlage den Gewerbeertrag kannte, sahen bereits der Gesetzesentwurf und in der Folge auch das Gesetz als obligatorische Besteuerungsgrundlagen den Gewerbeertrag und das Gewerbekapital vor.

Für die Zugrundelegung mehrerer Besteuerungsgrundlagen bei der Gewerbesteuer sprechen verschiedene Erwägungen: Würde die Gewerbesteuer nur auf den Gewerbeertrag abgestellt, so würde die Steuer so konjunktur- und krisenempfindlich, daß in die Gemeindefinanzen eine gewisse Ungleichmäßigkeit und Unsicherheit hineingetragen würde. Auch das Gewerbekapital kann nicht allein als Besteuerungsgrundlage genügen, weil — ohne gleichzeitige Heranziehung des Gewerbeertrags — die Gewerbetreibenden, die kein oder ein nur kleines Gewerbekapital haben, keine oder eine nur unverhältnismäßig niedrige Gewerbesteuer zu zahlen haben würden. Auch eine Abstellung der Gewerbesteuer allein auf die Lohnsumme kommt nicht in Betracht, weil dann die lohnintensiven Betriebe einseitig betroffen würden. Für die Kombinierung der Besteuerungsgrundlagen jedenfalls des Gewerbeertrags und des Gewerbekapitals, spricht besonders die Erwägung, daß die wirtschaftliche und steuerliche Leistungsfähigkeit eines Gewerbebetriebs regelmäßig einmal von der Höhe des im Betriebe festgelegten Kapitals, sodann von der Lage des Gewerbebetriebes und der Geschicklichkeit des Gewerbetreibenden abhängt. Zu berücksichtigen ist weiter, daß es einerseits Gewerbebetriebe gibt, die mit einem verhältnismäßig geringen Kapital hohe Erträge erbringen, und daß es andererseits Gewerbebetriebe gibt, die mit einem hohen Kapital nur geringe Erträge liefern. Die Kombinierung der Leistungsfähigkeitsfaktoren „Gewerbeertrag" und „Gewerbekapital" entspricht damit einem Gebot der steuerlichen Gerechtigkeit und des Lastenausgleichs. Daß der Gewerbeertrag allein die Lasten, die der Gewerbebetrieb der Gemeinde verursacht, nicht zum Ausdruck bringt, sei nur nebenbei erwähnt. Schließlich kann auf eine gewisse Heranziehung der Gewerbebetriebe, die in einem Jahre mit Verlust gearbeitet haben, keinesfalls verzichtet werden.

3. Die Besteuerungsgrundlagen im Verhältnis zueinander.

Nach dem Gesetz sind der Gewerbeertrag und das Betriebskapital gleichwertige und nebeneinander laufende — obligatorische — Besteuerungsgrundlagen. Gewerbeertrag und Gewerbekapital sind dabei keine selbständige Steuerarten nebeneinander, sondern je nur eine der beiden Formen der Gewerbesteuer. Bei beiden Formen ist das Steuerobjekt — der Gewerbebetrieb — dasselbe; es wird nur nach verschiedenen Merkmalen (Ertrag und Betriebskapital) erfaßt. Die Vorfrage, ob ein Betrieb gewerbesteuerpflichtig ist (§ 2 GewStG.) und ob bejahendenfalls etwa eine Befreiung gemäß § 3 GewStG. Platz greift, läßt sich bei beiden Formen nur einheitlich beantworten. Entscheidend ist hierbei die Behandlung nach Einkommensteuerrecht (§ 2 Abs. 2 Satz 2 GewStG.).

Neben dem Gewerbeertrag und dem Gewerbekapital, d. i. den obligatorischen Besteuerungsgrundlagen, kann die Lohnsumme als Besteuerungsgrundlage gewählt werden. Die Lohnsumme erfährt ihre Rechtfertigung als Besteuerungsgrundlage durch die Erwägung, daß die einer Gemeinde entstehenden Lasten um so höher sind, je mehr Arbeiter in der Gemeinde wohnen. Auf der anderen Seite beruht die Lohnsummensteuer auf einer verhältnismäßig rohen Grundlage; im Ergebnis führt sie zu einer Vorbelastung jener Industrie- und Gewerbezweige, die mit größerem Personalaufwand zu arbeiten gezwungen sind. Mit Rücksicht hierauf darf sie nur mit Zustimmung der obersten Gemeindeaufsichtsbehörde erhoben werden. Die nach dem Gesetze vorgesehenen Richtlinien sind im Runderl. d. R. u. Pr. Min. d. J., zgl. i. N. d. RFM. vom 22. Dez. 1936, V St 2072/36 und S 1511—18 I (RMBliV. 1936 S. 1693) enthalten (im Anhang abgedruckt).

Abschnitt II

Gewerbesteuer nach dem Gewerbeertrag und dem Gewerbekapital

Unterabschnitt 1

Gewerbesteuer nach dem Gewerbeertrag

§ 7

Begriff des Gewerbeertrags

Gewerbeertrag ist der Gewinn aus dem Gewerbebetrieb, der nach den Vorschriften des Einkommensteuergesetzes oder des Körperschaftsteuergesetzes zu ermitteln ist, vermehrt und vermindert um die in den §§ 8 und 9 bezeichneten Beträge.

Kurze Inhaltsübersicht:

I. Die Ermittlung des Gewerbeertrags:

1. Begriff des Gewerbeertrags;
2. die Ermittlung des Gewerbeertrags im allgemeinen;
3. die für die Ermittlung des Gewerbeertrags maßgebenden Vorschriften des EStG. und KStG.;
   a) Allgemeines,
   b) die Vorschriften des EStG. und KStG. im Wortlaut;
4. die nichtanwendbaren Vorschriften des EStG. u. KStG.:
   a) Allgemeines,
   b) Einzelfälle:
      aa) § 48 EStG. (Einkommensbesteuerung nach dem Verbrauch),
      bb) § 17 KStG. (Mindestbesteuerung),
      cc) §§ 26, 27, 28 EStG. (Haushaltbesteuerung),
      dd) § 16 EStG. (Veräußerungsgewinne),
      ee) § 24 EStG. (Entschädigungen für entgangene Gewinne usw.),
      ff) die Agiogewinne,
      gg) die Sanierungsgewinne,
      hh) § 53 EStG.
5. Besonderheiten:
   a) der Verlustvortrag,
   b) das Schachtelprivileg,
   c) die steuerlichen Erleichterungen anläßlich der Umwandlung von Kapitalgesellschaften,
   d) die Durchführung des Anleihestockgesetzes,
   e) die Behandlung der Erwerbs- und Wirtschaftsgenossenschaften,
   f) Behandlung der Gewerbeerträge bei Abwicklung und Konkurs.

II. Kurzer Überblick über die Ermittlung des gewerblichen Gewinns nach dem EStG. und KStG.:

1. die Ermittlung des Gewinns im allgemeinen;
2. der Begriff des gewerblichen Betriebsvermögens:
   a) Grundsätzliches,

b) Umfang des gewerblichen Betriebsvermögens:
   aa) Allgemeine Unterscheidungsmerkmale,
   bb) notwendiges Privatvermögen,
   cc) notwendiges Betriebsvermögen.
   dd) gewillkürtes Betriebsvermögen;

3. Der Begriff der Betriebsausgaben:
   a) Allgemeines;
   b) Einzelheiten; Betriebsausgaben sind für die Regel u. a.
      aa) Ausgaben für Löhne,
      bb) die auf dem Betrieb lastenden Steuern,
      cc) Schmiergelder,
      dd) Beiträge an Berufsstände,
      ee) Ausgaben für Berufshaftpflichtversicherung,
      ff) besondere abzugsfähige Ausgaben bei der Körperschaftsteuer.
      Keine Betriebsausgaben sind für die Regel:
      aa) die Sonderausgaben nach § 10 EStG.,
      bb) Aufwendungen zur Tilgung von Schulden usw.,
      cc) Lebenshaltungskosten,
      dd) freiwillige Zuwendungen und Zuwendungen an unterhaltsberechtigte Personen,
      ee) Krankheits- und Kurkosten,
      ff) die Aufwendungen für gemeinnützige usw. Zwecke,
      gg) Ausgaben für die Entrichtung von Steuern,
      hh) Ausgaben für einen Steuerberater,
      ii) Prozeßkosten,
      kk) Aufwendungen für die Ausübung eines Ehrenamts,
      ll) nichtabzugsfähige Ausgaben bei der Körperschaftsteuer;
   c) Teilung von Aufwendungen in Betriebs- und persönliche Aufwendungen;
   d) die Behandlung der Aufwendungen zur Förderung des zivilen Luftschutzes und des zivilen Sanitätsdienstes.

4. Die Aktivierung von Aufwendungen nach dem EStG. und KStG.:
   a) der Aktivierungszwang,
   b) das Aktivierungsverbot,
   c) Aktivierungsbefugnis.

5. Die Passivierung von Verbindlichkeiten:
   a) Passivierungszwang,
   b) Passivierungsverbot,
   c) Passivierungsbefugnis.

6. Die Bewertung des Betriebsvermögens:
   a) Grundsätzliches,
   b) kurzlebige Wirtschaftsgüter,
   c) der Grundsatz der Bilanzstetigkeit,
   d) die Bewertung der Verbindlichkeiten,
   e) die Bewertung der Entnahmen und Einlagen,
   f) Bewertung von Wirtschaftsgütern bei Eröffnung oder entgeltlichem Erwerb eines Betriebs.

7. Absetzungen für Abnutzung oder Substanzverringerung:
   a) Absetzung für technische Abnutzung,
   b) Absetzung für wirtschaftliche Abnutzung,
   c) Absetzung wegen Substanzverringerung.

I. Die Ermittlung des Gewerbeertrags.

1. Begriff des Gewerbeertrags. Unter gewerblichem Reinertrag ist nach Volkswirtschafts- und allgemeiner Steuerlehre zu verstehen der Inbegriff dessen, was innerhalb eines bestimmten Zeitraums an Geld oder Geldeswerten durch den objektiven Gewerbebetrieb, d. h. durch die das Betriebskapital bildenden Gegenstände und Rechte und die darauf verwandte Arbeit (Gewerbebetrieb) — gleichgültig, ob diese Arbeit vom Betriebsinhaber oder von einem Dritten oder beiden zusammen geleistet wird — hervorgebracht wird. Der gewerbliche Ertrag entspringt sonach aus einer Quelle, d. i. dem Gewerbebetrieb. Was nicht auf diese Quelle zurückgeht, ist nicht Gewerbeertrag. Demgemäß kann niemals Gewerbeertrag sein, was dem das Objekt Gewerbebetrieb vertretenden Unternehmen aus anderen Quellen zufließt.

Zwecks Findung des gewerblichen Reinertrags sind vom Rohertrag die Ertragsgewinnungskosten (Betriebsausgaben) abzusetzen. Gewerblicher Ertrag ist damit der Unterschied zwischen dem innerhalb eines gewissen Zeitraums aus dem objektiven Gewerbebetrieb geflossenen Gesamtrohertrag und den innerhalb des gleichen Zeitraums aufgewendeten Ertragsgewinnungskosten.

Gewerblicher Reinertrag im Sinne des Gewerbesteuerrechts ist nicht gleichbedeutend mit dem einkommen- und körperschaftsteuerrechtlichen Gewinn. Da die Gewerbesteuer nur Realsteuer, die Einkommen- und Körperschaftsteuer aber Personalsteuern sind, so kann die Gewerbesteuer nicht lediglich einen Gewinn erfassen, sondern muß alles einbeziehen, was das in dem Unternehmen arbeitende Kapital hervorbringt, d. i. eben den Ertrag.

2. Die Ermittlung des Gewerbeertrags im allgemeinen. Nach dem GewStG. ist Gewerbeertrag der Gewinn aus dem Gewerbebetrieb, der nach den Vorschriften des Einkommen- oder des Körperschaftsteuergesetzes zu ermitteln ist, vermehrt und vermindert um die in den §§ 8 und 9 bezeichneten Beträge. Hieraus ergeben sich folgende Grundsätze:

a) Das GewStG. kann als Ertrag- (und nicht Personal-)steuer nicht schlechthin den der Einkommen- bzw. Körperschaftsteuer unterliegenden gewerblichen Gewinn der Gewerbesteuer unterwerfen. Der Gewerbeertrag ist aber nach den Vorschriften des Einkommen- und Körperschaftsteuergesetzes zu ermitteln. Für die Ermittlung des gewerblichen Ertrags gelten hienach schlechthin die Vorschriften — nicht bloß Grundsätze — der gen. Personalsteuergesetze, soweit diese Vorschriften selbstverständlich dem Gesichtspunkt Rechnung tragen, daß das GewStG. den Ertrag eines Gewerbebetriebs und nicht den Gewinn des Betriebsinhabers aus dem Betrieb besteuert. Der Begriff des Betriebsvermögens, der Betriebsausgaben usw. kann hiernach nach beiden Gesetzen nur einheitlich ausgelegt werden. Es wird hiernach nicht mehr möglich sein, daß z. B. bei der Gewerbesteuer die Abzugsfähigkeit eines Lohnes für die im Betriebe des Ehemanns mitarbeitende Ehefrau anerkannt, für die Einkommensteuer aber abgelehnt wird.

b) Grundlage für den gewerbesteuerpflichtigen Ertrag ist nicht schlechthin der Gewinn, wie er für die Einkommen- und Körperschaftsteuer ermittelt worden ist, sondern wie er für die Einkommensteuer und Körperschaftsteuer zu ermitteln ist. Der gewerbesteuerpflichtige Ertrag ist deshalb völlig selbständig neben dem einkommensteuer- und körperschaftsteuerpflichtigen Gewinn zu ermitteln. Die materielle und formelle Rechtskraft der Einkommen- und Körperschaftsteuerbescheide erstreckt sich nicht auf die Gewerbesteuer. Die Gewerbesteuerbehörde kann deshalb auch über den für die Einkommen- und Körperschaftsteuer ermittelten Gewinn hinausgehen bzw. hinter diesem Gewinne zurückbleiben, wenn die richtige Anwendung der Vorschriften des Einkommen- und Körperschaftsteuergesetzes hierzu Veranlassung gibt. Andererseits kann auch der Gewerbesteuerpflichtige die Höhe des gewerblichen Ertrags völlig selbständig und auch dann noch anfechten, wenn das gewerbliche Einkommen für die Einkommen- und Körperschaftsteuer bereits rechtskräftig festgesetzt ist. Eine weitere Folge der selbständigen Ermittlung und der Selbständigkeit des gewerbesteuerpflichtigen Ertrags ist, daß dieser nicht etwa ohne weiteres dann zu ändern oder zu berichtigen ist, wenn der einkommen- und körperschaftsteuerpflichtige Gewinn geändert oder berichtigt wird. Die Änderung oder Berichtigung des gewerbesteuerpflichtigen Ertrags muß vielmehr mit den gegen diesen bzw. den Steuermeßbescheid gerichteten Rechtsbehelfen herbeigeführt werden.

Da davon ausgegangen werden kann, daß der einkommen- und körperschaftsteuerpflichtige Gewinn entsprechend den gesetzlichen Bestimmungen ermittelt worden ist, wird praktisch Ausgangspunkt für die Ermittlung des gewerbesteuerpflichtigen Ertrags regelmäßig der gewerbliche Gewinn sein können, wie er im Einkommen- und Körperschaftsteuerberechnungsbogen vorgetragen ist.

Der in § 7 für die Ermittlung des gewerbesteuerpflichtigen Ertrags aufgestellte Grundsatz entspricht jenem des § 2 Abs. 1 Satz 2 GewStG., der den Begriff des Gewerbebetriebs im Sinn des Gewerbesteuerrechts umschreibt. Auch hier kommt die starke Anlehnung des Gewerbesteuerrechts an das Einkommensteuerrecht zum Ausdruck, aber diese Anlehnung ist auch hier nicht so stark, daß gewerbesteuerrechtlich ohne weiteres als Gewerbebetrieb zu gelten hätte, was einkommensteuerrechtlich als Gewerbebetrieb angesehen wird. Die Gewerbesteuerbehörde hat vielmehr selbständig zu entscheiden, ob ein Betrieb Gewerbebetrieb ist; diese Entscheidung hat allerdings nach den Grundsätzen des Einkommensteuergesetzes zu erfolgen.

3. Die für die Ermittlung des Gewerbeertrags maßgebenden Vorschriften des Einkommen- und Körperschaftsteuergesetzes.

a) Allgemeines. § 7 GewStG. verweist auf die Vorschriften des Einkommensteuer- oder des Körperschaftsteuergesetzes. Die Vorschriften des Einkommensteuergesetzes sind maßgebend, wenn es sich um die Ermittlung des Gewerbeertrags eines Unternehmens einer Einzelperson oder einer oHG., einer KommGes. oder einer anderen Gesellschaft handelt, bei der die Gesellschafter als Unternehmer (Mitunternehmer) des Gewerbebetriebs anzusehen sind. Die Vorschriften des Körperschaftsteuergesetzes kommen zur Anwendung, wenn der Gewerbeertrag eines der in § 2 Abs. 2 Ziff. 2 oder Abs. 3 genannten Rechtsgebilde zu ermitteln ist. § 14 Abs. 1 der Ersten GewStDVO. bestimmt: „Als Gewinn, der nach den Vorschriften des Einkommensteuergesetzes zu ermitteln ist, gilt der Gewinn im Sinn der §§ 4 bis 7 des Einkommensteuergesetzes. Bei Personengesellschaften gehören zum Gewinn auch die Vergütungen, die der Gesellschafter von der Personengesellschaft für seine Tätigkeit im Dienst der Gesellschaft oder für die Hingabe von Darlehen oder für die Überlassung von Wirtschaftsgütern bezogen hat.“ Gemäß Abs. 2 gilt als Gewinn, der nach den Vorschriften des Körperschaftsteuergesetzes zu ermitteln ist, das Einkommen im Sinn des § 6 des Körperschaftsteuergesetzes.

Maßgebend sind nicht bloß die Vorschriften des Einkommen- und Körperschaftsteuergesetzes, sondern auch die zu diesen Gesetzen ergangenen Durchführungsverordnungen und -bestimmungen, die bloß Ergänzungen und Erläuterungen zu den entsprechenden Gesetzen enthalten. Der Umstand, daß das GewStG. nur auf die Vorschriften des Einkommen- und Körperschaftsteuergesetzes verweist, ist nicht ausschlaggebend. Anwendbar sind deshalb insbesondere die Erste Verordnung zur Durchführung des Einkommensteuergesetzes vom 6. Febr. 1935 (RGBl. I S. 153) — zu vgl. insbesondere die Bestimmung des § 9 Abs. 1, wonach sich das Kurzlebigenvorrecht auch auf buchführende Minderkaufleute erstreckt —, sowie die Erste Verordnung zur Durchführung des Körperschaftsteuergesetzes vom 6. Febr. 1935 (RGBl. I S. 163); ferner die Veranlagungsrichtlinien zur Einkommen- und Körperschaftsteuer sowie die zu den Gesetzen ergangene Rechtsprechung des Reichsfinanzhofs. Die Anwendung der Vorschriften des Einkommens- und Körperschaftsteuergesetzes und der hierzu ergangenen Bestimmungen kommt jedoch nur insoweit in Betracht, als es der Charakter der Gewerbesteuer zuläßt (zu vgl. die Ausführungen unter Ziff. 4).

Zu bemerken ist, daß § 6 KStG., der die Ermittlung des der Körperschaftsteuer unterliegenden Einkommens der Körperschaften behandelt, seinerseits auf die Vorschriften des EStG. verweist; desgleichen erklärt § 18 der Ersten DVKStG. die §§ 1, 2, 4—12, 15, 18, 29—31, 33, 35 und 37 der Ersten EStDVO. für anwendbar.

b) Die Vorschriften des EStG. und KStG. im Wortlaut. Die Vorschriften über die Feststellung des Gewinns aus Gewerbe sind enthalten in den §§ 2, 4, 5, 6, 7, sowie 15—17 des Einkommensteuergesetzes, sowie §§ 6—17 des Körperschaftsteuergesetzes.

Die Vorschriften sind im Nachstehenden im Wortlaut angefügt:

a) Einkommensteuergesetz:

§ 2. *(1) Die Einkommensteuer bemißt sich nach dem Einkommen, das der Steuerpflichtige innerhalb eines Kalenderjahrs bezogen hat.*

(2) Einkommen ist der Gesamtbetrag der Einkünfte aus den im Abs. 3 bezeichneten Einkunftsarten nach Ausgleich mit Ver-

lusten, die sich aus einzelnen Einkunftsarten ergeben, und nach Abzug der Sonderausgaben (§ 10).

(3) Der Einkommensteuer unterliegen nur:

1. Einkünfte aus Land- und Forstwirtschaft,
2. Einkünfte aus Gewerbebetrieb,
3. Einkünfte aus selbständiger Arbeit,
4. Einkünfte aus nichtselbständiger Arbeit,
5. Einkünfte aus Kapitalvermögen,
6. Einkünfte aus Vermietung und Verpachtung,
7. sonstige Einkünfte im Sinn des § 22.

Zu welcher Einkunftsart die Einkünfte im einzelnen Fall gehören, bestimmt sich nach den §§ 13 bis 24, in Zweifelsfällen nach der Verkehrsauffassung.

(4) Einkünfte im Sinn des Absatzes 3 sind:

1. bei Land- und Forstwirtschaft, Gewerbebetrieb und selbständiger Arbeit der Gewinn (§§ 4 bis 7);

2. bei den anderen Einkunftsarten der Überschuß der Einnahmen über die Werbungskosten (§§ 8 und 9).

(5) Bei Land- und Forstwirten oder bei Gewerbetreibenden, die Bücher nach den Vorschriften des Handelsgesetzbuchs zu führen verpflichtet sind und solche tatsächlich ordnungsmäßig führen, gilt der Gewinn aus Land- und Forstwirtschaft oder aus Gewerbebetrieb als in dem Kalenderjahr bezogen, in dem das Wirtschaftsjahr endet. Als Wirtschaftsjahr gilt:

1. bei Land- und Forstwirten, gleichviel ob sie Bücher führen oder nicht, der Zeitraum vom 1. Juli bis zum 30. Juni;

2. bei Gewerbetreibenden der Zeitraum, für den sie regelmäßig Abschlüsse machen.

§ 4 (Gewinnbegriff im allgemeinen).

(1) Gewinn ist der Unterschiedsbetrag zwischen dem Betriebsvermögen am Schluß des Wirtschaftsjahrs und dem Betriebsvermögen am Schluß des vorangegangenen Wirtschaftsjahrs, vermehrt um den Wert der Entnahmen und vermindert um den Wert der Einlagen. Entnahmen sind alle Wirtschaftsgüter (Barentnahmen, Waren, Erzeugnisse, Nutzungen und Leistungen), die der Steuerpflichtige dem Betrieb für sich, für seinen Haushalt oder für andere betriebsfremde Zwecke im Lauf des Wirtschaftsjahrs entnommen hat. Einlagen sind alle Wirtschaftsgüter (Bareinzahlungen und sonstige Wirtschaftsgüter), die der Steuerpflichtige dem Betrieb im Lauf des Wirtschaftsjahrs zugeführt hat. Bei der Ermittlung des Gewinns sind die Vorschriften über die Betriebsausgaben (Abs. 3) und über die Bewertung (§ 6) zu befolgen. Der Wert des Grund und Bodens, der zum Anlagevermögen gehört, bleibt außer Ansatz.

(2) Weicht das Betriebsvermögen am Schluß des einzelnen Wirtschaftsjahrs vom Betriebsvermögen am Schluß des vorangegangenen Wirtschaftsjahrs in der Regel nicht wesentlich ab, so kann als Gewinn der Überschuß der Betriebseinnahmen über die Betriebsausgaben angesetzt werden. Dabei können wirt-

schaftlich ins Gewicht fallende Schwankungen im Betriebsvermögen, die in einem Wirtschaftsjahr ausnahmsweise auftreten, durch Zuschläge oder Abschläge berücksichtigt werden.

(3) Betriebsausgaben sind die Aufwendungen, die durch den Betrieb veranlaßt sind.

§ 5 (Gewinn bei buchführungspflichtigen Kaufleuten).

(1) Bei Steuerpflichtigen, die verpflichtet sind, Bücher nach den Vorschriften des Handelsgesetzbuchs zu führen, ist für den Schluß des Wirtschaftsjahrs das Betriebsvermögen anzusetzen (§ 4 Absatz 1 Satz 1), das nach den Grundsätzen ordnungsmäßiger Buchführung auszuweisen ist. Die Vorschriften über die Entnahmen und die Einlagen (§ 4 Abs. 1), über die Betriebsausgaben (§ 4 Absatz 3) und über die Bewertung (§ 6) sind zu befolgen.

(2) Der Steuerpflichtige darf die Bilanz auch noch nach ihrer Einreichung beim Finanzamt ändern, soweit sie den Grundsätzen ordnungsmäßiger Buchführung unter Befolgung der im Absatz 1 Satz 2 bezeichneten Vorschriften nicht entspricht. Darüber hinaus ist eine Änderung der Bilanz nur mit Zustimmung des Finanzamts, im Rechtsmittelverfahren mit Zustimmung der Rechtsmittelbehörde zulässig.

§ 6 (Bewertung).

Für die Bewertung der einzelnen Wirtschaftsgüter, die dem Betrieb dienen, gilt das Folgende:

1. Wirtschaftsgüter des Anlagevermögens, die der Abnutzung unterliegen, sind mit den Anschaffungs- oder Herstellungskosten, vermindert um die Absetzungen für Abnutzung nach § 7, anzusetzen. Ist der Teilwert niedriger, so kann dieser angesetzt werden. Teilwert ist der Betrag, den ein Erwerber des ganzen Betriebs im Rahmen des Gesamtkaufpreises für das einzelne Wirtschaftsgut ansetzen würde; dabei ist davon auszugehen, daß der Erwerber den Betrieb fortführt. Bei Wirtschaftsgütern des Anlagevermögens, deren betriebsgewöhnliche Nutzungsdauer erfahrungsgemäß fünf Jahre nicht übersteigt, dürfen buchführende Gewerbetreibende im Sinn des § 5 und buchführende Land- und Forstwirte die Absetzungen für Abnutzung höher als nach § 7 und ohne Rücksicht auf den Teilwert bemessen. Bei Wirtschaftsgütern, die bereits am Schluß des vorangegangenen Wirtschaftsjahrs zum Anlagevermögen des Steuerpflichtigen gehört haben, darf der Bilanzansatz nicht über den letzten Bilanzansatz hinausgehen.

2. Andere als die in Ziffer 1 bezeichneten Wirtschaftsgüter des Betriebs (Grund und Boden, Beteiligungen, Geschäfts- oder Firmenwert, Umlaufsvermögen) sind mit den Anschaffungs- oder Herstellungskosten anzusetzen. Statt der Anschaffungs- oder Herstellungskosten kann der niedrigere Teilwert (Ziffer 1 Satz 3) angesetzt werden. Bei Wirtschaftsgütern, die bereits am Schluß des vorangegangenen Wirtschaftsjahrs zum Betriebsvermögen gehört haben, kann der Steuerpflichtige in den folgenden

Wirtschaftsjahren den Teilwert auch dann ansetzen, wenn er höher ist als der letzte Bilanzansatz; es dürfen jedoch höchstens die Anschaffungs- oder Herstellungskosten angesetzt werden. Bei land- und forstwirtschaftlichen Betrieben ist auch der Ansatz des höheren Teilwerts zulässig, wenn das den Grundsätzen ordnungsmäßiger Buchführung entspricht.

3. Verbindlichkeiten sind unter sinngemäßer Anwendung der Vorschriften der Ziffer 2 anzusetzen.

4. Entnahmen des Steuerpflichtigen für sich, für seinen Haushalt oder für andere betriebsfremde Zwecke sind mit dem Teilwert anzusetzen.

5. Einlagen sind mit dem Teilwert für den Zeitpunkt der Zuführung, höchstens jedoch mit den tatsächlichen Anschaffungs- oder Herstellungskosten anzusetzen.

6. Bei Eröffnung eines Betriebs oder entgeltlichem Erwerb eines Betriebs sind die Wirtschaftsgüter mit dem Teilwert, höchstens jedoch mit den tatsächlichen Anschaffungs- oder Herstellungskosten anzusetzen.

§ 7 (Absetzung für Abnutzung oder Substanzverringerung).

(1) Bei Gebäuden und sonstigen Wirtschaftsgütern, deren Verwendung oder Nutzung durch den Steuerpflichtigen zur Erzielung von Einkünften sich erfahrungsgemäß auf einen Zeitraum von mehr als einem Jahr erstreckt, kann jeweils für ein Jahr der Teil der Anschaffungs- oder Herstellungskosten abgesetzt werden, der bei Verteilung dieser Kosten auf die Gesamtdauer der Verwendung oder Nutzung auf ein Jahr entfällt (Absetzung für Abnutzung). Die Absetzung bemißt sich hierbei nach der betriebsgewöhnlichen Nutzungsdauer des Wirtschaftsguts. Absetzungen für außergewöhnliche technische oder wirtschaftliche Abnutzung sind zulässig.

(2) Bei Bergbauunternehmen, Steinbrüchen und anderen Betrieben, die einen Verbrauch der Substanz mit sich bringen, sind Absetzungen für Substanzverringerung zulässig. Absatz 1 ist entsprechend anzuwenden.

§ 15 (Einkünfte aus Gewerbebetrieb).

Einkünfte aus Gewerbebetrieb sind:

1. Einkünfte aus gewerblichen Unternehmen. Dazu gehören auch Einkünfte aus gewerblicher Bodenbewirtschaftung, z. B. aus Bergbauunternehmen und aus Betrieben zur Gewinnung von Torf, Steinen und Erden, soweit sie nicht land- oder forstwirtschaftliche Nebenbetriebe sind;

2. die Gewinnanteile der Gesellschafter einer offenen Handelsgesellschaft, einer Kommanditgesellschaft und einer anderen Gesellschaft, bei der der Gesellschafter als Unternehmer (Mitunternehmer) anzusehen ist, und die Vergütungen, die der Gesellschafter von der Gesellschaft für seine Tätigkeit im Dienst der Gesellschaft oder für die Hingabe von Darlehen oder für die Überlassung von Wirtschaftsgütern bezogen hat;

3. die Gewinnanteile der persönlich haftenden Gesellschafter einer Kommanditgesellschaft auf Aktien, soweit sie nicht auf Anteile am Grundkapital entfallen, und die Vergütungen, die der persönlich haftende Gesellschafter von der Gesellschaft für seine Tätigkeit im Dienst der Gesellschaft oder für die Hingabe von Darlehen oder für die Überlassung von Wirtschaftsgütern bezogen hat.

§ 16 (Veräußerung des Betriebs).

(1) Zu den Einkünften aus Gewerbebetrieb gehören auch Gewinne, die erzielt werden bei der Veräußerung

1. des ganzen Gewerbebetriebs oder eines Teilbetriebs;

2. des Anteils eines Gesellschafters, der als Unternehmer (Mitunternehmer) des Betriebs anzusehen ist (§ 15 Ziffer 2);

3. des Anteils eines persönlich haftenden Gesellschafters einer Kommanditgesellschaft auf Aktien (§ 15 Ziffer 3).

(2) Veräußerungsgewinn im Sinne des Absatzes 1 ist der Betrag, um den der Veräußerungspreis nach Abzug der Veräußerungskosten den Wert des Betriebsvermögens (Absatz 1 Ziffer 1) oder den Wert des Anteils am Betriebsvermögen (Absatz 1 Ziffern 2 und 3) übersteigt. Der Wert des Betriebsvermögens oder des Anteils ist für den Zeitpunkt der Veräußerung nach § 4 Absatz 1 oder nach § 5 zu ermitteln.

(3) Als Veräußerung gilt auch die Aufgabe des Gewerbebetriebs. Werden die einzelnen dem Betrieb gewidmeten Wirtschaftsgüter im Rahmen der Aufgabe des Betriebs veräußert, so sind die Veräußerungspreise anzusetzen. Werden die Wirtschaftsgüter nicht veräußert, so ist der gemeine Wert im Zeitpunkt der Aufgabe anzusetzen. Bei Aufgabe eines Gewerbebetriebs, an dem mehrere Personen beteiligt waren, ist für jeden einzelnen Beteiligten der gemeine Wert der Wirtschaftsgüter anzusetzen, die er bei der Auseinandersetzung erhalten hat.

(4) Die Steuerpflicht tritt nur ein, wenn der Veräußerungsgewinn bei der Veräußerung des ganzen Gewerbebetriebs (Absatz 1 Ziffer 1) den Betrag von 10 000 Reichsmark und bei der Veräußerung eines Teilbetriebs oder eines Anteils am Betriebsvermögen (Absatz 1 Ziffern 2 und 3) den entsprechenden Teil von 10 000 Reichsmark übersteigt.

(5) Die Einkommensteuer vom Veräußerungsgewinn wird auf Antrag ermäßigt oder erlassen, wenn der Steuerpflichtige den veräußerten Betrieb oder Teilbetrieb oder den veräußerten Anteil am Betriebsvermögen innerhalb der letzten drei Jahre vor der Veräußerung erworben und infolge des Erwerbs Erbschaftsteuer entrichtet hat.

§ 17 (Veräußerung wesentlicher Beteiligungen).

(1) Zu den Einkünften aus Gewerbebetrieb gehört auch der Gewinn aus der Veräußerung eines Anteils an einer Kapitalgesellschaft, wenn der Veräußerer am Kapital der Gesellschaft wesentlich beteiligt war und der veräußerte Anteil eins vom Hundert des Grund- oder Stammkapitals der Gesellschaft übersteigt. Eine wesentliche Beteiligung ist gegeben, wenn der Ver-

äußerer allein oder mit seinen Angehörigen an der Kapitalgesellschaft zu mehr als einem Viertel unmittelbar oder mittelbar, z. B. durch Treuhänder oder durch eine Kapitalgesellschaft, innerhalb der letzten fünf Jahre beteiligt war.

(2) Veräußerungsgewinn im Sinn des Absatzes 1 ist der Betrag, um den der Veräußerungspreis nach Abzug der Veräußerungskosten die Anschaffungskosten übersteigt.

(3) Die Steuerpflicht tritt nur ein, wenn der Veräußerungsgewinn den dem veräußerten Anteil an der Kapitalgesellschaft entsprechenden Teil von 10000 Reichsmark übersteigt.

(4) Die Einkommensteuer vom Veräußerungsgewinn wird auf Antrag ermäßigt oder erlassen, wenn der Steuerpflichtige den veräußerten Anteil an der Kapitalgesellschaft innerhalb der letzten drei Jahre vor der Veräußerung erworben und infolge des Erwerbs Erbschaftssteuer entrichtet hat.

(5) Verluste, die bei der Veräußerung von Anteilen an einer Kapitalgesellschaft entstanden sind, dürfen bei Ermittlung des Einkommens nicht ausgeglichen (§ 2 Absatz 2) werden.

b) Körperschaftsteuergesetz:

§ 6. Was als Einkommen gilt und wie das Einkommen zu ermitteln ist, bestimmt sich nach den Vorschriften des Einkommensteuergesetzes und den §§ 7 bis 16 dieses Gesetzes. Hierbei sind auch verdeckte Gewinnausschüttungen zu berücksichtigen.

§ 7. Für die Ermittlung des Einkommens ist es ohne Bedeutung, ob das Einkommen verteilt wird oder nicht. Ausschüttungen jeder Art auf Genußscheine, mit denen das Recht auf Beteiligung am Gewinn und am Liquidationserlös der Kapitalgesellschaften verbunden ist, dürfen das Einkommen nicht mindern.

2. Sachliche Befreiungen.

§ 8 (bei Personenvereinigungen).

Bei Personenvereinigungen, die unbeschränkt steuerpflichtig sind, bleiben für die Ermittlung des Einkommens die auf Grund der Satzung erhobenen Beiträge der Mitglieder außer Ansatz.

§ 9 (bei Schachtelgesellschaften).

(1) Ist eine unbeschränkt steuerpflichtige Kapitalgesellschaft nachweislich seit Beginn des Wirtschaftsjahrs ununterbrochen an dem Grund- oder Stammkapital einer anderen unbeschränkt steuerpflichtigen Kapitalgesellschaft in Form von Aktien, Kuxen oder Anteilen mindestens zu einem Viertel unmittelbar beteiligt, so bleiben die auf die Beteiligung entfallenden Gewinnanteile jeder Art außer Ansatz. Ist ein Grund- oder Stammkapital nicht vorhanden, so tritt an seine Stelle das Vermögen, das bei der letzten Veranlagung zur Vermögensteuer festgestellt worden ist

(2) Soweit die Gewinnanteile außer Ansatz bleiben, ist der Steuerabzug vom Kapitalertrag nicht vorzunehmen.

(3) Diese Vorschriften gelten entsprechend, wenn Reich,

Länder, Gemeinden und Gemeindeverbände oder Betriebe von inländischen Körperschaften des öffentlichen Rechts an unbeschränkt steuerpflichtigen Kapitalgesellschaften beteiligt sind.

§ 10 (bei Kapitalverwaltungsgesellschaften).

(1) Für Kapitalverwaltungsgesellschaften kann der Reichsminister der Finanzen besondere Vorschriften erlassen.

(2) Kapitalverwaltungsgesellschaften im Sinn des Absatzes 1 sind Kapitalgesellschaften, die ausschließlich den Erwerb, die Verwaltung und die Veräußerung von Aktien, Kuxen, Anteilen oder Genußscheinen anderer Kapitalgesellschaften oder von Schuldverschreibungen zum Gegenstand haben.

3. Abzugsfähige Ausgaben.

§ 11. Bei Ermittlung des Einkommens sind die folgenden Beträge abzuziehen, soweit sie nicht bereits nach den Vorschriften des Einkommensteuergesetzes abzugsfähige Ausgaben sind:

1. bei Kapitalgesellschaften
die Kosten der Ausgabe von Aktien und sonstigen Gesellschaftsanteilen, soweit sie nicht aus dem Ausgabeaufgeld gedeckt werden können;

2. bei Versicherungsunternehmen
Zuführungen zu versicherungstechnischen Rücklagen, soweit sie für die Leistungen aus den am Bilanzstichtag laufenden Versicherungsverträgen erforderlich sind;

3. bei Kommanditgesellschaften auf Aktien
der Teil des Gewinns, der an persönlich haftende Gesellschafter auf ihre nicht auf das Grundkapital gemachten Einlagen oder als Vergütung (Tantieme) für die Geschäftsführung verteilt wird;

4. Vermögensmehrungen, die dadurch entstehen, daß Schulden zum Zweck der Sanierung ganz oder teilweise erlassen werden.

4. Nichtabzugsfähige Ausgaben:

§ 12. Nichtabzugsfähig sind:

1. die Aufwendungen für die Erfüllung von Zwecken des Steuerpflichtigen, die durch Stiftung, Satzung oder sonstige Verfassung vorgeschrieben sind;

2. die Steuern vom Einkommen und die Vermögensteuer;

3. die Vergütungen jeder Art, die an Mitglieder des Aufsichtsrats, Verwaltungsrats, Grubenvorstands oder andere mit der Überwachung der Geschäftsführung beauftragte Personen gewährt werden;

4. die Ausgaben zu gemeinnützigen, mildtätigen, kirchlichen und ähnlichen Zwecken.

5. Anteilige Abzüge.

§ 13. Ist das Einkommen nur zu einem Teil steuerpflichtig, so dürfen Ausgaben nur insoweit abgezogen werden, als sie mit

steuerpflichtigen Einkünften in unmittelbarem wirtschaftlichem Zusammenhang stehen. Besteht das Einkommen nur aus Einkünften, von denen ein Steuerabzug zu erheben ist (§ 2 Ziffer 2), so ist ein Abzug von Ausgaben nicht zulässig.

6. Auflösung und Abwicklung (Liquidation).

§ 14. (1) Wird eine Kapitalgesellschaft, die ihre Auflösung beschlossen hat, abgewickelt, so ist der im Zeitraum der Abwicklung erzielte Gewinn der Besteuerung zugrunde zu legen. Der Besteuerungszeitraum soll drei Jahre nicht übersteigen.

(2) Zur Ermittlung des Gewinns im Sinn des Absatzes 1 ist das zur Verteilung kommende Vermögen (Abwicklungs-Endvermögen) dem Vermögen am Schluß des der Auflösung vorangegangenen Wirtschaftsjahrs (Abwicklungs-Anfangsvermögen) gegenüberzustellen.

(3) Von dem Abwicklungs-Endvermögen sind die steuerfreien Vermögenszugänge abzuziehen, die dem Steuerpflichtigen in dem Abwicklungszeitraum zugeflossen sind.

(4) Abwicklungs-Anfangsvermögen ist das Betriebsvermögen, das am Schluß des vorangegangenen Wirtschaftsjahrs der Veranlagung zur Körperschaftsteuer zugrunde lag. Hat der letzten Veranlagung ein Wert des Betriebsvermögens nicht zugrunde gelegen, so tritt an seine Stelle der Betrag des eingezahlten Grund- oder Stammkapitals oder, wenn ein solches nicht vorhanden ist, die Summe der Einlagen oder der Anschaffungs- oder Herstellungspreis im Sinn des Einkommensteuergesetzes. Das Abwicklungs-Anfangsvermögen ist um den Gewinn des vorangegangenen Wirtschaftsjahrs zu kürzen, der im Abwicklungszeitraum ausgeschüttet worden ist.

(5) Auf die Gewinnermittlung sind im übrigen die sonst geltenden Vorschriften anzuwenden.

7. Verschmelzung (Fusion) und Umwandlung.

§ 15. (1) Geht das Vermögen einer Kapitalgesellschaft mit oder ohne Abwicklung (Liquidation) auf einen anderen über, so ist § 14 entsprechend anzuwenden. Für die Ermittlung des Gewinns tritt an die Stelle des zur Verteilung kommenden Vermögens der Wert der für die Übertragung des Vermögens gewährten Gegenleistung nach dem Stand im Zeitpunkt der Übertragung.

(2) Der beim Übergang sich ergebende Gewinn scheidet für die Besteuerung insoweit aus, als die folgenden Voraussetzungen erfüllt sind:

1. das Vermögen einer inländischen Kapitalgesellschaft muß als Ganzes auf eine andere inländische Kapitalgesellschaft gegen Gewährung von Gesellschaftsrechten der übernehmenden Gesellschaft übergehen;

2. es muß sichergestellt sein, daß dieser Gewinn später der Körperschaftsteuer unterliegt.

8. Verlegung der Geschäftsleitung ins Ausland.

§ 16. *(1) Verlegt eine unbeschränkt steuerpflichtige Kapitalgesellschaft ihre Geschäftsleitung und ihren Sitz oder eins von beiden ins Ausland und scheidet sie dadurch aus der unbeschränkten Steuerpflicht aus, so ist § 14 entsprechend anzuwenden. An die Stelle des zur Verteilung kommenden Vermögens tritt der gemeine Wert des vorhandenen Vermögens.*

(2) Absatz 1 gilt entsprechend, wenn die inländische Betriebstätte einer beschränkt steuerpflichtigen Kapitalgesellschaft aufgelöst oder ins Ausland verlegt oder ihr Vermögen als Ganzes an einen anderen übertragen wird.

9. Mindestbesteuerung.

§ 17. *(1) Als Mindesteinkommen werden der Besteuerung zugrundegelegt:*

1. die Ausschüttungen (auch verdeckte Gewinnausschüttungen), soweit sie mehr als 4 vom Hundert des eingezahlten Grund- oder Stammkapitals oder, wenn ein solches nicht vorhanden ist, des bei der letzten Veranlagung zur Vermögensteuer festgestellten Vermögens betragen, ohne Rücksicht darauf, aus welchen Mitteln die Ausschüttungen stammen;

2. die Vergütungen jeder Art, die an Mitglieder des Aufsichtsrats, Verwaltungsrats, Grubenvorstands oder andere mit der Überwachung der Geschäftsführung beauftragte Personen gewährt werden;

3. die Vergütungen jeder Art, die an Mitglieder des Vorstands oder an andere Angestellte in leitender Stellung für ihre Tätigkeit gewährt werden, soweit die Vergütungen außer Verhältnis zu ihrer Arbeitsleistung stehen.

(2) Die Mindestbesteuerung ist nur dann vorzunehmen, wenn der Gesamtbetrag des Mindesteinkommens höher ist als das nach § 6 ermittelte Einkommen.

4. Die nichtanwendbaren Vorschriften des Einkommen- und Körperschaftsteuergesetzes.

a) Allgemeines. Da die Einkommen- und Körperschaftsteuer Personalsteuern, die Gewerbesteuer aber eine Realsteuer ist, so können auf die Ermittlung des Gewerbeertrags solche Vorschriften des Einkommen- und Körperschaftsteuergesetzes nicht angewendet werden, die mit dem Charakter der Gewerbesteuer als Objektsteuer nicht im Einklang stehen. Der RFH. hat sich dieser von Schrifttum und Rechtsprechung vertretenen Auffassung in dem Urt. Bd. 32 S. 100 angeschlossen. Er hat den Grundsatz aufgestellt, daß durch die Verweisung auf Bestimmungen des Einkommen- und Körperschaftsteuergesetzes nicht die Bezugnahme auf solche Vorschriften des Einkommensteuergesetzes gemeint sein könne, deren Anwendung der Rechtsnatur der Gewerbesteuer als einer Objektsteuer widerspreche. „Die Richtigkeit dieses Grundsatzes ergebe sich in erster Linie aus der Begriffsverschiedenheit von Ertrag- und Einkommensteuer. Als Objektsteuern wollten die Ertragsteuern nur die Erträge einzelner Quellen d. i. aus Grundbesitz und Gewerbebetrieb erfassen und dabei höchstens die auf diese Erträge bezüglichen Abzüge gestatten, im übrigen aber auf die persönlichen Verhältnisse des Inhabers des Steuerobjekts keine Rücksicht nehmen. Dagegen werde die Einkommensteuer als sog. Personalsteuer von der Gesamtheit der Reineinkünfte des Beziehers erhoben, wobei die persönlichen Verhältnisse des Steuerpflichtigen in weitgehendem Maße berücksichtigt würden. Die Ertragsteuern vom Grundvermögen und Gewerbebetrieb beruhten auf dem Grundsatz von Leistung und Gegenleistung im Gegensatz zu der auf die Leistungsfähigkeit des Steuerpflichtigen gegründeten Einkommensteuer."

b) Einzelfälle. An dieser Auffassung über die Gewerbesteuer hat auch das Reichsgewerbesteuergesetz festgehalten. Hieraus ergibt sich, daß in den folgenden Fällen, in denen nach dem Einkommen- und Körperschaftsteuergesetz gewerbliches Einkommen vorliegt, kein Gewerbeertrag im Sinne des Gewerbesteuerrechts angenommen werden kann:

aa) § 48 EStG. (Einkommensbesteuerung nach dem Verbrauch). Das bei einem Gewerbetreibenden aus dem Verbrauch festgestellte Einkommen ist kein gewerblicher Ertrag; der gewerbliche Gewinn muß für die Zwecke der Gewerbesteuer gesondert ermittelt werden.

bb) § 17 KStG. (Mindestbesteuerung). Die Ausschüttungen (verdeckte Gewinnausschüttungen) gemäß § 17 Abs. 1 Nr. 1, die Aufsichtsratsvergütungen (§ 17 Abs. 1 Nr. 2) wie auch die Vergütungen im Sinn der Nr. 3 stellen fiktives Einkommen, aber keine gewerblichen Erträge im Sinn des Gewerbesteuergesetzes dar. Der Gewerbebesteuerung kann deshalb in diesen Fällen nur der wirklich erzielte Ertrag (§ 6 KStG.) zugrunde gelegt werden.

cc) §§ 26, 27, 28 EStG. (Haushaltbesteuerung). Gewerbesteuerlich ohne Bedeutung ist auch die sog. Haushaltbesteuerung (§§ 26, 27, 28 EStG.). Wenn z. B. ein Steuerpflichtiger und seine Ehefrau je einen selbständigen Gewerbebetrieb haben, so werden die Einkünfte für die Einkommensteuer zusammengerechnet; für die Gewerbesteuer muß dagegen jeder Betrieb für sich behandelt werden.

dd) § 16 EStG. (Veräußerungsgewinn). Gemäß § 16 EStG. gehören zu den Einkünften aus Gewerbebetrieb auch Gewinne, die erzielt werden bei der Veräußerung des ganzen Gewerbebetriebs oder eines Teilbetriebs, des Anteils eines Gesellschafters, der als Unternehmer (Mitunternehmer) des Betriebs anzusehen ist, des Anteils eines persönlich haftenden Gesellschafters einer KomGes. auf Aktien. Die bei der Veräußerung des Gewerbebetriebs oder eines Teilbetriebs erzielten Gewinne sind zwar Einkommen des Unternehmers, aber nicht Ertrag des Unternehmens, weil die Veräußerung des Gewerbebetriebs nicht mehr zur Ausübung des Betriebs gehört. Im Gewerbesteuerrahmengesetz (§ 12 Ziff. 4) war eine dahingehende Vorschrift ausdrücklich vorgesehen. Im GewStG. ist eine ähnliche Vorschrift nicht enthalten, vielleicht deshalb, weil der Grundsatz, der vom PrOVG. in ständiger Rechtsprechung (anders die bayerische Auffassung) aufgestellt wurde, als selbstverständlich angesehen wird. Veräußerungsgewinne sind deshalb nicht gewerbesteuerpflichtig. Die Erfassung der Veräußerungsgewinne ist übrigens auch aus steuertechnischen Gründen nicht möglich: der Unternehmer, der seinen Betrieb veräußert, scheidet mit dem Ende des Monats, in dem die Veräußerung erfolgt, als Steuerschuldner aus (§ 5 Abs. 2 GewStG.), beim Betriebsnachfolger kann aber der Veräußerungsgewinn nicht mehr erfaßt werden.

Von der Veräußerung des Betriebs kann zunächst nur gesprochen werden, wenn der Gewerbebetrieb, so wie er steht und fällt, mit allen Aktiven und Passiven veräußert wird. Der Tatbestand der Veräußerung eines Betriebs ist aber auch dann gegeben, wenn nur die wesentlichen Grundlagen und in diesem Sinn die Hauptsache des Betriebs veräußert worden und die Fortführung des alten Betriebs durch den Erwerber zum mindesten möglich gewesen ist. Eine Veräußerung im Sinn der Bestimmung liegt hiernach vor, wenn der Inhaber eines Hotels, der seine Tätigkeit einstellen will, das Hotelgrundstück veräußert, das Inventar aber zurückbehält, um es teils für seine Privatzwecke zu gebrauchen, teils um es gelegentlich und allmählich zu versilbern.

Nach dem GewStRG. waren auch die Gewinne aus der Veräußerung eines Teilbetriebs gewerbesteuerfrei. Nach der Rechtsprechung des RFH. zu § 30 EStG. 25 und EStG. 34 liegt eine Teilveräußerung vor, wenn die veräußerten Betriebsteile organische in sich abgeschlossene Teile von Gewerbebetrieben darstellen. In Frage kommt vor allem die Veräußerung von Filialen. Es erscheint fraglich, ob auch nach dem GewStG. die Gewinne aus der Veräußerung von Teilbetrieben — und von wesentlichen Beteiligungen (§ 17 EStG.) — der Gewerbesteuer nicht unterliegen. Da sich die Veräußerung von Teilbetrieben im Rahmen des bestehenbleibenden Gewerbebetriebs abspielt, so möchte angenommen werden, daß die sich ergebenden Gewinne Gewinne aus dem laufenden Gewerbebetrieb und dem entsprechend Gewerbeerträge darstellen. Das gleiche müßte wohl auch für die Veräußerungen von wesentlichen Beteiligungen gelten. Die Gewerbesteuerrichtlinien vom 14. April 1937 (RStBl. 1937 S. 513) bejahen die Gewerbesteuerfreiheit in vollem Umfange. Von einem — gewerbesteuerfreien — Veräußerungsgewinn kann dagegen nicht gesprochen werden, wenn nur irgendein beliebiger Bilanzposten veräußert wird, wenn — bei Weiterführung des Gewerbebetriebs — lediglich einige Baulichkeiten oder einzelne, sei es auch wertvolle Gegenstände oder auch Sachgesamtheiten, z. B. ein Warenlager, abgetrennt werden. Von einer Veräußerung eines Betriebsteils kann weiter nicht gesprochen werden, wenn z. B. — bei Weiterführung des Gewerbebetriebs — eine Anzahl von Pferdedroschken anläßlich der Umstellung eines Fuhrgeschäfts auf Autodroschken veräußert wird.

Die Veräußerung eines Betriebs oder Teilbetriebs stellt begriffsmäßig einen einheitlichen, faßbaren Vorgang dar, bei dem die bisherigen Anlagewerte ganz oder wenigstens im wesentlichen unmittelbar im Zusammenhang mit der Veräußerung ausgeschieden werden. Von einer Veräußerung kann deshalb nicht mehr gesprochen werden, wenn ein Betrieb nach und nach im Wege der Liquidation veräußert wird (wenn z. B. der Inhaber eines in gemieteten Räumen betriebenen Gemischtwarengeschäfts seinen Betrieb auflöst, in dem er keine Waren mehr einkauft und die vorhandenen Bestände an die Abnehmer veräußert). Mit Rücksicht darauf sind Liquidationserlöse gemäß § 14 KStG. gewerbesteuerpflichtige Erträge (zu vgl. § 15 der Ersten GewStDVO.). Dagegen sind die Fusions- und Liquidationsgewinne gemäß § 15 KStG. keine Gewerbeerträge, soferne das Gewerbe als solches aufgegeben wird. Die Übernahme von Betriebsvermögen bei Umwandlung oder Auflösung von Kapitalgesellschaften in Personalgesellschaften oder Einzelunternehmen unterliegt daher der Gewerbesteuer.

Sind Gewinne aus der Veräußerung von Teilbetrieben und wesentlichen Beteiligungen nicht gewerbesteuerpflichtig, so können auf der anderen Seite auch Verluste aus der Veräußerung den Gewerbeertrag nicht mindern. Solche Verluste sind deshalb auszuscheiden.

Für die Beurteilung der Frage, ob ein — gewerbesteuerfreier — Veräußerungsgewinn vorliegt, muß jeder Gewerbebetrieb für sich betrachtet und behandelt werden.

Die Gewinne aus der Veräußerung des ganzen Gewerbebetriebs oder eines Teilbetriebs stellen in keinem Falle gewerbesteuerpflichtige Erträge dar, gleichgültig, ob sie die Grenze des § 16 Abs. 4 EStG. übersteigen oder nicht.

ee) **§ 24 EStG.** (**Entschädigungen für entgangene Gewinne usw.**). **Gemäß** § 24 EStG. gehören zu den Einkünften im Sinn des § 2 Abs. 3 auch 1. Entschädigungen, die gewährt worden sind: a) als Ersatz für entgangene oder entgehende Einnahmen oder b) für die Aufgabe oder Nichtausübung einer Tätigkeit, für die Aufgabe einer Gewinnbeteiligung oder einer Anwartschaft auf eine solche. 2. Einkünfte aus einer ehemaligen Tätigkeit im Sinn des § 2 Abs. 3 Ziff. 1 bis 4, und zwar auch dann, wenn sie dem Steuerpflichtigen als Rechtsnachfolger zufließen. Da Objekt der Gewerbesteuer der Gewerbebetrieb ist, kann ein gewerblicher Ertrag nicht mehr vorhanden sein, wenn ein Gewerbebetrieb nicht mehr vorhanden ist; es können deshalb auch die Einkünfte nach § 24 EStG. nicht als gewerbliche Erträge angesehen werden, es müßte denn sein, daß sie innerhalb eines Gewerbebetriebs anfallen.

ff) Die Agiogewinne. Gewerbeertrag sind weiter nicht die Agiogewinne bei der Ausgabe von Aktien und anderen Geschäftsanteilen. Das Agio entsteht dadurch, daß ein Unternehmen neue Geschäftsanteile zur Zeichnung auflegt und sich Personen finden, die zur Zahlung eines den Nominalbetrag übersteigenden Gegenwerts bereit sind. Der Agiogewinn entsteht also unabhängig vom Betrieb des Unternehmens, mit dem er in keinem ursächlichen Zusammenhang steht. Dagegen stellt das Agio bei der Ausgabe von Obligationen ertragsteuerpflichtige Vermehrung des Gewinns dar.

gg) Die Sanierungsgewinne. Eine besondere Frage ist, ob Sanierungsgewinne gewerbesteuerpflichtige Erträge sind. Die Frage ist — bereits vom gewerbesteuerrechtlichen Standpunkt aus gesehen

— zu verneinen, da Sanierungsgewinne in der Regel aus betriebsfremden Vorgängen herrühren und deshalb keine Erträge des Gewerbebetriebs sein können. Vom Standpunkt des Einkommen- und Körperschaftsteuergesetzes aus gesehen, ergibt sich folgende Rechtslage: Gemäß § 11 Ziff. 4 KStG. dürfen Vermögensmehrungen, die dadurch entstehen, daß Schulden zum Zweck der Sanierung ganz oder teilweise erlassen werden, bei Ermittlung des Einkommens abgezogen werden. § 11 Ziff. 4 KStG. gilt als Gewinnermittlungsvorschrift auch für die Gewerbesteuer. Sanierungsgewinne sind hiernach auch bei Ermittlung des Gewerbeertrags abzusetzen. Die gleiche Rechtslage ergibt sich auch für die Einkommensteuer, insoferne nach der Rechtsprechung des RFH. bei Einzelkaufleuten und Personalgesellschaften der durch eine Sanierung herbeigeführte Gewinn einkommensteuerrechtlich außer Betracht zu bleiben hat (RFH. Bd. 21 S. 263; Bd. 29 S. 315).

hh) § 33 EStG. Für die Ermittlung des gewerbesteuerpflichtigen Ertrags ist schließlich ohne Bedeutung die Bestimmung des § 33 EStG., wonach bei der Einkommensteuerveranlagung auf Antrag besondere wirtschaftliche Verhältnisse, die die steuerliche Leistungsfähigkeit des Steuerpflichtigen wesentlich beeinträchtigen, durch Ermäßigung der Einkommensteuer berücksichtigt werden. Diese Bestimmung ist auf die persönlichen Verhältnisse des Steuerpflichtigen zugeschnitten; sie kommt deshalb für die Gewerbesteuer ebensowenig wie Verwaltungsanweisungen, durch die lediglich Billigkeitsmaßnahmen auf einkommensteuerrechtlichem Gebiete getroffen werden, in Betracht.

5. Besonderheiten.

a) Verlustvortrag. Die Bestimmungen des EStG. 25 über den Verlustvortrag sind in das EStG. 34 nicht wieder übernommen worden. In den Übergangsvorschriften der I. EStDVO. wird der Verlustvortrag für die Ermittlung des Einkommens für 1934 übergangsweise anerkannt. Mit Wirkung vom Wirtschaftsjahr 1935 (1934/35) haben jedoch die Bestimmungen über den Verlustvortrag jede Bedeutung verloren. Die nach den bisherigen Landesgewerbesteuergesetzen bestrittene Frage, ob der Verlustvortrag für die Gewerbesteuer anerkannt werden kann, ist damit gegenstandslos geworden.

b) Das Schachtelprivileg. Gemäß § 9 KStG. bleiben bei unbeschränkt steuerpflichtigen Kapitalgesellschaften die Gewinnanteile, die auf die Beteiligung am Kapital einer anderen unbeschränkt steuerpflichtigen Kapitalgesellschaft entfallen, außer Ansatz. Die Vergünstigung kommt nur in Frage, wenn die Beteiligung ununterbrochen seit mindestens zwölf Monaten im Besitz der Gesellschaft war (§ 22 Abs. 1 Erste KStDVO.). Die Vergünstigung für Schachtelgesellschaften gilt unter den Voraussetzungen des § 9 KStG. und des § 22 Abs. 1 Erste KStDVO. auch für Aktien, Kuxe oder Anteile, die einem unbeschränkt steuerpflichtigen Versicherungsverein auf Gegenseitigkeit gehören (§ 22 Abs. 2 Erste KStDVO.).

Die Bestimmungen des KStG. über die Schachtelgesellschaften sind Einkommensermittlungsvorschriften und gelten daher auch für die Gewerbesteuer. Für die Besteuerung des Kapitals ergibt sich ihre Geltung unmittelbar aus § 12 GewStG., wonach als maßgebendes Gewerbekapital der Einheitswert des gewerblichen Betriebs mit gewissen Hinzusetzungen und Kürzungen ist; bei Feststellung des Einheitswerts des gewerblichen Betriebs wird aber das Schachtelprivileg berücksichtigt — § 52 RBewG. — (zu vgl. auch § 52 RBewDB. 35). Das Schachtelprivileg ist auch bei der Gewerbesteuer nicht gegeben, wenn die Tochtergesellschaft von der subjektiven Steuerpflicht durch Gesetz befreit ist — z. B. weil sie ihren Sitz im Ausland hat und im Inland nicht steuerpflichtig ist — (Urt. I A 70/34 vom 30. Juli 1934 = RStBl. 35 S. 1198). Dagegen kann die Schachtelvergünstigung nicht versagt werden, wenn die unbeschränkt steuerpflichtige Untergesellschaft auf Grund besonderer Vorschrift für einen Teil ihrer Einkünfte sachliche Befreiung genießt (Urt. I A 127/36 vom 22. Sept. 1936 = RStBl. 36 S. 1182) oder wenn die Tochtergesellschaft frei veranlagt ist.

Das Schachtelprivileg ist auf die Beteiligung einer Kapitalgesellschaft an einer anderen Kapitalgesellschaft beschränkt. Seine Anwendung scheidet hiernach aus, wenn sich z. B. eine oHG. an einer Kapitalgesellschaft beteiligt.

c) Die steuerlichen Erleichterungen anläßlich der Umwandlung von Kapitalgesellschaften. Nach dem Gesetz über Steuererleichterungen bei der Umwandlung und Auflösung von Kapitalgesellschaften vom 5. Juli 1934 (RGBl. I S. 572) werden in den Fällen, in denen eine Aktiengesellschaft, eine Kommanditgesellschaft auf Aktien oder eine Gesellschaft mit beschränkter Haftung auf Grund des Gesetzes über die Umwandlung von Kapitalgesellschaften vom 5. Juli 1934 (RGBl. I S. 569) in eine offene Handelsgesellschaft, in eine Kommanditgesellschaft oder in der Weise umgewandelt wird, daß ihr Vermögen unter Ausschluß der Liquidation auf den alleinigen Gesellschafter übertragen wird, Steuererleichterungen u. a. auch auf dem Gebiete der Gewerbesteuer gewährt. Die Vorschrift gilt entsprechend, wenn eine Aktiengesellschaft, eine Kommanditgesellschaft auf Aktien oder eine Gesellschaft mit beschränkter Haftung aufgelöst und ihr Vermögen im Weg der Liquidation auf die Gesellschafter übertragen wird (§ 2 des Ges.). Die vorgenannten Vorschriften sind aber nur anzuwenden auf Aktiengesellschaften, Kommanditgesellschaften auf Aktien und Gesellschaften mit beschränkter Haftung, die am 1. Juli 1934 bestanden haben und ihre Umwandlung oder Auflösung bis zum 31. Dezember 1936 beschlossen haben. Die Vorschriften über den Umfang der zu gewährenden steuerlichen Erleichterungen enthält § 6 der Ersten Durchführungsverordnung zum Gesetz über Steuererleichterungen bei der Umwandlung und Auflösung von Kapitalgesellschaften vom 7. Juli 1934 (RGBl. I S. 595); diese Bestimmung sagt (Abs. 1): „Werden bei der Umwandlung oder Auflösung einer Kapitalgesellschaft Gegenstände, die mindestens seit dem Ende des Steuerabschnitts 1933 (1932/33) zum Betriebsvermögen der Kapitalgesellschaft gehört haben, in das Betriebsvermögen eines Gesellschafters oder einer aus Gesellschaftern der Kapitalgesellschaft bestehenden Personalgesellschaft übernommen, so wird eine durch die Übertragung entstehende Körperschaftsteuer, Einkommensteuer und Gewerbesteuer nur in Höhe eines Drittels der Beträge erhoben, die nach den gesetzlichen Vorschriften geschuldet werden. (2). Das gleiche gilt, wenn bei der Umwandlung oder Auflösung einer Kapitalgesellschaft Grundstücke auf einen Gesellschafter übertragen, aber nicht in ein Betriebsvermögen übernommen werden. Bei der künftigen Veranlagung des übernehmenden Gesellschafters zur Einkommensteuer ist für die Bemessung der Absetzungen für Abnutzung von dem Wert auszugehen, mit dem das Grundstück bei der Kapitalgesellschaft nach den Vorschriften des Einkommensteuergesetzes oder des Körperschaftsteuergesetzes im Zeitpunkt der Umwandlung oder Auflösung steuerlich anzusetzen war. In den Fällen, in denen nach den Vorschriften des Einkommensteuergesetzes durch die Übertragung eine Einkommensteuerschuld nicht entsteht, kann der übernehmende Gesellschafter die Absetzungen für Abnutzung statt nach Satz 2 nach dem zuletzt vor der Übertragung festgestellten Einheitswert bemessen.“ § 7 der Ersten DVO. sagt: „Die Vorschriften der §§ 3 bis 6 gelten sinngemäß, wenn eine Kapitalgesellschaft, deren Anteile sich in einer Hand befinden, aufgelöst und ihr Vermögen mit oder ohne Liquidation auf den alleinigen Gesellschafter übertragen wird.“ § 8 endlich bestimmt: „Die Steuererleichterungen für die Umwandlung von Kapitalgesellschaften in Personalgesellschaften gelten nur für solche Personalgesellschaften, die aus natürlichen Personen bestehen. Die Steuerschuld entsteht nachträglich, wenn innerhalb zweier Jahre seit der Umwandlung die Gesellschaftsrechte eines Gesellschafters auf eine juristische Person übertragen werden, oder wenn innerhalb dieser Frist eine juristische Person als Gesellschafter beitritt. In diesen Fällen wird die Steuer mit der Entstehung der Steuerschuld fällig.“

Die Vorschriften über die Steuererleichterungen bei der Umwandlung von Kapitalgesellschaften werden bezüglich der Gewerbesteuer keine Bedeutung haben, weil die mit der Geschäftsveräußerung zusammenhängenden Einnahmen nicht zum steuerpflichtigen Gewerbeertrag gehören. Auf diesen Standpunkt hat sich jedenfalls bis jetzt die preußische Praxis gestellt. (Anders ist die Rechtslage in Bayern.) Die Erhebung der Gewerbesteuer kommt aber für jeden Fall dann in Betracht, wenn die Anteile an der umgewandelten oder aufgelösten Kapitalgesellschaft zu einem Betriebsvermögen gehören und mit den übernommenen Wirtschaftsgütern das Unternehmen der umgewandelten oder aufgelösten Kapitalgesellschaft mit oder ohne wesentliche Änderung fortgeführt wird. Der beim Übernehmer aus der Umwandlung sich ergebende Gewinn unterliegt deshalb, soweit die Wirtschaftsgüter in ein Betriebsvermögen übernommen werden, der Gewerbesteuer.

d) Die Durchführung des Anleihestockgesetzes vom 4. Dez. 1934 (RGBl. I S. 1222). Die in Art. 15 Abs. 1 Ziff. 2 Anleihestock-DurchfVO. vom 27. Febr. 1935 (RGBl. I S. 316) vorgesehene Anrechnung des Steuerabzugs vom Kapitalertrag auf die Steuerschuld findet bei der Gewerbesteuer nicht statt.

e) Die Behandlung der Erwerbs- und Wirtschaftsgenossenschaften. Nach dem Grundsatz des § 2 Abs. 2 Ziff. 2 GewStG. sind die Erwerbs- und Wirtschaftsgenossenschaften mit ihren gesamten Erträgen und Betriebskapitalien der Gewerbesteuer unterworfen. Hiervon wird in § 28 der Ersten GewStDVO. eine wichtige übergangsweise für die Rechnungsjahre 1937 und 1938 geltende Ausnahme gemacht. Nach dieser Bestimmung gelten bei Erwerbs- und Wirtschaftsgenossenschaften und bei Zentralen von Genossenschaften, auch wenn diese nicht eingetragene Genossenschaften sind, für die Rechnungsjahre 1937 und 1938 die folgenden Übergangsvorschriften:

„1. Der Gewinn ist nach den Vorschriften des Körperschaftsteuergesetzes vom 10. August 1925 (RGBl. I S. 208) zu ermitteln. Dabei sind nicht mehr anzuwenden: a) die Vorschriften über den Verlustvortrag, b) die Vorschriften über die Befreiung einzelner Arten von Einkünften (§ 11 Abs. 1 Nr. 3 und 4 des Körperschaftsteuergesetzes vom 10. August 1925). Es gelten dagegen die Vorschriften über die Bewertungsfreiheit für kurzlebige Wirtschaftsgüter (§ 6 des Körperschaftsteuergesetzes vom 16. Oktober 1934 und § 6 Ziff. 1 des Einkommensteuergesetzes vom 16. Oktober 1934, RGBl. I S. 1031, 1005).

2. Die Einrichtungen der Kreditgenossenschaften, die der Pflege des eigentlichen Sparverkehrs dienen (Abschnitt VII des Reichsgesetzes über das Kreditwesen vom 5. Dezember 1934, RGBl. I S. 1203), sind von der Gewerbesteuer befreit.

3. Bei der Ermittlung des Gewerbekapitals sind die Geschäftsguthaben der Genossen nicht hinzuzurechnen (Verordnung über die Bewertung des Vermögens von Genossenschaften vom 5. Juli 1935, RGBl. I S. 907)."

Die vorstehende Regelung entspricht jener, wie sie für die Körperschaftsteuer der Erwerbs- und Wirtschaftsgenossenschaften für die Kalenderjahre 1936 und 1937 getroffen worden ist (zu vgl. RStBl. 1937 S. 217/259) mit einer wesentlichen Ausnahme: Während bei der Körperschaftsteuer nur die Vorschriften über die Schachtelvergünstigung (§ 11 Abs. 1 Nr. 3 KStG. 25) nicht anzuwenden sind, ist bei der Gewerbesteuer daneben auch die Vorschrift des § 11 Abs. 1 Nr. 4 KStG. 25 nicht anwendbar. Das bedeutet, daß bei den Erwerbs- und Wirtschaftsgenossenschaften auch die Einkünfte aus Gewerbebetrieb, aus selbständiger und nichtselbständiger Arbeit, andere wiederkehrende Bezüge und sonstige Leistungsgewinne im Sinn der §§ 41, 42 EStG. 25 gewerbesteuerpflichtige Erträge sind, während die gleichen Einkünfte körperschaftsteuerlich nicht erfaßt werden.

f) Die Behandlung der Gewerbeerträge bei Abwicklung und Konkurs. Nach der Regelung des § 14 KStG. ist, wenn eine Kapitalgesellschaft, die ihre Auflösung beschlossen hat, abgewickelt wird, der im Zeitraume der Abwicklung erzielte Gewinn der Besteuerung zugrunde zu legen, wobei der Besteuerungszeitraum drei Jahre nicht übersteigen soll. Für die Gewerbesteuer ist diese

Regelung nicht brauchbar. Gemäß § 15 Abs. 1 der Ersten GewSt.-DVO. ist der Gewerbeertrag, der bei einem in der Abwicklung befindlichen Unternehmen im Zeitraum der Abwicklung entstanden ist, nicht einheitlich der Gewerbesteuer zu unterwerfen, sondern auf die einzelnen Jahre des Abwicklungszeitraums zu verteilen. Die Regelung gilt nicht bloß für Kapitalgesellschaften, sondern für alle Betriebe, die sich in Liquidation befinden. Ein förmlicher Auflösungsbeschluß ist nicht notwendig. Gleichgültig ist, aus welchen Gründen die Abwicklung erfolgt. Dagegen muß die Abwicklung ernsthaft gewollt sein, eine Scheinabwicklung genügt nicht.

Die Regelung hat zur Folge, daß innerhalb des Abwicklungszeitraums die erzielten Gewerbeerträge nicht besteuert werden; es ist vielmehr der Abschluß der Abwicklung abzuwarten. Der erzielte Auflösungsgewinn ist sodann gleichheitlich auf die Jahre der Abwicklung zu verteilen.

Nach der Bestimmung des § 15 Abs. 2 der Ersten GewStDVO. gilt entsprechendes bei Unternehmen, über deren Vermögen das Konkursverfahren eröffnet worden ist.

II. Kurzer Überblick über die Ermittlung des gewerblichen Gewinns nach dem Einkommen- und Körperschaftsteuergesetz im allgemeinen.

1. Die Ermittlung des Gewinns im allgemeinen. Gewerbeertrag ist mit gewissen Ab- und Zusetzungen der Gewinn aus dem Gewerbebetrieb, der nach den Vorschriften des Einkommen- und Körperschaftsteuergesetzes zu ermitteln ist. Für die Ermittlung des gewerblichen Gewinns von Einzelkaufleuten und Personalgesellschaften, ferner auch Körperschaften (§ 6 KStG.), sind im einzelnen maßgebend die Vorschriften der §§ 4, 5, 6 und 7 EStG.; hiernach sind im einzelnen folgende Gewinnermittlungsarten zu unterscheiden:

a) die Gewinnermittlung gemäß § 4 Abs. 1: Der Gewinn wird hier auf Grund eines Vermögensvergleichs ermittelt; in Vergleich gestellt wird das Betriebsvermögen am Schluß des Wirtschaftsjahrs mit dem Betriebsvermögen am Schluß des vorangegangenen Wirtschaftsjahrs; der Vergleich erstreckt sich auf die gesamten dem Betriebe dienenden Gegenstände; eine Ausnahme bildet lediglich der Wert des nackten Grund und Bodens, der zum Anlagevermögen gehört; dieser bleibt beim Vermögensvergleich außer Ansatz. Die Gewinnermittlungsart des § 4 Abs. 1 EStG. kommt vor allem für tatsächlich handelsbuchführende, kleingewerbetreibende Nichtvollkaufleute sowie für die nach § 161 AO. zur Buchführung mit Vermögensvergleich verpflichteten gewerbetreibenden Nichtvollkaufleute in Betracht;

b) die Gewinnermittlung gemäß § 4 Abs. 2 EStG. Bei der Gewinnermittlung nach § 4 Abs. 2 EStG. tritt an die Stelle des Bestandvergleichs der Überschuß der Einnahmen über die Ausgaben. Wirtschaftlich ins Gewicht fallende Schwankungen des Betriebsvermögens, die in einem Wirtschaftsjahr ausnahmsweise auftreten, können durch Zuschläge oder Abschläge berücksichtigt werden.

Die Gewinnermittlungsart des § 4 Abs. 2 EStG. trifft im

wesentlichen die Masse der Handwerker und Kleingewerbetreibenden, die nur Einnahmen und Ausgaben aufzeichnen.

c) Die Gewinnermittlung nach § 5 EStG. § 5 legt für die Gewinnermittlung das nach den Grundsätzen ordnungsmäßiger Buchführung und nach den Vorschriften des § 4 Abs. 1 und 3, § 6 für den Schluß des Wirtschaftsjahrs auszuweisende Betriebsvermögen zugrunde. Dieses Betriebsvermögen ist — unter Beachtung des Grundsatzes der Bilanzkontinuität — mit dem Betriebsvermögen zu vergleichen, das für den Schluß des vorangegangenen Wirtschaftsjahrs ebenfalls nach den Grundsätzen ordnungsmäßiger Buchführung und nach den Vorschriften des § 4 Abs. 1 und 3, § 6 ermittelt worden ist. Die Vorschrift des § 4 Abs. 1 Satz 5, wonach der Grund und Boden beim Bestandsvergleich außer Ansatz bleibt, gilt hier nicht.

Die Gewinnermittlungsart des § 5 gilt lediglich für handelsbuchführende Vollkaufleute (§§ 1, 4, 38 HGB.), andere Gewerbetreibende fallen, auch wenn sie Handelsbücher führen, unter § 4.

d) Bei vielen Gewerbetreibenden muß der Gewinn in Ermangelung einer Buchführung oder einer ordnungsmäßigen Buchführung geschätzt werden. Für die Schätzung werden von den Steuerbehörden in weitem Umfang sog. Richtsätze verwertet. Diese Richtsätze stellen lediglich Beweismittel tatsächlicher Art dar, deren Richtigkeit der Steuerpflichtige bemängeln kann; sie haben stets genaueren Schätzungsunterlagen zu weichen. Dagegen sind die von der zuständigen Behörde gemäß § 29 EStG. erlassenen und vorschriftsmäßig bekanntgegebenen Durchschnittsätze ergänzende und sowohl die Finanzbehörde als auch den Steuerpflichtigen bindende Rechtsnormen. Für das Gewerbe sind bis jetzt noch keine Durchschnittsätze aufgestellt worden.

Weder die Durchschnittsätze noch die Richtsätze stellen neue Gewinnbegriffe auf; Ziel ihrer Aufstellung ist vielmehr, auf anderem Wege zu dem gewerblichen Gewinn im Sinne der §§ 4—7 EStG. zu gelangen.

2. Der Begriff des gewerblichen Betriebsvermögens.

a) Grundsätzliches. Der Gewerbetreibende kann neben seinem Betriebsvermögen auch Privatvermögen besitzen; das Betriebsvermögen bildet dabei einen für sich abgegrenzten Vermögensbestandteil des Kaufmanns, der einkommensteuerrechtlich ganz anderen Grundsätzen unterworfen ist als das Privatvermögen. Gehört ein Gegenstand zum Betriebsvermögen, so kommen für die Gewinnermittlung die Vorschriften der §§ 4, 5 und 6 EStG. 1934 zur Anwendung. Das hat u. a. zur Folge, daß eine Minderung des Wertes des Gegenstandes eine Minderung des gewerblichen Gewinnes zur Folge hat und daß ein bei der Veräußerung des Gegenstandes gegenüber dem Buchwert erzieltes Mehr oder Weniger den Gewinn beeinflußt. Rechnet dagegen ein Gegenstand zum Privatvermögen, so berührt eine Wertsteigerung oder Minderung oder der bei der Veräußerung erzielte Erlös die Höhe des Einkommens nicht.

b) Umfang des gewerblichen Betriebsvermögens. Der RFH. unterscheidet hinsichtlich der Zurechnung von Gegenständen zum Betriebs- oder Privatvermögen in feststehender Rechtsprechung drei Möglichkeiten. Es gibt Gegenstände, die a) einkommensteuerrechtlich nur zum Privatvermögen gehören können, mögen sie auch nach dem Willen des Steuerpflichtigen dem Betriebsvermögen zuzurechnen und als solches in den Geschäftsbüchern ausgewiesen sein (notwendiges Privatvermögen); b) die zum Betriebsvermögen gehören, auch wenn sie nicht durch die Betriebsbuchführung festgehalten sind (notwendiges Betriebsvermögen); c) deren Zugehörigkeit zum Betriebsvermögen im wesentlichen davon abhängt, ob sie der Kaufmann als Betriebsvermögen behandeln will oder nicht (gewillkürtes Betriebsvermögen).

aa) Allgemeine Unterscheidungsmerkmale. Bei Beurteilung der Frage, ob ein Vermögensgegenstand dem Betriebs- oder Privatvermögen zuzurechnen ist, darf dem Umstande, daß der Gegenstand in den Geschäftsbüchern erscheint oder nicht, bzw. gewissen vom bürgerlichen Recht aufgestellten Grundsätzen keine entscheidende Bedeutung beigemessen werden; dies gilt insbesondere für die Vermutung des § 344 HGB., wonach Rechtsgeschäfte eines Kaufmanns im Zweifel als zum Betrieb seines Handelsgewerbes gehörig anzusehen sind. Auch die Beleihung eines Gegenstands für betriebliche Zwecke ist nicht ausschlaggebend.

Die Frage, ob ein Gegenstand einkommensteuerrechtlich unbedingt zum Betriebsvermögen oder unbedingt zum Privatvermögen gehört oder ob das Belieben des Kaufmanns entscheidet, hängt im wesentlichen davon ab, ob der Gegenstand dem Betriebe unmittelbar, überhaupt nicht oder nur mittelbar dient. Steht fest, daß ein Gegenstand objektiv nicht einem Betriebe dient, so stellt er Privatvermögen dar, mag im übrigen auch eines oder mehrere Merkmale gegeben sein, die auf das Vorliegen von Betriebsvermögen hindeuten könnten. Umgekehrt ist ein Gegenstand, der dem Betriebe dient, Betriebsvermögen, mag er auch aus irgendwelchen Gründen nicht durch die Geschäftsbücher laufen.

Grundsätzlich wird die Frage, ob ein zu einem Gewerbebetrieb gehöriges oder ein Privatgeschäft vorliegt, im Zweifelsfalle nach den zur Zeit des Geschäftsabschlusses erkennbaren Verhältnissen zu entscheiden sein.

bb) Notwendiges Privatvermögen. Notwendiges Privatvermögen sind vor allem die Gegenstände, die für den Haushalt oder den persönlichen Gebrauch des Steuerpflichtigen oder seiner Angehörigen erworben werden (zu vgl. § 12 Ziff. 1 EStG.). Gegenstände des Betriebsvermögens können hiernach niemals werden Schmuck, Kostbarkeiten, Lebensmittelvorräte, — soweit nicht der Steuerpflichtige mit diesen Gegenständen Handel treibt —. Privatvermögen stellen weiterhin auch Gegenstände dar, die Tätigkeiten gewidmet sind, bei denen die Absicht, Gewinn zu erzielen, entweder völlig fehlt oder doch durch andere Beweggründe stark zurückgedrängt wird. Zu nennen sind hier Briefmarken-, Münzen-, Antiquitätensammlungen usw., Liebhabereibetriebe.

Notwendiges Privatvermögen bildet in der Regel das Wohnhaus des Steuerpflichtigen, dies auch dann, wenn dieses für betriebliche Zwecke belastet wird. Nur ausnahmsweise kann sich die Zurechnung zum Betriebsvermögen rechtfertigen lassen, dies z. B. in den Fällen, in denen bei Errichtung des Wohnhauses der Zweck, das persönliche Wohnbedürfnis zu befriedigen, gegenüber dem Zweck, dem Betriebe zu dienen, in den Hintergrund tritt, ferner wenn das Wohnhaus einen Wert nur im Zusammenhang mit dem Betrieb hat oder wenn das Wohnen an der fraglichen Stelle durch die Belange des Betriebs gefordert wird oder endlich, wenn sich der Erwerb des Grundstücks als kaufmännische Betätigung auffassen läßt (Erwerb des Grundstücks zwecks Rettung einer zum Betriebsvermögen gehörigen Hypothek, Urt. VI A 19/29 vom 1. Mai 1929 = RStBl. 29 S. 449).

Ein Grundstück, das teils gewerblichen, teils Wohnzwecken dient, darf der Kaufmann in der Regel ganz seinem Betriebsvermögen zurechnen. Den der eigengewerblichen Nutzung entsprechenden ideellen Grundstücksteil muß er aber stets als Betriebsvermögen behandeln, es sei denn, daß dieser Teil nur von untergeordneter Bedeutung ist (RFH. Bd. 28 S. 252).

Vom Gewerbetreibenden aus Betriebsmitteln gewährte Darlehen sind bei entsprechender buchlicher Behandlung Betriebsvermögen. Notwendiges Privatvermögen kann aber vorliegen, wenn die Darlehen an nahe Verwandte oder Freunde gegeben wurden. Entscheidend für die Zurechnung ist, ob für die Ausgabe der Darlehen vorwiegend geschäftliche Belange oder persönliche Rücksichten maßgebend waren. Darlehen an Verwandte, zu deren Gewährung der Steuerpflichtige überwiegend durch persönliche Gründe bestimmt worden ist, können das Betriebsvermögen einkommensteuerrechtlich selbst dann nicht berühren, wenn auch Rücksichten auf den Betrieb eine Rolle gespielt haben (Urt. VI A 187/27 vom 30. Nov. 1927 = RStBl. 28 S. 108).

Gegenstände, die im wesentlichen der privaten Lebenshaltung dienen, werden nicht dadurch zum Betriebsvermögen, daß sie gelegentlich für geschäftliche Zwecke mitbenutzt werden. Der RFH. hat deshalb einen gelegentlich auch zu betrieblichen Zwecken benutzten Privatkraftwagen zum notwendigen Privatvermögen gerechnet. Ähnlich ist die Rechtslage, wenn der Gewerbetreibende einen Gegenstand, z. B. ein Grundstück, den er für private Zwecke benutzt hatte, vorübergehend auch gewerblich nutzt, oder wenn der Gewerbetreibende einen Gegenstand, den er früher für gewerbliche Zwecke genutzt, den er aber dieser Bestimmung entzogen hatte, vorübergehend wieder für seinen gewerblichen Betrieb verwendet.

cc) Notwendiges Betriebsvermögen. Notwendiges Betriebsvermögen sind alle Gegenstände, die unmittelbar einem gewerblichen Betriebe dienen. Hierher gehören Fabrikgebäude, Maschinen, Waren, Warenforderungen (Urt. VI A 938/33 vom 16. Jan. 1935 = StW. 35 Nr. 147). Betriebsvermögen ist für die Regel auch das sich in der Kasse befindliche Geld. Dies gilt selbst dann, wenn das Geld Privatvermögen darstellt, weil es z. B. aus einer Erbschaft herrührt, im übrigen aber für geschäftliche Zwecke verwendet wird (Urt. VI A 1354/32 vom 27. Sept. 1932 = StW. 32 Nr. 1147). Beteiligungen, z. B. an einer GmbH., können Privat- oder Betriebsvermögen, häufig auch gewillkürtes Betriebsvermögen sein. Beteiligt sich ein Rentner oder ein Beamter an einer GmbH., so stellt die Beteiligung notwendiges Privatvermögen dar. Anders ist die Rechtslage, wenn sich ein Gewerbetreibender mit Rücksicht auf den eigenen Betrieb beteiligt. In diesem Falle ist die Beteiligung notwendiges Betriebsvermögen (Urt. VI A 1398/29 vom 4. Sept. 1929 = RStBl. 29 S. 597). Notwendiges Betriebsvermögen werden für die Regel auch das Bank- und Postscheckguthaben des Kaufmanns sein, weil zu vermuten ist, daß diese Guthaben aus dem Geschäftsbetrieb herrühren; doch beginnen hier bereits die Grenzfälle, in denen gewillkürtes Betriebsvermögen vorliegen kann.

dd) Gewillkürtes Betriebsvermögen. Gewillkürtes Betriebsvermögen sind Gegenstände, die ihrer Art nach sowohl zum Privat- als auch zum Betriebsvermögen gehören können. In Betracht kommen vor allem der Wertpapierbesitz des Gewerbetreibenden, Sparkassenguthaben, Beteiligungen usw. Für die Behandlung dieser Vermögensbestandteile als Betriebs- oder Privatvermögen ist ausschlaggebend der Wille des Gewerbetreibenden, wie er namentlich in der buchlichen Behandlung der Gegenstände zum Ausdruck kommt (Urt. VI A 713/30 vom 14. Okt. 1931 = RFH. Bd. 29 S. 339).

Die Frage, wann ein Vermögensgegenstand zum Privat- oder Betriebsvermögen gehört, ist ohne Bedeutung für die in § 2 Abs. 2 Ziff. 2 GewStG. aufgeführten Gesellschaften — auch solche, die wie die Holdinggesellschaften, kein Gewerbe treiben —, da diese nur Betriebsvermögen haben können. Eines besonderen Hinweises bedürfen noch die Verhältnisse bei den Personalgesellschaften, bei denen eine Scheidung zwischen Betriebs- und Privatvermögen insofern geboten ist, als wenigstens die Gesellschafter Privatvermögen besitzen können. Nach der Rechtsprechung des RFH. (z. B. Urt. VI A 782/31 vom 23. Nov. 1932 = RStBl. 33 S. 222) sind Gegenstände, deren Vorhandensein eine notwendige Voraussetzung für die Durchführung des Betriebs der Personalgesellschaft ist, wie z. B. Fabrikgebäude, ungeachtet dessen, daß diese Gegenstände bürgerrechtlich nicht der Gesellschaft, sondern einem oder mehreren Gesellschaftern gehören, einkommensteuerrechtlich als Betriebsvermögen der Gesellschaft zu behandeln. Umgekehrt besteht die Möglichkeit, daß Grundstücke, die grundbuchmäßig der Gesellschaft gehören, für das Einkommensteuerrecht als den Gesellschaftern nach Bruchteilen gehörig anzusehen sind, sofern die Gesellschafter sich darüber einig sind, daß die Grundstücke nicht mehr als Geschäftsgrundstücke gelten sollen und dies auch bei Aufstellung der Bilanz und in der Buchführung zum Ausdruck gekommen ist (Urt. VI A 1949/29 vom 22. Okt. 1931 = RStBl. 32 S. 388).

3. Der Begriff der Betriebsausgaben.

a) Allgemeines. Nach dem EStG. 1925 waren die Aufwendungen, die der Steuerpflichtige zur Erwerbung, Sicherung und

Erhaltung der Einkünfte zu machen hatte, unter dem Begriff der Werbungskosten (§ 16 Abs. 1 d. Ges.) zusammengefaßt. Der Begriff der Werbungskosten bezog sich dabei auf alle Einkommensarten. Das EStG. 1934 unterscheidet deutlich zwischen Betriebsausgaben und Werbungskosten. Im § 2 Abs. 4 EStG. wird bestimmt, daß einkommensteuerpflichtige Einkünfte bei Land- und Forstwirtschaft, bei Gewerbebetrieb und selbständiger Arbeit der Gewinn, bei den anderen Einkunftsarten der Überschuß der Einnahmen über die Werbungskosten sind. Bei der Ermittlung des gewerblichen Gewinns sind die Vorschriften über die Betriebsausgaben (§ 4 Abs. 1 und 2), § 5 EStG.) zu beachten. Für die Körperschaften zu vgl. § 6 KStG.

Gemäß § 4 Abs. 3 EStG. sind Betriebsausgaben die Aufwendungen, die durch den Betrieb veranlaßt sind. Diese gesetzliche Definition entspricht der Auslegung, die der Begriff durch die Rechtsprechung des RFH. zum EStG. 1925 erfahren hat. Mit Rücksicht darauf bleibt für die Anwendung der § 4 Abs. 1 und 2, § 5 EStG. die sehr umfangreiche Rechtsprechung des RFH. zu § 16 Abs. 1 EStG. 1925 brauchbar.

Betriebsausgaben sind nur solche Aufwendungen, die objektiv und unmittelbar mit dem Gewerbebetrieb im Zusammenhang stehen. Aufwendungen, die aus Anlaß von Veranstaltungen der Berufsorganisation des Gewerbetreibenden gemacht werden, ferner Aufwendungen für den Rundfunk und den Bezug von Tageszeitungen können nicht als Betriebsausgaben angesehen werden, weil diese Aufwendungen mit der gewerblichen Tätigkeit nicht in unmittelbarem Zusammenhange stehen (Urt. VI A 460/34 vom 19. Dez. 1934 = RStBl. 35 S. 414).

Der Begriff der Betriebsausgaben erfordert, daß Aufwendungen tatsächlich gemacht werden. Ein bloßes Entgehen von Verdienst oder Gewinnmöglichkeiten genügt nicht; daher kann auch für die Verwendung der eigenen Arbeitskraft nichts abgesetzt werden.

Von den vorgenannten positiven Erfordernissen abgesehen, unterliegt der Abzug einer durch den Betrieb veranlaßten Ausgabe als Betriebsausgabe keinen Beschränkungen.

aa) Für die Anerkennung einer Ausgabe als Betriebsausgabe ist deshalb nicht erforderlich, daß die Ausgabe zu einem Erfolg geführt hat; es genügt vielmehr, daß die Ausgaben aus einer Betätigung zur Erlangung von gewerblichen Einkünften erwachsen sind; ob die Ausgaben durch die Einkünfte, deretwegen sie gemacht werden, gedeckt werden, ist grundsätzlich ohne Belang. Ausgaben des Gewerbetreibenden für Werbezwecke, die sich als ergebnislos erwiesen haben, sind deshalb Betriebsausgaben.

bb) Für die Anerkennung von Ausgaben als Betriebsausgaben ist weiter nicht erforderlich, daß die Ausgaben bei objektiver Betrachtung als zweckdienlich angesehen werden können; es genügt vielmehr, daß der Steuerpflichtige sie nach seinem subjektiven Ermessen für zweckmäßig erachten konnte. Wie der RFH. schon in wiederholten Entscheidungen ausgesprochen hat, hat darüber, wie ein Betrieb zu gestalten ist und welche Ausgaben für ihn zu leisten sind, einzig und allein der Steuerpflichtige, nicht dagegen die Steuerbehörde zu befinden. Die Steuerbehörde kann daher auch eine von dem Steuerpflichtigen gemachte Betriebsausgabe nicht mit der Begründung streichen, daß sie sich als unwirtschaftlich darstelle.

Der Grundsatz, daß auch erfolglose und unzweckmäßige Aufwendungen Betriebsausgaben sind, darf nun nicht dazu führen, daß auch Aufwendungen für Zwecke, deren Verfolgung auf die Dauer gesehen, aller Voraussicht nach Verluste bringen wird, stets als Betriebsausgaben abgezogen werden dürfen. Der Begriff der Einkünfte im Sinn des Einkommensteuerrechts ist ein wirtschaftlicher und setzt nach der Verkehrsauffassung die ernsthafte Absicht voraus, Gewinne zu erzielen. Diese Voraussetzung fehlt aber bei Tätigkeiten, die in erster Linie der Befriedigung persönlicher Neigungen, dem Luxusbedürfnis und ähnlichen Beweggründen entstammen, auch wenn sie gelegentlich Erträge abwerfen. Es ist deshalb auf Grund der Verkehrsauffassung als Grundsatz aufzustellen, daß bei Tätigkeiten, die von vorneherein mit einem derartigen Risiko behaftet sind, daß die Ausgaben normalerweise die Einnahmen übersteigen werden, bei denen also der Gesichtspunkt der Ertragserzielung gegenüber dem Wunsch auf Erfüllung persönlicher Neigungen völlig in den Hintergrund tritt, die Erträge überhaupt nicht als Einkommen im steuerrechtlichen Sinn anzusehen sind und daß daher wie die Einnahmen, so auch die Ausgaben nicht bei Feststellung des steuerpflichtigen Einkommens berücksichtigt werden können.

Betriebsausgaben sind weiter nicht bloß solche Ausgaben, die ihrer Natur nach mit einer gewissen Regelmäßigkeit wiederkehren, sondern auch einmalige Ausgaben.

Betriebsausgaben sind schließlich nicht nur die Aufwendungen, die unmittelbar aus der Ausübung der gewerblichen Tätigkeit erwachsen, sondern auch Kosten, die vor der Eröffnung des Betriebs erwachsen sind, wenn sie mit dem Betriebe in ursächlichem und engem Zusammenhange stehen (zu vgl. RFH. Bd. 20 S. 211, Urt. VI A 4/35 vom 20. Jan. 1936 = RStBl. 36 S. 588).

b) Einzelheiten. Betriebsausgaben sind in diesem Sinn:

aa) die Ausgaben für die Arbeitslöhne in ihrer tatsächlich gezahlten Höhe; gleichgültig ist, ob die Löhne auf Grund Vertrags oder freiwillig (wie z. B. Jubiläumsgeschenke und Gratifikationen), ob sie in bar oder in Sachwerten bezahlt werden. Abzugsfähige Betriebsausgaben können auch Löhne und Gehälter sein, die an erwachsene und entsprechend vorgebildete Kinder gezahlt werden, die in größeren gewerblichen Betrieben der Eltern in erheblichem Umfange tätig sind. Die Löhne und Gehälter müssen sich aber in angemessenen Grenzen halten und die Arbeitskraft der Kinder muß tatsächlich benötigt werden (Urt. VI A 1092/28 vom 21. Nov. 1928 = RStBl. 29 S. 92). Dagegen ist ein Dienstverhältnis in nicht kaufmännisch geführten und kleineren gewerblichen Betrieben nach der Verkehrsauffassung grundsätzlich nur dann anzuerkennen, wenn nicht nur eine feste Vergütung regelmäßig gezahlt ist, sondern wenn außerdem auch die Folgerungen aus dem Arbeitsverhältnis (Steuerkarte, Sozialversicherung) gezogen werden (Urt. VI A 351/33 vom

12. September 1934 = RStBl. 35 S. 90). Soweit die Vergütungen der Kinder das Angemessene übersteigen, sind sie nicht abzugsfähig (Urt. A 1177/31 vom 15. Juli 1931 = RStBl. 31 S. 820). Wegen der Abzugsfähigkeit des Gehalts einer Ehefrau zu vgl. Anm. 1 zu § 8 Ziff. 5.

bb) Steuern. Abzugsfähige Betriebsausgaben sind die unmittelbar aus dem Betriebe als solchem entspringenden Steuern. Hierher gehören die Umsatzsteuer, Aufbringungsumlage, Gewerbesteuer, Kraftfahrzeugsteuer, Beförderungsteuer, Versicherungsteuer, ferner gewisse Verbrauchsteuern, wie die Tabaksteuer, Salzsteuer, Leuchtmittelsteuer, Biersteuer, ferner die Lustbarkeitssteuer. Keine Betriebsausgaben stellen die Einkommen-, Vermögen- und Bürgersteuer dar; das gleiche gilt für die Grund- und Haussteuer, soweit sie auf private Mieträume entfällt. Nicht abzugsfähig ist weiter die Grunderwerbsteuer, wohl aber die Rücklage für die Grunderwerbsteuer der toten Hand (RStBl. 27 S. 153). Bei den Kirchensteuern ist die Abzugsfähigkeit nur gegeben, wenn sie ausnahmsweise ohne Rücksicht auf Wohnsitz und Zugehörigkeit des Steuerpflichtigen zu einer Religionsgesellschaft von einem Vermögensbestandteil erhoben wird (zu vgl. Urt. VI A 575/27 vom 14. Juni 1928 = RStBl. 28 S. 343; Urt. VI A 1542/29 vom 4. Sept. 1929 = RStBl. 29 S. 569). Bei der Kirchensteuer aus der Gewerbesteuer ist diese Voraussetzung nicht erfüllt.

cc) Schmiergelder. Die Begründung für die Abzugsfähigkeit der Schmiergelder ergibt sich aus der grundsätzlichen Einstellung des Gesetzes zur Frage der Besteuerung der unsittlichen Geschäfte: wenn einerseits Einnahmen, die aus einem verbotenen oder sittenwidrigen Verhalten herrühren, zur Steuer herangezogen werden, so müssen auf der anderen Seite auch die Ausgaben, die hierauf entfallen, grundsätzlich als Betriebsausgaben zugelassen werden. Der Abzug von Schmiergeldern wird sich aber vielfach mit Rücksicht darauf verbieten, daß sich der Steuerpflichtige weigert, die Empfänger der Schmiergelder zu benennen. Die Finanzbehörde kann in diesem Falle auf die Vorschrift des § 205 a AO. zurückgreifen (zu vgl. Urt. VI A 197/36 vom 1. April 1936 = RStBl. 36 S. 446).

dd) Beiträge an Berufsstände und Berufsverbände, z. B. an Innungen, Industrie-, Handels- und Handwerkskammer.

ee) Ausgaben für Berufshaftpflichtversicherung (RFH. Bd. 34 S. 24), ferner Aufwendungen aus beruflicher Schadenshaftung — nicht dazu rechnen aber Schäden, die gelegentlich der Berufsausübung verursacht wurden.

ff) Bei der Körperschaftsteuer sind bei Ermittlung des Einkommens die folgenden Beträge abzuziehen, soweit sie nicht bereits nach den Vorschriften des EStG. abzugsfähige Ausgaben sind:

1. bei Kapitalgesellschaften die Kosten der Ausgabe von Aktien und sonstigen Gesellschaftsanteilen, soweit sie nicht aus dem Ausgabeaufgeld gedeckt werden können;

2. bei Versicherungsunternehmen Zuführungen zu versicherungstechnischen Rücklagen, soweit sie für die Leistungen aus den am Bilanzstichtag laufenden Versicherungsverträgen erforderlich sind;

3. bei Kommanditgesellschaften auf Aktien der Teil des Gewinns, der an persönlich haftende Gesellschafter auf ihre nicht auf das Grundkapital gemachten Einlagen oder als Vergütung (Tantieme) für die Geschäftsführung verteilt wird;

4. Vermögensmehrungen, die dadurch entstehen, daß Schulden zum Zwecke der Sanierung ganz oder teilweise erlassen werden (zu vgl. Anm. I Ziff. 4 gg zu § 7).

Keine Betriebsausgaben sind für die Regel:

aa) die in § 10 EStG. aufgeführten Sonderausgaben. Sonderausgaben im Sinn der Bestimmungen sind — nur — die folgenden:

α) Aufwendungen für die Hausgehilfinnen.

Als Hausgehilfinnen gelten gemäß § 24 Abs. 1 LStDVO. solche weibliche Arbeitnehmer, die häusliche Arbeiten gewöhnlicher Art gegen Arbeitslohn verrichten und in die häusliche Gemeinschaft ihres Arbeitgebers aufgenommen sind (zu vgl. auch § 24 Abs. 2 a. a. O.). Gemäß § 24 Abs. 4 a. a. O. ist dann, wenn eine in die häusliche Gemeinschaft ihres Arbeitgebers aufgenommene Hausgehilfin sowohl Dienste gewöhnlicher Art als auch Dienste höherer Art verrichtet oder wenn die Hausgehilfin neben ihrer häuslichen Arbeit auch in dem Betrieb ihres Arbeitgebers beschäftigt wird, für die Frage, ob die Arbeitnehmerin als Hausgehilfin zu betrachten ist, die überwiegende Tätigkeit maßgebend (zu vgl. auch Ergänzungsrichtlinien für 1934 — RStBl. 35 S. 788). Die vorgenannte Pauschallösung ist für die Einkommensteuer tragbar, weil die Aufwendungen für die Hausgehilfin entweder als Sonderausgaben oder als Betriebsausgaben zum Zuge kommen. Bei der Gewerbesteuer bleibt aber unter allen Umständen der Abzug der Ausgaben, die auf die Beschäftigung im Gewerbebetrieb entfallen, bestehen.

β) Schuldzinsen und auf besonderen Verpflichtungsgründen beruhende Renten und dauernde Lasten, die weder Betriebsausgaben oder Werbungskosten sind, noch mit Einkünften in wirtschaftlichem Zusammenhang stehen, die bei der Veranlagung außer Betracht bleiben.

Bei der Ermittlung des gewerblichen Gewinns werden die Schuldzinsen, die aus Betriebsschulden herrühren, ferner die Renten und dauernden Lasten, die auf dem Gewerbebetriebe lasten, als Betriebsausgaben abgezogen. Wegen der Zurechnung von Schuldzinsen sowie Renten und dauernden Lasten zu vgl. § 8 Ziff. 1 und 2 GewStG.

γ) Steuern, die von öffentlich-rechtlichen Religionsgesellschaften erhoben werden (zu vgl. Anm. 3 b, bb).

δ) Beiträge und Versicherungsprämien des Steuerpflichtigen für sich, seine Ehefrau und seine Kinder, für die ihm Kinderermäßigung gewährt wird, zu Kranken-, Unfall-, Haftpflicht-, Angestellten-, Invaliden- und Erwerbslosenversicherungen, zu Versicherungen auf den Lebens- oder Todesfall und zu Witwen-, Waisen-, Versorgungs- und Sterbekassen.

Betriebsausgaben sind die Versicherungsprämien, die auf Versicherungen entfallen, die für den Gewerbebetrieb als solchen als sog. Schadensversicherungen abgeschlossen wurden (Immobiliar-, Mobiliar- und Haftpflichtversicherung). Keine Betriebsausgaben stellen die Prämien für Lebensversicherungen dar, dies selbst dann nicht, wenn die Lebensversicherung mit Rücksicht auf die Existenzfähigkeit des Betriebs nach dem Tode des Betriebsinhabers abgeschlossen wird. Nur ausnahmsweise hat der RFH. bei offenen Handelsgesellschaften in dem Abschluß von Lebensversicherungen auf das Leben der Teilhaber einen Betriebsvorgang erblickt (zu vgl. Urt. VI A 157/34 vom 17. Okt. 1934 = RStBl. 35 S. 413; VI A 1179/33 vom 22. Jan. 1936 = RStBl. 36 S. 680).

e) Bausparkassenbeiträge.

bb) Keine Betriebsausgaben sind die Aufwendungen zur Tilgung von Schulden sowie zur Vermehrung und Verbesserung des Vermögens und Einkommens. Eine entsprechende Vorschrift fand sich im EStG. 25 (§ 18 Abs. 1 Ziff. 1); im EStG. 34 ist sie nicht mehr enthalten, weil sie im Ergebnis selbstverständlich ist.

cc) Die Aufwendungen für die Beschaffung der Nahrung, der Kleidung und der Wohnung. Die Aufwendungen für die Lebensführung sind auch dann nicht abzugsfähig, wenn sie durch die wirtschaftliche oder gesellschaftliche Stellung des Steuerpflichtigen bedingt sind und der Förderung des Betriebs dienen (§ 12 Ziff. 1 EStG.). Hierunter fallen insbesondere die sog. Repräsentationsaufwendungen. Das Verbot des Abzugs bezieht sich aber nur auf solche Aufwendungen, bei denen oft schwer erkennbar ist, inwieweit sie mehr dem Betrieb oder mehr der gesellschaftlichen Stellung des Steuerpflichtigen dienen; abzugsfähig sind dagegen die Repräsentationsaufwendungen, bei denen solche Zweifel nicht bestehen, die vielmehr ausschließlich Auswirkung des Betriebs sind (RFH. Bd. 39 S. 250). Ausnahmsweise können auch Aufwendungen für Nahrung und Kleidung abgesetzt werden. Auszugehen ist davon, daß zu den nichtabzugsfähigen Lebenshaltungskosten nur die Aufwendungen gehören, die die Steuerpflichtigen auch machen würden, wenn sie keinen Betrieb innehätten. Eine Abzugsfähigkeit kommt für die Inhaber von Betrieben aber dann in Betracht, wenn die Pflichtigen durch die Ausübung des Betriebs gezwungen sind, mehr für ihre Ernährung und Kleidung aufzuwenden, als sie ohne die Ausübung eines Betriebs gezwungen wären. Mehraufwendungen für Ernährung können in den Fällen erwachsen, in denen ein Gewerbetreibender, der einen eigenen Haushalt hat, gezwungen ist, seine Mahlzeiten ab und zu außerhalb des eigenen Hauses einzunehmen. Mehraufwendungen können selbstverständlich dann nicht als Betriebsausgaben geltend gemacht werden, wenn sie nur durch persönliche Gründe (z. B. Aufwendungen für Erholungs- und Vergnügungsreisen, Wahl des Wohnsitzes außerhalb des Betriebssitzes) veranlaßt sind.

dd) Freiwillige Zuwendungen und Zuwendungen an gesetzlich unterhaltsberechtigte Personen, auch wenn diese Zuwendungen auf einer besonderen Vereinbarung beruhen (§ 12 Ziff. 2 EStG.).

ee) Aufwendungen, die durch Krankheit und Kuraufenthalt verursacht werden. Der Grundsatz der Nichtabzugsfähigkeit von

Krankheits- und Kuraufenthaltskosten gilt auch dann, wenn sich der Steuerpflichtige die Krankheit anläßlich der Ausübung seiner Berufstätigkeit zugezogen hat oder wenn er besondere Aufwendungen machen muß, um seine Arbeitsfähigkeit wieder zu erlangen. Nur dann, wenn es sich um eine Krankheit handelt, die als echte Berufskrankheit anzusehen ist, sind die Krankheitskosten abzugsfähige Betriebsausgaben. Der Begriff der Berufskrankheit ist nach der ständigen Rechtsprechung des RFH. enge auszulegen.

ff) Die Aufwendungen für gemeinnützige, mildtätige und ähnliche ideale Zwecke. Die Rechtsprechung des RFH. zum EStG. 1925 ließ zunächst Aufwendungen für gemeinnützige, mildtätige und ähnliche ideale Zwecke (z. B. für sportliche usw. Vereinigungen) zum Abzug zu, wenn der Nachweis geführt wurde, daß die Aufwendungen im Interesse des Betriebs gemacht wurden. In der Folge ist der RFH. von dieser Rechtsprechung völlig abgekommen, er läßt nunmehr derartige Aufwendungen nur noch in ganz besonderen Fällen, in denen die Eigenschaft der Spenden als Betriebsausgaben ganz unverkennbar in Erscheinung tritt, als Betriebsausgaben abziehen. Die Verwaltung hat sich dieser Rechtsprechung angeschlossen. In den Veranlagungsrichtlinien 1934 (RStBl. 1935 S. 377/400) heißt es insoweit: „Die Gewährung der Abzugsfähigkeit würde bedeuten, daß einen Teil der Spenden das Reich zu seinen Lasten nimmt. Das würde nicht nur dem Wesen der Spende widersprechen, sondern auch die Einnahmeseite des Reichshaushalts in nicht zu verantwortender Weise beeinträchtigen. Aus dieser grundsätzlichen Einstellung ergibt sich, daß Spenden für das Winterhilfswerk, für die Hitler-Spende der Deutschen Wirtschaft, für die SA. und SS., für den Deutschen Luftsportverband, für die Deutschen Jugendherbergen und für sonstige ideale und gemeinnützige Zwecke bei der Einkommen- und Körperschaftsteuer nicht mehr abzugsfähig sind" (zu vgl. § 12 Ziff. 4 KStG.).

gg) Ausgaben für die Entrichtung von Steuern (zu vgl. Anm. 3 b, bb, ferner § 12 Ziff. 3 EStG., § 12 Ziff. 2 KStG.).

hh) Ausgaben für einen Steuerberater. Die Aufwendungen für einen Steuerberater sind keine Betriebsausgaben, wenn der Steuerberater alle, insbesondere auch die persönlichen Steuern für den Pflichtigen bearbeitet (RStBl. 32 S. 823); Betriebsausgaben liegen dann vor, wenn es sich um spezielle Betriebssteuerberatung handelt.

ii) Prozeßkosten. Prozeßkosten sind Betriebsausgaben, wenn sie durch die entgeltliche Übernahme oder die Führung eines Betriebs veranlaßt sind. Beispiele: Kosten der Einklagung und Beitreibung einer Warenforderung usw. (zu vgl. Urt. VI A 2069/20 vom 20. Jan. 1932 = RStBl. 32 S. 435); Betriebsausgaben können auch Kosten eines Einkommensteuerrechtsstreits sein, wenn der Streit gerade um die Klärung für den Betrieb wichtiger Steuerfragen geht (Urt. VI A 2032/32 vom 13. Juni 1933 = RStBl. 33 S. 1004). Die Abzugsfähigkeit von Prozeßkosten kommt nicht mehr in Betracht, wenn der Zweck, zu welchem die Prozeßausgaben gemacht wurden, ein betriebsfremder ist. Hierher gehört vor allem der in der Rechtsprechung des RFH. wiederholt erörterte Fall, daß anläßlich der Auseinandersetzung über eine Erbschaft die Erben in Streit geraten und die erwachsenen Ausgaben als Betriebsausgaben absetzen wollen. Weitere Beispiele: Prozeßkosten aus der Aufwertung einer bei der Betriebsübernahme eingeräumten Hypothek, Prozeßkosten zur Abwendung von Pflichtteilsansprüchen usw. Unter keinen Umständen sind Betriebsausgaben die Kosten einer Strafverteidigung, auch wenn sie im Interesse der Ausübung eines Betriebs gemacht wurden und Freisprechung erfolgt ist. Wie bei Geldstrafen — die regelmäßig nicht abzugsfähig sind — überwiegt auch bei den Verteidigungskosten der Zusammenhang mit der Person des Beschuldigten. Dem gegenüber tritt der häufig anzuerkennende Zusammenhang mit dem Betrieb so zurück, daß ein Abzug als Betriebsausgaben nicht mehr in Betracht kommt. Aus den gleichen Gründen kann auch die Abzugsfähigkeit der Kosten eines Strafverfahrens nicht anerkannt werden.

kk) Aufwendungen für die Ausübung eines Ehrenamts. Aufwendungen für die Ausübung eines Ehrenamts stellen nur dann Betriebsausgaben dar, wenn die ehrenamtliche Tätigkeit mit Rücksicht auf den Betrieb ausgeübt wird und mit diesem in engem Zusammenhang steht.

ll) Bei der Körperschaftsteuer sind nicht abzugsfähig außer den Steuern vom Einkommen und Vermögen und den Ausgaben zu gemeinnützigen, mildtätigen, kirchlichen und ähnlichen Zwecken die Aufwendungen für die Erfüllung von Zwecken des Steuerpflichtigen, die durch Stiftung, Satzung oder sonstige Verfassung vorgeschrieben sind, und die Vergütungen jeder Art, die an Mitglieder des Aufsichtsrats, Verwaltungsrats, Grubenvorstands oder andere mit der Überwachung der Geschäftsführung beauftragte Personen gewährt werden (§ 12 KStG.).

c) **Teilung von Aufwendungen in Betriebs- und persönliche Aufwendungen.** Soweit Aufwendungen teils zu betrieblichen, teils zu privaten Zwecken bestimmt sind, ist regelmäßig eine entsprechende Aufteilung der Aufwendungen vorzunehmen. Wird eine Angestellte sowohl im Betrieb als auch im Privathaushalt oder wird ein Kraftwagen sowohl für betriebliche als auch für persönliche Zwecke verwendet, so sind die Aufwendungen in persönliche und betriebliche aufzuteilen. Diese Aufteilung wird für die Ermittlung des Gewerbeertrag nur dann unterbleiben können, wenn die Verwendung für den einen oder anderen Zweck nur gelegentlich (der Kaufmann macht mit seinem Kraftwagen gelegentlich Privatfahrten) erfolgt.

d) **Die Behandlung der Aufwendungen zur Förderung des zivilen Luftschutzes und des zivilen Sanitätsdienstes.** Der RMin. d. Fin. hat im Interesse der Förderung des zivilen Luftschutzes durch Runderl. vom 10. Okt. 1933 S 2110 — 86 II (RStBl. 33 S. 1073) verfügt, daß alle Aufwendungen, die Zwecken des zivilen Luftschutzes dienen, bei Ermittlung der Einkünfte aus Gewerbebetrieb usw. im Steuerabschnitt der Ausgabe voll abgesetzt werden dürfen. Zu den abzugsfähigen Ausgaben im Sinn des Erlasses gehören nur solche Aufwendungen, die von den Gewerbetreibenden usw. unmittelbar für den Schutz der Familie, ihres Personals, ihrer Anlagen, Gebäude u. dgl. gemacht werden. Einmalige Zuwendungen an den Reichsluftschutzbund oder andere Verbände, die Zwecken des zivilen Luftschutzes dienen, sind nicht abzugsfähig. Auch alle Arten von Aufwendungen, die nur mittelbar mit dem Luftschutz in Verbindung stehen, sind nicht abzugsfähig.

In dem Runderl. vom 27. Jan. 1934 S 2119 — 443 III (RSt.-Bl. 34 S. 128) hat der RMin. d. Fin. im Interesse der Förderung des zivilen Sanitätsdienstes bestimmt, daß alle Aufwendungen, die Zwecken des zivilen Sanitätsdienstes in Industrie- und Werkbetrieben dienen, bei der Ermittlung der Einkünfte aus Gewerbebetrieb usw. für Zwecke der Einkommen- und Körperschaftsteuer im Steuerabschnitt der Ausgabe voll abgesetzt werden können. In Frage kommen in der Hauptsache Aufwendungen für Beschaffung und Unterhaltung von Krankentransportwagen, Sanitätskasten für Kraftfahrzeuge, Verbandszelten, Sanitätstornistern usw.

Die beiden Erlasse, die reine Billigkeitsmaßnahmen darstellen, gelten zunächst nicht für die Gewerbesteuer.

4. Die Aktivierung. Das Einkommen- und Körperschaftsteuerrecht unterscheiden zwischen a) Aufwendungen, die im Jahre der Verausgabung voll als Betriebsausgaben abgezogen werden; b) Aufwendungen, die voll auf der Aktivseite der Bilanz in Zugang zu bringen (zu aktivieren) sind, und c) Aufwendungen, die nur zum Teil in Zugang zu bringen, zum anderen Teil aber über Unkosten abzubuchen sind. Weiter unterscheiden sie zwischen a) den Fällen, in denen aktiviert werden muß — man spricht alsdann von einem Aktivierungszwang oder -gebot —; b) den Fällen, in denen aktiviert werden kann (Aktivierungsbefugnis- oder Aktivierungsrecht) und c) den Fällen, in denen nicht aktiviert werden darf (Aktivierungsverbot).

a) Der Aktivierungszwang. Nach der Rechtsprechung des RFH. besteht steuerrechtlich eine weitergehende Aktivierungspflicht als handelsrechtlich; es kann deshalb steuerrechtlich ein Aktivierungszwang gegeben sein, auch wenn nach Handelsrecht eine Aktivierung nicht geboten oder sogar verboten ist.

Zu aktivieren ist jedes entgeltlich erworbene, der besonderen Aktivierung fähige Wirtschaftsgut. Aktivierungszwang besteht hiernach nicht nur, wenn Wirtschaftsgüter von dritter Seite angeschafft werden, sondern auch wenn bereits im Betriebe vorhandene Wirtschaftsgüter unter Aufwendung von Material, Löhnen usw. im Betriebe hergestellt werden. Auch vorbereitende Aufwendungen auf ein zu schaffendes Wirtschaftsgut — z. B. Bezahlung eines Architektenhonorars — sind zu aktivieren. Das durch die Aufwendungen erlangte Wirtschaftsgut muß nach der allgemeinen Verkehrsauffassung einer besonderen Bewertung zugänglich sein; in Betracht kommen hierbei nicht nur Sachen und Rechte im bürgerlich-rechtlichen Sinn, sondern auch andere Wirtschaftsgüter unter der Voraussetzung, daß sie wirtschaftlich greifbar, d. h. bei einer Veräußerung des ganzen Unternehmens als Einzelheit ins Gewicht fallen oder dem Betriebe für die Zukunft zugute kommen, sich aber nicht so ins Allgemeine verflüchtigen, daß sie nur als Steigerung des Geschäftswerts (Goodwill) des ganzen Unternehmens in die Erscheinung treten. Gleichgültig ist, wer Eigentümer des Wirtschaftsgutes ist; auch der Mieter oder Pächter, der Aufwendungen zwecks Schaffung eines aktivierungsfähigen Wirtschaftsgutes macht, hat zu aktivieren.

Aktivierungszwang besteht nicht, wenn a) das durch die Aufwendung Erlangte nicht ein greifbares Wirtschaftsgut darstellt oder b) wenn das Wirtschaftsgut keinen wesentlichen Wert für das Unternehmen besitzt oder wenn der Wert nicht wesentlich über die Dauer des Geschäftsjahres hinausreicht. In den Fällen b kann die Aktivierung erfolgen.

Der Zwang zum Aktivieren ist durch das neue Recht erheblich eingeschränkt worden, insoferne bei Wirtschaftsgütern des Anlagevermögens, deren betriebsgewöhnliche Nutzungsdauer erfahrungsgemäß fünf Jahre nicht übersteigt, buchführende Gewerbetreibende die Absetzung für Abnutzung höher als nach § 7 EStG. und ohne Rücksicht auf den Teilwert bemessen dürfen (§ 6 Abs. 1 Satz 4 EStG., § 8 Erste EStDVO.).

b) Das Aktivierungsverbot. Ein Wirtschaftsgut darf nicht höher als mit dem Betrage der tatsächlichen Aufwendungen aktiviert werden, unrealisierte Gewinne dürfen nach dem Einkommen- und Körperschaftsteuergesetz nicht ausgewiesen werden (zu vgl. Urt. VI A 1052/28 vom 30. Okt. 1929 = RStBl. 30 S. 9). Mit Rücksicht darauf ist auch die Aktivierung eines im Lauf der Betriebszeit sich selbsttätig ohne besondere Aufwendungen ansammelnden Geschäftswerts unzulässig — dagegen ist der entgeltlich erworbene Geschäftswert zu aktivieren —. Aktivierung ist weiter unzulässig, wenn durch die Aufwendung weder ein greifbares, noch ein unsicheres, sondern überhaupt kein Wirtschaftsgut erworben wird und es sich auch nicht um eine wertsteigernde Aufwendung auf ein bereits vorhandenes Wirtschaftsgut handelt.

c) Aktivierungsbefugnis. Aktivierungsbefugnis besteht, wenn weder die Aktivierung bestimmt geboten noch die Aktivierung bestimmt verboten ist. Eine Aktivierungsbefugnis besteht in diesem Sinn namentlich, wenn es sich um kurzlebige Wirtschaftsgüter handelt.

Verpaßte Gelegenheiten zur Aktivierung dürfen später nicht willkürlich nachgeholt werden.

5. Die Passivierung von Verbindlichkeiten. Gemäß § 6 Ziff. 3 EStG. sind die Verbindlichkeiten unter sinngemäßer Anwendung der Vorschriften des § 6 Ziff. 2 EStG. zu bewerten. Die Verbindlichkeiten zählen zu den Wirtschaftsgütern — allerdings negativen Wirtschaftsgütern — im Sinne des § 6 EStG.

Der RFH. unterscheidet — wie bei der Aktivierung — zwischen a) Vorgängen, bei denen passiviert werden muß (Passivierungszwang); b) Vorgängen, bei denen die Passivierung steuerlich unterbleiben muß (Passivierungsverbot), und c) Vorgängen, bei denen es im Ermessen des Steuerpflichtigen steht, ob eine Passivierung vorgenommen wird (Passivierungsbefugnis).

a) Passivierungszwang. Zu passivieren sind Verbindlichkeiten, denen eine Gegenleistung gegenübersteht. Hierher gehören alle Verpflichtungen, die durch den Erwerb von Vermögenswerten entstanden sind. Weiter sind zu passivieren einseitige Lasten, denen keine Gegenleistung gegenübersteht; es ist dabei unerheblich, ob die Verpflichtung von vorneherein als einseitige Verpflichtung entstanden ist oder ob sie erst durch Wegfall von Aktiven zu einer solchen geworden ist (Urt. VI A 1413/32 vom 13. Juli 1933 = RSt.-Bl. 33 S. 1085). Eine besondere Bedeutung kommt der Passivierung der in Raten oder in laufenden Zahlungen zu erfüllenden Verbindlichkeiten zu. Steht der Verbindlichkeit eine gleich hohe Aktivierung gegenüber, so besteht insoweit Passivierungspflicht (Urt. VI A 945/31 vom 1. Febr. 1933 = RStBl. 33 S. 479). Stellen die laufenden Zahlungen einseitige Lasten dar, die steuerlich als Aufwand eines Jahres zu behandeln sind, so sind sie im Geschäftsjahr ihrer Entstehung voll zu passivieren (Urt. VI A 1501/31 vom 16. Nov. 1932 = RStBl. 33 S. 80).

Den Verbindlichkeiten stehen gleich die sog. Wertberichtigungsposten (auch Delkrederekonto, Erneuerungskonto genannt). Diese Posten haben die Aufgabe, Werte der Aktivseite auf ihren tatsächlichen Wert zurückzuführen; in diesem Sinn stellen sie keine selbständigen Passivposten dar (Urt. I A 88/30 vom 30. Mai 1932 = RStBl. 32 S. 947).

b) Passivierungsverbot. Einer Passivierung sind nicht fähig Posten, die keine Verbindlichkeiten darstellen, wie z. B. Gewinnverteilungsabreden. Weiter dürfen nicht passiviert werden Verbindlichkeiten, wenn bei objektiver Würdigung der Verhältnisse solche nicht in Betracht kommen, wenn also die gegen den Steuerpflichtigen erhobenen Ansprüche freiwilliger oder privater Natur sind oder wenn die Möglichkeit einer Inanspruchnahme eine nur ganz entfernte ist. Nicht zulässig sind weiter Passivierungen (Rückstellungen) für Verbindlichkeiten, die am Bilanzstichtag noch nicht bestanden haben, aber für die nächste Zeit zu erwarten sind. Ist ein Unternehmen gezwungen, im Jahre 1937 umzuziehen oder sind für das gleiche Jahr umfangreiche Instandsetzungen zu erwarten, so kann für die hiernach bevorstehenden Ausgaben nicht bereits im Jahre 1936 eine Rückstellung gemacht werden. Eine trotzdem gemachte Rückstellung wäre keine echte Rückstellung, sondern eine echte Rücklage (Urt. I A 309/30 vom 22. Juli 1932 = RStBl. 32 S. 832).

c) Passivierungsbefugnis. Eine Passivierung ist zulässig hinsichtlich solcher Verbindlichkeiten (Schulden und Verluste), die am Bilanzstichtag bereits vorhanden oder zu erwarten sind, wenn auch ihre Verwirklichung erst für die Zukunft bevorsteht. In Frage kommen vor allem Gewährleistungen für gelieferte Waren und ausgeführte Bauten, Rückstellungen für Wagnisse aus Rechtsstreitigkeiten, Rückstellungen für Haftungsverbindlichkeiten, insbesondere aus Wechselunterschriften oder Bürgschaftsverpflichtungen. Für eine Rückstellung für derartige Verbindlichkeiten ist nicht notwendig, daß ihre Geltendmachung mit völliger Sicherheit feststeht und im Ergebnis nur noch ungewiß bleibt, wie hoch die geschuldeten Beträge sein werden. Andererseits genügt auch nicht jede Möglichkeit der Inanspruchnahme; es muß vielmehr eine gewisse Grundlage, die die Inanspruchnahme wahrscheinlich macht, vorhanden sein. Im allgemeinen kann die Wahrscheinlichkeit einer Inanspruchnahme als nachgewiesen gelten, wenn die Haftung des Steuerpflichtigen für Vorfälle der in Betracht kommenden Art bereits mehrfach in Anspruch genommen worden ist (Urt. VI A 354/31 vom 17. Juni 1931 = RStBl. 31 S. 674; VI A 1614/32 vom 9. Nov. 1932 = StW. 33 Nr. 25).

6. Die Bewertung des Betriebsvermögens.

a) Grundsätzliches. Nach dem EStG. 25 war hauptsächlichster Maßstab für die Bewertung des Betriebsvermögens der gemeine Wert, an dessen Stelle der Steuerpflichtige den Anschaffungs- oder Herstellungspreis unter Abzug der zulässigen Absetzungen für Abnutzung oder Substanzverringerung einsetzen konnte. Im § 6 EStG. 34 sind die Bewertungsvorschriften völlig neu gestaltet worden mit dem Ziel, sie, soweit mit den fiskalischen Belangen vereinbar, an die kaufmännische Übung anzupassen. Deshalb sind an die Stelle des gemeinen Werts als grundsätzlicher Maßstab für die Bewertung die Anschaffungs- oder Herstellungskosten getreten. Unter Anschaffungskosten sind hierbei die Kosten des entgeltlichen Erwerbs einschließlich aller Nebenkosten, unter Herstellungskosten alle auf die Herstellung verwendeten Kosten zu verstehen. Bei abnutzbaren Wirtschaftsgütern des Anlagevermögens sind von den Anschaffungs- oder Herstellungskosten Absetzungen für Abnutzung nach § 7 EStG. vorzunehmen. Der Steuerpflichtige kann aber auch den Teilwert ansetzen, wenn dieser niedriger ist als der nach dem Vorstehenden sich ergebende Wert. Teilwert ist der Betrag, den ein Erwerber des ganzen Betriebs im Rahmen des Gesamtkaufpreises für das einzelne Wirtschaftsgut ansetzen würde; dabei ist davon auszugehen, daß der Erwerber den Betrieb fortführt.

Zu bewerten ist das einzelne Wirtschaftsgut; die Gesamtbewertung und die Durchschnittsbewertung sind dem EStG. fremd (RFH. Bd. 36 S. 236); jedoch ist die gruppenweise Zusammenfassung gleichartiger Güter, z. B. der Waren, Maschinen usw. zulässig.

b) Kurzlebige Wirtschaftsgüter. Besondere Grundsätze gelten für die Bewertung kurzlebiger Wirtschaftsgüter: Nach § 6 Abs. 1 Satz 4 EStG. dürfen buchführende Gewerbetreibende im Sinn des § 5 — und gemäß § 9 Erste EStDVO. auch Gewerbetreibende, die Bücher nach den Vorschriften des HGB. ordnungsmäßig führen, ohne dazu verpflichtet zu sein — bei sog. kurzlebigen Gegenständen die Absetzungen für Abnutzung auf einen kürzeren Zeitraum als denjenigen der betriebsgewöhnlichen Nutzungsdauer verteilen. Sie können auch die Anschaffungs- oder Herstellungskosten bereits im Jahr der Anschaffung oder Herstellung oder in einem folgenden Jahr die noch vorhandenen Werte voll absetzen. Kurzlebige Gegenstände im Sinn des Gesetzes sind solche, deren betriebsgewöhnliche

Nutzungsdauer erfahrungsgemäß fünf Jahre nicht übersteigt. Welche Wirtschaftsgüter im einzelnen hierzu gehören, ergibt sich aus dem Erlaß d. RMin. d. Fin. vom 20. Dez. 1934 S 2158 — 45 III/ S 1430 B — 121 III (RStBl. 35 S. 1). Auch soweit derartige Gegenstände in dem gen. Erlaß nicht aufgeführt sind, werden sie im einzelnen Falle als kurzlebige Gegenstände zu behandeln sein, wenn der Steuerpflichtige nachweist, daß die Nutzungsdauer der Gegenstände für seinen Betrieb infolge besonderer Umstände fünf Jahre nicht übersteigt.

c) Der Grundsatz der Bilanzstetigkeit. Die Bewertungsvorschriften des EStG. 25 waren von dem Gedanken strenger Bilanzstetigkeit beherrscht. Daraus folgte, daß es in keinem Fall zulässig war, über den letzten Bilanzansatz hinauszugehen. Dieser Grundsatz ist nur für die abnutzbaren Wirtschaftsgüter des Anlagevermögens übernommen worden. Bei allen anderen Wirtschaftsgütern darf der Steuerpflichtige bis zur Höhe des Teilwerts über den letzten Bilanzansatz hinausgehen, jedoch höchstens bis zum Betrag der Anschaffungs- oder Herstellungskosten.

d) Die Bewertung der Verbindlichkeiten. Gemäß § 6 Ziff. 3 EStG. sind die Verbindlichkeiten unter sinngemäßer Anwendung der Vorschriften der Ziff. 2, d. h. mit den Anschaffungskosten, anzusetzen. Ist der Teilwert am Stichtag höher, so kann dieser Wert angesetzt werden. Hatten die Verbindlichkeiten bereits am Schluß des vergangenen Wirtschaftsjahrs zum Betriebsvermögen gehört, so darf der Teilwert auch dann angesetzt werden, wenn er niedriger ist als der letzte Bilanzansatz; mindestens sind aber die Anschaffungskosten anzusetzen. Daraus folgt, daß unrealisierte Gewinne, die sich bei Valutaschulden aus der Abwertung der Währung gegenüber dem Zeitpunkt der Schuldaufnahme ergeben, nicht berücksichtigt werden dürfen.

e) Die Bewertung der Entnahmen und Einlagen. Die Bewertung von Entnahmen und Einlagen des Steuerpflichtigen ist in § 6 Ziff. 4 und 5 EStG. geregelt. Hiernach sind Entnahmen des Steuerpflichtigen für sich, für seinen Haushalt oder für andere betriebsfremde Zwecke mit dem Teilwert, Einlagen mit dem Teilwert für den Zeitpunkt der Zuführung, höchstens jedoch mit den tatsächlichen Anschaffungs- oder Herstellungskosten, anzusetzen.

f) Bewertung von Wirtschaftsgütern bei Eröffnung oder entgeltlichem Erwerb eines Betriebs (§ 6 Ziff. 6 EStG.). Bei Eröffnung eines Betriebs oder entgeltlichem Erwerb eines Betriebs sind die Wirtschaftsgüter mit dem Teilwert, höchstens jedoch mit den tatsächlichen Anschaffungs- oder Herstellungskosten anzusetzen.

7. Absetzungen für Abnutzung oder Substanzverringerung.

a) Technische Abnutzung.

aa) Die Absetzungen für Abnutzungen können gewährt werden für Gebäude und sonstige Wirtschaftsgüter, deren Verwendung oder Nutzung durch den Steuerpflichtigen zur Erzielung von Einkünften sich erfahrungsgemäß auf einen Zeitraum von mehr als einem Jahr erstreckt. Unter den sonstigen Wirtschaftsgütern sind alle Güter zu verstehen, die sich durch ihre Benutzung im Betriebe verbrauchen und bei denen der Verbrauch eine längere Zeit als ein Jahr beansprucht; in Frage kommen insbesondere Maschinen, totes und lebendes Inventar, Rechte (Patent-, Urheber-, Miet- und Pachtrechte), besondere Anlagen.

Ziel und Sinn der Absetzungen für Abnutzung ist Verteilung der für die Anschaffung und Herstellung der Wirtschaftsgüter gemachten Aufwendungen auf die Wirtschaftsperioden, denen der Nutzen der Aufwendungen zugute kommt und denen damit auch der allmähliche technisch-wirtschaftliche Verzehr der Wirtschaftsgüter aufgebürdet werden muß. Bei Wirtschaftsgütern, die gewerblichen Betrieben dienen, geschieht dies durch Aktivierung der Aufwendungen und allmähliche verminderte Ansätze der Wirtschaftsgüter in den folgenden Vermögensaufstellungen mit den jeweiligen Abnutzungswerten.

bb) In jedem Betriebe werden erfahrungsgemäß alljährlich bestimmte Aufwendungen derselben Art auf Anlagegüter notwendig, die in einer bestimmten Jahreshöhe wiederkehren und bei denen es daher für die Endergebnisse der Gewinnermittlung gleichgültig ist, ob sie alle im einzelnen jeweils nach der Zeitdauer des Nutzens nach der Regel des § 7 auf mehrere Jahre verteilt werden und dann als Summe dieser Anteile das einzelne Jahr belasten oder ob sie alsbald in voller Höhe des gesamten Jahresanfalls in diesem Jahr abgebucht werden. Laufender Unterhaltsaufwand sind die Ausgaben für die Instandhaltung und Instandsetzung, die, im Rahmen des ganzen Betriebs betrachtet, nach wirtschaftlichen Gesichtspunkten als laufende Ausgaben erscheinen, auch wenn der Wert des einzelnen Gegenstands durch die Ausgabe erhöht wird. Der Begriff der laufenden Erhaltungsaufwendungen kann daher nicht allein nach der Art der einzelnen Ausgabe und ihrem Einfluß auf den einzelnen Gegenstand als vielmehr nach der ganzen Art der Ausgaben und dem Umfang des ganzen Betriebs geklärt werden (Urt. VI A 884 und 885/31 vom 6. Mai 1931 = RStBl. 31 S. 809 und die dort angegebene Rechtsprechung). Von laufendem (Erhaltungs-) Aufwand kann nicht mehr gesprochen werden, wenn durch die Aufwendung das Wesen des Wirtschaftsguts, z. B. die Anlage im Rahmen des Betriebs geändert und ein Gut anderer Wesensart hergestellt wird. Ein derartiger Aufwand, der im Gegensatz zum Erhaltungsaufwand als Herstellungsaufwand bezeichnet wird, ist zu aktivieren (zu vgl. RFH. Bd. 37 S. 135). Die Möglichkeit von Erhaltungsaufwand wurde bejaht für größere Ausbesserungen an Miet- und Eigenwohnhäusern (RFH. Bd. 21 S. 201), Dach-, Fenster- und Heizungsausbesserungen im Hotelbetrieb (Urt. VI A 2139/29 vom 22. Jan. 1930 = RStBl. 30 S. 165). Herstellungsaufwand wurde angenommen bei Einrichtung von Zentralheizung an Stelle alter unbrauchbarer Öfen, Kanalisationsanschluß.

cc) Absetzung für Abnutzung kann auch der Pächter machen, wenn er den Verschleiß an den dem Gewerbebetrieb dienenden Wirtschaftsgütern zu tragen hat. Geht der Verschleiß zu Lasten des Verpächters, so ist dieser zu den Abnutzungsabsetzungen berechtigt.

dd) Die Absetzung für Abnutzungen werden nicht dadurch gehindert, daß die Wirtschaftsgüter gegen Schäden versichert sind; in diesem Falle dürfen neben den Absetzungen auch die Prämien zum Abzug zugelassen werden. Versicherungen, die den Ersatz für die durch Minderung oder Verlust der Gebrauchsfähigkeit der versicherten Gegenstände entstandenen Schäden bezwecken, die durch natürlichen Verschleiß eingetreten sind, sind nicht Schadens-, sondern Kapitalversicherungen; die Aufwendungen hierfür sind, da durch sie für den Betrieb neue Werte geschaffen werden, zu aktivieren (zu vgl. Urt. I A 433/31 vom 27. Juni 1933 = RStBl. 33 S. 1083). Die Absetzungen für Abnutzungen sind grundsätzlich vom Gesamtaufwand, ohne Rücksicht auf einen schließlich verbleibenden Schrott- oder Abbruchswert, vorzunehmen.

Der Aufwand ist gleichmäßig auf die Nutzungsdauer zu verteilen; für Gewerbebetriebe wird auch Absetzung vom jeweiligen Buchwert (Restwert) zugelassen (Urt. VI A 2226/30 vom 1. Juli 1931 = RStBl. 31 S. 877). Ein willkürlicher Wechsel in der Absetzungsart ist unzulässig; ein Wechsel im Absetzungshundertsatz ist nur bei Änderung der wirtschaftlichen Verhältnisse gestattet (RFH. Bd. 37 S. 22). Erweist sich der bisherige Absetzungssatz als unrichtig, so darf dieser nicht nach rückwärts korrigiert werden, vielmehr muß der verbliebene Restwert auf die voraussichtlich richtige Restnutzungsdauer verteilt werden (RFH. Bd. 34 S. 60).

b) Wirtschaftliche Abnutzung. Schon zum EStG. 25 hat der Reichsfinanzhof entschieden, daß der Begriff der Abnutzungsabsetzungen nicht ausschließlich im technischen Sinn aufgefaßt werden dürfe. Das EStG. bestimmt nunmehr in § 7 Abs. 1 Satz 3, daß außergewöhnliche Absetzungen für außergewöhnliche technische oder wirtschaftliche Abnutzung zulässig sind. Zu berücksichtigen ist hiernach bei der Bemessung der Absetzungen für Abnutzung nicht nur die technische kaufmännische Frage, wie lange bei günstigen Umständen ein Gegenstand halten kann, sondern auch wie lange dieser Gegenstand bei der Art, wie er im Betriebe verwendet wird, von Nutzen in diesem Betriebe verwendet werden kann. Es regelt also nicht nur die Benutzungsmöglichkeit, sondern auch die betriebswirtschaftliche Zweckmäßigkeit der Weiterbenutzung die Dauer der wirtschaftlichen Abnutzungszeit. Die Möglichkeit erhöhter Absetzungen wurde anerkannt hinsichtlich von Maschinen, wenn diese schon vor Ablauf ihrer technischen Lebensdauer für den Betrieb tatsächlich nicht mehr nutzbringend verwendet werden können, weil sie z. B. durch neue Erfindungen auf diesem Gebiet überholt werden oder ihre Verwendung aus anderen Gründen für den Betrieb nicht mehr nutzbringend ist (Urt. VI A 436/29 vom 10. April 1929 = StW. 29 Nr. 511).

c) Absetzung wegen Substanzverringerung. Absetzungen für Substanzverringerung sind zulässig bei Bergbauunternehmen, Steinbrüchen und anderen Betrieben, die einen Verbrauch der Substanz mit sich bringen. Die Absetzungen sollen insoweit den allmählichen Verzehr geldwerter Substanz in den Grenzen der für die Substanz gemachten Aufwendungen ausgleichen. Absetzungen kommen hiernach nicht in Betracht, wenn für die Substanz keine Aufwendungen gemacht sind.

§ 8

Hinzurechnungen

Dem Gewinn aus Gewerbebetrieb (§ 7) werden folgende Beträge wieder hinzugerechnet, soweit sie bei der Ermittlung des Gewinns abgesetzt sind:

1. Zinsen für Schulden, die wirtschaftlich mit der Gründung oder dem Erwerb des Betriebs (Teilbetriebs) oder eines Anteils am Betrieb oder mit einer Erweiterung oder Verbesserung des Betriebs zusammenhängen oder der nicht nur vorübergehenden Verstärkung des Betriebskapitals dienen;
2. Renten und dauernde Lasten, die wirtschaftlich mit der Gründung oder dem Erwerb des Betriebs (Teilbetriebs) oder eines Anteils am Betrieb zusammenhängen. Das gilt nicht, wenn diese Beträge beim Empfänger zur Steuer nach dem Gewerbeertrag heranzuziehen sind;
3. die Gewinnanteile des stillen Gesellschafters, sowie Gehälter und sonstige Vergütungen jeder Art, die für eine Beschäftigung des stillen Gesellschafters oder seines Ehegatten im Betrieb gewährt worden ist. Das gilt nicht, wenn diese Beträge beim Empfänger zur Steuer nach dem Gewerbeertrag heranzuziehen sind;
4. die Gewinnanteile, die an persönlich haftende Gesellschafter einer Kommanditgesellschaft auf Aktien auf ihre nicht auf das Grundkapital gemachten Einlagen oder als Vergütung (Tantieme) für die Geschäftsführung verteilt worden sind, sowie Gehälter und sonstige Vergütungen jeder Art, die für eine Beschäftigung der Ehegatten dieser Gesellschafter im Betrieb gewährt worden sind;
5. Gehälter und sonstige Vergütungen jeder Art, die für eine Beschäftigung des Ehegatten des Unternehmers oder Mitunternehmers im Betrieb gewährt worden sind;

6. Gehälter und sonstige Vergütungen jeder Art, die von einem im § 2 Absatz 2 Ziffer 2 und Absatz 3 bezeichneten Unternehmen an wesentlich Beteiligte oder an ihre Ehegatten für eine Beschäftigung im Betrieb gewährt worden sind;
7. Vorteile, die von Vereinigungen zum gemeinsamen Ankauf von Lebensmitteln oder hauswirtschaftlichen Gegenständen im großen und Absatz im Einzelhandel an Käufer gewährt worden sind (Kundengewinn), soweit diese Vorteile drei vom Hundert der auf die Waren geleisteten Barzahlungen überstiegen haben. Hierbei ist es gleichgültig, ob der Kundengewinn Mitgliedern oder Nichtmitgliedern gewährt worden ist;
8. die Hälfte der Miet- und Pachtzinsen für die Benutzung der nicht in Grundbesitz bestehenden Wirtschaftsgüter des Anlagevermögens, die im Eigentum eines anderen stehen. Das gilt nicht, soweit die Miet- oder Pachtzinsen beim Empfänger zur Steuer nach dem Gewerbeertrag heranzuziehen sind;
9. die Anteile am Verlust einer offenen Handelsgesellschaft, einer Kommanditgesellschaft oder einer anderen Gesellschaft, bei der die Gesellschafter als Unternehmer (Mitunternehmer) des Gewerbebetriebs anzusehen sind.

Kurze Inhaltsangabe:

I. Allgemeines zu den Hinzurechnungen und Kürzungen (§§ 8 und 9 des Ges.):
1. Zweck der Hinzurechnungen u. Kürzungen;
2. Erschöpfende Aufzählung der Hinzurechnungen und Kürzungen;
3. Hinzurechnungen und Kürzungen bei sachlichen Steuerbefreiungen.

II. Erläuterungen zu § 8:

Ziff. 1:

1. Grund der Hinzurechnung der Schuldzinsen für Dauerschulden;
2. die Abgrenzung der nichtabzugsfähigen von den abzugsfähigen Schulden bzw. Schuldzinsen im allgemeinen;
3. Einzelheiten für die Abgrenzung:
   a) Bedeutung der Vereinbarungen der Parteien,
   b) Bedeutung des einzelnen Kreditgeschäfts;
4. die einzelnen Schuldarten:
   a) abzugsfähig sind in der Regel:
      aa) Warenschulden,
      bb) Kontokorrentschulden,
      cc) nichterhobene Geschäftsgewinne,

dd) Stillhalteschulden,
ee) Pfandbriefschulden,
ff) Spareinlagen, Depositen,
gg) bei den Kreditinstituten die hereingenommenen Gelder, Darlehen und Anleihen;

b) nichtabzugsfähig sind in der Regel:
aa) Kapitalschulden, die in keiner Beziehung zum Gewerbebetrieb stehen,
bb) Aktienkapital, Einlagen usw.,
cc) Obligationen und Anleiheschulden,
dd) Hypothekenschulden,
ee) Gesellschafterguthaben,
ff) Aufwertungsschulden.

5. Hinzurechnung bei überschuldeten Betrieben des Gaststätten- und Beherbergungsgewerbes;
6. Begriff der Schuldzinsen.

Ziff. 2:

1. Begriff der Renten und dauernden Lasten;
2. Voraussetzungen der Hinzurechnung;
3. Unterbleiben der Hinzurechnung.

Ziff. 3:

1. Begriff des stillen Gesellschafters; Grund der Hinzurechnung;
2. Umfang der Hinzurechnung;
3. Unterbleiben der Hinzurechnung;
4. Sachbehandlung, wenn der stille Gesellschafter Mitunternehmer ist.

Ziff. 4:

1. Bedeutung der Bestimmung;
2. die Höhe der Hinzurechnung.

Ziff. 5:

1. die Rechtslage nach dem ESt.-G.;
2. die Rechtslage nach dem Gew.-StG.

Ziff. 6:

1. die Rechtslage nach dem ESt.-G.;
2. die Rechtslage nach dem Gew.-StG.;
3. Begriff der wesentlichen Beteiligung.

Ziff. 7:

1. Grund der Hinzurechnung;
2. Begriff der Vorteile;
3. Voraussetzungen der Hinzurechnung;
4. Umfang der Hinzurechnung.

Ziff. 8:

1. Allgemeines;
2. Begriff der Miet- und Pachtzinsen;
3. Begriff des „anderen" im Sinn der Vorschrift;
4. Unterbleiben der Hinzurechnung.

Ziff. 9.

I. Allgemeines zu den Hinzurechnungen und Kürzungen (§§ 8 und 9 GewStG.)

1. Zweck der Hinzurechnungen und Kürzungen. Die Hinzurechnungen zum gewerblichen Gewinn (§ 8 d. Ges.) und die Kürzung der Summe des Gewinns und der Hinzurechnungen (§ 9) verfolgen verschiedene Zwecke. Folgende Zwecke sind von besonderer Bedeutung:

a) die Hinzurechnungen und Kürzungen sollen vor allem den Grundsatz zur Geltung bringen, daß die Erträge des gesamten im Betrieb arbeitenden Kapitals der Gewerbesteuer unterliegen. Auf diesem Grundsatz beruhen insbesondere die Hinzurechnungen der

Schuldzinsen (§ 8 Ziff. 1), der Renten und dauernden Lasten (§ 8 Ziff. 2), der Gewinnanteile des stillen Gesellschafters (§ 8 Ziff. 3);

b) andere Bestimmungen, insbesondere die Kürzungen, dienen der Vermeidung einer Doppelbesteuerung (§ 8 Ziff. 8, § 9 Ziff. 2).

2. Erschöpfende Aufzählung der Hinzurechnungen und Kürzungen. Die Hinzurechnungen und Kürzungen sind in den §§ 8 und 9 erschöpfend aufgeführt; weitere Hinzurechnungen und Kürzungen sind nicht gestattet.

3. Hinzurechnungen und Kürzungen bei sachlichen Steuerbefreiungen. Bei Ermittlung des Gewerbeertrags der Staatsbanken (§ 3 Ziff. 3 des Ges.), der öffentlichen oder der unter Staatsaufsicht stehenden Sparkassen (§ 3 Ziff. 4 des Ges.) und der Spareinrichtungen ländlicher Kreditgenossenschaften können die Hinzurechnungen und die Kürzungen nur in dem Verhältnis erfolgen, in dem der steuerfreie Gewinnanteil zum steuerpflichtigen Gewinnanteil steht; betreffen sie lediglich den steuerfreien Betriebsteil, so haben sie zu unterbleiben; betreffen sie nur den steuerpflichtigen Teil, so haben sie in voller Höhe zu erfolgen.

4. Anfechtung der Hinzurechnungen und Kürzungen. Die Höhe der Hinzurechnungen und Kürzungen kann nur im Verfahren über die Festsetzung des einheitlichen Steuermeßbetrags — dagegen nicht mehr im Verfahren über die Festsetzung der Gewerbesteuer — angefochten werden; ausgenommen von der Anfechtung sind aber solche Feststellungen (z. B. hinsichtlich der Einheitswerte), die bereits in einem besonderen Verfahren festgestellt worden sind.

II. Erläuterungen zu § 8.

Ziffer 1.

1. Grund der Hinzurechnung der Schuldzinsen für Dauerschulden. Bei der Einkommen- und Körperschaftsteuer werden alle Schuldzinsen, die auf mit dem Gewerbebetrieb im Zusammenhang stehende Schulden entfallen, als Betriebsausgaben abgesetzt. Bei der Gewerbesteuer ist ein derartiger unbeschränkter Schuldenabzug nicht möglich. Wollte man den Schuldzinsenabzug bei der Gewerbesteuer allgemein zulassen, so würde das ausschlaggebende Unterscheidungsmerkmal zwischen Personal- und Realsteuer aufgegeben werden, die Gewerbesteuer würde den Charakter einer Teileinkommensteuer und Teilvermögensteuer annehmen. Neben diesen rein programmatischen Erwägungen spricht aber vor allem der Grundsatz der Gleichmäßigkeit der Besteuerung für die Untersagung des Schuldenabzugs. Man denke nur an den Fall, daß in einem Ort ein bestimmter Gewerbebetrieb vorhanden ist, der mit Eigenkapital arbeitet, und daß nun ein Konkurrenzunternehmen gegründet wird, daß zunächst fast völlig mit fremdem Kapital tätig wird. Dann wäre es weder den fiskalischen Interessen der Gemeinde noch den wirtschaftlichen Interessen des bestehenden Unternehmens gegenüber vertretbar, daß dieses Konkurrenzunternehmen keine Gewerbesteuer zahlt. Das Fremdkapital zu begünstigen wäre auch deshalb bedenklich, weil diese Vorschrift gerade die großen und leistungsfähigen Unternehmer zu Maßnahmen verleiten könnte, die steuerliche Vorteile bieten, ohne wirtschaftlich gerechtfertigt zu sein. Das GewStG. rechnet mit Rücksicht darauf in beschränktem Umfange gewerbliche Schuldzinsen dem Gewerbeertrag hinzu.

2. Die Abgrenzung der nichtabzugsfähigen von den abzugsfähigen Schulden bzw. Schuldzinsen im allgemeinen. Die Vorschriften der Länder über die Unterschiede zwischen dem Gewerbekapital und dem der Vermögensteuer unterliegenden Einheitswert des gewerblichen Betriebs sowie dem Gewerbeertrag und den der Einkommen- (Körperschaft-)Steuer unterliegenden Reineinkünften wichen, soweit der Schulden- bzw. Schuldzinsenabzug in Betracht kam, formell wesentlich voneinander ab. Es fanden sich in der Hauptsache zwei Formen: nach der einen Form waren die „nichtlaufenden Verbindlichkeiten", nach der anderen Form die „aus der Geschäftsgründung oder Geschäftserweiterung herrührenden Schulden" vom Abzug ausgeschlossen. Bei beiden Formen ergab sich für den Regelfall die gleiche Lösung. Die Rechtsprechung zu den bisherigen Landesgesetzen, insbesondere diejenige des Preuß. Oberverwaltungsgerichts, wird mit Rücksicht darauf gewisse Anhaltspunkte für die Abgrenzung geben.

Nach dem GewStG. werden dem Gewinn aus Gewerbebetrieb hinzugerechnet Zinsen für Schulden, die wirtschaftlich mit der Gründung oder dem Erwerb des Betriebs (Teilbetriebs) oder eines Anteils am Betrieb oder mit einer Erweiterung oder Verbesserung des Betriebs zusammenhängen oder der nicht nur vorübergehenden Verstärkung des Betriebskapitals dienen.

a) Als Schulden im Sinn der Bestimmung können begrifflich nur Geschäftsschulden in Betracht kommen. Dies ergibt sich bereits aus dem Wortlaut des Gesetzes, der eine innere Beziehung der Schulden zum Geschäft voraussetzt. Privatschulden sowie die Zinsen aus solchen Schulden sind bei der Gewerbesteuer überhaupt nicht zu berücksichtigen; sie gehören weder zum Gewerbekapital noch sind die dafür gezahlten Zinsen, wenn sie aus Geschäftsmitteln entnommen werden, Betriebsausgaben. Sind die Zinsen für Privatschulden bei der Ermittlung des gewerblichen Gewinns abgezogen worden, so kann der Fehler bei der Ermittlung des Gewerbeertrags korrigiert werden. (Anders ist die Rechtslage hinsichtlich der Ermittlung des Betriebskapitals: sind bei der Einheitsbewertung Privatschulden irrtümlich abgezogen worden, so kann, da der Einheitswert eine bindende Grundlage für die Ermittlung des Gewerbekapitals ist, der Fehler bei Ermittlung des Betriebskapitals nicht mehr beseitigt werden.)

b) Die in der Bestimmung der Ziff. 1 aufgeführten Schulden lassen sich unter dem Sammelbegriff „Dauerschulden" zusammenfassen. Der Ausdruck „Dauerschulden" wird zwar nicht im Gesetz gebraucht, hier werden vielmehr die nichtabzugsfähigen Schulden durch eine bestimmte Zweckbestimmung gekennzeichnet; es handelt sich aber insoweit offensichtlich um Verbindlichkeiten, die den Betrieb auf eine gewisse Dauer belasten. Die Erste GewStDVO. spricht denn auch ausdrücklich von Dauerschulden (zu vgl. §§ 17, 18).

Den Gegensatz zu den Dauerschulden bilden die vorübergehenden bzw. laufenden Schulden, das sind Schulden, die sich aus dem laufenden Geschäftsverkehr eines Unternehmens ergeben, auf dem regelmäßigen Geschäftskredit beruhen und aus den regelmäßigen Geschäftseinnahmen gedeckt zu werden pflegen.

Mit der Gründung des Betriebs zusammenhängende Schulden sind solche, die anläßlich der Beschaffung des zur Betriebsführung erforderlichen Anlagekapitals oder zum Erwerb des Betriebs (Teilbetriebs) oder eines Anteils am Betrieb eingegangen wurden. Wird ein Geschäft mit Warenlager käuflich erworben, so ist der ganze Kaufpreis, auch soweit er auf das Warenlager entfällt, im Falle der Kreditierung Dauerschuld, während sonst ein bei der Eröffnung eines Geschäfts in Anspruch genommener Warenkredit in der Regel eine laufende Schuld darstellt. Unter Erweiterung des Betriebs fällt jede Ausdehnung des Betriebs über seinen bisherigen Umfang hinaus, z. B. die Einrichtung neuer Zweigstellen, die Vergrößerung der Geschäftsräume, die Aufnahme eines neuen Geschäftszweigs, die Vergrößerung der Betriebseinrichtung. Verbesserung stellt jedwede Verbesserung des Betriebs dar, die nicht gerade eine Erweiterung desselben bedeutet, z. B. größere Instandsetzungsarbeiten, Ersatz veralteter Maschinen gegen neue usw. Was den Begriff „der nicht nur vorübergehenden Verstärkung des Betriebskapitals" betrifft, so bedeutet nach der Rechtsprechung des PrOVG. Verstärkung des Betriebskapitals jede Kreditaufnahme, die dem Unternehmen flüssige Mittel zuführt, die ihm sonst zu dem betreffenden Zeitpunkt nicht hätten dienstbar gemacht werden können. Zu welchem Zweck die dem Betrieb zur Verfügung gestellten Mittel Verwendung finden, ist belanglos. Der Zweck kann z. B. sein die Abstoßung laufender Schulden oder die Erfüllung einer Bürgschaftsverbindlichkeit. Zu vgl. auch das zum früheren braunschw. Gewerbesteuerrecht ergangene RFH.-Urt. Bd. 32 S. 287.

Die Dauerschulden verlieren ihre Eigenschaft nicht dadurch, daß die überlassenen Mittel oder die mit ihrer Hilfe beschafften Vermögenswerte verloren gehen, die Eigenschaft als Dauerschulden bleibt vielmehr bis zur Tilgung der Schulden bestehen. Für die Hinzurechnung der Schulden und Schuldzinsen ist es hiernach belanglos, ob im maßgebenden Zeitpunkt der Gegenwert der Schuld noch im Betrieb arbeitet. Ebensowenig kann es für die Frage der Dauerschuld darauf ankommen, ob in den Aktiven des Betriebs flüssige Deckungsmittel zur Tilgung der Schuld vorhanden sind. Das Dasein solcher Deckungsmittel schließt weder die Feststellung einer Dauerschuld aus, noch läßt sich aus ihrem Fehlen unbedingt folgern, daß vorübergehende Schulden in Betracht kommen.

Für die Frage, ob eine Dauerschuld vorliegt, ist eine ratenweise zu tilgende Schuld als eine Einheit zu betrachten. Es wäre deshalb nicht angängig, Teile der Schuld, die in verhältnismäßig kürzeren Fristen abgetragen werden sollen, auszusondern und als vorübergehende Schuld zu behandeln, den verbleibenden Schuldteil dagegen als Dauerschuld anzusehen.

3. Einzelheiten für die Abgrenzung.

a) Bedeutung der Vereinbarungen der Parteien. Die Grenze zwischen vorübergehenden und Dauerschulden ist flüssig.

Der Begriff der Dauerschuld verlangt eine dauernde Widmung von Kapital für den Gewerbebetrieb; das bedeutet aber nicht eine Widmung für alle Zeit, sondern nur für eine gewisse, nicht nur vorübergehende Dauer. Nach der vom PrOVG. gebilligten preuß. Praxis pflegt eine Schuld, die länger als ein Jahr oder gar mehrere Jahre besteht, nicht mehr als vorübergehend angesehen zu werden. Nach Lage des Einzelfalls können aber bei Vorliegen besonderer Umstände die Zeitgrenzen auch weiter oder enger gesteckt werden. Eine Schuld, die sich über mehrere Jahre hinaus erstreckt, kann allerdings nicht mehr als vorübergehend angesehen werden. Eine laufende Verbindlichkeit kann zu einer festen Verbindlichkeit werden. Unter welchen Umständen dies der Fall ist, bestimmt sich nach der Verkehrsauffassung. Von wesentlicher Bedeutung ist, welcher Art die — schriftlichen oder mündlichen — Abmachungen sind, die Kreditgeber und Kreditnehmer getroffen haben. Hierbei ist aber nicht das, was die Beteiligten dem Worte nach vereinbart haben, sondern ihr wirklicher Wille maßgebend. Die Abrede einer kurzen Kündigungsfrist schließt das Vorliegen einer festen Schuld nicht ohne weiteres aus. Auch wenn eine solche besteht oder eine kurze Rückzahlungsfrist ohne Kündigung vereinbart ist, kann ein Dauerkredit vorliegen, falls die Beteiligten bei der Kreditgewährung oder später ausgemacht haben oder aus ihrem Geschäftsverkehr als üblich zu entnehmen ist, daß der Kredit, falls nicht besondere Umstände eintreten, auf nicht nur vorübergehende Dauer verlängert werden soll. Aus der Üblichkeit einer solchen Verlängerung wird in der Regel auf ein stillschweigendes Abkommen einer dauernden Kreditgewährung geschlossen werden können. Unter diesem Gesichtspunkt werden auch eingefrorene Kredite, d. h. Kredite, die zunächst als vorübergehende Kredite gedacht waren, aber infolge unvorhergesehener wirtschaftlicher Schwierigkeiten nicht zum vereinbarten Termin zurückbezahlt werden konnten, und deshalb dem Schuldner auf längere Zeit belassen werden müssen, als Dauerschulden zu erachten sein.

b) Bedeutung des einzelnen Kreditgeschäfts. Jedes Kreditgeschäft ist für die Frage, ob eine laufende oder dauernde Verbindlichkeit geschaffen werden wollte, für sich zu betrachten. Es geht deshalb nicht an, verschiedene selbständige Geschäfte, die einander gleichartig sind, als eine Einheit zusammenzufassen und hiervon die Beantwortung der Frage einer dauernden oder nur vorübergehenden Widmung abhängig zu machen. Mehrere selbständige Kreditgeschäfte liegen dabei stets vor, wenn verschiedene voneinander unabhängige Kreditgeber in Frage kommen. Aber auch beim einzelnen Kontoinhaber bildet in der Regel jede einzelne Einzahlung ein selbständiges Kreditgeschäft. Nur dann können mehrere Kredite desselben Kreditgebers zu einer Einheit zusammengefaßt werden, wenn dem Kreditnehmer gestattet ist, einen ihm bis zu einer gewissen Höhe eingeräumten Kredit nach Maßgabe seines jeweiligen Geldbedürfnisses in wechselnder Höhe in Anspruch zu nehmen, ohne daß eine völlige Ausgleichung der Schuld stattfindet.

Eine Kapitalschuld wird nicht dadurch zu einer „laufenden Verbindlichkeit", daß die durch deren Eingehung gewonnenen Mittel dem laufenden Geschäftsbetrieb dienen oder den laufenden Geschäftskredit ersetzen. Eine Hypotheken- oder Darlehensschuld kann damit nicht aus dem Grunde als laufende Verbindlichkeit angesehen werden, weil die durch ihre Aufnahme in den Betrieb hineingebrachten Mittel zum Einkauf von Waren oder zur Deckung von laufenden Verbindlichkeiten verwendet werden. Laufende Verbindlichkeiten wären lediglich die aus dem Einkauf von Waren beim Lieferanten unmittelbar entstehenden Schulden.

Die Bestellung von Sicherungshypotheken für Schulden macht diese noch nicht zu Dauerschulden, da Sicherungshypotheken auch für laufende Schulden bestellt werden.

4. Die einzelnen Schuldenarten.

a) Abzugsfähig sind in der Regel die Schuldzinsen für:

aa) die Warenschulden. Die Warenschulden (Lieferantenschulden) sind im allgemeinen laufende Schulden, weil sie auf dem regelmäßigen Geschäftsverkehr beruhen und aus den laufenden Geschäftseinnahmen gedeckt zu werden pflegen. Dies gilt durchwegs für sog. echte Warenschulden, die sich im Rahmen der geschäftsüblichen Zahlungsziele halten oder doch diese Ziele nur unwesentlich überschreiten. Laufende Warenschulden sind deshalb anzunehmen, wenn die Rohstoffe auf Kredit geliefert werden, Bezahlung regelmäßig nach Verkauf der Fertigwaren aus dem Erlös erfolgt, aber eine Verpflichtung der Rohstofflieferanten zu dauernder Belieferung, Wiederauffüllung des Warenlagers nicht besteht. Die Eigenschaft als laufende Warenschuld geht verloren, wenn der Warenlieferant das für die Ware geschuldete Kapital dem Abnehmer auf die Dauer beläßt; alsdann rührt die Kapitalschuld nicht mehr unmittelbar aus dem laufenden Geschäftsbetrieb, sondern aus der ausdrücklichen oder stillschweigenden Belassung des geschuldeten Betrags als Darlehen her. Eine echte Warenschuld wird vom PrOVG. auch dann verneint, wenn die einzelnen Warenlieferungen nicht mehr innerhalb des üblichen Ziels oder nicht bloß mit unwesentlicher Überschreitung beglichen werden, sondern wenn dem Schuldner von dem Lieferanten ausdrücklich oder stillschweigend geringere Abdeckungen gestattet werden, als die Schuld im einzelnen Falle zuläßt.

bb) Kontokorrentschulden. Ein Kontokorrentverhältnis (vgl. § 355 HGB.) liegt vor, wenn das Unternehmen in fortlaufender Geschäftsbeziehung zu einer Bank steht, wobei die hieraus entspringenden beiderseitigen Ansprüche und Leistungen nebst Zinsen auf dem Konto in Anrechnung gestellt und in regelmäßigen Zeitabschnitten durch Verrechnung und Feststellung des sich für den einen oder anderen Vertragsteil ergebenden Überschusses (Saldos) ausgeglichen werden. Kontokorrentschulden sind keine Dauerschulden (echte Kontokorrentschulden), wenn erhebliche Schwankungen der Verschuldung, die eine durchschnittliche Höhe einer gewissen Verschuldung nicht erkennen lassen, insbesondere ein öfteres völliges oder fast völliges Ausgleichen der Kontokorrentschuld vorgelegen haben. Soweit dies nicht der Fall ist, mithin der Kredit längere Zeit hindurch bestanden hat, handelt es sich um unechte Kontokorrentschulden, d. h. um Dauerschulden. Dauerschulden liegen deshalb vor, wenn einem Betriebe gestattet ist, bei einer Bank laufend einen Kredit bis zu einer bestimmten Höhe in Anspruch zu nehmen und wenn in Ausnützung der Vereinbarung eine Verschuldung des Steuerpflichtigen bei der Bank dauernd in einer bestimmten Durchschnittshöhe bestanden hat. Als Höhe der Dauerschuld wird in den Fällen, in denen das Konto häufig Schwankungen zu unterliegen pflegt, die unterste Kreditgrenze, allenfalls auch die durchschnittliche Höhe der Verschuldung anzusehen sein, doch kann letztere Ziffer Fehler aufweisen.

Wechselschulden sind wie Kontokorrentschulden in der Regel laufende Schulden.

cc) Nicht erhobene Geschäftsgewinne (z. B. Dividenden), die nicht dem Betriebe verbleiben sollen; insoweit liegt ein Forderungsrecht vor, das jederzeit geltend gemacht werden kann. Laufende Verbindlichkeiten sind ferner auch rückständige Schuldzinsen, gleichgültig, ob sie auf Schulden aus dem laufenden Geschäftsbetrieb oder auf Schulden aus der Gründung, Erwerbung oder Erweiterung des Betriebs beruhen.

dd) Schulden, die den Gegenstand einer mit Zustimmung der Reichsbank getroffenen Vereinbarung zwischen Gruppen ausländischer Gläubiger und inländischer Schuldner (sog. Stillhalteabkommen) bilden, gehören nicht zu den Dauerschulden (§ 18 der Ersten GewStDVO.).

ee) Bei Hypothekenbanken und ähnlichen Unternehmen (z. B. Landschaften, Stadtschaften) gehören Pfandbriefschulden und durchlaufende Schuldbeträge nicht zu den Dauerschulden.

ff) Spareinlagen, Depositen und Einzahlungen im Kontokorrentverkehr bei Banken, Sparkassen und Darlehenskassen werden im allgemeinen zu den laufenden Verbindlichkeiten der genannten Institute gehören. Als laufende Verbindlichkeiten werden auch die Löhne und Gehälter von Arbeitern und Angestellten anzusehen sein, die diese als — jederzeit abhebbare — Spargelder beim Arbeitgeber stehen lassen. Das gleiche wird auch von Spareinlagen, die Brauereikunden bei ihren Brauereien zu machen pflegen, gelten müssen. Derartige Einlagen werden aber dann als Dauerschulden anzusehen sein, wenn Löhne und Gehälter von Arbeitern und Angestellten, sowie Gehälter, Provisionen und Gewinnanteile von Vorstandsmitgliedern, Aktionären und Gesellschaften zur dauernden Verstärkung der Betriebsmittel beim Unternehmen stehen gelassen werden. In diesen Fällen verwandelt sich die ursprüngliche Lohn-, Gehalts- oder Provisionsforderung in ein Darlehen. Die Schuld des Unternehmers rührt alsdann nicht mehr unmittelbar aus dem Arbeits- und Anstellungsverhältnis, somit auch nicht mehr unmittelbar aus dem laufenden Geschäftsverkehr her.

gg) Bei Kreditinstituten im Sinn des § 1 des Reichsgesetzes über das Kreditwesen vom 5. Dezember 1934 (RGBl. I S. 1203), die geschäftsmäßig Geldbeträge annehmen und abgeben, gelten hereingenommene Gelder, Darlehen und Anleihen nur insoweit als Dauerschulden, als der Ansatz der zum Anlagevermögen gehörigen Betriebsgrundstücke (einschließlich Gebäude) und dauernden Beteiligungen das Eigenkapital überschreitet (§ 17 der Ersten GewStDVO.). Im übrigen sind die hereingenommenen Gelder, Darlehen und Anleihen bei den Kreditinstituten (Banken, Sparkassen, Girokassen, Giroverbänden) vorübergehende Schulden.

b) Nicht als laufende Verbindlichkeiten eines Betriebs können erachtet werden:

aa) Kapitalschulden, die in keiner Beziehung zum Gewerbebetriebe stehen, also insbesondere Schulden, die für persönliche Bedürfnisse aufgenommen worden sind;

bb) die auf der Passivseite der Bilanz aufgeführten Aktien- usw. Kapitalien und Reserven, ferner die dem gewerblichen Stammvermögen zugeführten Gelder, wie z. B. Beteiligungsgelder, die Einlagen stiller Gesellschaften und der Kommanditisten, ferner das eigene im Betrieb verwendete Kapital;

cc) Obligationen und Anleiheschulden;

dd) Hypothekenschulden. Bei Hypotheken spricht, wie das Pr. OVG. wiederholt entschieden hat, die Vermutung gegen den Charakter als laufender Schulden. Das gilt auch dann, wenn beim Kauf eines Grundstücks eine Übernahme von Hypotheken wegen deren Unkündbarkeit erfolgen mußte, obwohl der Erwerber den Kaufpreis in voller Höhe hätte zahlen können. Das gleiche gilt auch für den Erwerb in der Zwangsversteigerung hinsichtlich der in das geringste Gebot aufgenommenen Schulden. Sache des Steuerpflichtigen ist es, im Einzelfalle die Umstände darzulegen, die in Abweichung von der Regel die Hypothek als laufende Verbindlichkein erscheinen lassen. Die erwähnte Vermutung gilt nicht, wenn ein Grundstückshändler im laufenden Geschäftsbetrieb zum Widerverkauf bestimmte Grundstücke erwirbt. In diesem Falle rühren die Hypotheken aus dem laufenden Geschäftsbetrieb her. Die Vermutung gilt weiter nicht für Sicherungs- und Höchstbetragshypotheken; denn diese Hypotheken werden vielfach auch zur Sicherung laufender Verbindlichkeiten gegeben.

ee) Gesellschafterguthaben. Gesellschafterguthaben können den Charakter von Dauerschulden annehmen, wenn Gesellschafter (auch Gesellschafter von offenen Handelsgesellschaften und Kommanditgesellschaften) ihre Gewinne nicht abheben, sondern für längere Zeit auf Privatkonto stehen lassen.

ff) Bei Aufwertungsschulden kommt es auf das ursprüngliche Schuldverhältnis an. War die frühere Schuld eine Dauerschuld, so wird hieran durch die Aufwertung nichts geändert. War dagegen die ursprüngliche Schuld eine kurzfristige Schuld, so bleibt, da durch die Aufwertung keine neue Schuld begründet wird, auch die aufgewertete Schuld eine kurzfristige Schuld. Allerdings werden Aufwertungsschulden, auch wenn sie zunächst keine Dauerschulden waren, zu Dauerschulden, wenn sie jahrelang stehen bleiben. Das wird für alle Aufwertungsschulden der Fall sein, die jetzt noch nicht abgewickelt sind.

5. Hinzurechnung bei überschuldeten Betrieben des Gaststätten- und Beherbergungsgewerbes. Eine besondere Hinzurechnungsbestimmung wird in § 19 der Ersten GewStDVO. für überschuldete Betriebe des Gaststätten- und Beherbergungsgewerbes getroffen. Hiernach ist, wenn bei Betrieben des Gaststätten- und Beherbergungsgewerbes die Dauerschulden 130 v. H. des Einheitswerts der Betriebsgrundstücke übersteigen und wenn die Hinzurechnung dieser Schulden oder ihrer Zinsen zu einer unbilligen Besteuerung führen würde, auf Antrag insoweit von einer Hinzurechnung abzusehen. Auf die Gewährung der Vergünstigung besteht offenbar ein Rechtsanspruch. Die Frage, ob und unter welchen Umständen die Hinzurechnung zu einer unbilligen Härte führt, kann allgemein nicht gesagt werden. Eine unbillige Härte wird aber wohl vorliegen, wenn der Betrieb jahrelang mit Verlust abgeschlossen hat und sich ein gewerbesteuerpflichtiger Gewinn bzw. Kapital nur durch die Hinzurechnung ergibt.

6. Begriff der Schuldzinsen. Schuldzinsen sind in Geld oder in Geldeswert gezahlte Vergütungen jeder Art, die der Schuldner für die Nutzung eines aus Geld bestehenden oder in Geldeswert ausgedrückten Kapitals an den Gläubiger zu bezahlen hat, d. h. alles, was der Darlehensgeber dem Darlehensnehmer in Rechnung stellt. Auf die Bezeichnung kommt es nicht an. Ausschlaggebend ist, ob der von dem Schuldner zu leistende Betrag als Entschädigung für die Überlassung von Kapital angesehen werden kann. Es gehören hierher Zinsen jedweder Art (Vertrags-, Verzugs-, Prozeß- und gesetzliche Zinsen: §§ 256, 347, 452, 698 BGB.). Als Zinsen anzuerkennen sind nicht nur die laufenden, sondern auch einmalige Vergütungen für die Geldüberlassung, wenn sie als Zinsablösung oder als Zinsvorauszahlung geleistet worden sind. Zu den Zinsen werden wohl auch die Beiträge zu den Kosten des Kreditinstituts, ferner auch Kredit- und Umsatzprovisionen gehören (zu vgl. Urt. VI A 63/30 vom 22. Jan. 1930 = RStBl. 30 S. 145), wenn auch die Provisionen nicht besonders in § 8 Ziff. 1 aufgeführt sind. Keine Zinsen sind die Annuitäten und Amortisationsquoten, auch wenn sie aus ersparten Zinsen geleistet werden, ferner die Kosten für Änderung und Regulierung der Schulden, ferner Beitreibungskosten und Schadensersatzleistungen, ratenweise Abtragungen auf die Kapitalschuld. Kein Zins ist schließlich z. B. das bei Hypothekenaufnahmen übliche Damnum.

Ziff. 2.

1. Der Begriff der Renten und dauernden Lasten. Unter Renten sind auf eine längere Zeit, in der Regel an bestimmten Terminen auf Grund eines Rentenstammrechts zu entrichtende wiederkehrende Leistungen in Geld oder Geldeswert zu verstehen, die nicht eine Verzinsung oder Rückzahlung eines geliehenen oder abgetretenen Kapitals darstellen. Die Entrichtungszeit kann an die Lebenszeit eines bestimmten Menschen geknüpft oder auf eine Reihe von Jahren bestimmt sein. Im letzteren Falle genügt ein Zeitraum von zwölf Jahren (Urt. VI A 420/31 vom 19. Aug. 1931 = RStBl. 31 S. 910).

Dauernde Lasten verpflichten ähnlich wie Renten auf dauernd oder doch auf längere Zeit zu Leistungen. Während zum Begriff der Rente eine gewisse Gleichmäßigkeit nach Zeit und Art der Leistung gehört, kann die dauernde Last nach Zeit und Inhalt ungleichmäßig sein. Die Begriffe Renten und dauernde Lasten schließen einander nicht aus.

Ist eine Rente oder eine dauernde Last einmal begründet, so ist es für ihren Charakter gleichgültig, daß die Rente sehr bald wieder erlischt oder die Last wieder abgelöst wird.

Keine Renten und dauernden Lasten sind die Kaufpreisraten; doch ist die Abgrenzung gegenüber ersteren vielfach schwierig. Die Rechtsprechung neigt dazu, Renten anzunehmen, wenn die Leistungen zeitlich nicht bestimmt begrenzt, etwa auf die Lebenszeit des Empfängers oder Gebers oder auf ein sonstiges Ereignis abgestellt sind, dessen Eintritt zeitlich ungewiß ist, oder wenn die Leistungen auf ungewöhnlich lange Zeit gewährt werden. Dagegen stellen einige wenige Zahlungen innerhalb kurzer Zeit für die Regel Kaufpreisraten dar.

Kaufpreisraten können den gewerblichen Gewinn nicht mindern, dagegen sind Renten und dauernde Lasten, die der Erwerber eines Betriebs oder Teilbetriebs an den Veräußerer zu leisten hat, Betriebsausgaben.

2. Voraussetzungen der Hinzurechnung. Zuzurechnen sind nur solche Renten usw., die wirtschaftlich mit der Gründung oder dem Erwerb des Betriebs (Teilbetriebs) oder eines Anteils am Betrieb zusammenhängen.

Gewerbebetriebe oder Teilbetriebe (Zweigniederlassungen, Filialen) werden häufig in der Weise erworben, daß den Geldgebern oder Veräußerern auf eine bestimmte oder unbestimmte Zeit (z. B. auf Lebenszeit) eine bestimmte Geldrente oder ein Teil des gewerblichen Gewinns oder ein Bruchteil des Rohertrages oder der lebenslängliche Unterhalt zu gewähren ist. Derartige Renten und Lasten sind, soweit sie mit dem Gewerbebetrieb zusammenhängen, Betriebsausgaben; sie sind aber gemäß § 8 Ziff. 2 dem gewerblichen Gewinn zuzurechnen.

Die geschuldeten Renten und dauernden Lasten werden von den Gewerbetreibenden anläßlich der Gründung oder des Erwerbs des Betriebs (Teilbetriebs) in der Regel mit einem geschätzten Posten in die Eröffnungsbilanz eingesetzt. Der Passivposten wird im Laufe der Jahre, in denen Renten gezahlt werden, abgeschrieben; diese Abschreibungen erhöhen ohne weiteres den gewerblichen Gewinn. Eine Hinzurechnung kommt deshalb dann nicht in Betracht, wenn die Abschreibungen den gezahlten Renten entsprechen. Eine Hinzurechnung ist aber dann veranlaßt, wenn die in einem Jahr zu zahlenden Renten höher sind als die Abschreibung; in diesem Falle ist der Unterschiedsbetrag zwischen Rente und Abschreibung hinzuzurechnen.

Auffällig ist, daß gemäß Ziff. 2 nur solche Renten und dauernden Lasten hinzuzurechnen sind, die wirtschaftlich mit der Gründung oder dem Erwerb des Betriebs (Teilbetriebs) oder eines Anteils am Betrieb zusammenhängen, während die Zurechnungspflicht nach Ziff. 1 viel weitergeht und auch die Zinsen für Schulden umfaßt, die mit einer Erweiterung oder Verbesserung des Betriebs im Zusammenhang stehen. Nimmt ein Gewerbetreibender zur Erweiterung seines Betriebs ein Darlehen auf, so sind die zu zahlenden Schuldzinsen hinzuzurechnen; verpflichtet sich aber der Gewerbetreibende, bei dem gleichen Anlasse den Geldgeber auf unbestimmte Zeit am Gewinn zu beteiligen, so entfällt bei dem Wortlaut des Gesetzes die Hinzurechnung.

Wird die Rente oder dauernde Last durch eine Kapitalszahlung abgelöst, so stellt diese Kapitalszahlung eine — nicht hinzuzurechnende — Restkaufpreiszahlung dar.

Im Gegensatz zu den Renten und dauernden Lasten im Sinn des § 8 Ziff. 2 stehen die öffentlich-rechtlichen Lasten, die von den Besitzern gewisser Betriebe zu entrichten sind und auf Beziehungen der Betriebe zur Gemeinde, Schule, Kirchengemeinde, auf weg- und wasserrechtliche Verhältnisse usw. zurückzuführen sind. Derartige Lasten sind Betriebsausgaben.

Nicht zuzurechnen sind weiter Renten und dauernde Lasten, die sich z. B. aus einer in Ausübung des Gewerbebetriebs entstandenen Schadensersatzpflicht ergeben haben.

3. Unterbleiben der Hinzurechnung. Die Hinzurechnung unterbleibt, wenn die Renten und dauernden Lasten, die gemäß § 22 Ziff. 1 EStG. steuerpflichtige Einkünfte des Empfängers sind, für den Empfänger gewerbesteuerpflichtige Erträge darstellen und auch tatsächlich bei ihm zur Gewerbesteuer nach dem Ertrag herangezogen werden. Die Hinzurechnung kann deshalb nicht aus dem Grunde unterbleiben, weil der Gewerbebetrieb des Empfängers gemäß § 3 GewStG. oder deshalb steuerfrei ist, z. B. weil der Gewerbeertrag den Betrag von 1200 *RM* (§ 11 Abs. 1 Ziff. 2) nicht erreicht.

Ziff. 3.

1. Begriff des stillen Gesellschafters; Grund der Hinzurechnung. Zuzurechnen sind die Gewinnanteile des stillen Gesellschafters, ferner die Gehälter und sonstigen Vergütungen jeder Art, die für eine Beschäftigung des stillen Gesellschafters oder seines Ehegatten im Betrieb gewährt worden sind.

Unter dem stillen Gesellschafter im Sinn der Bestimmung ist der typische stille Gesellschafter, d. i. der stille Gesellschafter zu verstehen, der nur am Gesellschaftserfolg, nicht aber am Geschäftsvermögen der stillen Gesellschaft beteiligt ist (zu vgl. § 2 Anm. IX 1 c). Die Gewinnanteile, die dem stillen Gesellschafter zustehen, ferner die Gehälter und sonstigen Vergütungen jeder Art, die für eine Beschäftigung des stillen Gesellschafters oder seines Ehegatten im Betrieb gewährt werden, sind einkommensteuerrechtlich Betriebsausgaben. Zwecks Wahrung des Grundsatzes, daß gewerbesteuerpflichtiger Ertrag alles das ist, was der objektive Gewerbebetrieb abwirft, sind diese Abzüge dem Gewinne des Gewerbebetriebs wieder hinzuzurechnen.

2. Umfang der Hinzurechnung. Gemäß § 337 Abs. 1 HGB. wird am Schlusse jedes Geschäftsjahrs der Gewinn und Verlust der stillen Gesellschaft berechnet und der auf den stillen Gesellschafter fallende Gewinn ausbezahlt. Dieser Gewinnanteil unterliegt der Zurechnung. Zurechnungspflichtig sind weiter Gehälter und sonstige Vergütungen jeder Art, die für eine Beschäftigung des stillen Gesellschafters oder seines Ehegatten im Betrieb gewährt werden. Grundsätzlich gleichgültig ist, ob die stillen Gesellschafter oder ihre Ehegatten die Dienste und Arbeiten auf Grund des Gesellschaftsvertrags oder auf Grund eines Anstellungsvertrags, der außerhalb des Gesellschaftsvertrags abgeschlossen worden ist, leisten. Weiter ist es gleichgültig, worin die Beschäftigung im Betrieb der Gesellschaft besteht. Es müssen keineswegs Arbeiten oder Dienste in der Verwaltung, den Geschäfts- oder Büroräumen als Geschäftsführer oder Prokuristen sein, es genügt vielmehr auch eine Beschäftigung z. B. als Stenotypistin oder Arbeiter oder eine bloß beratende Tätigkeit. Zuzurechnen wären auch Hausverwaltungsgebühren, die ein stiller Gesellschafter für die Verwaltung eines der stillen Gesellschaft gehörigen Anwesens erhält.

Zuzurechnen sind weiter Gratifikationen oder für langjährige treue Mitarbeit gewährte besondere Vergütungen, ferner auch Ruhegehälter an ausgeschiedene Direktoren und Angestellte, soferne sie noch stille Gesellschafter sind, da auch diese Ruhegehälter für geleistete Dienste und Arbeiten gewährt werden. Die als Dienstbezüge eines stillen Gesellschafters anzusehenden Zahlungen behalten diese rechtliche Eigenschaft auch dann, wenn sie unmittelbar an einen Dritten geleistet werden.

Da nur Vergütungen für eine Beschäftigung im Betrieb zurechnungspflichtig sind, entfällt die Zurechnung für Zahlungen, die stille Gesellschafter dafür bezogen haben, daß sie an die Gesellschaft Lieferungen (z. B. von Baumaterialien, Kohlen usw.) getätigt haben. Es kann auch nicht derjenige Teil des Kaufpreises zugerechnet werden, der als Reinverdienst eines liefernden Gesellschafters anzusehen ist. Ist ein stiller Gesellschafter als Bauhandwerker tätig und bewirkt er gleichzeitig Lieferungen, so unterliegt der Zurechnungspflicht der Teil der Zahlungen, der das Entgelt für die im Betriebe geleisteten Arbeiten darstellt.

Nicht zurechnungspflichtig sind weiter Beträge, die die stillen Gesellschafter als Ersatz für Aufwendungen im Dienst der Gesellschaft erhalten.

3. Unterbleiben der Hinzurechnung. Die Zurechnungspflicht entfällt, wenn die Gewinnanteile sowie die Gehälter und sonstigen Vergütungen beim Empfänger zur Steuer nach dem Gewerbeertrag heranzuziehen sind.

Die Gewinnanteile unterliegen beim Empfänger der Besteuerung nach dem Gewerbeertrag, wenn die stille Beteiligung zum gewerblichen Betriebsvermögen des Empfängers gehört; andernfalls sind die Einkünfte solche aus Kapitalvermögen. Die stillen Beteiligungen sind regelmäßig kein Betriebsvermögen, wenn der sich still

Beteiligende keinen gewerblichen Betrieb inne hat; sie sind stets Betriebsvermögen, wenn sie einer Kapitalgesellschaft oder Personalgesellschaft gehören. Ist der sich still Beteiligende eine Einzelperson, so hängt die Entscheidung von den Umständen des Einzellfalls ab. Der RFH. unterscheidet hinsichtlich der Zurechnung von Gegenständen zum Betriebs- oder Privatvermögen in feststehender Rechtsprechung drei Möglichkeiten: es gibt Gegenstände, die einkommensteuerrechtlich a) nur zum Privatvermögen gehören können, mögen sie auch nach dem Willen des Steuerpflichtigen dem Betriebsvermögen zuzurechnen und als solches in den Geschäftsbüchern ausgewiesen sein (notwendiges Privatvermögen); b) die zum Betriebsvermögen gehören, auch wenn sie nicht durch die Betriebsbuchführung festgehalten sind (notwendiges Betriebsvermögen); c) deren Zugehörigkeit zum Betriebsvermögen im wesentlichen davon abhängt, ob sie der Gewerbetreibende als Betriebsvermögen behandeln will oder nicht (gewillkürtes Vermögen). Die Lösung a scheidet aus. Notwendiges Betriebsvermögen wird eine stille Beteiligung nur dann sein, wenn sich diese mit Rücksicht auf den eigenen Betrieb, z. B. um eine Forderung zu retten, als notwendig erwiesen hat. Im Regelfall wird es hiernach von dem Willen des Kaufmanns abhängen, ob die stille Beteiligung zum Privat- oder Betriebsvermögen gehören soll; von wesentlicher Bedeutung ist insoweit die buchliche Behandlung der stillen Beteiligung (Urt. VI A 1398/29 vom 4. Sept. 1929 = RStBl. 29 S. 597). Für die gewerbesteuerliche Behandlung ist die Behandlung nach dem ESt.- und KStG. entscheidend.

4. Sachbehandlung, wenn der stille Gesellschafter Mitunternehmer ist. Die Zurechnung entfällt, wenn der stille Gesellschafter Mitunternehmer ist (zu vgl. § 2 Anm. IX 1 c). Gewerbesteuerrechtlich sind die offenen Handelsgesellschaften usw. verselbständigt. Gewinn der offenen Handelsgesellschaft usw. ist die Summe nicht nur der Gewinnanteile der Gesellschafter, sondern auch der Vergütungen, die die Gesellschafter von der Gesellschaft für ihre Tätigkeit im Dienste der Gesellschaft oder für die Hingabe von Darlehen oder für die Überlassung von Wirtschaftsgütern bezogen haben (zu vgl. § 15 Ziff. 2 EStG., § 14 Abs. 1 der Ersten GewStDVO.). Erhalten die geschäftsführenden Gesellschafter für ihre Tätigkeit gegenüber den anderen Gesellschaftern eine besondere Vergütung, so gehört diese zum einheitlichen Gewinn der offenen Handelsgesellschaft. Da sonach die Gewinnanteile und Gehälter der Gesellschafter einer offenen Handelsgesellschaft usw. bereits im Gewinn der Gesellschaft enthalten sind, kann eine Zurechnung nicht in Frage kommen.

Ziff. 4.

1. Bedeutung der Bestimmung. Gemäß § 11 Ziff. 3 KStG. wird bei Ermittlung des Einkommens bei Kommanditgesellschaften auf Aktien der Teil des Gewinns abgezogen, der an persönlich haftende Gesellschafter auf ihre nicht auf das Grundkapital gemachten Einlagen oder als Vergütung (Tantieme) für die Geschäftsführung verteilt wird. Diese Beträge werden gemäß § 15 Ziff. 3 EStG., nach welcher Bestimmung der Komplementär einer Kommanditgesellschaft auf Aktien als selbständiger Unternehmer gilt, als gewerbliche Gewinne zur Einkommensteuer herangezogen. Da aber gemäß § 2 Abs. 2 Ziff. 2 GewStG. die Kommanditgesellschaften auf Aktien als einheitliche Gebilde mit ihrem gesamten Einkommen — darin eingeschlossen die auf die Komplementäre entfallenden Gewinnanteile — zur Gewerbesteuer herangezogen werden, diese Gewinnanteile aber im Gewinn der Gesellschaft nicht enthalten sind, so müssen diese besonders hinzugerechnet werden.

2. Die Höhe der Zurechnung. Zuzurechnen ist der Betrag, der bei der Körperschaftbesteuerung der Kommanditgesellschaft a. A. gemäß § 11 Ziff. 3 KStG. als Ausgabe abgesetzt worden ist. Eine Änderung dieses Betrags ist bei Festsetzung des Steuermeßbetrags nach dem Gewerbeertrag nicht zulässig.

3. Hinzurechnung der an Ehegatten gezahlten Vergütungen. Hinzuzurechnen sind auch Gehälter und sonstige Vergütungen jeder Art, die für eine Beschäftigung der Ehegatten dieser Gesellschafter im Betrieb gewährt worden sind (zu vgl. hierzu die hier sinngemäß geltenden Ausführungen in Anm. 2 zu § 8 Ziff. 3).

Ziff. 5.

1. Die Rechtslage nach dem EStG. Das PrOVG. hat in ständiger Rechtsprechung (vgl. insbesondere Urt. VIII GSt. 208/30 vom 12. Mai 1931 = RuPrVerwBl. 1931 S. 913) die Möglichkeit eines Anstellungsvertrags zwischen Ehegatten für den Fall, daß die Tätigkeit der Ehefrau über die Grenzen des § 1356 Abs. 2 BGB., d. h. über die Grenzen der Üblichkeit hinausgeht, bejaht und dementsprechend den Abzug eines Gehalts des Ehegatten von dem steuerpflichtigen Gewerbeertrag des Betriebs des anderen Ehegatten grundsätzlich anerkannt. Der IV. Senat des RFH. hat sich für die braunschweigische Gewerbesteuer im Urt. IV A 268/34 vom 26. Okt. 1932 (RFH. Bd. 32 S. 100) dieser Auffassung angeschlossen. Demgegenüber lehnt der VI. Senat des RFH. für das Gebiet der Einkommensteuer aus der Erwägung heraus, daß Ehemann und Ehefrau zusammen veranlagt werden, und daß „die Ehegatten aus einem Topf und in einen Topf leben", die Möglichkeit eines Arbeitsverhältnisses zwischen Ehemann und Ehefrau grundsätzlich ab; er hat dementsprechend den an Ehegatten bezahlten Löhnen und Gehältern die Eigenschaft als abzugsfähige Betriebsausgaben versagt (zu vgl. Urt. VI A 67/30 vom 7. Mai 1930 = Bd. 27 S. 22; Urt. VI A 607/30 vom 12. Nov. 1930 = RStBl. 31 S. 588). Gleiches gilt für nachträglich an die frühere Ehefrau gezahlte Entschädigungen für im Gewerbebetrieb des Ehemanns geleistete Arbeit (Urt. VI A 1237/31 vom 9. Juli 1931 = RStBl. 31 S. 820). Ist der Ehegatte in dem Betrieb einer oHG., oder KommG. oder einer anderen Gesellschaft im Sinn des § 15 Ziff. 2 EStG., bei der der andere Ehegatte als Mitunternehmer beteiligt ist, angestellt, so kann nach der neueren Rechtsprechung des RFH. ein Arbeitsverhältnis zwischen der Gesellschaft und dem Ehegatten dann nicht angenommen werden, wenn der andere Ehegatte maßgebenden Einfluß in der Gesellschaft besitzt, der Betrieb der Gesellschaft im wesentlichen also als Betrieb des Ehegatten, dessen Ehegatte als Angestellte des Betriebs tätig ist, anzusehen ist. Soweit diese Voraussetzungen nicht gegeben sind, wird die Möglichkeit eines Arbeitsverhältnisses zwischen der Gesellschaft und dem Ehegatten anerkannt (Urt. VI A 26/32 vom 28. Sept. 1932 = RStBl. 32 S. 1170).

2. Die Rechtslage nach dem GewStG. Nach dem im Vorstehenden Gesagten werden die an Ehegatten gezahlten Gehälter und sonstigen Vergütungen jeder Art einkommensteuerrechtlich in der Regel nicht als Betriebsausgaben behandelt; eine Zusetzung zum Gewinn des Betriebs des Ehegatten oder des Betriebs, an welchen der Ehegatte als Mitunternehmer beteiligt ist, ist deshalb in der Regel nicht geboten. Soweit aber derartige Gehälter und sonstige Vergütungen als Betriebsausgaben abgesetzt werden, ist die Hinzurechnung geboten. Das Gewerbesteuerrecht läßt eine Ausnahme in keiner Hinsicht zu. Die Zurechnung hat auch zu erfolgen, wenn Gehälter usw. an die früheren Ehegatten für während des Bestehens der Ehe geleistete Dienste nachträglich gewährt worden sind.

3. Über den Begriff der Gehälter und sonstigen Vergütungen zu vgl. Anm. 2 Ziff. 3 des § 8; über den Begriff des Mitunternehmers zu vergl. Anm. IX 1 c zu § 2).

Ziff. 6.

1. Die Rechtslage nach dem EStG. Der RFH. erkennt in feststehender Rechtsprechung die — einkommensteuerrechtlich zu berücksichtigende — Möglichkeit eines Anstellungsvertrags zwischen einer Gesellschaft und ihren Gesellschaftern grundsätzlich selbst für solche Fälle an, in denen die Gesellschafter allein oder mit ihren Ehegatten das gesamte Kapital der Gesellschaft besitzen (sog. Einmanngesellschaften). Die Rechtsprechung des RFH. beruht auf der Erwägung, daß steuerlich eine Kapitalgesellschaft als solche anzuerkennen ist, auch wenn es sich um sog. Einmanngesellschaften handelt, deren Anteile allein Ehegatten zustehen. Ist bei der Einmann- oder Ehegatten-Gesellschaft der Gesellschafter oder einer der Ehegatten Geschäftsführer, so können seine Bezüge abzugsfähige Arbeitslöhne und Betriebsausgaben sein (Urt. VI A 141/36 vom 26. Febr. 1936 = RStBl. 36 S. 682).

In gleicher Weise läßt der RFH. auch Anstellungsverträge zwischen einer Gesellschaft und dem Ehegatten einer an der Gesellschaft beteiligten Person einkommensteuerrechtlich für solche Fälle gelten, in denen der Betrieb der Gesellschaft ein dem beteiligten Ehegatten fremder Betrieb ist. Ein dem Beteiligten fremder Betrieb ist gegeben, wenn dieser in der Gesellschaft keine überwiegende wirtschaftliche Machtstellung einnimmt. Eine überwiegende wirtschaftliche Machtstellung wird in diesem Sinne für die Fälle nicht angenommen, in denen der Ehegatte die Aktienmehrheit einer AG. besitzt (Urt. VI A 729/29 vom 28. Mai 1929 = RStBl. 29 S. 607); dagegen wurde eine überragende wirtschaftliche Machtstellung angenommen, wenn der Ehegatte 85 v. H. der Anteile einer GmbH. innehat (Urt. VI A 482/30 vom 26. Juni 1930 = RStBl. 30 S. 635).

2. Die Rechtslage nach dem Gewerbesteuerrecht. Das Gewerbesteuerrecht erkennt die Abzugsfähigkeit von Gehältern und sonstigen Vergütungen nur dann an, wenn die Gesellschafter — eines der im § 2 Abs. 2 Ziff. 2 und Abs. 3 bezeichneten Unternehmen — an dem Unternehmen nicht wesentlich beteiligt sind. Soweit nach den Ausführungen zu 1 bei der Veranlagung der Einkommen- bzw. Körperschaftsteuer die gezahlten Gehälter und sonstigen Vergütungen jeder Art in nach dem Gewerbesteuerrecht unzulässiger Weise vom Gewinn abgesetzt worden sind, sind sie bei Ermittlung des Gewerbeertrags diesem wieder zuzusetzen.

3. Begriff der wesentlichen Beteiligung. Gemäß § 16 Abs. 1 der Ersten GewStDVO. sind unter wesentlich Beteiligten nur natürliche Personen zu verstehen. Gemäß Abs. 2 gilt als wesentlich beteiligt eine Person dann, wenn sie allein oder mit ihren Angehörigen zu mehr als einem Viertel unmittelbar oder mittelbar durch Vermittlung eines Treuhänders oder einer anderen Gesellschaft beteiligt ist. Beteiligung nur durch Angehörige genügt nicht. Die Beteiligung muß in einem Zeitpunkt des Bemessungszeitraums bestanden haben, der für die Ermittlung des Gewerbeertrags maßgebend ist; nicht notwendig ist also, daß die Beteiligung während des ganzen maßgebenden Bemessungszeitraums bestanden hat. Der Begriff der Angehörigen ist in § 10 StAnpG. umschrieben. Verlangt ist eine Beteiligung an dem Unternehmen, d. h. an dem Kapital der Unternehmung; eine bloße Beteiligung an dem Ertrag des Unternehmens genügt nicht. Kapital im Sinn der Bestimmung ist bei einer GmbH. nur das im Handelsregister eingetragene Stammkapital; bei einer AG. muß eine Beteiligung am Grundkapital der AG. vorliegen. Die Anteile, die eine GmbH. gemäß § 33 GmbHG. als eigene besitzt, zählen bei Prüfung der Frage, ob ein Gesellschafter wesentlich beteiligt ist, jedenfalls dann nicht mit, wenn die Gesellschafter zugleich die Geschäftsführer sind.

4. Zum Begriff „der Gehälter und sonstigen Vergütungen jeder Art" zu vgl. Anm. 2 zu Ziff. 3 des § 8.

Ziff. 7.

1. Grund der Hinzurechnung. Vereinigungen, die Lebensmittel oder hauswirtschaftliche Gegenstände im großen einkaufen und im Einzelhandel verkaufen, pflegen ihren Gewinn in der Weise zu verteilen, daß sie am Schluß des Geschäftsjahrs bestimmte Prozentsätze auf die Einkaufssumme auszahlen. Diese sog. Kundengewinne sind wirtschaftlich, soweit sie über einen gewissen Betrag hinausgehen, Gewerbeertrag und insoweit der Gewerbesteuer unterworfen. Im GewStG. ist deshalb vorgesehen, daß die Kundengewinne, soweit sie drei vom Hundert der auf die Waren geleisteten Barzahlungen überstiegen haben, dem Gewinn aus Gewerbebetrieb zuzurechnen sind.

2. Begriff der Vorteile. Zu den Vorteilen im Sinn des § 8 Ziff. 7 gehören außer den Dividenden alle Vergünstigungen, die die in Frage stehenden Vereinigungen — Verbrauchergenossenschaften (früher Konsumvereine genannt) — ihren Käufern gewähren. Hierher gehören vor allem Rabatte, Warenrückvergütungen.

3. Voraussetzungen der Hinzurechnung. Eine Hinzurechnung der Vorteile zum Gewinn der Vereinigung — es wird sich regelmäßig um eine Erwerbs- oder Wirtschaftsgenossenschaft handeln — kann nur dann in Frage kommen, wenn die Kundengewinne als Betriebsausgaben vom Gewinn der Vereinigung abgesetzt worden sind. Soweit eine Absetzung der Kundengewinne vom Gewinn der Genossenschaft nicht erfolgt ist, weil die Kundengewinne als verdeckte Gewinnausschüttungen erachtet wurden, kann auch eine Hinzurechnung nicht in Frage kommen.

Nach der Rechtsprechung des RFH. zum früheren Körperschaftsteuer- und Reichsbewertungsrecht wurde die Behandlung der Kundengewinne als Betriebsausgaben bzw. verdeckte Betriebsausschüttungen bzw. Schulden davon abhängig gemacht, ob sich die Tätigkeit der Genossenschaft auf den Kreis ihrer Mitglieder beschränkte, ferner ob die Warenabnehmer nach den Vereinssatzungen einen Anspruch auf die Warenrückvergütungen hatten, der der Willkür des Vereins entzogen war (zu vgl. Urt. I A a 881/28 vom 26. Febr. 1929 = RStBl. 29 S. 334; I A 372/28 vom 26. Febr. 1929 = RFH. Bd. 25 S. 79; I A 26/28 vom 14. Febr. 1928 = RStBl. 28 S. 119; I A b 785/28 vom 14. Dez. 1928 = RStBl. 29 S. 164). Nach der ständigen Auffassung des PrOVG. stellten Kundengewinne Betriebsausgaben dar, die vom Gewerbeertrag der Vereinigung abzusetzen waren, wenn nach den Statuten oder einem mit den Mitgliedern abgeschlossenen Vertrag die Mitglieder einen unbedingten Anspruch auf den Rabatt hatten und dieser damit der freien Verfügung der Genossenschaft entzogen war. Soweit diese Voraussetzungen nicht erfüllt waren, wurde der Kundengewinn als Ertrag angesehen.

Nach dem GewStG. kommt es für die Zurechnung lediglich darauf an, ob Kundengewinne gewährt wurden und ob diese bei Ermittlung des Gewinns der Vereinigung abgesetzt worden sind. Ob die Kundengewinne Mitgliedern oder Nichtmitgliedern gewährt wurden, ob ein Anspruch auf sie bestand, ist gleichgültig (§ 24 der Ersten GewStDVO.).

4. Umfang der Hinzurechnung. Die Kundengewinne werden nur hinzugerechnet, wenn und soweit sie 3 v. H. der auf die Waren geleisteten Barzahlungen übersteigen; Kundengewinne bis zu 3 v. H. bleiben deshalb für alle Fälle von der Hinzurechnung ausgenommen.

Ziff. 8.

1. Allgemeines. Nach den Gewerbesteuergesetzen verschiedener Länder wurden die für die Überlassung eines Grundstücks gezahlten Miet- und Pachtzinsen ganz oder teilweise den gewerbesteuerpflichtigen Erträgen des Mieters oder Pächters zugerechnet. Diese Regelung wurde getroffen, um eine möglichst weitgehende Gleichstellung zwischen den Gewerbetreibenden, die im eigenen Hause ihren Betrieb ausüben, und solchen, die in gemieteten oder gepachteten Grundstücken und Räumen arbeiten, herbeizuführen. Mit dem in den Realsteuergesetzen ausnahmslos durchgeführten Grundsatz, daß Grundstücke jeder Art Steuergegenstand der Grundsteuer sind und daß ferner von der Heranziehung desselben Gegenstandes zu beiden Realsteuern abgesehen werden muß, wäre die Zurechnung unvereinbar gewesen. Nach dem GewStG. unterbleibt deshalb die Zurechnung der für die Überlassung von Grundstücken bezahlten Miet- und Pachtzinsen. Miet- und Pachtzinsen, die als Betriebsausgaben von den Einkünften des Gewerbetreibenden abgesetzt worden sind (§§ 4, 5 EStG., § 7 KörpStG.), bleiben also für die Ermittlung der gewerbesteuerpflichtigen Erträge abgesetzt. — Der Ausgleich für den Unternehmer, der in eigenen Räumen seinen Betrieb ausübt, wird dadurch erreicht, daß 3 v. H. des Einheitswerts des Grundbesitzes abgezogen werden (§ 9 Ziff. 1 GewStG.). — Lediglich in einem Sonderfalle wird eine Ausnahme gemacht.

Hinzugerechnet wird die Hälfte der bei der Feststellung der Erträge abgesetzten Miet- und Pachtzinsen für die Benutzung der nicht in Grundbesitz bestehenden Wirtschaftsgüter des Anlagevermögens, die im Eigentum eines anderen stehen. Zum Anlagevermögen gehören nur solche Gegenstände, die dem gewerbesteuerpflichtigen Betrieb nicht nur vorübergehend gewidmet sind. Als Gegenstände dieser Art kommen vor allem in Betracht die Gewerbebetriebe als solche, zu denen keine Grundstücke gehören, ferner bestimmte Teile des gewerblichen Anlagekapitals (z. B. die maschinelle Einrichtung des Betriebs). In diesen Fällen erscheint der Abzug der Miet- oder Pachtzinsen gerechtfertigt, wenn der Vermieter oder Verpächter die Miet- oder Pachtzinsen als Gewerbeertrag versteuert, z. B. weil er trotz der Verpachtung Kaufmann bleibt und ihm die Miet- und Pachteinnahmen als gewerbliches Einkommen zufließen — Beispiel: Eine Brauerei verpachtet das Inventar einer Wirtschaft an einen Gastwirt — oder weil der Vermieter oder Verpächter kraft Gesetzes die Eigenschaft eines Gewerbetreibenden hat (§ 2 Abs. 2 GewStG.). Gehören beim Verpächter die Miet- oder Pachteinnahmen dagegen nicht zu den Einkünften aus Gewerbebetrieb, so würde auf der einen Seite der Vermieter oder Verpächter keine Gewerbesteuer zu zahlen haben, auf der anderen Seite würden diese Beträge beim Gewerbetreibenden abzugsfähig sein. Der Gewerbetreibende würde also eine verhältnismäßig geringe Gewerbesteuer zu zahlen haben. Mit Rücksicht darauf müssen die Miet- oder Pachtzinsen für bewegliches Betriebskapital in den Fällen, in denen sie nicht zu den gewerbesteuerpflichtigen Einkünften des Vermieters oder Verpächters gehören, wieder hinzugerechnet werden. Der zuzurechnende Hälftebetrag der Miet- und Pachtzinsen ist ein Nettobetrag. Eine Kürzung dieses Betrags um die nach den Vorschriften des Einkommensteuergesetzes zulässigen Absetzungen für Abnutzung oder Substanzverringerung ist nicht mehr zulässig.

2. Der Begriff der Miet- und Pachtzinsen. Unter Miet- und Pachtzinsen im Sinn der Bestimmung sind nicht nur die Entgelte, die die Mieter oder Pächter auf Grund von Miet- oder Pachtverträgen im Sinn des BGB. (§§ 535, 581 BGB.) an die Vermieter oder Verpächter zu zahlen haben, sondern alle Entgelte zu verstehen, die entspringen aus obligatorischen Rechtsverhältnissen beliebiger Art, die wirtschaftlich dasselbe Ergebnis wie Miet- oder Pachtverhältnisse des BGB. herbeiführen, d. h. also alle fortlaufenden Zahlungen für die Nutzung der dem Nutzungsberechtigten nicht nur vorübergehend dienenden, im Eigentum eines anderen stehenden Gegenstände (zu vgl. PrOVG. III G St 140/141/30 vom 31. Okt. 1930 = RuPrVBl. 31 S. 93). Es kommt also nicht darauf an, ob zivilrechtlich ein Miet- oder Pachtverhältnis vorliegt, sondern darauf, ob ein Rechtsverhältnis gegeben ist, das in seinem wirtschaftlichen Ergebnis einem Miet- oder Pachtverhältnis gleichsteht, gleichgültig in welchen Vertragstyp es juristisch einzuordnen ist. Gleichgültig ist, ob das Entgeld privatrechtlichen oder öffentlich-rechtlichen Charakter hat. Als Miet- oder Pachtzinsen im Sinn der Bestimmung sind deshalb u. a. zu behandeln Marktstandgelder, Kühlhauszellengebühren, Patentlizenzgebühren. Als zurechnungspflichtig sind weiter anzusehen Nebenleistungen, die die Mieter oder Pächter in Abweichung von der gesetzlichen Regelung zum Vorteil des Vermieters oder Verpächters übernommen haben. Besteht der Pachtzins lediglich in der Verpflichtung des Pächters, die eigenen Unkosten des Verpächters zu decken, so ist auch dieser Ertrag zurechnungspflichtig. Das gleiche gilt von den Rücklagen, die der Pächter macht, weil er im Pachtvertrag die Verpflichtung übernommen hat, die gepachteten Anlagen dem Verpächter in demselben Zustande, in dem er sie übernommen hat, bei Ablauf des Pachtvertrags zurückzugeben.

Nicht zurechnungspflichtig sind:

a) die Kosten für Reparaturen an den gepachteten Anlagegegenständen, da sie im Interesse des Betriebs des Pächters gemacht werden;

b) die Gebühren für die Überlassung von Gegenständen nur für kurze Zeit. In diesem Sinn werden z. B. die Filmverleihgebühren, die Kinobesitzer an Filmverleihanstalten für die nur kurze Zeit währende Verleihung der Filme zahlen, keine Mietzinsen im Sinn der Bestimmung darstellen.

3. **Begriff des anderen im Sinne der Vorschrift.** Anderer im Sinn der Bestimmung kann nicht ein Gesellschafter einer offenen Handelsgesellschaft im Verhältnis zur Gesellschaft sein; denn bei Personengesellschaften gehören ohne weiteres zum Gewinn der Personengesellschaft die Vergütungen, die der Gesellschafter von der Personengesellschaft für die Überlassung von Wirtschaftsgütern bezogen hat (§ 14 der Ersten GewStDVO.). Ist der Mietvertrag mit einer AG., GmbH. oder einer sonstigen juristischen Person abgeschlossen, so ist es belanglos, ob der die Miete schuldende Betriebsinhaber sämtliche Anteile der die Miete empfangenden Gesellschaft besitzt, z. B. alleiniger Gesellschafter (Einmanngesellschafter) ist.

4. **Unterbleiben der Hinzurechnung.** Die Zurechnung unterbleibt, soweit die Miet- oder Pachtzinsen beim Empfänger zur Steuer nach dem Gewerbeertrag heranzuziehen sind. Das ist dann der Fall, wenn Vermieter oder Verpächter eine der in § 2 Abs. 2 und 3 GewStG. aufgeführten Rechtspersonen ist oder wenn der Vermieter oder Verpächter trotz der Vermietung oder Verpachtung Gewerbetreibender verblieben ist. Zu vgl. hierzu die Bem. II B 2 b zu § 2.

Ziff. 9.

Die offenen Handelsgesellschaften, Kommanditgesellschaften und anderen Gesellschaften, bei denen die Gesellschafter als Unternehmer (Mitunternehmer) anzusehen sind, sind gewerbesteuerlich verselbständigt; die von ihnen erzielten Erträge werden bei ihnen unmittelbar gewerbesteuerlich erfaßt. Die Beteiligungen an den offenen Handelsgesellschaften gehören andererseits unter Umständen zum Betriebsvermögen der Gesellschafter; — dies ist dann der Fall, wenn die Beteiligung zum notwendigen Betriebsvermögen (zu vgl. die Bem. II 2 b zu § 7) des Teilhabers gehört oder wenn der Teilhaber die Beteiligung in seinen Büchern führt. — Würden nun die Beteiligung und die sich hieraus ergebenden Gewinnanteile auch beim Teilhaber besteuert, so würde das zu einer Doppelbesteuerung führen. Zwecks Vermeidung dieser Doppelbesteuerung wird die Summe des gewerblichen Gewinns und der Hinzurechnungen gemäß § 9 Ziff. 2 GewStG. um die Anteile am Gewinn gekürzt. Andererseits sind die Anteile eines Gesellschafters am Verlust einer offenen Handelsgesellschaft usw., die einkommensteuerrechtlich den gewerblichen Gewinn der Gesellschafter vermindern, dem gewerblichen Gewinn hinzuzurechnen (§ 8 Ziff. 9 GewStG.). — Beispiel: Der Gesellschafter einer offenen Handelsgesellschaft erzielte aus eigenem Betrieb einen Gewinn von 10000 *RM*, seine Beteiligung an einer offenen Handelsgesellschaft ergab einen Verlust von 4000 *RM*; einkommensteuerrechtlich errechnet sich ein Gewinn von 6000 *RM*; gewerbesteuerrechtlich ist der Verlust von 4000 *RM* dem einkommensteuerrechtlichen Gewinn von 6000 *RM* zuzurechnen, so daß 10000 *RM* Gewerbeertrag zu besteuern sind.

Die Anteile am Gewinn und Verlust bei offenen Handelsgesellschaften usw. sind mit den für die Einkommensteuer festgestellten Beträgen zu übernehmen (§ 215 AO., § 15 EStG.).

Wegen des Begriffs der anderen Gesellschaften, bei denen die Gesellschafter als Unternehmer (Mitunternehmer) des Gewerbebetriebs anzusehen sind, zu vgl. Anm. IX 1 c zu § 2.

§ 9

Kürzungen

Die Summe des Gewinns und der Hinzurechnungen wird gekürzt um:

1. drei vom Hundert des Einheitswerts des zum Betriebsvermögen des Unternehmers gehörenden Grundbesitzes; maßgebend ist der Einheitswert, der durch den letzten Einheitswertbescheid festgestellt worden ist. An Stelle der Kürzung nach Satz 1 erfolgt bei einer Kapitalgesellschaft, die ausschließlich eigenen Grundbesitz oder neben eigenem Grundbesitz noch eigenes

Kapitalvermögen verwaltet und nutzt, auf Antrag die Kürzung um den Teil des Gewerbeertrags, der auf den Grundbesitz entfällt, es sei denn, daß der Grundbesitz ganz oder zum Teil dem Gewerbebetrieb eines Gesellschafters oder einem Unternehmen dient, an dem ein Gesellschafter wesentlich beteiligt ist;

2. die Anteile am Gewinn einer offenen Handelsgesellschaft, einer Kommanditgesellschaft oder einer anderen Gesellschaft, bei der die Gesellschafter als Unternehmer (Mitunternehmer) des Gewerbebetriebs anzusehen sind;

3. den Teil des Gewerbeertrags eines inländischen Unternehmens, der auf eine nicht im Inland belegene Betriebstätte entfällt.

Kurze Inhaltsangabe:

Ziff. 1:

1. Allgemeines (Grund der Kürzung);
2. Begriff des Grundbesitzes und des Betriebsvermögens;
3. maßgebender Einheitswert des Grundbesitzes;
4. Bedeutung des Pauschalbetrags;
5. die Behandlung der Grundstücksverwaltungsgesellschaften.

Ziff. 2.

Ziff. 3:

1. die Regelung nach dem ESt.-G.;
2. Begriff der inländischen Betriebstätte;
3. Feststellung der inländischen gewerblichen Erträge.

Vorbemerkung. Wegen des Grundes usw. der Kürzungen wird auf die Ausführungen unter I zu § 8 verwiesen.

Ziff. 1.

1. Allgemeines (Grund der Kürzung). Das Realsteuerrecht geht von dem Grundsatz aus, daß Grundstücke jeder Art Steuergegenstände der Grundsteuer sind und daß von einer Heranziehung desselben Steuergegenstands zur Grundsteuer und zur Gewerbesteuer abgesehen wird. Hinsichtlich der Folgen, die sich aus der Durchführung dieses Grundsatzes ergeben, ist zu unterscheiden zwischen Grundstücken, die im Eigentum des gewerblichen Unternehmers stehen, und solchen Grundstücken, die vom gewerblichen Unternehmer gemietet oder gepachtet sind. Die für die Benutzung gemieteter oder gepachteter Grundstücke gezahlten Miet- oder Pachtzinsen sind bei der Ermittlung des einkommen- und körperschaftsteuerpflichtigen Gewinns in Abzug gebracht worden (zu vgl. § 8 Ziff. 8 Bem. 2); eine Hinzusetzung kommt nach dem GewStG. — anders als nach dem Gewerbesteuerrahmengesetz — in keiner Form in Betracht. Soweit die gewerblichen Grundstücke im Eigentum des Unternehmers stehen, ist der Mietwert dieser Grundstücke bei der Ermittlung des einkommen- und körperschaftsteuerpflichtigen Gewinns nicht in Abzug gebracht worden; ohne einen solchen Abzug würde aber der Mietwert dieser Grundstücke bei der Gewerbeertragsteuer erfaßt. Die folgerichtige Durchführung des Grundsatzes, daß eine Doppelbesteuerung zu unterbleiben hat, erfordert daher für die Gewerbeertragsteuer einen Abzug für den Mietwert der Betriebsgrundstücke. Um die Feststellung des Mietwerts im Einzelfall zu vermeiden, ist im Gesetz der Pauschalsatz von drei v. H. des Einheitswerts der Betriebsgrundstücke vorgesehen.

2. Begriff des Grundbesitzes und des Betriebsvermögens. Die Kürzung bezieht sich auf den zum gewerblichen Betriebsvermögen gehörenden (bebauten und unbebauten) Grundbesitz jeder Art; als Grundbesitz gelten auch das Erbbaurecht, ferner auch solche dem Gewerbebetrieb dienende Gebäude, die auf fremdem Grund und Boden errichtet sind. Ob und inwieweit Grundbesitz zum gewerblichen Betriebsvermögen gehört, beurteilt sich nach den Grundsätzen des Einkommen- und Körperschaftsteuerrechts (§ 20 der Ersten GewStDVO.); auf die Ausführungen in Bem. II 2 b zu § 7 wird verwiesen. Maßgebend ist dabei der Stand des Grundbesitzes am 1. Januar des Kalenderjahrs, in dem der Erhebungszeitraum beginnt (§ 20 der Ersten GewStDVO.). Gehört der Grundbesitz, für den der Einheitswert festgestellt worden ist, nur zum Teil zum Betriebsvermögen, so ist der Kürzung nur der entsprechende Teil des Einheitswerts zugrunde zu legen (§ 23 Abs. 2 der Ersten GewStVO.).

3. Maßgebender Einheitswert des Grundbesitzes. Maßgebend ist der Einheitswert auf den letzten Feststellungszeitpunkt (Hauptfeststellungs-, Fortschreibungs- oder Nachfeststellungszeitpunkt), der dem Beginn des Erhebungszeitraums unmittelbar vorausgeht. Der Einheitswert des Hauptfeststellungszeitpunkts ist aber nur dann maßgebend, wenn er mindestens fünf Vierteljahre vor dem Beginn des Erhebungszeitraums liegt (§ 23 Abs. 1 der Ersten GewStDVO.). Der hiernach maßgebende Einheitswert ist der Kürzung auch dann zugrunde zu legen, wenn der Feststellungsbescheid noch nicht unanfechtbar geworden ist (§ 29 Abs. 1 der Ersten GewStDVO. mit § 218 Abs. 2 AO.). Die Höhe des maßgebenden Einheitswerts kann im Verfahren über die Festsetzung des Steuermeßbetrags nicht angefochten werden (§ 232 Abs. 2 AO.). Andererseits hat eine Änderung des Feststellungsbescheids unmittelbar auch eine Änderung der Kürzung und damit des Steuermeßbescheids zur Folge hat (§ 218 Abs. 4 AO.).

4. Bedeutung des Pauschalbetrags. Der Pauschalsatz von drei v. H. des Einheitswerts stellt die Reineinkünfte (den reinen Mietwert) des zum Betriebsvermögen gehörenden Grundbesitzes dar. Bei der Ermittlung des Gewerbeertrags wird der Gewerbetreibende bereits die auf das Grundstück entfallenden Ausgaben (Absetzungen für Abnutzung, Haussteuern, Gebühren für Unratabfuhr usw.) abgezogen haben. Der Pauschalsatz von drei v. H. darf um diese Ausgaben nicht gekürzt werden. Im übrigen gilt der Pauschsatz von drei v. H. unbedingt; der Gewerbetreibende kann deshalb nicht mit der Behauptung, daß der Reinmietwert des Grundstücks ein höherer sei, den Abzug eines höheren Satzes verlangen; auf der anderen Seite ist auch der Abzug eines niedrigeren Satzes nicht zulässig.

5. Die Behandlung der Grundstücksverwaltungsgesellschaften. Der Nachweis des tatsächlich erzielten Reinertrags wird solchen Kapitalgesellschaften gestattet, die ausschließlich eigenen Grundbesitz oder neben eigenem Grundbesitz noch eigenes Kapital verwalten und nutzen. Die Vorschrift wurde getroffen, um die Grundstücksverwaltungsgesellschaften, die gemäß § 2 Abs. 2 Ziff. 2 der Gewerbesteuer unterliegen, vor einer zu starken Gewerbesteuerbelastung zu schützen.

a) Die Vergünstigung gilt nach dem Gesetz nur für Kapitalgesellschaften (d. i. Aktiengesellschaften, Kommanditgesellschaften auf Aktien, Gesellschaften mit beschränkter Haftung, Kolonialgesellschaften), also nicht für offene Handelsgesellschaften und Kommanditgesellschaften. Durch § 21 der Ersten GewStDVO. ist die Vergünstigung auf Baugenossenschaften, die ausschließlich eigenen Grundbesitz oder neben eigenem Grundbesitz noch eigenes Kapitalvermögen verwalten und nutzen, ausgedehnt worden.

b) Gegenstand des Unternehmens darf nur die Verwaltung und Nutzung eigener Grundstücke, nicht dagegen auch die Veräußerung eigenen Grundbesitzes sein (Grundstücksspekulationsgesellschaften sind also nicht begünstigt). Ob die Grundstücke Wohnzwecken oder fremdgewerblichen Zwecken dienen, spielt keine Rolle.

c) Die bezeichnete Tätigkeit muß der ausschließliche — nicht bloß vorübergehende — Zweck der Kapitalgesellschaft sein; gestattet ist aber auch die Nutzung eigenen Kapitalvermögens (siehe nachfolgende Anmerkung d). Die Vergünstigung wird auch nicht verwirkt, wenn die Gesellschaft aus besonderen Gründen das eine oder andere Grundstück veräußert, ohne daß dies in ihrem Zwecke liegt.

d) Neben der Verwaltung und Nutzung des eigenen Grundbesitzes ist der Kapitalgesellschaft nur noch die Verwaltung und Nutzung des eigenen Kapitalvermögens gestattet. Begünstigt ist hiernach nur der Besitz und die Verwaltung von Kapitalvermögen, nicht aber der Handel (Spekulation) mit Aktien; verwendet deshalb die Gesellschaft ihr Kapitalvermögen zu spekulativem Erwerb von Wertpapieren, so geht die Vergünstigung verloren; das gleiche wird zu gelten haben, wenn die Gesellschaft Gelder aufnimmt und den Gegenwert an Dritte zur Verwendung für deren Zwecke übergibt — der Rahmen der Grundstücksverwaltungsgesellschaft wird aber dann nicht überschritten, wenn die Gesellschaft mit der Darlehensgewährung aus eigenen Mitteln vorwiegend die vorübergehende Anlage entbehrlicher Geldmittel in ihrem eigenen Interesse bezweckt oder wenn sie auf ihre Grundstücke eine Hypothek aufnimmt und die damit beschafften Geldmittel zum Erwerb von Wertpapieren benutzt. —

e) Die Vergünstigung geht verloren, wenn der Grundbesitz ganz oder auch nur zum Teil dem Gewerbebetrieb eines Gesellschafters oder einem Unternehmen dient, an dem ein Gesellschafter wesentlich beteiligt ist. Überlassung des Grundbesitzes an Dritte, die Nichtgesellschafter sind, bzw. an Unternehmen, an dem ein Gesellschafter nicht wesentlich beteiligt ist, schadet nicht. Gemäß § 22 Abs. 1 der Ersten GewStDVO. ist eine Person an einer Kapitalgesellschaft im Sinn des § 9 Ziff. 1 Satz 2 des Ges. wesentlich beteiligt, wenn sie zu mehr als einem Viertel beteiligt ist. Beteiligung durch Vermittlung eines Treuhänders oder einer Gesellschaft steht einer unmittelbaren Beteiligung gleich. Die Beteiligung muß in einem Zeitpunkt des Bemessungszeitraums bestanden haben, der für die Ermittlung des Gewerbeertrags maßgebend ist. Gemäß § 22 Abs. 2 der Ersten GewStDVO. sind unter wesentlich Beteiligten sowohl natürliche als auch juristische Personen zu verstehen. Eine natürliche Person gilt auch dann als wesentlich beteiligt, wenn sie und ihre Angehörigen zusammen zu mehr als einem Viertel unmittelbar oder mittelbar beteiligt sind. Wegen des Begriffs der Angehörigen zu vgl. § 10 StAnpG.

f) Die Gewährung der Vergünstigung ist an einen Antrag gebunden, der am zweckmäßigsten in der Gewerbesteuererklärung gestellt wird, aber noch bis zur Durchführung des Veranlagungsverfahrens gestellt werden kann. Auf die Gewährung der Vergünstigung besteht ein Anspruch. Wird ein Antrag nicht gestellt, so erfolgt die Kürzung nach Ziff. 1 nur in Höhe von 3 v. H. des Einheitswerts des Grundbesitzes.

Ziff. 2.

Die Bestimmung will eine doppelte Besteuerung der Gewinne der offenen Handelsgesellschaften, der Kommanditgesellschaften oder anderer Gesellschaften, bei der die Gesellschafter als Unternehmer (Mitunternehmer) des Gewerbebetriebs anzusehen sind, vermeiden. Die offenen Handelsgesellschaften unterliegen als solche der Gewerbesteuer. Würden die Anteile am Gewinn einer offenen Handelsgesellschaft usw. auch beim Gesellschafter besteuert, so würde das zu einer doppelten Besteuerung dieser Gewinne, d. i. einmal bei der Gesellschaft und sodann beim Gesellschafter, führen. Diese doppelte Besteuerung wird dadurch vermieden, daß die Gewinnanteile vom gewerblichen Gewinn des Gesellschafters, zu welchem sie einkommensteuerrechtlich gehören (§ 15 Ziff. 2 EStG.), abgesetzt werden.

Die Kürzung erfolgt in Höhe der Gewinnanteile, wie sie im Verfahren über die einheitliche Gewinnfeststellung bei offenen Handelsgesellschaften usw. festgestellt worden sind (§ 215 AO.).

Auf die Bemerkungen zu der entsprechenden Bestimmung des § 8 Ziff. 9 wird verwiesen.

Ziff. 3.

1. **Die Regelung des EStG. und KStG.** Nach den Grundsätzen des EStG. (§ 1 Abs. 1) sind natürliche Personen, die im Inland einen Wohnsitz oder ihren gewöhnlichen Aufenthalt haben, unbeschränkt einkommensteuerpflichtig. Die unbeschränkte Einkommensteuerpflicht erstreckt sich auf sämtliche (inländische und ausländische)

Einkünfte. § 1 des KStG. enthält die gleichen Grundsätze für die in Abs. 1 a. a. O. aufgeführten Körperschaften, Personenvereinigungen und Vermögensmassen, die ihre Geschäftsleitung oder ihren Sitz im Inland haben.

Gemäß § 2 Abs. 1 GewStG. unterliegt der Gewerbesteuer jeder stehende Gewerbebetrieb, soweit er im Inland betrieben wird. Die Durchführung dieses Grundsatzes erfordert, daß, soweit bei der Einkommen- oder Körperschaftsteuerveranlagung einer gewerbetreibenden natürlichen Person oder einer Körperschaft nach den Ausführungen zu dem vorstehenden Absatz 1 gewerbliche Einkünfte aus ausländischen Betriebsstätten in die gewerblichen Einkünfte einbezogen wurden, bei der Feststellung der Gewerbeerträge der Teil des Gewerbeertrags eines inländischen Unternehmens ausgeschieden wird, der auf eine nicht im Inland belegene Betriebstätte entfällt.

Eine Ausscheidung ist in den Fällen nicht erforderlich, in denen auch bei der Einkommen- und Körperschaftsteuerveranlagung nur die inländischen Einkünfte aus Gewerbebetrieb zur Einkommen- und Körperschaftsteuer veranlagt wurden (zu vgl. §§ 1 Abs. 2, 49 Ziff. 2 EStG., § 2 KStG.).

2. Begriff der Betriebstätte. Wegen des Begriffs der Betriebstätte wird auf die Ausführungen in Anm. V zu § 2 verwiesen. Wo Doppelbesteuerungsverträge vorliegen, richtet sich der Begriff der Betriebstätte nach der im Doppelbesteuerungsvertrag getroffenen Regelung.

3. Feststellung der inländischen gewerblichen Erträge. Die inländischen Gewerbeerträge sind nach Möglichkeit gesondert vom Ertrag des ausländischen Unternehmens zu ermitteln; soweit notwendig, sind einzelne Posten zu schätzen. Läßt sich eine gesonderte Ermittlung nicht durchführen, so hat Schätzung nach Verhältnis der Umsätze oder in Teilen vom Gesamtgewinn zu erfolgen (zu vgl. die sinngemäß anzuwendenden Urteile RFH. Bd. 22 S. 331 und I A 129/30 vom 16. Sept. 1930 = RStBl. 30 S. 757).

§ 10

Maßgebendes Wirtschaftsjahr für die Ermittlung des Gewerbeertrags

(1) Maßgebend ist der Gewerbeertrag des Kalenderjahrs, das dem Erhebungszeitraum (§ 14 Absatz 2) unmittelbar vorangegangen ist. Bei Gewerbetreibenden, die Bücher nach den Vorschriften des Handelsgesetzbuchs zu führen verpflichtet sind und solche tatsächlich führen, gilt der Gewerbeertrag als in dem Kalenderjahr bezogen, in dem das Wirtschaftsjahr oder die Wirtschaftsjahre geendet haben.

(2) Umfaßt infolge Umstellung des Wirtschaftsjahrs der für die Ermittlung des Gewinns maßgebende Zeitraum mehr

oder weniger als zwölf Monate, so ist das mutmaßliche Ergebnis der ersten zwölf Monate als Gewerbeertrag zugrunde zu legen.

(3) Ist der Gewerbebetrieb neu gegründet oder ist ein bereits bestehender Gewerbebetrieb infolge Wegfalls des Befreiungsgrunds steuerpflichtig geworden, so ist das mutmaßliche Ergebnis der ersten zwölf Monate des Gewerbebetriebs als Gewerbeertrag zugrunde zu legen.

(4) Wird im Lauf des Erhebungszeitraums ein Gewerbebetrieb neu gegründet oder ein bereits bestehender Gewerbebetrieb infolge Wegfalls des Befreiungsgrunds steuerpflichtig, so ist das mutmaßliche Ergebnis der ersten zwölf Monate des Gewerbebetriebs als Gewerbeertrag zugrunde zu legen.

Kurze Inhaltsangabe:

Abs. 1.

1. Die Regelung der Bemessungs- und Erhebungszeiträume nach dem EStG. und KStG.;
2. die Regelung des GewStG.:
   a) die Grundsätze über das maßgebende Wirtschaftsjahr,
   b) die Bedeutung des Wirtschaftsjahrs,
   c) der Bemessungszeitraum für die öffentlichen Betriebe.

Abs. 2.

1. Allgemeines;
2. die Grundsätze des Abs. 2;
3. Abs. 2 nicht anwendbar, wenn ein Gewerbebetrieb in andere Hände übergeht.

Abs. 3.

1. Der Grundsatz des Abs. 3;
2. Voraussetzungen der Anwendbarkeit des Abs. 3 (Begriff der Neugründung eines Betriebs);
3. Abs. 3 nicht anwendbar, wenn ein Teilbetrieb in andere Hände übergeht.

Abs. 4.

1. Bedeutung des Abs. 4;
2. Ermittlung des Gewerbeertrags in den Fällen des Abs. 4.

Abs. 1.

1. Die Regelung der Bemessungs- und Erhebungszeiträume nach dem EStG. und KStG. Bei der Einkommen- und Körperschaftsteuer bemißt sich die von dem Steuerpflichtigen geschuldete Steuer nach dem Einkommen, das dieser innerhalb eines Kalenderjahrs bezogen hat (§ 2 Abs. 1 EStG., § 5 Abs. 1 KStG.). Das Kalenderjahr hat hiernach eine doppelte Bedeutung, nämlich einmal die des Ermittlungs- (Bemessungs-) Zeitraums, d. i. des Zeitraums, für den das in ihm bezogene Einkommen ermittelt wird, sodann die des Erhebungszeitraums, d. h. des Zeitraums, für den die Steuer zu entrichten ist. Eine hiervon abweichende Regelung besteht nur hinsichtlich der Land- und Forstwirte und der Gewerbetreibenden, die Bücher nach den Vorschriften des Handelsgesetzbuchs zu führen verpflichtet sind und solche tatsächlich ordnungsmäßig führen; bei diesen gilt der Gewinn aus Land- und Forstwirtschaft oder aus Gewerbebetrieb als in dem Kalenderjahr bezogen, in dem das Wirtschaftsjahr endet (§ 2 Abs. 5 EStG.).

2. Die Regelung des GewStG.

a) Die Grundsätze über das maßgebende Wirtschaftsjahr. Bei der Gewerbesteuer war eine andere Regelung geboten. Die Gewerbesteuer ist bis jetzt in den meisten Ländern für das Rechnungsjahr veranlagt worden. Würde nunmehr das Kalenderjahr als Veranlagungsjahr bestimmt werden, so müßte das für die Gemeinden eine völlige Umstellung, weiterhin auch Schwierigkeiten für die Etatgebarung zur Folge haben. Der Gesetzgeber hat mit Rücksicht darauf von einer Umstellung abgesehen und es beim bisherigen Rechtszustand belassen. Auf der anderen Seite wird der Gewinn, von dem bei der Ermittlung des gewerbesteuerpflichtigen Ertrags auszugehen ist, nach dem Kalenderjahr ermittelt. Diesem Rechtszustand mußte auch für die Ermittlung des Gewerbeertrags Rechnung getragen werden. Während hiernach die Gewerbesteuer für das Rechnungsjahr, als welches der Zeitraum vom 1. April bis 31. März gilt (§ 14 Abs. 2 Satz 2 GewStG.), festgesetzt und erhoben wird (§ 16 Satz 1 GewStG.), ist maßgebender Gewerbeertrag grundsätzlich der Gewerbeertrag des Kalenderjahrs, das dem Erhebungszeitraum unmittelbar vorangegangen ist. Nur bei solchen Gewerbetreibenden, die Bücher nach den Vorschriften des Handelsgesetzbuchs zu führen verpflichtet sind und solche tatsächlich führen, gilt der Gewerbeertrag als in dem Kalenderjahr bezogen, in dem das Wirtschaftsjahr oder die Wirtschaftsjahre geendet haben. Zur Führung von Büchern sind nach dem HGB. nur die Vollkaufleute und die mit ihren Nebenbetrieben in das Handelsregister eingetragenen Landwirte verpflichtet. Ein vom Kalenderjahr abweichendes Wirtschaftsjahr kommt hienach nicht in Betracht a) für buchführende, aber nach den Vorschriften des HGB. nicht buchführungspflichtige Gewerbetreibende — würde von solchen Gewerbetreibenden ein Abschluß z. B. auf den 30. Juni eines Jahrs gemacht, so wäre dieser Abschluß gewerbesteuerlich wirkungslos —; b) für Vollkaufleute, die nicht ordnungsmäßig Bücher führen bzw. nicht regelmäßige Abschlüsse auf einen bestimmten Zeitpunkt machen.

Bei der Gewerbesteuer wird, was den Bemessungszeitraum betrifft, nach dem Grundsatz des § 2 jeder Gewerbebetrieb streng für sich behandelt.

b) Die Bedeutung des Wirtschaftsjahres. Wirtschaftsjahr ist der Zeitraum, auf den der Steuerpflichtige seinen Betrieb eingestellt hat und nach dessen Ergebnissen er den Erfolg seines Betriebs beurteilt. In der Wahl des Wirtschaftsjahrs hat der Vollkaufmann freie Hand. Was die Dauer des Wirtschaftsjahrs betrifft, so ist diese im Handelsgesetzbuch nicht bestimmt; in § 39 Abs. II HGB. ist lediglich vorgeschrieben, daß die Dauer des Geschäftsjahrs zwölf Monate nicht übersteigen darf. In § 1 Abs. 1 Erste EStDVO. ist bestimmt, daß das Wirtschaftsjahr einen Zeitraum von zwölf Monaten umfassen muß. Ein kürzerer Zeitraum ist nur zulässig, wenn ein Betrieb eröffnet oder aufgegeben wird oder aber wenn ein Steuerpflichtiger von regelmäßigen Abschlüssen auf einen bestimmten Tag zu regelmäßigen Abschlüssen auf einen anderen bestimmten Tag übergeht. Da § 10 GewStG. die Frage des maßgebenden Ermittlungszeitraums selbständig regelt, erscheint es zweifelhaft, ob die Vorschrift des § 1 Satz 1 Erste EStDVO. für die Gewerbesteuer gilt. Zweifellos geht aber das Gewerbesteuergesetz, wie sich insbesondere aus § 10 Abs. 2 ergibt, davon aus, daß das Wirtschaftsjahr einen Zeitraum von zwölf Monaten umfassen muß.

Die Bedeutung des Wirtschaftsjahres liegt darin, daß der in diesem Jahr erzielte Gewerbeertrag als in dem Kalenderjahr erzielt angesehen wird, in dem das Wirtschaftsjahr endet.

c) Der Bemessungszeitraum für die öffentlichen Betriebe. Öffentliche Betriebe stellen ihren Abschluß nach der Haushaltssatzung vielfach auf das Rechnungsjahr ab. Soweit es sich dabei um Betriebe handelt, die nach den Vorschriften des HGB. zur Führung von Büchern verpflichtet sind und solche tatsächlich ordnungsmäßig führen, gilt der Gewinn gemäß § 5 Abs. 2 KStG. als in dem Kalenderjahr bezogen, in dem das Wirtschaftsjahr endet. Bei den kleineren Betrieben und bei den Stiftungen, die von einer öffentlich-rechtlichen Körperschaft verwaltet werden, wird in der Regel Buchführungspflicht nicht vorliegen. Diese Betriebe sind an sich gemäß § 5 Abs. 1 KStG. nach dem Einkommen im Kalenderjahr zu besteuern. Mit Rücksicht darauf, daß diese Betriebe durch Gesetz gezwungen sind, ihre Abschlüsse abweichend vom Kalenderjahr aufzustellen, hat der RMin. d. Fin. für die Körperschaftsteuer gestattet, daß bei ihnen die Regelung des § 5 Abs. 2 KStG. entsprechend angewendet wird (zu vgl. VeranlErg.Richtlinien für 1934, RStBl. 35 S. 785). Für die Gewerbesteuer wird die Regelung sinngemäß angewendet werden können.

Abs. 2.

1. Allgemeines. Der Bemessungszeitraum muß nach der Regel des Gesetzes zwölf Monate umfassen. Es gibt aber Fälle, in denen der Bemessungszeitraum kürzer oder länger ist. Dies ist dann der Fall, wenn a) der Steuerpflichtige von regelmäßigen Abschlüssen auf einen bestimmten Tag zu regelmäßigen Abschlüssen auf einen anderen bestimmten Tag übergeht, oder b) wenn ein Betrieb eröffnet wird (zu vgl. § 1 der Ersten EStDVO.). Der Fall a wird in § 10 Abs. 2, der Fall b in § 10 Abs. 3 GewStG. geregelt.

2. Die Grundsätze des Abs. 2. Stellt der Betriebsinhaber sein Wirtschaftsjahr um, so ergibt sich als notwendige Folge, daß ein Wirtschaftsjahr länger oder kürzer als zwölf Monate ist.

1. Beispiel: Ein Steuerpflichtiger hatte bisher das Wirtschaftsjahr vom 1. April bis 31. März; er stellt nunmehr das Wirtschaftsjahr auf das Kalenderjahr um; dies geschieht in der Weise, daß er ein Rumpfwirtschaftsjahr vom 1. April bis 31. Dezember einschiebt. Die Folge ist, daß in dem Kalenderjahr der Umstellung zwei Wirtschaftsjahre von zusammen 21 Monaten enden.

2. Beispiel: Ein Steuerpflichtiger hatte bisher als Wirtschaftsjahr das Kalenderjahr; er stellt nunmehr auf ein Wirtschaftsjahr um, das vom 1. Juli bis 30. Juni läuft. Es ergibt sich hierbei ein Rumpfwirtschaftsjahr, das vom 1. Januar bis 30. Juni läuft, also nur 6 Monate umfaßt. Da die Festsetzung und Erhebung der Gewerbesteuer auf einen Zeitraum von 12 Monaten abgestellt ist, ist es notwendig, in den Fällen, in denen der für die Ermittlung des Gewinns maßgebende Zeitraum a) mehr oder b) weniger als 12 Monate beträgt, das wirtschaftliche Ergebnis von 12 Monaten zu konstruieren; es geschieht dies in der Weise, daß in den Fällen zu a als Gewerbeertrag das Ergebnis der ersten 12 Monate des abnormen Wirtschaftsjahrs zugrunde gelegt wird; ist das in Frage stehende Wirtschaftsjahr kürzer als 12 Monate (Fall b), so ist als Gewerbeertrag das Ergebnis des Rumpfwirtschaftsjahrs vermehrt um das Ergebnis der nächstfolgenden Monate, die zur Erreichung eines Zeitraums von 12 Monaten notwendig sind, zugrunde zu legen; es darf also nicht ohne weiteres in der Weise vorgegangen werden, daß das Ergebnis des Rumpfwirtschaftsjahrs auf 12 Monate umgerechnet wird. Das Ergebnis der ersten 12 Monate ist gegebenenfalls zu schätzen; jedoch wird dem Steuerpflichtigen zu gestatten sein, den wirklichen Ertrag der ersten 12 Monate — allenfalls an Hand einer Zwischenbilanz — nachzuweisen. Die schematische Umrechnung des Ertragsergebnisses eines Rumpfgeschäftsjahres auf 12 Monate ist dann gestattet, wenn das Ergebnis des Rumpfwirtschaftsjahrs eine einigermaßen geeignete Grundlage für die Ermittlung des Jahresergebnisses bildet.

Es ist möglich, daß im Falle der Umstellung des Wirtschaftsjahrs in einem Jahre zwei Wirtschaftsjahre enden; dieser Fall ist in § 10 Abs. 1 GewStG. ausdrücklich vorgesehen. Umfassen die beiden in einem Kalenderjahr endenden Wirtschaftsjahre einen Zeitraum von mehr als 12 Monaten, so ist nach der Regel des Abs. 2 zu verfahren.

3. Abs. 2 nicht anwendbar, wenn der Gewerbebetrieb in andere Hände übergeht. Die Regelung des Abs. 2 bezieht sich nur auf die Fälle der Umstellung des Wirtschaftsjahrs. Er kann sich begrifflich nicht auf die Fälle erstrecken, in denen ein Gewerbebetrieb veräußert wird oder im Erbwege in andere Hände übergeht. Geht ein Gewerbebetrieb in andere Hände über und wird er im bisherigen Umfange weitergeführt, so tritt eine Änderung der für den Betrieb erfolgten Veranlagung nicht ein; der Rechtsnachfolger hat einfach die für den Rechtsvorgänger veranlagte Gewerbesteuer weiter zu entrichten, bis eine neue Veranlagung erfolgt.

Nach den Grundsätzen des § 1 der Ersten EStDVO. kann ein Wirtschaftsjahr auch dann weniger als 12 Monate umfassen, wenn ein Betrieb aufgegeben wird. Dieser Fall brauchte im GewStG. nicht geregelt zu werden, weil mit dem Ende des Monats, in welchem die Steuerpflicht erlischt, unmittelbar auch die Pflicht zur Bezahlung von Gewerbesteuern wegfällt, ohne daß im übrigen noch eine Veranlagung stattfinden würde.

Abs. 3.

1. **Der Grundsatz des Abs. 3.** Der Veranlagung des Steuermeßbetrags kann grundsätzlich nur das Ergebnis eines Kalenderjahrs oder eines — 12 Monate umfassenden — Wirtschaftsjahrs zugrunde gelegt werden. Im Zeitpunkt der Festsetzung des Steuermeßbetrags kann das Ergebnis eines Kalenderjahrs oder eines Wirtschaftsjahrs dann noch nicht vorliegen, wenn der Gewerbebetrieb erst im Laufe des Kalenderjahrs bzw. Wirtschaftsjahrs gegründet worden oder infolge Wegfalls eines bisher bestehenden Steuerbefreiungsgrunds in die Steuerpflicht eingetreten ist. In diesen Fällen erübrigt nur, das Ergebnis der ersten 12 Monate des Gewerbebetriebs als Gewerbeertrag zugrunde zu legen. Der Zeitraum von 12 Monaten wird mit einem Teile über das Kalenderjahr bzw. Wirtschaftsjahr hinausreichen. Das gemäß Abs. 3 zugrunde legende Ergebnis wird sich demgemäß zusammensetzen aus dem Ergebnis des Teils des ersten Kalender- bzw. Wirtschaftsjahrs, während dessen der Gewerbebetrieb betrieben wurde, und der Zeit des folgenden Kalender- bzw. Wirtschaftsjahrs, die zur Erreichung eines Zeitraums von 12 Monaten erforderlich ist. Gerade das Ergebnis dieses zweiten Teils wird geschätzt werden müssen (zu Anm. 2 zu Abs. 2).

2. **Voraussetzungen der Anwendbarkeit des Abs. 3.** Die Vorschrift des Abs. 3, die eine neue Veranlagung (Zugangsveranlagung) notwendig macht, gilt nur in den Fällen, in denen ein Gewerbebetrieb neu gegründet oder ein bereits bestehender Gewerbebetrieb infolge Wegfalls des Steuerbefreiungsgrunds steuerpflichtig geworden ist. Ein Gewerbebetrieb wird neu gegründet, wenn ein bisher noch nicht bestehender Gewerbebetrieb neu ins Leben gerufen wird. Die Voraussetzungen für die Anwendung des § 10 Abs. 3 GewStG. sind hiernach nicht gegeben, wenn ein bereits bestehender Gewerbebetrieb lediglich vergrößert oder eine Betriebstätte neu aufgemacht wird oder sich sonstige Änderungen hinsichtlich des Ertrags oder Betriebskapitals ergeben. Derartige Veränderungen des Gewerbebetriebs werden im Rahmen der ordentlichen Veranlagung des Betriebs berücksichtigt. Anders ist die Rechtslage, wenn bei einem bereits bestehenden Gewerbebetrieb so wesentliche Änderungen eintreten, daß er als ein anderer Gewerbebetrieb erscheint. In diesem Falle ist die Vorschrift des § 10 Abs. 3 GewStG. anzuwenden. § 10 Abs. 3 ist weiter anzuwenden, wenn ein steuerpflichtiger Betrieb nach erfolgter Einstellung und Abmeldung des Betriebs wieder eröffnet wird oder wenn ein steuerfrei Veranlagter seinen bisherigen Betrieb ganz einstellt und einen völlig neuen steuerpflichtigen Betrieb eröffnet oder wenn ein Betrieb geteilt wird. Eine besondere Frage ist, ob beim Ausscheiden eines Teilhabers aus einer oHG. oder ähnlichen Gesellschaft ein Weiterführen des bisherigen Betriebs anzunehmen ist. Diese Frage ist nach der Rechtsprechung des PrOVG. und auch des RFH. nur dann zu bejahen, wenn die wirtschaftliche Gleichartigkeit mit dem bisherigen Unternehmen voll erhalten bleibt. Entscheidend ist die Gesamtheit der wirtschaftlichen Verhältnisse. Übernahme der Firmenbezeichnung

sowie aller Aktiven und Passiven des Geschäfts allein genügt hierzu nicht. Die Gleichartigkeit ist zu verneinen, wenn mit dem Ausscheiden des Teilhabers eine Änderung des Gewerbebetriebs (Änderung des Gegenstands des Gewerbebetriebs, Kapitalerhöhung oder Kapitalsenkung) verbunden ist.

§ 10 Abs. 3 ist selbstverständlich dann nicht einschlägig, wenn ein Gewerbebetrieb (durch Veräußerung, Erbgang usw.) in andere Hände übergeht; da sich die Gewerbesteuerpflicht an den Gewerbebetrieb knüpft, tritt hierdurch keine Änderung in der Gewerbebesteuerung ein. Anders wäre es nur, wenn der Gewerbebetrieb durch den Erwerber so wesentliche Änderungen erfahren würde, daß er als neuer Gewerbebetrieb erscheint. Das trifft dann zu, wenn der neue Inhaber nicht das Geschäft als solches erworben, sondern unter Benutzung der erworbenen Teile des alten Geschäfts in Wirklichkeit ein neues Geschäft begründet, wenn also z. B. ein Gewerbetreibender nur die gewerblichen Räume nebst Einrichtung von dem bisherigen Inhaber kauft oder mietet, um darin ein mit dem früheren Betrieb in keinem weiteren Zusammenhang stehendes Geschäft zu eröffnen. Ob im übrigen die Voraussetzung der unveränderten Fortsetzung des Betriebs durch Käufer, Erben, Pächter usw. vorliegt, ist eine nach den besonderen Umständen des Einzelfalls zu entscheidende Frage. Hierbei kommt es keineswegs bloß auf den äußerlich in die Erscheinung tretenden Zustand, sondern auch auf die inneren Einrichtungen des Betriebs an.

3. Abs. 3 nicht anwendbar, wenn ein Teilbetrieb in andere Hände übergeht. Veräußert ein Gewerbetreibender eine Zweigniederlassung oder Teilbetrieb, so ist eine Veränderung seiner Besteuerung ebenso ausgeschlossen wie bei Angliederung eines Teilbetriebs. Dagegen ist der Erwerber einer Betriebsstätte nach § 10 Abs. 3 zu behandeln, wenn er bisher noch keinen gewerbesteuerpflichtigen Betrieb inne hatte.

Wegen der Feststellung des Betriebskapitals bei Eintritt eines Betriebs in der Steuerpflicht zu vgl. § 25 der Ersten GewStDVO., sowie die Bem. zu § 12.

Abs. 4.

1. Die Bedeutung des Abs. 4. Nach dem Grundsatz des § 22 Abs. 1 GewStG. wird in den Fällen, in denen im Lauf des Erhebungszeitraums ein Gewerbebetrieb neu gegründet wird oder ein bereits bestehender Gewerbebetrieb infolge Wegfalls des Befreiungsgrunds in die Steuerpflicht eintritt, die Steuer vom Beginn des Monats ab erhoben, der auf den Eintritt in die Steuerpflicht folgt. Die Anwendung der Grundsätze des § 10 Abs. 1 bis 3 GewStG. versagt für diese Fälle; denn diese Grundsätze beziehen sich auf Fälle, in denen die Ergebnisse von abgelaufenen Kalenderjahren oder Wirtschaftsjahren ganz oder teilweise bekannt sind. In den Fällen des Abs. 4 muß aber von Ergebnissen eines Zeitraums ausgegangen werden, der erst begonnen hat. Es handelt sich insoweit um eine Veranlagung nach der Zukunft.

2. Ermittlung des Gewerbeertrags in den Fällen des Abs. 4. Nach dem Grundsatz des § 10 Abs. 4 ist in den vorbezeichneten Fällen das mutmaßliche Ergebnis der ersten 12 Monate des Gewerbebetriebs als Gewerbeertrag zugrunde zu legen. Bei der insoweit notwendig werdenden Schätzung sind alle Umstände zu berücksichtigen, die für die Schätzung von Bedeutung sind (§ 217 Abs. 1 Satz 2 AO.).

Abs. 4 ist nur anwendbar, wenn ein Gewerbebetrieb neu begründet oder ein bereits bestehender Gewerbebetrieb infolge Wegfalls des Befreiungsgrundes steuerpflichtig wird. Wegen des Begriffs der Neugründung zu vgl. die Bemerkungen zu Abs. 3.

§ 11

Steuermeßzahl und Steuermeßbetrag

(1) Bei der Berechnung der Gewerbesteuer nach dem Gewerbeertrag ist von einem Steuermeßbetrag auszugehen. Dieser ist durch Anwendung eines Hundertsatzes (Steuermeßzahl) auf den Gewerbeertrag zu ermitteln. Der Gewerbeertrag ist auf volle 100 Reichsmark nach unten abzurunden.

(2) Die Steuermeßzahlen für den Gewerbeertrag betragen:

1. bei natürlichen Personen und bei Gesellschaften im Sinn des § 2 Absatz 2 Ziffer 1:

für die ersten 1200 *RM* des Gewerbeertrags	0 v. H.
für die weiteren 1200 *RM* des Gewerbeertrags	1 "
für die weiteren 1200 *RM* des Gewerbeertrags	2 "
für die weiteren 1200 *RM* des Gewerbeertrags	3 "
für die weiteren 1200 *RM* des Gewerbeertrags	4 "
für alle weiteren Beträge	5 "

2. bei anderen Unternehmen 5 " .

(3) Bei Hausgewerbetreibenden ermäßigen sich die Steuermeßzahlen des Absatzes 2 Ziffer 1 auf die Hälfte.

Kurze Inhaltsangabe:

1. Allgemeine Ausführungen zum Begriff des Steuermeßbetrags:
   a) die Entwicklung der Gesetzgebung,
   b) Wesen der Steuermeßzahl und des Steuermeßbetrags.
2. Die Ermittlung des Steuermeßbetrags.
3. Die Höhe der Steuermeßzahl.
4. Der Steuermeßbetrag für die Hausgewerbetreibenden.

1. Allgemeine Ausführungen zum Begriff des Steuermeßbetrags.

a) Die Entwicklung der Gesetzgebung. Die Bestimmungen der Steuergesetze, insbesondere der Reichsabgabenordnung, waren bis in die neuere Zeit fast ausschließlich darauf abgestellt, daß sowohl die Feststellung der Besteuerungsgrundlagen, d. i. z. B. des Einkommens, des Umsatzes als auch die Festsetzung der geschuldeten Steuer unmittelbar im Steuerbescheid erfolgten. Die Feststellung der Besteuerungsgrundlage bildete dabei einen mit Rechtsmitteln nicht selbständig anfechtbaren Bestandteil des Steuerbescheids; der Steuerpflichtige konnte seinen Einkommensteuerbescheid nicht mit der Begründung anfechten, daß sein Einkommen aus einer bestimmten Einkommensart zu hoch festgesetzt worden sei, wenn er sich im übrigen durch die Höhe der festgesetzten Einkommensteuer nicht beschwert fühlte und sich aus der angeblich unrichtig erfolgten Festsetzung der Höhe dieser Einkommensart eine Rückwirkung auf andere Steuern nicht ergab.

Abweichungen von dem geschilderten Rechtszustand ergaben sich bereits nach der Reichssteuergesetzgebung des Jahrs 1925 auf dem Gebiet des Reichsbewertungs-, des Vermögensteuer-, des Erbschaftsteuer- und Aufbringungsgesetzes. Diese Bestimmungen brachten bereits eine Trennung der Feststellung der Besteuerungsgrundlage und der Festsetzung der Steuer. Durch die Notverordnung vom 1. Dezember 1930 wurden die entsprechenden Bestimmungen in die Reichsabgabenordnung übernommen. Während nunmehr § 213 AO. in Abs. 1 als Grundsatz festlegt, daß die Feststellung der Besteuerungsgrundlage regelmäßig einen unselbständigen — mit Rechtsmitteln nicht selbständig anfechtbaren — Teil des Steuerbescheids bildet, wird diese Regelung bereits in Abs. 2 ganz wesentlich unterbrochen, insoferne hier bestimmt wird, daß in den Fällen der §§ 214 und 215 AO. die Besteuerungsgrundlagen gesondert festgestellt und daß hierüber schriftliche Feststellungsbescheide erteilt werden.

Eine ähnliche Entwicklung wie auf dem Gebiet hauptsächlich der Steuern vom Vermögen ergab sich auf dem Gebiete der Realsteuern; auch hier wurde — aus mehreren Gründen — die Trennung der Festsetzung der Besteuerungsgrundlage und der Festsetzung der Steuer notwendig: einmal sollte eine einwandfreie Grundlage gefunden werden, um die Vergleichbarkeit der Höhe der Realbesteuerung in den einzelnen Gemeinden zu erleichtern; sodann war der Regelung der Reichsabgabenordnung Rechnung zu tragen, daß die Bemessungsgrundlagen der Realsteuern von den Finanzämtern festzusetzen sind, während die Erhebung und sonstige Verwaltung (Stundung, Beitreibung) der Realsteuern den Gemeinden obliegt. § 11 Abs. 1 Satz 1 GewStG. bestimmt: „Bei der Berechnung der Gewerbesteuer nach dem Gewerbeertrag ist von einem Steuermeßbetrag auszugehen." § 13 Abs. 1 Satz 1 GewStG.: „Bei der Berechnung der Gewerbesteuer nach dem Gewerbekapital ist von einem Steuermeßbetrag auszugehen." § 14 Abs. 1 GewStG.: „Durch Zusammenrechnung der Steuermeßbeträge, die sich nach dem Gewerbeertrag und dem Gewerbekapital ergeben, wird ein einheitlicher

Steuermeßbetrag gebildet.“ Auch bei der Berechnung der Lohnsummensteuer ist von einem Steuermeßbetrag auszugehen (§ 25 Abs. 1 Satz 1 GewStG.).

b) Wesen der Steuermeßzahl und des Steuermeßbetrags. Die Steuermeßzahl ist nicht etwa ein Steuersatz; die Höhe der Steuer wird vielmehr von den Gemeinden kraft eigenen Rechts bestimmt. Die Steuermeßzahl ist, was schon durch ihre Bezeichnung zum Ausdruck gebracht wird, lediglich ein einfacher Rechnungsfaktor. Demgemäß stellt auch der Betrag, der durch Anwendung der Steuermeßzahl auf den Gewerbeertrag bzw. das Gewerbekapital bzw. auf die Lohnsumme ermittelt wird (§ 11 Abs. 1 S. 2, § 13 Abs. 1 S. 2, § 25 Abs. 1 S. 2 GewStG.), d. i. eben der Steuermeßbetrag, lediglich eine einheitliche Unterlage für die Tarifbestimmungen der Gemeinden dar.

2. Berechnung des Steuermeßbetrags. Der Steuermeßbetrag nach dem Gewerbeertrag ist durch Anwendung eines Hundertsatzes, d. i. der Steuermeßzahl, auf den Gewerbeertrag zu ermitteln. Der Gewerbeertrag ist auf volle 100 *RM* nach unten abzurunden. Bei der Anwendung der Steuermeßzahl gilt der abgerundete Betrag. Für einen Gewerbeertrag von 2999 (abgerundet 2900 *RM*) ist hiernach gemäß § 11 Abs. 2 Ziff. 1 ein Steuermeßbetrag von 12 + 10 = 22 *RM* festzusetzen.

3. Die Höhe der Steuermeßzahl. Die Steuermeßzahlen sind verschieden, je nachdem es sich um die Gewerbebetriebe von a) natürlichen Personen und von Gesellschaften im Sinne des § 2 Abs. 2 Ziff. 1 GewStG. (offene Handelsgesellschaften, Kommanditgesellschaften und andere Gesellschaften), bei denen die Gesellschafter als Unternehmer (Mitunternehmer) anzusehen sind oder b) um Körperschaften (§ 2 Abs. 2 Ziff. 2 und Abs. 3) und Betriebe von Körperschaften des öffentlichen Rechts handelt. Im Falle a sind die Steuermeßzahlen gestaffelt, außerdem ist hier ein Freibetrag von 1200 *RM* vorgesehen, der sich infolge der Abrundung des Gewerbeertrags auf 100 *RM* praktisch bis auf 1299 *RM* erhöht, im Falle b betragen die Steuermeßzahlen einheitlich 5 v. H., ein steuerfreier Betrag ist nicht vorgesehen.

Beispiele: a) ein Gewerbetreibender (natürliche Person) erzielte einen Gewerbeertrag von 6675 *RM*. Der Steuermeßbetrag errechnet sich wie folgt: Die 6675 *RM* sind auf 6600 *RM* abzurunden, 1200 *RM* gehen als steuerfrei ab, so daß 5400 *RM* verbleiben; hiervon

1200 *RM*	zu	1 v. H. =	12 *RM*	Steuermeßbetrag,
1200 „	„	2 v. H. =	24 „	„
1200 „	„	3 v. H. =	36 „	„
1200 „	„	4 v. H. =	48 „	„
600 „	„	5 v. H. =	30 „	„
			150 *RM*.	

b) Eine offene Handelsgesellschaft erzielte einen Gewerbeertrag von 10825 *RM*; der Betrag ist auf 10800 *RM* abzurunden; 1200 *RM* gehen als steuerfrei ab; es verbleiben somit 9600 *RM*; hiervon:

1200	RM	zu	1 v. H.	=	12	RM	Steuermeßbetrag,
1200	"	"	2 v. H.	=	24	"	"
1200	"	"	3 v. H.	=	36	"	"
1200	"	"	4 v. H.	=	48	"	"
4800	"	"	5 v. H.	=	240	"	"
					360	RM	Steuermeßbetrag.

Die Berechnung des Steuermeßbetrags erleichtert sich wie folgt: Der Steuermeßbetrag für die ersten 4800 RM Gewerbeertrag (nach Abzug des Freibetrags von 1200 RM) oder der ersten 6000 RM (einschließlich des Freibetrags von 1200 RM) beträgt einheitlich 120 RM; für den verbleibenden Gewerbeertrag beträgt der Steuermeßbetrag 5 v. H.

c) Eine Aktiengesellschaft erzielte einen Gewerbeertrag von 46 325 RM, abzurunden auf 46 300 RM; der Steuermeßbetrag beziffert hiernach 2315 RM.

Der steuerfreie Betrag von 1200 RM wird für jeden Betrieb gewährt; dies gilt auch dann, wenn Ehemann und Ehefrau je einen selbständigen Betrieb innehaben.

4. **Der Steuermeßbetrag für die Hausgewerbetreibenden.** Eine Ausnahme von den gemäß § 11 Abs. 2 Ziff. 1 geltenden Steuermeßzahlen ist für die Hausgewerbetreibenden vorgesehen; für diese ermäßigen sich die Steuermeßzahlen auf die Hälfte, wenn der nach § 11 Abs. 1 Satz 3 des Ges. abgerundete Gewerbeertrag in dem maßgebenden Bemessungszeitraum nicht mehr als 4000 RM betragen hat (§ 24 Abs. 1 der Ersten GewStDVO.). Hausgewerbetreibende sind natürliche Personen oder Personenzusammenschlüsse, wenn sie als Gewerbetreibende in eigener Wohnung oder Betriebstätte im Auftrag und für Rechnung von Gewerbetreibenden oder Zwischenmeistern unter eigener Handarbeit Waren herstellen oder bearbeiten, wobei die Personen selbst wesentlich am Stück mitarbeiten. Personenzusammenschlüsse können offene Handelsgesellschaften usw., Gesellschaften des bürgerlichen Rechts, niemals aber Kapitalgesellschaften sein. Die Vergünstigung des § 11 Abs. 2 des Gesetzes gilt auch für Zwischenmeister; Bedingung ist auch hier, daß der abgerundete Gewerbeertrag in dem maßgebenden Bemessungszeitraum nicht mehr als 4000 RM betragen hat. Zwischenmeister ist, wer die ihm von Gewerbetreibenden übertragene Arbeit an Heimarbeiter oder Hausgewerbetreibende weitergibt. Die Vergünstigung für Hausgewerbetreibende und Zwischenmeister geht verloren, wenn der Gewerbeertrag in dem maßgebenden Bemessungszeitraum mehr als 4099 RM betragen hat.

Der Ermäßigung der Steuermeßzahlen um die Hälfte steht die Ermäßigung der sich nach Abs. 2 errechnenden Steuermeßbeträge um die Hälfte gleich. Beispiel: Ein Hausgewerbetreibender erzielte einen Gewerbeertrag von 3255 RM, abgerundet 3200 RM; hiervon gehen 1200 RM ab, so daß verbleiben 2000 RM; hiervon

1200 *RM*	zu	0,5 v. H.	=	6 *RM*
800 „	„	1 v. H.	=	8 „
				14 *RM*.

Unterabschnitt 2

Gewerbesteuer nach dem Gewerbekapital

§ 12

Begriff des Gewerbekapitals

(1) Als Gewerbekapital gilt der Einheitswert des gewerblichen Betriebs im Sinn des Reichsbewertungsgesetzes mit den sich aus den Absätzen 2 bis 4 ergebenden Änderungen.

(2) Dem Einheitswert des gewerblichen Betriebs werden folgende Beträge wieder hinzugerechnet, soweit sie bei der Feststellung des Einheitswerts abgezogen sind:

1. die Verbindlichkeiten, die den Schuldzinsen, den Renten und dauernden Lasten und den Gewinnanteilen im Sinn des § 8 Ziffern 1 bis 3 entsprechen;
2. die Werte (Teilwerte) der nicht in Grundbesitz bestehenden Wirtschaftsgüter, die dem Betrieb dienen, aber im Eigentum eines Mitunternehmers oder eines Dritten stehen, es sei denn, daß sie zum Gewerbekapital des Überlassenden gehören.

(3) Die Summe des Einheitswerts des gewerblichen Betriebs und der Hinzurechnungen wird gekürzt um:

1. die Summe der Einheitswerte, mit denen die Betriebsgrundstücke in dem Einheitswert des gewerblichen Betriebs enthalten sind;
2. den Wert (Teilwert) einer zum Gewerbekapital gehörenden Beteiligung an einer offenen Handelsgesellschaft, einer Kommanditgesellschaft oder einer anderen Gesellschaft, bei der die Gesellschafter als Unternehmer (Mitunternehmer) des Gewerbebetriebs anzusehen sind.

(4) Unterhält ein Unternehmen eine oder mehrere Betriebstätten im Ausland, so ist nur das inländische Gewerbekapital zu berücksichtigen.

(5) Maßgebend ist der Einheitswert, der durch den letzten Einheitswertbescheid festgestellt worden ist.

Kurze Inhaltsangabe:

I. Der Einheitswert des gewerblichen Betriebs als Grundlage für die Ermittlung des Gewerbekapitals:
1. Der Begriff des Gewerbekapitals;
2. der für die Ermittlung des Gewerbekapitals maßgebende Einheitswert:
a) die Bestimmungen des Reichsbewertungsgesetzes,
b) die Bedeutung des Einheitswerts des gewerblichen Betriebs für die Ermittlung des Betriebskapitals,
c) Einzelheiten über die Feststellung des Einheitswerts des gewerblichen Betriebs,
d) nicht im Einheitswert des gewerblichen Betriebs enthaltene Vermögenswerte;
3. der zeitlich maßgebende Einheitswert:
a) die Hauptfeststellung der Einheitswerte des gewerblichen Betriebs,
b) die Wertfortschreibung der Einheitswerte des gewerblichen Betriebs,
c) die Nachfeststellung der Einheitswerte des gewerblichen Betriebs,
d) maßgebender Einheitswert bei Eintritt eines Betriebs in die Gewerbesteuerpflicht,
e) Wirkung von Änderungen der Feststellungsbescheide über das gewerbliche Betriebsvermögen.

II. Die Hinzurechnungen und Kürzungen.
1. Vorbemerkung:
a) Zweck der Hinzurechnungen und Kürzungen,
b) Erschöpfende Aufzählung der Hinzurechnungen und Kürzungen,
c) die Bedeutung des Steuermeßbetrages nach dem Gewerbekapital für die Hinzurechnungen und Kürzungen,
d) der Umfang der Hinzurechnungen und Kürzungen;
2. die Hinzurechnungen im einzelnen; hinzurechnen sind:
a) die Verbindlichkeiten, die den Schuldzinsen, den Renten u. dauernden Lasten und den Gewinnanteilen im Sinn des § 8 Ziff. 1 bis 3 entsprechen,
b) die Werte (Teilwerte) der nicht in Grundbesitz bestehenden Wirtschaftsgüter, die dem Betriebe dienen, aber im Eigentum eines Mitunternehmers oder eines Dritten stehen, es sei denn, daß sie zum Gewerbekapital des überlassenden gehören;
3. die Kürzungen im einzelnen; abzusetzen sind:
a) die Summe der Einheitswerte der Betriebsgrundstücke,
b) die Werte (Teilwerte) einer zum Gewerbekapital gehörenden Beteiligung an einer offenen Handelsgesellschaft usw.

III. Ausscheidung des auf ausländische Betriebstätten entfallenden Gewerbekapitals.

IV. Gewerbekapital bei Betrieb eines Wandergewerbes neben einem stehenden Gewerbebetrieb.

I. Der Einheitswert des gewerblichen Betriebs als Grundlage für die Ermittlung des Gewerbekapitals.

1. Der Begriff des Gewerbekapitals. Die zweite Besteuerungsform der Gewerbesteuer ist das Gewerbekapital. Das Gewerbekapital ist dabei nur eine der beiden Besteuerungsformen, aber nicht eine selbständige Besteuerungsform der Gewerbesteuer.

Der Begriff des Gewerbekapitals ist ein dem Gewerbesteuerrecht eigener Begriff. Was unter dem Gewerbekapital zu verstehen ist, sagt das GewStG. nicht; es beschränkt sich vielmehr darauf zu bestimmen, daß als Gewerbekapital „gilt" der Einheitswert des gewerblichen Betriebs im Sinn des RBewG. mit den sich aus dem GewStG. ergebenden Änderungen. Wirtschaftlich betrachtet ist Gewerbekapital das gesamte in dem einzelnen Betriebe werbende, d. h. zur Erzielung des gewerblichen Ertrags unter Mitwirkung von Arbeit tatsächlich verwendete oder bestimmte Vermögen. Es umfaßt zwei verschiedene Gruppen: einmal die bestimmungsgemäß dem Betriebe dauernd dienenden Bestandteile (sog. Anlage- oder stehendes Kapital), wie gewerbliche Grundstücke, Gebäude, Maschinen, Werkzeuge, Patente, Verlagsrechte usw., weiter die fortlaufend dem Verbrauche, Formänderung und Wechsel dienenden Bestandteile (sog. Umlaufkapital), wie Warenvorräte, Roh- und Hilfsstoffe, Wertpapiere, Wechsel, bares Geld, Außenstände, Heizungs- und Beleuchtungsmittel usw. Das Gewerbekapital ist ebensowenig gleichbedeutend mit Betriebsvermögen wie der Gewinn mit Ertrag. Da zum Gewerbekapital auch das Fremdkapital gehört, müssen zwecks Feststellung des Gewerbekapitals dem Einheitswert des gewerblichen Betriebsvermögens einerseits gewisse Beträge hinzugerechnet werden, andererseits sind aber vom Einheitswert wieder gewisse Beträge abzusetzen. Der sich alsdann ergebende Wert ist das Betriebskapital (zu vgl. die Ausführungen unter Ziff. II).

2. Der für die Ermittlung des Gewerbebetriebs maßgebende Einheitswert.

a) Die Bestimmungen des RBewG. Maßgebende Grundlage für die Berechnung des Gewerbekapitals ist der Einheitswert des gewerblichen Betriebs. Die Bestimmungen über das gewerbliche Betriebsvermögen finden sich in den §§ 54, 56 bis 66 RBewG.; diese Bestimmungen lauten:

III. Betriebsvermögen

§ 54

Begriff des Betriebsvermögens

(1) Zum Betriebsvermögen gehören alle Teile einer wirtschaftlichen Einheit, die dem Betrieb eines Gewerbes als Hauptzweck dient, soweit die Wirtschaftsgüter dem Betriebsinhaber gehören (gewerblicher Betrieb).

(2) Als Gewerbe im Sinn des Gesetzes gilt auch die gewerbliche Bodenbewirtschaftung, z. B. der Bergbau und die Gewinnung von Torf, Steinen und Erden.

(3) Als Gewerbe gilt unbeschadet des § 56 nicht die Land- und Forstwirtschaft, wenn sie den Hauptzweck des Unternehmens bildet.

§ 56

Betriebsvermögen von Körperschaften, Personenvereinigungen und Vermögensmassen

(1) Einen gewerblichen Betrieb bilden insbesondere alle Wirtschaftsgüter, die den folgenden Körperschaften, Personenvereinigungen und Vermögensmassen gehören, wenn diese ihre Geschäftsleitung oder ihren Sitz im Inland haben:

1. Kapitalgesellschaften (Aktiengesellschaften, Kommanditgesellschaften auf Aktien, Gesellschaften mit beschränkter Haftung, Kolonialgesellschaften, bergrechtlichen Gewerkschaften);
2. Erwerbs- und Wirtschaftsgenossenschaften;
3. Versicherungsvereinen auf Gegenseitigkeit;
4. sonstigen juristischen Personen des privaten Rechts, wenn sie einen wirtschaftlichen Geschäftsbetrieb unterhalten und vorwiegend die Erzielung wirtschaftlicher Vorteile für sich oder ihre Mitglieder bezwecken;
5. nichtrechtsfähigen Vereinen, Anstalten, Stiftungen und anderen Zweckvermögen, wenn die in Ziffer 4 genannten Voraussetzungen vorliegen;
6. Kreditanstalten des öffentlichen Rechts;
7. offenen Handelsgesellschaften, Kommanditgesellschaften und ähnlichen Gesellschaften, bei denen die Gesellschafter als Unternehmer (Mitunternehmer) anzusehen sind.

(2) Bei allen Körperschaften, Personenvereinigungen und Vermögensmassen, die weder ihre Geschäftsleitung noch ihren Sitz im Inland haben, bilden nur die Wirtschaftsgüter einen gewerblichen Betrieb, die zum inländischen Betriebsvermögen gehören (§ 77 Abs. 2 Ziff. 3).

§ 57

Betriebsgrundstücke

(1) Betriebsgrundstück im Sinn dieses Gesetzes ist der zu einem gewerblichen Betrieb gehörige Grundbesitz, soweit er, losgelöst von seiner Zugehörigkeit zu dem gewerblichen Betrieb, 1. zum Grundvermögen gehören würde oder 2. einen land- und forstwirtschaftlichen Betrieb bilden würde.

(2) Dient das Grundstück, das, losgelöst von dem gewerblichen Betrieb, zum Grundvermögen gehören würde, zu mehr als der Hälfte seines Werts dem gewerblichen Betrieb, so gilt das ganze Grundstück als Teil des gewerblichen Betriebs und als Betriebsgrundstück. Dient das Grundstück nur zur Hälfte seines Werts oder zu einem geringeren Teil dem gewerblichen Betrieb, so gehört das ganze Grundstück zum Grundvermögen. Abweichend von den Sätzen 1 und 2 gehört der Grundbesitz der im § 56 Abs. 1 bezeich-

neten inländischen Körperschaften, Personenvereinigungen und Vermögensmassen stets zu den Betriebsgrundstücken.

(3) Betriebsgrundstücke im Sinn des Abs. 1 Ziff. 1 sind wie Grundvermögen, Betriebsgrundstücke im Sinn des Abs. 1 Ziff. 2 wie land- und forstwirtschaftliches Vermögen zu bewerten.

§ 58

Gewerbeberechtigungen

(1) Als Gewerbeberechtigungen im Sinn dieses Gesetzes gelten die Berechtigungen, deren Ausübung allein schon ein Gewerbe begründen würde, z. B. das Mineralgewinnungsrecht, die Apothekengerechtigkeit.

(2) Gewerbeberechtigungen, die grundstücksgleich sind, gelten nicht als Betriebsgrundstücke. Gewerbeberechtigungen, die mit dem Eigentum an einem Grundstück verbunden sind (§ 96 des Bürgerlichen Gesetzbuchs), gelten nicht als Bestandteile eines Betriebsgrundstücks.

(3) Zu den Gewerbeberechtigungen sind deren Bestandteile und Zubehör zu rechnen mit Ausnahme des Grund und Bodens und der Gebäude und mit Ausnahme der Maschinen und sonstigen Vorrichtungen aller Art, die zu einer Betriebsanlage gehören.

(4) Gewerbeberechtigungen sind mit dem gemeinen Wert (§ 10) zu bewerten.

§ 59

Nicht zum Betriebsvermögen gehörige Wirtschaftsgüter

Zum Betriebsvermögen gehören nicht:

1. die Wirtschaftsgüter, die nach den Vorschriften des Vermögensteuergesetzes oder anderer Gesetze von der Vermögensteuer befreit sind;
2. die Wirtschaftsgüter, die nach § 67 Ziff. 5 Sätzen 2 bis 4 nicht zum sonstigen Vermögen gehören.

§ 60

Vergünstigung für Schachtelgesellschaften

(1) Ist eine inländische Kapitalgesellschaft (§ 56 Abs. 1 Ziff. 1) nachweislich seit Beginn des Wirtschaftsjahrs, das dem Feststellungszeitpunkt (Absatz 2 der §§ 21 bis 23) vorangeht, ununterbrochen an dem Grund- oder Stammkapital einer anderen inländischen Kapitalgesellschaft in Form von Aktien, Kuxen oder Anteilen mindestens zu einem Viertel unmittelbar beteiligt, so gehört die Beteiligung nicht zum gewerblichen Betrieb. Ist ein Grund- oder Stammkapital nicht vorhanden, so ist die Beteiligung an dem Vermögen maßgebend.

(2) Die Vorschrift des Abs. 1 gilt entsprechend, wenn Reich, Länder, Gemeinden und Gemeindeverbände oder Betriebe von inländischen Körperschaften des öffentlichen Rechts an inländischen Kapitalgesellschaften beteiligt sind.

§ 61
Kapitalverwaltungsgesellschaften

(1) Für Kapitalverwaltungsgesellschaften kann der Reichsminister der Finanzen besondere Vorschriften erlassen.

(2) Kapitalverwaltungsgesellschaften im Sinn des Abs. 1 sind Kapitalgesellschaften, die ausschließlich den Erwerb, die Verwaltung und die Veräußerung von Aktien, Kuxen, Anteilen oder Genußscheinen anderer Kapitalgesellschaften oder von Schuldverschreibungen zum Gegenstand haben.

§ 62
Betriebsschulden und Rücklagen

(1) Zur Ermittlung des Einheitswerts des gewerblichen Betriebs sind vom Rohvermögen diejenigen Schulden abzuziehen, die mit der Gesamtheit oder mit einzelnen Teilen des gewerblichen Betriebs in wirtschaftlichem Zusammenhang stehen.

(2) Von dem Rohvermögen sind bei Versicherungsunternehmen versicherungstechnische Rücklagen abzuziehen, soweit sie für die Leistungen aus den laufenden Versicherungsverträgen erforderlich sind.

§ 63
Bewertungsstichtag

(1) Für den Bestand und die Bewertung sind die Verhältnisse im Feststellungszeitpunkt (Absatz 2 der §§ 21 bis 23) maßgebend. Für die Bewertung von Wertpapieren, Anteilen und Genußscheinen von Kapitalgesellschaften gilt der Stichtag, der sich nach dem § 69 ergibt.

(2) Für Betriebe, die regelmäßig jährliche Abschlüsse auf den Schluß des Kalenderjahrs machen, ist dieser Abschlußtag zugrunde zulegen.

(3) Für Betriebe, die regelmäßig jährliche Abschlüsse auf einen anderen Tag machen, kann auf Antrag zugelassen werden, daß der Schluß des Wirtschaftsjahrs zugrunde gelegt wird, das dem Feststellungszeitpunkt vorangeht. An den Antrag bleibt der Betrieb auch für künftige Feststellungen der Einheitswerte insofern gebunden, als stets der Schluß des letzten regelmäßigen Wirtschaftsjahrs zugrunde zu legen ist.

(4) Der auf den Abschlußzeitpunkt (Absätze 2 und 3) ermittelte Einheitswert gilt als Einheitswert vom Feststellungszeitpunkt.

(5) Die Absätze 2 und 3 sind nicht anzuwenden:

1. auf Betriebsgrundstücke (§ 57). Für ihren Bestand und ihre Bewertung bleiben die Verhältnisse im Feststellungszeitpunkt maßgebend. § 32 Abs. 2 bleibt unberührt;

2. auf die Bewertung von Wertpapieren, Anteilen und Genußscheinen an Kapitalgesellschaften. Für die Bewertung bleiben die Verhältnisse des Stichtags maßgebend, der sich nach § 69 ergibt. Für den Bestand ist der Abschlußzeitpunkt (Absätze 2 und 3) maßgebend.

§ 64

Ausgleich von Vermögensänderungen nach dem Abschlußzeitpunkt

Zum Ausgleich von Verschiebungen, die in der Zeit zwischen dem Abschlußzeitpunkt (§ 63 Abs. 3) und dem Feststellungszeitpunkt (Absätze 2 der §§ 21 bis 23) eingetreten sind, gelten die folgenden Vorschriften:

1. Für Betriebsgrundstücke:

a) Ist ein Betriebsgrundstück aus dem gewerblichen Betrieb ausgeschieden und der Gegenwert dem Betrieb zugeführt worden, so wird der Gegenwert dem Betriebsvermögen zugerechnet;

b) ist Grundbesitz als Betriebsgrundstück dem gewerblichen Betrieb zugeführt und der Gegenwert dem gewerblichen Betrieb entnommen worden, so wird der Gegenwert vom Betriebsvermögen abgezogen. Entsprechend werden Aufwendungen abgezogen, die aus Mitteln des gewerblichen Betriebs auf Betriebsgrundstücke gemacht worden sind.

2. Für andere Wirtschaftsgüter als Betriebsgrundstücke:

a) Ist ein derartiges Wirtschaftsgut aus einem gewerblichen Betrieb ausgeschieden und dem übrigen Vermögen des Betriebsinhabers zugeführt worden, so wird das Wirtschaftsgut so behandelt, als wenn es im Feststellungszeitpunkt noch zum gewerblichen Betrieb gehörte;

b) ist ein derartiges Wirtschaftsgut aus dem übrigen Vermögen des Betriebsinhabers ausgeschieden und dem gewerblichen Betrieb zugeführt worden, so wird das Wirtschaftsgut so behandelt, als wenn es im Feststellungszeitpunkt noch zum übrigen Vermögen gehörte;

c) die Vorschriften zu a und b gelten jedoch nicht, wenn mit dem ausgeschiedenen Wirtschaftsgut Grundbesitz erworben worden ist oder Aufwendungen auf Grundbesitz gemacht worden sind. In diesen Fällen ist das Wirtschaftsgut von dem Vermögen, aus dem es ausgeschieden worden ist, abzuziehen.

§ 65

Steuersicherung durch Zurechnung ausgeschiedener Wirtschaftsgüter

(1) Sind innerhalb der letzten drei Monate vor dem Feststellungszeitpunkt (Absätze 2 der §§ 21 bis 23) oder dem Abschlußzeitpunkt (§ 63 Abs. 3) Wirtschaftsgüter aus dem inländischen Teil eines gewerblichen Betriebs ausgeschieden worden, ohne daß diesem ein entsprechender Gegenwert zugeführt worden ist, so sind die ausgeschiedenen Wirtschaftsgüter dem gewerblichen Betrieb zuzurechnen, wenn sie durch die Ausscheidung der inländischen Vermögensbesteuerung entgehen würden und der Wert des noch vorhandenen, der inländischen Vermögensbesteuerung unterliegenden Teils des Betriebs in einem offenbaren Mißverhältnis zu dem Wert der ausgeschiedenen Wirtschaftsgüter steht.

(2) Absatz 1 gilt nicht:

1. für Gewinnausschüttungen,

2. für Fälle, in denen der Betriebsinhaber nachweist, daß die Wirtschaftsgüter in der Absicht einer entsprechenden Einschränkung des Betriebs ausgeschieden worden sind.

§ 66

Bewertung

(1) Die zu einem gewerblichen Betrieb gehörenden Wirtschaftsgüter sind vorbehaltlich der Absätze 2 und 3 in der Regel mit dem Teilwert (§ 12) anzusetzen.

(2) Für die Bewertung der Betriebsgrundstücke gilt § 57 Abs. 3. Für die Bewertung der Gewerbeberechtigungen gilt § 58 Abs. 4.

(3) Für die Bewertung von Wertpapieren, Anteilen und Genußscheinen an Kapitalgesellschaften gilt § 70.

(4) Der Gesamtwert des gewerblichen Betriebs ist die Summe der Werte, die sich nach den Absätzen 1—3 für die einzelnen Wirtschaftsgüter ergeben, vermindert um die Schulden und Rücklagen (§ 62) des Betriebs. Bei der Ermittlung des Gesamtwerts sind die Betriebsgrundstücke (§ 57) und die Gewerbeberechtigungen (§ 58) mit den für sie festgestellten Einheitswerten anzusetzen.

Aus der Reichsabgabenordnung sind folgende Bestimmungen von Bedeutung:

§ 214

Gesondert festgestellt werden die der Besteuerung zugrunde zu legenden Einheitswerte für die folgenden Gegenstände:

1. für die wirtschaftlichen Einheiten (land- und forstwirtschaftliche Betriebe; Grundstücke, die nicht zu einem gewerblichen Betrieb gehören; gewerbliche Betriebe; Gewerbeberechtigungen, die nicht zu einem gewerblichen Betrieb gehören), wenn die wirtschaftlichen Einheiten entweder

a) sich lediglich auf Inland erstrecken oder

b) sich sowohl auf Inland als auch auf Ausland erstrecken und einem unbeschränkt Vermögensteuerpflichtigen gehören;

2. für die wirtschaftlichen Untereinheiten (Betriebsgrundstücke, Gewerbeberechtigungen, die zu einem gewerblichen Betrieb gehören), wenn die wirtschaftlichen Untereinheiten entweder

a) sich lediglich auf Inland erstrecken oder

b) sich sowohl auf Inland als auch auf Ausland erstrecken und einem unbeschränkt Vermögensteuerpflichtigen gehören;

3. für Teile der in Ziffer 1 und 2 bezeichneten wirtschaftlichen Einheiten und Untereinheiten in den folgenden Fällen:

a) Wenn eine wirtschaftliche Einheit oder Untereinheit sich sowohl auf Inland als auch auf Ausland erstreckt, so wird der Einheitswert des inländischen Teils gesondert festgestellt.

b) Wenn eine wirtschaftliche Einheit oder Untereinheit sich auf eine inländische Gemeinde beschränkt und mit einem ihrer Teile der Vermögensteuer oder einer Realsteuer unterliegt, so wird für diesen Teil der Einheitswert gesondert festgestellt.

§ 216

(1) In dem Feststellungsbescheid (§§ 214 und 215) sind, soweit es für die Besteuerung erforderlich ist, auch Feststellungen zu treffen:

1. über die Art des Gegenstands, zum Beispiel darüber, ob es sich um einen land- und forstwirtschaftlichen Betrieb, ein Grundstück, ein Betriebsgrundstück, einen gewerblichen Betrieb oder eine Gewerbeberechtigung handelt. Bei einem Grundstück ist auch eine Feststellung über die Grundstücksart (Beispiele: Mietwohngrundstück, Einfamilienhaus) zu treffen, wenn es bei der Besteuerung auf die Grundstücksart ankommt. Bei einem Betriebsgrundstück oder einer Gewerbeberechtigung, die zu einem gewerblichen Betrieb gehört, ist auch der Betrieb festzustellen, zu dem das Betriebsgrundstück oder die Gewerbeberechtigung gehört;

2. darüber, wem der Gegenstand (der Betrieb, das Grundstück, das Betriebsgrundstück oder die Gewerbeberechtigung, in den Fällen des § 215 Abs. 2 die Einkünfte) bei der Besteuerung (ausschließlich der Zwangsvollstreckung) zuzurechnen ist. Sind an dem Steuergegenstand mehrere beteiligt (§ 215 Absätze 1 und 2), so ist in dem Feststellungsbescheid auch eine Feststellung darüber zu treffen, wie der festgestellte Betrag sich auf die einzelnen Beteiligten verteilt.

(2) Ist eine solche Feststellung unterblieben, so ist sie in einem Ergänzungsbescheid nachzuholen.

b) Die Bedeutung des Einheitswerts des gewerblichen Betriebs für die Ermittlung des Betriebskapitals. Ausgangspunkt für die Ermittlung des Gewerbekapitals ist der von der Reichsbewertungsbehörde im gesetzlich vorgeschriebenen Verfahren festgestellte Einheitswert des gewerblichen Betriebs. Die Gewerbesteuerbehörde ist an diesen Einheitswert schlechthin gebunden. Die Bestimmungen des Reichsbewertungsgesetzes sind in diesem Sinn keine bloßen Ermittlungsbestimmungen wie die Bestimmungen des EStG. und KStG. für die Ermittlung des Gewerbeertrags. Hieraus ergeben sich folgende Grundsätze:

a) Ist die Feststellung des Einheitswerts des gewerblichen Betriebsvermögens unterblieben, so muß die Gewerbesteuerbehörde dessen Feststellung betreiben; sie ist also nicht berechtigt, den Einheitswert selbst festzusetzen;

b) die Höhe des Einheitswerts des gewerblichen Betriebsvermögens kann nur im Einheitswertverfahren angefochten werden; im Verfahren über die Festsetzung des Steuermeßbetrags nach dem Betriebskapital sind dahingehende Einwendungen nicht mehr möglich. In gleicher Weise sind auch Änderungen und Berichtigungen des Einheitswerts im Verfahren über die Festsetzung des Steuermeßbetrags durchaus unzulässig. Dies gilt auch für den Fall, daß der festgestellte Einheitswert ganz offensichtlich unrichtig ist. — Sind bei der Einheitsbewertung versehentlich laufende Schulden nicht abgezogen worden und ist die Einheitsbewertung rechtskräftig geworden, so muß der Steuerpflichtige diese laufenden Schulden bei der Gewerbesteuer besteuern, andererseits kann auch der Abzug von Schulden, die bei Feststellung des Einheitswerts des gewerblichen Betriebs am Betriebsvermögen abgesetzt worden sind, im Verfahren über die Feststellung des Steuermeßbetrags nach dem Gewerbekapital nicht mit der Begründung versagt werden, daß solche Schulden nicht bestünden. Es gilt der Grundsatz des § 232 Abs. 2 AO., wonach dann, wenn einem Steuerbescheide Entscheidungen zugrunde liegen, die in einem Feststellungsbescheid oder in einem Steuermeßbescheid getroffen worden sind, der Steuerbescheid (hier Steuermeßbescheid) nicht mit der Begründung angefochten werden kann, daß die in dem Feststellungsbescheid oder in dem Steuermeßbescheid getroffenen Entscheidungen unzutreffend seien. Dieser Einwand kann nur gegen den Feststellungsbescheid oder gegen den Steuermeßbescheid erhoben werden.

Im Feststellungsbescheid wird, wie sich aus § 216 AO. ergibt, Entscheidung nicht bloß über die Höhe des Einheitswerts, sondern auch über die Art der wirtschaftlichen Einheit getroffen. Im Einheitswertverfahren wird deshalb auch entschieden, ob ein bestimmter Betrieb ein gewerblicher Betrieb ist und welche Gegenstände zum Betrieb gehören. Einwendungen gegen diese im Einheitswertbescheid enthaltenen Entscheidungen können nur im Einheitswertverfahren erhoben werden. Da für die Beurteilung der Frage, ob ein Betrieb ein Gewerbebetrieb ist, die Grundsätze des Einkommensteuerrechts maßgebend sind (§ 2 Abs. 1 Satz 2 des Ges.), so kommt der Beurteilung im Einheitswertverfahren keine ausschlaggebende Bedeutung zu. Auseinandergehende Entscheidungen werden übrigens dadurch vermieden werden, daß Gewerbeertrag und gewerbliches Betriebsvermögen wohl regelmäßig von derselben Behörde festgesetzt werden.

Der zu übernehmende Einheitswert braucht nicht rechtskräftig festgestellt zu sein (§ 218 Abs. 2 AO.); es genügt im übrigen auch vorläufige Feststellung.

c) Einzelheiten über die Feststellung des Einheitswerts des gewerblichen Betriebs. Der zugrunde zu legende Einheitswert ist ein Reinvermögenswert. Zu seiner Ermittlung sind von dem Rohvermögen die Betriebsschulden und gewisse Rücklagen in Abzug gebracht worden (§ 62 RBewG.). Das Rohvermögen setzt sich zusammen aus den Einzelwerten der verschiedenen zum Betriebe gehörigen Wirtschaftsgüter (§ 66 RBewG.). Es ist die Summe dieser Werte. Nicht in dem Rohvermögen sind bei inländischen Kapitalgesellschaften enthalten die Beteiligungen an anderen inländischen Kapitalgesellschaften in der Form von Aktien, Kuxen oder Anteilen, sofern die Beteiligung mindestens ein Viertel ausmacht. Da Ausgangspunkt für die Ermittlung des Gewerbekapitals schlechtweg der Einheitswert des gewerblichen Betriebsvermögens ist, eine Zurechnung der abgegangenen Beteiligungen usw. nicht erfolgt, so wird das Schachtelprivileg für die Gewerbekapitalsteuer zweifelsfrei anerkannt.

Die verschiedenen zum gewerblichen Betriebsvermögen gehörigen Wirtschaftsgüter werden in dem Bewertungsverfahren einzeln für sich bewertet und zwar nach der Vorschrift des § 12 RBewG. mit dem Teilwert. — Teilwert ist dabei der Betrag, den ein Erwerber des ganzen Unternehmens im Rahmen des Gesamtkaufpreises für das einzelne Wirtschaftsgut ansetzen würde. Dabei ist davon auszugehen, daß der Erwerber das Unternehmen fortführt —.

Besondere Bewertungsvorschriften bestehen für die Bewertung von Wertpapieren, Anteilen und Genußscheinen an Kapitalgesellschaften (§§ 66 Abs. 3, 70 RBewG.). Gehören Grundbesitz (Betriebsgrundstücke) und Gewerbeberechtigungen (§ 58 RBewG.) zum Betriebsvermögen, so erfolgt die Bewertung dieser Untereinheiten nicht bei der Bewertung des sonstigen Betriebsvermögens, sondern in einem gesonderten Verfahren (§ 214 AO., §§ 20, 21 Abs. 1 Ziff. 1 RBewG.), und zwar ohne Rücksicht auf den Wert, den sie im Rahmen des Betriebs besitzen. In den Gesamtwert des gewerblichen Betriebs werden die für sie festgestellten Einheitswerte eingesetzt (§ 66 Abs. 4 RBewG.).

Der festgestellte Einheitswert kann auch ein Minuswert sein; ein Minuswert ergibt sich, wenn der gewerbliche Betrieb überschuldet ist. Die Festsetzung eines Steuermeßbetrags für das Gewerbekapital kann alsdann nur in Betracht kommen, wenn die dem Einheitswert zuzurechnenden Beträge den Einheitswert übersteigen.

d) Nicht im Einheitswert des gewerblichen Betriebs enthaltene Vermögenswerte. Da Ausgangspunkt für die Berechnung des Gewerbekapitals schlechthin der Einheitswert des gewerblichen Betriebs ist und andere Zusetzungen als die in § 12 Abs. 2 GewStG. genannten nicht zulässig sind, ergibt sich, daß die Ausscheidung der in § 59 RBewG. aufgeführten Wirtschaftsgüter aus dem Betriebsvermögen auch die Ausscheidung aus dem Betriebskapital zur Folge hat. Ebenso wie die Werte der in Frage stehenden Wirtschaftsgüter scheiden selbstverständlich auch die im wirtschaftlichen Zusammenhang damit stehenden Schulden aus dem Betriebsvermögen aus. Als nicht zum Betriebsvermögen gehörige Wirtschaftsgüter kommen in Betracht:

aa) ausländische Vermögenswerte auf Grund von Doppelbesteuerungsabkommen. Hat ein deutscher Unternehmer in der Tschechoslowakei, Schweiz, Finnland, Schweden, Ungarn, Österreich, Italien, Danzig oder Rußland eine Zweigniederlassung, so ist dieser Teil des Betriebsvermögens auf Grund des einschlägigen Doppelbesteuerungsabkommens — zu vgl. Anm. IV 2 zu § 2 — grundsätzlich im Belegenheitsstaat zu versteuern und nach § 9 StAnpG. von der Vermögensteuer befreit. Das hat zur Folge, daß dieser Teil des Betriebsvermögens nach § 59 RBewG. aus dem Einheitswert des Betriebsvermögens und damit aus dem Gewerbekapital ausscheidet.

bb) Steuerbefreiter Neuhausbesitz; in Betracht kommen vor allem Werkwohnhäuser der Arbeiter sowie Privatwohnhäuser eines Bauunternehmers, die ohne die Steuerbefreiung als Betriebsgrundstücke anzusehen wären. Diese Grundstücke dürfen deshalb nicht gemäß § 12 Abs. 3 Ziff. 1 GewStG. aus dem Einheitswert ausgeschieden werden.

cc) Reichsbahnanleihe 1931. Die Ausscheidung der zu einem gewerblichen Betriebsvermögen gehörigen Reichsanleihe 1931 ergibt sich aus § 14 des 3. Teiles, dritter Abschnitt der VO. vom 19. Sept. 1931 (RGBl. I S. 493/503).

dd) Urheber- und Erfinderrechte. Urheberrechte an Werken der bildenden Kunst, des Schrifttums und der Tonkunst, derartige Werke selbst und nicht geschützte Erfindungen gehören nicht zum sonstigen Vermögen und damit nicht zum Betriebsvermögen (§ 59 Ziff. 2 RBewG.), wenn sie im Eigentum des Urhebers selbst oder im Fall des Todes des Urhebers im Eigentum seiner Ehefrau oder seiner Kinder stehen. Nur wenn sie einem Dritten entgeltlich zur Ausnützung überlassen sind, kommen sie für die Ermittlung des Einheitswerts und damit für die Gewerbesteuer in Betracht.

ee) Bei den Staatsbanken (§ 3 Ziff. 3 GewStG.), bei den öffentlichen oder unter Staatsaufsicht stehenden Sparkassen (§ 3 Ziff. 4 GewStG.), bei den Hauberg-, Wald-, Forst- und Laubgenossenschaften und ähnlichen Realgemeinden (§ 3 Ziff. 5 GewStG.) und bei den Unternehmen, die nach der Satzung, Stiftung oder sonstigen Verfassung und nach ihrer tatsächlichen Geschäftsführung ausschließlich und unmittelbar gemeinnützigen, mildtätigen oder kirchlichen Zwecken dienen (§ 3 Ziff. 6 GewStG.), sind im Einheitswert des gewerblichen Betriebsvermögens die Vermögensbestandteile nicht inbegriffen, die sachlich steuerbefreit sind (§ 59 Ziff. 1 RBewG. mit § 3 Abs. 1 Ziff. 2, 4, 5 und 6 VStG.). Eine Ausscheidung aus dem Einheitswert des gewerblichen Betriebsvermögens ist also nicht notwendig.

e) Wirkung von Änderungen des gewerblichen Betriebsvermögens. Ist die in einem Bescheid über die Feststellung des gewerblichen Betriebsvermögens enthaltene Feststellung durch Rechtsmittelentscheidung, durch Berichtigungsfeststellung oder durch Fortschreibung (§ 225a AO.) geändert worden, so werden Bescheide (Steuerbescheide, Steuermeßbescheide, Feststellungsbescheide), die auf dem bisherigen Feststellungsbescheid beruhen, von Amts wegen durch neue Bescheide ersetzt, die der Änderung Rechnung tragen. Dies gilt auch dann, wenn ein zu ersetzender Bescheid bereits unanfechtbar geworden war. Die vorstehende in § 218 Abs. 4 AO. enthaltene Vorschrift wirkt sich für die Festsetzung des Betriebskapitals dahin aus, daß jede Änderung des maßgebenden Einheitswerts des gewerblichen Betriebsvermögens ohne weiteres eine Änderung des Steuermeßbetrags nach dem Gewerbekapital und damit des einheitlichen Steuermeßbescheids zur Folge hat. Ein besonderer Antrag des Steuerpflichtigen ist nicht notwendig. Wegen des maßgebenden Einheitswerts zu vgl. die nachstehende Ziff. 3.

3. Der zeitlich maßgebende Einheitswert. Für die Ermittlung des Gewerbekapitals ist nach dem Gesetze (§ 12 Abs. 5) maßgebend der Einheitswert, der durch den letzten Einheitswertbescheid festgestellt worden ist. Gemäß § 23 Abs. 1 Erste GewStDVO. ist maßgebend der Einheitswert auf den letzten Feststellungszeitpunkt (Hauptfeststellungs-, Fortschreibungs- oder Nachfeststellungszeitpunkt), der dem Beginn des Erhebungszeitraums unmittelbar vorausgeht.

a) Die Hauptfeststellung der Einheitswerte des gewerblichen Betriebs. Gemäß § 21 RBewG. werden die Einheitswerte allgemein festgestellt (Hauptfeststellung) 1. in Zeitabständen von je sechs Jahren: für die wirtschaftlichen Einheiten des land- und forstwirtschaftlichen Vermögens und des Grundvermögens, für die Betriebsgrundstücke (§ 57) und für die Gewerbeberechtigungen (§ 58); 2. in Zeitabständen von je drei Jahren: für die wirtschaftlichen Einheiten des Betriebsvermögens. Der Reichsminister der Finanzen kann bestimmen, daß die Hauptfeststellung in kürzeren oder längeren als den im Satz 1 bezeichneten Zeitabständen vorgenommen wird. Die Bestimmung kann sich auf einzelne Vermögensarten oder Vermögensunterarten beschränken. Der Hauptfeststellung werden die Verhältnisse zu Beginn des Kalenderjahrs (Hauptfeststellungszeitpunkt) zugrunde gelegt. Die Vorschriften in § 32 Abs. 2 und § 63 über die Zugrundelegung eines anderen Zeitpunkts bleiben unberührt.

Auf den Hauptfeststellungszeitpunkt werden die Einheitswerte für sämtliche wirtschaftliche Einheiten festgestellt. Die Hauptfeststellung hat demnach auch allgemeine Bedeutung für die Festsetzung der für die Gewerbesteuer maßgebenden Betriebskapitalien. Wie sich aus § 23 Abs. 1 Satz 2 der Ersten GewStDVO. ergibt, sind aber die Einheitswerte des Hauptfeststellungszeitpunkts nur dann maßgebend, wenn sie mindestens fünf Vierteljahre vor dem Beginn des Erhebungszeitraums liegen. Soferne deshalb nach dem Grundsatz des § 21 Abs. 1 Ziff. 1 RBewG. auf den 1. Januar 1938 eine Hauptfeststellung der Einheitswerte des gewerblichen Betriebsvermögens stattfindet — die letzte Hauptfeststellung ist auf den 1. Januar 1935 erfolgt —, so können die hierbei festgestellten Einheitswerte erst für die Gewerbesteuerveranlagung für das Rechnungsjahr 1939 (1. April 1939 bis 31. März 1940) maßgebend sein. Die auf den Hauptfeststellungszeitpunkt vom 1. Januar 1938 festgestellten Einheitswerte können praktisch durch Fortschreibungsfeststellungen auf den 1. Januar 1939 außer Wirksamkeit gesetzt werden.

b) Die Wertfortschreibung der Einheitswerte. Gemäß § 225 a AO. wird ein Feststellungsbescheid über einen Einheitswert (§ 214 und § 215 Abs. 1) durch einen neuen Feststellungsbescheid (Fortschreibungsbescheid) ersetzt: 1. bei Änderung im Wert des Gegenstands: wenn nach dem Feststellungszeitpunkt die Voraussetzungen eingetreten sind, unter denen nach den Vorschriften des RBewG. eine Wertfortschreibung stattfindet; 2. bei Änderung in der Art des Gegenstands, z. B. ob land- oder forstwirtschaftlicher oder gewerblicher Betrieb (§ 216 Abs. 1 Ziff. 1); 3. bei Änderungen über die Zurechnung des Gegenstands (Frage, wem der Gegenstand bei der Besteuerung zuzurechnen ist); 4. bei Betriebsgrundstücken und Gewerbeberechtigungen außerdem dann, wenn sich eine Änderung hinsichtlich des Betriebs ergibt, zu dem das Betriebsgrundstück oder die Gewerbeberechtigung gehört.

aa) Wertfortschreibung infolge Änderung des Werts des gewerblichen Betriebs. Gemäß § 22 RBewG. wird der Einheitswert neu festgestellt (Wertfortschreibung), wenn der Wert, der sich für den Beginn eines Kalenderjahrs ergibt, um mehr als den fünften Teil, mindestens aber um 1000 RM von dem Einheitswert des letzten Feststellungszeitpunkts abweicht. Beruht bei einem land-

und forstwirtschaftlichen Betrieb, einem Grundstück oder einem Betriebsgrundstück die Abweichung auf einer Bestandsveränderung, so wird der Einheitswert schon dann neu festgestellt, wenn der Wert infolge der Bestandsveränderung allein um mehr als den zwanzigsten Teil, mindestens aber um 500 *RM*, abweicht. Eine Bestandsveränderung liegt insbesondere vor, 1. wenn die Grundstücksfläche durch Erwerb oder Abtrennung vergrößert oder verkleinert wird; 2. wenn der Gebäudebestand durch Neubau, Anbau oder Aufbau oder durch Abbruch, Abbrand u. dgl. verändert wird. Der Reichsminister der Finanzen kann die Wertgrenzen anders festsetzen.

Eine Wertfortschreibung kann begrifflich nur in Betracht kommen, wenn bereits eine Feststellung vorausgegangen ist. Diese Feststellung wird häufig die Hauptfeststellung — das ist gegenwärtig die Hauptfeststellung auf den 1. Januar 1935 — sein; es muß dies aber nicht unbedingt der Fall sein; vielmehr kann auch für einen im Wege der Nach- oder Neufeststellung oder auch einer Berichtigungsfeststellung festgestellten Einheitswert eine Neufeststellung vorgenommen werden.

Die Wertfortschreibung äußert ihre Wirkungen erst von dem Beginn des Kalenderjahrs an, auf welchem die Neufeststellung durchzuführen ist; eine rückwirkende Kraft kommt ihr nicht zu. Im Gegensatz zur Wertfortschreibung besteht die in § 23 RBewG. geregelte Nachfeststellung in der erstmaligen Feststellung eines Einheitswerts auf einen anderen Zeitpunkt, als den Hauptfeststellungszeitpunkt. Wesentlich verschieden ist die Wertfortschreibung auch von der Berichtigungsfeststellung, wie sie bei den gegebenen Voraussetzungen gemäß § 222 AO. vorzunehmen ist. Nach diesen Bestimmungen wird eine ursprünglich fehlerhafte Feststellung — es kann dies eine Hauptfeststellung, Neufeststellung oder auch Nachfeststellung sein — wiederholt, weil sie sich nachträglich als unrichtig herausstellt. Dabei wird — im Gegensatz zur Wertfortschreibung — der Einheitswert rückwirkend auf den ursprünglichen Feststellungszeitpunkt richtig gestellt.

Die bisherigen Vorschriften des RBewG. sind dahin ausgelegt worden, daß die Neufeststellung nur auf eine seit dem maßgebenden Feststellungszeitpunkt eingetretene Veränderung des Werts der wirtschaftlichen Einheit gestützt werden kann (Urt. III A 749/31 vom 9. März 1933 = RStBl. 33 S. 700). Die Wertänderung selbst konnte auf einer Änderung des Bestands oder Umfangs der wirtschaftlichen Einheit oder auf einer Wertänderung der an sich gleichbleibenden wirtschaftlichen Einheit beruhen, wobei nur allgemeine Änderungen der wirtschaftlichen Verhältnisse die Neufeststellung ausschlossen. Die Tatsache, daß die beiden zu vergleichenden Werte um die maßgebenden Werte voneinander abwichen, begründete somit bisher nur dann eine Neufeststellung, wenn die Abweichung auf einer Wertänderung beruhte; eine Änderung unrichtiger Einheitswertfeststellungen durch eine Neufeststellung wurde nicht zugelassen. Nach dem neuen Recht ist eine Neufeststellung nicht nur dann zulässig, wenn sich der Einheitswert tatsächlich verändert hat, sondern auch dann, wenn die Abweichung von dem zuletzt rechtskräftig festgestellten Einheitswert lediglich darauf beruht, daß bei der ursprünglichen Einheitswertfeststellung Fehler unterlaufen sind. Eine Neufeststellung ist also nunmehr stets dann zulässig, wenn das Finanzamt bei der Ermittlung des Werts einer wirtschaftlichen Einheit auf den Beginn eines Kalenderjahrs zu einem Einheitswert gelangt, der von dem zuletzt festgestellten Einheitswert in dem im Gesetz bestimmten Ausmaße nach oben oder unten abweicht, ohne daß es im übrigen darauf ankommt, ob die Abweichung auf einer Änderung im Bestand oder Umfang der wirtschaftlichen Einheit beruht. Das bedeutet praktisch, daß künftig auch unrichtige Einheitswertfeststellungen durch Neufeststellung geändert werden können (zu vgl. Runderl. des RMin. d. Fin. vom 25. April 1936, 53 300 — 650 III = RStBl. 36 S. 421).

Von dem Grundsatz, daß die Neufeststellung nicht davon abhängig ist, daß im Bestand oder Umfang der wirtschaftlichen Einheit eine Änderung eingetreten ist, macht das Gesetz eine wichtige Ausnahme zugunsten des Grundbesitzes. Die Regelung ist insbesondere im Hinblick auf die Grundsteuer getroffen worden.

Der Wertfortschreibung wird gemäß § 22 Abs. 2 RBewG. der Wert zugrunde gelegt, der auf den Beginn des Kalenderjahrs ermittelt worden ist, das auf die Wertänderung folgt (Fortschreibungszeitpunkt). Gemäß § 32 Abs. 2 RBewG. kann für Betriebe, die regelmäßig Abschlüsse auf einen anderen Tag machen, auf Antrag zugelassen werden, daß der Schluß des Wirtschaftsjahrs zugrunde gelegt wird, das dem Feststellungszeitpunkt vorangeht. Für die Bewertung sind in diesem Falle nicht die Verhältnisse, wie sie zu Beginn des Kalenderjahrs, das auf die Wertänderung folgt, bestehen, maßgebend, sondern die Verhältnisse am 30. Juni bzw. am Schluß des Wirtschaftsjahrs. Weitere Ausnahmen gelten für Betriebsgrundstücke und Gewerbeberechtigungen, sowie für zu einem Betriebsvermögen gehörige Wertpapiere und Anteile an Kapitalgesellschaften (§ 63 Abs. 5 RBewG.).

Beruht die Neufeststellung nicht auf einer Wertänderung, sondern auf einer bloßen Wertabweichung, hervorgerufen durch eine unrichtige Einheitswertfeststellung, so ist Feststellungszeitpunkt in sinngemäßer Anwendung der Neufeststellungsbestimmungen der Beginn des Kalenderjahrs, das auf die Feststellung der Unrichtigkeit des Einheitswerts folgt.

Durch eine Neufeststellung wird der Hauptfeststellungszeitraum in mehrere aufeinanderfolgende Feststellungszeiträume zerlegt. Die Neufeststellung hat demnach den Zweck, unter besonderen Voraussetzungen die verbindliche Geltungsdauer des Einheitswerts auf einen Teilzeitraum des Hauptfeststellungszeitraums zu begrenzen. Umgekehrt bewirkt die Neufeststellung damit aber zugleich, daß für den Zeitraum zwischen dem Hauptfeststellungs- und dem Neufeststellungszeitpunkt die verbindliche Wirkung des ursprünglichen Einheitswerts nicht weiter mehr im Wege der Neufeststellung angreifbar ist. Hat deshalb eine Neufeststellung stattgefunden, so ist eine Neufeststellung auf zwischen dem Hauptfeststellungs- und dem Neufeststellungszeitpunkt liegende Zeiträume nicht mehr zulässig (Urt. III A 111/31 vom 19. Okt. 1933 = StW. 34 Nr. 53).

Die Prüfung der Frage, ob die nach dem Gesetze für eine Neufeststellung erforderliche Wertabweichung gegeben ist, kann nur an Hand eines Wertvergleichs vorgenommen werden. Die Unterlagen hiefür hat der Pflichtige zu liefern. Beim Wertvergleich ist nach § 5 Abs. 1 der DurchfBest. zum RBewG. nach dem Stande vom 1. Jan. 1935 vom ursprünglichen Einheitswert, nicht vom neu ermittelten Wert auszugehen und außerdem sind bei der Vergleichung der Werte für den neuen wie für den ursprünglichen Wert die nach § 25 RBewG. abgerundeten Beträge maßgebend. Von dem auf den letzten Feststellungszeitpunkt rechtskräftig festgestellten Einheitswert ist bei der Gegenüberstellung der Werte auch dann auszugehen, wenn er unrichtig ermittelt worden ist; es wäre also nicht zulässig, den unrichtig ermittelten Wert für die Vornahme des Wertvergleichs zuvor richtig zu stellen. Im übrigen können bei der Wertgegenüberstellung nur gleichartige Größen (z. B. Ertragswert mit Ertragswert, gemeiner Wert mit gemeinem Wert) miteinander verglichen werden.

bb) Wertfortschreibung bei Änderung in der Art des Gegenstands oder bei Änderung in der Zurechnung des Gegenstands.

Eine Änderung in der Art des Gegenstands, die für die Gewerbesteuer von Bedeutung ist, ist gegeben, wenn eine bisherige wirtschaftliche Einheit, die als ein gewerblicher Betrieb angesehen wurde, die Eigenschaft als gewerblicher Betrieb verliert — ein bisheriger Gewerbebetrieb wird landwirtschaftlicher Nebenbetrieb oder umgekehrt —, oder wenn ein Betriebsgrundstück, das bisher einer der in § 56 Abs. 1 RBewG. aufgeführten inländischen Körperschaften gehörte, auf eine natürliche Person übergeht, die keinen gewerblichen Betrieb unterhält und umgekehrt. Die Wertfortschreibung ist in diesen Fällen von Bedeutung für die Frage, ob und in welcher Höhe gewerbliches Betriebsvermögen vorhanden ist. Weiter ist die Wertfortschreibung entsprechend ihrem Wesen als eine zur Änderung von Einheitswerten dienende Einheitsbewertung von Bedeutung für die Frage, wem der Gewerbebetrieb zuzurechnen ist. Geht deshalb ein Gewerbebetrieb auf eine andere Person über, so hat das Finanzamt auf Antrag, allenfalls von Amts wegen (s. nachf. Buchst. cc), einen Wertfortschreibungsbescheid zu erlassen (zu vgl. Anm. 4 b zu § 14, ferner § 225 b AO.).

Der Wertfortschreibung werden auch in diesen Fällen die Verhältnisse bei Beginn des Kalenderjahrs zugrunde gelegt, das auf die Änderung folgt (Fortschreibungszeitpunkt). Die Vorschriften im § 32 Abs. 2 und § 63 über die Zugrundelegung eines anderen Zeitpunkts bleiben unberührt.

cc) Gemäß § 225 a AO. wird der Fortschreibungsbescheid auf Antrag, erforderlichenfalls auch von Amts wegen erlassen. Der Antrag kann nur bis zum Ablauf des Kalenderjahrs, auf dessen Beginn die Wertfortschreibung begehrt wird, oder bis zum Ablauf eines Monats, seitdem der bisherige Feststellungsbescheid unanfechtbar geworden ist, gestellt werden. Die Antragsfrist ist eine Ausschlußfrist, kann also nicht verlängert werden. Antragstellung seitens des Inhabers der wirtschaftlichen Einheit wird in der Regel in den

Fällen erforderlich sein, in denen der Einheitswert herabgesetzt werden soll; in den Fällen der erhöhenden Neufeststellung erfolgt die Heraufsetzung von Amts wegen; der Pflichtige ist hierbei nicht gebunden, der Steuerbehörde anzuzeigen, daß bei der wirtschaftlichen Einheit die Voraussetzungen für eine erhöhende Wertfortschreibung eingetreten sind.

dd) Ist eine Wertfortschreibung des Einheitswerts des gewerblichen Betriebsvermögens erfolgt, so ist der fortgeschriebene Einheitswert maßgebend für den Erhebungszeitraum, der in dem Kalenderjahr beginnt, auf dessen Beginn die Wertfortschreibung erfolgt ist. Beispiel: Auf den 1. Januar 1937 ist Wertfortschreibung für den Betrieb X. erfolgt. Der hierbei festgestellte Einheitswert des Betriebsvermögens ist Ausgangspunkt für die Festsetzung des Betriebskapitals, das für die Gewerbesteuerveranlagung für das Rechnungsjahr 1937 maßgebend ist.

c) Die Nachfeststellung der Einheitswerte. Gemäß § 23 Abs. 1 RBewG. wird für wirtschaftliche Einheiten (Untereinheiten), für die ein Einheitswert festzustellen ist, der Einheitswert nachträglich festgestellt (Nachfeststellung), wenn nach dem Hauptfeststellungszeitpunkt (§ 21 Abs. 2) 1. die wirtschaftliche Einheit (Untereinheit) neu gegründet wird; 2. für eine bereits bestehende wirtschaftliche Einheit (Untereinheit) der Grund für die Befreiung von einer Steuer wegfällt. Bei der Nachfeststellung handelt es sich nicht um die Nachholung einer Einheitswertfeststellung auf den Hauptfeststellungszeitpunkt, die aus Versehen oder aus sonstigen Gründen bei der Hauptfeststellung unterblieben ist, sondern um die nachträgliche Feststellung eines Einheitswerts auf einen anderen Zeitpunkt als den Hauptfeststellungszeitpunkt. Im Gegensatz zur Wertfortschreibung besteht die Nachfeststellung nicht in der Änderung einer früheren Einheitswertfeststellung, sondern in der Bewertung einer Einheit, für die bei der Hauptfeststellung ein Wert überhaupt nicht festgestellt worden war, weil sie am Hauptfeststellungszeitpunkt noch nicht bestand oder noch keiner Steuer unterlag.

aa) Zu der Frage, zu welchem Zeitpunkt ein Gewerbebetrieb als neu gegründet (entstanden) anzusehen ist, zu vgl. die Ausführungen in Bem. VI zu § 2.

bb) Für eine bestehende wirtschaftliche Einheit braucht ein Einheitswert nicht festgestellt zu werden, wenn die Einheit einer Einheitswertsteuer (Vermögensteuer, Grund- oder Gewerbesteuer) nicht unterliegt. Wird diese wirtschaftliche Einheit nachträglich steuerpflichtig, so ist der Einheitswert nachfestzustellen. Beispiel: Ein gewerblicher Betrieb, der bisher ausschließlich und unmittelbar gemeinnützigen Zwecken gedient hat, verliert die Eigenschaft eines gemeinnützigen Betriebs.

Der Nachfeststellung werden gemäß § 23 Abs. 2 RBewG. die Verhältnisse zugrunde gelegt, die auf den Beginn des Kalenderjahrs ermittelt worden sind, das dem maßgebenden Ereignis folgt (Nachfeststellungszeitpunkt). Endet in den Fällen des § 23 Abs. 1 Satz 2 RBewG. die Steuerbefreiung aus dem Grund, weil die Befreiung für eine bestimmte Frist galt und diese Frist abgelaufen ist, so ist Nachfeststellungszeitpunkt der Beginn des Kalenderjahrs, in dem die Steuerpflicht eintritt. Die Vorschriften im § 32 Abs. 2 über die Zugrundelegung eines anderen Zeitpunkts bleiben unberührt.

cc) Die nachfestgestellten Einheitswerte sind maßgebend für den Erhebungszeitraum (Rechnungsjahr), der in dem Kalenderjahr beginnt, auf dessen Beginn die Nachfeststellung erfolgt ist.

d) Maßgebender Einheitswert bei Eintritt eines Betriebs in die Gewerbesteuerpflicht. Tritt ein Gewerbebetrieb neu in die Steuerpflicht ein, weil er neu gegründet wurde, oder weil ein bisher bestehender Steuerbefreiungsgrund weggefallen ist, so ist zunächst ein Einheitswert, von welchem für die Festsetzung des Betriebskapitals ausgegangen werden könnte, nicht vorhanden. — Eine Feststellung des Einheitswerts kann erst auf den 1. Januar des auf die Neugründung folgenden Jahrs, in der Regel durch Nachfeststellung, erfolgen und dieser Einheitswert erlangt Wirksamkeit erst ab Beginn des Rechnungsjahrs, das auf den Feststellungszeitpunkt folgt. Um die Besteuerung des Betriebskapitals bis zu diesem Zeitpunkt zu ermöglichen, bestimmt § 25 der Ersten GewStDVO.: „Bei Eintritt eines Gewerbebetriebs in die Steuerpflicht ist das Gewerbekapital auf den Zeitpunkt des Beginns der Steuerpflicht nach den Grundsätzen des § 12 des Ges. und des Reichsbewertungsgesetzes besonders zu ermitteln.

Auf den Beginn der Gewerbesteuerpflicht ist hiernach für den neu in die Gewerbesteuerpflicht eintretenden Betrieb der Einheitswert des gewerblichen Betriebs nach den Vorschriften des Reichsbewertungsgesetzes „besonders" zu ermitteln. Dem also ermittelten Einheitswert sind die in § 12 Abs. 2 genannten Beträge, soweit sie bei der Feststellung des Einheitswerts abgezogen wurden, wieder hinzuzurechnen, andererseits ist die Summe des Einheitswerts und der Hinzurechnungen zu kürzen um die in § 12 Abs. 3 genannten Beträge.

Die Steuerpflicht eines Betriebs beginnt grundsätzlich mit dem Beginn der gewerblichen Tätigkeit (zu vgl. die Bem. in Ziff. VI zu § 2).

Das besonders ermittelte Gewerbekapital ist der Festsetzung des Steuermeßbetrags solange zugrunde zu legen, bis ein nach § 23 der Ersten GewStDVO. maßgebender Einheitswert festgestellt ist (§ 25 Abs. 2 der Ersten GewStDVO.). In der Regel wird dies ein nach den Grundsätzen des § 23 RBewG. nachfestgestellter Einheitswert sein; erfolgt aber auf den 1. Januar des Kalenderjahrs, das auf die Neugründung folgt, eine Hauptfeststellung, so ist dieser Einheitswert maßgebender Einheitswert. Dieser Einheitswert kann aber erst nach Ablauf von fünf Vierteljahren Wirksamkeit für die Ermittlung des Gewerbekapitals erlangen (§ 23 Abs. 1 der Ersten GewSt.-DVO.). Beispiel: Wird am 10. August 1937 ein Gewerbebetrieb gegründet und steuerpflichtig, so ist auf diesen Tag der Steuermeßbetrag nach dem Gewerbekapital besonders zu ermitteln. Dieser Steuermeßbetrag hat, falls auf den 1. Januar 1938 eine Hauptfeststellung erfolgt, Wirksamkeit bis 1. April 1939. Von diesem Zeitpunkt an ist maßgebender Einheitswert der auf den 1. Januar 1938 festgestellte Einheitswert, es müßte denn sein, daß auf den 1. Januar 1939 eine Neufeststellung erfolgt.

II. Die Hinzurechnungen und Kürzungen.

1. Vorbemerkung.

a) Zweck der Hinzurechnungen und Kürzungen. Die Zusetzungen zum Einheitswert des gewerblichen Betriebs (§ 12 Abs. 2) und die Absetzungen von der Summe des Einheitswerts des gewerblichen Betriebs und der Hinzurechnungen (§ 12 Abs. 3) verfolgen in der Hauptsache zwei Zwecke:

aa) sie sollen die Besteuerungsgrundlage des Gewerbekapitals entsprechend dem realen Charakter der Gewerbesteuer umgestalten. Im Einheitswert des gewerblichen Betriebs sind nur solche dem Gewerbebetrieb dienenden Wirtschaftsgüter inbegriffen, die dem Betriebsinhaber gehören. Diese Beschränkung auf Eigenkapital ist dadurch bedingt, daß das Betriebsvermögen in der Hauptsache als Grundlage für das sich in der Hand des Betriebsinhabers vereinigende Gesamtvermögen dienen soll, das von der Vermögensteuer und der vermögensteuerähnlichen Aufbringungsumlage erfaßt wird. Dementsprechend kann das Gesamtvermögen nur Bestandteile enthalten, die die steuerliche Leistungsfähigkeit des Betriebsinhabers zum Ausdruck bringen. Fremdkapital gehört nicht hierzu, wie überhaupt nur demselben Eigentümer gehörige Wirtschaftsgüter nach § 2 Abs. 2 RBewG. eine wirtschaftliche Einheit bilden können. Die Gewerbesteuer will dagegen ihrem realen Charakter entsprechend das Steuerobjekt (Gewerbebetrieb) nach seinem objektiven Charakter erfassen. Zum Gewerbekapital in diesem Sinn rechnen alle dem Betriebe dienenden Wirtschaftsgüter, darin inbegriffen das Fremdkapital. Der Verwirklichung dieses Grundsatzes dienen die Hinzusetzungen gem. Abs. 2.

bb) Die Kürzungen gem. Abs. 3 dienen der Verwirklichung des Grundsatzes, daß ein- und dieselbe wirtschaftliche Einheit nur von einer Realsteuer, d. h. von der Grundsteuer oder der Gewerbesteuer getroffen werden soll; es werden deshalb gemäß Ziff. 1 die Einheitswerte der Betriebsgrundstücke, welch letztere der Grundsteuer unterliegen, gemäß Ziff. 2 die Werte der Beteiligungen an offenen Handelsgesellschaften usw., die als solche der Gewerbesteuer unterliegen, ausgesondert.

b) Erschöpfende Aufzählung der Hinzurechnungen und Kürzungen. Die Zurechnungen und Kürzungen sind in den Absätzen 2 und 3 erschöpfend aufgeführt; weitere Zusetzungen und Kürzungen sind deshalb nicht gestattet.

c) Die Bedeutung des Steuermeßbetrags nach dem Gewerbekapital für die Hinzurechnungen und Kürzungen. Die Frage, welche Hinzurechnungen und Kürzungen zu erfolgen haben, wird ausschließlich in dem Verfahren über die Festsetzung des Steuermeßbetrags nach dem Gewerbekapital entschieden. Der Steuermeßbescheid kann deshalb mit der Einwendung angefochten werden, daß die Hinzurechnungen und Kürzungen zu Unrecht oder nicht in der richtigen Höhe erfolgt seien, daß der Begriff der hinzurechnenden Schulden, Renten usw. verkannt, daß die Werte (Teilwerte) im Sinn des § 12 Abs. 2 Ziff. 2 und Abs. 3 Ziff. 2 unrichtig festgesetzt worden seien usw. Soweit Werte abgesetzt werden, die bereits in einem besonderen Verfahren festgestellt wurden (zu vgl. § 12 Abs. 3 Ziff. 1), kann der Steuermeßbescheid nicht mehr mit der Einwendung angefochten werden, daß diese Werte (Einheitswerte) unrichtig seien (§ 232 Abs. 2 AO.).

d) Umfang der Hinzurechnungen und Kürzungen. Hinzurechnungen erfolgen nur insoweit, als bei Feststellung des Einheitswerts entsprechende Abzüge gemacht worden sind. Schulden, die bei Feststellung des Einheitswerts nicht abgesetzt worden sind, können deshalb bei Ermittlung des Betriebskapitals nicht hinzugerechnet werden. Das gleiche gilt sinngemäß für die Kürzungen.

2. Die Hinzurechnungen zum Einheitswert. Dem Einheitswert des gewerblichen Betriebs werden folgende Beträge wieder hinzugerechnet, soweit sie bei der Feststellung des Einheitswerts abgezogen sind:

a) die Verbindlichkeiten, die den Schuldzinsen und dauernden Lasten und den Gewinnanteilen im Sinn des § 8 Ziffern 1 bis 3 entsprechen.

aa) Hinzuzurechnen sind hiernach die Schulden, die wirtschaftlich mit der Gründung oder dem Erwerb des Betriebs (Teilbetriebs) oder eines Anteils am Betrieb oder mit einer Erweiterung oder Verbesserung des Betriebs zusammenhängen oder der nicht nur vorübergehenden Verstärkung des Betriebskapitals dienen. Die Dauerschulden im Sinn des § 8 Ziff. 1 und des § 12 Abs. 2 Ziff. 1 sind hiernach dieselben. Abweichungen werden sich aber in zeitlicher Hinsicht daraus ergeben, daß Grundlage für die Ermittlung des Gewerbeertrags der Gewinn des dem Erhebungszeitraum vorausgegangenen Kalender- bzw. Wirtschaftsjahrs ist und daß hiernach für die Zurechnung solche Schuldzinsen in Betracht kommen, die in diesem Kalender- bzw. Wirtschaftsjahr verausgabt worden sind, während bei der Ermittlung des Betriebskapitals solche Schulden hinzuzurechnen sind, deren Dauerschuldeigenschaft am maßgebenden Feststellungszeitpunkt bestanden hat.

Als Dauerschulden können nur Schulden im Rechtssinn in Betracht kommen. Die Geschäftsguthaben der Genossen einer eingetragenen Genossenschaft sind keine „Schulden" der Genossenschaft, die bei der Ermittlung des Wertes ihres Gewerbekapitals dem Einheitswert des gewerblichen Betriebs hinzuzurechnen wären (Urt. IV A 259/33 vom 4. Juli 1934 = StW. 34 Nr. 555).

bb) Die Verbindlichkeiten, die den Renten und dauernden Lasten im Sinn des § 8 Ziff. 2 entsprechen.

Hinzuzurechnen sind nicht die Jahresleistungen an Renten und dauernden Lasten, sondern die kapitalisierten Werte dieser Verbindlichkeiten. Die Bewertung der Renten und dauernden Lasten wird sich im Zweifel nach den Bestimmungen der §§ 15 bis 17 RBewG. (zu vgl. § 18 RBewG.) richten. Die Bestimmungen lauten:

§ 15

Kapitalwert von wiederkehrenden Nutzungen und Leistungen

(1) Der Gesamtwert von Nutzungen oder Leistungen, die auf bestimmte Zeit beschränkt sind, ist die Summe der einzelnen Jahreswerte abzüglich der Zwischenzinsen unter Berücksichtigung von Zinseszinsen. Dabei ist von einem Zinssatz in Höhe von 4 vom Hundert auszugehen. Der Gesamtwert darf das Fünfundzwanzigfache des Jahreswerts nicht übersteigen. Ist die Dauer des Rechts außerdem durch das Leben einer oder mehrerer Personen bedingt, so darf der nach § 16 zu berechnende Kapitalwert nicht überschritten werden.

(2) Immerwährende Nutzungen und Leistungen sind mit dem Fünfundzwanzigfachen des Jahreswerts, Nutzungen oder Leistungen von unbestimmter Dauer vorbehaltlich des § 16 mit dem Zwölfeinhalbfachen des Jahreswerts zu bewerten.

(3) Ist der gemeine Wert der gesamten Nutzungen oder Leistungen nachweislich geringer oder höher, so ist der nachgewiesene gemeine Wert zugrunde zu legen.

§ 16

Kapitalwert von lebenslänglichen Nutzungen und Leistungen

(1) Der Wert von Renten und anderen auf die Lebenszeit einer Person beschränkten Nutzungen und Leistungen bestimmt sich nach dem Lebensalter dieser Person.

(2) Als Wert wird angenommen bei einem Alter

1.		bis zu 15 Jahren	das	22 fache,
2.	von mehr als 15	„ „ 25 „	„	21 „
3.	„ „ „ 25	„ „ 35 „	„	20 „
4.	„ „ „ 35	„ „ 45 „	„	18 „
5.	„ „ „ 45	„ „ 55 „	„	15 „
6.	„ „ „ 55	„ „ 65 „	„	11 „
7.	„ „ „ 65	„ „ 75 „	„	7,5 „
8.	„ „ „ 75	„ „ 80 „	„	5 „
9.	„ „ „ 80	Jahren das		3 „

des Werts der einjährigen Nutzung.

(3) Nicht einschlägig.

(4) Hängt die Dauer der Nutzung oder Leistung von der Lebenszeit mehrerer Personen ab, so ist das Lebensalter des Jüngsten maßgebend, wenn das Recht mit dem Tod des zuletzt Sterbenden erlischt, und das Lebensalter des Ältesten maßgebend, wenn das Recht mit dem Tod des zuerst Sterbenden erlischt.

(5) Ist der gemeine Wert der gesamten Nutzungen oder Leistungen nachweislich geringer oder höher als der Kapitalwert, der sich nach Absatz 2 ergibt, so ist der nachgewiesene gemeine Wert zugrunde zu legen. Der Ansatz eines geringeren oder höheren Werts kann jedoch nicht darauf gestützt werden, daß mit einer kürzeren oder längeren Lebensdauer zu rechnen ist als derjenigen, die den Vervielfachungszahlen des Absatzes 2 zugrunde liegt.

§ 17
Jahreswert von Nutzungen und Leistungen

(1) Der einjährige Betrag der Nutzung einer Geldsumme ist, wenn kein anderer Wert feststeht, zu 4 vom Hundert anzunehmen.

(2) Nutzungen oder Leistungen, die nicht in Geld bestehen (Wohnung, Kost, Waren und sonstige Sachbezüge), sind mit den üblichen Mittelpreisen des Verbrauchsorts anzusetzen.

(3) Bei Nutzungen oder Leistungen, die in ihrem Betrag ungewiß sind oder schwanken, ist als Jahreswert der Betrag zugrunde zu legen, der in Zukunft im Durchschnitt der Jahre voraussichtlich erzielt werden wird.

cc) Die Verbindlichkeiten, die den Gewinnanteilen im Sinn des § 8 Ziff. 3 entsprechen.

Zuzurechnen sind die Vermögenseinlagen (Einlagen), mit denen sich die stillen Gesellschafter an dem Handelsgewerbe, das ein anderer betreibt, beteiligen (zu vgl. § 335 HGB.). Unter dem stillen Gesellschafter im Sinn der Bestimmung kann nur der typische stille Gesellschafter verstanden werden.

b) Die Werte (Teilwerte) der nicht in Grundbesitz bestehenden Wirtschaftsgüter, die dem Betrieb dienen, aber im Eigentum eines Mitunternehmers oder eines Dritten stehen, es sei denn, daß sie zum Gewerbekapital des überlassenden gehören.

aa) Hinzuzurechnen sind die Werte (Teilwerte) der dem Unternehmen dienenden, im Eigentum eines Dritten oder eines Mitunternehmers stehenden Wirtschaftsgüter, soweit sie nicht in Grundbesitz bestehen und daher von der Grundsteuer betroffen werden. Gleichgültig ist, aus welchem Rechtsgrund (Miete, Pacht, Leihe usw.) sie dem Betriebsinhaber überlassen sind. Wesentlich ist aber, daß sie nicht bloß vorübergehend dem Betriebe gewidmet sind. — Die Überlassung einer Maschine an einen Dritten nur für kurze Zeit rechtfertigt die Zurechnung nicht —. Eine nicht bloß vorübergehende Überlassung wird anzunehmen sein, wenn ein Fabrikanwesen samt Gebäude und Betriebseinrichtung für den Betrieb auf längere Zeit gepachtet wird; alsdann müssen die nicht in Grundstücken bestehenden Gegenstände (Maschinen und sonstigen Vorrichtungen) mit ihrem Wert dem Einheitswert hinzugesetzt werden.

bb) Besonders häufig ist, daß die dem Betrieb des Unternehmens einer oHG. oder einer ähnlichen Gesellschaft dienenden Gegenstände einem der Mitunternehmer gehören und von diesem dem Betrieb der oHG. überlassen werden; die überlassenen Gegenstände sind gemäß § 2 Abs. 2 RBewG. nicht Betriebsvermögen der oHG.; soweit sie dem Betrieb dienen, sind sie deshalb hinzuzurechnen.

cc) Die den Steuermeßbetrag festsetzende Behörde hat den Wert der hinzuzusetzenden Gegenstände nach den Vorschriften des RBew.-G. selbständig zu berechnen. Maßgebend ist der Teilwert, d. i. der Betrag, den ein Erwerber des ganzen Unternehmens im Rahmen des Gesamtkaufpreises für das einzelne Wirtschaftsgut ansetzen würde.

dd) Die Zurechnung unterbleibt, wenn die Werte der überlassenen Gegenstände zum Gewerbekapital des Überlassenden gehören. Entscheidend ist die Behandlung im Reichsbewertungsverfahren. Die Rechtslage ist hier folgende: Gehören die überlassenen Gegenstände einer der in § 56 genannten Körperschaften, so sind sie Betriebsvermögen der überlassenden Körperschaft. Im übrigen ist nach der Rechtsprechung des RFH. gewerbliches Betriebsvermögen des Eigentümers der vermieteten oder verpachteten Gegenstände dann anzunehmen, wenn ein gewerblicher Betrieb einem Pächter mit den wesentlichen Betriebsgegenständen überlassen wird (Urt. III A 89/35 vom 4. April 1935 = RStBl. 35 S. 1094 und die dort angegebene Rechtsprechung). Werden nur bewegliche Gegenstände überlassen, so können diese zum gewerblichen Betriebsvermögen des Eigentümers nur dann gerechnet werden, wenn dieser einen gewerblichen Betrieb unterhält.

3. Die Kürzungen im einzelnen. Die Summe des Einheitswerts des gewerblichen Betriebs und der Hinzurechnungen wird gekürzt um:

a) die Summe der Einheitswerte, mit denen die Betriebsgrundstücke in dem Einheitswert des gewerblichen Betriebs enthalten sind. Die Betriebsgrundstücke gehören zum Einheitswert des gewerblichen Betriebs, nicht aber zum gewerbesteuerpflichtigen Betriebskapital. Die Werte der Betriebsgrundstücke sind deshalb aus dem Einheitswert des gewerblichen Betriebsvermögens mit den für sie gesondert festgestellten Einheitswerten (§ 215 Ziff. 2 AO.) herauszunehmen.

Die Herausnahme der Einheitswerte der Betriebsgrundstücke aus dem Einheitswert des gewerblichen Betriebs hat auch zu erfolgen, wenn die Betriebsgrundstücke der Grundsteuer nicht unterliegen, weil sie von dieser gemäß § 3 GrStG. befreit sind. Wenn auch der gesetzgeberische Grund für die Bestimmung des § 12 Abs. 3 Ziff. 1 GewStG. die Vermeidung einer Doppelbesteuerung ist, so kann doch die Bestimmung nach ihrem Wortlaut nur dahin ausgelegt werden, daß alle Betriebsgrundstücke mit ihren Einheitswerten auszusondern sind. Die Herausnahme der Einheitswerte der Betriebsgrundstücke aus dem Einheitswert des gewerblichen Betriebsvermögens hat schließlich auch dann zu erfolgen, wenn die Betriebsgrundstücke nicht zum Anlagevermögen, sondern zum Umlaufsvermögen des Gewerbetreibenden (wie z. B. beim Grundstückshändler) gehören.

Gemäß § 58 Abs. 2 gelten Gewerbeberechtigungen, die grundstücksgleich sind, nicht als Betriebsgrundstücke; desgleichen gelten Gewerbeberechtigungen, die mit dem Eigentum an einem Grundstück verbunden sind (§ 96 BGB.) nicht als Bestandteile eines Betriebsgrundstücks. Die Absetzung derartiger Berechtigungen, die nach dem RBewG. für sich zu bewerten sind, ist hiernach nicht zulässig.

Nach dem Grundsatz des § 50 Abs. 1 RBewG. gehört zum Grundvermögen der Grund und Boden einschließlich der Bestandteile (insbesondere Gebäude) und des Zubehörs. Nicht einzubeziehen sind die dem gewerblichen Betrieb dienenden Maschinen und sonstigen Vorrichtungen aller Art, die zu einer Betriebsanlage gehören, selbst wenn sie wesentliche Bestandteile des Grundstücks sind. Diese Vorschrift gilt entsprechend für die Betriebsgrundstücke (§ 57 RBewG.). In Betracht kommen vor allem Transformatoren, Kesselanlagen, Kräne, Kläranlagen, Ziegelbrennöfen, Trockenschuppen, Transmissionen u. dgl. — nicht dagegen die Sammelheizungs- und Warmwasseranlagen in Hotels (Urt. III A 5/34 vom 25. Jan. 1934 = RStBl. 34 S. 364) —. Die Werte (Teilwerte) der sog. Betriebsanlagen, die in dem Grundstückswert nicht inbegriffen sind, sind im Einheitswert des gewerblichen Betriebs und Betriebskapitals enthalten (zu vgl. hierzu Runderl. des RMin. d. Fin. vom 17. Juni 1935 S 3231 A — 410 III, RStBl. 35 S. 849).

b) Den Wert (Teilwert) einer zum Gewerbekapital gehörenden Beteiligung an einer offenen Handelsgesellschaft, einer Kommanditgesellschaft oder einer anderen Gesellschaft, bei der die Gesellschafter als Unternehmer (Mitunternehmer) des Gewerbebetriebs anzusehen sind.

Die offenen Handelsgesellschaften usw. sind nicht mehr selbständig vermögensteuerpflichtig, wohl aber selbständig gewerbesteuerpflichtig. Während bisher Anteile an inländischen offenen Handelsgesellschaften usw. nicht zum Vermögen des Gesellschafters gehörten (§ 46 RBewG. 25 und § 66 RBewG. 31), bilden sie nach § 67 Ziff. 3 Satz 2 RBewG. 34 Betriebsvermögen des Gesellschafters. Wenn jetzt nicht nur die genannten Gesellschaften selbst, sondern auch die Anteile daran, die zum Gewerbekapital eines Gesellschafters gehören, zur Gewerbesteuer herangezogen würden, so würde das Gewerbekapital derartiger Gesellschaften doppelt besteuert. Dies wird durch die Ausscheidung vermieden.

III. Ausscheidung des auf ausländische Betriebstätten entfallenden Gewerbekapitals.

Gemäß § 2 Abs. 1 des Ges. unterliegt der Gewerbesteuer jeder stehende Gewerbebetrieb, soweit er im Inland betrieben wird. Die Durchführung dieses dem Realsteuercharakter der Gewerbesteuer entsprechenden Grundsatzes bedingt, daß bei Feststellung des Gewerbekapitals die Bestandteile ausgeschieden werden, die auf ausländische Betriebstätten entfallen. § 12 Abs. 4 GewStG. bestimmt deshalb, daß, wenn ein Unternehmen eine oder mehrere Betriebstätten im Ausland unterhält, nur das inländische Gewerbekapital zu berücksichtigen ist. Soweit das auf ausländische Betriebstätten entfallende Betriebsvermögen wegen Vorliegens eines Doppelbesteuerungsvertrags nicht im Einheitswert des gewerblichen Betriebs enthalten ist (zu vgl. Anm. I 2 d zu § 12), hat eine Kürzung zu unterbleiben.

Ausländisches Betriebsvermögen im Sinn der Bestimmung kann vorkommen.

1. wenn ein inländisches Unternehmen Betriebstätten im Ausland hat.
2. wenn ein ausländisches Unternehmen Betriebstätten im Inland hat,

Gemäß § 214 Ziff. 3 AO. wird, wenn eine wirtschaftliche Einheit oder Untereinheit (z. B. ein gewerblicher Betrieb) sich sowohl auf Inland als auch auf Ausland erstreckt, der Einheitswert des inländischen Teils gesondert festgestellt. Was für die Gewerbebetriebe gilt, gilt auch für die Betriebsgrundstücke, Gewerbeberechtigungen, die nicht zu einem gewerblichen Betrieb gehören, ferner Gewerbeberechtigungen, die zu einem gewerblichen Betrieb gehören. Die Art und Weise, wie die Aufteilung zu erfolgen hat, ist im Gesetz nicht geregelt. Merkmale für die Aufteilung sind die Umsatzzahlen, die Höhe der Löhne und Gehälter, die Menge der verarbeiteten Rohstoffe. Soweit es sich nicht um Betriebe mit mehreren Betriebsstufen handelt, kann die Höhe der Roh- oder Reineinnahmen einen brauchbaren Maßstab abgeben (z. B. bei Versicherungsgeschäften die Höhe der Prämieneinnahmen). Für die Aufteilung von Unternehmungen, die in mehreren Betriebsstufen (Aufkauf, Fabrikation, Absatz) zusammengefaßt sind, sind beachtliche Gesichtspunkte in dem Urt. III A 140/30 vom 19. April 1934 = RStBl. 34 S. 738 enthalten.

Bei Ermittlung des inländischen „Gewerbekapitals" sind die Vorschriften des § 12 Abs. 2 und 3 zu beachten; es muß daher bei den Hinzurechnungen und Kürzungen eine Ausscheidung der auf die ausländischen Betriebstätten entfallenden Verbindlichkeiten, Wirtschaftsgüter usw. erfolgen.

IV. Gewerbekapital beim Betrieb eines Wandergewerbes neben einem stehenden Gewerbebetrieb.

Wird zusammen mit einem stehenden Gewerbe auch ein Wandergewerbe im Sinn des § 55 RGO. betrieben, so wird, weil der stehende und der Wandergewerbebetrieb Gewerbebetriebe im Sinn des R.-BewG. sind, für das gesamte Betriebsvermögen nur ein Einheitswert gebildet. Da der Gewerbesteuer nur der stehende Gewerbebetrieb unterliegt, ist eine Ausscheidung notwendig. Der Gewerbesteuer kann nur der auf den stehenden Gewerbebetrieb entfallende Teil des Betriebskapitals unterworfen werden. Die Ausscheidung wird, soweit eine einwandfreie Ermittlung der auf beide Betriebsarten entfallenden Betriebskapitalien nicht möglich ist, nach den erzielten Roheinnahmen zu erfolgen haben.

§ 13

Steuermeßzahl und Steuermeßbetrag

(1) Bei der Berechnung der Gewerbesteuer nach dem Gewerbekapital ist von einem Steuermeßbetrag auszugehen. Dieser ist durch Anwendung eines Tausendsatzes (Steuermeßzahl) auf das Gewerbekapital zu ermitteln. Das Gewerbekapital ist auf volle 1000 Reichsmark nach unten abzurunden.

(2) Die Steuermeßzahl für das Gewerbekapital beträgt 2 vom Tausend.

(3) Für Gewerbebetriebe, deren Gewerbekapital weniger als 3000 Reichsmark beträgt, wird ein Steuermeßbetrag nicht festgesetzt.

1. **Über den Begriff des Steuermeßbetrags und der Steuermeßzahl** zu vgl. die Ausführungen unter Bem. 1 zu § 11.

2. **Berechnung des Steuermeßbetrags nach dem Gewerbekapital.** Der Steuermeßbetrag nach dem Gewerbekapital ist durch Anwendung eines Tausendsatzes, d. i. der Steuermeßzahl, auf das Gewerbekapital zu ermitteln. Das Gewerbekapital (§ 12 des Ges.) ist auf volle 1000 RM nach unten abzurunden.

3. **Die Höhe der Steuermeßzahl.** Die Steuermeßzahl für das Gewerbekapital beträgt — einheitlich — 2 vom Tausend. Eine Staffelung ist nicht vorgesehen; desgleichen fehlt die Vergünstigung, wie sie bei Ermittlung des Steuermeßbetrags nach dem Gewerbeertrag für die Hausgewerbetreibenden besteht.

4. **Der Freibetrag beim Gewerbekapital.** Für Gewerbebetriebe, deren Gewerbekapital weniger als 3000 RM beträgt, wird ein Steuermeßbetrag nicht festgesetzt. Die Bestimmung sieht keinen allgemeinen Freibetrag für das Gewerbekapital vor: sie bedeutet lediglich, daß solche Betriebe, deren Gewerbekapital 2999 RM und weniger beträgt, nach dem Gewerbekapital nicht besteuert werden; beträgt das Gewerbekapital 3000 RM und darüber, so wird das volle Gewerbekapital besteuert.

Unterabschnitt 3

Einheitlicher Steuermeßbetrag

§ 14

Festsetzung des einheitlichen Steuermeßbetrags

(1) Durch Zusammenrechnung der Steuermeßbeträge, die sich nach dem Gewerbeertrag und dem Gewerbekapital ergeben, wird ein einheitlicher Steuermeßbetrag gebildet.

(2) Der einheitliche Steuermeßbetrag wird für das Rechnungsjahr (Erhebungszeitraum) festgesetzt und, soweit mehrere Gemeinden beteiligt sind (§ 4 Absatz 1 Satz 2), zerlegt. Als Rechnungsjahr gilt der Zeitraum vom 1. April bis 31. März.

Kurze Inhaltsangabe:

Abs. 1:

1. die Bildung des einheitlichen Steuermeßbetrags im allgemeinen;
2. Wirkung der Verkoppelung der Steuermeßbeträge des Gewerbeertrags und des Gewerbekapitals;

3. Wesen des Steuermeßbetrags;
4. der Steuermeßbescheid:
   a) Wesen des Steuermeßbescheids,
   b) Inhalt des Steuermeßbescheids,
   c) Abhängigkeit des Steuermeßbescheids von anderen Bescheiden,
   d) Wirkung des Steuermeßbescheids gegen den Rechtsnachfolger,
   e) Zuständigkeit zur Festsetzung des Steuermeßbetrags und Erlaß des Steuermeßbescheids.

Abs. 2:

1. Die zeitliche Geltung des (einheitlichen) Steuermeßbetrags;
2. Festsetzung des einheitlichen Steuermeßbetrags für eine bestimmte Person;
3. Zerlegung des Steuermeßbetrags;
4. der Begriff des Rechnungsjahrs.

Abs. 1.

1. Die Bildung des einheitlichen Steuermeßbetrags im allgemeinen. Gemäß § 11 Abs. 1 GewStG. wird bei der Berechnung der Gewerbesteuer nach dem Gewerbeertrag von einem Steuermeßbetrag ausgegangen. Die gleiche Bestimmung ist auch für die Berechnung der Gewerbesteuer nach dem Gewerbekapital getroffen; auch hier ist von einem Steuermeßbetrag auszugehen. Indes haben die Steuermeßbeträge nach dem Gewerbeertrag und nach dem Gewerbekapital nur eine rechnungsmäßige (subsidiäre) Bedeutung. Das GewStG. kennt keine gesonderte Gewerbeertrag- und Gewerbekapitalsteuer; Gewerbeertrag und Gewerbekapital werden vielmehr für die Ermittlung der einheitlichen Gewerbesteuer miteinander verkoppelt. § 14 Abs. 1 GewStG. bestimmt: „Durch Zusammenrechnung der Steuermeßbeträge, die sich nach dem Gewerbeertrag und dem Gewerbekapital ergeben, wird ein einheitlicher Steuermeßbetrag gebildet.“

2. Wirkung der Verkoppelung der Steuermeßbeträge des Gewerbeertrags und des Gewerbekapitals.

a) Die Steuermeßbeträge für den Gewerbeertrag und das Gewerbekapital werden den Steuerpflichtigen nicht durch gesonderte Steuermeßbescheide mitgeteilt; der Steuerpflichtige erhält vielmehr nur einen (einheitlichen) Steuermeßbescheid über den einheitlichen Steuermeßbetrag.

b) Der Anfechtung fähig ist nur der einheitliche Steuermeßbescheid; die Steuermeßbeträge des Gewerbeertrags und des Gewerbekapitals sind nur einfache Rechnungsfaktoren und gehen im einheitlichen Steuermeßbetrag restlos auf. Will der Steuerpflichtige z. B. die Höhe des Steuermeßbetrags des Gewerbeertrags bemängeln, so kann dies nur dadurch geschehen, daß er den einheitlichen Steuermeßbescheid anficht.

c) Ebenso ist nur der einheitliche Steuermeßbescheid einer Rechtskraft fähig.

3. Wesen des Steuermeßbetrags. Auf die Ausführungen in Anm. 1 b zu § 11 wird verwiesen.

4. Der Steuermeßbescheid.

a) Wesen des Steuermeßbescheids. Der Steuermeßbetrag wird vom Finanzamt durch Steuermeßbescheid festgesetzt (§ 212 a Abs. 1 AO.). Der Steuermeßbescheid ist kein Steuerbescheid; zwischen beiden besteht vielmehr ein grundsätzlicher Unterschied: mit der Festsetzung der Steuer ist die an den Steuerpflichtigen gerichtete Verfügung, die festgesetzte Steuer zu bezahlen, verbunden (§ 211 AO.); beim Steuermeßbescheid ist dies nicht der Fall. Auf die Festsetzung der Steuermeßbeträge finden aber die für die Festsetzung der Steuern, auf Steuermeßbescheide die für Steuerbescheide (insbesondere für Realsteuerbescheide) geltenden Vorschriften „sinngemäße" Anwendung. Die Vorschrift, daß nicht eine unmittelbare, sondern eine sinngemäße Anwendung Platz greift, bedeutet vor allem, daß für eine Anwendung von Vorschriften insoweit kein Raum ist, als die Vorschriften davon ausgehen, daß der Steuerbescheid eine Angabe über die Höhe der Steuer enthält, während der Steuermeßbescheid eine solche nicht enthalten kann. Dagegen folgt aus der Vorschrift, daß die für die Steuerbescheide geltenden Bestimmungen auf die Steuermeßbescheide insoweit Anwendung finden, als es die Natur des Steuermeßbescheids gestattet, so insbesondere die Vorschriften über die Zurücknahme von Verfügungen (§§ 91 ff. AO.), über vorläufige Steuerbescheide (§ 100 AO.), über die Berichtigung von Steuerbescheiden (§ 222 AO.), über das Rechtsmittelverfahren (§§ 228 ff. AO.). Zur sinngemäßen Anwendung kommt insbesondere auch die Vorschrift des § 210 b Abs. 1 und § 211 Abs. 1 AO., wonach für die Steuern vom Einkommen, vom Ertrag, vom Vermögen und vom Umsatz der Steuerbescheid schriftlich erteilt wird und wonach Steuerbescheide, die nach den Steuergesetzen schriftlich zu erteilen sind, die Höhe der Steuer (des Steuermeßbetrags) enthalten müssen.

b) Inhalt des Steuermeßbescheids. Der Steuermeßbescheid muß begriffsmäßig enthalten:

aa) eine Feststellung, daß der im Bescheid genannte Betrieb der Gewerbesteuer unterliegt;

bb) die Festsetzung des Steuermeßbetrags und damit mittelbar die Feststellung darüber, welcher Ertrag, welches Gewerbekapital und welche Lohnsumme dem Steuermeßbetrag zugrunde liegt.

Jeden dieser Aussprüche kann derjenige, gegen den der Steuermeßbescheid gerichtet ist, mit den zulässigen Rechtsmitteln (§ 228 AO.). bekämpfen. Der Steuerschuldner kann einwenden, daß der im Steuermeßbescheid genannte Betrieb überhaupt nicht der Gewerbesteuer unterliege, weil z. B. ein landwirtschaftlicher Betrieb gegeben sei oder weil er gemäß § 3 GewStG. von der Gewerbesteuer befreit sei; er kann weiter einwenden, daß der Steuermeßbetrag zu hoch festgesetzt sei, weil in dem maßgebenden Kalenderjahr ein Gewerbeertrag in der angenommenen Höhe nicht erzielt oder weil der Ertrag wegen irriger Anwendung der Bestimmungen des Einkommen- bzw. Körperschaftsteuergesetzes oder der Bestimmungen des GewStG. über die Hinzurechnungen und Kürzungen unzutreffend ermittelt, ferner daß das Gewerbekapital oder die Lohnsumme unrichtig festgestellt worden sei. Will der Steuerschuldner Einwendungen der genannten Art gegen den Steuermeßbescheid erheben, so muß er sie bereits im Verfahren über die Festsetzung des einheitlichen Steuermeßbetrags bringen, im Verfahren über die Festsetzung der Gewerbesteuer (§ 16 GewStG.) können sie nicht mehr gebracht werden (§ 232 Abs. 2 AO.).

Weitere als die vorstehend unter b aa und bb genannten Einwendungen können im Verfahren über die Festsetzung des Steuermeßbetrags nicht gebracht werden; insbesondere kann nicht mehr eingewendet werden, daß das gewerbliche Betriebsvermögen unrichtig ermittelt worden oder daß die persönliche Steuerschuldnerschaft nicht gegeben sei. Der gemäß § 216 AO. ergehende Feststellungsbescheid enthält Feststellungen einmal über den Umfang des gewerblichen Betriebsvermögens, sodann über die Frage, zu welchem Betrieb ein Betriebsgrundstück oder eine Gewerbeberechtigung gehört und (§ 215 Abs. 1 und 2 AO.) welcher bzw. welchen Personen der Betrieb zuzurechnen ist. Diese Feststellungen sind vorweggenommene Teile der Entscheidungen über die sachliche und persönliche Steuerpflicht; sie müssen dem Steuermeßbescheid ohne weiteres zugrunde gelegt und können deshalb im Verfahren über die Festsetzung des einheitlichen Steuermeßbetrags nicht mehr bemängelt werden; der Grundsatz des § 212 a Abs. 3 AO. gilt insoweit nicht. Ergeben sich Änderungen im Umfang und hinsichtlich der Art des Gewerbebetriebs, so muß die in § 225 a AO. geregelte Wertfortschreibung erfolgen.

Die Gemeinden sind zur Einlegung von Rechtsmitteln gegen den Einheitswert- bzw. Wertfortschreibungsbescheid nicht befugt; sie können aber die Wertfortschreibung anregen.

c) Abhängigkeit des Steuermeßbescheids von anderen Bescheiden. Gemäß § 218 Abs. 4 AO. werden, wenn die in einem Feststellungsbescheid enthaltene Feststellung durch Rechtsmittelentscheidung, durch Berichtigungsfeststellung oder durch Fortschreibung (§ 225 a AO.) geändert worden ist, Bescheide (Steuerbescheide, Steuermeßbescheide, Feststellungsbescheide), die auf dem bisherigen Feststellungsbescheid beruhen, von Amts wegen durch neue Bescheide ersetzt, die der Änderung Rechnung tragen. Dies gilt auch, wenn ein zu ersetzender Bescheid bereits unanfechtbar geworden ist. Mit dem Erlaß der neuen Bescheide kann gewartet werden, bis die Rechtsmittelentscheidung, Berichtigungsfeststellung oder Fortschreibung, die die bisherige Feststellung ändert, unanfechtbar geworden ist". Die Bestimmung des § 218 Abs. 4 AO. wird für den Steuermeßbescheid dann von Bedeutung, wenn Besteuerungsgrundlage auch das gewerbliche Betriebskapital ist und wenn der Einheitswert des gewerblichen Betriebs durch Rechtsmittelentscheidung, durch Berichtigungsfeststellung oder durch Fortschreibung geändert worden ist. Diese Änderung macht von Amts wegen auch eine Änderung des Steuermeßbetrags und damit des Steuermeßbescheids notwendig. Die Änderung des Steuermeßbescheids reicht aber nur soweit, als die Änderung des Einheitswerts des gewerblichen Betriebs reicht; keinesfalls darf die aus diesem Anlaß erfolgende Änderung des Steuermeßbescheids dazu benutzt werden, um auch sonstige Fehler des Steuermeßbetrags und Steuermeßbescheids zu berichtigen.

Eine Berichtigung des Steuermeßbescheids wird nicht deshalb notwendig, weil der gewerbliche Gewinn im Einkommensteuer- bzw. Körperschaftsteuerverfahren geändert worden ist. Der gewerbliche Ertrag im Sinn des GewStG. hat mit dem gewerblichen Gewinn im Sinn des EStG. und KStG. nur gemeinsam, daß er nach denselben Grundsätzen zu ermitteln ist wie dieser, im übrigen ist er völlig selbständig. Eine Änderung des Gewerbeertrags und damit des Steuermeßbetrags nach dem Gewerbeertrag kann deshalb nur dadurch herbeigeführt werden, daß der Steuermeßbescheid mit den zulässigen Rechtsmitteln angefochten wird.

d) Wirkung des Steuermeßbescheids gegen den Rechtsnachfolger. Der Steuermeßbescheid hat — wie der Realsteuerbescheid — dingliche Wirkung; er bestimmt, daß auf den Steuergegenstand (Gewerbebetrieb) ein Steuermeßbetrag von einer bestimmten Höhe entfällt; der Wechsel des Betriebsinhabers bedingt deshalb keine Änderung des Steuermeßbetrags. Die sinngemäß (§ 212 a Abs. 2 AO.) anwendbare Vorschrift des § 210 a AO. bestimmt: „Der Realsteuerbescheid (hier Steuermeßbescheid) richtet sich auch gegen den Rechtsnachfolger (einschließlich des Nachfolgers im Besitz), auf den nach dem Ablauf des Bemessungszeitraums der Betrieb übergegangen ist. Ist die Rechtsnachfolge eingetreten, nachdem der Realsteuerbescheid (hier Steuermeßbescheid) dem Rechtsvorgänger bekanntgegeben (zugestellt) worden ist, so wirkt die Bekanntgabe (die Zustellung) an den Rechtsvorgänger auch gegen den Rechtsnachfolger." Eine andere Frage ist, ob der Betriebsnachfolger gegen die Festsetzung des Steuermeßbetrags, wie sie gegen den Rechtsvorgänger ergangen ist, Einwendungen erheben kann. Insoweit gilt folgendes:

aa) Geht der gewerbliche Betrieb in einem Zeitpunkt auf eine andere Person über, zu welchem der Steuermeßbescheid gegenüber dem Rechtsvorgänger rechtskräftig geworden ist, so muß der Rechtsnachfolger diesen Steuermeßbescheid gegen sich gelten lassen. Er kann demgemäß nicht einwenden, daß der Steuermeßbescheid ihm gegenüber nicht festgesetzt worden oder daß der durch den Steuermeßbescheid festgesetzte Steuermeßbetrag unrichtig sei.

bb) Anders ist die Rechtslage, wenn für einen gewerblichen Betrieb, nachdem darüber ein Steuermeßbescheid erlassen worden ist, eine Rechtsnachfolge (einschließlich der Nachfolge im Besitz) eintritt, während eine Frist zur Einlegung eines Rechtsmittels läuft, das die Festsetzung eines Steuermeßbetrags betrifft; in diesem Falle kann auch der Rechtsnachfolger das Rechtsmittel einlegen (§ 240 Abs. 1 AO.). Darauf, ob der Rechtsvorgänger bereits vorher ein Rechtsmittel eingelegt hat oder nachher einlegt, kommt es nicht an. Legen im vorbezeichneten Falle der Rechtsvorgänger und der Rechtsnachfolger Rechtsmittel gleicher Art gegen den Steuermeßbescheid ein, so werden die Rechtsmittel verbunden. Legt nur der Rechtsnachfolger Rechtsmittel ein, so wird, falls möglich, der Rechtsvorgänger zu dem Rechtsmittelverfahren von Amts wegen zugezogen, wenn sein Interesse durch die Entscheidung berührt wird und die Rechtsmittelbehörde Kenntnis von der Rechtsnachfolge hat. Auch im Rechtsmittelverfahren können nur einheitliche Entscheidungen getroffen werden. Die Rechtsmittelentscheidungen richten sich sowohl gegen den Rechtsvorgänger als auch gegen den Rechtsnachfolger.

Es sei in diesem Zusammenhang auf die Bestimmung des § 225 b AO. hingewiesen, wonach dann, wenn Streit darüber besteht, ob ein gewerblicher Betrieb, für den ein Steuermeßbetrag festgesetzt worden ist, nach Ablauf des Bemessungszeitraums, aber vor Ablauf des Erhebungszeitraums auf einen anderen Unternehmer übergegangen ist, auf Antrag des bisherigen oder des neuen Unternehmers oder auf Antrag der Gemeinde das Finanzamt durch schriftlichen Bescheid zu entscheiden hat (§§ 225 b, 235 Ziff. 4 AO.). Gegen die Ablehnung des Antrags steht der Gemeinde ein Rechtsmittel nicht zu. Wegen der Frist, binnen welcher der Antrag zu stellen ist, zu vgl. Anm. 5 zu § 17.

e) Zuständigkeit zur Festsetzung des Steuermeßbetrags und Erlaß des Steuermeßbescheids. Die Festsetzung (und Zerlegung) der Steuermeßbeträge bei den Realsteuern obliegt gemäß § 18 Ziff. 1 AO. den Finanzämtern. Eingeschlossen sind die Vorbereitung, die Nachprüfung, die Steueraufsicht, das Rechtsmittelverfahren und das Strafverfahren. Zuständig ist gemäß § 73 Abs. 2 AO. das Betriebsfinanzamt. Betriebsfinanzamt ist gemäß § 72 Ziff. 2 AO. bei gewerblichen Betrieben das Finanzamt, in dessen Bezirk sich a) bei einem inländischen Betrieb: die Geschäftsleitung, b) bei inländischen Betriebstätten eines ausländischen Betriebs: die inländische Betriebstätte oder bei mehreren inländischen Betriebstätten die wirtschaftlich bedeutendste der inländischen Betriebstätten befindet.

Bei der Festsetzung der Steuermeßbeträge für die Gewerbesteuer wird das Finanzamt vom Beirat beraten (§ 31 Ziff. 2 AO.).

Abs. 2.

1. **Die zeitliche Geltung des (einheitlichen) Steuermeßbetrags.** Der einheitliche Steuermeßbetrag wird für das Rechnungsjahr (Erhebungszeitraum) festgesetzt. Der Steuermeßbetrag gilt für das ganze Rechnungsjahr; Änderungen des Gewerbebetriebs, soweit solche nicht zur Folge haben, daß die Identität des Gewerbebetriebs aufgehoben wird, bleiben unberücksichtigt (zu vgl. die Ausführungen zu § 10 Abs. 3). Auch ein Wechsel in der Person des Betriebsinhabers vermag eine Änderung des Steuermeßbetrags nicht auszulösen.

2. **Festsetzung des einheitlichen Steuermeßbetrags für eine bestimmte Person.** Der Steuermeßbescheid ist grundsätzlich für diejenige (natürliche oder juristische) Person festzusetzen, die im Zeitpunkt des Ablaufs des Bemessungszeitraums Unternehmer des Gewerbebetriebs war. Die Festsetzung des Steuermeßbetrags für eine

bestimmte Person hat zur Folge, daß diese Person als Gewerbesteuerschuldnerin anzusehen ist (§ 212 a Abs. 3 AO.). Zu vgl. auch die Bestimmung des § 225 b AO.

3. Zerlegung des Steuermeßbetrags. Der Steuermeßbetrag wird für den Gewerbebetrieb als solchen festgesetzt. Befinden sich Betriebstätten desselben Gewerbebetriebs in mehreren Gemeinden oder erstreckt sich eine Betriebstätte über mehrere Gemeinden, so muß der einheitliche Steuermeßbetrag entsprechend dem Beteiligungsrecht der mehreren Gemeinden zerlegt werden (zu vgl. Abschnitt IV des Ges.).

4. Der Begriff des Rechnungsjahrs. Erhebungszeitraum ist das Rechnungsjahr. Als Rechnungsjahr gilt — entsprechend dem bisherigen Rechtszustand in den meisten Ländern — der Zeitraum vom 1. April bis 31. März.

§ 15

Pauschfestsetzung

Wird die Einkommensteuer oder die Körperschaftsteuer in einem Pauschbetrag festgesetzt, so kann die für diese Festsetzung zuständige Behörde im Einvernehmen mit dem Reichsminister des Innern oder der von ihm bestimmten Behörde auch den einheitlichen Steuermeßbetrag in einem Pauschbetrag festsetzen.

1. Die Vorschriften des EStG. und KStG. über die Pauschbesteuerung.

a) Das EStG. und KStG. verzichten in bestimmten Fällen auf eine ziffermäßige Feststellung des von dem Steuerpflichtigen bezogenen Einkommens und setzen an dessen Stelle eine pauschale Festsetzung des Einkommens, gleichgültig aus welchen Einkommensarten sich das Einkommen zusammensetzt.

b) Die einzelnen Bestimmungen sind folgende:

aa) Gemäß § 30 EStG. kann das Landesfinanzamt bei Einkünften aus Land- und Forstwirtschaft, aus Gewerbebetrieb oder aus selbständiger Arbeit ohne Rücksicht auf das ausgewiesene Ergebnis die Einkommensteuer in einem Pauschbetrag festsetzen, wenn besondere unmittelbare oder mittelbare wirtschaftliche Beziehungen des Betriebs zu einer Person, die im Inland entweder nicht oder nur beschränkt steuerpflichtig ist, eine Gewinnminderung ermöglichen. Das Landesfinanzamt entscheidet nach freiem Ermessen.

Die Bestimmung des § 30 will ungerechtfertigte Gewinnminderungen durch Ausnutzung von Auslandsbeziehungen verhindern; die Bestimmung setzt voraus, daß besondere unmittelbare oder mittelbare wirtschaftliche Beziehungen, d. h. solche Beziehungen, die von den üblichen sich aus dem Wirtschaftsverkehr zwischen Inland und Ausland ergebenden Beziehungen abweichen, bestehen und eine Gewinnverlagerung ins Ausland ermöglichen, daß diese Beziehungen zu einer nicht oder nur beschränkt steuerpflichtigen natürlichen oder juristischen Person bestehen und daß diese Beziehungen eine Gewinnminderung ermöglichen (zu vgl. Veranl.-Richtlinien für 1934, RSt.-Bl. 35 S. 401).

bb) Gemäß § 31 EStG. kann der Reichsminister der Finanzen 1. die Einkommensteuer bei Personen, die durch Zuzug aus dem Ausland unbeschränkt steuerpflichtig werden, bis zur Dauer von zehn Jahren seit Begründung der unbeschränkten Steuerpflicht in einem Pauschbetrag festsetzen; 2. die Besteuerung der Auslandsbeamten abweichend von den allgemeinen Vorschriften regeln (letztere Bestimmung ist für die Gewerbesteuer ohne Bedeutung).

Die Bestimmung des § 31 EStG. verfolgt den Zweck, den Zugang von Auslandsdeutschen und Ausländern nach Deutschland durch bevorzugte steuerliche Behandlung zu erleichtern. Der durch § 31 EStG. verfolgte Zweck kann gewerbesteuerlich auch durch Vereinbarungen mit Steuerpflichtigen über die Höhe der Gewerbesteuer gemäß § 5 EinfGRealStG. erreicht werden.

cc) Gemäß § 50 Abs. 5 EStG. kann das Finanzamt die Einkommensteuer bei beschränkt Steuerpflichtigen ganz oder zum Teil erlassen oder in einem Pauschbetrag festsetzen, wenn es aus volkswirtschaftlichen Gründen zweckmäßig ist oder eine gesonderte Berechnung der Einkünfte besonders schwierig ist. Beschränkt steuerpflichtige inländische Einkünfte sind u. a. gemäß § 49 Ziff. 2 EStG. Einkünfte aus Gewerbebetrieb (§§ 15, 16 EStG.), für den im Inland eine Betriebstätte unterhalten wird oder ein ständiger Vertreter bestellt ist, und Einkünfte aus der Veräußerung eines Anteils an einer inländischen Kapitalgesellschaft (§ 17 EStG.).

dd) Die im Vorstehenden aufgeführten Pauschbesteuerungsbestimmungen der §§ 30, 31 Ziff. 1 und 50 Abs. 5 EStG. gelten auch für die Körperschaftsteuer (§ 20 KStG.). Darüber hinaus bestimmt § 21 KStG.: „Das Finanzamt kann die Körperschaftsteuer in einem Pauschbetrag festsetzen, wenn das steuerpflichtige Einkommen offenbar geringfügig ist und die genaue Ermittlung dieses Einkommens zu einer unverhältnismäßig großen Verwaltungsarbeit führen würde.“ Die Vorschrift des § 21 KStG. wird vielfach für kleine Vereine angewendet werden können.

2. Die Anwendung der Pauschbesteuerungsbestimmungen des EStG. und KStG. auf die Gewerbesteuer.

a) § 15 GewStG. erklärt die pauschale Festsetzung des einheitlichen Steuermeßbetrags in den Fällen für „zulässig“, in denen die Einkommensteuer oder die Körperschaftsteuer in einem Pauschbetrag festgesetzt wird; ein Zwang, dem bei der Einkommensteuer- oder Körperschaftsteuerveranlagung geübten Verfahren zu folgen, besteht nicht.

Festzusetzen ist für die Gewerbesteuer nicht etwa der Steuermeßbetrag nach dem Ertrag, sondern der einheitliche Steuermeßbetrag (nach Ertrag und Kapital). Bei der Festsetzung des pauschalen Steuermeßbetrags ist deshalb nicht nur der Ertrag des Betriebs, sondern auch das im Betrieb festgelegte Kapital zu berücksichtigen. Selbstverständlich ist, daß die für die Festsetzung zuständige Behörde nicht an die für die Einkommen- und Körperschaftsteuer ermittelten Ziffern gebunden ist.

b) Die Festsetzung des pauschalen Steuermeßbetrags obliegt den Behörden, denen auch die pauschale Festsetzung der Einkommen- bzw. Körperschaftsteuer obliegt, das sind im Falle des § 30 EStG. das Landesfinanzamt — das dem an sich zuständigen Finanzamt vorgesetzt ist —, im Falle des § 31 Ziff. 1 EStG. der Reichsminister der Finanzen, in den Fällen des § 50 Abs. 5 EStG. und des § 21 KStG. das nach den allgemeinen Regeln zuständige Finanzamt. Da die pauschale Festsetzung des Steuermeßbetrags die Interessen der Gemeinden berührt, ist Benehmen mit dem Reichsminister des Innern oder der von ihm bestimmten Behörde notwendig. Einvernehmen bedeutet nicht Genehmigung. Eine ohne Einvernehmen mit dem Reichsminister des Innern oder der von ihm bestimmten Behörde erfolgte pauschale Festsetzung des Steuermeßbetrags wäre deshalb nicht unwirksam.

c) Rechtsmittel gegen die pauschale Festsetzung des Steuermeßbetrags:

aa) Im Falle des § 30 EStG. ist gegen den pauschalen Steuermeßbescheid des Landesfinanzamts der Einspruch gegeben, der von diesem verbeschieden wird (§ 236 Abs. 2 AO.); gegen die Einspruchs-Entscheidung des Landesfinanzamts ist die Rechtsbeschwerde in den Grenzen des § 297 AO. zulässig;

bb) in den Fällen des § 31 EStG. ist ein Rechtsmittel nicht gegeben;

cc) in den Fällen des § 50 Abs. 5 EStG. und des § 21 KStG. ist der ordentliche Rechtsmittelweg (§§ 228 ff. AO.) zulässig.

Unterabschnitt 4

Festsetzung und Erhebung der Steuer

§ 16

Hebesatz

Die Steuer wird auf Grund des einheitlichen Steuermeßbetrags nach dem von der Gemeinde für jedes Rechnungsjahr festzusetzenden Hundertsatz (Hebesatz) festgesetzt und erhoben. Der Hebesatz muß unbeschadet der Vorschrift des § 17 für alle in der Gemeinde vorhandenen Unternehmen der gleiche sein.

Kurze Inhaltsangabe:

1. Allgemeines;
2. der Rechtszustand bei Verwaltung der Realsteuern durch die Finanzämter und Landesfinanzämter;
3. der Rechtszustand bei Verwaltung der Realsteuern durch die Gemeinden:
   a) Allgemeines,
   b) die für die Realsteuern anwendbaren Vorschriften der AO. im einzelnen.

II. Der Hebesatz bei der Gewerbesteuer:
1. Wesen des Hebesatzes;
2. Höhe des Hebesatzes;
3. die Geltung des Hebesatzes in zeitlicher Hinsicht;
4. Entstehen der Gewerbesteuerschuld.

I. Die Festsetzung und Erhebung der Gewerbesteuer im allgemeinen (Zuständigkeit, Geltung der AO.).

1. Allgemeines. Gemäß § 18 Ziff. 1 AO. liegt außer der Verwaltung der Reichssteuern den Finanzämtern und Landesfinanzämtern ob 1. die Festsetzung und Zerlegung der Steuermeßbeträge bei den Realsteuern. Eingeschlossen sind die Vorbereitung, die Nachprüfung, die Steueraufsicht, das Rechtsmittelverfahren und das Strafverfahren; 2. sonstige nicht unter die vorstehende Ziffer fallende Verwaltungsgeschäfte auf dem Gebiet der Realsteuern und Verwaltungsgeschäfte auf dem Gebiete anderer Steuern der Gemeinden und Gemeindeverbände, „soweit der Reichsminister der Finanzen die Verwaltungsgeschäfte den Finanzämtern und Landesfinanzämtern übertragen hat. Derartige Verwaltungsgeschäfte werden den Finanzämtern und Landesfinanzämtern nicht mehr neu übertragen. Verwaltungsgeschäfte der in vorstehender Bestimmung bezeichneten Art, die den Finanzämtern und Landesfinanzämtrn bereits übertragen sind, sind (mit Ausnahme der helgoländischen Gemeindeeinfuhrsteuer) spätestens bis zum 1. April 1940 zurückzuübertragen."

Zu den sonstigen Verwaltungsgeschäften auf dem Gebiet der Realsteuern gehört die Erhebung und Beitreibung sowie Erlaß und Stundung der Realsteuern. Während sonach die Festsetzung der Steuermeßbeträge bei den Realsteuern den Finanzämtern kraft zwingenden Rechts obliegt, kann ihnen die Erhebung und Verwaltung der Realsteuern im bisherigen Rahmen bis 1. April 1940 übertragen bleiben; soweit letztere Regelung getroffen ist, verbleibt den Gemeinden auf dem Gebiet der Realsteuern lediglich das Recht der Festsetzung des Hebesatzes.

Die Frage, ob die Erhebung und Verwaltung der Realsteuern den Gemeinden oder kraft Übertragung den Finanzämtern obliegt, ist verfahrensrechtlich von außerordentlicher Bedeutung. Gemäß § 4 Abs. 1 AO. gelten für die Realsteuern, soweit diese von Finanzämtern und Landesfinanzämtern verwaltet werden, die Vorschriften der Reichsabgabenordnung. Werden die Realsteuern nicht von Finanzämtern und Landesfinanzämtern verwaltet, so gelten nur die in § 4 Abs. 2 AO. aufgeführten Vorschriften der AO. sinngemäß.

2. Der Rechtszustand bei Verwaltung der Realsteuern durch die Finanzämter und Landesfinanzämter. Die Anwendung der Vorschriften der AO. hat zur Folge, daß über die von den Steuerpflichtigen geschuldete Realsteuer ein schriftlicher Steuerbescheid — die AO. spricht vom Realsteuerbescheid — zu erteilen ist (§ 210 b AO.). Der Realsteuerbescheid hat dingliche Wirkung; er bestimmt, daß für einen Steuergegenstand (Gewerbebetrieb) eine Gewerbesteuer in einer bestimmten Höhe geschuldet ist. Mit Rücksicht auf die dingliche Wirkung richtet sich der Realsteuerbescheid auch gegen den Rechtsnachfolger (§ 210 a AO.).

Steuerbescheide, die nach den Steuergesetzen schriftlich zu erteilen sind, müssen die Höhe der Steuer enthalten; ein Steuerbescheid, der die Höhe der Steuer nicht enthält, ist kein wirksamer Steuerbescheid (Urt. IV A 145/35 vom 20. Okt. 1935 = RStBl. 35 S. 1427); der Steuerbescheid muß selbstverständlich den Willen der verfügenden Behörde wiedergeben; ein wirksamer Steuerbescheid liegt deshalb nur dann vor, wenn die Urschrift des Bescheids und der dem Pflichtigen mitgeteilte Bescheid übereinstimmen.

Gemäß § 211 Abs. 2 AO. soll der Real- (Gewerbesteuer-) bescheid enthalten: 1. eine Belehrung, welches Rechtsmittel zulässig ist und binnen welcher Frist und bei welcher Behörde es einzulegen ist; 2. die Besteuerungsgrundlagen, soweit sie dem Steuerpflichtigen nicht schon mitgeteilt sind; 3. eine Anweisung, wo, wann und wie die Steuer zu entrichten ist; 4. die Punkte, in denen von der Steuererklärung abgewichen worden ist.

Für die Zurücknahme, vorläufige Festsetzung und Berichtigung der Gewerbesteuerbescheide sowie hinsichtlich des Rechtsmittelverfahrens gelten die Vorschriften der AO. (§§ 94, 100, 222 und 228 AO.). Es findet also, um nur das Wichtigste zu erwähnen, gegen Steuerbescheide, die die Finanzämter in Gewerbesteuersachen erlassen, der Einspruch statt, über den das Finanzamt entscheidet; gegen die Einspruchsentscheidung des Finanzamts ist die Berufung an das Finanzgericht und gegen die Berufungsentscheidung des Finanzgerichts die Rechtsbeschwerde an den Reichsfinanzhof gegeben (§§ 228, 229 AO.).

Die Gewerbesteuerbescheide können nur einer ganz beschränkten Anfechtbarkeit unterliegen. Gemäß § 232 Abs. 1 und 2 AO. kann der Steuerpflichtige einen Steuerbescheid nur deshalb anfechten, weil er sich durch die Höhe der festgesetzten Steuer oder dadurch beschwert fühlt, daß die Steuerpflicht bejaht wird. Liegen einem Steuerbescheid Entscheidungen zugrunde, die in einem Feststellungsbescheid oder in einem Steuermeßbescheid getroffen worden sind, so kann der Steuerbescheid nicht mit der Begründung angefochten werden, daß die in dem Feststellungsbescheid oder in dem Steuermeßbescheid getroffenen Entscheidungen unzutreffend seien. Dieser Einwand kann nur gegen den Feststellungsbescheid oder gegen den Steuermeßbescheid erhoben werden. Da durch den Steuermeßbetrag bereits die Höhe des gewerblichen Ertrags und des Betriebskapitals festgelegt, und da durch den im Einheitswertverfahren ergehenden Einheitswertbescheid bereits Feststellungen über die sachliche und persönliche Steuerpflicht getroffen werden, kann der Gewerbesteuerbescheid im wesentlichen nur noch mit der Einwendung angefochten werden, daß der zugrunde gelegte Steuermeßbetrag mit dem festgesetzten nicht übereinstimme, daß ein falscher Hebesatz zugrunde gelegt oder daß die Steuer unrichtig berechnet worden sei. Weitere Einwendungen verbieten sich mit Rücksicht auf den Grundsatz des § 232 Abs. 2 AO.

3. Der Rechtszustand bei Verwaltung der Realsteuern durch die Gemeinden.

a) Allgemeines. Werden die Realsteuern durch die Gemeinden verwaltet, wie es der vom Gesetzgeber gewollte und vom 1. April 1940 an allein mögliche Rechtszustand ist, so gelten die Vorschriften der AO. nur insoweit, als sie ausdrücklich für anwendbar erklärt werden. Die Vorschriften, die für anwendbar, d. h. für „sinngemäß" anwendbar erklärt werden, sind in § 4 Abs. 2 AO. aufgeführt. Nicht anwendbar sind hiernach die unter vorstehender Ziff. 2 genannten Bestimmungen über die Steuerbescheide. Die Regelung der Frage, in welcher Weise den Steuerpflichtigen die Höhe ihrer Gewerbesteuerschuld mitgeteilt werden soll, ob sie gegen den Steuerbescheid mit Rechtsmitteln vorgehen können, ferner welche Rechtsmittel gestattet sind, ist den Ländern bzw. obersten Gemeindeaufsichtsbehörden überlassen; eine Verpflichtung, die Regelung der AO. zu übernehmen, besteht nicht. Nach der Absicht des Gesetzgebers soll offenbar an dem bisher in den Gemeinden bestehenden Rechtszustand nichts geändert werden. Ein Bescheid über die Höhe der Gewerbesteuer ist aber notwendig. Für Preußen gelten nach der Ersten Verordnung über die Anpassung des Preußischen Landesrechts an die Realsteuergesetze des Reichs vom 28. Jan. 1937 (Preuß. GesS. 1937 Nr. 3 S. 8) die Rechtsmittelvorschriften der §§ 69 und 70 des Kommunalabgabengesetzes auch weiterhin für die Gewerbesteuerbescheide; in Bayern ist gegen die gemeindlichen Gewerbesteuerbescheide das verwaltungsrechtliche Verfahren gegeben (Art. 8 BGG.).

b) Die für die Realsteuern anwendbaren Vorschriften der AO. im einzelnen. Nach der Bestimmung des § 2 Abs. 1 AO. gilt die Reichsabgabenordnung für die Reichssteuern. Was die Steuern betrifft, die nicht Reichssteuern sind, so setzt das Gesetz eine verschiedenartige Regelung fest, je nachdem in wie engem Zusammenhang diese Steuern mit den Reichssteuern stehen. Am weitesten geht insoweit das Gesetz hinsichtlich der Realsteuern. Wenn auch den Ländern die Prüfung und Entscheidung der Frage überlassen bleibt, ob Gründe der Zweckmäßigkeit dafür sprechen, von den verfahrensrechtlichen Vorschriften der AO. einen Teil auch insoweit für anwendbar zu erklären, als die Realsteuern nicht von Finanzämtern und Landesfinanzämtern verwaltet werden, so liegt die Sache doch anders hinsichtlich gewisser Vorschriften der Reichsabgabenordnung, die ihrem Wesen nach nicht dem Verfahrensrecht, sondern dem materiellen Recht angehören. Hier muß eine einheitliche Regelung auch insoweit Platz greifen, als die Realsteuern nicht von Finanzämtern und Landesfinanzämtern verwaltet werden. Diese Vorschriften sind folgende:

aa) Die Vorschriften über die Haftung; hierher gehören die

allgemeinen Haftungsvorschriften der §§ 103, 104, 105, 106, 108, 109, 111, 112, 113, 117, 118, 120 AO., sowie die besonders für Realsteuern geltenden Vorschriften der §§ 114 AO. (Haftung des Organbetriebs für die auf dem Betrieb lastenden Steuern des Oberorgans), 115 (Haftung der Eigentümer von einem fremden Betriebe dienenden Gegenständen), 116 (Haftung des Erwerbers für Steuern, bei denen sich die Steuerpflicht auf den Betrieb des Unternehmens gründet).

Besteht Streit darüber, ob und inwieweit eine Person oder eine Sache für eine Realsteuer haftet, so hat auf Antrag der haftpflichtigen Person oder auf Antrag der Gemeinde das Finanzamt durch schriftlichen Bescheid zu entscheiden (§ 212 c AO.). Gegen Bescheide, durch die festgestellt wird, daß oder inwieweit eine Person für die Gewerbesteuer haftet, sind die Rechtsmittel der §§ 228 bis 230 AO. (Einspruch, Berufung, Rechtsbeschwerde) gegeben (§ 235 Ziff. 2 AO.). Hat das Finanzamt einen von einer Gemeinde gestellten Antrag, der die persönliche Haftung für die Gewerbesteuer betrifft, ganz oder zum Teil abgelehnt, so steht der Gemeinde ein Rechtsmittel gegen die Entscheidung nicht zu.

Zweifelhaft erscheint, binnen welcher Frist der Antrag zu stellen ist. Der Standpunkt, daß der Antrag innerhalb der für die Gewerbesteuer laufenden Verjährungsfrist gestellt werden kann, dürfte der zutreffende sein.

bb) Die Vorschriften über die Verjährung (§§ 143—149 AO.). Gemäß § 144 beträgt die Verjährungsfrist bei Zöllen und Verbrauchsteuern ein Jahr, bei der Grundsteuer drei Jahre, bei den Ansprüchen auf die übrigen Steuern fünf Jahre. Bei der Gewerbesteuer beträgt hienach die Verjährungsfrist fünf Jahre. Die Verjährung beginnt mit dem Ablauf des Jahrs, in dem der Anspruch des Steuerberechtigten entstanden ist (§ 145 Abs. 1 AO.). Wegen der Frage des Entstehens der Gewerbesteuerschuld zu vgl. die Ausführungen unter Ziffer II 4.

cc) Die Vorschriften über Erlaß, Erstattung und Anrechnung von Steuern (§ 131 Abs. 2 Satz 1 und § 131 Abs. 3 AO.). Gemäß § 131 Abs. 1 AO. kann der Reichsminister der Finanzen für einzelne Fälle (auch für eine Mehrheit von einzelnen Fällen, wie bei Unwetterschäden oder sonstigen Umständen) Reichssteuern, deren Einziehung nach Lage des einzelnen Falls unbillig wäre, ganz oder zum Teil erlassen oder in solchen Fällen die Erstattung oder Anrechnung bereits entrichteter Reichssteuern verfügen. Gemäß § 132 Abs. 2 Satz 1 AO. stehen für Steuern, die nicht Reichssteuern sind, die in Abs. 1 bezeichneten Befugnisse den öffentlich-rechtlichen Körperschaften zu, für deren Rechnung die Steuern erhoben werden.

dd) Die Vorschriften über die Abhängigkeit des Realsteuerbescheids vom Steuermeßbescheid (§ 212 b Absätze 2 und 3 und § 232 AO.). Gemäß § 212 b Abs. 1 AO. teilen die Finanzämter die festgesetzten Steuermeßbeträge denjenigen Gemeinden mit, denen die Steuerfestsetzung (der Erlaß des Realsteuerbescheids) obliegt. Gemäß Abs. 2 werden die festgesetzten Steuermeßbeträge und die anderen Entscheidungen, die in den Steuermeßbescheiden enthalten sind

(§ 212a Abs. 3 AO.), den Realsteuerbescheiden zugrunde gelegt, auch wenn die Steuermeßbescheide noch nicht unanfechtbar geworden sind (Abs. 3). Ist ein Steuermeßbescheid durch Rechtsmittelentscheidung oder durch Berichtigungsbescheid geändert worden, so wird ein Realsteuerbescheid, der auf dem bisherigen Steuermeßbescheid beruht, von Amts wegen durch einen neuen Realsteuerbescheid ersetzt, der der Änderung des bisherigen Steuermeßbescheids Rechnung trägt. Dies gilt auch dann, wenn der bisherige Steuermeßbescheid bereits unanfechtbar geworden war. Mit dem Erlaß des neuen Realsteuerbescheids kann gewartet werden, bis die Änderung des bisherigen Steuermeßbescheids unanfechtbar geworden ist. Selbstverständlich ist, daß die Finanzämter alle Änderungen der Steuermeßbeträge bzw. Steuermeßbescheide den Gemeinden mitzuteilen haben. Nach § 232 Abs. 1 AO. kann der Steuerpflichtige einen Steuerbescheid nur deshalb anfechten, weil er sich durch die Höhe der festgesetzten Steuer oder dadurch beschwert fühlt, daß die Steuerpflicht bejaht worden ist (Abs. 2). Liegen einem Steuerbescheid Entscheidungen zugrunde, die in einem Feststellungsbescheid oder in einem Steuermeßbescheid getroffen worden sind, so kann der Steuerbescheid nicht mit der Begründung angefochten werden, daß die in dem Feststellungsbescheid oder in dem Steuermeßbescheid getroffenen Feststellungen unzutreffend seien. Dieser Einwand kann nur gegen den Feststellungsbescheid oder gegen den Steuermeßbescheid erhoben werden.

ee) Die Vorschriften über Rechtsnachfolger und Haftpflichtige (§§ 210a und 240 AO.). Gemäß § 210a AO. richtet sich der Realsteuerbescheid auch gegen den Rechtsnachfolger (einschließlich des Nachfolgers im Besitz), auf den nach dem Feststellungszeitpunkt (Grundsteuer) oder nach dem Ablauf des Bemessungszeitraums der Betrieb, das Grundstück oder das Betriebsgrundstück übergegangen ist. Ist die Rechtsnachfolge eingetreten, nachdem der Realsteuerbescheid dem Rechtsvorgänger bekanntgegeben (zugestellt) worden ist, so wirkt die Bekanntgabe (die Zustellung) an den Rechtsvorgänger auch gegen den Rechtsnachfolger (zu vgl. auch § 240 AO.).

Der Realsteuerbescheid hat Wirkung auch gegen denjenigen, der für eine Realsteuer, die ein anderer schuldet, entweder persönlich oder mit den von ihm verwalteten Mitteln haftet; dieser muß einen Realsteuerbescheid, der gegen den Steuerschuldner ergangen ist, auch dann gegen sich gelten lassen, wenn er nicht Rechtsnachfolger des Steuerschuldners ist (§ 210a Abs. 2 AO.). Die Bestimmungen über die Haftung sind oben unter Anm. a aufgeführt.

ff) Die Vorschriften über das Steuerstrafrecht (§§ 391 bis 476 AO.). Außer den in § 4 Abs. 2 AO. genannten Vorschriften gelten für die Realsteuern, auch wenn sie von den Gemeinden verwaltet werden, gewisse weitere Fundamentalgrundsätze der AO. (§ 8 AO.). Das gilt zunächst für die Definition des Steuerbegriffs, der mit Rücksicht darauf, daß der Ausdruck „Steuer" die Grundlage für zahlreiche andere wichtige Begriffe des Steuerrechts (z. B. für die Begriffe „Steuergesetz, Steuerpflichtiger, Steuerermittlung, Steuererklärung, Steuerbescheid, Steuerzuwiderhandlung") bildet, in

Steuererklärung, Steuerbescheid, Steuerzuwiderhandlung") bildet, in einem geschlossenen Steuersystem nur ein einheitlicher sein kann. Demgemäß gilt die in § 1 Abs. 1 AO. enthaltene Definition des Steuerbegriffs: „Steuern sind einmalige oder laufende Geldleistungen, die nicht eine Gegenleistung für eine besondere Leistung darstellen und von einem öffentlich-rechtlichen Gemeinwesen zur Erzielung von Einkünften allen auferlegt werden, bei denen der Tatbestand zutrifft, an den das Gesetz die Leistungspflicht knüpft", auch für die Realsteuern wie überhaupt für alle Steuern des Reichs, der Länder und der Gemeinden. Ebenso wie der Steuerbegriff muß auch der Grundsatz des Steuergeheimnisses (§§ 22 und 412 AO.), sowie der Grundsatz der Ersatzpflicht gemäß § 23 AO. für alle Steuern des Reichs, der Länder und der Gemeinden Geltung besitzen. Die letztgenannte Bestimmung legt fest: „Wird infolge einer Amts- oder Dienstpflichtverletzung eines im Dienst des Reichs, eines Lands, einer Gemeinde, eines Gemeindeverbands oder einer Religionsgesellschaft des öffentlichen Rechts stehenden Amtsträgers (§ 22 Abs. 3 Sätze 1 und 2 AO.) oder Angestellten eine Steuer zu niedrig oder zu spät festgesetzt, erhoben oder beigetrieben, oder eine Steuerbeteiligung oder ein Steuermeßbetrag zu niedrig oder zu spät festgesetzt, so kann eine Körperschaft des öffentlichen Rechts, für deren Rechnung die Steuer erhoben wird, oder die an dem Aufkommen aus der Steuer beteiligt ist, wegen der Amts- oder Dienstpflichtverletzung Schadenersatz nur dann verlangen, wenn die Amts- oder Dienstpflichtverletzung mit einer im Weg des gerichtlichen Strafverfahrens zu verhängenden öffentlichen Strafe bedroht ist. Die Ersatzpflicht tritt nicht ein, wenn die Körperschaft vorsätzlich oder fahrlässig unterlassen hat, den Schaden durch Gebrauch eines Rechtsmittels oder durch Anrufung der Aufsichtsbehörde abzuwenden."

II. Der Hebesatz bei der Gewerbesteuer.

1. Wesen des Hebesatzes. Die Höhe der Gewerbesteuer hängt nach dem geltenden Recht von zwei Faktoren ab, einmal von der Höhe des Steuermeßbetrags, sodann von der Höhe des von der Gemeinde festzusetzenden Hebesatzes. Das Produkt aus Steuermeßbetrag und Hebesatz ergibt die Steuer für den einzelnen Gewerbebetrieb. Das Produkt sämtlicher Steuermeßbeträge und des Hebesatzes ergibt das Gewerbesteueraufkommen aus Gewerbeertrag und Gewerbekapital. Die Höhe des Aufkommens, das aus der Besteuerung der Gewerbeerträge und der Gewerbekapitalien für die gemeindlichen Finanzen fließen soll, hängt damit einmal von der Höhe des Hebesatzes, sodann von der Höhe der Steuermeßbeträge ab, die der Gemeinde für die in ihr belegenen Gewerbebetriebe und Betriebstätten gemeindefremder Gewerbebetriebe von den Finanzämtern mitgeteilt worden sind. Steuermeßbetrag und Hebesatz stehen in einer gewissen Wechselwirkung: das Produkt „Notwendiges Gewerbesteueraufkommen" kann dadurch erreicht werden, daß ein niedriger Steuermeßbetrag und dafür ein um so höherer Hebesatz gewählt wird und umgekehrt. Nach dem Gesetz ist der Steuermeßbetrag eine absolute, im Gesetze unmittelbar festgelegte und der

Beschlußfassung der Gemeinde entzogene Ziffer. Da sich die Summe der der Gemeinde mitgeteilten Steuermeßbeträge sowie auch der Gewerbesteuerbedarf ändern werden, muß der Hebesatz veränderlich sein. Das Gesetz bestimmt in § 16 Abs. 1: „Die Steuer wird auf Grund des einheitlichen Steuermeßbetrags nach dem von der Gemeinde festzusetzenden Hundertsatz (Hebesatz) festgesetzt und erhoben."

2. Höhe des Hebesatzes. Hinsichtlich der Höhe des Hebesatzes bestimmt das Gesetz (§ 16 Satz 2) lediglich: „Der Hebesatz muß unbeschadet der Vorschrift des § 17, (die die Zweigstellensteuer betrifft) für alle in der Gemeinde vorhandenen Unternehmen der gleiche sein. Der Hebesatz darf also nicht nach Gewerbegruppen und Gewerbearten, ferner auch nicht nach anderen Merkmalen, wie z. B. nach der Höhe der Erträge und Gewerbekapitalien, abgestuft werden. Im übrigen ist die Bemessung des Hebesatzes grundsätzlich der freien Beschlußfassung der Gemeinden überlassen.

Für die Festsetzung der Gewerbesteuer-Hebesätze gelten im übrigen noch folgende Grundsätze, die das Beschlußfassungsrecht der Gemeinden teilweise einengen.

a) Um eine übermäßige Anspannung des Gewerbesteuerhebesatzes zu verhindern, bestimmt § 7 EinfGRealStG. (Abs. 1): „Für die Rechnungsjahre 1937 und 1938 soll die Gemeinde die Hebesätze für die Gewerbesteuer so bemessen, daß insgesamt kein höheres Aufkommen zu erwarten ist, als bei Weitererhebung der Steuern durch die Gebietskörperschaften nach bisherigem Recht in der Gemeinde erzielt worden wäre. Zum Aufkommen im Sinn des Satzes 1 gehört nicht das Aufkommen für das Rechnungsjahr 1936 in der Gemeinde aus Mehrbelastungen im Sinn des § 3 (EinfGRealStG.), soweit solche Mehrbelastungen für das laufende Rechnungsjahr unterbleiben und an ihrer Stelle Beiträge oder andere Abgaben erhoben werden." (Abs. 2): „Der Reichsminister des Innern und der Reichsminister der Finanzen erlassen Richtlinien, unter welchen Voraussetzungen von dem Grundsatz des Abs. 1 abgewichen werden kann." Diese Richtlinien sind inzwischen erlassen worden; sie sind enthalten in der Ersten Ausführungsanweisung zum Einführungsgesetz zu den Realsteuergesetzen (Runderl. d. RuPrMdJ. zgl. i. N. d. RFM. vom 23. Dez. 1936, V St 1959/36 und S 1511 — 19 I), abgedruckt in RMBliV. 1936 S. 1695, RStBl. 37 S. 78 — zu vgl. Anhang unter III. —

b) Gemäß § 3 EinfGRealStG. können die Hebesätze für einen Teil des Gemeindebezirks oder für eine Gruppe von Steuergegenständen höher als die allgemeinen Hebesätze festgesetzt werden, soweit der Gemeinde Kosten durch Einrichtungen erwachsen, die ausschließlich oder in besonders hervorragendem Maß diesem Teil des Gemeindebezirks oder dieser Gruppe von Steuergegenständen zustatten kommen und für die Beiträge nicht erhoben werden (Mehrbelastung). Bei der Bemessung der Mehrbelastung ist der zur Herstellung und Unterhaltung der Einrichtungen erforderliche Bedarf nach Abzug des etwaigen Ertrages zu berücksichtigen. Die Festsetzung der Mehrbelastung bedarf der Genehmigung der obersten Gemeindeaufsichtsbehörde.

c) Verschiedene Hebesätze können auch im Falle von Gemeindegebietsänderungen zugelassen werden (§ 4 EinfGRealStG.).

d) Wegen der Zweigstellensteuer und Warenhaussteuer zu vgl. die Bem. zu § 17.

3. Die Geltung des Hebesatzes in zeitlicher Hinsicht. Die Hebesätze für die Realsteuern werden für jedes Rechnungsjahr neu festgesetzt (§ 2 Abs. 1 EinfGRealStG.). Die Hebesätze können im Lauf eines Rechnungsjahrs einmal geändert werden. Die Nachtragshaushaltsatzung über die Festsetzung der neuen Hebesätze muß vor dem 1. Januar erlassen werden. Die Änderung der Hebesätze für die Grundsteuer und für die Gewerbesteuer nach dem Gewerbeertrag und dem Gewerbekapital wirkt auf den Beginn des Rechnungsjahrs zurück.

4. Entstehen der Gewerbesteuerschuld. Die Gewerbesteuerpflicht entsteht grundsätzlich mit dem Beginn eines Gewerbebetriebs (zu vgl. hierüber Anm. VI zu § 2). Verschieden ist hiervon die Frage, wann die Gewerbesteuerschuld entsteht. Nach den Grundsätzen des § 3 StAnpG. entsteht die Steuerschuld, sobald der Tatbestand verwirklicht ist, an den das Gesetz die Steuer knüpft (Abs. 1). Auf die Entstehung der Steuerschuld ist es ohne Einfluß, ob und wann die Steuer festgesetzt wird und wann die Steuer zu entrichten (wann sie fällig) ist. Nach den in § 3 Abs. 5 StAnpG. aufgeführten Beispielen und Ergänzungen entsteht die Steuerschuld bei der Gewerbesteuer mit Beginn des Rechnungsjahrs, für das die Steuer erhoben wird. Besondere Bestimmungen sind in § 22 Abs. 1 GewStG. für die Fälle getroffen, in denen im Lauf des Erhebungszeitraums ein Gewerbebetrieb neu gegründet wird oder ein bereits bestehender Gewerbebetrieb infolge Wegfalls des Befreiungsgrunds in die Steuerpflicht eintritt. Die Frage des Entstehens der Steuerschuld ist wichtig für die Frage der Verjährung (zu vgl. § 145 Abs. 1 AO.).

Von der Frage des Entstehens der Steuerschuld verschieden ist die Frage der Fälligkeit der Gewerbesteuer. Diese Frage ist in § 18 des Ges. geregelt.

§ 17

Zweigstellensteuer

(1) Für Bank-, Kredit- und Wareneinzelhandelsunternehmen, die in einer Gemeinde eine Betriebstätte unterhalten, ohne in dieser ihre Geschäftsleitung zu haben, kann der Hebesatz hinsichtlich der in dieser Gemeinde belegenen Betriebstätte bis zu drei Zehnteln höher sein, als für die übrigen Gewerbebetriebe (Zweigstellensteuer). Für die Zweigstellensteuer sind die Verhältnisse zu Beginn des Erhebungszeitraums maßgebend.

(2) Dient eine Betriebstätte, die unter Absatz 1 fällt, nur zum Teil Zwecken des Bank-, Kredit- oder Wareneinzelhandelsgeschäfts (z. B. Fabrikationszweigstelle mit Ladengeschäft), so gilt die Erhöhung des Hebesatzes nur für den Teil des Steuermeßbetrags, der auf diesen Teil der Betriebstätte entfällt.

(3) Die Zweigstellensteuer muß für alle in der Gemeinde vorhandenen Unternehmen der im Absatz 1 bezeichneten Art die gleiche sein.

Kurze Inhaltsangabe:

Vorbemerkung.

In einer Reihe von Ländern wurden bis jetzt besondere Zuschläge zur Gewerbesteuer erhoben. Mit diesen Zuschlägen wurden verschiedene Zwecke (z. B. der Schutz der Kleingewerbetreibenden, Schutz des ortsansässigen Gewerbes, polizeiliche Zwecke) verfolgt. Mit der Beseitigung der landesrechtlichen Gewerbesteuergesetze werden auch diese zusätzlichen Gewerbesteuern beseitigt. Das GewStG. selbst kennt nur noch die Zweigstellensteuer; die Schanksteuer (Zuschlag für Gast- und Schankwirtschaften und Kleinhandel mit Branntwein oder nicht denaturiertem Spiritus) ist nicht übernommen worden, weil die Gaststättenbetriebe schon der Gemeindegetränkesteuer unterliegen und nicht noch einer besonderen Steuer unterworfen werden sollen. Dagegen wird in § 11 EinfGRealStG. die Warenhaussteuer für die Rechnungsjahre 1937, 1938 und 1939 noch aufrechterhalten.

Abs. 1.

1. Allgemeines. Nach dem Grundsatz des § 16 Satz 2 GewStG. muß der Hebesatz „unbeschadet der Vorschrift des § 17" für alle in der Gemeinde vorhandenen Unternehmen der gleiche sein. § 17 Abs. 1 gemäß kann der Hebesatz für Bank-, Kredit- und Wareneinzelhandelsunternehmen, die in einer Gemeinde eine Betriebstätte unterhalten, ohne in dieser ihre Geschäftsleitung zu haben, hinsichtlich der in dieser Gemeinde belegenen Betriebstätte bis zu drei Zehnteln höher sein als für die übrigen Gewerbebetriebe. Durch die Erhöhung des Hebesatzes in den vorbezeichneten Fällen sollen die Gemeinden in die Lage versetzt werden, ihre ortsansässigen Betriebe gegen den

Wettbewerb ortsfremder, in der Regel kapitalkräftiger Großbetriebe zu schützen, indem letzteren eine Sonderbelastung in der Gestalt einer Erhöhung des Hebesatzes, die das Gesetz als Zweigstellensteuer bezeichnet, aufgebürdet wird. Die Zweigstellensteuer gilt nicht bloß für Gewerbeertrag und Gewerbekapital, sondern auch für die Lohnsumme (zu vgl. § 25 Abs. 4 GewStG.).

2. Begriffe.

a) Bank- und Kreditunternehmen. Die Begriffe „Bank- und Kreditunternehmen" werden im Gesetz ebensowenig erläutert wie der Begriff des „Wareneinzelhandelsunternehmens". Es gelten hiernach die allgemeinen Begriffe. Nach § 1 des Reichsgesetzes über das Kreditwesen vom 5. Dez. 1934 (RGBl. I S. 1203) unterliegen den Vorschriften dieses Gesetzes alle Unternehmungen, die Bank- oder Sparkassengeschäfte im Inland betreiben (Kreditinstitute). Bank- oder Sparkassengeschäfte sind „insbesondere" solche der nachstehend bezeichneten Art: a) die Annahme und Abgabe von Geldbeträgen ohne Rücksicht darauf, ob Zinsen vergütet werden oder nicht; b) die Anschaffung und Veräußerung von Wertpapieren für andere; c) die Verwahrung und Verwaltung von Wertpapieren für andere (Depotgeschäfte); d) die Übernahme von Haftungen und Garantien für Dritte, soweit diese Geschäfte nicht von Versicherungsunternehmungen betrieben werden. Gemäß Abs. 2 a. a. O. gehören zu den Kreditinstituten auch Girokassen, Giroverbände, Girozentralen und sonstige Einrichtungen, welche dem Abrechnungsverkehr dienen. Gemäß § 4 entscheidet der Reichskommissar für das Kreditwesen (Reichskommissar) in Zweifelsfällen, ob eine Unternehmung als Kreditinstitut zu gelten hat.

Nach dem Gesetz über das Kreditwesen ist der Begriff der Bank ein Unterbegriff des Begriffs Kreditinstitut; der Begriff des Kreditinstituts ist der allgemeine Begriff. Zu den Kreditinstituten (Kreditunternehmen) rechnen dabei nicht nur die Banken, sondern auch Sparkassen, Girokassen, Darlehenskassen usw.

Der Zweigstellensteuer können selbstverständlich nicht die Banken unterliegen, die von der Gewerbesteuer überhaupt befreit sind (§ 3 Ziff. 2 und 3 GewStG.).

b) Wareneinzelhandelsunternehmung. Zum Begriff der Warenhandelsunternehmung hat der RFH. in dem Urt. IV A 21/35 vom 29. Mai 1935 = RFH. Bd. 38 S. 54 folgendes ausgeführt: „Was unter einer Warenhandelsunternehmung im Sinn des § 23 Abs. 2 GewStG. und seines Vorbilds, des § 43 der Pr. GewStVO., zu verstehen ist, kann zweifelhaft sein. Warenhandel im weiteren Sinn betreibt nicht allein, wer Waren anschafft und in unverändertem Zustand im Einzelhandel weiterveräußert, sondern auch, wer Waren be- oder verarbeitet und im Einzel- oder Großhandel weiterveräußert. Da das Gesetz von Warenhandelsunternehmungen schlechthin spricht, könnte es naheliegen, den Begriff in diesem weiteren Sinne auszulegen und ihn z. B. dem des Handelsgewerbes im Sinn des § 1 Abs. 2 Nr. 1, 2 HGB. gleichzusetzen. Das würde aber der Entstehungsgeschichte, insbesondere den mit der

Filialbesteuerung erstrebten wirtschafts- und steuerpolitischen Zwecken widersprechen, wonach, wie ausgeführt, nur der Einzelhandel gegen den Wettbewerb auswärtiger Unternehmen geschützt werden sollte. Ein Industrieunternehmen, daß die von ihm selbst hergestellten Waren in auswärtigen Verkaufsstellen nicht unmittelbar an den Verbraucher absetzt, sondern nur im Großhandel tätig wird, desgleichen auch jeder sonstige Händler, der nur Großhandel treibt, tritt mit dem ortsansässigen Einzelhandel überhaupt nicht in unmittelbaren Wettbewerb. Diesem Gedankengang ist das Preuß. OVG. bei der Auslegung des § 43 der Pr. GewStVO. gefolgt. In seiner grundlegenden Entscheidung (Entsch. des OVG. Bd. 80 S. 108) hat es den Begriff des Warenhandelsunternehmens dahin näher abgegrenzt, daß darunter nicht nur solche Unternehmungen verstanden werden, die lediglich Warenhandel betreiben (reine Warenhandelsunternehmen), sondern auch solche, welche neben dem Warenhandel zugleich einen anderen Geschäftszweig, wie z. B. die Fabrikation, betreiben (gemischte Warenhandelsunternehmen), aber beide Arten von Unternehmen nur insoweit, als sie den Kleinhandel mit Waren, d. h. den unmittelbaren Absatz an die Verbraucher, betreiben, gleichviel, ob es sich dabei um selbstgefertigte, bearbeitete oder angekaufte Waren handelt..... Das Preuß. OVG. hat also den Begriff des Warenhandelsunternehmens dahin eingeschränkt, daß nur solche Warenhandelsunternehmen grundsätzlich von dem Filialsteuerzuschlag betroffen werden sollen, welche in auswärtigen Betriebstätten, sei es allein oder neben anderen Geschäftszweigen den Einzelhandel betreiben (siehe auch Bd. 84 S. 202, Bd. 93 S. 66). Die Vorinstanz hat die Begriffsbestimmung des Pr. OVG. für die Auslegung des reichsrechtlichen Begriffs des Warenhandelsunternehmens im Sinn des § 23 Abs. 2 GewStRG. übernommen. Der Senat schließt sich dieser Auffassung an."

Hiernach unterliegen der Zweigstellensteuer nicht bloß reine Wareneinzelhandelsunternehmen, sondern auch solche Unternehmen, welche neben dem Einzelhandel noch einen anderen Geschäftszweig, z. B. Fabrikation und Großhandel betreiben. Unternehmen der letztgenannten Art werden aber mit dem Zweigstellenzuschlag nur insoweit belastet, als sie den Wareneinzelhandel betreiben (zu vgl. auch die ausdrückliche Regelung des § 17 Abs. 2). Gleichgültig ist, ob der Einzelhandel mit selbstgefertigten, bearbeiteten oder von dritter Seite bezogenen Waren betrieben wird.

Der Zweigstellensteuer unterliegen nur Unternehmen, die den Einzelhandel mit Waren betreiben und als solche den im Orte ansässigen Geschäften Konkurrenz machen; dabei ist es nicht notwendig, daß sich der Absatz des Unternehmens nur in der betreffenden Gemeinde vollzieht; setzt allerdings das Unternehmen Waren nur an solche Verbraucher ab, die sich außerhalb der Gemeinde befinden, so kann eine Zweigstellensteuer nicht erhoben werden.

Den Begriff des Einzelhandels legt das Pr. OVG. anders aus, als dies im UStG. geschieht. Einzelhandel ist der unmittelbare Absatz an den Verbraucher. Als Verbraucher wurde vom Pr. VOG.

aber auch eine Grube angesehen, die Grubenholz im großen kauft. Für das GewStG. muß die gleiche Auslegung Platz greifen.

Wann Lieferungen von Waren vorliegen und wann demgemäß ein Warenhandelsunternehmen anzunehmen ist, beurteilt sich nach § 1 Abs. 2 Nr. 1 HGB. Hiernach sind Waren „bewegliche Sachen". Warenhandel ist also die Anschaffung und Weiterveräußerung von beweglichen Sachen oder Wertpapieren. Hierbei macht es keinen Unterschied, ob die Waren unverändert oder nach Bearbeitung oder Verarbeitung weiter veräußert werden. Die Ware muß aber bei der Weiterverarbeitung Ware, d. h. eine bewegliche Sache, bleiben. Werden z. B. Gegenstände auf Grund eines Werkvertrags als Anlagen (Heizungsanlagen usw.). in ein Gebäude eingebaut, so ist ein Warenhandelsunternehmen nicht als gegeben anzusehen. Nicht zu den Waren, d. h. körperlichen Gegenständen, dürfte auch der elektrische Strom gehören; elektrische Lieferungsgesellschaften, die in anderen Gemeinden Betriebstätten unterhalten, können deshalb nicht der Zweigstellensteuer unterworfen werden.

c) Begriff der Betriebstätte. Der Begriff der Betriebstätte ist der allgemeine Betriebstättenbegriff, wie er in § 16 StAnpG. erläutert ist (zu vgl. Anm. V zu § 2).

d) Begriff des Orts „der Geschäftsleitung". Als steuerpflichtige Zweigstelle ist jede unselbständige Betriebstätte außerhalb des Gemeindebezirks der Geschäftsleitung anzusehen. Es ist deshalb im einzelnen Falle notwendig zu wissen, in welcher Gemeinde sich die Geschäftsleitung des Bank-, Kredit- und Wareneinzelhandelsunternehmens befindet.

Gemäß § 15 Abs. 1 StAnpG. ist Geschäftsleitung im Sinn der Steuergesetze der Mittelpunkt der geschäftlichen Oberleitung. Diese Begriffsbestimmung übernimmt das Ergebnis der bisherigen Rechtsprechung des RFH. (zu vgl. Urt. in Bd. 29 S. 78; Bd. 32 S. 249; Bd. 35 S. 133; Bd. 36 S. 206; Bd. 36 S. 244; Urt. III A 86/36 vom 2. Juli 1936 = RStBl. 36 S. 779). Was als Mittelpunkt der geschäftlichen Oberleitung anzusehen ist, kann nur für den Einzelfall an Hand der tatsächlichen Verhältnisse beantwortet werden. Immerhin lassen sich dafür im Anschluß an die Rechtsprechung des RFH. einige Richtlinien geben. Maßgebend ist hiernach die örtliche Stelle, von der die gesamten oder die wesentlichen Anordnungen und Erklärungen ausgehen, an der insbesondere die tatsächlichen Entscheidungen für die Geschäftsführung des Unternehmens getroffen werden. In der Regel wird dies der Ort der Büroräume des leitenden Geschäftsführers sein — leitender Geschäftsführer ist dabei im allgemeinen der, der die Obliegenheiten eines Firmeninhabers ausübt. — Werden kaufmännische und technische Leitung an verschiedenen Orten geführt, so wird abzuwägen sein, welche Leitung überwiegt; doch wird es im Zweifel auf die kaufmännische Leitung ankommen und namentlich von Belang sein, an welchem Orte das Hauptbuch oder die Hauptkasse geführt werden, mag auch der Betrieb an diesem Orte der minder große sein. Nur wenn zur Ausübung der geschäftlichen Oberleitung Büroräume nicht erforderlich und nicht vorhanden sind, kommt als Ort der Leitung der Wohnsitz bzw. gewöhnliche Aufenthalt des Unternehmers, des leitenden Geschäftsführers oder des gesetzlichen Vertreters in Betracht (Bd. 36 S. 244). Unerheblich, jedenfalls nicht entscheidend ist die Vertretung des Unternehmers nach außen und der Ort des Abschlusses der für das Unternehmen wesentlichen Geschäfte (Bd. 35 S. 133).

Von der „Geschäftsleitung" ist der „Sitz" eines Unternehmens begrifflich zu unterscheiden, wenngleich in der Wirklichkeit sich beide Begriffe meistens decken werden. Während die Geschäftsleitung sich nach den tatsächlichen Verhältnissen richtet, wird der Sitz durch ein rechtliches Merkmal gekennzeichnet. Maßgebend ist nach § 15 Abs. 3 StAnpG. zunächst das, was der Gesellschaftsvertrag, das Stiftungsgeschäft oder die entsprechende Regelung darüber bestimmt. Diese Bestimmung bezeichnet dann auch steuerrechtlich den Sitz der Körperschaft, Personenvereinigung oder Vermögensmasse. Die Vorschrift des § 15 Abs. 3 Satz 1 StAnpG. steht mit den Bestimmungen im Einklang, die das BGB. in den §§ 24 und 30 Nr. 3 und die ZPO. im § 17 Abs. 1 Satz 2 enthalten. Sie ist ferner mit zwingenden Vorschriften des Handelsrechts zu verbinden; dieses schreibt für die meisten Handelsgesellschaften vor, daß der Sitz im Gesellschaftsvertrag oder in der Satzung festgelegt werden muß (zu vgl. § 5 des Aktiengesetzes (RGBl. 37 I S. 107) für die AG., § 219 des Aktiengesetzes für die KommGes. a. Aktien usw.). Fehlt es jedoch an einer solchen Bestimmung, so gilt nach § 15 Abs. 3 StAnpG. Satz 2 als Sitz der Ort, an dem sich die Geschäftsleitung befindet oder die Verwaltung geführt wird. Dieser Ort ist dann nach den tatsächlichen Verhältnissen zu ermitteln.

3. Die Vorschrift des § 17 Abs. 1 als Kannvorschrift. Die Vorschrift des § 17 Abs. 1 ist eine Kannvorschrift; die Gemeinden sind hiernach nicht verpflichtet die Zweigstellensteuer zu erheben; soweit sie von der Ermächtigung Gebrauch machen, können sie den Zuschlag bis zur Höchstgrenze von drei Zehnteln des allgemeinen Hebesatzes bemessen. Beträgt der allgemeine Hebesatz z. B. 200 v. H. des Steuermeßbetrags, so kann demnach die Zweigstellensteuer bis zu 60 v. H. des Steuermeßbetrages bemessen werden. Nach dem Wortlaut des Gesetzes muß die Zweigstellensteuer, wenn sie eingeführt wird, nicht für Bank-, Kredit- und Einzelhandelsunternehmen zugleich eingeführt werden, ihre Einführung kann vielmehr z. B. auf die Wareneinzelhandelsunternehmen beschränkt werden.

4. Stichtag für die maßgebenden Verhältnisse. Für die Zweigstellensteuer sind die Verhältnisse zu Beginn des Erhebungszeitraums, d. h. also des 1. April, maßgebend. Bestand an diesem Tag in der Gemeinde eine Betriebstätte eines gemeindefremden Unternehmens nicht, so kann für das betreffende Rechnungsjahr die Zweigstellensteuer nicht erhoben werden. Wird eine Betriebstätte im Lauf des Rechnungsjahrs gegründet, so muß mit der Erhebung der Zweigstellensteuer bis zum Beginn des nächsten Rechnungsjahrs zugewartet werden.

5. Rechtsmittel gegen die Zweigstellensteuer. Gegen die Anforderung der Zweigstellensteuer als eines Zuschlags zur Gewerbesteuer sind die Rechtsmittel gegeben, wie sie gegen die Realsteuerbescheide zulässig sind. Eine Ausnahme besteht für Streitigkeiten darüber, ob eine Betriebstätte ganz oder zu einem Teil (gegebenenfalls zu welchem Teil) der Zweigstellensteuer unterliegt. Über derartige Streitigkeiten entscheidet auf Antrag des Steuerpflichtigen oder der Gemeinde das Finanzamt durch schriftlichen Bescheid (§ 212c Abs. 2 AO.). Gegen den finanzamtlichen Bescheid sind die ordentlichen Rechtsmittel gegeben (§ 235 Ziff. 3 AO.). Zweifelhaft ist, binnen welcher Frist der Antrag auf finanzamtliche Entscheidung zu stellen ist. Es kann wohl nicht angenommen werden, daß der Antrag jederzeit gestellt werden kann. Der Natur der Sache dürfte es entsprechen, wenn für die Stellung des Antrags die gleiche Frist läuft, wie sie für die Anfechtung des Gewerbe- bzw. Zweigstellensteuerbescheids besteht.

Abs. 2.

Dient eine Betriebstätte, die nach den Grundsätzen des Abs. 1 der Zweigstellensteuer unterliegt, nur zum Teil Zwecken des Bank-, Kredit- oder Wareneinzelhandelsgeschäfts (z. B. Fabrikationszweigstelle mit Ladengeschäft), so gilt die Erhöhung des Hebesatzes nur für den Teil des Steuermeßbetrags, der auf diesen Teil der Betriebstätte entfällt. Der Steuermeßbetrag ist in die auf die einzelnen Geschäftszweige entfallenden Anteile zu zerlegen. Die Zerlegung wird am zweckmäßigsten nach den in den einzelnen Geschäftszweigen erzielten Betriebseinnahmen (Umsätzen) erfolgen.

Abs. 3.

Die Zweigstellensteuer muß für alle in der Gemeinde vorhandenen Unternehmen, die nach Abs. 1 der Zweigstellensteuer unterworfen werden können, die gleiche sein; sie darf also nicht nach der Art des Unternehmens abgestuft werden.

Kurze Bemerkungen zur Warenhaussteuer.

1. Gemäß § 11 des EinfGRealStG. können in Ländern, in denen beim Inkrafttreten des GewStG. eine Warenhaussteuer (§ 10 des Realsteuersperrgesetzes vom 7. März 1935, RGBl. I S. 349) besteht, für die Rechnungsjahre 1937, 1938 und 1939 die Hebesätze für die Gewerbesteuer (§§ 16 und 25 GewStG.) hinsichtlich der in der Gemeinde belegenen Betriebstätten von Warenhäusern höher sein als für die übrigen Gewerbebetriebe.

2. Für die Abgrenzung der Betriebe (Warenhäuser), die der Warenhaussteuer unterliegen, ist die Landesgesetzgebung maßgebend, die beim Inkrafttreten des GewStG. besteht.

Nach den Landessteuergesetzen wird der Begriff des Warenhauses verschieden ausgelegt. Zu unterscheiden sind im wesentlichen zwei Warenhausbegriffe:

a) die einen Gesetze enthalten eine Aufzählung von Warengruppen und bestimmen, daß ein Warenhaus dann anzunehmen ist, wenn in einem Einzelhandelsgeschäft Waren von mehr als einer Warengruppe vertrieben werden. Als weitere Voraussetzung muß hinzukommen, daß das betreffende Geschäft eine bestimmte Umsatzgröße überschreitet. Hierher gehören vor allem die Gesetze der Länder Preußen, Sachsen, Thüringen usw. (preuß. Grundsatz);

b) andere Gesetze versuchen — ohne Aufzählung von Warengruppen — den Begriff zu bestimmen; das Merkmal einer gewissen Geschäftsgröße ist vorgesehen. Hierher gehören die Gesetze in Bayern, Württemberg und Baden (bayer. Grundsatz).

Nach der Rechtsprechung des RFH. (zu vgl. Urt. IV A 14/35 vom 6. März 1935 = Bd. 38 S. 5), ist ein Warenhaus schon dann gegeben, „wenn ein Unternehmen im Gegensatz zum reinen Fachhandel sich nicht auf die Führung einer bestimmten Warengruppe beschränkt, sondern darüber hinaus Waren aus zwei verschiedenen Warengruppen führt, die sonst üblicherweise von mehreren Fachgeschäften feilgehalten werden". Außerdem muß aber das betreffende Unternehmen von einer solchen wirtschaftlichen Bedeutung sein, daß es tatsächlich dem Fachhandel einen fühlbaren Wettbewerb bereitet. Diese Voraussetzung ist erforderlich, um das Gemischtwarengeschäft vom Warenhaus abzugrenzen. Die Frage, wann ein Unternehmen die erforderliche Größe erreicht, wird in dem Urteil nicht beantwortet, weil es sich bei dem dem Urteil zugrunde liegenden Unternehmen um ein Geschäft mit mehreren Millionen Umsatz handelte, ein Großbetrieb also unzweifelhaft vorlag. Der RFH. erklärt es im übrigen für unerheblich, in welchem Verhältnis der Umsatz in den einzelnen Warengruppen zum Gesamtumsatz steht. Es genügt, daß tatsächlich Umsätze in mehreren Warengruppen getätigt werden, besonders dann, wenn die Umsätze von einem Umfang sind, daß durch sie einem kleinen Einzelhandelsgeschäft ein ernsthafter Wettbewerb bereitet wird."

3. § 11 EinfGRealStG. sieht in Satz 2 vor, daß der Reichsminister des Innern und der Finanzen die zulässigen Höchstsätze für die Warenhaussteuer bestimmen. Die entsprechenden Bestimmungen sind in der Ersten Ausführungsanweisung zum Einführungsgesetz zu den Realsteuergesetzen getroffen worden (zu vgl. Anhang unter III).

4. Besteht Streit darüber, ob eine Betriebstätte ganz oder zu einem Teil (gegebenenfalls zu welchem Teil) der Warenhaussteuer unterliegt, so gelten für das Rechtsmittelverfahren die landesrechtlichen Vorschriften über die Rechtsmittel gegen Gemeindeabgaben.

§ 18

Fälligkeit

(1) Die Steuer ist mit je einem Viertel ihres Jahresbetrags am 15. Mai, 15. August, 15. November und 15. Februar fällig.

(2) Abweichend vom Absatz 1 ist die Steuer fällig:

1. am 15. Mai mit ihrem Jahresbetrag, wenn dieser 5 Reichsmark nicht übersteigt,

2. am 15. Mai und 15. November zu je einer Hälfte ihres Jahresbetrags, wenn dieser 10 Reichsmark nicht übersteigt.

1. § 18 bestimmt, wann und in welchen Raten die Gewerbesteuer fällig wird, d. h. zu entrichten ist. Die gemäß § 18 zu leistenden Vierteljahrs- bzw. Halbjahrszahlungen stellen dabei die ordentlichen Gewerbesteuerzahlungen — also keine Vorauszahlungen — dar. Die Erhebung der ordentlichen Gewerbesteuerzahlungen zu den festgesetzten Terminen setzt allerdings voraus, daß an diesen Terminen bereits die eigentliche Jahressteuerschuld bekannt ist. Hierzu ist aber notwendig, daß — was in der Regel nicht der Fall sein wird — bereits bis zum 15. Mai der Gewerbesteuerbescheid dem Steuerpflichtigen bekannt gegeben ist.

Die Zahlungen auf die Gewerbesteuer unterscheiden sich nach dem Gesagten wesentlich von jenen bei der Einkommen- und Körperschaftsteuer; bei letzteren Steuern sind das ganze Jahr Vorauszahlungen zu leisten; erst nach Ablauf des Jahrs und Durchführung der Veranlagung findet eine Abrechnung durch Abschlußzahlung oder Erstattung statt; bei der Gewerbesteuer sind die laufenden Zahlungen für die Regel keine Vorauszahlungen, sondern endgültige Zahlungen.

2. Die Vorschriften des § 18 sind zwingender Natur; eine Änderung der Steuerzahlungstermine durch die Gemeinden ist nicht statthaft.

3. § 18 behandelt lediglich die Frage der Fälligkeit der Gewerbesteuerschuld; eine andere Frage ist, wann die Gewerbesteuerschuld entstanden ist; zu der letzteren Frage wird auf Anm. II 4 zu § 16 Bezug genommen.

4. Wer die zu den einzelnen Terminen fälligen Zahlungen zu entrichten hat, ergibt sich aus § 5 (insbesondere Abs. 2 GewStG.).

5. Wegen der Folgen nichtrechtzeitiger Entrichtung der Gewerbesteuerzahlungen zu vgl. §§ 1 und 2 des Steuersäumnisgesetzes vom 24. Dezember 1934 (RGBl. I S. 1271).

§ 19

Vorauszahlungen

Der Steuerschuldner hat bis zur Bekanntgabe eines neuen Steuerbescheids zu den im § 18 bezeichneten Zeitpunkten entsprechende Vorauszahlungen unter Zugrundlegung der zuletzt festgesetzten Jahressteuerschuld zu entrichten.

1. Vorauszahlungen auf die Gewerbesteuer werden dann notwendig, wenn der Steuerbescheid dem Steuerschuldner bis zum 15. Mai des laufenden Rechnungsjahrs nicht zugestellt werden konnte.

2. Die Vorauszahlungen sind in „entsprechender" Höhe unter Zugrundelegung der zuletzt festgesetzten Jahressteuerschuld zu entrichten; das Wort „entsprechend" will besagen, daß die Vorauszahlungen ein Viertel der zuletzt festgesetzten Jahressteuerschuld betragen, wenn diese 10 RM überstieg, und daß die Vorauszahlungen in voller oder halber Höhe der zuletzt festgesetzten Jahressteuerschuld zu entrichten sind, wenn diese nicht mehr als 5 bzw. 10 RM betrug (zu vgl. § 18 Abs. 2 GewStG.).

3. Wer Schuldner der Gewerbesteuervorauszahlungen ist, ergibt sich aus § 5 (insbesondere § 5 Abs. 2) GewStG.

4. Die Vorauszahlungen stellen echte Steuerschulden dar; Säumnis in der Entrichtung zieht Säumniszuschlag nach sich (§§ 1 und 2 des Steuersäumnisgesetzes vom 24. Dez. 1934, RGBl. I S. 1271).

5. Gegen die Anforderung von Vorauszahlungen ist das Rechtsmittel der Beschwerde gegeben (§ 237 AO.), wenn die Gewerbesteuer von Finanzämtern und Landesfinanzämtern verwaltet wird. Wird die Gewerbesteuer von den Gemeinden verwaltet, so entscheidet das Landesrecht.

§ 20

Abrechnung über die Vorauszahlungen

(1) Ist die Summe der Vorauszahlungen, die bis zur Bekanntgabe des neuen Steuerbescheids zu entrichten waren (§ 19), kleiner als die Steuerschuld, die sich nach dem bekanntgegebenen Steuerbescheid für die vorangegangenen Fälligkeitstage ergibt (§ 18), so hat der Steuerschuldner den Unterschiedsbetrag innerhalb eines Monats nach Bekanntgabe des neuen Steuerbescheids zu entrichten (Nachzahlung). Die Verpflichtung, rückständige Vorauszahlungen schon früher zu entrichten, bleibt unberührt.

(2) Ist die Summe der Vorauszahlungen, die bis zur Bekanntgabe des neuen Steuerbescheids entrichtet worden sind, größer als die Steuerschuld, die sich nach dem bekanntgegebenen Steuerbescheid für die vorangegangenen Fälligkeitstage ergibt, so wird der Unterschiedsbetrag durch Aufrechnung oder Zurückzahlung ausgeglichen.

(3) Die Vorschriften der Absätze 1 und 2 gelten entsprechend, wenn die Festsetzung durch einen neuen Bescheid (z. B. Berichtigungsfestsetzung, Rechtsmittelentscheidung) geändert wird.

1. Die Steuerfestsetzung für das laufende Rechnungsjahr wird in der Regel nicht genau mit der Steuerfestsetzung für das vergangene Rechnungsjahr übereinstimmen. Sind auf das laufende Rechnungsjahr Vorauszahlungen unter Zugrundelegung der Jahressteuerschuld für das vergangene Rechnungsjahr gemäß § 19 GewStG. geleistet worden, so müssen sich Unterschiedsbeträge ergeben. Es sind zwei Fälle denkbar: a) die gezahlten Vorauszahlungen sind niedriger als die Zahlungen, die nach dem Steuerbescheid zu leisten sind; b) die gezahlten Vorauszahlungen sind höher als die Zahlungen, die nach dem Steuerbescheid zu leisten sind. In beiden Fällen hat ein Ausgleich zu erfolgen. § 20 sieht vor, daß Beträge, die durch die Vorauszahlungen nicht gedeckt sind, innerhalb eines Monats nach Bekanntgabe des neuen Steuerbescheids zu entrichten sind (Abs. 1). Ist dagegen die Summe der Vorauszahlungen, die bis zur Bekanntgabe des neuen Steuerbescheids entrichtet worden sind, größer als die Steuerschuld, die sich nach dem bekanntgegebenen Steuerbescheid für die vorangegangenen Fälligkeitstage ergibt, so wird der Unterschiedsbetrag durch Aufrechnung oder Zurückzahlung ausgeglichen. Die Aufrechnung ist seitens der öffentlichen Kasse nur dann möglich, wenn der Gegenanspruch fällig und Gläubiger und Schuldner dieselben Personen sind. Daraus folgt, daß gegen einen rechtskräftig festgestellten Anspruch eines Steuerpflichtigen auf Erstattung von Gewerbesteuer die gemeindliche Kasse jedenfalls mit einem fälligen Anspruch auf Zahlung von anderen Gemeindeabgaben aufrechnen kann. Eine andere Frage ist, ob dann, wenn in einem Lande die Gewerbesteuer von den Finanzämtern eingehoben wird, die Finanzkasse gegen einen rechtskräftig festgestellten Anspruch eines Steuerpflichtigen auf Erstattung von Gewerbesteuer mit einem fälligen Anspruch auf Zahlung von Reichssteuern aufrechnen kann. Der RFH. hat diese Frage in dem Gutachten Gr. S. D 6/32 vom 14. Mai 1934 = Bd. 36 S. 138 bejaht.

2. Die Grundsätze der Absätze 1 und 2 des § 20 gelten entsprechend, wenn die Festsetzung durch einen neuen Bescheid geändert wird. Änderungen der Festsetzung werden sich ergeben, wenn der der Gemeinde vom Finanzamt mitgeteilte Steuermeßbetrag — infolge Rechtsmittelentscheidung, Berichtigung usw. — geändert wird (zu vgl. § 212 b Abs. 3 AO.). Nachzahlungen bzw. Erstattungen werden alsdann notwendig, wenn die nach dem ursprünglichen Festsetzungsbescheid geschuldeten Zahlungen niedriger bzw. höher waren als die nach dem neuen Festsetzungsbescheid.

§ 21

Nachentrichtung der Steuer

Hatte der Steuerschuldner bis zur Bekanntgabe der Jahressteuerschuld keine Vorauszahlungen nach § 19 zu entrichten, so hat er die Steuerschuld, die sich nach dem bekanntgegebenen Steuerbescheid für die vorangegangenen Fälligkeitstage ergibt (§ 18), innerhalb eines Monats nach Bekanntgabe des Steuerbescheids zu entrichten.

Der Fall des § 21 ist gegeben, wenn für den Steuerpflichtigen bisher — aus irgendeinem Grunde — eine Steuerschuld nicht festgesetzt worden ist und deshalb keine Vorauszahlungen erhoben werden konnten. In diesen Fällen ist die Steuerschuld, die sich nach dem bekanntgegebenen Steuerbescheid für die vorangegangenen Fälligkeitstage ergibt (§ 18), innerhalb eines Monats nach Bekanntgabe des Steuerbescheids zu entrichten.

§ 22

Erhebung bei Beginn und Erlöschen der Steuerpflicht

(1) Wird im Lauf des Erhebungszeitraums ein Gewerbebetrieb neu gegründet oder tritt ein bereits bestehender Gewerbebetrieb infolge Wegfalls des Befreiungsgrunds in die Steuerpflicht ein, so wird die Steuer vom Beginn des Monats ab erhoben, der auf den Eintritt in die Steuerpflicht folgt.

(2) Erlischt die Steuerpflicht im Lauf des Erhebungszeitraums, so wird die Steuer bis zum Ende des Kalendermonats erhoben, in dem die Steuerpflicht wegfällt. Entsprechendes gilt für die Fälle, in denen eine Betriebstätte in einer Gemeinde im Lauf des Erhebungszeitraums wegfällt, es sei denn, daß in dieser Gemeinde eine von mehreren Betriebstätten bestehen bleibt. Vorübergehende Unterbrechungen, die durch die Art des Betriebs veranlaßt sind, heben die Steuerpflicht für die Zwischenzeit bis zur Wiederaufnahme des Betriebs nicht auf.

(3) Geht ein Gewerbebetrieb auf einen anderen bereits bestehenden Gewerbebetrieb über, so wird die Steuer bis zum Schluß des Erhebungszeitraums erhoben, in dem der Übergang erfolgt.

Vorbemerkung.

Die Gewerbesteuerpflicht beginnt grundsätzlich mit der Begründung des Gewerbebetriebs oder mit dem Wegfall eines Befreiungsgrunds gemäß § 3 des Gesetzes. Sie endet mit dem Aufhören der gewerblichen Tätigkeit oder mit dem Eintritt eines Befreiungsgrunds. Wegen der Frage, wann die Ausübung eines Gewerbebetriebs beginnt bzw. erlischt, wird auf die Ausführungen in Anmerkung VI zu § 2 verwiesen. Von der Frage des Beginns oder

Erlöschens des Gewerbebetriebs ist unabhängig die Frage des Beginns oder Erlöschens der Gewerbesteuerschuld. Letztere Frage wird für die Fälle, in denen die Gewerbesteuerpflicht im Lauf des Erhebungszeitraums entsteht oder erlischt, in § 22 geregelt.

§ 22 beantwortet drei Fragen:

1. Wann tritt die Verpflichtung zur Bezahlung von Gewerbesteuern ein, wenn im Lauf des Erhebungszeitraums (§ 16 GewStG.) ein Gewerbebetrieb neu begründet wird oder infolge Wegfalls eines Befreiungsgrunds neu in die Steuerpflicht eintritt (Abs. 1);

2. wann hört die Verpflichtung zur Bezahlung von Gewerbesteuern auf, wenn im Lauf des Erhebungszeitraums die Steuerpflicht ganz oder hinsichtlich einer oder einiger Betriebstätten wegfällt (Abs. 2);

3. wie lange wird für einen Betrieb, der auf einen anderen bereits bestehenden Betrieb übergegangen ist, die Gewerbesteuer erhoben (Abs. 3).

Abs. 1.

Wird im Lauf des Erhebungszeitraums ein Gewerbebetrieb neu gegründet oder tritt ein bereits bestehender Gewerbebetrieb infolge Wegfalls des Befreiungsgrunds in die Steuerpflicht ein, so wird die Steuer vom Beginn des Monats ab erhoben, der auf den Eintritt in die Steuerpflicht folgt. Die bis dahin erfolgende Ausübung des Gewerbebetrieb bleibt also für die Frage der Steuerschuld unberücksichtigt.

§ 22 Abs. 1 findet nur Anwendung, wenn ein bisher noch nicht bestehender Gewerbebetrieb neu ins Leben gerufen oder ein bisher steuerbefreiter Gewerbebetrieb steuerpflichtig wird. § 22 Abs. 1 ist deshalb nicht anwendbar, wenn ein bereits bestehender Gewerbebetrieb vergrößert oder wenn eine Betriebstätte neu aufgemacht wird. Diese Veränderungen ändern zunächst an der Gewerbesteuerschuld nichts und werden hinsichtlich ihrer Auswirkungen auf die Gewerbesteuerschuld erst bei der Festsetzung des Steuermeßbetrags für den Bemessungszeitraum, in welchem sich die Änderungen ergaben, berücksichtigt. Die Voraussetzungen der Neugründung eines Gewerbebetriebs liegen aber vor, wenn die bisherige Filiale eines Gewerbebetriebs ein selbständiger Gewerbebetrieb wird oder wenn ein Steuerpflichtiger seinen bisherigen einheitlichen Gewerbebetrieb in zwei selbständige Gewerbebetriebe auflöst. Tatfrage ist, ob eine Neugründung im Sinn der Bestimmung auch dann gegeben ist, wenn ein Gewerbetreibender seinen bisherigen Gewerbebetrieb aufgibt und gleichzeitig einen neuen Gewerbebetrieb begründet. Es kommt in diesem Falle darauf an, ob eine Identität des neuen Betriebs mit dem aufgelösten Betrieb besteht. Ist die Frage zu bejahen, so tritt eine Änderung in der Gewerbesteuerschuld für den Betrieb nicht ein; stellt der neue Betrieb eine Neugründung im Sinn des Gesetzes dar, so beginnt die Steuerpflicht mit dem Beginn des auf die Gründung folgenden Monats, während die Steuerpflicht für den aufgelösten Betrieb bis zum Ende des Kalendermonats erhoben wird, in dem die Steuerpflicht wegfällt (§ 22 Abs. 2).

Wegen des Begriffs der Neugründung wird im übrigen noch auf die Bemerkungen zu § 10 Abs. 3 GewStG. verwiesen.

Dem Falle der Neugründung eines Gewerbebetriebs steht der Fall gleich, daß ein bisher steuerbefreiter Gewerbebetrieb infolge Wegfalls des Steuerbefreiungsgrunds in die Steuerpflicht eintritt. Das gleiche gilt, wenn ein Gewerbebetrieb in der Hand des bisherigen Eigentümers steuerfrei war, aber nunmehr von einem Steuerpflichtigen übernommen wird, in dessen Hand er steuerpflichtig ist.

Die Frage, welche Gewerbeerträge und Gewerbekapitalien der Besteuerung in den Fällen zugrunde gelegt werden, in denen ein Gewerbebetrieb neu begründet wird oder wegen Wegfalls eines Steuerbefreiungsgrunds in die Steuerpflicht eintritt, wird in § 10 Abs. 3 GewStG. sowie in § 25 der Ersten GewStDVO. beantwortet.

Gemäß § 165d AO. hat, wer einen land- und forstwirtschaftlichen Betrieb, einen gewerblichen Betrieb oder eine Betriebstätte eröffnet usw., dies dem Finanzamt zu melden, in dessen Bezirk der Betrieb oder die Betriebstätte eröffnet wird. Die Anmeldung des Betriebs ist aber keine notwendige Voraussetzung für den Beginn der Gewerbesteuerpflicht.

Abs. 2.

§ 22 Abs. 2 beantwortet die Frage, bis zu welchem Zeitpunkt die Gewerbesteuer erhoben wird, wenn im Lauf des Erhebungszeitraums die Steuerpflicht entweder des ganzen Gewerbebetriebs erlischt oder wenn die in einer Gemeinde befindliche einzige Betriebstätte wegfällt. Das Erlöschen der Steuerpflicht des Gewerbebetriebs kann darauf zurückzuführen sein, daß der Gewerbebetrieb aus irgendeinem Grunde nicht mehr ausgeübt wird oder daß ein Steuerbefreiungsgrund eintritt.

a) Erlöschen der Steuerpflicht des Gewerbebetriebs. Erlischt die Steuerpflicht im Lauf des Erhebungszeitraums, d. i. des Rechnungsjahrs, so wird die Steuer grundsätzlich bis zu dem Ende des Monats erhoben, in dem die Steuerpflicht weggefallen ist. Beispiel: Ein Betrieb wird am 15. Juli aufgegeben; die Steuerpflicht endet damit Ende Juli. Gewerbesteuerzahlungen irgendwelcher Art, die nach diesem Zeitpunkt fällig werden, sind nicht mehr geschuldet. Eine Veranlagung des Betriebs für den laufenden Bemessungszeitraum findet nicht mehr statt.

Die Vorschrift des § 22 Abs. 2 Satz 1 greift nur Platz, wenn der gesamte Gewerbebetrieb aufhört, steuerpflichtig zu sein, weil er ganz aufgelöst wird oder in vollem Umfange unter eine der Befreiungsvorschriften fällt. Nicht unter § 22 Abs. 2 gehört deshalb der Fall, daß bei einem Betrieb, von dem Betriebstätten in mehreren Gemeinden unterhalten werden, im Lauf des Rechnungsjahrs eine Betriebstätte aufgegeben wird oder unter eine Befreiungsvorschrift fällt; denn die Frage, ob die Steuerpflicht erlischt, kann nur vom Standpunkt des ganzen Gewerbebetriebs aus beurteilt werden. Die Aufgabe einer Betriebstätte ändert aber an dem Bestehen des Gewerbebetriebs und an seiner Steuerpflicht nichts. Beispiel: Eine Bank betreibt ihr Hauptgeschäft in Berlin und unterhält Filialen in München, Dresden und Hamburg. Am 1. Mai wird die Betriebstätte in München aufgelöst; dafür wird in Stuttgart eine neue Filiale eröffnet. Da die Bank als solche steuerpflichtig bleibt, findet § 22 Abs. 2 Satz 1 hier an sich keine Anwendung. Die Eröffnung der Filiale in Stuttgart wird erst bei der nächsten Veranlagung berücksichtigt. Wegen des Wegfalls der Filiale in München zu vgl. nachstehende Bem. b.

Unter § 22 Abs. 2 Satz 1 fällt weiter nicht der bloße Wechsel in der Person des Betriebsinhabers — z. B. infolge Veräußerung des Betriebs oder Todes des Betriebsinhabers —; denn wie sich aus § 2 Abs. 1 und § 5 Abs. 2 des Ges. ergibt, ist steuerpflichtig der Gewerbebetrieb selbst, während der Unternehmer lediglich Steuerschuldner ist. Wenn also ein Gewerbe auf einen anderen Unternehmer übergeht, so erlischt grundsätzlich (und zwar mit dem Ende des Kalendermonats, in dem der Wechsel eintritt) nur die Steuerschuldnerschaft des früheren Unternehmers, während das Gewerbe selbst beim Erwerber nach wie vor steuerpflichtig bleibt. Unter Umständen kann allerdings der Wechsel in der Person des Unternehmers ein Ende des Gewerbebetriebs selbst herbeiführen, nämlich dann, wenn die Verhältnisse so liegen, daß man nicht mehr von der Fortdauer des alten Gewerbebetriebs sprechen kann; in diesen Fällen würde dann auf das bisherige Gewerbe die Vorschrift des § 22 Abs. 2 Satz 1 Anwendung finden, während hinsichtlich des Beginns der Steuerpflicht des neuen Gewerbes § 22 Abs. 1 Anwendung zu finden hätte.

b) Wegfallen einer Betriebstätte. Wie unter Bemerkung a ausgeführt wurde, ist das Erlöschen einer Betriebstätte ohne Einfluß auf die Steuerpflicht des Betriebs. Der Wegfall einer Betriebstätte wird aber dann berücksichtigt, wenn die einzige oder alle in einer Gemeinde befindlichen Betriebstätten aufgegeben werden. Das Wegfallen der in einer Gemeinde befindlichen Betriebstätten hat zur Folge, daß für diese Gemeinde eine Gewerbesteuer nicht mehr geschuldet ist. Nach dem Grundsatz des § 22 Abs. 2 Satz 2 erlischt deshalb für die Betriebstätten mit dem Ende des Monats, in dem sie wegfallen, auch die Steuerpflicht. Bleibt allerdings eine von den mehreren in der Gemeinde befindlichen Betriebstätten bestehen, so tritt eine Änderung in der Gewerbesteuerpflicht nicht ein. Gemäß § 226 Abs. 3 AO. hat in den Fällen, in denen alle in einer Gemeinde befindlichen Betriebstätten eines Gewerbebetriebs im Laufe des Erhebungszeitraums weggefallen sind, das Finanzamt auf Antrag des Steuerpflichtigen durch schriftlichen Bescheid auszusprechen, von wann ab die Gewerbesteuer für die weggefallenen Betriebstätten nicht mehr zu entrichten ist.

c) Vorübergehende Unterbrechungen des Gewerbebetriebs. Vorübergehende Unterbrechungen, die durch die Art des Betriebs veranlaßt sind, heben die Steuerpflicht für die Zwischenzeit bis zur Wiederaufnahme des Betriebs nicht auf. Die Bestimmung, die der bestehenden Rechtsprechung entspricht, wurde in das Gesetz aufgenommen, um Versuchen von Betrieben der in Frage stehenden Art (der sog. ruhenden Betriebe), durch Abmeldung des

Betriebs nach erfolgter Unterbrechung und durch Wiederanmeldung nach erfolgter Wiederaufnahme des Betriebs sich der Besteuerung für die Zwischenzeit zu entziehen, wirksam vorbeugen zu können. Ob es sich im Einzelfalle um die Fortsetzung des früheren Betriebs oder um zwei verschiedene Betriebe handelt, ist Tatfrage. Soweit Identität des Betriebsinhabers und des Betriebs gegeben ist, spricht die Vermutung für die Fortsetzung des früheren Betriebs.

Unter die Vorschrift fallen namentlich die wiederkehrend zeitweise ruhenden Gewerbe, z. B. der Bauhandwerker, der Hotelbetriebe in den Kur- und Badeorten usw. (zu vgl. im übrigen Anm. VI 2 zu § 2).

Abs. 3.

Abs. 3 behandelt den Sonderfall, daß das Erlöschen der Steuerpflicht darauf zurückzuführen ist, daß ein bisher selbständiger Gewerbebetrieb insgesamt auf einen anderen Gewerbebetrieb übergeht, sei es, daß er mit diesem verschmolzen oder eine Betriebstätte dieses Gewerbebetriebs wird. Nach dem Grundsatz des Abs. 2 würde in diesem Falle für den übergegangenen Gewerbebetrieb vom Ende des Monats ab, in dem der Übergang erfolgt, keine Gewerbesteuer mehr zu entrichten sein, obwohl er (wenn auch als Teil eines anderen Gewerbebetriebs) weiter besteht und die Lasten, die er für die Gemeinde verursacht, dieselben bleiben. Es ist deshalb die Gewerbesteuer für den übergegangenen Betrieb bis zum Schluß des Erhebungszeitraums, d. i. des Rechnungsjahrs, geschuldet. Praktisch ist die Sache so anzusehen, als ob der einverleibte Gewerbebetrieb bis zum Schlusse des Rechnungsjahrs weiter bestanden hätte.

Abschnitt III

Lohnsummensteuer

§ 23

Besteuerungsgrundlage

(1) Besteuerungsgrundlage ist die Lohnsumme, die in jedem Kalendermonat an die Arbeitnehmer der in der Gemeinde belegenen Betriebstätte gezahlt worden ist.

(2) Übersteigt die Lohnsumme des Gewerbebetriebs in dem Rechnungsjahr nicht 24000 Reichsmark, so werden von ihr 7200 Reichsmark abgezogen. Hat die Steuerpflicht nicht während des ganzen Rechnungsjahrs bestanden, so ermäßigen sich diese Beträge entsprechend.

1. Allgemeines. Neben der eigentlichen Gewerbesteuer, deren Besteuerungsgrundlagen der Gewerbeertrag und das Gewerbekapital sind, kann als — selbständige — Unterart der Gewerbesteuer -- mit Genehmigung der obersten Gemeindeaufsichtsbehörde — die Lohnsummensteuer eingeführt werden (§ 6 Abs. 2 GewStG.).

Die Lohnsummensteuer ist aus der Kopfsteuer hervorgegangen,

wie sie in den früheren gemeindlichen Steuerordnungen entwickelt worden ist. Anders wie die Kopfsteuer verwendet aber die Lohnsummensteuer nicht die Kopfzahl der in einer Betriebstätte beschäftigten Arbeitnehmer, sondern legt die Gesamtsumme aller in einer Betriebstätte verausgabten Löhne und Gehälter zugrunde.

Wegen der Bedeutung der Lohnsummensteuer wird auf die Bem. 3 zu § 6 verwiesen.

2. Die Besteuerungsgrundlage der Lohnsummensteuer. Besteuerungsgrundlage ist die Lohnsumme, die in jedem Kalendermonat an die Arbeitnehmer der in der Gemeinde belegenen Betriebstätte gezahlt worden ist. Dementsprechend wird auch die Lohnsummensteuer für einen Kalendermonat fällig (§ 26 Satz 1 GewStG.). Die monatlichen Zahlungen sind dabei für die Regel die ordentlichen Lohnsummensteuerzahlungen. Die Lohnsumme des Rechnungsjahrs spielt nur in den Fällen des § 27 Abs. 1 GewStG. eine Rolle (zu vgl. Anm. 1 zu § 26).

3. Der Freibetrag bei der Lohnsummensteuer. Wie bei der Gewerbesteuer nach dem Gewerbeertrag und dem Gewerbekapital, so besteht auch für die Lohnsummensteuer ein Freibetrag. Übersteigt nämlich die Lohnsumme des Gewerbebetriebs in dem Rechnungsjahr nicht 24000 *RM*, so werden von ihr 7200 *RM* abgezogen. Wenn die Lohnsumme den Betrag von 7200 *RM* nicht übersteigt, ist eine Lohnsummensteuer überhaupt nicht geschuldet. Ist der in dem Rechnungsjahr verausgabte Lohnsummenbetrag höher als 24000 *RM*, so entfällt der Freibetrag. Hat die Steuerpflicht nicht während des ganzen Rechnungsjahrs bestanden — weil z. B. der Betrieb erst im Laufe des Rechnungsjahrs eröffnet wurde — so ermäßigt sich der Freibetrag entsprechend, d. h. es ist für den Monat ein Freibetrag von 600 *RM* zugrunde zu legen. Der Freibetrag ist auf den Gewerbebetrieb als solchen, nicht aber auf die einzelne Betriebstätte abgestellt. Hat ein Betrieb vier Betriebstätten, in denen je 7000 *RM* Vergütungen ausbezahlt werden, so wird ein Freibetrag nicht gewährt.

Bei den meisten Betrieben wird schon zu Beginn des Rechnungsjahrs zu übersehen sein, ob ein Lohnsummenbetrag von nicht mehr als 7200 bzw. 24000 *RM* erreicht wird. In diesen Fällen wird der Freibetrag bereits bei den monatlichen Lohnsummensteuerzahlungen berücksichtigt werden können. Soweit sich zu Beginn des Rechnungsjahrs nicht übersehen läßt, ob der Freibetrag zu gewähren ist, wird eine Überzahlung bzw. Minderzahlung — allenfalls im Wege der Veranlagung (§ 27 Abs. 1 GewStG.) — ausgeglichen werden müssen.

§ 24

Lohnsumme

(1) Lohnsumme ist die Summe der Vergütungen, die an die Arbeitnehmer der in der Gemeinde belegenen Betriebstätte gezahlt worden sind.

(2) Vergütungen sind vorbehaltlich der Absätze 3 bis 5 die Arbeitslöhne im Sinn des § 19 Absatz 1 Ziffer 1 des Einkommensteuergesetzes, soweit sie nicht durch besondere Bestimmungen oder Anweisungen des Reichsministers der Finanzen von der Lohnsteuer befreit sind.

(3) Zur Lohnsumme gehören nicht:

1. Beträge, die gezahlt worden sind an
   a) Lehrlinge, die auf Grund eines schriftlichen Lehrvertrags eine ordnungsmäßige Ausbildung erfahren,
   b) Arbeitnehmer, für die ein Einstellungszwang nach dem Gesetz über die Beschäftigung Schwerbeschädigter besteht,
   c) Arbeitnehmer, die das 60. Lebensjahr überschritten haben,

   wenn beim einzelnen Arbeitnehmer der Jahresbetrag seiner Vergütungen die Lohngrenze nicht überschreitet, die für die Angestelltenversicherung maßgebend ist;
2. Entschädigungen, die einem Arbeitnehmer als Ersatz für entgangene oder entgehende Einnahmen oder für die Aufgabe oder Nichtausübung einer Tätigkeit, einer Gewinnbeteiligung oder einer Anwartschaft auf eine solche gewährt worden sind;
3. Beträge, die nach § 8 Ziffern 3 bis 6 für die Ermittlung des Gewerbeertrags dem Gewinn hinzuzurechnen sind.

(4) Bei Staatsbanken und Sparkassen bleiben die Vergütungen in dem Verhältnis außer Ansatz, in dem der steuerfreie Gewinn zu dem Gesamtgewinn der Staatsbank oder Sparkasse steht.

(5) In den Fällen des § 3 Ziffern 5, 6 und 8 bleiben die Vergütungen an solche Arbeitnehmer außer Ansatz, die nicht ausschließlich oder überwiegend in dem steuerpflichtigen Betrieb oder Teil des Betriebs tätig sind.

Kurze Inhaltsangabe:

Abs. 1.

1. Allgemeines;
2. der Begriff der Arbeitnehmer;
3. Abstellung der Lohnsummensteuer auf die in der Gemeinde belegene Betriebstätte.

Abs. 2.

1. Der Begriff der Vergütungen im allgemeinen;
2. Maßgeblichkeit der Bestimmungen des EStG.;
3. lohnsteuerbefreite Arbeitslöhne als lohnsummensteuerbefreite Vergütungen;
4. Einzelheiten (lohnsteuerliche Behandlung verschiedener Arten von Vergütungen):
   a) Gratifikationen (Weihnachtsgratifikationen, Jubiläumsgeschenke,
   b) Heiratsbeihilfen,
   c) Geburtsbeihilfen,
   d) Krankheitszuschüsse,
   e) Notstandsbeihilfen,
   f) Zuschüsse und Sachleistungen der Arbeitgeber bei Veranstaltungen der NS.-Gemeinschaft „Kraft durch Freude" und bei ähnlichen Veranstaltungen,
   g) Arbeiterzuschüsse zu Urlaubsreisen,
   h) Unterstützungen an Arbeitnehmer während ihrer Einberufung zur Wehrmacht usw.,
   i) Unterstützungen zwecks Teilnahme an besonderen Veranstaltungen,
   k) Sozialversicherungsbeiträge,
   l) Bezahlung der Lohnsteuer durch den Arbeitgeber,
   m) Sachbezüge, Behandlung der Eßmarken,
   n) Vermittlungsprovisionen d. Arbeitnehmer im Bank- u. Versicherungsgewerbe,
   o) Beitragsleistungen des Arbeitgebers für die Zukunftssicherung seiner Arbeitnehmer,
   p) von der Lohnsteuer nicht erfaßte Vergünstigungen usw. (bloße Annehmlichkeiten, sog. Gelegenheitsgeschenke, Schadenersatzleistungen, Reisekosten, Tagegelder, Fahrtauslagen, Auslösungen, Kraftwagenbenutzung, Umzugskosten, durchlaufende Gelder).

Abs. 3

Von der Lohnsummensteuer durch besondere Bestimmung des GewStG. befreite Beträge.

Abs. 4 und 5.

Die Lohnsummensteuer bei Unternehmen, die der Gewerbesteuer nur mit einem Teil ihrer Erträge oder Betriebskapitalien unterliegen.

Abs. 1.

1. Allgemeines. § 24 erläutert den Begriff der Lohnsumme. Lohnsumme ist die Summe der Vergütungen, die an die Arbeitnehmer der in der Gemeinde belegenen Betriebstätte gezahlt worden sind. Der Begriff der Vergütungen wird im einzelnen in Abs. 2 erläutert.

2. Der Begriff der Arbeitnehmer. Als Arbeitnehmer gelten alle natürlichen Personen, die „in der in der Gemeinde belegenen Betriebstätte" tätig sind. Der Begriff des Arbeitnehmers ist im Gesetze nicht besonders erläutert. Mit Rücksicht darauf, daß sich das Gewerbesteuerrecht auch sonst enge an die Begriffe des Einkommensteuerrechts anschließt, kann für die Lohnsummensteuer der Begriff der Arbeitnehmer kein anderer sein als nach dem Einkommensteuerrecht. Für das Einkommen- bzw. Lohnsteuerrecht ist der Begriff der Arbeitnehmer in § 1 der LStDVO. (zu vgl. hierzu die Bem. II A 2 zu § 2) definiert. Als Arbeitnehmer kommen hiernach — entgegen der Auffassung des PrOVG. — nicht in Betracht die Aufsichtsratsmitglieder, ferner die Mitglieder des Grubenvorstands einer Gewerkschaft des preußischen Bergrechts. Gleichgültig ist im übrigen, ob die Arbeitnehmer vorübergehend oder dauernd in der Betriebstätte beschäftigt sind, wie hoch das Einkommen ist — der Generaldirektor eines Werkes ist hiernach genau so wie jeder andere Anteilnehmer Lohnsummenempfänger — und worin die Dienstleistungen bestehen.

Zu den Lohnsummenempfängern im Sinn des Gesetzes rechnen auch die gegen Gehalt oder Lohn beschäftigten Angehörigen des Betriebsinhaber, soweit sie in einem Arbeitnehmerverhältnis zum Betriebsinhaber stehen, ferner Arbeitnehmer, die nicht mit ihrer vollen Arbeitskraft in dem Betriebe beschäftigt sind, wie z. B. Arbeiter, die teils in dem Betriebe, teils außerhalb desselben in einem anderen Betriebe oder in der Landwirtschaft des Betriebsinhabers tätig sind, Hausgehilfinnen, die teils im Gewerbebetrieb und teils im Haushalt des Unternehmers tätig werden. — Ist die Vergütung bei diesen Arbeitnehmern in einer einzigen Summe vereinbart, so muß, allenfalls im Schätzungswege, ermittelt werden, welcher Teil der Vergütung auf die Tätigkeit im Gewerbebetrieb entfällt. — Zu den Arbeitnehmern gehören auch die Heimarbeiter, obwohl sie außerhalb der eigentlichen Betriebstätte im eigenen Haus für den Betrieb arbeiten, ferner die in einem Angestelltenverhältnis stehenden Geschäftsreisenden, die im Außendienst tätigen Monteure, Bauarbeiter, soweit sie zur Betriebsgemeinschaft gehören.

Nicht zu den Lohnsummenempfängern gehören die Betriebsinhaber (Mitunternehmer) — dies auch dann nicht, wenn in einer Betriebstätte keine weiteren Arbeitskräfte vorhanden sind —, ferner alle die Personen, die für einen Gewerbebetrieb Dienstleistungen ausführen, ohne in den Betriebsorganismus eingegliedert zu sein (Bauhandwerker, Handlungsagenten, Bücherrevisoren, Steuerberater usw.).

3. Abstellung der Lohnsummensteuer auf die in der Gemeinde belegene Betriebsstätte. Die Lohnsummensteuer wird nicht auf den Gewerbebetrieb als solchen, sondern auf die in der Gemeinde belegene „Betriebstätte" abgestellt; es ist hiernach möglich, daß die Lohnsummensteuer nur in einem Teil der Betriebstätten eines Betriebs erhoben wird. Befinden sich in einer Gemeinde mehrere Betriebstätten desselben Betriebs, so werden diese mehreren Betriebstätten als die in der Gemeinde belegene Betriebstätte behandelt.

Abs. 2.

Vergütungen sind vorbehaltlich der Absätze 3 bis 5 die Arbeitslöhne im Sinn des § 19 Abs. 1 Ziff. 1 des Einkommensteuergesetzes, soweit sie nicht durch besondere Bestimmungen oder Anweisungen des Reichsministers der Finanzen von der Lohnsteuer befreit sind.

1. Der Begriff der Vergütungen im allgemeinen. Vergütungen sind die an die Arbeitnehmer gezahlten Bruttolöhne und -gehälter; ein Abzug von Steuern, Kassenbeiträgen usw. ist nicht gestattet.

Vergütungen sind aber nur solche Bruttolöhne, die an in der Betriebstätte „tätige" Arbeitnehmer gezahlt werden; Ruhegehälter (Witwen- und Waisengelder), die früheren Arbeitnehmern der Betriebstätte oder deren Angehörigen gewährt werden, sind keine Vergütungen im Sinn des Gesetzes.

2. Maßgeblichkeit der Bestimmungen des Einkommensteuergesetzes. Für die Auslegung des Begriffs der Vergütungen sind schlechthin die Bestimmungen des EStG. und der Lohnsteuerdurchführungsverordnung, die nur eine Ergänzung des EStG. ist, maßgebend.

Die Bestimmungen des EStG. und der LStDVO. sind folgende:

Gemäß § 19 Abs. 1 Ziff. 1 EStG. gehören zu den Einkünften aus nichtselbständiger Arbeit Gehälter, Löhne, Gratifikationen, Tantiemen und andere Bezüge und Vorteile, die für eine Beschäftigung im öffentlichen oder privaten Dienst gewährt werden. Gemäß § 2 LStDVO. sind Arbeitslohn alle Einnahmen, die dem Arbeitnehmer aus dem Dienstverhältnis oder früheren Dienstverhältnis zufließen. Einnahmen sind alle Güter, die in Geld oder Geldeswert bestehen. Es ist gleichgültig, ob es sich um einmalige oder laufende Einnahmen handelt, ob ein Rechtsanspruch auf sie besteht und unter welcher Bezeichnung oder Form sie gewährt werden. Gemäß § 2 Abs. 2 LStDVO. gehören zum Arbeitslohn auch 1. (scheidet aus, weil Entschädigungen, die dem Arbeitnehmer oder seinem Rechtsnachfolger als Ersatz für entgangenen oder entgehenden Arbeitslohn oder für die Aufgabe oder Nichtausübung einer Tätigkeit gewährt werden, nicht zur Lohnsumme gehören); 2. besondere Zuwendungen, die auf Grund des Dienstverhältnisses oder des früheren Dienstverhältnisses gewährt werden, z. B. Krankengeldzuschüsse oder Versicherungsbeiträge, die ein Arbeitgeber für seine Arbeitnehmer ohne gesetzliche Verpflichtung leistet; 3. besondere Entlohnungen für Dienste, die über die regelmäßige Arbeitszeit hinaus geleistet werden, z. B. Entlohnungen für Überstunden, Überschichten, Sonntagsarbeit; 4. Lohnzuschläge, die wegen der Besonderheit der Arbeit gewährt werden (Gefahren-, Schmutzzulagen usw.); 5. Entschädigungen für Nebenämter und Nebenbeschäftigungen.

Zu den Gütern, die in Geldeswert bestehen, gehört (§ 3 LStDVO.) insbesondere der Bezug von freier Kleidung, freier Wohnung, Heizung, Beleuchtung, Kost, Deputaten und sonstigen Sachbezügen, die auf Grund des Dienstverhältnisses gewährt werden.

3. Lohnsteuerfreie Arbeitslöhne als lohnsummensteuerbefreite Vergütungen. Nicht unter die Lohnsumme fallen alle Vergütungen, die entweder durch besondere Bestimmungen — des Ges. oder der LStDVO. — oder durch Anweisung des Reichsministers der Finanzen von der Lohnsteuer befreit sind. Die Anweisungen des Reichsministers der Finanzen sind insbesondere in den Richtlinien für den Steuerabzug vom Arbeitslohn (Lohnsteuerrichtlinien) vom 30. Jan. 1937 (RStBl. 37 S. 217) zusammengestellt. Die lohnsteuerliche Behandlung der Vergütungen ist schlechthin für die lohnsummensteuerliche Behandlung entscheidend.

4. Einzelheiten (lohnsteuerliche Behandlung verschiedener Arten von Vergütungen). Arbeitslohn im Sinn des § 19 EStG. sind alle Zuwendungen des Arbeitgebers, die im Zusammenhang mit dem Arbeitsverhältnis stehen. Arbeitslohn ist hiernach steuerrechtlich nicht nur das, was auf Grund des abgeschlossenen Dienstvertrags ausbezahlt wird, sondern alles, was im Rahmen eines nichtselbständigen Arbeitsverhältnisses aus Anlaß und als Ausfluß dieser Tätigkeit dem Arbeitnehmer zufließt. Arbeitslohn liegt auch dann vor, wenn das Entgelt nicht unmittelbar von dem Arbeitgeber, sondern auf dessen Anweisung von einem Dritten bezahlt wird, ferner auch dann, wenn es nicht dem Arbeitnehmer unmittelbar zufließt, sondern auf Grund besonderer Vereinbarungen an einen Dritten (Pensionskasse usw.) ausbezahlt wird. Die in § 19 Abs. 1 EStG. und in § 2 Abs. 1, 2 und 3 LStDVO. aufgeführten Einnahmen stellen hiernach keine erschöpfende Erläuterung des Begriffs des Arbeitslohns dar.

a) Zum Arbeitslohn rechnen insbesondere auch Gratifikationen und Jubiläumsgeschenke. Es sind dies Zuwendungen des Arbeitgebers an den Arbeitnehmer, die in ihrer Eigenschaft als Belohnungen für geleistete oder noch zu leistende Dienste im Zusammenhang mit dem Arbeitsverhältnis stehen und deshalb grundsätzlich der Einkommen- bzw. Lohnsteuer unterliegen. Gleichgültig ist, ob die Gratifikationen usw. in den Dienstverträgen zugesichert sind oder ob ein gewohnheitsrechtlicher Anspruch darauf besteht oder ob sie freiwillig gewährt werden.

Für die Lohnbesteuerung der Weihnachtsgratifikationen hat der RdF. in besonderen Runderlassen für die Jahre 1933, 1934, 1935 und 1936 (zu vgl. Runderl. vom 13. Nov. 1936 S 2174 — 353 III RStBl. 36 S. 1089) gewisse Vergünstigungen gewährt. Hiernach waren für 1936, ähnlich wie in den Vorjahren, einmalige Zuwendungen der Arbeitgeber an ihre Gefolgschaftsmitglieder zu Weihnachten von der Lohnsteuer befreit, wenn folgende Voraussetzungen erfüllt waren: a) die einmalige Zuwendung mußte in der Zeit vom 25. November bis zum 24. Dezember 1936 erfolgen; b) die einmalige Zuwendung mußte über den vertraglichen (tariflichen) Arbeitslohn hinaus gewährt werden; sie konnte in Geldleistungen oder in Sachwerten bestehen; c) die Steuerbefreiung galt nur für Arbeitnehmer, deren Monatslohn nicht mehr als 330 *RM* betrug. Für die kommenden Jahre sind wohl ähnliche Bestimmungen zu erwarten.

Die einmaligen Zuwendungen (Weihnachtsgeschenke) sind hiernach nur dann von der Einkommensteuer (Lohnsteuer) befreit, wenn sie über den vertraglichen (tariflichen) Arbeitslohn hinaus gezahlt werden. Diese Voraussetzung für die Steuerfreiheit ist immer dann gegeben, wenn die Zahlung weder nach dem Einzelarbeitsvertrag noch nach dem Tarifvertrag (Tarifordnung) noch nach einer Betriebsordnung ausdrücklich vorgesehen ist. Die Zuwendung ist auch dann steuerfrei, wenn sie weder arbeitsvertraglich (tariffordnungsmäßig) noch nach einer Betriebsordnung vorgesehen, aber allgemein üblich ist oder alljährlich gezahlt worden ist. Es ist dabei gleichgültig, ob arbeitsrechtlich möglicherweise ein klagbarer Anspruch auf eine entsprechende Zahlung besteht.

Gemäß § 5 LStDVO. gehören nicht zum Arbeitslohn: Geschenke an Arbeitnehmer, wenn sie a) anläßlich eines Arbeitnehmerjubiläums gegeben werden und die Höhe von α) sechs Monatsbezügen, höchstens aber 3000 *RM* nicht übersteigen und deshalb gegeben werden, weil der Arbeitnehmer ununterbrochen 25 Jahre beim Arbeitgeber beschäftigt war; β) neun Monatsbezüge, höchstens aber 4500 *RM* nicht übersteigen und deshalb gegeben werden, weil der Arbeitnehmer ununterbrochen 40 Jahre beim Arbeitgeber beschäftigt war; γ) einen Jahresgehalt, höchstens aber 6000 *RM* nicht übersteigen und deshalb gegeben werden, weil der Arbeitnehmer ununterbrochen 50 Jahre beim Arbeitgeber beschäftigt war; b) anläßlich eines Firmenjubiläums gegeben werden, beim einzelnen Arbeitnehmer einen Monatslohn nicht übersteigen und deshalb gegeben werden, weil die Firma 25, 50 oder ein sonstiges Mehrfaches von 25 Jahren bestanden hat". Liegen nicht alle vorstehend aufgeführten Voraussetzungen vor, so ist der ganze Betrag lohnsteuerpflichtig. Lohnsteuerpflichtig sind deshalb die sog. Stetigkeitsprämien, die den Angestellten und Arbeitern eines Unternehmens jeweils nach 5, 10, 15, 20, 25 usw. Jahren gezahlt werden (Urt. VI A 322/31 vom 14. April 1931 = RStBl. 31 S. 320), ferner Versorgungen durch Lebensversicherung (Urt. VI A 470/33 vom 18. Aug. 1933 = RStBl. 33 S. 1196). Eine Jubiläumsgabe, die dem Geschäftsführer einer GmbH. von deren Hauptgesellschafter aus Anlaß des 20jährigen Bestands seiner Firma gegeben wurde, ist steuerpflichtiger Arbeitslohn (Urt. VI A 871/34 vom 27. März 1935 = RStBl. 35 S. 1107).

b) Zum lohnsteuerpflichtigen Arbeitslohn gehören nicht (§ 6 Ziff. 11 LStDVO.) Heiratsbeihilfen an Arbeitnehmerinnen, wenn folgende Voraussetzungen vorliegen: a) der Arbeitgeber darf die Heiratsbeihilfe der Arbeitnehmerin frühestens einen Monat vor dem Ausscheiden aus dem Dienstverhältnis zahlen; b) die Arbeitnehmerin muß dem Arbeitgeber ihre bevorstehende Verheiratung durch Übergabe einer standesamtlichen Bescheinigung über das Aufgebot glaubhaft machen; c) der Arbeitgeber hat, wenn er freiwillig Heiratsbeihilfe gewährt, dies dem Finanzamt mitzuteilen. Er hat Namen und Wohnung der ausgeschiedenen Arbeitnehmerin und ihres künftigen Ehemanns und den Betrag der gezahlten Heiratsbeihilfe anzugeben. Die Steuerbefreiung fällt nachträglich weg, wenn die Ehe nicht innerhalb eines Monats nach dem Ausscheiden aus dem Dienstverhältnis geschlossen wird. Diese Frist kann vom Finanzamt auf Antrag angemessen verlängert werden. Wenn die Steuerbefreiung wegfällt, muß die Lohnsteuer nachgezahlt werden.

c) Nicht zum Arbeitslohn gehören weiter Geburtsbeihilfen, wenn der Arbeitslohn des Arbeitnehmers in dem der Geburt des Kindes vorausgehenden Lohnzahlungszeitraum 520 *RM* monatlich (120 *RM* wöchentlich) nicht übersteigt.

d) Arbeitslohn sind Zuschüsse des Arbeitgebers bei Erkrankung des Arbeitnehmers in Form des Krankenlohns, von Zuwendungen zum Kuraufenthalt (Urt. VI A 149/29 vom 7. Febr. 1929 = RStBl.

29 S. 198), ferner Entschädigungen für Krankheitskosten (Urt. VI A 980/31 vom 16. Sept. 1931 = RStBl. 31 S. 922).

e) Arbeitslohn stellen dar Beträge, die an Arbeitnehmer zur Überwindung wirtschaftlicher Schwierigkeiten bezahlt werden (Notstandsbeihilfen). Dies gilt auch dann, wenn die Unterstützungen nicht unmittelbar vom Arbeitgeber, sondern von einem Dritten gewährt werden, vorausgesetzt, daß eine ausreichende Beziehung zwischen dem Dritten und dem Arbeitgeber besteht, die es rechtfertigt, die Zahlung des Dritten ebenso wie die des Arbeitgebers selbst als Arbeitslohn zu behandeln (Urt. VI A 388/32 vom 1. März 1933 = RStBl. 33 S. 717, RFH. Bd. 33 S. 81, ferner RStBl. 35 S. 1474).

Es kann zweifelhaft sein, ob solche Beziehungen dann vorliegen, wenn lediglich aus Mitteln des Arbeitgebers Einrichtungen, z. B. rechtsfähige Pensionskassen, geschaffen werden, aus denen den Arbeitnehmern Zuwendungen gemacht werden. Auch in diesen Fällen muß Arbeitslohn dann angenommen werden, wenn es sich darum handelt, daß alle Arbeitnehmer etwa als Alters- und Hinterbliebenenversorgung oder zu anderen sozialen Zwecken mehr oder weniger gleichmäßige Zahlungen erhalten (Urt. VI A 1853/29 vom 4. Dez. 1929 = RStBl. 30 S. 61). Ebenso liegt der Fall, wenn es sich zwar um außergewöhnliche, einmalige Fälle handelt, der Arbeitgeber aber aus der besonderen, mit seinen Mitteln gespeisten Einrichtung nach seinem Ermessen Unterstützungen (Notstandsbeihilfen) an seine Arbeitnehmer zahlt.

Anders liegt die Sache aber dann, wenn der private Arbeitgeber aus eigenen Mitteln eine von ihm unabhängige, mit ausreichender Selbständigkeit ausgestattete Einrichtung schafft, aus der besondere Organe nach Prüfung des Einzelfalles Unterstützungen (Notstandsbeihilfen) an Arbeitnehmer in Notfällen leisten. Für solche Zahlungen ist der Zusammenhang, der bei Zuwendung eines Dritten an Arbeitnehmer zur Annahme von Arbeitslohn und zur Bejahung der Steuerpflicht erforderlich ist, unterbrochen. Dies gilt zunächst dann, wenn der Arbeitgeber eine bürgerlich-rechtlich selbständige, von ihm unabhängige Einrichtung, z. B. eine rechtsfähige Unterstützungskasse, gründet. Das gleiche gilt aber auch dann, wenn steuerlich selbständige Unterstützungskassen ohne bürgerliche Rechtspersönlichkeit errichtet werden, auf deren Verwaltung der Arbeitgeber keinen oder doch keinen maßgebenden Einfluß hat. Diese Grundsätze können auch dann angewendet werden, wenn ein Arbeitgeber dem Vertrauensrat des Betriebs oder sonstigen Vertretern der Gefolgschaftsmitglieder Beträge zu dem Zweck überweist, daß der Vertrauensrat oder die sonstigen Vertreter der Gefolgschaftsmitglieder aus diesen Beträgen nach ihrem Ermessen ohne maßgebenden Einfluß des Arbeitgebers in Notstandsfällen Unterstützungen an die Arbeitnehmer gewähren. Nur in diesen besonderen Fällen sind Unterstützungen (Notstandsbeihilfen) nicht als Arbeitslohn zu behandeln und daher steuerfrei.

Die Unterstützungen und Notstandsbeihilfen an Arbeitnehmer, die in besonderen Fällen (z. B. bei erheblichen Krankheitskosten) aus öffentlichen Mitteln oder aus Mitteln einer öffentlichen Stiftung zur Abwendung eines vorübergehenden Notstands gezahlt werden, sind nach § 6 Ziff. 8 LStDVO. steuerfrei.

f) Zuschüsse und Sachleistungen der Arbeitgeber bei Veranstaltungen der NS.-Gemeinschaft „Kraft durch Freude" und bei ähnlichen Veranstaltungen.

Viele Arbeitgeber gewähren bei Veranstaltungen der NS.-Gemeinschaft „Kraft durch Freude" und bei ähnlichen Veranstaltungen, z. B. bei Betriebsappellen, Aufmärschen und Kameradschaftsabenden der DAF., gewisse Sachleistungen. In Frage kommen hier z. B. Theaterkarten, Eintrittskarten zu Museen und Bildungsstätten, Eintrittskarten zu Sport- und sonstigen Ereignissen, die Ausgabe von Speisen und Getränken bei kameradschaftlichem Zusammensein, bei Richtfesten usw. zum Genuß an Ort und Stelle. Sachleistungen in dem erwähnten Rahmen bleiben aus Billigkeitsgründen steuerfrei. Dagegen sind Barleistungen, die zu denselben Zwecken gemacht werden, nach den allgemeinen Grundsätzen lohnsteuerpflichtig.

g) Arbeiterzuschüsse zu Urlaubsreisen der NS.-Gemeinschaft „Kraft durch Freude" (sog. Feriengelder, Reisegelder, Urlaubsgelder) sind grundsätzlich Arbeitslohn. Von einer Besteuerung dieser Zuschüsse an Arbeitnehmer kann aber dann abgesehen werden, wenn die Zuwendungen je Arbeitnehmer und Arbeitswoche den Betrag von 30 Rpf oder bei Zahlung in einer Summe den Betrag von 16 RM im Kalenderjahr nicht übersteigen. Übersteigt der Urlaubszuschuß die erwähnten Beträge, dann ist der ganze Zuschuß steuerpflichtig. Dagegen sind Zuwendungen, die der Arbeitgeber unmittelbar an die NS.-Gemeinschaft „Kraft durch Freude" zur Förderung der von ihr erstrebten Ziele macht, überhaupt kein Arbeitslohn der einzelnen Gefolgschaftsmitglieder.

In einzelnen Fällen leisten Arbeitgeber Zuschüsse zu Urlaubsreisen ihrer Gefolgschaftsmitglieder in der Weise, daß sie Pauschbeträge, die von der Zahl der Gefolgschaftsmitglieder unabhängig und nicht auf die einzelnen Gefolgschaftsmitglieder ausscheidbar sind, an den Vertrauensrat des Betriebs oder an einen sonstigen Vertreter der Gefolgschaftsmitglieder übergeben. Dieser verwaltet die erhaltenen Summen und verteilt sie nach seinem pflichtgemäßen Ermessen an die Gefolgschaftsmitglieder zur Durchführung von Urlaubsreisen. Aus Billigkeitsgründen bleiben bis auf weiteres solche Pauschleistungen der Arbeitgeber lohnsteuerfrei (Lohnsteuerrichtlinien vom 30. Jan. 1937 — RStBl. 37 S. 281 — unter I Ziff. 9).

h) Unterstützungen an Arbeitnehmer während ihrer Einberufung zur Wehrmacht, zum Reichsarbeitsdienst, zu Lehrgängen für Leibeserziehung, zu bestimmten Dienstleistungen bei der SA., der SS., der HJ., dem NSKK. sowie zur Luftschutz- und Luftsportausbildung. Vielfach gewähren Arbeitgeber ihren Arbeitnehmern für die Zeit, in der diese Arbeitnehmer zu den vorstehend bezeichneten Zwecken vom Betrieb abwesend sind, Unterstützungen. Diese Arbeitgeberunterstützungen werden aus Billigkeitsgründen steuerfrei gelassen, wenn folgende Voraussetzungen erfüllt sind:

aa) die Arbeitgeberunterstützung muß neben einer Familienunterstützung, die wegen des Vorhandenseins unterstützungsberechtigter Angehöriger gewährt wird, gezahlt werden;

bb) die Arbeitgeberunterstützung darf in keinem Falle höher sein als 195 *RM* monatlich (45 *RM* wöchentlich);

cc) die Arbeitgeberunterstützung darf für Zeiträume, die den bisherigen Lohnzahlungszeiträumen entsprechen, zusammen mit der Familienunterstützung (ohne Krankenhilfe und Hilfe für Schwangere und Wöchnerinnen) zuzüglich eines Betrags von 24 *RM* monatlich (5.60 *RM* wöchentlich, 0.80 *RM* täglich) für ersparte Verpflegung den Betrag nicht übersteigen, den der Arbeitnehmer nach Abzug der Steuern und der gesetzlichen Sozialversicherungsbeiträge als Arbeitslohn des letzten Lohnzahlungszeitraums (Monat, Woche usw.) erhalten hat (Nettolohn). Bei Stücklohnarbeitern gilt als Nettolohn des letzten Lohnzahlungszeitraums der auf diesen Zeitraum entfallende durchschnittliche Nettolohn der letzten 6 Wochen.

Ist eine der unter Buchstaben aa bis cc genannten Voraussetzungen nicht erfüllt, so ist die Arbeitgeberunterstützung in voller Höhe steuerpflichtig.

l) Oft werden **Arbeitnehmer, die Angehörige der SA., der SS., des NSKK. oder der HJ. sind, zur Teilnahme an Sport- und Wehrsportkursen dieser Verbände oder zu dienstlichen Hilfeleistungen in Fällen gemeiner Gefahr** (Überschwemmungen, Explosionen, Brandkatastrophen, Einsturzgefahr u. dgl.) oder zur dienstlichen Teilnahme am Reichsparteitag der NSDAP. beurlaubt. Erhalten diese Arbeitnehmer während der Beurlaubung von ihren Arbeitgebern Unterstützungen, so bleiben diese Arbeitgeberunterstützungen aus Billigkeitsgründen steuerfrei, wenn folgende Voraussetzungen erfüllt sind:

aa) die Arbeitgeberunterstützung darf nicht höher sein als 195 *RM* monatlich (45 *RM* wöchentlich);

bb) die Arbeitgeberunterstützung darf für Zeiträume, die den bisherigen Lohnzahlungszeiträumen entsprechen, zusammen mit etwaigen Bezügen, die den beurlaubten Arbeitnehmern von den genannten Verbänden während der Beurlaubung gewährt werden, den Betrag nicht übersteigen, den der Arbeitnehmer nach Abzug der Steuern und der gesetzlichen Sozialversicherungsbeiträge als Arbeitslohn des letzten Lohnzahlungszeitraums (Monat, Woche usw.) erhalten hat (Nettolohn). Dabei ist der Wert der etwa gewährten Verpflegung mit 24 *RM* monatlich (5.60 *RM* wöchentlich, 0.80 *RM* täglich) anzunehmen.

Ist eine der unter Buchstaben aa und bb genannten Voraussetzungen nicht erfüllt, so ist die Arbeitgeberunterstützung in voller Höhe steuerpflichtig.

Die vorstehend aufgeführten Grundsätze gelten auch in den Fällen, in denen Arbeitnehmer zur Luftschutzausbildung (Luftschutzlehrgänge, Luftschutzübungen) oder zu einem Lehrgang des Deutschen Luftsportverbands beurlaubt werden.

k) Sozialversicherungsbeiträge. Beiträge, die ein Arbeitgeber zur Kranken-, Invaliden-, Unfall-, Angestellten- und Erwerbslosenversicherung auf Grund gesetzlicher Verpflichtung zahlt, gehören nicht zum Arbeitslohn. Dagegen sind die Beiträge, die ein Arbeitgeber über seine gesetzliche Verpflichtung hinaus bezahlt, Teile des Arbeitslohnes. Bei der Angestelltenversicherung hat die Begrenzung der Versicherungspflicht dazu geführt, daß die Angestellten sich bei Überschreiten der Obergrenze zur Erhaltung der Anwartschaft aus der bisherigen Zwangsversicherung veranlaßt sahen, das Versicherungsverhältnis zu den Versicherungsträgern durch Weiter- oder Selbstversicherung fortzusetzen. Die Arbeitgeber haben sich vielfach an diesen Beträgen durch Übernahme eines Anteils ähnlich wie bei der Zwangsversicherung beteiligt. Solche freiwillig übernommenen Beiträge sind Bestandteile des Arbeitslohns (RFH. Urt. VI A 1877/29 vom 27. Nov. 1929 = RStBl. 30 S. 41). Gleicher Art ist die Rechtslage bei Überversicherungen. In dem Urt. VI A 922/28 vom 13. Nov. 1928 = RStBl. 29 S. 61) hat der RFH. die vom Arbeitnehmer zu tragenden Teile der Sozialversicherungsbeiträge, sofern sie der Arbeitgeber übernimmt, auch dann für Teile des Arbeitslohns erklärt, wenn zwischen den Vertragsparteien vereinbart ist, daß dem Arbeitnehmer im Krankheitsfalle das Gehalt weitergezahlt wird und das Krankengeld an den Arbeitgeber fließen soll. Für den Fall der Zugehörigkeit des Arbeitnehmers zu einer Ersatzkasse gilt der Betrag, den der Arbeitgeber als gesetzlichen Beitrag leistet, nicht als Teil des Arbeitslohns, da es sich auch in diesem Fall für den Arbeitgeber um die Erfüllung einer öffentlich-rechtlichen Verpflichtung handelt. Soweit die Beiträge privaten Versicherungseinrichtungen geleistet werden, ohne daß eine gesetzliche Verpflichtung zur Leistung solcher Beiträge besteht, sind nicht nur die Arbeitgeber-, sondern auch die Arbeitnehmerbeiträge Teile des steuerpflichtigen Arbeitslohns (zu vgl. u. a. Urt. VI A 689/30 vom 17. Juli 1930 = RStBl. 30 S. 677).

l) Die Bezahlung der Lohnsteuer durch den Arbeitgeber. Zahlt der Arbeitgeber den Arbeitslohn ungekürzt aus, so bildet die Übernahme der Lohnsteuer zusätzlichen Arbeitslohn. Arbeitslohn ist in diesem Falle der ungekürzte Arbeitslohn + Lohnsteuer.

m) Sachbezüge. Zu den lohnsteuerpflichtigen Bezügen, die in Geldeswert bestehen, gehören vor allem die Sachbezüge. Hierher gehören der Bezug von freier Kleidung, ferner Wohnung, Heizung, Beleuchtung, Deputaten. Arbeitslohn sind auch Mietzuschüsse des Arbeitgebers für die dem Arbeitnehmer gemietete Wohnung und zwar ohne Rücksicht darauf, wie sie der Arbeitgeber buchmäßig behandelt (Urt. VI A 1240/30 vom 26. Sept. 1930 = RStBl. 30 S. 755). Liefert ein Arbeitgeber seinen Arbeitnehmern unentgeltlich Mahlzeiten aus dem eigenen Betrieb oder einer werkseigenen Kantine, so handelt es sich grundsätzlich um Sachbezüge. Sachbezug liegt auch vor, wenn die Mahlzeiten gegen Eßmarken geliefert werden, die vom Arbeitgeber unentgeltlich an Gefolgschaftsmitglieder ausgegeben und in dem eigenen Betrieb des Arbeitgebers oder einer werkseigenen Kantine eingelöst werden (Urt. VI A 518/27 vom 12. Okt. 1927 = RStBl. 28 S. 89); denn in diesem Falle haben die Eßmarken nur innerbetriebliche und organisatorische Bedeutung. In beiden Fällen sind etwaige Zuzahlungen, die der Arbeitnehmer zur Erlangung der Mahlzeiten aufwenden muß, auf den Wert des Sachbezugs anzurechnen. Nur der um die eigenen Aufwendungen des Arbeitnehmers gekürzte Wert des Sachbezugs gehört zum Arbeitslohn. Liefert der Arbeitgeber keine Mahlzeiten aus dem eigenen Betrieb oder einer werkseigenen Kantine, so werden oft an die Arbeitnehmer Eßmarken ausgegeben, die den Arbeitnehmer zur Entnahme einer bestimmten Mahlzeit aus einem fremden Betrieb, z. B. einer benachbarten Gaststätte, berechtigen. Diese Eßmarken lauten nicht über einen bestimmten Geldbetrag, sondern enthalten nur eine Anweisung auf eine bestimmte Mahlzeit. Auch in diesem Fall handelt es sich um einen Sachbezug. Wegen etwaiger Zuzahlungen gelten die obigen Ausführungen entsprechend. Es gibt aber auch Fälle, in denen ein Arbeitgeber seinem Arbeitnehmer Eßmarken zur Verfügung stellt, die über einen Geldbetrag lauten und mit diesem Geldbetrag von Gaststätten bei Entnahme von beliebigen Mahlzeiten in Zahlung genommen werden. Bei diesen Eßmarken handelt es sich aber nicht mehr um einen Sachbezug, sondern um Barleistungen. Barbezüge sind nach allgemeinen Grundsätzen stets in Höhe ihres Nennwerts steuerpflichtig (Urt. VI A 897/35 vom 1. Juli 1936 = RStBl. 36 S. 999). Aus dieser Rechtslage entstehen dann Härten, wenn die Eßmarken bei Entnahme der Mahlzeiten mit einem höheren Wert in Zahlung genommen werden, als sich nach den Bestimmungen über die Bewertung der Sachbezüge als Wert einer vom Arbeitgeber gelieferten Mahlzeit ergeben würde. Aus Billigkeitsgründen ist deshalb auch bei Ausgabe von Eßmarken, die über einen bestimmten Wert lauten, die Sache so anzusehen, als ob der Arbeitnehmer von seinem Arbeitgeber eine Mahlzeit als Sachbezug geliefert erhalten hätte. Von dem sich ergebenden Wert dieses Sachbezugs sind die etwa erforderlichen eigenen Zuzahlungen des Arbeitnehmers zur Erlangung der Mahlzeit bei der Errechnung des Arbeitslohns abzuziehen. Diese Regelung gilt aber nur für Eßmarken, die über keinen höheren Wert als 1 *RM* lauten und bei denen durch Vereinbarungen zwischen dem Arbeitgeber und den einlösungsberechtigten Gaststätten ausdrücklich sichergestellt ist, daß die Eßmarken nur zum Erwerb von Mahlzeiten (nicht etwa von Getränken und Rauchwaren) zum Preis von höchstens 1 *RM* in Zahlung genommen werden. Voraussetzung ist weiter, daß für den Arbeitnehmer jeder Umtausch der Eßmarken für bares Geld ausgeschlossen ist.

s) Vermittlungsprovisionen der Arbeitnehmer im Bank- und Versicherungsgewerbe. Die Arbeitnehmer im Bankgewerbe, namentlich im Hypothekenbankgewerbe, sind häufig bestrebt, den Wertpapier- (Pfandbrief-) Absatz zu fördern, ohne daß diese Tätigkeit zu ihren engeren dienstlichen Aufgaben gehören würde. Gelingt es ihnen, einen Wertpapier- (Pfandbrief-) Verkauf zu vermitteln, so erhalten sie meist von ihren Arbeitgebern hierfür eine besondere Vergütung (Provision). Im Urt. VI A 898/31 vom 22. Okt. 1931 = RStBl. 31 S. 953 hat der RFH. entschieden, daß diese besonderen Vergütungen Arbeitslohn sind. Ebenso sind die Fälle zu behandeln, in denen Versicherungsgesellschaften ihren im Innendienst beschäftigten Angestellten für die gelegentliche Vermittlung von Versicherungen besondere Vergütungen (Provisionen) zahlen. Dies gilt auch dann, wenn diese Vermittlung nicht zu den engeren dienstlichen Aufgaben der im Innendienst beschäftigten Angestellten gehört. Auch hier sind diese besonderen Vergütungen (Provisionen) als Teil des Arbeitslohns anzusehen.

e) Beitragsleistungen des Arbeitgebers für die Zukunftssicherung seiner Arbeitnehmer. Arbeitslohn stellen auch die — freiwilligen — Zahlungen dar, die Arbeitgeber an Pensionskassen und Lebensversicherungsgesellschaften zugunsten ihrer Arbeitnehmer leisten. Wirtschaftlich betrachtet liegt in solchen Fällen die Sache nicht anders, wie wenn der Betrag der Einzahlung in die Pensionskasse zunächst dem Arbeitnehmer ausgezahlt und von diesem in gleicher Weise verwendet worden wäre. Zufluß von Arbeitslohn ist in diesen Fällen nach der neueren Rechtsprechung des RFH. auch dann anzunehmen, wenn der einzelne Arbeitnehmer nicht mit Sicherheit damit rechnen kann, daß er seinerzeit in den Genuß des Gegenwerts der Leistungen gelangen werde, weil der Arbeitnehmer, z. B. bei vorzeitigem Ausscheiden aus dem Dienst, den Anspruch auf die Leistungen der Kasse verliert. Gleichgültig ist grundsätzlich, ob es sich um die Versorgung eines einzelnen Arbeitnehmers oder mehrerer oder aller Arbeitnehmer handelt (zu vgl. Urt. RFH. Bd. 29 S. 79). Voraussetzung für die Lohnsteuerpflicht ist aber, daß die Leistungen zugunsten bestimmter Arbeitnehmer erfolgen. Erfolgen die Leistungen in einem Bauschbetrag zugunsten der Arbeiter, ohne daß klargestellt werden könnte, welcher Betrag jeweils für den einzelnen Arbeitnehmer gezahlt und sichergestellt werden soll, so kann ein Zufließen von Arbeitslohn an den einzelnen Arbeitnehmer nicht anerkannt werden. Beiträge, die der Arbeitgeber nach Verhältnis der gezahlten Löhne und Gehälter an eine Versorgungseinrichtung abführt, sind nur dann Arbeitslohn, wenn die Versorgungseinrichtung selbständige Rechtspersönlichkeit besitzt oder doch als Sondervermögen ausgeschieden ist, das der freien Verfügung des Arbeitgebers entzogen und dessen dauernde Verwendung für die Versorgungszwecke gesichert ist (Urt. VI A 1051/31 vom 14. Jan. 1932 = RStBl. 32 S. 294). Unerheblich ist, ob die Beiträge im Umlage- oder im Kapitaldeckungsverfahren erhoben werden (Urt. VI A 1357/30 vom 3. Dez. 1931 = RStBl. 32 S. 341).

Anders ist die Rechtslage hinsichtlich jener Beiträge und Umlagen, welche die Arbeitgeber an gewisse Versorgungseinrichtungen leisten, um sich gegen die späteren Versorgungsansprüche der Arbeitnehmer zu decken. Leistet hierbei der Arbeitgeber die Beiträge für sich und nicht für den einzelnen Arbeitnehmer, so kommt eine Lohnsteuerpflicht nicht in Betracht. Lautet aber die Verpflichtung des

Arbeitgebers dahin, die Versicherung für den Arbeitnehmer aufrecht zu erhalten, um ihm später die Versorgungsanwartschaft zu verschaffen, dann handelt es sich im Ergebnis nicht mehr um eine Rückversicherung des Arbeitgebers, sondern um die Versicherung eines bestimmten Arbeitnehmers. Die Prämienzahlungen werden in diesem Fall als Einkommen dieses Arbeitnehmers steuerpflichtig (Urt. VI A 2063/30 vom 28. April 1932 = RFH. Bd. 31 S. 80). Ob im Einzelfall Rückversicherung des Arbeitnehmers anzunehmen ist, ist nicht immer leicht zu entscheiden. Von wesentlicher Bedeutung ist, was ausdrücklich oder stillschweigend zwischen Arbeitgeber und Arbeitnehmer vereinbart wurde (Urt. VI A 1387/33 vom 24. Jan. 1934 = RStBl. 34 S. 503). Eine Rückendeckung hat der RFH. nicht anerkannt für den Fall, daß der Arbeitnehmer einen Teil der Versicherungsbeiträge leistet.

p) Von der Lohnsteuer werden nicht erfaßt:

aa) die Gewährung bloßer Annehmlichkeiten durch den Arbeitgeber, z. B. die Zurverfügungstellung von guten Arbeitsplätzen, Kantinen, Dusch- und Baderäumen, Sportanlagen, Leihbüchereien, die Gewährung des Freitrunks in Brauereien (weil das Bier grundsätzlich kein Nahrungs-, sondern ein Genußmittel ist und deshalb in seiner Verabreichung nur eine Annehmlichkeit erblickt werden kann — Urt. VI A 764/29 vom 15. Mai 1929 = RStBl. 29 S. 412) und von Freimilch in gesundheitsgefährdenden Betrieben. Lohnsteuerpflichtig sind dagegen die Gewährung des sog. Haustrunks, wenn für seine Verwendung keine Beschränkungen bestehen, und von Freifahrkarten an Verkehrsangestellte.

bb) Die sog. Gelegenheitsgeschenke, d. h. Geschenke, bei denen der Gedanke der Ehrung, der Aufmerksamkeit und der Freude im Vordergrund steht und die nach Art und Höhe nicht ungewöhnlich und übermäßig sind, z. B. die üblichen Festtags- (Namenstags-, Hochzeits-, Neujahrsgeschenke — Urt. VI A 407/35 vom 26. Juni 1935 = RStBl. 35 S. 1030). Zu vgl. auch die Bem. unter 4 a. Lohnsteuerfrei sind auch die üblichen Rabatte an Angestellte.

cc) Schadenersatz. Zum Arbeitslohn gehören grundsätzlich nicht echte Schadenersatzleistungen des Arbeitgebers. Deshalb sind steuerfrei Verzugszinsen oder sonstige Schadenersatzleistungen wegen verspäteter Gehaltszahlung. Die vereinbarte Verzinsung rückständigen Arbeitslohns bildet steuerpflichtige Einkünfte aus Kapitalvermögen. Soweit die Schadenersatzleistung an einen im Dienst verunglückten Arbeitnehmer die Arbeitsunfähigkeit (Verdienstausfall) des Verunglückten abgelten soll, ist sie lohnsteuerpflichtig, aber gemäß Abs. 3 Ziff. 2 lohnsummensteuerbefreit (Abs. 3 Ziff. 2).

dd) Reisekosten, Tagegelder, Fahrtauslagen, wenn sie die Sätze der vergleichbaren Reichsbeamten nicht übersteigen. Es ergibt sich hier je nach den Einkommensverhältnissen ein Spielraum von 8 bis 21 *RM* täglich. Steuerfreie Reisekosten können schon gezahlt werden, wenn sich der Arbeitnehmer an einen Ort begibt, der 5 km von der regelmäßigen Arbeitstätte (Betriebstätte) entfernt gelegen ist. Werden die Sätze der vergleichbaren Reichsbeamten überschritten, so müssen von dem nachgewiesenen übersteigenden Betrag gewisse Beträge (20 v. H. bei Verheirateten und 40 v. H. bei Ledigen) als Haushaltsersparnis und deshalb als Arbeitslohn behandelt werden. Dies kann unterbleiben, wenn sich für die einzelne Dienstreise ein Betrag von nicht mehr als 1 *RM* ergeben würde.

ee) Privaten Arbeitnehmern werden Reisekosten oft in Form von Auslösungen vergütet. Das sind meist in Tarifverträgen (Tarifordnungen) festgesetzte Entschädigungen, die als Ersatz für Mehraufwendungen und Übernachtung bei auswärtigen Arbeiten gewährt werden. Als Bezieher kommen in Frage Monteure, Schornsteinbauer usw. Auf die Auslösungen finden die Vorschriften über Reisekosten, Tagegelder und Fahrtauslagen entsprechende Anwendung. Als vergleichbare Reichsbeamte werden meist die Reichsbeamten der Stufe V in Frage kommen. Auslösungen sind auch z. B. die sog. Landzulagen im Rohrlegergewerbe, die Zehr- und Montagegelder der Brauereiarbeiter, die Wege-, Übernachtungs- und Verpflegungsgelder, Wochenendheimfahrtzuschüsse und die unentgeltliche Unterkunft bei auswärtigen Bauarbeiten. Ebenso ist steuerfrei das sog. Verpflegungsgeld (nicht aber die sog. Fahrtzulage) in der Binnenschiffahrt.

ff) Pauschvergütungen, die der Arbeitgeber seinem Arbeitnehmer deshalb gewährt, weil dieser Geschäfts- oder Dienstreisen mit seinem eigenen Kraftwagen oder Kraftrad ausführt, fallen nicht unter den Begriff der steuerfreien Reisekosten und Fahrtauslagen. Pauschvergütungen sind solche Vergütungen, die in der einmal vereinbarten Höhe, etwa monatlich mit einem bestimmten Betrag gezahlt werden, ohne Rücksicht auf den Umfang der tatsächlich ausgeführten Fahrten. In solchen Fällen können die dem Arbeitnehmer tatsächlich erwachsenden Kosten nur als Werbungskosten berücksichtigt werden. Pauschvergütungen liegen aber dann nicht vor, wenn dem Arbeitnehmer die Unkosten für die Benutzung seines eigenen Kraftwagens (Kraftrads) auf Geschäfts- oder Dienstreisen in Form eines Kilometersatzes vergütet werden, d. h. unter Zugrundelegung der Kosten, die sich bei dem Arbeitnehmer auf Grund von Einzelberechnungen für jeden gefahrenen Kilometer im Durchschnitt tatsächlich ergeben. Sie sind ohne weiteres steuerfrei, wenn die Kilometersätze die für die Reichsbeamten maßgebenden Sätze nicht übersteigen. Diese Sätze betragen zur Zeit beim Kraftwagen 13 *Rpf*, beim Kraftrad 10 *Rpf* je Kilometer.

gg) Ersetzt der Arbeitgeber dem Arbeitnehmer die Umzugskosten (Umzugskostenentschädigung), so gehört diese Entschädigung an sich zum Arbeitslohn; es darf aber die Entschädigung bis zur Höhe der einem vergleichbaren Reichsbeamten zustehenden Umzugskostenvergütung — ähnlich wie bei Reisekosten — (§ 4 Ziff. 2 LSt.-DVO.) lohnsteuerfrei gelassen werden.

hh) Durchlaufende Gelder und Beträge, durch die Auslagen des Arbeitnehmers für den Arbeitgeber ersetzt werden, gehören nicht zum Arbeitslohn. Durchlaufende Gelder im Sinn des EStG. sind solche Ausgaben eines Arbeitnehmers, die entweder im Namen und für Rechnung des Arbeitgebers oder im eigenen Namen, aber für Rechnung des Arbeitgebers gemacht werden. Voraussetzung ist, daß kein eigenes Interesse des Arbeitnehmers an den Ausgaben besteht, diese vielmehr ausschließlich und überwiegend durch die Belange des Arbeitgebers bedingt, von diesem veranlaßt oder gebilligt sind und daher auf Nachweis von ihm an den Arbeitnehmer ersetzt werden (§ 4 Ziff. 3 LStDVO. — Urt. VI A 133/36 vom 29. Juli 1936 = RStBl. 36 S. 987, RFH. Bd. 39 S. 347).

Abs. 3.

Neben den durch besondere Bestimmungen oder Anweisungen des Reichsministers der Finanzen von der Lohnsteuer befreiten und daher nicht unter die Lohnsumme fallenden Vergütungen werden im Gesetz selbst gewisse Beträge, die an sich der Lohnsteuer unterliegen, als nicht zur Lohnsumme gehörig bezeichnet. Die Herausnahme aus der Lohnsumme erfolgt dabei teils mit Rücksicht auf die Personen der Arbeitnehmer (Ziff. 1), teils mit Rücksicht auf die Natur der Vergütungen (Ziff. 2), teils zwecks Vermeidung einer Doppelbesteuerung. Im einzelnen kommen folgende Beträge in Betracht: **1. a)** Beträge, die gezahlt worden sind an Lehrlinge, die auf Grund eines schriftlichen Lehrvertrags eine ordnungsmäßige Ausbildung erfahren. Die Bestimmung, die aus der Pr. GewStO. übernommen ist, will die Heranbildung eines geeigneten Handwerkernachwuchses fördern. Wegen des Begriffs der Lehrlinge zu vgl. GewO., Titel VII.

b) Beträge, die gezahlt worden sind an Arbeitnehmer, für die ein Einstellungszwang nach dem Gesetz über die Beschäftigung Schwerbeschädigter besteht. Die Vergünstigung wurde getroffen im Hinblick auf die schwierige Unterbringungsmöglichkeit Kriegs- und Unfallverletzter.

Schwerbeschädigte im Sinn des Gesetzes über die Beschäftigung Schwerbeschädigter (i. d. Fassung der Bek. vom 12. Jan. 1923, RGBl. I S. 57) sind Deutsche, die infolge einer Dienstbeschädigung oder durch Unfall oder beide Ereignisse um wenigstens 50 v. H. in ihrer Erwerbsfähigkeit beschränkt sind und auf Grund des Reichsversorgungsgesetzes, der vorangehenden Militärversorgungsgesetze oder von Gesetzen, die das Reichsversorgungsgesetz für anwendbar erklären, oder auf Grund der reichsgesetzlichen Unfallversicherung, des Unfallfürsorgegesetzes vom 18. Juni 1901 (RGBl. S. 211) oder entsprechender landesrechtlicher Vorschriften Anspruch auf eine Pension oder auf eine der Verminderung ihrer Erwerbsfähigkeit entsprechende Rente haben.

c) Beträge, die gezahlt worden sind an Arbeitnehmer, die das 60. Lebensjahr überschritten haben. Entscheidend ist der einzelne Lohnzahlungstermin. Beträge, die im einzelnen Lohnzahlungstermin an Arbeitnehmer gezahlt werden, die das 60. Lebensjahr überschritten haben, fallen aus der Lohnsumme heraus.

Die vorstehend aufgeführten Vergütungen gehören aber nur dann nicht zur Lohnsumme, wenn beim einzelnen Arbeitnehmer der Jahresbetrag seiner Vergütungen die Lohngrenze nicht überschreitet, die für die Angestelltenversicherung maßgebend ist. Die

Jahresarbeitsverdienstgrenze beträgt derzeit 7200 RM (zu vgl. VO. vom 17. Mai 1934, Art. II, RGBl. I S. 419/431).

2. Zur Lohnsumme gehören weiter nicht Entschädigungen, die einem Arbeitnehmer als Ersatz für entgangene oder entgehende Einnahmen oder für die Aufgabe oder Nichtausübung einer Tätigkeit, einer Gewinnbeteiligung oder einer Anwartschaft auf eine solche gewährt worden sind. Derartige Entschädigungen zählen gemäß § 24 Ziff. 1 EStG., § 2 Abs. 3 Ziff. 1 LStDVO. zu den Einkünften aus nichtselbständiger Arbeit (§ 2 Abs. 3 Ziff. 4 EStG.) und unterliegen an sich der Lohnbesteuerung. Durch die Bestimmung des § 24 Abs. 3 Ziff. 3 werden sie von der Lohnsummenbesteuerung ausgenommen. Unter die Bestimmung fallen insbesondere Abfindungen an ausscheidende Arbeitnehmer, soweit sie nicht schon ohnehin von der Lohnsummensteuer befreit sind (zu vgl. § 3 Ziff. 7 EStG. mit § 24 Abs. 2 GewStG.), ferner Entschädigungen für vorzeitige Vertragsauflösung, Entschädigungen wegen vorzeitiger Räumung einer Dienstwohnung, Entschädigungen für ein dem Arbeitnehmer auferlegtes Wettbewerbsverbot usw.

3. Beträge, die nach § 8 Ziff. 3 bis 6 für die Ermittlung des Gewerbeertrags dem Gewinn hinzuzurechnen sind. Diese Beträge sind der Gewerbeertragsbesteuerung unterworfen; im Interesse der Vermeidung einer Doppelbesteuerung werden sie von der Lohnsummenbesteuerung ausgenommen.

Abs. 4.

Gemäß § 3 Ziff. 3 GewStG. sind Staatsbanken, soweit sie Aufgaben staatswirtschaftlicher Art erfüllen, gemäß Ziff. 4 a. a. O. die öffentlichen oder unter Staatsaufsicht stehenden Sparkassen, soweit sie der Pflege des eigentlichen Sparverkehrs dienen, von der Gewerbesteuer befreit. Sind die Staatsbanken und Sparkassen der Gewerbesteuer unterworfen, weil sie nicht bloß steuerbegünstigten Zwecken dienen, so bleiben die — lohnsummensteuerpflichtigen — Vergütungen in dem Verhältnis von der Lohnsummensteuer befreit, in dem der steuerfreie Gewinn zu dem Gesamtgewinn der Staatsbank oder Sparkasse steht. Für die laufende Lohnsummensteuerbehandlung ist das Gewinnverhältnis des letzten Kalenderjahrs bzw. Wirtschaftsjahrs maßgebend; soweit am 15. Mai die Ergebnisse des letzten Kalender- bzw. Wirtschaftsjahrs noch nicht bekannt sind, kann die Lohnsummensteuer wohl nur vorläufig festgesetzt werden; der Ausgleich wird im Wege der Veranlagung des Steuermeßbetrags gemäß § 27 GewStG. zu erfolgen haben.

Abs. 5.

In den Fällen des § 3 Ziffern 5, 6 und 8 bleiben die Vergütungen an solche Arbeitnehmer außer Ansatz, die nicht ausschließlich oder überwiegend in dem steuerpflichtigen Betrieb oder Teil des Betriebs tätig sind. Positiv ausgedrückt unterliegen der Lohnsummensteuer bei den in Frage stehenden Unternehmen nur die Vergütungen, die an Arbeitnehmer bezahlt werden, die ausschließlich oder überwiegend in dem steuerpflichtigen Betrieb oder Teil des Betriebs tätig sind.

§ 25

Steuermeßzahl, Steuermeßbetrag und Hebesatz

(1) Bei der Berechnung der Lohnsummensteuer ist von einem Steuermeßbetrag auszugehen. Dieser ist durch Anwendung eines Tausendsatzes (Steuermeßzahl) auf die Lohnsumme zu ermitteln. Die Lohnsumme ist auf volle 10 Reichsmark nach unten abzurunden.

(2) Die Steuermeßzahl bei der Lohnsummensteuer beträgt 2 vom Tausend.

(3) Der Hebesatz für die Lohnsummensteuer muß unbeschadet der Vorschrift des Absatzes 4 für alle in der Gemeinde vorhandenen Unternehmen der gleiche sein. Er kann von dem Hebesatz für die Gewerbesteuer nach dem Gewerbeertrag und dem Gewerbekapital abweichen.

(4) Die Vorschrift des § 17 (Zweigstellensteuer) gilt entsprechend für die Lohnsummensteuer.

Abs. 1.

Bei der Berechnung der — monatlich zu entrichtenden — Lohnsummensteuer ist — wie bei der Berechnung der Gewerbesteuer nach dem Gewerbeertrag und dem Gewerbekapital — von einem Steuermeßbetrag auszugehen. Der Steuermeßbetrag ist durch Anwendung eines Tausendsatzes, d. i. der Steuermeßzahl, auf die Lohnsumme zu ermitteln. Die Lohnsumme ist auf volle 10 *RM* nach unten abzurunden.

Abs. 2.

Die Steuermeßzahl bei der Lohnsummensteuer beträgt einheitlich 2 vom Tausend; irgendwelche Vergünstigungen sind nicht vorgesehen.

Abs. 3.

Der Hebesatz für die Lohnsummensteuer muß für alle in der Gemeinde vorhandenen Unternehmen der gleiche sein (zu vgl. den gleichlautenden Grundsatz des § 16 Satz 2 GewStG.). Eine Abstufung nach Gewerbearten, Gewerbegruppen, Höhe der Gewerbeerträge und Gewerbekapitalien ist nicht möglich. Dagegen kann der Hebesatz für die Lohnsummensteuer von dem Hebesatz für die Gewerbesteuer nach dem Gewerbeertrag und dem Gewerbekapital abweichen.

Für die Festsetzung der Hebesätze für die Lohnsummensteuer gelten die Grundsätze der §§ 2, 3 und 7 EinfGRealStG. (zu vgl. Anhang unter Ziff. I, ferner Bem. II 2 und 3 zu § 16). Von besonderer Wichtigkeit ist § 2 Abs. 2 letzter Satz EinfGRealStG., wonach die Änderung des Hebesatzes für die Lohnsummensteuer erstmals für die Lohnsumme gilt, die in dem Kalendermonat gezahlt wird, der nach dem Erlaß der Nachtragshaushaltsatzung beginnt. Zu § 7 Abs. 1 EinfGRealStG. ist der Runderl. d. RuPrMdI. zgl. i. N. d. RFM. vom 22. Dez. 1936 V St 2072/36 und S 1511 — 18 I (RMBliV. 1936 S. 1693, RStBl. 1937 S. 80) ergangen. Der Runderlaß ist im Anhang unter Ziff. III abgedruckt.

Abs. 4.

Die Vorschrift des § 17 über die Zweigstellensteuer gilt entsprechend für die Lohnsummensteuer. Die entsprechende Anwendbarkeit des § 17 kann aber nur dahin aufgefaßt werden, daß die Gemeinde ermächtigt ist, eine Lohnsummen-Zweigstellensteuer zu erheben, sofern sie eine Lohnsummensteuer überhaupt erhebt, sie kann aber nicht so verstanden werden, daß eine Gemeinde, die die Zweigstellensteuer auf Gewerbeertrag und Gewerbekapital und gleichzeitig die Lohnsummensteuer erhebt, gezwungen wäre, auch die Zweigstellensteuer auf die Lohnsumme zu erheben. Im übrigen kann wohl auch die Zweigstellensteuer für die Lohnsumme innerhalb des Rahmens von drei Zehnteln des Hebesatzes höher oder niedriger sein als die Zweigstellensteuer nach dem Gewerbeertrag und Gewerbekapital.

§ 26

Fälligkeit

Die Lohnsummensteuer für einen Kalendermonat ist am 15. des darauffolgenden Monats fällig. Gleichzeitig mit der Entrichtung der Steuer ist der Gemeindebehörde eine Erklärung über die Berechnungsgrundlagen abzugeben.

1. **Eigenschaft der Zahlungen nach § 26 GewStG.** Die Lohnsummensteuer wird für den Kalendermonat auf Grund der in diesem Monat verausgabten Vergütungen erhoben; sie ist am 15. des darauffolgenden Monats fällig. Die Monatszahlungen haben an sich die Eigenschaft von Vorauszahlungen; sie stehen aber, wenn keine Veranlagung gemäß § 27 GewStG. erfolgt, richtigen Steuerzahlungen gleich.

2. **Abgabe einer Steuererklärung.** Gleichzeitig mit der Entrichtung der Lohnsummensteuer hat der Steuerschuldner der hebeberechtigten Gemeinde eine Erklärung über die Berechnungsgrundlagen, d. i. über die Höhe der in der Betriebstätte erwachsenen Lohnsumme und über die Zahl der in dem Betrieb und in der Betriebstätte beschäftigten Lohnsummenempfänger abzugeben. Die Erklärung kann nicht als Steuererklärung im Sinn des § 166 Abs. 1 AO. angesehen werden; dagegen macht sich nach den Vorschriften der AO. strafbar, wer vorsätzlich oder fahrlässig unrichtige Lohnsummensteuer-Erklärungen abgibt (§§ 4 Abs. 2 Ziff. 5 mit 391 ff. AO.).

3. **Streitigkeiten über die Monatszahlungen.** Streitigkeiten anläßlich der Erhebung der Monatszahlungen gemäß § 26 GewStG. werden nicht im Rechtsmittelverfahren gemäß §§ 228 ff. AO., sondern im Beschwerdeverfahren entschieden, an welchem die Finanz-

ämter und Landesfinanzämter nur beteiligt sind, wenn ihnen die Erhebung der Lohnsummensteuer übertragen ist. Wollen der Steuerpflichtige oder die Gemeinde die Entscheidung im ordentlichen Rechtsmittelverfahren (§§ 228 ff. AO.) herbeigeführt wissen, so muß die Durchführung der Veranlagung gemäß § 27 GewStG. herbeigeführt werden. Das gleiche wird gelten, wenn von dem Steuerpflichtigen eine unrichtige Erklärung abgegeben worden ist. Gegen den gemäß § 27 Abs. 1 GewStG. ergehenden Steuermeßbescheid sind die üblichen Rechtsmittel (§§ 228 ff. AO.) gegeben.

4. Folgen der verspäteten Leistung der Lohnsummensteuer. Wird die Lohnsummensteuer nicht terminsgemäß entrichtet, so ist mit dem Ablauf des Fälligkeitstags der Säumniszuschlag verwirkt (§§ 1 Abs. 2; § 2 Abs. 1 des Steuersäumnisges. vom 24. Dez. 1934, RGBl. I S. 1271).

§ 27

Festsetzung des Steuermeßbetrags

(1) Der Steuermeßbetrag nach der Lohnsumme wird nur auf Antrag des Steuerschuldners oder einer beteiligten Gemeinde und nur dann festgesetzt, wenn ein berechtigtes Interesse an der Festsetzung dargetan wird. Die Festsetzung des Steuermeßbetrags erfolgt jeweils für ein Rechnungsjahr unter Zugrundelegung der Lohnsumme, die der Unternehmer in dem Rechnungsjahr gezahlt hat.

(2) Der Antrag auf Festsetzung des Steuermeßbetrags muß innerhalb der ersten sechs Monate nach Ablauf des Rechnungsjahrs gestellt werden.

1. Allgemeines. Im allgemeinen wird die Lohnsumme nicht veranlagt; vielmehr gelten die gemäß § 26 GewStG. geleisteten Zahlungen als die Lohnsummensteuer. Es gibt aber Fälle, in denen ein — berechtigtes — Interesse an der Festsetzung des Steuermeßbetrags nach der Lohnsumme besteht. Fälle dieser Art sind dann gegeben, wenn sich zwischen dem Steuerschuldner und der hebeberechtigten Gemeinde Streitigkeiten z. B. über die Höhe der Lohnsumme ergeben. Diese Streitigkeiten können nur im Wege der Festsetzung des Steuermeßbetrags nach der Lohnsumme und dem sich hieran anschließenden Rechtsmittelverfahren ausgetragen werden.

2. Die Festsetzung des Steuermeßbetrags nach der Lohnsumme. Bei der Festsetzung des Steuermeßbetrags nach der Lohnsumme muß die Gesamtlohnsumme festgestellt werden. Zu diesem Zweck sind alle im Festsetzungszeitraum, d. i. im Rechnungsjahr verausgabten Löhne und Gehälter der Lohnsummenempfänger zusammenzurechnen. Auf die sich ergebende Lohnsumme ist die Steuermeßzahl (zwei v. T.) anzuwenden. Die Festsetzung hat durch Steuermeßbescheid (§ 212 a Abs. 1 AO.) zu erfolgen.

3. Der Antrag auf Festsetzung des Steuermeßbetrags nach der Lohnsumme. Die Festsetzung erfolgt nicht von Amts wegen, sondern auf Antrag der Beteiligten, d. i. der hebeberechtigten Gemeinde oder des Steuerschuldners, und nur dann, wenn ein berechtigtes Interesse an der Festsetzung besteht (zu vgl. Anm. 1).

Der Antrag muß innerhalb der ersten sechs Monate nach Ablauf des Rechnungsjahrs, d. i. also in der Zeit vom 1. April bis 30. September, gestellt werden. Versäumnis der Frist, gleichgültig ob mit oder ohne Verschulden des Steuerschuldners oder seines Vertreters hat den Ausschluß der Antragsbefugnis zur Folge; Antrag auf Nachsicht (§§ 86 ff. AO.) kann, da die Frist keine Rechtsmittelfrist ist, nicht gestellt werden. Ebensowenig ist eine Verlängerung der Frist, die eine Ausschlußfrist ist, möglich.

Kann der Antrag nicht innerhalb der Ausschlußfrist des § 27 Abs. 2 GewStG. gestellt werden, z. B. weil die Jahreslohnsumme noch nicht einwandfrei ermittelt ist, so muß der Steuermeßbetrag allenfalls vorläufig (§ 100 Abs. 1 AO.) festgesetzt werden.

Abschnitt IV

Zerlegung

Vorbemerkungen.

I. Es kommt sehr häufig vor, daß sich ein Steuergegenstand über den Bereich einer Gemeinde hinaus erstreckt. Da eine Gemeinde den Steuergegenstand nur insoweit für sich in Anspruch nehmen kann, als er sich auf die Gemeinde erstreckt, müssen Vorschriften darüber getroffen werden, wie in solchen Fällen das Besteuerungsrecht zu verteilen ist.

Die Fälle, in denen nach den Vorschriften des materiellen Rechts eine Zerlegung notwendig wird, zerfallen in zwei große Gruppen: die eine Gruppe umfaßt die Fälle, in denen ein festgesetzter Steuerbetrag (Steuersollbetrag) zu dem Zwecke zerlegt wird, um dadurch den Maßstab zu gewinnen, nach dem das steuerliche Aufkommen unter mehrere öffentlich-rechtliche Körperschaften verteilt wird — eine derartige Zerlegung findet für die Einkommen-, Körperschaft-, Grunderwerb- und Gesellschaftsteuer statt —. Bei der zweiten Gruppe von Fällen, bei denen eine Zerlegung erfolgt, handelt es sich dagegen um die Zerlegung nicht der Steuer selbst, sondern der Besteuerungsgrundlagen, d. i. bei der Grund- und Gewerbesteuer der Steuermeßbeträge. Wenn ein Gewerbebetrieb in mehreren Gemeinden Betriebstätten hat, so muß entschieden werden, welcher Teil des für den Gewerbebetrieb festgesetzten Steuermeßbetrags auf die einzelnen Gemeinden auszuscheiden ist.

Das Zerlegungsrecht zerfällt in einen materiellen und in einen verfahrensrechtlichen Teil. Der materielle Teil regelt in der Hauptsache die Frage, nach welchen Gesichtspunkten das Steuerobjekt zu verteilen ist, der verfahrensrechtliche Teil enthält die Vorschriften darüber, welche Behörden für die Zerlegung zuständig sind, wer am Zerlegungsverfahren beteiligt ist und welche Rechte den Beteiligten im Zerlegungsverfahren zustehen., ferner in welcher Form die Zerlegung den Beteiligten bekannt zu machen ist und welche Rechtsmittel gegen die Verteilungsverfügung angewendet werden können. Im geltenden Recht finden sich die materiellen Vorschriften über die Zerlegung, soweit die Gewerbesteuer in Betracht kommt, in Abschnitt IV des Gewerbesteuergesetzes (§§ 28 mit 35), die formellen Vorschriften im 2. Teil, Abschnitt 5 der Reichsabgabenordnung (§§ 382 mit 390) und im Finanzausgleichgesetz (§ 12).

II. **Das materielle Zerlegungsrecht** wird in den Erläuterungen zu den einschlägigen Bestimmungen des GewStG. behandelt.

III. **Das formelle Zerlegungsrecht:** Das formelle Zerlegungsrecht ist, wie bereits bemerkt wurde, in den §§ 382 mit 390 der Reichsabgabenordnung, weiter in § 12 des Finanzausgleichgesetzes enthalten. Diese Bestimmungen stellen zwingendes Recht dar, sie können also durch Landesgesetz nicht abgeändert werden.

1. Zuständigkeit im Zerlegungsverfahren. Die Steuerzerlegung ist ein Teil des Besteuerungsverfahrens; für die Zerlegung von Steuerbeträgen sowie Besteuerungsgrundlagen sind deshalb die Finanzämter zuständig. Was die örtliche Zuständigkeit betrifft, so liegt es in der Natur der Sache, daß die Zerlegung der Steuermeßbeträge sich enge an die Feststellung der Besteuerungsgrundlagen anschließen muß, während die Zerlegung der Steuerbeträge (Steuersollbeträge) nicht aus dem Zusammenhang mit der Steuerfestsetzung losgelöst werden kann. Dem entspricht es, daß für die Zerlegung der Steuermeßbeträge die gleichen Finanzämter zuständig sind, die auch die Besteuerungsgrundlagen festzustellen haben, nämlich das Belegenheitsfinanzamt und das Betriebsfinanzamt (§ 73 Abs. 2 AO.). Dagegen obliegt die Zerlegung der Steuerbeträge (Steuersollbeträge) den Finanzämtern, die die Einkommen-, Körperschaft- und Grunderwerbsteuer festzusetzen haben.

Die Finanzämter haben im Zerlegungsverfahren von Amts wegen den Sachverhalt zu ermitteln; sie haben dabei die gleichen Befugnisse, die ihnen im Steuerermittlungsverfahren zustehen (§ 385 Abs. 1 AO.). Die Finanzbehörden sind mithin im Steuerzerlegungsverfahren berechtigt, sowohl von den Steuerpflichtigen, (den Inhabern der in Frage stehenden Betriebe und Grundstücke und ihren Vertretern) als auch von Dritten, insbesondere auch von den Behörden (Gemeinden usw.) Auskunft und Beistandsleistung zu verlangen. Soweit die Zerlegungsgrundlagen nicht festgestellt werden können, sind sie zu schätzen. Bei der Schätzung sind alle Umstände zu berücksichtigen, die für die Schätzung von Bedeutung sind (§§ 383 Abs. 2, 217 AO.).

2. Beteiligung am Zerlegungsverfahren. Am Zerlegungsverfahren sind beteiligt:

a) der Steuerpflichtige, aber nur soweit es sich um die Zerlegung eines Steuermeßbetrags wie bei der Gewerbesteuer handelt. Erstreckt sich ein Steuergegenstand über das Gebiet mehrerer Gemeinden, so kann es für den Steuerpflichtigen mit Rücksicht darauf, daß die Hebesätze in den einzelnen Gemeinden verschieden hoch sein können, von erheblichem Interesse sein, wie die Steuermeßbeträge auf die einzelnen Gemeinden verteilt werden;

b) diejenigen Gemeinden, denen ein Anteil an dem zu zerlegenden Steuermeßbetrag zugeteilt worden ist oder die auf eine solche Zuteilung Anspruch erhoben haben (§ 384 Ziff. 2 AO.);

c) im Verfahren vor dem Reichsfinanzhof: der Reichsminister der Finanzen, wenn er seinen Beitritt zum Verfahren erklärt; der Senat oder der Vorsitzende des Senats kann ihn um Beteiligung ersuchen. Bei der Zerlegung von Steuermeßbeträgen kann statt des Reichsministers der Finanzen der Reichsminister des Innern dem Verfahren beitreten (§ 384 Ziff. 3 AO.).

3. Die Rechte der Beteiligten:

a) Die beteiligten Gemeinden können von dem Finanzamt Auskunft über die Fragen der Zerlegung verlangen; sie können weiter Einsicht in die die Zerlegung betreffenden Akten und Nachweisungen des Finanzamts nehmen. Dieses Recht können die Gemeinden durch ihre Beamten ausüben. Im Interesse der Wahrung des Steuergeheimnisses ist die Einsichtnahme durch Angestellte oder Bevollmächtigte der Gemeinden usw. ausgeschlossen (§ 385 Abs. 1 AO.).

b) Die Gemeinden sind als Beteiligte berechtigt, gegen die Zerlegungsentscheidungen des Finanzamts und gegen die Beschwerdeentscheidungen des Landesfinanzamts die zulässigen Rechtsmittel zu ergreifen.

Eine allgemeine Verpflichtung des Finanzamts, vor dem Erlaß eines Zerlegungsbescheids die Beteiligten zu hören, besteht nicht. Eine derartig weitgehende Verpflichtung müßte zu einer außerordentlichen und doch durchaus vermeidbaren Erschwerung und Verzögerung des ganzen Verfahrens führen, da ja in der Mehrzahl der Zerlegungsfälle das Beteiligungsverhältnis in einem Jahre nicht von dem Beteiligungsverhältnis des vorausgehenden Jahrs abweichen wird. In solchen Fällen besteht zu einer vorherigen Anhörung der Beteiligten kein genügender Anlaß. Dagegen soll — nicht muß — das Finanzamt vor jeder Änderung des Beteiligungsverhältnisses die Gemeinden hören, deren Beteiligung durch die Änderung berührt wird (§ 385 Abs. 2 AO.).

4. Der Zerlegungsbescheid (§ 386 AO.). Über die Zerlegung erteilt das Finanzamt einen schriftlichen Bescheid, den sog. Zerlegungsbescheid. Der Zerlegungsbescheid muß enthalten:

a) die Bezeichnung der Höhe des zerlegten Steuermeßbetrags;

b) die Bestimmung darüber, welche Anteile an dem Gegenstand der Zerlegung, d. i. dem Steuermeßbetrag, den beteiligten Gemeinden zugeteilt werden;

c) die Angabe der Zerlegungsgrundlagen;

c) eine Belehrung darüber, welches Rechtsmittel gegen den Zerlegungsbescheid zulässig und binnen welcher Frist und bei welcher Behörde es einzulegen ist.

Der Zerlegungsbescheid, durch den ein Steuermeßbetrag zerlegt wird, wird dem Steuerpflichtigen verschlossen zugestellt. Der Reichsminister der Finanzen kann statt der Zustellung eine einfachere Form der Bekanntgabe zulassen. Die Vorschriften des § 219 Abs. 1 Sätze 2 bis 4 AO. gelten entsprechend. Den beteiligten Gemeinden wird lediglich der Inhalt des Zerlegungsbescheids bekannt gegeben.

Es ist möglich, daß sich ein Steuermeßbetrag, nachdem die Zerlegung erfolgt ist, ändert. Das ist regelmäßig dann der Fall, wenn nach der Zerlegung eine Rechtsmittelentscheidung ergangen ist, die ihrerseits den Steuermeßbetrag ändert. In diesem Falle ist sofort eine neue Zerlegung vorzunehmen. Die neue Zerlegung tritt mit ihrer Bekanntgabe an die Stelle der bisherigen Zerlegung. Das Finanzamt kann jedoch, sofern nicht wichtige Interessen der Beteiligten entgegenstehen, die Vornahme der neuen Zerlegung aussetzen, bis der zu zerlegende Betrag unanfechtbar feststeht (§ 387 Abs. 2 AO.).

Eine neue Zerlegung wird weiter notwendig in den Fällen, in denen einer Gemeinde ein Anteil an einem Steuerbetrag oder an einem Steuermeßbetrag zusteht, das Finanzamt dies nicht berücksichtigt, aber auch den erhobenen Anspruch der Gemeinde auf einen Anteil am Steuermeßbetrag nicht ausdrücklich zurückgewiesen hat. Hat es das Finanzamt in dem Zerlegungsbescheid ausdrücklich abgelehnt, dem von einer Gemeinde auf Zuteilung eines Anteils an dem Gegenstand der Zerlegung erhobenen Anspruch zu entsprechen, so steht es der beteiligten Körperschaft frei, gegen den Zerlegungsbescheid das zulässige Rechtsmittel zu ergreifen. Versäumt sie dies und wird der Zerlegungsbescheid rechtskräftig, dann kommt eine neue Zerlegung nicht mehr in Betracht.

In den Fällen, in denen wegen versehentlicher Nichtberücksichtigung einer Gemeinde eine neue Zerlegung stattfindet, ist das Finanzamt an die bisherige Zerlegung in einem gewissen Umfange dann gebunden, wenn die bisherige Zerlegung gegenüber den Gemeinden, die an dem bisherigen Zerlegungsverfahren beteiligt waren, unanfechtbar geworden ist. Alsdann dürfen bei der neuen Zerlegung nur solche Änderungen vorgenommen werden, die sich aus der nachträglichen Berücksichtigung der bisher übergangenen Gemeinde ergeben. Beispiel:

Ein Steuermeßbetrag für die Gewerbesteuer soll auf die Gemeinden zerlegt werden, in denen das steuerpflichtige Unternehmen Betriebstätten hat. Zerlegungsmaßstab ist das Verhältnis, in dem die Summen der Gehälter und Löhne, die in allen im Reichsgebiet belegenen Betriebsstätten der Unternehmung bezahlt worden sind, zu den Löhnen und Gehältern steht, die in den Betriebstätten der einzelnen Gemeinden bezahlt worden sind. An Gehältern und Löhnen sind bezahlt worden in Betriebstätten, die sich befinden:

in der Gemeinde A:	100 000 *RM*,
in der Gemeinde B:	80 000 „
in der Gemeinde C:	120 000 „
zusammen:	300 000 *RM*.

Irrtümmlich hat das Finanzamt bei der Zerlegung angenommen, daß die in B belegene Betriebstätte im Gebiet von A liegt, und es sind infolgedessen zugewiesen worden:

der Gemeinde A: 180/300 des Steuermeßbetrags,
der Gemeinde C: 120/300 „ „ .

Nachträglich tritt die Gemeinde B mit ihrem Anspruch hervor. Daraufhin wird ein neuer Zerlegungsbescheid erlassen, durch den zugeteilt werden:

der Gemeinde A: 100/300 des Steuermeßbetrags,
der Gemeinde B: 80/300 „ „
der Gemeinde C: 120/300 „ „ .

Ist bereits ein Jahr verflossen, seitdem die Festsetzung des zu zerlegenden Steuermeßbetrags unanfechtbar geworden ist, so findet wegen Nichtberücksichtigung einer Gemeinde ein neues Zerlegungsverfahren nicht mehr statt. Um die Jahresfrist zu wahren, ist es erforderlich, aber auch ausreichend, daß innerhalb des Jahrs die versehentlich nicht berücksichtigte Gemeinde beim Finanzamt den Antrag stellt, eine neue Zerlegung vorzunehmen (§ 387 Abs. 3 AO.).

Die Frage der Zurücknahme und Abänderung von Zerlegungsverfügungen ist in § 387 AO. abschließend geregelt; die Vorschriften der §§ 93, 95 und 96 AO. sind deshalb nicht anwendbar; dagegen ist die Zurücknahme oder Änderung des Zerlegungsbescheids nach § 94 AO. als zulässig zu erachten.

5. Das Rechtsmittelverfahren (§ 388 AO.). Als Rechtsmittel sind den Beteiligten im Zerlegungsverfahren gegeben:

a) gegen den Zerlegungsbescheid des Finanzamts sowie gegen eine Verfügung des Finanzamts, durch die ein Antrag auf Erlaß eines Zerlegungsbescheids abgelehnt wird: die Beschwerde. Über sie entscheidet das Landesfinanzamt;

b) gegen die Beschwerdeentscheidung des Landesfinanzamts: die weitere Beschwerde; über sie entscheidet der Reichsfinanzhof im Beschlußverfahren.

Die Frist für die Einlegung der Beschwerde an das Landesfinanzamt beträgt 6 Wochen, die Frist für die Einlegung der weiteren Beschwerde an den Reichsfinanzhof einen Monat.

Einwendungen dahingehend, daß der zu zerlegende Steuermeßbetrag unrichtig festgesetzt worden sei, können nur durch Rechtsmittel gegen den Steuermeßbescheid von den Personen geltend gemacht werden, die berechtigt sind, gegen den Steuermeßbescheid ein Rechtsmittel einzulegen. Dagegen kann der Zerlegungsbescheid nicht mehr mit der Begründung angefochten werden, daß der zerlegte Steuermeßbetrag unrichtig festgesetzt worden sei.

Legt einer der Beteiligten gegen den Zerlegungsbescheid ein Rechtsmittel ein, so wird dadurch die Wirkung des Zerlegungsbescheids nicht gehemmt, ebensowenig wie hierdurch die Wirkung des Steuer- oder Veranlagungsbescheids aufgehalten wird. Ist sowohl gegen den Bescheid, durch den der Steuermeßbetrag festgesetzt worden ist, als auch gegen den Bescheid, durch den der Steuermeßbetrag zerlegt worden ist, ein Rechtsmittel eingelegt worden, so kann, sofern nicht wichtige Interessen der Beteiligten entgegenstehen, die Rechtsmittelbehörde, die über das gegen den Zerlegungsbescheid eingelegte Rechtsmittel zu entscheiden hat, das Verfahren so lange aussetzen, bis der Steuermeßbetrag unanfechtbar feststeht.

Im Rechtsmittelverfahren können die Beteiligten die Akten beim Gericht einsehen und sich auf ihre Kosten Abschriften daraus geben lassen, soweit nicht der Vorsitzende des Gerichts aus dringenden dienstlichen Gründen Ausnahmen verfügt. Für Vorakten, Beiakten, Gutachten und Auskünfte gilt das nur mit Zustimmung der Stelle, der die Akten gehören oder die die Äußerung eingezogen hat.

6. **Die Kosten des Rechtsmittelverfahrens in Zerlegungssachen**: zu vgl. § 388a AO.

7. **Die Beteiligung der Gemeindeverbände und Gutsbezirke am Zerlegungsverfahren.** Durch die Zerlegung werden in erheblichem Umfange auch die Interessen der Gemeindeverbände und Gutsbezirke berührt; sie werden deshalb in gewissem Umfang am Zerlegungsverfahren beteiligt. Auf die Bestimmung des § 389 AO. wird verwiesen.

IV. **Das Zuteilungsverfahren** (§ 390 AO.). Ist ein Steuermeßbetrag in voller Höhe einer Gemeinde zuzuteilen, besteht aber Streit darüber, welches die berechtigte Gemeinde ist oder auf welche Zeit sich die Berechtigung erstreckt, so hat auf Antrag des Steuerpflichtigen oder einer Gemeinde das Finanzamt durch schriftlichen Bescheid (Zuteilungsbescheid) zu entscheiden.

Besteht Streit darüber, ob ein Anteil am Steuermeßbetrag, der einer Gemeinde zugeteilt worden war, auf eine andere Gemeinde übergegangen ist, gegebenenfalls wann dies geschehen ist, so hat auf Antrag des Steuerpflichtigen oder der Gemeinde das Finanzamt durch schriftlichen Bescheid (Zuteilungsbescheid) zu entscheiden.

Die Vorschriften, die für das Zerlegungsverfahren gelten, finden auf das Zuteilungsverfahren entsprechende Anwendung.

V. **Die Verteilung des Steuerobjekts nach dem Finanzausgleichgesetz.** Nach dem bisherigen Realsteuerrecht spielte für die Frage der Verteilung der Realsteuerobjekte die Bestimmung des § 12 FAG. i. d. F. von Teil 5 Art. 3 der VO. vom 1. Dezember 1930 (RGBl. I S. 517) eine erhebliche Rolle. Nach dieser Bestimmung stand einem Steuerpflichtigen, der in mehreren Ländern zu gleichartigen Landes- oder Gemeindesteuern von demselben Steuerobjekt herangezogen wurde, der Antrag auf Verteilung des Steuerobjekts zu. Die Bestimmung des § 12 FAG. ist durch § 12 EinfGRealStG. aufrecht erhalten worden; nach dem neu eingefügten Abs. 2 kommen aber die Bestimmungen des § 12 Abs. 1 FAG. nicht mehr zu Raum, soweit das Zerlegungsverfahren der Reichsabgabenordnung Platz greift. Da für das Verfahren über die Zerlegung der Steuermeßbeträge die Bestimmungen der AO. gelten, ist § 12 FAG. für das Gewerbesteuerrecht bedeutungslos geworden.

§ 28

Allgemeines

(1) Werden Betriebstätten zur Ausübung des Gewerbes in mehreren Gemeinden unterhalten, so ist der einheitliche Steuermeßbetrag in die auf die einzelnen Gemeinden entfallenden Anteile (Zerlegungsanteile) zu zerlegen. Das gleiche gilt in den Fällen, in denen eine Betriebstätte sich über mehrere Gemeinden erstreckt.

(2) Maßgebend für die Zerlegung sind die Verhältnisse zu Beginn des Erhebungszeitraums. In den Fällen des § 22 Absatz 1 sind die Verhältnisse zu Beginn des Monats maßgebend, der auf den Eintritt in die Steuerpflicht folgt.

1. **Allgemeines.** Nach dem Grundsatz des § 4 Abs. 1 GewStG. unterliegen die stehenden Gewerbebetriebe der Gewerbesteuer in der Gemeinde, in der eine Betriebstätte zur Ausübung des stehenden Gewerbes unterhalten wird. Befinden sich Betriebstätten desselben Gewerbebetriebs in mehreren Gemeinden oder erstreckt sich eine Betriebstätte über mehrere Gemeinden, so wird die Gewerbesteuer in jeder Gemeinde nach dem Teil des Steuermeßbetrags erhoben, der auf sie entfällt. Der Vorschrift des § 4 Abs. 1 entspricht jene des § 28 Abs. 1 GewStG.; hiernach ist, wenn Betriebstätten zur Ausübung des Gewerbes in mehreren Gemeinden unterhalten werden, der einheitliche Steuermeßbetrag in die auf die einzelnen Gemeinden entfallenden Anteile (Zerlegungsanteile) zu zerlegen. Das gleiche gilt in den Fällen, in denen eine Betriebstätte sich über mehrere Gemeinden erstreckt. Eine Zerlegung kann begrifflich nur in Betracht kommen, wenn ein Betrieb — zu Beginn des Erhebungszeitraums — mindestens zwei — unselbständige — Betriebstätten hat oder wenn zwar nur eine Betriebstätte besteht, diese sich aber über mehrere Gemeinden erstreckt. Hat ein Unternehmer mehrere selbständige Betriebe, so kommt eine Zerlegung nicht in Betracht.

Bei der Zerlegung werden nur Betriebsgemeinden berücksichtigt; Gemeinden, in denen Arbeitnehmer nur wohnen, ohne dort in einer Betriebstätte beschäftigt zu sein, scheiden aus; solche Wohngemeinden haben jedoch unter Umständen einen Anspruch gegen die Betriebsgemeinden auf Ausgleichszuschüsse gemäß §§ 12 bis 21 EinfGRealStG.

Zerlegt wird nicht die Gewerbesteuer oder Lohnsummensteuer, sondern der einheitliche Steuermeßbetrag bzw. der Steuermeßbetrag nach der Lohnsumme; Zweck der Zerlegung ist dementsprechend, die auf die einzelnen Gemeinden entfallenden Anteile am einheitlichen Steuermeßbetrag oder Steuermeßbetrag nach der Lohnsumme aufzuteilen. In Betracht kommt hienach für einen Steuermeßbetrag stets die Zerlegung in mindestens zwei Anteile. Die auf die einzelnen Gemeinden entfallenden Anteile heißen Zerlegungsanteile. Die so ermittelten Zerlegungsanteile an den Steuermeßbeträgen werden der Gewerbe- bzw. Lohnsummenbesteuerung in den einzelnen Gemeinden unterworfen, und zwar ergibt die Vervielfachung des Zerlegungsanteils mit dem Hebesatz die Gewerbe- bzw. Lohnsummensteuer, die der Steuerschuldner an die betreffende Gemeinde zu entrichten hat.

2. Zeitpunkt der Zerlegung. Die Zerlegung hat zu erfolgen, wenn ein einheitlicher Steuermeßbetrag ermittelt wird. Das ist grundsätzlich für jedes Rechnungsjahr der Fall (§ 14 Abs. 2 GewSt.-G.). Eine Zerlegung ist weiter notwendig, wenn ein Gewerbebetrieb im Lauf des Erhebungszeitraums neu gegründet wird oder neu in die Steuerpflicht eintritt. Eine neue Zerlegung wird notwendig, wenn sich der bereits festgesetzte Steuermeßbetrag — infolge Berichtigung — usw. ändert (§ 387 Abs. 2 AO.).

3. Maßgebende Verhältnisse für die Zerlegung. Maßgebend für die Zerlegung sind grundsätzlich die Verhältnisse zu Beginn des Erhebungszeitraums; es sind hiernach nur auf solche Gemeinden Zerlegungsanteile auszuscheiden, in denen sich zu Beginn des Erhebungszeitraums, d. i. am 1. April, eine Betriebstätte befand.

Beispiel: Ein Unternehmen, das auf den 31. Dezember abschließt, hatte im Kalenderjahr 1936 Betriebstätten in München, Stuttgart und Köln. Die Betriebstätten bestanden auch am 1. April 1937. In diesem Falle sind die drei genannten Gemeinden bei der Zerlegung zu berücksichtigen. Wäre im vorbezeichneten Beispiele die Betriebstätte in München am 1. Februar 1937 weggefallen, so könnte eine Ausscheidung auf München nicht erfolgen. Eine besondere Frage ist, ob dann, wenn zwischen dem Schluß des maßgebenden Wirtschaftsjahrs und dem Beginn des Rechnungsjahrs — im vorbezeichneten Beispiel zwischen dem 1. Januar 1937 und 1. April 1937 — eine Betriebstätte eröffnet wird, die Gemeinde, in der die Betriebstätte eröffnet wird, zu berücksichtigen ist. Die Frage ist zu bejahen. Auf die Bestimmung des § 32 GewStG. wird verwiesen.

Eine Sonderregelung gilt für den Fall, daß während des Erhebungszeitraums ein Gewerbebetrieb neu gegründet wird oder ein bereits bestehender Gewerbebetrieb infolge Wegfalls des Befreiungsgrunds in die Steuerpflicht eintritt (Fall des § 22 Abs. 1 GewStG.). In diesem Falle sind für die Zerlegung die Verhältnisse zu Beginn des Monats maßgebend, der auf den Eintritt in die Steuerpflicht folgt. Beispiel: Ein Betrieb mit dem Ort der Leitung in X. und einer Betriebstätte in Y. wird am 10. Juli 1937 neu gegründet. Am 25. Juli 1937 wird ein weiterer Betrieb in Z. eröffnet. Die Zerlegung bestimmt sich nach den Verhältnissen am 1. August 1937, so daß also auch die Betriebstätte in Z. berücksichtigt wird. Würde dagegen die Betriebstätte in Z. erst am 2. August 1937 eröffnet, so würde die Gemeinde Z. für den laufenden Erhebungszeitraum ausfallen.

§ 29

Zerlegungsmaßstab

(1) Zerlegungsmaßstab ist:

1. bei Versicherungs-, Bank- und Kreditunternehmen:
   das Verhältnis, in dem die Summe der in allen inländischen Betriebstätten erzielten Betriebseinnahmen zu den in den Betriebstätten der einzelnen Gemeinden erzielten Betriebseinnahmen steht;
2. in den übrigen Fällen, vorbehaltlich der Ziffer 3:
   das Verhältnis, in dem die Summe der Arbeitslöhne, die an die bei allen inländischen Betriebstätten beschäftigten Arbeitnehmer gezahlt worden sind, zu den Arbeitslöhnen steht, die an die bei den Betriebstätten der einzelnen Gemeinden beschäftigten Arbeitnehmer gezahlt worden sind;
3. bei Wareneinzelhandelsunternehmen:
   zur Hälfte das in Ziffer 1 und zur Hälfte das in Ziffer 2 bezeichnete Verhältnis.

(2) Bei der Zerlegung nach Absatz 1 sind die Betriebseinnahmen oder Arbeitslöhne anzusetzen, die in dem nach § 10 Absatz 1 maßgebenden Kalenderjahr (Wirtschaftsjahr) erzielt oder gezahlt worden sind. In den Fällen des § 10 Absätze 2 bis 4 sind die mutmaßlichen Betriebseinnahmen oder Arbeitslöhne der ersten zwölf Monate zugrunde zu legen.

(3) Bei Ermittlung der Verhältniszahlen sind die Betriebseinnahmen oder Arbeitslöhne auf volle 1000 Reichsmark abzurunden.

Das GewStG. kennt ordentliche und außerordentliche Zerlegungsmaßstäbe; die ordentlichen Zerlegungsmaßstäbe werden in § 29, die außerordentlichen in § 33 geregelt.

1. Der **Zerlegungsmaßstab im allgemeinen.** (Ordentlicher) Zerlegungsmaßstab ist:

a) b e i V e r s i c h e r u n g s -, B a n k - u n d K r e d i t u n t e r n e h m e n: das Verhältnis, in dem die Summe der in allen inländischen Betriebstätten erzielten Betriebseinnahmen zu den in den Betriebstätten der einzelnen Gemeinden erzielten Betriebseinnahmen steht;

b) in den übrigen Fällen — mit Ausnahmen der Wareneinzelhandelsunternehmen —: das Verhältnis, in dem die Summe der Arbeitslöhne, die an die bei allen inländischen Betriebstätten beschäftigten Arbeitnehmer gezahlt worden sind, zu den Arbeitslöhnen steht, die an die bei den Betriebstätten der einzelnen Gemeinden beschäftigten Arbeitnehmer gezahlt worden sind;

c) bei Wareneinzelhandelsunternehmen: zur Hälfte das in Buchstabe a und zur Hälfte das in Buchstabe b bezeichnete Verhältnis.

Die Zerlegungsmaßstäbe sind einheitlich anzuwenden; ein Voraus, wie er nach bisherigem Recht vielfach den Gemeinden der Betriebsleitung zugestanden wurde, kann nicht mehr gewährt werden.

Die Zerlegungsmaßstäbe stehen nach Maßgabe ihrer Anwendbarkeit gleichwertig nebeneinander; begegnet die Anwendbarkeit eines bestimmten Zerlegungsmaßstabs wie z. B. bei gemischten Betrieben Schwierigkeiten (zu vgl. den nächst. Absatz), so kann nicht ohne weiteres dem Maßstab der gezahlten Löhne und Gehälter, der an sich der allgemeinere Maßstab ist, ein Vorrang eingeräumt werden.

Zweifelhaft ist, welcher Maßstab anzuwenden ist, wenn ein gemischtes, d. h. ein Unternehmen vorliegt, das nicht einheitlich unter eine der in § 29 Abs. 1 genannten Gruppen fällt. Beispiel: Ein Bankgeschäft beschäftigt sich auch mit Warenexport. Die Lösung der Zweifelsfrage hat wohl in der Weise zu erfolgen, daß festzustellen ist, in welchem Verhältnis die einzelnen Geschäftsgattungen an dem Ertrag beteiligt sind und daß das also gefundene Verhältnis der Zerlegung zugrunde zu legen ist. Beispiel: Aus dem Bankgeschäft werden drei Viertel, aus dem Warenexport ein Viertel der Erträge erzielt; die Zerlegung hat zu drei Vierteln nach dem Maßstab a, zu einem Viertel nach dem Maßstab b zu erfolgen. Nur dann, wenn eine Geschäftsart von nur geringfügiger Bedeutung ist, wäre ein einheitlicher Zerlegungsmaßstab anzuwenden.

Unter Wareneinzelhandelsunternehmen sind nur solche Betriebe zu verstehen, die tatsächlich nur Wareneinzelhandel betreiben. Der Maßstab c kann deshalb nicht angewendet werden, wenn ein Fabrikunternehmen auch Waren im Einzelhandel absetzt; in diesem Falle kann, weil ein „Wareneinzelhandelsunternehmen" nicht vorliegt, nur der Maßstab b der Zerlegung zugrunde gelegt werden.

2. Der für die Berechnung des Zerlegungsmaßstabs maßgebende Zeitraum. Nach der Regelung des Abs. 2 stimmt der für die Berechnung der Verhältniszahlen maßgebende Zeitraum mit dem Zeitraum überein, der für die Ermittlung des Gewerbeertrags maßgebend ist (§ 10 Abs. 1 und 2 GewStG.). Die Verhältnisse des Erhebungszeitraums haben also keine Bedeutung. § 29 Abs. 2 bestimmt, daß bei der Zerlegung die Betriebseinnahmen oder Arbeitslöhne anzusetzen sind, die in dem nach § 10 Abs. 1 maßgebenden Kalenderjahr (Wirtschaftsjahr) erzielt oder gezahlt worden sind. In den Fällen des § 10 Abs. 2 bis 4 sind die mutmaßlichen Betriebseinnahmen oder Arbeitslöhne zu berücksichtigen.

3. Die Abrundung der Zerlegungsmaßstäbe. Bei Ermittlung der Verhältniszahlen sind die Betriebseinnahmen oder Arbeitslöhne, die in den einzelnen Betriebstätten erzielt bzw. bezahlt worden sind, auf volle 1000 *RM* abzurunden.

§ 30

Zerlegung bei mehrgemeindlichen Betriebstätten

Erstreckt sich die Betriebstätte auf mehrere Gemeinden, so ist der einheitliche Steuermeßbetrag oder Zerlegungsanteil auf die Gemeinden zu zerlegen, auf die sich die Betriebstätte erstreckt, und zwar nach der Lage der örtlichen Verhältnisse unter Berücksichtigung der durch das Vorhandensein der Betriebstätte erwachsenden Gemeindelasten.

§ 30 regelt den Fall, daß sich eine — einheitliche — Betriebstätte auf mehrere Gemeinden erstreckt; der einheitliche Steuermeßbetrag oder — falls auf die einheitliche Betriebstätte ein Zerlegungsanteil ausgeschieden ist — der Zerlegungsanteil ist in diesem Falle auf die Gemeinden nach der Lage der örtlichen Verhältnisse unter Berücksichtigung der durch das Vorhandensein der Betriebstätte erwachsenden Gemeindelasten zu zerlegen.

Eine einheitliche Betriebstätte — und demnach der Anwendungsfall des § 30 — liegt nur vor, wenn die zur Betriebstätte gehörigen Betriebsanlagen nicht nur räumlich, sondern auch organisatorisch, wirtschaftlich und technisch ein einheitliches Ganzes bilden. Eine einheitliche Betriebstätte werden in diesem Sinn darstellen Wasserwerke, die die Wasserabnehmer selbst versorgen; zur einheitlichen Betriebstätte gehören das Wasserwerk mit allen seinen mit ihm verbundenen Rohrleitungen und sonstigen Einrichtungen. Das gleiche wird hinsichtlich von Elektrizitätswerken und Überlandzentralen hinsichtlich des Werks selbst mit seinen Kabeln, Transformatoren usw. zu gelten haben.

Die Wahl des Zerlegungsmaßstabs hängt in den Fällen des § 30 vom freien Ermessen des Finanzamts ab. Dieses freie Ermessen ist aber in zweifacher Hinsicht begrenzt: Der Maßstab darf nicht willkürlich sein; sodann müssen „die Lage der örtlichen Verhältnisse" und „die durch das Vorhandensein der Betriebstätte erwachsenden Gemeindelasten" berücksichtigt werden. Bei Würdigung der örtlichen Verhältnisse ist nicht nur dem Umfang der von der Betriebstätte bedeckten Fläche, sondern auch der Bedeutung und dem Wert der Betriebsanlage Rechnung zu tragen. Als Gemeindelasten kommen nicht nur solche Lasten in Frage, die durch das Wohnen der Arbeiter verursacht werden (z. B. Schul-, Wohlfahrts- und Armenlasten), sondern auch Wegelasten.

§ 31

Begriff der Arbeitslöhne für die Zerlegung

Arbeitslöhne sind die Vergütungen im Sinn des § 24 Absätze 2 bis 5 mit folgenden Abweichungen:

1. nach dem Gewinn berechnete einmalige Vergütungen (z. B. Tantiemen, Gratifikationen) sind nicht anzusetzen. Das gleiche gilt für sonstige Vergütungen, soweit sie bei dem einzelnen Arbeitnehmer 40 000 Reichsmark übersteigen;
2. bei Unternehmen, die nicht von einer juristischen Person betrieben werden, sind für die im Betrieb tätigen Unternehmer (Mitunternehmer) insgesamt 6000 Reichsmark jährlich anzusetzen;
3. bei Eisenbahnunternehmen sind die Vergütungen, die an die in der Werkstättenverwaltung und im Fahrdienst beschäftigten Arbeitnehmer gezahlt worden sind, mit dem um ein Drittel erhöhten Betrag anzusetzen.

1. Während das Gesetz davon absieht, den Begriff der „erzielten Betriebseinnahmen" zu erläutern, wird in § 31 der Begriff der Arbeitslöhne näher umschrieben. Mit gewissen — in § 31 bezeichneten Abweichungen — sind Arbeitslöhne grundsätzlich die Vergütungen im Sinn des § 24 Abs. 2 bis 5, d. h. also die Vergütungen, die der Lohnsummensteuer unterliegen. Das hat u. a. zur Folge, daß die Bezüge von Lehrlingen, weiter die Ruhegehälter früherer Lohn- und Gehaltsempfänger, ferner die Aufsichtsratsvergütungen keine Arbeitslöhne im Sinn der Zerlegungsbestimmungen sind; das gleiche gilt grundsätzlich für die Entnahme des Betriebsinhabers für die von ihm im Betrieb geleisteten Arbeiten, weiter für die Bezüge der Gesellschafter von offenen Handelsgesellschaften, Kommanditgesellschaften und sonstigen Gesellschaften, bei denen die Gesellschafter als Mitunternehmer anzusehen sind, für die der Gesellschaft geleisteten Dienste, da diese Bezüge Unternehmergewinn und nicht Arbeitslöhne sind (§ 15 Ziff. 2 EStG.).

Abweichend von den Grundsätzen des § 24 Abs. 2 bis 5 gelten folgende Vergütungen nicht als Arbeitslöhne im Sinn des § 31:

a) nach dem Gewinn berechnete einmalige Vergütungen (z. B. Tantiemen, Gratifikationen). Das gleiche gilt für sonstige Vergütungen, soweit sie bei dem einzelnen Arbeitnehmer 40 000 *RM* übersteigen.

Nach dem Gewinn berechnet sind nur solche einmalige Gratifikationen und Tantiemen, die in einem bestimmten Teilbetrag des Gewinns — an das Verwaltungs- oder Betriebspersonal — zu gewähren sind. Nicht hierunter werden für den Regelfall z. B. die

Weihnachtsgratifikationen fallen. Die Vorschrift, daß auch die sonstigen Vergütungen, soweit sie bei dem einzelnen Arbeitnehmer 40000 RM übersteigen, unberücksichtigt zu lassen sind, soll verhindern, daß der Zerlegungsanteil der Leitungsgemeinde zuungunsten der Betriebsgemeinden, der doch die Hauptlasten durch den Betrieb erwachsen, ungerechtfertigt vergrößert wird;

b) bei Unternehmen, die nicht von einer juristischen Person betrieben werden, sind für die im Betrieb tätigen Unternehmer (Mitunternehmer) insgesamt 6000 RM jährlich anzusetzen; bei kürzerer Tätigkeit ist ein entsprechend geringerer Betrag zu berechnen;

c) bei Eisenbahnunternehmen sind die Vergütungen, die an die in der Werkstättenverwaltung und im Fahrdienst beschäftigten Arbeitnehmer gezahlt worden sind, mit dem um ein Drittel erhöhten Betrag anzusetzen.

2. Beispiel für die Zerlegung:

a) Eine Maschinenfabrik (Aktiengesellschaft) schließt am 31. Dezember ab. Der Veranlagung der Gewerbesteuer für das Rechnungsjahr 1937 (1. April 1937 bis 31. März 1938) sind damit die Ergebnisse des Kalenderjahrs 1936 sowie der Einheitswert auf den 1. Januar 1935 (außer es ist eine Fortschreibungsfeststellung erfolgt) zugrunde zu legen. Die Maschinenfabrik hat im Kalenderjahr 1936 einen Gewinn von 100000 RM erzielt; das Betriebskapital beträgt 800000 RM. Der einheitliche Steuermeßbetrag beziffert hiernach (5000 RM + 1600 RM) = 6600 RM. Das Unternehmen unterhielt im Kalenderjahr 1936 Betriebstätten in Augsburg, Köln, Leipzig und Stuttgart. An Löhnen und Gehältern sind im Kalenderjahr bezahlt worden in Augsburg 510656 RM, darunter für einen leitenden Direktor 50000 RM, in Köln 250210 RM, in Leipzig 125220 RM und in Stuttgart 25330 RM. Für die Berechnung der Zerlegungsanteile sind die Arbeitslöhne auf 510000, 250000, 125000 und 25000 RM abzurunden; die Vergütung an den leitenden Direktor in Augsburg kann nur mit 40000 RM berücksichtigt werden. Die Lohnsumme beträgt insgesamt 500000 + 250000 + 125000 + 25000 = 900000 RM. Von dem Steuermeßbetrag von 6600 RM entfallen auf:

Augsburg: $\frac{6600 \times 500}{900} = 3666.67$ RM

Köln: $\frac{6600 \times 250}{900} = 1833.34$ „

Leipzig: $\frac{6600 \times 125}{900} = 916.66$ „

Stuttgart: $\frac{6600 \times 25}{900} = 183.33$ „

Würde die Betriebstätte in Stuttgart am 1. Juli 1936 errichtet worden sein, so wäre zu ermitteln, wieviel Löhne in der Zeit vom 1. Juli 1936 bis 30. Juni 1937 voraussichtlich gezahlt werden. Angenommen, daß vom 1. Juli bis 31. Dezember 1936 10000 *RM* bezahlt worden sind und daß vom 1. Januar bis 30. Juni 1937 voraussichtlich noch weitere 35000 *RM* bezahlt werden, so ist bei der Zerlegung von einer zu berücksichtigenden Gesamtlohnsumme von (500000 + 250000 + 125000 + 45000) = 920000 *RM* auszugehen.

b) Für ein in der Form einer oHG. betriebenes Wareneinzelhandelsunternehmen ist ein einheitlicher Steuermeßbetrag von 1200 *RM* festgesetzt worden. Ort der Leitung des Unternehmens ist X.; hier sind auch die beiden Gesellschafter tätig. Das Unternehmen hat eine Filiale in Z. Im maßgebenden Wirtschaftsjahr sind an Löhnen und Gehältern bezahlt worden in X. 6000 *RM*, in Z. 2000 *RM*, an Betriebseinnahmen wurden erzielt in X. 600000, in Z. 200000 *RM*. Die Zerlegung hat zur Hälfte nach Arbeitslöhnen, zur Hälfte nach Betriebseinnahmen zu erfolgen; zu den in X. bezahlten Löhnen von 6000 *RM* sind 6000 *RM* für die Mitunternehmer zuzusetzen. Die Zerlegung gestaltet sich wie folgt:

Betriebstätte X.: $\frac{600 \times 12000}{14000} + \frac{600 \times 600000}{800000} = 514.28 + 450 = 964.28$ *RM*; Betriebstätte Z.: $\frac{600 \times 2000}{14000} + \frac{600 \times 200000}{800000} = 85.71 + 150 = 235.72$ *RM*.

§ 32

Zeitraum für die Zerlegung in besonderen Fällen

Ist in der Zeit nach dem Beginn des Zeitraums, der für die Ermittlung des Gewerbeertrags maßgebend ist (§ 10 Absätze 1 bis 3), und vor dem Beginn des Erhebungszeitraums eine Betriebstätte neu errichtet worden, so sind bei der Ermittlung der Verhältniszahlen für den Erhebungszeitraum die Betriebseinnahmen oder Arbeitslöhne zu berücksichtigen, die in den auf die Errichtung folgenden zwölf Monaten mutmaßlich in dieser Betriebsstätte erzielt oder gezahlt werden.

Nach dem Grundsatz des § 28 Abs. 2 GewStG. sind bei der Zerlegung grundsätzlich alle die Gemeinden zu berücksichtigen, in denen sich zu Beginn des Erhebungszeitraums Betriebstätten befinden. Zu berücksichtigen sind demnach auch solche Gemeinden, in welchen Betriebstätten **während** des für die Ermittlung des Gewerbeertrags maßgebenden Zeitraums (§ 10 Abs. 1 bis 3 des Ges.) oder nach Schluß dieses Zeitraums bis zum Beginn des Erhebungszeitraums eine Betriebstätte neu errichtet wurde (zu vgl. Bem. 3 zu § 28). § 32 regelt die Frage, welche Verhältniszahlen für die Ermittlung des auf die neugegründete Betriebstätte entfallenden Zerlegungsanteils maßgebend sind. Um die Gemeinden, in denen im fraglichen Zeitraum neue Betriebstätten errichtet wurden, nicht zu schädigen, bestimmt § 32, daß bei Ermittlung der Verhältniszahlen für den Erhebungszeitraum die Betriebseinnahmen oder Arbeitslöhne zu berücksichtigen sind, „die in den auf die Errichtung folgenden zwölf Monaten mutmaßlich in dieser Betriebstätte erzielt oder gezahlt werden". Die hiernach zugrunde zu legenden Betriebseinnahmen und Arbeitslöhne müssen erforderlichenfalls geschätzt werden. Bei der Schätzung ist die wirtschaftliche Entwicklung der Betriebstätte zu berücksichtigen; es darf also nicht einfach so vorgegangen werden, daß die bis zum Zeitpunkt der Zerlegung erzielten Betriebseinnahmen und gezahlten Arbeitslöhne schematisch auf zwölf Monate umgerechnet werden.

§ 33

Zerlegung in besonderen Fällen

(1) Führt die Zerlegung nach §§ 28 bis 32 zu einem offenbar unbilligen Ergebnis, so ist nach einem Maßstab zu zerlegen, der die tatsächlichen Verhältnisse besser berücksichtigt. In dem Zerlegungsbescheid hat das Finanzamt darauf hinzuweisen, daß bei der Zerlegung Satz 1 angewendet worden ist.

(2) Einigen sich die Gemeinden mit dem Steuerschuldner über die Zerlegung, so ist der Steuermeßbetrag nach Maßgabe der Einigung zu zerlegen.

Vorbemerkung.

Die Bestimmungen des § 33 enthalten die außerordentlichen Verteilungsmaßstäbe. Die außerordentlichen Verteilungsmaßstäbe des GewStG. entsprechen im wesentlichen den außerordentlichen Maßstäben, wie sie in § 85 der RBewDB. 1935 für die Zerlegung der Einheitswerte festgelegt sind.

Abs. 1.

Die Bestimmung des Abs. 1 sieht einen außerordentlichen Zerlegungsmaßstab für die Fälle vor, in denen die Anwendung der ordentlichen Zerlegungsmaßstäbe zu offenbaren unbilligen Ergebnissen führen würde.

Die Frage, wann die Zerlegung nach den ordentlichen Zerlegungsmaßstäben zu unbilligen Ergebnissen führt, kann nicht allgemein beantwortet werden. Es kommt auf die Verhältnisse des Einzelfalls an. In grundsätzlicher Hinsicht gilt folgendes: Das Ergebnis der Anwendung der ordentlichen Zerlegungsmaßstäbe ist nicht schon dann unbillig, wenn es nicht ganz den tatsächlichen Verhältnissen entspricht. Die Unbilligkeit muß vielmehr irgendwie mit dem ordentlichen Maßstab verbunden sein. Die Anwendung der ordentlichen Maßstäbe muß vor allem zur Folge haben, daß auf die eine oder andere Gemeinde ein offenbar zu geringer Teil des Steuermeßbetrags ausgeschieden, oder daß vielleicht sogar das Besteuerungsrecht der Gemeinde vereitelt würde. Der RFH. hat in dem Urt. Bd. 31 S. 58 eine Unbilligkeit in einem Fall angenommen, in dem von dem steuerpflichtigen Unternehmen, dessen Einheitswert zu zerlegen war, in einem der beteiligten Länder überhaupt keine Löhne und Gehälter gezahlt wurden (zu vgl. auch Beschl. III B 1/35 vom 19. Juni 1935 = RStBl. 35 S. 1404; ferner Beschl. IV B 5/35 vom 27. Nov. 1935 = RStBl. 35 S. 1574).

Welcher Maßstab nach Verwerfung des ordentlichen Zerlegungsmaßstabs zur Anwendung kommt, ist im Gesetz nicht gesagt; möglich ist jeder Maßstab, „der die tatsächlichen Verhältnisse besser berücksichtigt".

Die Anwendung des § 33 Abs. 1 liegt nicht im freien Ermessen des Finanzamts. Von der Zugrundelegung des ordentlichen Zerlegungsmaßstabs ist vielmehr abzusehen, wenn die Voraussetzungen des Abs. 1 gegeben sind; dementsprechend haben die Gemeinden auch einen Anspruch darauf, daß in den in Frage stehenden Fällen ein Maßstab zur Anwendung kommt, der die tatsächlichen Verhältnisse besser berücksichtigt.

Abs. 2.

Erfahrungsgemäß einigen sich die Gemeinden nicht selten mit den Steuerschuldnern über einen von den gesetzlichen Vorschriften abweichenden Zerlegungsmaßstab. Da sich hierdurch vielfach eine komplizierte Zerlegung vermeiden läßt, soll diesen Vereinbarungen unter den Gemeinden nicht vorgegriffen werden. Es ist daher im Gesetz bestimmt, daß, wenn eine Einigung zwischen den Beteiligten zustande kommt, die Zerlegung ohne Anwendung des gesetzlich vorgesehenen Zerlegungsmaßstabs auf Grund der Einigung vorzunehmen ist. Der vereinbarte Zerlegungsmaßstab tritt alsdann *ohne weiteres* an die Stelle des ordentlichen Maßstabs.

Die Anwendung des Zerlegungsmaßstabs des Abs. 2 setzt eine Einigung mit dem Steuerschuldner voraus. Diese Einigung mit dem Steuerschuldner ist erforderlich, weil der Steuerschuldner ein Interesse an der Art und Weise der Zerlegung hat; dieses Interesse ergibt sich daraus, daß die Hebesätze in den einzelnen Gemeinden in der Regel verschieden hoch sind und daß dem Steuerpflichtigen deshalb daran gelegen sein wird, daß der Gemeinde, in der die Hebesätze am höchsten sind, ein verhältnismäßig nicht zu hoher Teil des Steuermeßbetrags zugeteilt wird. Eine weitere Voraussetzung als die Einigung der Beteiligten braucht für die Anwendung des Zerlegungsmaßstabs des Abs. 2 nicht gegeben zu sein; es ist insbesondere nicht erforderlich, daß die Zugrundelegung des ordentlichen Zerlegungsmaßstabs zu einer offenbaren Unbilligkeit in der Zerlegung führen würde.

Auf die Anwendung des Abs. 2 hat der Steuerschuldner keinen Anspruch; es liegt vielmehr ausschließlich im Ermessen der beteiligten Gemeinden, ob sie an den Steuerschuldner wegen einer Einigung herantreten wollen. Der Steuerschuldner ist an die Einigung solange gebunden, als die Zerlegung gilt, es müßte denn sein, daß die Einigung für längere Zeit gelten soll.

§ 34

Kleinbeträge

(1) Übersteigt der einheitliche Steuermeßbetrag nicht den Betrag von 10 Reichsmark, so ist er in voller Höhe der Gemeinde zuzuweisen, in der sich die Geschäftsleitung befindet. Befindet sich die Geschäftsleitung im Ausland, so ist der Steuermeßbetrag der Gemeinde zuzuweisen, in der sich die wirtschaftlich bedeutendste der inländischen Betriebstätten befindet.

(2) Übersteigt der Steuermeßbetrag zwar den Betrag von 10 Reichsmark, würde aber nach den Zerlegungsvorschriften einer Gemeinde ein Zerlegungsanteil von nicht mehr als 10 Reichsmark zuzuweisen sein, so ist dieser Anteil der Gemeinde zuzuweisen, in der sich die Geschäftsleitung befindet. Absatz 1 Satz 2 ist entsprechend anzuwenden.

1. Zweck des § 34. Die Bestimmungen des § 34 Abs. 1 und 2 dienen der Vereinfachung des Zerlegungsverfahrens. Es soll vermieden werden, daß Klein- und Kleinstbeträge, die für die Gewerbebesteuerung nicht von wesentlicher Bedeutung sind, ausgeschieden werden müssen.

2. Die Grundsätze des § 34 Abs. 1 und 2. In § 34 werden zwei Fälle geregelt:

Fall a (Abs. 1): Der einheitliche Steuermeßbetrag übersteigt nicht den Betrag von 10 *RM*.

Fall b (Abs. 2): Der (einheitliche) Steuermeßbetrag übersteigt zwar den Betrag vom 10 *RM*, es würde aber auf eine Gemeinde ein Teilbetrag auszuscheiden sein, der den Betrag von 10 *RM* nicht übersteigt. Beispiel: Für den Gewerbebetrieb A ist ein einheitlicher Steuermeßbetrag von 75 *RM* festgesetzt worden; nach den Zerlegungsvorschriften entfällt auf die Gemeinde B ein Anteil von 40 *RM*, auf die Gemeinde C ein Anteil von 30 *RM*, auf die Gemeinde E ein Anteil von 5 *RM*. Die Gemeinde E geht leer aus. Der an sich auf sie entfallende Anteil wird der Gemeinde, in der sich die Geschäftsleitung befindet, bzw. wenn sich die Geschäftsleitung im Ausland befindet, der wirtschaftlich bedeutendsten der inländischen Betriebstätten zugewiesen.

3. Begriff der Gemeinde der Geschäftsleitung. Wegen des Begriffs „der Gemeinde, in der sich die Geschäftsleitung befindet", zu vgl. Anm. 2 d zu § 17 des Ges.

4. Die wirtschaftlich bedeutendste der inländischen Betriebstätten. Die wirtschaftlich bedeutendste der inländischen Betriebstätten wird in erster Linie diejenige sein, auf welche der größere Anteil am Steuermeßbetrag auszuscheiden ist. Soweit Betriebstätten in Betracht kommen, in denen lediglich Waren verkauft werden oder nur Umsätze erzielt werden, ist die bedeutendste diejenige, in welcher die größten Umsätze getätigt werden. Befindet sich in einem Orte die kaufmännische Leitung, an einem anderen die Fabrikation, an einem dritten die Lagerung und Versendung der Fabrikate, so kommt es auf die Gesamtheit der Verhältnisse (Betriebskapital, Zahl der beschäftigten Arbeitnehmer) an.

§ 35

Zerlegung bei der Lohnsummensteuer

Erstreckt sich eine Betriebstätte über mehrere Gemeinden, so ist der unter Zugrundelegung der Lohnsumme berechnete Steuermeßbetrag durch den Unternehmer auf die beteiligten Gemeinden in entsprechender Anwendung der §§ 30 und 31 zu zerlegen. Auf Antrag einer beteiligten Gemeinde setzt das Finanzamt den Zerlegungsanteil fest.

Bei der Lohnsummensteuer wird in der Regel eine Zerlegung nicht in Frage kommen, da sich die Lohnsummensteuer ohnehin unmittelbar nach der Summe der in der einzelnen Betriebstätte gezahlten Vergütungen berechnet. Eine Zerlegung wird aber dann notwendig, wenn sich eine einheitliche Betriebstätte über mehrere Gemeinden erstreckt. Nur für diesen Fall wird deshalb auch die Zerlegung bei der Lohnsummensteuer im Gesetz geregelt.

Die Zerlegung hat in entsprechender Anwendung der §§ 30 und 31 GewStG. zu erfolgen. Das bedeutet, daß der unter Zugrundelegung der Lohnsumme berechnete Steuermeßbetrag auf die beteiligten Gemeinden nach Lage der örtlichen Verhältnisse und unter Berücksichtigung der durch das Vorhandensein der Betriebstätte erwachsenden Gemeindelasten zu zerlegen ist (zu vgl. die Bem. zu § 30 GewStG.). Bei Feststellung der Lohnsumme sind die Bestimmungen des § 31 zu beachten.

Die Zerlegung ist grundsätzlich durch den Arbeitgeber vorzunehmen. Lediglich auf Antrag einer beteiligten Gemeinde hat das zuständige Finanzamt — ebenso wie den Steuermeßbetrag (§ 27) — so auch den Zerlegungsanteil festzusetzen. Der Antrag der Gemeinde wird wohl an die gleiche Frist gebunden sein wie der Antrag auf Festsetzung des Steuermeßbetrags (§ 27 Abs. 2 GewStG.).

Abschnitt V

Übergangs- und Schlußbestimmungen.

§ 36

Erstmalige Anwendung des Gesetzes

(1) Das Gesetz ist erstmalig für das am 1. April 1937 beginnende Rechnungsjahr anzuwenden.

(2) Bis zur Bekanntgabe des ersten Steuerbescheids auf Grund dieses Gesetzes hat der Steuerschuldner zu den im § 18 Absatz 1 bezeichneten Zeitpunkten Vorauszahlungen auf die Gewerbesteuer nach dem Gewerbeertrag und dem Gewerbekapital von je einem Viertel der nach dem Landesrecht zuletzt festgesetzten gesamten Jahressteuerschuld zu entrichten. Ergeben sich unter Zugrundelegung der zuletzt festgesetzten Jahressteuerschuld nach § 18 Absatz 2 andere Fälligkeitstage und andere Teilbeträge, so sind diese für die Vorauszahlungen maßgebend.

1. Das GewStG. ist erstmalig für das am 1. April 1937 beginnende Rechnungsjahr anzuwenden; die für dieses Rechnungsjahr zu erhebende Gewerbesteuer wird auf Grund des Gewerbeertrages, der im Kalenderjahr 1936 bzw., soweit Gewerbetreibende in Betracht kommen, die Bücher nach den Vorschriften des Handelsgesetzbuchs zu führen verpflichtet sind und solche tatsächlich führen, in einem Wirtschaftsjahr oder in Wirtschaftsjahren bezogen wurde, die im Kalenderjahr 1936 geendet haben; soweit das Betriebskapital in Betracht kommt, bildet den Ausgangspunkt der Einheitswert des gewerblichen Betriebsvermögens, der auf den 1. Januar 1935 festgestellt bzw. auf den 1. Januar 1936 oder 1937 fortgeschrieben oder nachfestgestellt wurde.

Bis zum 31. März 1937 steht das Gewerbebesteuerungsrecht noch den bisherigen Gewerbesteuergläubigern zu; für die Festsetzung der bis zu diesem Tag einschließlich geschuldeten Gewerbesteuern gelten die bisherigen Vorschriften. Wo die Gewerbesteuer bisher für das Kalenderjahr auf Grund der in diesem Kalenderjahr erzielten Erträge festgesetzt wurde, bilden die Ergebnisse des Kalenderjahrs 1936 die Grundlage sowohl der bisherigen Landesgewerbesteuer als auch der Reichsgewerbesteuer. Wie die Steuergläubiger die Ergebnisse des Zeitraums vom 1. Januar bis 31. März 1937 gewerbesteuerlich erfassen wollen, bleibt ihnen überlassen.

2. **Die Vorauszahlungen nach dem neuen GewStG.** Gemäß § 18 Abs. 1 und 2 GewStG. sind am 15. Mai 1937 die ersten Vorauszahlungen nach dem neuen GewStG. fällig. Vermutlich kann bis zu diesem Tag die Gewerbesteuerveranlagung für das Rechnungsjahr 1937 nicht durchgeführt werden. Um Störungen in der

Einhebung der Gewerbesteuer zu vermeiden, wird in § 36 Abs. 2 übergangsweise bestimmt, daß der Steuerschuldner bis zur Bekanntgabe des neuen Steuerbescheids auf Grund des neuen GewStG. zu den im § 18 Abs. 1 bezeichneten Zeitpunkten Vorauszahlungen auf die Gewerbesteuer nach dem Gewerbeertrag und dem Gewerbekapital von je einem Viertel der nach dem Landesrecht zuletzt festgesetzten gesamten Jahressteuerschuld zu entrichten hat. Ergeben sich unter Zugrundelegung der zuletzt festgesetzten Jahressteuerschuld nach § 18 Abs. 2 andere Fälligkeitstage und andere Teilbeträge — übersteigt also die gesamte Jahressteuerschuld nicht 5 bzw. 10 RM —, so sind diese für die Vorauszahlungen maßgebend.

Unter der zuletzt festgesetzten Jahressteuerschuld sind nicht bloß die Zahlungen an die Länder, sondern auch die Zahlungen an die Gemeinden und Gemeindeverbände — nicht dagegen auch Kirchengemeinden — zu verstehen. Behufs Feststellung der gesamten Jahressteuerschuld sind diese Beträge zusammenzurechnen; die Vorauszahlung beträgt ein Viertel — bzw. (§ 18 Abs. 2 GewStG.) den Jahresbetrag oder die Hälfte — der sich errechnenden Jahressteuerschuld.

3. Unmittelbar bedeutsame Vorschriften. Von unmittelbarem Interesse für den Vollzug des neuen GewStG. sind die Vorschriften der §§ 5 Abs. 2 und 22 GewStG., die bereits vom Tage des Inkrafttretens des Gesetzes an praktische Bedeutung haben.

Anhang

I.

Auszug aus dem Einführungsgesetz zu den Realsteuergesetzen (EinfGRealStG.)

Vom 1. Dezember 1936 (RGBl. I S. 961)

Die Reichsregierung hat das folgende Gesetz beschlossen, das hierdurch verkündet wird:

Abschnitt I
Gemeindeabgaben

Unterabschnitt 1
Realsteuern

§ 1

Allgemeines

Die Gemeinden können vom 1. April 1937 ab die Gewerbesteuer (Steuer vom stehenden Gewerbe) nur nach dem Gewerbesteuergesetz vom 1. Dezember 1936 (Reichsgesetzbl. I S. 979) und vom 1. April 1938 ab die Grundsteuer nur nach dem Grundsteuergesetz vom 1. Dezember 1936 (Reichsgesetzbl. I S. 986) erheben. Dabei gelten die Vorschriften der §§ 2 bis 11.

§ 2

Hebesätze

(1) Die Hebesätze für die Realsteuern (§ 21 des Grundsteuergesetzes und §§ 16 und 25 des Gewerbesteuergesetzes) werden für jedes Rechnungsjahr neu festgesetzt.

(2) Die Hebesätze können im Laufe eines Rechnungsjahrs einmal geändert werden. Die Nachtragshaushaltsatzung über die Festsetzung der neuen Hebesätze muß vor dem 1. Januar erlassen werden. Die Änderung der Hebesätze für die Grundsteuer und für die Gewerbesteuer nach dem Gewerbeertrag und dem Gewerbekapital wirkt auf den Beginn des Rechnungsjahrs zurück. Die Änderung des Hebesatzes für die Lohnsummensteuer gilt erstmals für die Lohnsumme, die in dem Kalendermonat gezahlt wird, der nach dem Erlaß der Nachtragshaushaltsatzung beginnt.

§ 3

Mehrbelastung

Die Hebesätze für die Realsteuern können für einen Teil des Gemeindebezirks oder für eine Gruppe von Steuergegenständen höher als die allgemeinen Hebesätze festgesetzt werden, soweit der Gemeinde Kosten durch Einrichtungen erwachsen, die ausschließlich oder in besonders hervorragendem Maß diesem Teil des Gemeindebezirks oder dieser Gruppe von Steuergegenständen zustatten kommen und für die Beiträge nicht erhoben werden (Mehrbelastung). Bei der Bemessung der Mehrbelastung ist der zur Herstellung und Unterhaltung der Einrichtungen erforderliche Bedarf nach Abzug des etwaigen Ertrages zu berücksichtigen. Die Festsetzung der Mehrbelastung bedarf der Genehmigung der oberen Gemeindeaufsichtsbehörde.

§ 4

Änderung von Gemeindegebieten

(1) Wird das Gebiet von Gemeinden geändert, so kann die hierfür zuständige Behörde für die Gebietsteile, die vorher zu verschiedenen Gemeinden (Gutsbezirken) gehört haben, auf bestimmte Zeit verschiedene Hebesätze zulassen.

(2) Für Gemeinden, in denen aus Anlaß einer früheren Änderung von Gemeindegebieten verschiedene Realsteuersätze für die vorher zu verschiedenen Gemeinden (Gutsbezirken) gehörigen Gebiets-

teile zugelassen waren, bleibt diese Regelung vorläufig aufrechterhalten. Den Zeitpunkt des Außerkrafttretens bestimmt im einzelnen Fall die obere Gemeindeaufsichtsbehörde.

§ 5

Steuervereinbarungen

(1) Vereinbarungen mit Steuerpflichtigen über die Höhe der Steuer sind nur bei der Gewerbesteuer zulässig und bedürfen der Zustimmung der obersten Gemeindeaufsichtsbehörde.

(2) Unberührt bleiben die bisherigen Vereinbarungen, die Länder und Gemeinden (Gemeindeverbände) mit Steuerpflichtigen über die Höhe der Realsteuern rechtswirksam abgeschlossen haben. Soweit aus diesen Vereinbarungen den Ländern und den Gemeindeverbänden Ansprüche zustehen, geht der Anspruch auf die Gewerbesteuer am 1. April 1937 und der Anspruch auf die Grundsteuer am 1. April 1938 auf die Gemeinden über, die zur Erhebung dieser Steuern berechtigt sind.

§ 6

Steuerverkoppelung und Genehmigung der Hebesätze

Der Reichsminister des Innern erläßt im Einvernehmen mit dem Reichsminister der Finanzen Bestimmungen darüber, in welchem Verhältnis die Hebesätze für die Grundsteuer, die Gewerbesteuer und die Bürgersteuer zueinander stehen müssen und inwieweit die Hebesätze für diese Steuern der Genehmigung der Gemeindeaufsichtsbehörden bedürfen.

§ 7

Hebesätze für die Gewerbesteuer für die Rechnungsjahre 1937 und 1938

(1) Für die Rechnungsjahre 1937 und 1938 soll die Gemeinde die Hebesätze für die Gewerbesteuer so bemessen, daß insgesamt kein höheres Aufkommen zu erwarten ist, als bei Weitererhebung der Steuern durch die Gebietskörperschaften nach bisherigem Recht in der Gemeinde erzielt worden wäre. Zum Aufkommen im Sinn des Satzes 1 gehört nicht das Aufkommen für das Rechnungsjahr 1936 in der Gemeinde aus Mehrbelastungen im Sinn des § 3, soweit solche Mehrbelastungen für das laufende Rechnungsjahr unterbleiben und an ihrer Stelle Beiträge oder andere Abgaben erhoben werden.

(2) Der Reichsminister des Innern und der Reichsminister der Finanzen erlassen Richtlinien, unter welchen Voraussetzungen von dem Grundsatz des Absatzes 1 abgewichen werden kann.

§ 8

Hebesätze für die Grundsteuer für das Rechnungsjahr 1938

(1) Für das Rechnungsjahr 1938 soll die Gemeinde die Hebesätze für die Grundsteuer so bemessen, daß insgesamt kein höheres

Aufkommen zu erwarten ist, als bei Weitererhebung der Steuern durch die Gebietskörperschaften nach bisherigem Recht in der Gemeinde erzielt worden wäre. Zum Aufkommen im Sinn des Satzes 1 gehört nicht das Aufkommen für das Rechnungsjahr 1937 in der Gemeinde aus Mehrbelastungen im Sinn des § 3, soweit solche Mehrbelastungen für das Rechnungsjahr 1938 unterbleiben und an ihrer Stelle Beiträge oder andere Abgaben erhoben werden. Zum Aufkommen im Sinn des Satzes 1 gehört auch das Aufkommen für das Rechnungsjahr 1937 in der Gemeinde aus Sondersteuern auf Wohnungen (Wohnraum) und Mieten im Sinn des § 27 Ziffer 3.

(2) Der Reichsminister des Innern und der Reichsminister der Finanzen erlassen Richtlinien, unter welchen Voraussetzungen von dem Grundsatz des Absatzes 1 abgewichen werden kann.

§ 9

Umlagesätze der Gemeindeverbände für die Rechnungsjahre 1937 und 1938

(1) Soweit Gemeindeverbände ihren Finanzbedarf durch Umlagen auf die ihnen zugehörigen Gemeinden oder Gemeindeverbände decken, sollen die Umlagesätze für die Rechnungsjahre 1937 und 1938 so bemessen werden, daß insgesamt kein höheres Aufkommen zu erwarten ist, als bei Weitererhebung der Umlagen und der eigenen Realsteuern nach bisherigem Recht für den Gemeindeverband erzielt worden wäre.

(2) Die Vorschriften des § 7 Absatzes 1 Satz 2 und Absatzes 2 sowie des § 8 Absatzes 1 Sätze 2, 3 und Absatzes 2 gelten sinngemäß.

§ 10

Aufhebung des Realsteuersperrgesetzes

Die Vorschriften des Realsteuersperrgesetzes vom 7. März 1935 (Reichsgesetzbl. I S. 349) sind auf die Gewerbesteuer und auf die Umlagen der Gemeindeverbände vom 1. April 1937 ab, im übrigen vom 1. April 1938 ab nicht mehr anzuwenden.

§ 11

Warenhaussteuer

In Ländern, in denen beim Inkrafttreten dieses Gesetzes eine Warenhaussteuer (§ 10 des Realsteuersperrgesetzes vom 7. März 1935, Reichsgesetzbl. I S. 349) besteht, können für die Rechnungsjahre 1937, 1938 und 1939 die Hebesätze für die Gewerbesteuer (§§ 16 und 25 des Gewerbesteuergesetzes) hinsichtlich der in der Gemeinde belegenen Betriebstätten von Warenhäusern höher sein als für die übrigen Gewerbebetriebe. Der Reichsminister des Innern und der Reichsminister der Finanzen bestimmen die zulässigen Höchstsätze. Für die Entscheidung der Frage, welche Gewerbebetriebe zu der erhöhten Gewerbesteuer herangezogen werden können, gelten die Vorschriften des Landesrechts, die beim Inkrafttreten dieses Gesetzes bestehen.

Unterabschnitt 2

Gewerbesteuerausgleich zwischen Wohngemeinden und Betriebsgemeinden (Ausgleichzuschuß)

§ 12

Allgemeines

(1) Wohngemeinden können von Betriebsgemeinden einen Zuschuß nach den Vorschriften der §§ 13 bis 21 beanspruchen (Ausgleichzuschuß).

(2) Wohngemeinden im Sinn des Absatzes 1 sind Gemeinden, in denen am Tag der letzten allgemeinen Personenstandsaufnahme Arbeitnehmer, die in einer anderen Gemeinde (Betriebsgemeinde) beschäftigt waren, ihren Wohnsitz hatten. Als letzte allgemeine Personenstandsaufnahme gilt die Personenstandsaufnahme, die dem Rechnungsjahr vorausgegangen ist, für das ein Ausgleichzuschuß beansprucht wird. Als in einer Gemeinde beschäftigt gelten die Arbeitnehmer, die in einem Betrieb, der in dieser Gemeinde der Gewerbesteuer unterliegt, tätig waren. Dem Wohnsitz steht, wenn ein Wohnsitz im Inland fehlt, der gewöhnliche Aufenthalt gleich.

(3) Die Vorschriften über den Anspruch der Wohngemeinde auf Ausgleichzuschuß und über die Verpflichtung der Betriebsgemeinde zur Leistung des Ausgleichzuschusses gelten sinngemäß für gemeindefreie Grundstücke (Gutsbezirke). Die oberste Landesbehörde trifft die näheren Bestimmungen zur Durchführung des Satzes 1.

(4) Diese Vorschriften gelten erstmalig für das Rechnungsjahr 1937.

§ 13

Steuerausnutzung in den Wohngemeinden

Wohngemeinden, die die Realsteuern und die Bürgersteuer nicht in einer von dem Reichsminister des Innern und dem Reichsminister der Finanzen festzusetzenden Mindesthöhe erheben, haben keinen Anspruch auf Ausgleichzuschuß. Maßgebend ist für die Realsteuern das Rechnungsjahr, für das ein Ausgleichzuschuß beansprucht wird, und für die Bürgersteuer das Kalenderjahr, in dem das Rechnungsjahr beginnt, für das ein Ausgleichzuschuß beansprucht wird.

§ 14

Mindestzahl der Arbeitnehmer

Wohngemeinden können Ausgleichzuschüsse nur von solchen Betriebsgemeinden beanspruchen, in denen am Tag der letzten allgemeinen Personenstandsaufnahme mehr als zehn Arbeitnehmer beschäftigt waren, die in der Wohngemeinde ihren Wohnsitz hatten.

§ 15

Zusammentreffen von Wohngemeinden und Betriebsgemeinden

Sind Gemeinden im Verhältnis zueinander sowohl Wohngemeinden als auch Betriebsgemeinden, so können Ansprüche auf

Ausgleichzuschüsse nur insoweit erhoben werden, als die Zahl der Arbeitnehmer, die in der einen Gemeinde ihren Wohnsitz hatten und in der anderen Gemeinde beschäftigt waren, die Zahl der Arbeitnehmer übersteigt, die in dieser Gemeinde ihren Wohnsitz hatten und in jener Gemeinde beschäftigt waren. § 14 findet entsprechend Anwendung.

§ 16
Berechnung des Ausgleichzuschusses

Bei der Berechnung des Ausgleichzuschusses, der an eine Wohngemeinde zu leisten ist, wird von dem Aufkommen an Gewerbesteuer in der Betriebsgemeinde in dem vorangegangenen Rechnungsjahr ausgegangen. Dieses Aufkommen ist nach dem Durchschnitt der Hebesätze für die Gewerbesteuer nach dem Gewerbeertrag und dem Gewerbekapital der Wohngemeinde und der Betriebsgemeinde umzurechnen und nur mit der Hälfte anzusetzen. Durch Teilung des so errechneten Betrags durch die Zahl der Arbeitnehmer, die am Tag der allgemeinen Personenstandsaufnahme in der Betriebsgemeinde in einem der Gewerbesteuer unterliegenden Betrieb beschäftigt waren, wird der Betrag ermittelt, der als Ausgleichzuschuß je Arbeitnehmer an die Wohngemeinde zu leisten ist.

§ 17
Anmeldung der Ansprüche

Die Wohngemeinden müssen ihre Ansprüche auf Ausgleichzuschüsse für ein Rechnungsjahr bei den Betriebsgemeinden bis zum 5. Januar des Jahres anmelden, in dem das Rechnungsjahr beginnt. Bei der Anmeldung ist die Zahl der Arbeitnehmer anzugeben, die am Tag der letzten allgemeinen Personenstandsaufnahme in der Wohngemeinde ihren Wohnsitz hatten und in der Betriebsgemeinde beschäftigt waren.

§ 18
Erklärung der Betriebsgemeinde

(1) Die Betriebsgemeinde hat bis zum 5. Februar des Jahres, in dem das Rechnungsjahr beginnt, zu erklären, ob sie den Anspruch anerkennt. Gibt die Betriebsgemeinde keine Erklärung ab oder erkennt sie den Anspruch nicht oder nur zum Teil an, so steht der Wohngemeinde der Antrag auf Entscheidung durch die obere Gemeindeaufsichtsbehörde zu. Diese entscheidet endgültig. Der Antrag muß bei der für die Gemeinde zuständigen oberen Gemeindeaufsichtsbehörde bis zum 1. März des Jahres, in dem das Rechnungsjahr beginnt, gestellt werden.

(2) Wenn Wohngemeinden und Betriebsgemeinden zum Bereich verschiedener oberer Gemeindeaufsichtsbehörden gehören, so bestimmt der Reichsminister des Innern die zur Entscheidung zuständige obere Gemeindeaufsichtsbehörde. Ist die Reichshauptstadt Berlin beteiligt, so entscheidet der Reichsminister des Innern oder die von ihm bestimmte Stelle.

§ 19

Fälligkeit

Die Ansprüche auf Ausgleichzuschüsse werden mit je einem Viertel ihres Jahresbetrages am 1. Juni, 1. September, 1. Dezember und 1. März fällig.

§ 20

Härteausgleich

Ergeben sich aus der Zugrundelegung des Tages der Personenstandsaufnahme offenbare Unbilligkeiten für die Wohngemeinde oder die Betriebsgemeinde, so kann auf Antrag einer dieser Gemeinden die obere Gemeindeaufsichtsbehörde die zugrunde zu legende Zahl der Arbeitnehmer nach billigem Ermessen festsetzen. Der Antrag muß bei der für die Gemeinde zuständigen oberen Gemeindeaufsichtsbehörde gestellt werden. Die Wohngemeinden müssen den Antrag bis zum 5. Januar, die Betriebsgemeinden bis zum 1. März des Jahres, in dem das Rechnungsjahr beginnt, stellen. Die Vorschriften des § 18 Absatzes 1 Satz 3 und Absatzes 2 gelten sinngemäß.

§ 21

Auskunft

Die Gemeinden sind verpflichtet, einander Auskunft über die für die Berechnung der Ausgleichzuschüsse maßgebende Zahl der Arbeitnehmer und die Höhe des Aufkommens an Gewerbesteuer zu geben und einander Einsicht in die Unterlagen zu gewähren.

Unterabschnitt 4

Gegenseitige Besteuerung

§ 24

Änderung des Gesetzes über gegenseitige Besteuerung

Das Gesetz über gegenseitige Besteuerung (Fassung der Gesetze vom 10. August 1925 — Reichsgesetzbl. I S. 252 —, vom 17. Juli 1930 — Reichsgesetzbl. I S. 215 — und der Verordnung des Reichspräsidenten vom 1. Dezember 1930 — Reichsgesetzbl. I S. 517, 579 —) wird wie folgt geändert:

An die Stelle der §§ 4 und 5 treten, soweit sie die Gewerbesteuer betreffen, mit Wirkung vom 1. April 1937 und, soweit sie die Grundsteuer und die Gebäudeentschuldungsteuer betreffen, mit Wirkung vom 1. April 1938 die folgenden neuen §§ 4 und 5:

„§ 4

Die Gemeinden können Grundbesitz und Gewerbebetriebe des Reichs nach Maßgabe des Grundsteuergesetzes vom 1. Dezember 1936 (Reichsgesetzbl. I S. 986) und des Gewerbesteuergesetzes vom 1. Dezember 1936 (Reichsgesetzbl. I S. 979) besteuern.

§ 5

(1) Die Länder und die Gemeinden (die Gemeindeverbände) können vom bebauten Grundbesitz des Reichs die Gebäudeentschuldungsteuer nach Maßgabe der am 31. März 1938 in Kraft befindlichen Vorschriften erheben.

(2) Steuergegenstände, die zum Reichseisenbahnvermögen gehören, sind von der Gebäudeentschuldungsteuer befreit."

Unterabschnitt 5

Anpassung der Landesvorschriften

§ 25

Die Länder werden ermächtigt, mit Zustimmung des Reichsministers der Finanzen und des Reichsministers des Innern im Verordnungswege Gesetze und Verordnungen des Landes den Vorschriften des Grundsteuergesetzes, des Gewerbesteuergesetzes, der Reichsabgabenordnung und dieses Gesetzes anzupassen und Vorschriften zur Überleitung der Gesetzgebung zu erlassen.

Abschnitt II

Finanzausgleich

Unterabschnitt 1

Allgemeine Vorschrift

§ 26

Der Finanzausgleich zwischen Ländern und Gemeinden (Gemeindeverbänden) und die Aufgaben- und Lastenverteilung zwischen diesen Körperschaften sind im Hinblick auf die durch die Neuregelung der Grundsteuer, der Gewerbesteuer und der Gebäudeentschuldungsteuer eintretenden Änderungen in der Verteilung des Steueraufkommens nach einheitlichen Grundsätzen, die von dem Reichsminister der Finanzen und dem Reichsminister des Innern aufgestellt werden, spätestens bis zum 1. April 1938 neu zu regeln.

Unterabschnitt 2

Änderung des Finanzausgleichsgesetzes

§ 27

Das Finanzausgleichsgesetz wird wie folgt geändert:

1. An die Stelle der bisherigen §§ 8 bis 10 und § 11 Absätze 1 und 3 tritt, soweit sie die Gewerbesteuer betreffen, mit Wirkung vom 1. April 1937 und, soweit sie die Grundsteuer betreffen, mit Wirkung vom 1. April 1938 der folgende neue § 8:

„§ 8

Die Gemeinden können Grundsteuer und Gewerbesteuer (Steuer vom stehenden Gewerbe) nach den gesetzlichen Vorschriften erheben."

2. Dem § 12 wird folgender Absatz 2 hinzugefügt:

„(2) Absatz 1 findet keine Anwendung, soweit das Zerlegungsverfahren der Reichsabgabenordnung Platz greift."

3. Hinter dem § 17 a wird mit Wirkung vom 1. April 1938 folgender § 17 b eingefügt:

„§ 17 b

Sondersteuern auf Wohnungen (Wohnraum) und Mieten dürfen nicht erhoben werden."

4. Im § 33 Satz 1 wird der zweite Halbsatz gestrichen.

5. § 44 Absatz 3 wird gestrichen.

Abschnitt IV
Inkrafttreten

§ 32

Dieses Gesetz tritt, soweit sich nicht aus seinem Inhalt oder aus den nach § 12 der Reichsabgabenordnung zu erlassenden Überleitungsvorschriften etwas anderes ergibt, mit seiner Verkündung in Kraft.

Berlin, 1. Dezember 1936.

II.

Erste Verordnung zur Durchführung des Gewerbesteuergesetzes (Erste GewStDVO.)

Vom 26. Februar 1937 (RGBl. I S. 257)

Auf Grund der §§ 12 und 13 der Reichsabgabenordnung in der Fassung des Einführungsgesetzes zu den Realsteuergesetzen vom 1. Dezember 1936 (Reichsgesetzbl. I S. 961) wird im Einvernehmen mit dem Reichsminister des Innern hierdurch verordnet:

Zum § 2 des Gesetzes

§ 1

Gewerbebetrieb im Umherziehen

Soweit ein stehender Gewerbebetrieb vorliegt, darf weder eine Steuer vom Gewerbebetrieb im Umherziehen (Wandergewerbesteuer) noch eine Steuer vom Wanderlagerbetrieb (Wanderlagersteuer) erhoben werden.

§ 2

Betriebe der öffentlichen Hand

(1) Unternehmen von Körperschaften des öffentlichen Rechts sind gewerbesteuerpflichtig, wenn sie als stehende Gewerbebetriebe anzusehen sind.

(2) Unternehmen von Körperschaften des öffentlichen Rechts, die überwiegend der Ausübung der öffentlichen Gewalt dienen (Hoheitsbetriebe), gehören nicht zu den Gewerbebetrieben. Eine Ausübung

der öffentlichen Gewalt ist insbesondere anzunehmen, wenn es sich um Leistungen handelt, zu deren Ausübung der Leistungsempfänger auf Grund gesetzlicher oder behördlicher Anordnung verpflichtet ist. Zu den Hoheitsbetrieben gehören z. B. Forschungsanstalten, Wetterwarten, Schlachthöfe, Friedhöfe, Anstalten zur Nahrungsmitteluntersuchung, zur Desinfektion, zur Leichenverbrennung, zur Müllbeseitigung, zur Straßenreinigung und zur Abführung von Spülwasser und Abfällen.

(3) Versorgungsbetriebe von Körperschaften des öffentlichen Rechts und öffentlich-rechtliche Versicherungsanstalten unterliegen der Gewerbesteuer. Das gilt auch dann, wenn sie mit Zwangs- oder Monopolrechten für ein Gebiet des Deutschen Reichs ausgestattet sind.

§ 3

Organgesellschaft

Eine Kapitalgesellschaft ist dem Willen eines gewerblichen Unternehmens dann derart untergeordnet, daß sie keinen eigenen Willen hat (Organgesellschaft), wenn sie nach dem Gesamtbild der tatsächlichen Verhältnisse finanziell, wirtschaftlich und organisatorisch in dieses Unternehmen eingegliedert ist.

§ 4

Abwicklung und Konkurs

(1) Ein Unternehmen, das aufgelöst wird, bleibt Steuergegengegenstand bis zur Beendigung der Abwicklung.

(2) Das Weiterbestehen eines Gewerbebetriebs wird für die Zwecke der Gewerbesteuer durch die Eröffnung des Konkursverfahrens nicht berührt.

Zu den §§ 2 und 3 des Gesetzes

§ 5

Wirtschaftlicher Geschäftsbetrieb

(1) Ein wirtschaftlicher Geschäftsbetrieb ist eine planmäßige wirtschaftliche Tätigkeit zur Erzielung von Einnahmen oder anderen wirtschaftlichen Vorteilen, die über eine einmalige Betätigung hinausgeht. Die Absicht der Gewinnerzielung ist nicht erforderlich.

(2) Ein wirtschaftlicher Geschäftsbetrieb ist nur insoweit gewerbesteuerpflichtig, als er über den Rahmen einer Vermögensverwaltung hinausgeht.

Zum § 3 des Gesetzes

§ 6

Zündwarenmonopol

Die Befreiungsvorschrift des § 3 Ziffer 1 des Gesetzes gilt nicht für die Deutsche Zündwaren-Monopolgesellschaft.

§ 7
Gemeinnützigkeit

(1) Ob ein Zweck als gemeinnützung, mildtätig oder kirchlich anzusehen ist, bestimmt sich nach den §§ 17 bis 19 des Steueranpassungsgesetzes.

(2) Unternehmen, die von einer Körperschaft, Personenvereinigung oder Vermögensmasse betrieben werden, dienen ausschließlich gemeinnützigen, mildtätigen oder kirchlichen Zwecken nur dann, wenn sie andere als die in den §§ 17 bis 19 des Steueranpassungsgesetzes bezeichneten Zwecke nicht verfolgen und außerdem die folgenden Voraussetzungen erfüllen:

1. Der Anteil der Mitglieder oder Gesellschafter am Reingewinn darf satzungsgemäß und tatsächlich 4 vom Hundert der eingezahlten Kapitalanteile und, bei nicht voll eingezahlten Kapitalanteilen, 4 vom Hundert der Einlagen nicht übersteigen. Außerdem muß sichergestellt sein, daß den Mitgliedern sonstige Vermögensvorteile nicht zugewendet werden.
2. Es darf niemand durch unverhältnismäßig hohe Vergütungen (z. B. Aufsichtsratsvergütungen, Vorstandsgehälter) oder durch Verwaltungsausgaben, die dem Zweck der Körperschaft fremd sind, begünstigt werden.
3. Es muß satzungsgemäß vorgeschrieben und tatsächlich sichergestellt sein,
   a) daß die Mitglieder bei ihrem Ausscheiden oder bei Auflösung der Körperschaft nicht mehr als ihre Kapitalanteile und, wenn die Kapitalanteile nicht voll eingezahlt sind, nicht mehr als die Einlagen zurückerhalten;
   b) daß bei Auflösung der Körperschaft oder bei Wegfall der bisherigen Zwecke das Vermögen der Körperschaft für gemeinnützige, mildtätige oder kirchliche Zwecke verwendet wird, soweit es in diesem Zeitpunkt die Kapitalanteile der Mitglieder und, bei nicht voll eingezahlten Kapitalanteilen, die eingezahlten Einlagen übersteigt.

§ 8
Krankenanstalten

(1) Krankenanstalten des Reichs, eines Landes, einer Gemeinde oder Gemeindeverbands sind von der Gewerbesteuer befreit.

(2) Krankenanstalten, die nicht von einer im Absatz 1 bezeichneten Gebietskörperschaft betrieben werden, sind von der Gewerbesteuer befreit, wenn sie in besonderem Maß der minderbemittelten Bevölkerung dienen. Das ist anzunehmen, wenn im Bemessungszeitraum die folgenden Voraussetzungen erfüllt sind:

1. Die Pflegesätze in allen Verpflegungsklassen dürfen die Beträge nicht überschreiten, die der Präsident des Landesfinanzamts als Höchstsatz bezeichnet hat.
2. Mindestens 40 vom Hundert der jährlichen Verpflegungstage müssen auf Kranke der Sozialversicherung und der öffent-

lichen Fürsorge oder auf solche Selbstzahler entfallen, die nicht mehr als den niedrigsten Pflegesatz im Sinn der Ziffer 1 entrichtet und bei denen die ärztlichen Gebühren nachweislich die Mindestsätze der staatlichen Gebührenordnung nicht überschritten haben.

(3) Pflegesätze im Sinn des Absatzes 2 Ziffer 1 sind die Beträge, die für die Betreuung der Kranken in der Krankenanstalt ausschließlich der ärztlichen Leistung und der üblichen Nebenleistungen (z. B. für Arzneimittel) gefordert werden.

(4) Bei Ermittlung der Höchstsätze ist von den Pflegesätzen von Krankenanstalten der Gemeinden, der Gemeindeverbände und der Länder auszugehen. Dabei sollen für die niedrigste Verpflegungsklasse die Pflegesätze, die die Träger der Sozialversicherung bezahlen, nicht unterschritten werden. Für Fachanstalten können auch die Pflegesätze der Reichsversicherungsanstalt für Angestellte zugrunde gelegt werden.

(5) Die Höchstsätze können für bestimmte Gruppen von Krankenanstalten und für bestimmte Gebietsteile verschieden festgesetzt werden. Sind die Pflegesätze einer Kreis- oder Gemeindekrankenanstalt höher als die vom Präsidenten des Landesfinanzamts bestimmten Höchstsätze, so gelten für diesen Kreis oder Gemeindebezirk die Pflegesätze der örtlichen Kreis- oder Gemeindekrankenanstalt als Höchstsätze.

(6) Vor Festsetzung der Höchstsätze hat der Präsident des Landesfinanzamts zu hören:

1. den Regierungspräsidenten oder die Landesregierung,
2. die zuständige Ärztekammer,
3. den Vorsitzenden des Oberversicherungsamts.

(7) Die Bestimmungen der Absätze 2 bis 6 gelten auch dann, wenn eine Krankenanstalt von einer natürlichen Person oder von einer Personengesellschaft betrieben wird.

(8) Privatkrankenanstalten gehören nur dann zu den Krankenanstalten im Sinn der Absätze 2 bis 7, wenn sie die Konzession nach § 30 der Reichsgewerbeordnung besitzen.

§ 9

Pensionskassen und ähnliche Kassen

Pensionskassen und ähnliche Kassen (Witwen-, Waisen-, Sterbe-, Kranken-, Unterstützungskassen und sonstige Hilfskassen für Fälle der Not oder Arbeitslosigkeit) sind von der Gewerbesteuer befreit, wenn sie die für eine Befreiung von der Körperschaftsteuer erforderlichen Voraussetzungen erfüllen.

§ 10

Steuerfreiheit für neue Unternehmen

(1) Der Reichsminister der Finanzen ist ermächtigt, im Einvernehmen mit dem Reichsminister des Innern Unternehmen zur Entwicklung neuer Herstellungsverfahren oder zur Herstellung neuartiger Erzeugnisse für eine von ihm zu bestimmende Zeit von der

Gewerbesteuer ganz oder teilweise zu befreien. Voraussetzung ist, daß dafür ein überragendes Bedürfnis der gesamten Deutschen Volkswirtschaft anerkannt wird und der Steuerausfall der Gemeinde zugemutet werden kann.

(2) Ob ein überragendes Bedürfnis der gesamten Deutschen Volkswirtschaft im Sinn des Absatzes 1 vorliegt, wird im Einzelfall durch den Reichsminister der Finanzen im Benehmen mit dem Reichswirtschaftsminister, dem Reichsminister für Ernährung und Landwirtschaft und dem Reichsarbeitsminister bestimmt.

(3) Die Freistellung von der Gewerbesteuer darf nicht gewährt werden, wenn das neue Unternehmen in unmittelbarem Wettbewerb mit einem Unternehmen steht, das am 15. Juli 1933 in der Deutschen Volkswirtschaft bereits bestanden hat (§ 3 des Gesetzes über Steuererleichterungen vom 15. Juli 1933, Reichsgesetzbl. I S. 491).

§ 11

Einnehmer einer staatlichen Lotterie

Die Tätigkeit der Einnehmer einer staatlichen Lotterie unterliegt auch dann nicht der Gewerbesteuer, wenn sie im Rahmen eines Gewerbebetriebs ausgeübt wird.

Zum § 4 des Gesetzes

§ 12

Gewerbebetriebe auf gemeindefreien Grundstücken

Befinden sich Betriebstätten auf gemeindefreien Grundstücken (§ 12 Absatz 2 der Deutschen Gemeindeordnung), so trifft die oberste Landesbehörde Bestimmungen über die Erhebung der Steuer.

§ 13

Hebeberechtigte Gemeinde bei Gewerbetreibenden auf Schiffen

Wird für einen Gewerbebetrieb eine Betriebstätte auf einem in einem inländischen Schiffsregister eingetragenen Schiff unterhalten, so ist insoweit hebeberechtigt die Gemeinde, in der der inländische Heimathafen (Heimatort) des Schiffes liegt. Das gilt nicht bei Kauffahrteischiffen, die zwar in einem inländischen Schiffsregister eingetragen sind, aber im sogenannten regelmäßigen Liniendienst ausschließlich zwischen ausländischen Häfen verkehren.

Zum § 7 des Gesetzes

§ 14

Gewinn

(1) Als Gewinn, der nach den Vorschriften des Einkommensteuergesetzes zu ermitteln ist, gilt der Gewinn im Sinn der §§ 4 bis 7 des Einkommensteuergesetzes. Bei Personengesellschaften gehören zum Gewinn auch die Vergütungen, die der Gesellschafter von der Personengesellschaft für seine Tätigkeit im Dienst der Gesell-

schaft oder für die Hingabe von Darlehen oder für die Überlassung von Wirtschaftsgütern bezogen hat.

(2) Als Gewinn, der nach den Vorschriften des Körperschaftsteuergesetzes zu ermitteln ist, gilt das Einkommen im Sinn des § 6 des Körperschaftsteuergesetzes.

Zu den §§ 7, 8 und 9 des Gesetzes

§ 15

Gewerbeertrag bei Abwicklung und Konkurs

(1) Der Gewerbeertrag, der bei einem in der Abwicklung befindlichen Unternehmen im Zeitraum der Abwicklung entstanden ist, ist auf die einzelnen Jahre des Abwicklungszeitraums zu verteilen.

(2) Entsprechendes gilt bei Unternehmen, über deren Vermögen das Konkursverfahren eröffnet worden ist.

Zum § 8 des Gesetzes

§ 16

Begriff der wesentlichen Beteiligung

(1) Unter wesentlich Beteiligten im Sinn des § 8 Ziffer 6 des Gesetzes sind nur natürliche Personen zu verstehen.

(2) Eine Person ist an einem Unternehmen wesentlich beteiligt, wenn sie und ihre Angehörigen zusammen zu mehr als einem Viertel beteiligt sind. Beteiligung durch Vermittlung eines Treuhänders oder einer Gesellschaft steht einer unmittelbaren Beteiligung gleich. Die Beteiligung muß in einem Zeitpunkt des Bemessungszeitraums bestanden haben, der für die Ermittlung des Gewerbeertrags maßgebend ist.

Zu den §§ 8 und 12 des Gesetzes

§ 17

Dauerschulden bei Kreditinstituten

Bei Kreditinstituten im Sinn des § 1 des Reichsgesetzes über das Kreditwesen vom 5. Dezember 1934 (Reichsgesetzbl. I S. 1203), die geschäftsmäßig Geldbeträge annehmen und abgeben, gelten hereingenommene Gelder, Darlehen und Anleihen nur insoweit als Dauerschulden, als der Ansatz der zum Anlagevermögen gehörigen Betriebsgrundstücke (einschließlich Gebäude) und dauernden Beteiligungen das Eigenkapital überschreitet.

§ 18

Stillhalteschulden

Schulden, die den Gegenstand einer mit Zustimmung der Reichsbank getroffenen Vereinbarung zwischen Gruppen ausländischer Gläubiger und inländischer Schuldner (sogenannte Stillhalteabkommen) bilden, gehören nicht zu den Dauerschulden.

§ 19

Überschuldete Betriebe des Gaststätten- und Beherbergungsgewerbes

Übersteigen bei Betrieben des Gaststätten- und Beherbergungsgewerbes die Dauerschulden 130 vom Hundert des Einheitswerts der Betriebsgrundstücke und führt die Hinzurechnung dieser Schulden oder ihrer Zinsen zu einer unbilligen Besteuerung, so ist auf Antrag insoweit von einer Hinzurechnung abzusehen.

Zum § 9 des Gesetzes

§ 20

Grundbesitz

Für die Kürzung des Gewinns nach § 9 Ziffer 1 des Gesetzes ist die Frage, ob und inwieweit Grundbesitz zum Betriebsvermögen des Unternehmers gehört, nach den Vorschriften des Einkommensteuergesetzes oder des Körperschaftsteuergesetzes zu entscheiden. Maßgebend ist dabei der Stand am 1. Januar des Kalenderjahrs, in dem der Erhebungszeitraum beginnt.

§ 21

Wohnungs- und Baugenossenschaften

Die Vorschrift des § 9 Ziffer 1 Satz 2 des Gesetzes gilt auch für Wohnungs- und Baugenossenschaften, die ausschließlich eigenen Grundbesitz oder neben eigenem Grundbesitz noch eigenes Kapitalvermögen verwalten und nutzen.

§ 22

Wesentliche Beteiligung an Grundstücksgesellschaften

(1) Eine Person ist an einer Kapitalgesellschaft im Sinn des § 9 Ziffer 1 Satz 2 des Gesetzes wesentlich beteiligt, wenn sie zu mehr als einem Viertel beteiligt ist. Beteiligung durch Vermittlung eines Treuhänders oder einer Gesellschaft steht einer unmittelbaren Beteiligung gleich. Die Beteiligung muß in einem Zeitpunkt des Bemessungszeitraums bestanden haben, der für die Ermittlung des Gewerbeertrags maßgebend ist.

(2) Unter wesentlich Beteiligten im Sinn des § 9 Ziffer 1 Satz 2 des Gesetzes sind sowohl natürliche als auch juristische Personen zu verstehen. Eine natürliche Person gilt auch dann als wesentlich beteiligt, wenn sie und ihre Angehörigen zusammen zu mehr als einem Viertel unmittelbar oder mittelbar beteiligt war.

Zu den §§ 9 und 12 des Gesetzes

§ 23

Maßgebender Einheitswert

(1) Maßgebend ist der Einheitswert auf den letzten Feststellungszeitpunkt (Hauptfeststellungs-, Fortschreibungs- oder Nachfeststellungszeitpunkt), der dem Beginn des Erhebungszeitraums unmittel-

bar vorangeht. Der Einheitswert des Hauptfeststellungszeitpunkts ist nur dann maßgebend, wenn er mindestens fünf Vierteljahre vor dem Beginn des Erhebungszeitraums liegt.

(2) Gehört der Grundbesitz, für den der Einheitswert festgestellt worden ist, nur zum Teil zum Betriebsvermögen im Sinn des § 20, so ist der Kürzung nach § 9 Ziffer 1 des Gesetzes nur der entsprechende Teil des Einheitswerts zugrunde zu legen.

Zum § 11 des Gesetzes

§ 24

Hausgewerbetreibende

(1) Hausgewerbetreibende sind natürliche Personen oder Personenzusammenschlüsse, wenn sie als Gewerbetreibende in eigener Wohnung oder Betriebstätte in Auftrag und für Rechnung von Gewerbetreibenden oder Zwischenmeistern unter eigener Handarbeit Waren herstellen oder bearbeiten, wobei die Personen selbst wesentlich am Stück mitarbeiten. Die Vergünstigung des § 11 Absatz 3 des Gesetzes gilt für Hausgewerbetreibende, wenn der nach § 11 Absatz 1 Satz 3 des Gesetzes abgerundete Gewerbeertrag in dem maßgebenden Bemessungszeitraum nicht mehr als 4000 Reichsmark betragen hat.

(2) Die Vergünstigung des § 11 Absatz 3 des Gesetzes gilt auch für Zwischenmeister, wenn der abgerundete Gewerbeertrag in dem maßgebenden Bemessungszeitraum nicht mehr als 4000 Reichsmark betragen hat. Zwischenmeister ist, wer die ihm von Gewerbetreibenden übertragene Arbeit an Heimarbeiter oder Hausgewerbetreibende weitergibt.

Zum § 12 des Gesetzes

§ 25

Gewerbekapital bei Eintritt in die Steuerpflicht

(1) Bei Eintritt eines Gewerbebetriebs in die Steuerpflicht ist das Gewerbekapital auf den Zeitpunkt des Beginns der Steuerpflicht nach den Grundsätzen des § 12 des Gesetzes und des Reichsbewertungsgesetzes zu ermitteln.

(2) Das nach Absatz 1 ermittelte Gewerbekapital ist der Festsetzung des Steuermeßbetrags so lange zugrunde zu legen, bis ein nach § 23 maßgebender Einheitswert festgestellt ist.

Zum § 14 des Gesetzes

§ 26

Gewerbesteuererklärung

Eine Gewerbesteuererklärung zur Festsetzung der Gewerbesteuer nach dem Gewerbeertrag und dem Gewerbekapital ist abzugeben:

1. für alle gewerbesteuerpflichtigen Unternehmen, deren Gewerbeertrag im Wirtschaftsjahr den Betrag von 4000 Reichsmark oder deren Gewerbekapital an dem maßgebenden Fest-

stellungszeitpunkt den Betrag von 20000 Reichsmark überstiegen hat;

2. für Kapitalgesellschaften (Aktiengesellschaften, Kommanditgesellschaften auf Aktien, Gesellschaften mit beschränkter Haftung, Kolonialgesellschaften, bergrechtliche Gewerkschaften);
3. für Erwerbs- und Wirtschaftsgenossenschaften und für Versicherungsvereine auf Gegenseitigkeit.

   Für sonstige juristische Personen des privaten Rechts und für nichtrechtsfähige Vereine ist eine Gewerbesteuererklärung nur abzugeben, soweit diese Unternehmen einen wirtschaftlichen Geschäftsbetrieb (ausgenommen Land- und Forstwirtschaft) unterhalten, der über den Rahmen einer Vermögensverwaltung hinausgeht;
4. ohne Rücksicht auf die Höhe des Gewerbeertrags oder die Höhe des Gewerbekapitals für alle gewerbesteuerpflichtigen Unternehmen, bei denen der Gewinn auf Grund eines Buchabschlusses zu ermitteln ist oder ermittelt wird;
5. für alle gewerbesteuerpflichtigen Unternehmen, für die vom Finanzamt eine Gewerbesteuererklärung besonders verlangt wird.

§ 27

Zuschlag wegen verspäteter Abgabe der Steuererklärung

(1) Wird die Steuererklärungsfrist nicht gewahrt, so kann das Finanzamt einen Zuschlag (§ 168 Absatz 2 der Reichsabgabenordnung) bis zu 10 vom Hundert des endgültig festgesetzten Steuermeßbetrags festsetzen. Das Finanzamt hat den Zuschlag zu unterlassen oder zurückzunehmen, wenn die Versäumnis entschuldbar erscheint.

(2) Der Zuschlag fließt der Gemeinde zu. Sind mehrere Gemeinden an der Gewerbesteuer beteiligt, so fließt der Zuschlag der Gemeinde zu, der der größte Zerlegungsanteil zugewiesen ist.

Übergangsbestimmungen

§ 28

Erwerbs- und Wirtschaftsgenossenschaften

Bei Erwerbs- und Wirtschaftsgenossenschaften und bei Zentralen von Genossenschaften, auch wenn diese nicht eingetragene Genossenschaften sind, gelten für die Rechnungsjahre 1937 und 1938 die folgenden Übergangsvorschriften:

1. Der Gewinn ist nach den Vorschriften des Körperschaftsteuergesetzes vom 10. August 1925 (Reichsgesetzbl. I S. 208) zu ermitteln. Dabei sind nicht mehr anzuwenden:
   a) die Vorschriften über den Verlustvortrag,
   b) die Vorschriften über die Befreiung einzelner Arten von Einkünften (§ 11 Absatz 1 Nr. 3 und 4 des Körperschaftsteuergesetzes vom 10. August 1925).

   Es gelten dagegen die Vorschriften über die Bewertungsfreiheit für kurzlebige Wirtschaftsgüter (§ 6 des Körperschaftsteuergesetzes vom 16. Oktober 1934 und § 6 Ziffer 1 des Einkommensteuergesetzes vom 16. Oktober 1934, Reichsgesetzbl. I S. 1031, 1005).

2. Die Einrichtungen der Kreditgenossenschaften, die der Pflege des eigentlichen Sparverkehrs dienen (Abschnitt VII des Reichsgesetzes über das Kreditwesen vom 5. Dezember 1934, Reichsgesetzbl. I S. 1203), sind von der Gewerbesteuer befreit.

3. Bei der Ermittlung des Gewerbekapitals sind die Geschäftsguthaben der Genossen nicht hinzuzurechnen (Verordnung über die Bewertung des Vermögens von Genossenschaften vom 5. Juli 1935, Reichsgesetzbl. I S. 907).

§ 29

Wohnungs- und Siedlungsunternehmen

Für das Rechnungsjahr 1937 sind von der Gewerbesteuer befreit:

1. Wohnungsunternehmen, solange sie auf Grund der Gemeinnützigkeitsverordnung vom 1. Dezember 1930 (Reichsgesetzbl. I S. 593) und der sie ergänzenden Bestimmungen als gemeinnützig anerkannt sind,
2. Unternehmen, solange sie als Organe der staatlichen Wohnungspolitik (§ 28 der Gemeinnützigkeitsverordnung) anerkannt sind,
3. die von den zuständigen Reichs- und Landesbehörden begründeten oder anerkannten gemeinnützigen Siedlungsunternehmen im Sinn des Reichssiedlungsgesetzes,
4. die von den obersten Landesbehörden zur Ausgabe von Heimstätten zugelassenen gemeinnützigen Unternehmen im Sinn des Reichsheimstättengesetzes.

§ 30

Warenhaussteuer

Besteht Streit darüber, ob eine Betriebstätte ganz oder zu einem Teil (gegebenenfalls zu welchem Teil) der Warenhaussteuer (§ 11 des Einführungsgesetzes zu den Realsteuergesetzen) unterliegt, so gelten für das Rechtsmittelverfahren die landesrechtlichen Vorschriften über die Rechtsmittel gegen Gemeindeabgaben.

III.

Erste Ausführungsanweisung zum Einführungsgesetz zu den Realsteuergesetzen

Rderl. d. RuPrMdI. zgl. i. N. d. RFM. v. 23. Dezember 1936 V St 1959/36 u. S 1511—19 I (RMBliV. 1936 S. 1695, RStBl. 1937 S. 78).

(1) Nach § 1 des Einführungsgesetzes zu den Realsteuergesetzen (EinfGRealStG.) können die Gemeinden vom 1. April 1937 ab die

Gewerbesteuer (Steuer vom stehenden Gewerbe) nur nach dem Gewerbesteuergesetz (GewStG.) vom 1. Dezember 1936 (RGBl. I S. 979, RStBl. 1936 S. 1149) in Verbindung mit Abschnitt I EinfGRealStG. erheben. Zur Ausführung der Vorschriften des Abschn. I EinfGRealStG. wird, soweit die Gewerbesteuer in Frage kommt, zunächst folgendes bestimmt:

Zu § 2. Die Festsetzung der Hebesätze für die Gewerbesteuer (§§ 16 u. 25 Abs. 3 GewStG.) hat im Rahmen der Haushaltssatzung (§ 83 DGO., RGBl. 1935 I S. 49) zu erfolgen. Eine Erhöhung der Hebesätze im Lauf des Rechnungsjahres bedarf der Genehmigung der Aufsichtsbehörde, soweit nicht die obere oder die oberste Aufsichtsbehörde zuständig ist (vgl. zu § 6 und zu § 7 Abs. 2).

Zu § 3. Auf Grund dieser Vorschrift können Gemeinden, soweit sie nach Landesrecht Berufsschulbeiträge in der Form von Zuschlägen zu den bisherigen Gewerbesteuergrundbeträgen erheben durften, diese Beiträge im Wege der Mehrbelastung durch Festsetzung erhöhter Hebesätze erheben (vgl. z. B. für Preußen § 16 des Gewerbe- und Handelslehrerbesoldungsges. vom 16. April 1928, GS. S. 89, i. d. Fass. des Kap. IV § 1 Ziff. 8 bis 10 im ersten Teil der 1. SparVO. vom 12. September 1931, GS. S. 179/191).

Zu § 6. (1) Bestimmungen darüber, in welchem Verhältnis die Hebesätze für die Gewerbesteuer, die Grundsteuer und die Bürgersteuer zueinander stehen müssen, werden erlassen, sobald die Auswirkungen des GewStG. und des erstmalig für das Rechnungsjahr 1938 anzuwendenden Grundsteuergesetzes (GrStG.) vom 1. Dezember 1936 (RGBl. I S. 986, RStBl. 1936 S. 1154) zu übersehen sind.

(2) Die Hebesätze für die Gewerbesteuer nach dem Gewerbeertrag und dem Gewerbekapital bedürfen bis zum Erlaß endgültiger Bestimmungen der Genehmigung der oberen Aufsichtsbehörde, soweit diese Sätze 200 v. H. oder, wenn auch die Lohnsummensteuer erhoben wird, 160 v. H. überschreiten. Der Hebesatz für die Lohnsummensteuer (§ 25 Abs. 3 GewStG.), soweit diese nach § 6 Abs. 2 GewStG. erhoben werden darf (vgl. Rderl. vom 22. Dezember 1936, RMBliV. S. 1693, RStBl. 1937 S. 80), bedarf der Genehmigung der obersten Aufsichtsbehörde, sofern er den Satz von 400 v. H. überschreitet. Die obersten Landesbehörden werden ermächtigt, in beiden Fällen eine niedrigere Grenze für die Genehmigungspflicht festzusetzen.

Zu § 7 Abs. 1. (1) Die Vorschrift des § 7 will verhindern, daß das Gewerbe innerhalb der Gemeinde in seiner Gesamtheit für die Übergangsjahre 1937 und 1938 höher als bisher belastet wird. Der Gemeinde soll andererseits aber nicht das Steuermehraufkommen vorenthalten werden, das sie bei Aufrechterhaltung des bisherigen Rechtszustands und der bisherigen Hebesätze infolge der wirtschaftlichen Entwicklung erhalten haben würde. Unter dem bisherigen Aufkommen ist das Aufkommen zu verstehen, das Länder, Gemeindeverbände und Gemeinden in der Gemeinde insgesamt bisher erzielt haben.

(2) Da die Gesamtsumme der Steuermeßbeträge innerhalb der Gemeinde für das Rechnungsjahr 1937 bei Aufstellung des Haus-

haltsvoranschlags noch nicht feststeht, haben die Gemeinden für die Errechnung des erforderlichen Hebesatzes für die Gewerbesteuer nach dem Gewerbeertrag und Gewerbekapital von den Erträgen und dem Kapital auszugehen, auf deren Grundlage nach bisherigem Landesrecht zuletzt die Gewerbesteuergrundbeträge veranlagt worden sind, d. h. von der Gesamtsumme der Erträge und des Kapitals, die den Gewerbesteuergrundbeträgen für das Rechnungsjahr 1935 oder — wenn schon möglich — 1936 zugrunde gelegen hat. Nach dieser Gesamtsumme ist sodann die Gesamtsumme der neuen Steuermeßbeträge auf Grund der Vorschriften des GewStG., insbesondere auf Grund der §§ 8, 9, 11 bis 13 zu ermitteln. Im Wege der Teilung des Ist-Aufkommens an Gewerbesteuer für das Rechnungsjahr 1935 oder 1936 durch die Gesamtsumme der an Stelle der alten Steuergrundbeträge ermittelten neuen Steuermeßbeträge ist schließlich der neue Hebesatz zu errechnen. Dabei sind dem Ist-Aufkommen auch die Beträge hinzuzurechnen, die von einzelnen Steuerpflichtigen auf Grund besonderer Steuervereinbarungen an die Gemeinde gezahlt worden sind, wenn diese vereinbarten Beträge für das Rechnungsjahr 1937 nicht mehr entrichtet werden.

Beispiel: Das Gewerbesteueraufkommen nach Gewerbeertrag und Gewerbekapital hat sich in der Gemeinde X. für das Rechnungsjahr 1935 auf **1 000 000 RM** beziffert. Die Summe der in der Gemeinde auf der Grundlage des bisherigen Landesrechts festgestellten Gewerbesteuergrundbeträge nach Ertrag und Kapital, die dem Ist-Aufkommen von 1 000 000 RM zugrunde gelegen hat, hat 200 000 RM betragen. Zur Erzielung dieses Ist-Aufkommens ist ein Zuschlag von **500 v. H.** erforderlich gewesen. An Stelle des Gewerbesteuergrundbetrages von insgesamt 200 000 RM errechnet sich nach den Vorschriften des neuen Gewerbesteuergesetzes, insbesondere nach den §§ 8, 9, 11 bis 13, ein Gesamtsteuermeßbetrag für die Gemeinde X. von **400 000 RM**. Folglich wäre zur Erzielung des gleichen Aufkommens von 1 000 000 RM im Rechnungsjahr **1935** nach den neuen Vorschriften ein Hebesatz von **250 v. H.** erforderlich gewesen. Da die Gemeinde X. im Rechnungsjahr 1936 denselben Zuschlagsatz von 500 v. H. wie im Rechnungsjahr 1935 erhoben hat und ihn auch für 1937 erhoben hätte, beträgt also für das Rechnungsjahr 1937 der Hebesatz nach der neuen Steuergrundlage **250 v. H.**

(3) Bei dieser Art der Berechnung wird der Gemeinde in vollem Umfange das Mehraufkommen gesichert, das ihr bei Aufrechterhaltung des bisherigen Rechtszustandes und den bisherigen Hebesätzen (Zuschlagssätzen) infolge der zwischenzeitlichen Besserung der Wirtschaftslage zugeflossen wäre.

(4) Gewisse Schwierigkeiten werden sich für die Gemeinden ergeben, die bisher statt des Gewerbekapitals die Lohnsumme besteuert haben. Da nach § 6 Abs. 1 GewStG. die Gemeinden, denen die Besteuerung der Lohnsumme gestattet wird, auch das Gewerbekapital besteuern müssen, fehlt in diesen Gemeinden zunächst die Gesamtsumme des steuerpflichtigen Kapitals, so daß sie zunächst nicht in der Lage sind, die Umrechnung nach dem vorstehend genannten Beispiel durchzuführen. Die Finanzämter sind von mir,

dem RFM., mit Erl. vom 6. November 1936 (L 1302—66 III) angewiesen worden, beschleunigt den Gemeinden, in denen bisher das Gewerbekapital noch nicht besteuert worden ist, die erforderlichen Berechnungsunterlagen zur Verfügung zu stellen. Da nach § 7 EinfG.-RealStG. das Gesamtaufkommen an Gewerbesteuer in der Gemeinde nicht höher sein soll, als bei Weitererhebung der Gewerbesteuer nach bisherigem Recht erzielt worden wäre, werden grundsätzlich der Hebesatz für die Gewerbesteuer nach dem Ertrag und Kapital **und** der Hebesatz für die Lohnsummensteuer entsprechend der durch die Einbeziehung des Gewerbekapitals eintretenden Erhöhung der Gesamtsumme an Steuermeßbeträgen niedriger zu bemessen sein. In welchem Verhältnis die Senkung auf den Hebesatz für die Gewerbesteuer nach dem Ertrag und Kapital einerseits und den Hebesatz für die Lohnsummensteuer andererseits zu verteilen ist, wird sich nach Art und Zusammensetzung der örtlichen Wirtschaft zu richten haben. Jedenfalls muß tunlichst vermieden werden, daß durch die zusätzliche Heranziehung des Gewerbekapitals als Besteuerungsgrundlage bestimmte Gruppen von Steuerpflichtigen zusätzlich belastet werden. Dabei ist zu beachten, daß z. B. in den preuß. Gemeinden, die bisher die Lohnsummensteuer erhoben haben, die **Umrechnung** des bisherigen Steuersatzes von der Lohnsumme auf den neuen Hebesatz für die Lohnsummensteuer im Hinblick auf die Verdoppelung der Steuermeßzahl nach § 25 Abs. 2 GewStG. (= 2 v. T.) gegenüber § 14 Abs. 1 (= 1 v. T.) der PrGewStVO. (Pr. GS. 1927 S. 21) an sich schon zu einer Halbierung des Hebesatzes führen muß.

Zu § 7 Abs. 2. (1) Eine **Erhöhung** des Gewerbesteueraufkommens über die in § 7 Abs. 1 EinfGRealStG. festgelegten Grenzen hinaus kann § 7 Abs. 2 gemäß ausnahmsweise nur den Gemeinden gestattet werden, deren Haushalt trotz Ausschöpfung aller sonstigen Einnahmequellen, insbesondere erheblicher Anspannung der Bürgersteuer, und trotz äußerster Beschränkung der Ausgaben auf andere Weise nicht ausgeglichen werden kann. Eine erhebliche Ausnutzung der Bürgersteuer ist nur dann anzuerkennen, wenn sie mit mindestens dem Fünffachen des Reichssatzes erhoben wird. Aus der Erhöhung der Gewerbesteuer darf die Gemeinde jedoch kein höheres **Mehr**aufkommen erzielen, als sie nach bisherigem Landesrecht erzielt haben würde, wenn die Zuschlagsätze bis zu einem **Zehntel** über den bisher gültigen Landesdurchschnittsatz erhöht worden wären. Die Umrechnung hat in derselben Weise zu erfolgen, wie sie in dem vorstehend angeführten Beispiel erläutert worden ist. Hat die Gemeinde z. B. im Rechnungsjahr 1935 einen Zuschlagsatz zur staatlich veranlagten Gewerbesteuer von 450 v. H. erhoben und daraus ein Ist-Aufkommen von 900 000 *RM* erzielt, so darf sie der Errechnung der neuen Hebesätze bei einem bisherigen Landesdurchschnitt von 500 v. H. einen Zuschlagsatz von höchstens 550 v. H. mit einem daraus errechneten Ist-Aufkommen von 1 100 000 *RM* zugrunde legen.

(2) Die **Erhöhung** der Hebesätze § 7 Abs. 2 gemäß bedarf der Genehmigung der obersten Gemeindeaufsichtsbehörde.

Zu § 9. (1) Soweit die Umlagen der Gemeindeverbände auf

Steuergrundbeträgen beruhen, die nach einem vor Beginn des Rechnungsjahres 1937 liegenden Stichtag festgestellt werden, werden sie von der Neuregelung der Gewerbesteuer im Rechnungsjahr 1937 noch nicht betroffen. Das gilt z. B. für Preußen im Hinblick auf die §§ 21 und 30 des PrAGzFAG. (Pr. GS. 1930 S. 249; 1931 S. 25; 1934 S. 156; 1936 S. 90 und 91).

(2) In den Ländern, in denen die Umlagen nach den Grundbeträgen der Gemeinden für das laufende Rechnungsjahr erhoben werden, sind die Umlagesätze für die Gewerbesteuer der veränderten Gesamtsumme der Steuermeßbeträge anzupassen.

(3) Eine Erhöhung der Umlagesätze über die sich aus der Anpassung ergebenden Sätze hinaus bedarf in jedem Falle der Genehmigung der obersten Landesbehörde.

Zu § 11. (1) Der Hebesatz einer Gemeinde für die Gewerbesteuer (§§ 16 und 25 GewStG.) kann hinsichtlich der in der Gemeinde belegenen Betriebstätten von Warenhäusern in dem Verhältnis erhöht werden, in dem eine solche Erhöhung für das Rechnungsjahr 1936 bestanden hat, höchstens jedoch um drei Zehntel. Hat bisher nur das Land eine Warenhaussteuer erhoben, so kann der Hebesatz der Gemeinden dieses Landes bis zu drei Zehnteln erhöht werden.

(2) Wird ein Warenhausunternehmen in einer Gemeinde zur Zweigstellensteuer (§ 17 GewStG.) herangezogen, so ist dieser Steuerbetrag auf den Betrag der Warenhaussteuer anzurechnen.

Zu § 12. Von der Geltendmachung des Ausgleichzuschusses kann abgesehen werden, wenn es sich um geringfügige Beträge handelt oder wenn die Geltendmachung mit Weiterungen oder Kosten verbunden wäre, die nicht im angemessenen Verhältnis zu der Höhe des Ausgleichzuschusses ständen.

Zu § 13. Einen Anspruch auf einen Ausgleichzuschuß haben nur Wohngemeinden, in denen

1. (1) die Hebesätze für die Grundsteuer und die Gewerbesteuer in dem Rechnungsjahr, für das der Ausgleichzuschuß beansprucht wird, mindestens 75 v. H. der Hebesätze in der Betriebsgemeinde betragen. Wird in einer oder in beiden Gemeinden die Lohnsummensteuer erhoben, so ist für die Vergleichsberechnung der Hebesatz für die Gewerbesteuer nach dem Ertrag und Kapital um den Satz zu erhöhen, der sich bei einer Umrechnung des Aufkommens aus der Lohnsummensteuer ergeben würde.

(2) Die oberste Gemeindeaufsichtsbehörde kann für Wohngemeinden, in denen die Zahl der Arbeitnehmer und ihrer Familienangehörigen mindestens 50 v. H. der Gesamtbevölkerung beträgt und in denen mindestens 25 v. H. der bebauten Grundstücke nach dem 1. April 1924 bezugsfertig gewordene Kleinsiedlungen, Kleinwohnungen und Arbeiterwohnstätten sind, die Geltendmachung des Ausgleichzuschusses auch dann zulassen, wenn die Hebesätze mindestens 60 v. H. der Hebesätze in der Betriebsgemeinde betragen.

(3) Erhebt die Betriebsgemeinde, aber nicht die Wohngemeinde die Gemeindebiersteuer, so erhöhen sich die in den vorhergehenden Absätzen genannten Hundertsätze um 5 v. H. der Hebesätze in der Betriebsgemeinde (z. B. statt 75 v. H. auf 80 v. H.);

2. die Bürgersteuer für das Kalenderjahr, in dem das Rechnungsjahr beginnt, für das ein Ausgleichzuschuß beansprucht wird, mindestens mit dem Fünffachen des Reichssatzes — in Wohngemeinden mit weniger als 2000 Einwohnern mindestens mit dem Dreiundeinhalbfachen des Reichssatzes — erhoben wird. Wird die Bürgersteuer in der Betriebsgemeinde mit einem niedrigeren Satz erhoben, so gilt dieser Satz als Mindestsatz für die Wohngemeinde.

Zu § 14. Da es Fälle geben kann, in denen die Arbeitnehmer eines Betriebs am Stichtag ihre Arbeitstätte gleichzeitig in zwei verschiedenen Betriebsgemeinden hatten, genügt es zur Anerkennung des Anspruchs der Wohngemeinde auf einen Ausgleichzuschuß, wenn die Zahl von 10 Arbeitnehmern, die in diesem Fall eine Rechnungsgröße darstellt, um einen Bruchteil überschritten wird. Ergibt sich also bei der Berechnung der Zahl der Arbeitnehmer eine Zahl von 10,5 Arbeitnehmern zugunsten der Wohngemeinde, so ist der Anspruch auf Ausgleichzuschuß als gegeben anzuerkennen.

Zu § 16. Unter Aufkommen an Gewerbesteuer in dem vorangegangenen Rechnungsjahr ist das Ist-Aufkommen in diesem Rechnungsjahr zu verstehen. Der Berechnung des Ausgleichzuschusses sind die Hebesätze für die Gewerbesteuer nach dem Gewerbeertrag und dem Gewerbekapital zugrunde zu legen, die für das Rechnungsjahr, für das der Ausgleichzuschuß zu zahlen ist, festgesetzt werden. Wird in einer oder in beiden Gemeinden die Lohnsummensteuer erhoben, so ist der Hebesatz für die Gewerbesteuer nach dem Ertrag und Kapital um den Satz zu erhöhen, der sich bei einer Umrechnung des Aufkommens aus der Lohnsummensteuer ergeben würde.

Zu § 17. Die Anmeldung des Anspruchs auf Ausgleichzuschuß für das Rechnungsjahr 1937 gilt als rechtzeitig erfolgt, wenn sie bis zum 1. Februar 1937 einschließlich der Betriebsgemeinde zugegangen ist.

Zu § 18. Für das Rechnungsjahr 1937 hat die Erklärung der Betriebsgemeinde, ob sie den Anspruch anerkennt, bis zum 20. Februar 1937 einschließlich zu erfolgen. Der in Abs. 1 Satz 4 festgesetzte Zeitpunkt für die Anrufung der oberen Gemeindeaufsichtsbehörde durch die Wohngemeinde bleibt für das Rechnungsjahr 1937 unverändert.

Zu § 20. Für das Rechnungsjahr 1937 wird der Zeitpunkt des 5. Januar durch den 1. Februar 1937 einschließlich ersetzt. Der Zeitpunkt „1. März" bleibt unverändert.

(2) Über die Anhörung der Berufsvertretungen vor Festsetzung der Hebesätze für die Gewerbesteuer, die gesetzlich nicht geregelt ist, werden demnächst besondere Weisungen ergehen.

Lohnsummensteuer

Rderl. d. RuPrMdI. zgl. i. N. d. RFM. vom 22. Dezember 1936 V St 2072/36 u. S 1511—18 I (RMBliV. 1936 S. 1693, RStBl. 1937 S. 80).

Auf Grund des § 6 Abs. 2 des Gewerbesteuergesetzes (GewStG.) vom 1. Dezember 1936 (RGBl. I S. 979, RStBl. 1936 S. 1149) werden für die Erteilung der Zustimmung durch die oberste Gemeindeaufsichtsbehörde zur Erhebung der Gewerbesteuer nach der Lohnsumme (Lohnsummensteuer) die nachstehenden Richtlinien erlassen:

I.

(1) Gemeinden, die für das Rechnungsjahr 1936 die Gewerbesteuer nach der Lohnsumme erhoben haben, können auch die Lohnsummensteuer nach dem GewStG. erheben.

(2) Die Vorschrift des § 7 Abs. 1 des Einführungsgesetzes zu den Realsteuergesetzen (EinfGRealStG.) vom 1. Dezember 1936 (RG.-Bl. I S. 961, RStBl. 1936 S. 1137) über die Bemessung der Hebesätze für die Gewerbesteuer für die Rechnungsjahre 1937 und 1938 gilt mit der Maßgabe, daß der Hebesatz für die Lohnsummensteuer höchstens so zu bemessen ist, daß für jedes der beiden Rechnungsjahre kein höheres Aufkommen aus der Lohnsummensteuer zu erwarten ist, als bei Weitererhebung der Gewerbesteuer nach der Lohnsumme nach bisherigem Recht in der Gemeinde erzielt worden wäre.

Beispiel: Betrug die Steuermeßzahl bei der Lohnsummensteuer weniger als 2 v. T. (in Preußen nach § 14 PrGewStVO., Pr. GS. 1927 S. 21, nur 1 v. T.), so ist der Hebesatz für die Lohnsummensteuer gegenüber dem bisherigen Satz entsprechend niedriger festzusetzen (in Preußen also etwa auf die Hälfte des bisherigen Satzes).

(3) Bei Festsetzung des Hebesatzes ist weiter folgendes zu beachten: Da die Gewerbesteuer künftig nicht nur nach dem Gewerbeertrag, sondern daneben auch noch nach dem Gewerbekapital erhoben wird (§ 6 Abs. 1 und § 14 GewStG.), tritt eine Verbreiterung der Besteuerungsgrundlage ein. Mit Rücksicht hierauf wird der Hebesatz für die Lohnsummensteuer unabhängig von der nach Abs. 2 erforderlichen Umrechnung zu senken sein. Das gilt ganz besonders für solche Gemeinden, in denen die bisherige Lohnsummensteuer im Verhältnis zur Ertragsteuer sehr stark angespannt worden ist und wesentlich über dem bisherigen Landesdurchschnittsatz gelegen hat. Das Maß dieser Senkung hat sich nach Art und Zusammensetzung der örtlichen Wirtschaftsbetriebe zu richten. Dabei muß vermieden werden, daß aus der zusätzlichen Heranziehung des Gewerbekapitals als Grundlage für die Gewerbesteuer in Verbindung mit der Lohnsummensteuer eine Überbelastung einzelner Betriebe eintritt.

II.

(1) Gemeinden, die für das Rechnungsjahr 1936 die Gewerbesteuer nicht nach der Lohnsumme erhoben haben, können die Lohnsummensteuer nur ausnahmsweise beim Vorliegen besonderer Verhältnisse erheben.

(2) Die Notwendigkeit der Erhebung kann z. B. in Frage kommen für Gemeinden, in denen sich Betriebe befinden, die infolge ihrer großen Arbeitnehmerzahl der Gemeinde erhebliche, auf andere Weise nicht zu deckende Lasten verursachen. Die Notwendigkeit kann ferner gegeben sein für solche Gemeinden, in denen für das Rech-

nungsjahr 1936 die Hebesätze (Zuschlagsätze) zur Gewerbesteuer nach dem Kapital im Verhältnis zu denen zur Gewerbesteuer nach dem Ertrag erheblich über dem Doppelten gelegen haben und daher die Gewerbesteuer nach dem Ertrag und Kapital infolge der Festsetzung eines einheitlichen Steuermeßbetrages für diese beiden Besteuerungsgrundlagen so angespannt werden müßte, daß sie zu besonderen Härten für größere Gruppen von Steuerpflichtigen führt.

(3) Die Lohnsummensteuer darf nur zum Beginn eines Rechnungsjahres eingeführt werden.

(4) Den Gemeinden wird empfohlen, vor der Neueinführung der Lohnsummensteuer mit den örtlichen Vertretungen der gewerblichen Wirtschaft in Fühlung zu treten.

Zusatz für Preußen: Ich, der RuMdJ., erteile zugleich im Namen des PrFM. hiermit für Preußen allen Gemeinden, die im Rechnungsjahr 1936 die Lohnsumme als Besteuerungsgrundlage gewählt haben, die nach § 6 Abs. 2 Satz 2 GewStG. erforderliche Zustimmung zur Forterhebung der Lohnsummensteuer. Der Genehmigungsvorbehalt hinsichtlich der Höhe des Hebesatzes nach § 6 EinfGRealStG. bleibt unberührt. Dabei spreche ich die Erwartung aus — und ersuche ich die Aufsichtsbehörden, dies zu überwachen —, daß die Richtlinien zu I genauestens befolgt werden. Von weitergehenden Weisungen sehe ich ab mit Rücksicht auf die örtlich sehr verschieden gelagerten Verhältnisse und im Vertrauen auf das Interesse, das die Gemeinden selbst an der Gesunderhaltung ihrer gewerblichen Wirtschaft haben.

IV.

Richtlinien für die Durchführung der Gewerbesteuer (Gewerbesteuerrichtlinien) — GewR. —

Rderl. des RdF. vom 14. April 1937 (L 1460—25 III)
— RStBl. 1937 S. 513 —

Inhaltsübersicht:

VII. Befreiungen:

1. Staatsbanken;
2. Sparkassen;
3. Krankenanstalten;
4. Landwirtschaftliche Genossenschaften;
5. Pensionskassen;
6. Neue Unternehmen;
7. Hochsee- und Küstenfischerei.

VIII. Steuerschuldner.

IX. Gewerbeertrag:

1. Gewinn bei natürlichen Personen u. Personengesellschaften;
2. Gewinn bei Körperschaften u. nichtrechtsfähigen Vereinen;
3. Die Auswertung der Ergebnisse der Veranlagung zur Einkommensteuer und Körperschaftsteuer.

X. Hinzurechnungen:

1. Dauerschulden;
2. Hinzurechnung der Gewinnanteile usw. des stillen Gesellschafters;
3. Wesentlich Beteiligte;
4. Begriff der Gehälter im Sinn des § 8 GewStG.;
5. Grundbesitz.

XI. Kürzungen:

1. Grundbesitz;
2. Maßgebender Einheitswert;
3. Eintritt in die Steuerpflicht;
4. Grundstücksgesellschaften;
5. Ausländische Betriebstätten inländischer Unternehmer

XII. Maßgebendes Wirtschaftsjahr für die Ermittlung des Gewerbeertrags.

1. Wechsel des Unternehmers;
2. Umstellung des Wirtschaftsjahrs, Neugründung eines Gewerbebetriebs usw.

XIII. Gewerbekapital:

1. Einheitswert;
2. Maßgebender Einheitswert;
3. Inländisches Gewerbekapital.

XIV. Festsetzung des einheitlichen Steuermeßbetrags:

1. Zuständiges Finanzamt;
2. Pflicht zur Abgabe der Gewerbesteuererklärung.

XV. Zweigstellensteuer:

1. Allgemeines;
2. Bank- u. Kreditunternehmen;
3. Wareneinzelhandelsunternehmen.

XVI. Technische Durchführung:

1. Listenführung und Festsetzung der Steuermeßbeträge;
2. Mitteilung der Steuermeßbeträge;
3. Meldewesen;
4. Überleitung.

Anlage:

Anlage der Steuermeßbeträge nach dem Gewerbeertrag.

Durch das Gewerbesteuergesetz vom 1. Dezember 1936 (RGBl. I S. 979, RStBl. S. 1149) — GewStG. — ist mit Wirkung ab 1. April 1937 für das gesamte Reichsgebiet einheitliches Gewerbesteuerrecht geschaffen worden. Die bisherigen Gewerbesteuergesetze der einzelnen Länder und das Gewerbesteuerrahmengesetz, das in den Ländern Mecklenburg und Oldenburg als Landesrecht eingeführt war, sind dadurch abgelöst worden. Die Gewerbesteuer wird § 1 GewStG. gemäß ab 1. April 1937 als reine Gemeindesteuer erhoben. Die Länder und Gemeindeverbände sind an der Gewerbesteuer nicht mehr beteiligt.

Unter den Begriff der Gewerbesteuer fällt sowohl die Gewerbesteuer nach dem Gewerbeertrag und dem Gewerbekapital

(§§ 7 bis 22) als auch die Lohnsummensteuer (§§ 23 bis 27). Bei der sogenannten Zweigstellensteuer (§ 17 GewStG.) handelt es sich nicht um eine besondere Steuer, sondern lediglich um die Möglichkeit der Anwendung eines höheren Hebesatzes bei Bank-, Kredit- und Wareneinzelhandelsunternehmen. Ähnlich verhält es sich mit der sogenannten Warenhaussteuer, die in Form erhöhter Hebesätze unter bestimmten Voraussetzungen für eine gewisse Übergangszeit erhoben werden kann. Die in einzelnen Ländern als Nebensteuer zur Gewerbesteuer bisher erhobene Schankſteuer (Schankgewerbesteuer, Schankbetriebsteuer) ist weggefallen.

Die Vorschriften des GewStG. und die Bestimmungen der Ersten GewStDVO. vom 26. Februar 1937 (RGBl. I S. 257, RStBl. S. 353) werden in den folgenden Ausführungen erläutert, soweit das für die Durchführung der Gewerbesteuer für das Rechnungsjahr 1937 erforderlich erscheint. Gleichzeitig werden organisatorische Anweisungen (Technik der Veranlagung, Zusammenarbeit mit Gemeindebehörden u. dgl.) gegeben.

I. Steuergegenstand.

1. Begriff des Gewerbebetriebs. Der Gewerbesteuer unterliegt § 2 Absatz 1 Satz 1 GewStG. gemäß jeder stehende Gewerbebetrieb, soweit er im Inland betrieben wird. Von einer selbständigen Bestimmung des Begriffs „Gewerbebetrieb" hat das GewStG. abgesehen. § 2 Absatz 1 Satz 2 gemäß ist unter Gewerbebetrieb ein gewerbliches Unternehmen im Sinn des Einkommensteuergesetzes (EStG.) zu verstehen. Damit ist in der grundlegenden Frage des Steuergegenstandes eine Beziehung zwischen dem Gewerbesteuerrecht und dem Einkommensteuerrecht hergestellt. Nach der ständigen Rechtsprechung des Reichsfinanzhofs wird bei der Einkommensteuer unter einem Gewerbe eine mit der Absicht auf Gewinnerzielung unternommene selbständige berufsmäßige Arbeitstätigkeit verstanden, die sich als Beteiligung am allgemeinen wirtschaftlichen Verkehr darstellt und die weder zur Land- und Forstwirtschaft gehören, noch die Begriffsmerkmale der selbständigen Arbeit im Sinn des § 18 EStG. erfüllen darf (vgl. hierzu RFH. in RStBl. 1934 S. 902).

2. Abgrenzung des Gewerbebetriebs gegenüber der Land- und Forstwirtschaft. Für die Abgrenzung der gewerblichen Tätigkeit gegenüber der Land- und Forstwirtschaft ergibt sich aus § 2 Absatz 1 Satz 2 GewStG. in Verbindung mit § 15 Ziffer 1 Satz 2 EStG., daß die gewerbliche Bodenbewirtschaftung zum Gewerbebetrieb gehört. Bergbauunternehmen (Gewinnung von Kohle, Erzen, Erdöl usw.) sind demnach gewerbliche Betriebe. Gleiches gilt für Betriebe zur Gewinnung von Torf, Steinen und Erden (z. B. Kies, Sand, Lehm, Ton usw.), soweit es sich nicht um land- und forstwirtschaftliche Nebenbetriebe handelt. Anderseits ist die nichtgewerbliche Bodenbewirtschaftung, d. h. der Betrieb der Land- und Forstwirtschaft und der ihr verwandten Zweige der Urerzeugung, der Gewerbesteuer nicht unterworfen. Was als Land- und Forstwirtschaft und verwandte Zweige der Urerzeugung anzusehen ist, siehe § 13 EStG. Neben der Land- und Forstwirtschaft im eigentlichen Sinn sind auch der Weinbau, der Gartenbau, der Obstbau, der Gemüsebau, die Baumschulenbetriebe und alle Betriebe, die Pflanzen und Pflanzenteile mit Hilfe der Naturkräfte gewinnen, als Land- und Forstwirtschaft anzusehen. Außerdem gehören dazu Tierzucht, Viehmästereien, Abmelkställe, Geflügelfarmen und ähnliche Betriebe, wenn zur Tierzucht oder zur Tierhaltung überwiegend Erzeugnisse verwendet werden, die im eigenen landwirtschaftlichen Betrieb gewonnen sind, dann die Binnenfischerei, die Fischzucht und die Teichwirtschaft und die Jagd, die letztere allerdings nur, wenn sie mit dem Betrieb einer Landwirtschaft oder einer Forstwirtschaft in Zusammenhang steht.

Im allgemeinen werden sich Schwierigkeiten bei der Abgrenzung zwischen Land- und Forstwirtschaft und gewerblicher Tätigkeit nicht ergeben. Nur in Einzelfällen werden Zweifel entstehen, ob es sich um land- oder forstwirtschaftliche oder um gewerbliche Betriebe handelt, so z. B. beim Gartenbau. Hier liegen die Schwierigkeiten nicht in der Abgrenzung des Gartenbaus vom Ackerbau, sondern in der Vielfalt der Betriebs- und Wirtschaftsformen, die im Gartenbau möglich sind (Landschaftsgärtnereien, Dekorationsgärtnereien, Kunst- und Handelsgärtnereien) und die unter bestimmten Voraussetzungen den Betrieb zu einem rein gewerblichen machen können. Einkommensteuerlich hängt die Zurechnung der Einkünfte aus Gartenbau zur Land- und Forstwirtschaft oder zum Gewerbebetrieb davon ab, ob die nichtgewerbliche oder gewerbliche Tätigkeit überwiegt. Danach entscheidet sich auch für die Gewerbesteuer die Frage, ob es sich um einen Gewerbebetrieb handelt oder nicht. Der Betrieb einer Gärtnerei ist als Gewerbebetrieb anzusehen, wenn überwiegend fremde Gärtnereierzeugnisse angekauft und bearbeitet oder unbearbeitet weiterveräußert werden.

Das ist eine Abweichung von dem bisherigen preußischen Recht, wonach die Gewerbesteuerpflicht nur insoweit eintrat, als fremde Erzeugnisse zugekauft und vorher oder nach Bearbeitung weiterveräußert werden. Saatzuchtbetriebe, die sich mit der Züchtung von neuem Pflanzenmaterial oder mit der Verwertung von Neuzüchtungen befassen, sind keine gewerblichen, sondern landwirtschaftliche Betriebe, es sei denn, daß sie in Form einer Kapitalgesellschaft betrieben werden. Der Weinbau ist ebenfalls eine Form der nichtgewerblichen Bodenbewirtschaftung und als solche gewerbesteuerfrei. Zum Weinbau gehören Zucht und Unterhaltung der Weinreben, Weinbereitung und Weinbehandlung und Absatz der Trauben, des Mostes und des Weins, immer vorausgesetzt, daß es sich um die Erzeugnisse des eigenen Weinbaubetriebs handelt. Veräußert ein Winzer neben eigenen Weinen auch zugekaufte Weine, so entscheidet sich die Frage, ob ein Gewerbebetrieb vorliegt, ebenso wie bei der Gärterei, danach, ob überwiegend fremde Weinbauerzeugnisse zugekauft und bearbeitet oder unbearbeitet weiterveräußert werden.

Als landwirtschaftliche Nebenbetriebe gelten § 13 Absatz 2

Ziffer 1 EStG. gemäß Betriebe, die dem land- und forstwirtschaftlichen Hauptbetrieb zu dienen bestimmt sind. Ob diese Voraussetzungen erfüllt sind, ist nach den Verhältnissen des einzelnen Falls und nach der Verkehrsauffassung zu beurteilen. Bei den landwirtschaftlichen Nebenbetrieben kann es sich um Verarbeitungsbetriebe oder um Substanzbetriebe handeln.

Verarbeitungsbetriebe sind Betriebe, die die Erzeugnisse des landwirtschaftlichen Hauptbetriebs verarbeiten und die gewonnenen Erzeugnisse entweder an Dritte veräußern oder in der Wirtschaft des Hauptbetriebs verwerten. Dazu gehören z. B. Kartoffelbrennereien, Getreidebrennereien, Obstweinbrennereien, Molkereien, Kartoffeltrocknereien, Kartoffelflockenfabriken, unter Umständen auch Mühlenbetriebe. Sie müssen mit dem landwirtschaftlichen Hauptbetrieb in organisatorischem und wirtschaftlichem Zusammenhang stehen.

Substanzbetriebe sind Betriebe, durch die die Substanz des landwirtschaftlichen Hauptbetriebs vermindert wird. Sie können als landwirtschaftliche Nebenbetriebe nur gelten, wenn die gewonnene Substanz unmittelbar für Zwecke des landwirtschaftlichen Hauptbetriebs verwendet wird (z. B. der aus der Kiesgrube gewonnene Kies zur Befestigung der Wege, die gewonnenen Lehmziegel zur Errichtung von Gebäuden für Zwecke des landwirtschaftlichen Hauptbetriebs usw.). Wegen der Einzelheiten Hinweis auf Veranlagungsrichtlinien Abschnitt C I 1, Absätze 7 bis 10.

3. Abgrenzung des Gewerbebetriebs gegenüber selbständiger Arbeit. Die selbständige Arbeit im Sinn des § 18 EStG. unterliegt weder der Gewerbesteuer noch einer besonderen Berufsteuer. Das erfordert eine klare Abgrenzung der gewerblichen Tätigkeit von der selbständigen Arbeit. Die Grenze (zwischen gewerblicher Tätigkeit und selbständiger Arbeit) wird oft flüssig sein. § 18 EStG. gemäß sind unter selbständiger Arbeit die Tätigkeit der freien Berufe, die Tätigkeit der Einnehmer einer staatlichen Lotterie und eine sonstige selbständige Arbeit zu verstehen. Es ist im Gesetz nicht abschließend umschrieben, was im einzelnen als freier Beruf und was als sonstige selbständige Arbeit anzusehen ist. Das Einkommensteuergesetz zählt die hauptsächlichsten Erscheinungsformen der freien Berufe auf und nennt im § 18 die wissenschaftliche, künstlerische, schriftstellerische, unterrichtende oder erzieherische Tätigkeit, die Berufstätigkeit der Ärzte, Rechtsanwälte und Notare, der Ingenieure, der Architekten, der Handelschemiker, der Heilkundigen (zu diesen gehören auch die Heilpraktiker), Zahntechniker, der Landmesser, der Wirtschaftsprüfer, der Steuerberater, der Buchsachverständigen und ähnlicher Berufe. Der Begriff des freien Berufs setzt seinem Wesen nach persönliche Ausübung der Tätigkeit voraus. Dabei ist unerheblich, ob die freie Berufstätigkeit, von mehreren Personen gemeinsam ausgeübt wird (z. B. in Form einer Anwalts- oder einer Ärztegemeinschaft).

Zweifel können entstehen, wenn der freie Beruf in Verbindung mit einem Unternehmen ausgeübt wird. Wird z. B. von einem Arzt eine Krankenanstalt unterhalten, so richtet sich die Behandlung der Krankenanstalt nach § 8 der Ersten GewStDVO. Hinweis auf Abschnitt VII 3.

Wegen der Behandlung der Krankenanstalten, die zwar nach ihrem Wesen Gewerbebetriebe sind, aber wegen Gemeinnützigkeit steuerfrei gelassen werden, Hinweis auf § 8 der Ersten GewSt.-DVO. und Abschnitt VII 3.

Bei der unterrichtenden Tätigkeit ist die persönliche Erteilung des Unterrichts freier Beruf. Wenn eine Unterrichtsanstalt betrieben wird, ist der Begriff des Gewerbebetriebs gegeben (vgl. hierzu RFH. in RStBl. 1929 S. 189). In solchem Fall ist die Unterrichtserteilung durch den Inhaber nicht mehr Ausübung eines freien Berufs, sondern Teil des Gewerbebetriebs, in dem sie aufgeht. Privatschulen, die von der Schulaufsichtsbehörde als Ersatzschulen genehmigt oder anerkannt sind, arbeiten in der Regel nicht mit der Absicht der Gewinnerzielung. Sie werden daher von der Gewerbesteuer freizustellen sein. Das gleiche gilt für Privatschulen, die zwar nicht ausdrücklich als Ersatzschulen zugelassen oder anerkannt sind, denen aber von der Gemeinde oder vom Staat oder von Körperschaften des öffentlichen Rechts Zuschüsse gewährt werden.

Der Betrieb einer Apotheke ist nicht Ausübung eines freien Berufs, sondern Gewerbebetrieb.

Nicht der Gewerbesteuer unterworfen sind die Einnehmer einer staatlichen Lotterie. Zwar gilt die Tätigkeit des Einnehmers einer staatlichen Lotterie § 18 EStG. gemäß als selbständige Arbeit, wenn sie nicht als Gewerbebetrieb anzusehen ist. § 11 der Ersten GewStDVO. gemäß unterliegt aber die Tätigkeit auch dann nicht der Gewerbesteuer, wenn es sich um einen Gewerbebetrieb im Sinn des § 2 HGB. handelt oder die Tätigkeit des Lotterieeinnehmers sich als Hilfs- oder Nebengeschäft eines Gewerbebetriebs darstellt. Diese Regelung beschränkt sich auf die Einnehmer staatlicher Lotterien. Die Gewerbesteuerpflicht der Einnehmer von privaten Lotterien wird dadurch nicht berührt.

Auch die Ausübung der sogenannten „sonstigen selbständigen Arbeit" ist gewerbesteuerfrei. Dazu gehört die Tätigkeit der Testamentsvollstrecker, Vermögensverwalter, Aufsichtsratsmitglieder und dgl. Tätigkeiten dieser Art können ebenso wie freiberufliche Tätigkeiten gewerbesteuerpflichtig sein, wenn sie nicht in eigener Person ausgeübt, sondern in einem Umfang oder in einer Form betrieben werden, daß sie nach der Verkehrsauffassung als Gewerbebetrieb angesehen werden. Beispiele sonstiger selbständiger Tätigkeit sind auch die Tätigkeit der Hebammen, Masseure, Boxer, Rennfahrer.

4. Abgrenzung des Gewerbebetriebs gegenüber Vermögensverwaltung. Die Verwaltung des eigenen Vermögens (Grundvermögen oder Kapitalvermögen) ist keine gewerbliche Tätigkeit.

Die Abgrenzung des Gewerbebetriebs von Vermietung und Verpachtung ist im wesentlichen davon abhängig, in welchem Umfang der Vermieter Tätigkeit entfaltet und wie er im Geschäftsleben auftritt. Industriehausbesitzer, die selbst ihre Grundstücke als Betriebsvermögen ansehen und bei der Verwertung ihrer Gebäude erhebliche Verwaltungsarbeit leisten müssen, sind ebenso wie Hotelbesitzer als Gewerbetreibende anzusehen. Dagegen stellt die bloße Nutzung von Grundvermögen, wenn dabei eigene Arbeit in wesentlichem Umfang nicht aufgewendet wird, keinen Gewerbebetrieb dar. Das gilt besonders für die Vermietung von Gebäuden zu Wohn- und Betriebszwecken.

Nach den Grundsätzen des Einkommensteuerrechts gehört die Vermietung (auch Untervermietung) möblierter Zimmer zu den Einkünften aus Vermietung und Verpachtung. An dieser Beurteilung ändert sich auch dann nichts, wenn Vergütungen für die Benutzung der Einrichtung, für Frühstück, Reinigung der Räume u. dgl. besonders bezahlt werden oder in der Miete enthalten sind.

Stets liegt ein Gewerbebetrieb vor, wenn die Voraussetzungen des § 28a UStDB. erfüllt sind. Nach dieser Bestimmung ist eine Beherbergung in einer Gaststätte gegeben, wenn ein Unternehmer den zur Beherbergung aufgenommenen Gästen außer ihren Wohnräumen mindestens einen gemeinschaftlichen Aufenthaltsraum, z. B. zur Einnahme der Mahlzeiten, zur Verfügung stellt (Hotel, Pension, Logierhaus usw.).

Ist es zweifelhaft, ob ein Gewerbebetrieb vorliegt, so entscheidet die Verkehrsauffassung. Ist z. B. nach der Verkehrsauffassung bei Vermietung von möblierten Zimmern oder von Wohnungen in Badeorten ein Gewerbebetrieb anzunehmen, so ist es unerheblich, daß der Betrieb nach Ablauf der Saison vorübergehend ruht.

Die Verpachtung eines Gewerbebetriebs ist grundsätzlich nicht als Gewerbebetrieb anzusehen. Dagegen wird die Gewerbesteuerpflicht des gesamten Betriebs nicht dadurch berührt, daß ein Teilbetrieb oder Teile eines Gewerbebetriebs verpachtet werden (z. B. bei Verpachtung brauereieigener Gastwirtschaften durch eine Brauerei).

5. **Selbständigkeit und Unselbständigkeit.** Voraussetzung für die Annahme eines Gewerbebetriebs ist die Selbständigkeit der Tätigkeit. Die Person muß die Tätigkeit auf eigene Rechnung und auf eigene Verantwortung ausüben. Die Frage, ob Selbständigkeit oder Unselbständigkeit vorliegt, ist im Anschluß an die Grundsätze des Einkommensteuerrechts zu prüfen. Da der unselbständig Tätige der Lohnsteuer unterliegt, muß die Frage bereits bei der Heranziehung zur Einkommensteuer geklärt werden. Von dem Ergebnis dieser Prüfung ist auch für die Gewerbesteuer auszugehen.

Hausgewerbetreibende und Zwischenmeister unterliegen als selbständige Gewerbetreibende im Gegensatz zu Heimarbeitern, deren Tätigkeit als unselbständige Arbeit anzusehen ist, der Gewerbesteuer. Die Begriffe der Hausgewerbetreibenden und Zwischenmeister sind im § 24 der Ersten GewStDVO. umschrieben. Der Begriff der Heimarbeiter ergibt sich aus § 3 Absatz 1 des Gesetzes über die Heimarbeit vom 23. März 1934 (RGBl. I S. 214). Danach ist Heimarbeiter, wer, ohne Gewerbetreibender zu sein, in einer eigenen Wohnung oder selbstgewählten Betriebstätte allein oder unter Mithilfe von Familienangehörigen im Sinn des genannten Gesetzes im Auftrag und für Rechnung von Gewerbetreibenden oder Zwischenmeistern gewerblich arbeitet.

Wegen der Organgesellschaften Hinweis auf Abschnitt VI 2.

6. Mehrheit von Betrieben. Steuergegenstand ist nach dem Wortlaut des § 2 Absatz 1 GewStG. der Gewerbebetrieb. Daraus folgt, daß in den Fällen, in denen ein Unternehmer mehrere selbständige Betriebe hat (z. B. eine Maschinenfabrik und eine Spinnerei), jeder Betrieb für sich zu besteuern ist. Das gilt auch dann, wenn die mehreren selbständigen Betriebe in einer Gemeinde liegen. Betreibt aber ein Unternehmer mehrere Betriebe der gleichen Art, so ist zu prüfen, ob die mehreren Betriebe eine wirtschaftliche Einheit darstellen. Die Annahme eines einheitlichen Gewerbebetriebs wird naheliegen, wenn Betriebe der gleichen Betriebsart sich in derselben Gemeinde befinden.

Die gleichen Grundsätze sind anzuwenden, wenn Eheleute je für sich gewerbliche Betriebe unterhalten. Handelt es sich dabei um gleichartige oder wirtschaftlich zusammengehörige Betriebszweige, so ist ein einheitlicher Gewerbebetrieb anzunehmen, bei dem die beiden Ehegatten als Mitunternehmer anzusehen sind, z. B. wenn der Ehemann Waren herstellt, die die Ehefrau verkauft.

7. Unternehmen der öffentlichen Hand. Steuergegenstand ist jeder stehende Gewerbebetrieb, und zwar ohne Rücksicht darauf, wer das gewerbliche Unternehmen betreibt. Ein stehender Gewerbebetrieb ist auch dann steuerpflichtig, wenn ihn die öffentliche Hand unterhält (§ 2 Absatz 1 GewStG. und § 2 Absatz 1 der Ersten GewStDVO.). Ist ein Gewerbebetrieb der öffentlichen Hand verpachtet, so gelten die Ausführungen unter I 4 letzter Absatz.

Die Steuerpflicht der öffentlichen Betriebe ist bei der Gewerbesteuer grundsätzlich anders geregelt als bei der Körperschaftsteuer. § 1 Absatz 1 Ziffer 6 KStG. gemäß unterliegen der Körperschaftsteuer die Betriebe gewerblicher Art von Körperschaften des öffentlichen Rechts. Es ist nicht erforderlich, daß ein Gewerbebetrieb vorliegt. Es genügt, daß der Betrieb der öffentlichen Hand das äußere Bild eines Gewerbebetriebs bietet. § 1 Absatz 1 der Ersten KStDVO. gemäß gehören zu den Betrieben gewerblicher Art von Körperschaften des öffentlichen Rechts alle Einrichtungen, die einer nachhaltigen wirtschaftlichen Tätigkeit zur Erzielung von Einnahmen oder anderen wirtschaftlichen Vorteilen dienen. Die Absicht, Gewinn zu erzielen, ist nicht erforderlich.

Im Gegensatz hierzu ist ein Betrieb der öffentlichen Hand nur dann gewerbesteuerpflichtig, wenn er alle Voraussetzungen, die an den Begriff des Gewerbebetriebs geknüpft sind, erfüllt. Die Werkstätten von Strafanstalten und Fürsorgeerziehungsanstalten unterliegen nicht der Gewerbesteuer. Das gleiche gilt für Krüppel-, Blinden- und Taubstummenanstalten, Altersheime und ähnliche

Einrichtungen, und zwar auch dann, wenn sie nicht der öffentlichen Hand gehören, aber zu einem wesentlichen Teil von Gemeinden oder Gemeindeverbänden zur Unterbringung von Personen in Anspruch genommen werden, die in der Fürsorge der Gemeinden oder Gemeindeverbände stehen. Hinsichtlich der Krankenanstalten Hinweis auf Abschnitt VII 3.

Für Versorgungsbetriebe von Körperschaften des öffentlichen Rechts und für öffentlich-rechtliche Versicherungsanstalten ist im § 2 Absatz 3 der Ersten GewStDVO. ausdrücklich klargestellt, daß sie immer als Gewerbebetrieb anzusehen sind.

Auch öffentliche Kreditanstalten stellen einen Gewerbebetrieb dar.

Die Gewerbebetriebe der öffentlichen Hand unterliegen naturgemäß auch der Besteuerung nach dem Gewerbekapital.

II. Inland.

Das Gewerbe unterliegt der Gewerbesteuer, wenn es im Inland betrieben wird. Inland ist das gesamte Gebiet des Deutschen Reiches im staatsrechtlichen Sinn, wie es sich nach Rückgliederung des Saarlandes darstellt.

Zum Inland gehören auch die sogenannten Zollausschlüsse (Zollausschlüsse Hamburg-Freihafen, Hamburg-Waltershof, Cuxhaven, Bremerhaven, Bremen, Emden, Kiel sowie die Insel Helgoland und die zu Baden gehörigen Orte Büsingen und Büttenhardter Höfe) sowie die Freibezirke in Stettin und die Freizone in Lübeck.

Nicht zum Inland gehören die sogenannten Zollanschlüsse Mittelberg und Jungholz.

Als Inland gelten nach völkerrechtlichem Brauch stets deutsche Kriegsschiffe, gleichgültig, ob sie sich auf offener See oder in ausländischen Eigen- oder Küstengewässern (insbesondere Häfen) befinden.

Kauffahrteischiffe, die in einem inländischen Schiffsregister eingetragen sind, gelten nach völkerrechtlichen Grundsätzen als Inland, solange sie sich in inländischen Eigen- oder Küstengewässern oder auf hoher See befinden. Um bei dieser Sachlage die Besteuerung von Gewerbebetrieben an Bord deutscher Kauffahrteischiffe klarzustellen, bestimmt § 2 Absatz 1 Satz 3 GewStG., daß ein Gewerbebetrieb im Inland betrieben wird, soweit für ihn auf einem Kauffahrteischiff, das in einem inländischen Schiffsregister eingetragen ist, eine Betriebstätte unterhalten wird. Diese Vorschrift ist aber eingeschränkt durch § 13 der Ersten GewStDVO., wonach Betriebstätten auf Kauffahrteischiffen, die zwar in einem inländischen Schiffsregister eingetragen sind, aber im sogenannten regelmäßigen Liniendienst ausschließlich zwischen ausländischen Häfen verkehren, nicht der deutschen Gewerbesteuerpflicht unterliegen. Im übrigen gelten als Kauffahrteischiffe auch solche Handelsschiffe, die ausschließlich als Fahrgastschiffe verwendet werden.

III. Stehender Gewerbebetrieb.

§ 2 GewStG. gemäß unterliegen nur die stehenden Gewerbe der Gewerbesteuerpflicht. Der stehende Gewerbebetrieb ist zu scheiden vom Gewerbebetrieb im Umherziehen und dem Wanderlagerbetrieb. Was als Gewerbebetrieb im Umherziehen (Wandergewerbe) gilt, bestimmt sich nach Reichsrecht. Der Begriff des Wandergewerbes geht aus § 55 RGO. hervor. Danach betreibt ein Wandergewerbe, wer außerhalb seines Wohnorts oder dessen nächster Umgebung ohne Begründung einer gewerblichen Niederlassung und ohne vorgängige Bestellung in eigener Person:

1. Waren feilbietet,
2. Warenbestellungen aufsucht oder Waren bei anderen Personen als bei Kaufleuten in anderen Orten als in offenen Verkaufsstellen zum Wiederverkauf ankauft,
3. gewerbliche Leistungen anbietet,
4. Musikaufführungen, Schaustellungen, theatralische Vorstellungen oder sonstige Lustbarkeiten, ohne daß ein höheres Interesse der Kunst oder der Wissenschaft dabei obwaltet, darbietet.

Was danach als Gewerbe im Umherziehen anzusehen ist, gehört nicht zum stehenden Gewerbe und unterliegt nicht der Gewerbesteuer. In den Fällen, in denen der Unternehmer neben einem stehenden Gewerbe gleichzeitig auch ein Wandergewerbe betreibt, wird der stehende Gewerbebetrieb der Gewerbesteuer nach dem GewStG., der Gewerbebetrieb im Umherziehen der Besteuerung nach den landesrechtlichen Vorschriften unterworfen. Das gleiche gilt für den Wanderlagerbetrieb, der eine Unterart des Gewerbebetriebs im Umherziehen darstellt. Dem entspricht die Regelung im § 1 der Ersten GewStDVO., wonach weder eine Wandergewerbesteuer noch eine Wanderlagersteuer erhoben werden darf, soweit ein stehender Gewerbebetrieb vorliegt. Derselbe Betrieb kann somit nur einmal, d. h. entweder als stehender Gewerbebetrieb oder als Wandergewerbebetrieb (Wanderlagerbetrieb), besteuert werden. Er kann, wenn er der Gewerbesteuer nach dem GewStG. unterliegt, nicht mehr zu einer landesrechtlichen Steuer vom Gewerbebetrieb im Umherziehen oder vom Wanderlagerbetrieb herangezogen werden. Straßenhandel, der von einer Person im Gemeindebezirk ihres Wohnsitzes oder ihrer gewerblichen Niederlassung ausgeübt wird, gehört nicht zum Wandergewerbe und ist daher, wenn die übrigen Voraussetzungen des Gewerbebetriebs erfüllt sind, als stehendes Gewerbe der Gewerbesteuer nach dem GewStG. zu unterwerfen.

IV. Betriebstätte.

Die Heranziehung zur Gewerbesteuer nach dem GewStG. setzt voraus, daß für den Gewerbebetrieb eine Betriebstätte unterhalten wird. Der Begriff der Betriebstätte ergibt sich aus § 16 StAnpG. § 16 StAnpG. lautet:

„(1) Betriebstätte im Sinn der Steuergesetze ist jede feste örtliche Anlage oder Einrichtung, die der Ausübung des Betriebs eines stehenden Gewerbes dient.

(2) Als Betriebstätten gelten:

1. die Stätte, an der sich die Geschäftsleitung befindet;
2. Zweigniederlassungen, Fabrikationstätten, Warenlager, Ein- und Verkaufsstellen, Landungsbrücken (Anlegestellen von Schiffahrtsgesellschaften), Kontore und sonstige Geschäftseinrichtungen, die dem Unternehmer (Mitunternehmer) oder seinem ständigen Vertreter (zum Beispiel einem Prokuristen) zur Ausübung des Gewerbes dienen;
3. Bauausführungen, deren Dauer zwölf Monate überstiegen hat oder voraussichtlich übersteigen wird.

(3) Ein Eisenbahnunternehmen hat eine Betriebstätte nur in den Gemeinden, in denen sich der Sitz der Verwaltung, eine Station oder eine für sich bestehende Betrieb- oder Werkstätte oder eine sonstige gewerbliche Anlage befindet, ein Bergbauunternehmen nur in den Gemeinden, in denen sich oberirdische Anlagen befinden, in welchen eine gewerbliche Tätigkeit entfaltet wird.

(4) Ein Unternehmen, das der Versorgung mit Gas, Wasser, Elektrizität oder Wärme dient, hat keine Betriebstätte in den Gemeinden, durch die nur eine Zuleitung geführt, in denen aber Gas, Wasser, Elektrizität oder Wärme nicht abgegeben wird."

Wie sich aus dem Wortlaut ergibt, muß es sich um feste örtliche Anlagen oder Einrichtungen handeln, in denen sich dauernd Tätigkeiten, wenn auch bloße Hilfs- oder Nebenhandlungen vollziehen, die dem Gewerbebetrieb unmittelbar dienen. Ob die Tätigkeiten im einzelnen kaufmännischer, buchhalterischer, technischer oder handwerklicher Art sind, ist unerheblich. Nicht erforderlich ist, daß in der Betriebstätte Verhandlungen mit Dritten geführt oder Geschäftsabschlüsse getätigt werden. An einer Betätigung für Zwecke eines Gewerbeunternehmens fehlt es aber, wenn die örtlichen Anlagen oder Einrichtungen ausschließlich Wohnzwecken (z. B. Arbeiterhäusern), Erholungszwecken (Genesungsheimen, Kinderheimen des Betriebs), Sportzwecken oder ähnlichen Zwecken dienen. Zu den Betriebstätten gehören auch rein mechanische Anlagen, insbesondere Verkaufsautomaten. Als Betriebstätte gelten auch Geschäftseinrichtungen, die dem ständigen Vertreter zur Ausübung des Gewerbes dienen. Soweit es sich bei dem ständigen Vertreter um einen selbständigen Handlungsagenten im Sinn des § 84 HGB. handelt, ist die Betriebstätte, die dem Handlungsagenten gehört, nicht als Betriebstätte des Geschäftsherrn anzusehen. Handelt es sich bei dem ständigen Vertreter um einen unselbständigen Handlungsgehilfen, so ist dessen Wohnung im allgemeinen nicht als Betriebstätte des Geschäftsherrn anzusehen.

Zur Frage, ob bei ausländischen Unternehmen durch § 15 Absatz 2 StAnpG. eine Betriebstätte im Sinn des Gewerbesteuergesetzes begründet wird, ist folgendes zu sagen: Die Vorschrift betrifft Körperschaften oder Personenvereinigungen, die nach bürgerlichem Recht selbständig sind, die sich aber wirtschaftlich als ein in der Gliederung des Unternehmens gesondert geführter Betrieb darstellen und die weder ihre Geschäftsleitung noch ihren Sitz im Inland haben. Solche Unternehmen sind so zu behandeln, als befände sich ihre Geschäftsleitung im Inland. Für die Gewerbesteuer wird dadurch eine Betriebstätte nicht begründet, weil es an einer festen örtlichen Anlage im Inland fehlt.

V. Abwicklung und Konkurs.

Bisher bot die Behandlung von Unternehmen, die sich in der Liquidation (Abwicklung) oder in Konkurs befanden, gewisse Schwierigkeiten, weil jeweils im einzelnen Fall festgestellt werden mußte, wann die Voraussetzungen für das Vorliegen eines Gewerbebetriebs (insbesondere die Teilnahme am allgemeinen wirtschaftlichen Verkehr) erloschen waren. Durch § 4 der Ersten GewStDVO. ist für das GewStG. bestimmt, daß ein in der Auflösung befindliches Unternehmen bis zur Beendigung der Abwicklung Steuergegenstand bleibt und daß durch die Eröffnung des Konkursverfahrens das Weiterbestehen des Gewerbebetriebs nicht berührt wird. Das gilt sowohl für Einzelgewerbetreibende als auch für Gesellschaften aller Art. Damit ist klargestellt, daß bei Gesellschaften aller Art der Eintritt in die Liquidation keine Änderung der Gewerbesteuerpflicht bedeutet. Insbesondere wird die Gewerbesteuer einer Terraingesellschaft durch den Eintritt in die Liquidation nicht berührt. Das gleiche gilt für den Einzelkaufmann. Für die Beendigung der Steuerpflicht kommt es bei dem Einzelkaufmann und bei Personengesellschaften auf die tatsächliche Einstellung des Betriebs an. Diese liegt nicht erst dann vor, wenn der Betrieb für alle Zeiten, sondern schon dann, wenn er für eine gewisse Dauer aufgegeben ist. Die Einstellung darf aber nicht von vornherein lediglich als vorübergehend gedacht sein. Hierbei ist aber zu beachten, daß bei den sogenannten Saisonbetrieben, insbesondere beim Bauhandwerk, den Bauindustrien, den Kurortbetrieben aller Art, die Einstellung des Betriebs während der toten Zeit keine Einstellung in dem eben behandelten Sinn, sondern nur eine vorübergehende Unterbrechung (Ruhen) des Gewerbebetriebs bedeutet, durch das die Gewerbesteuerpflicht nicht berührt wird (Hinweis auf § 22 Absatz 2 Satz 3 GewStG.). Bei Kapitalgesellschaften endet die Gewerbesteuerpflicht anders als bei Einzelkaufleuten und Personengesellschaften erst dann, wenn sie wirtschaftlich ihr Leben beendet haben. Das wird in der Regel der Zeitpunkt sein, in dem die Gesellschaft im Handelsregister gelöscht wird.

§ 15 Absatz 1 der Ersten GewStDVO. gilt nur für Gesellschaften im Sinn des § 2 Absatz 2 Ziffer 2 GewStG.

VI. Behandlung der Gesellschaften.

1. Allgemeines. Die gewerbesteuerliche Behandlung der Gesellschaften, die der Landesgesetzgebung mannigfache Schwierigkeiten bereitet hat, ist dadurch vereinfacht, daß nach § 2 Absatz 2 GewStG. die Tätigkeit der Gesellschaften stets und in vollem Umfang als Gewerbebetrieb gilt. Hierbei besteht ein Unterschied zwischen den Personengesellschaften auf der einen Seite und den Kapitalgesellschaften auf der anderen Seite.

Bei den Personengesellschaften wird vorausgesetzt, daß die Gesellschafter als Unternehmer des „Gewerbebetriebs" anzusehen sind. Es muß daher bei den Personengesellschaften ein Gewerbebetrieb im Sinn des § 2 Absatz 1 GewStG. gegeben sein. Eine offene Handelsgesellschaft, die ausschließlich Landwirtschaft betreibt, ist daher nicht gewerbesteuerpflichtig, denn die Gesellschafter können nicht als Unternehmer eines Gewerbebetriebs angesehen werden. Betreibt hingegen eine offene Handelsgesellschaft ein Gewerbe und bezieht sie daneben Einkünfte aus Land- und Forstwirtschaft oder aus Vermietung und Verpachtung oder aus Kapitalvermögen, so unterliegt der gesamte Betrieb der Gewerbesteuer. Eine Ausgliederung von Teilen des Gewerbeertrags und des Gewerbekapitals findet nicht statt. Zu den Personengesellschaften im Sinn des § 2 Absatz 2 Ziffer 1 GewStG. gehören außer den offenen Handelsgesellschaften und Kommanditgesellschaften diejenigen sonstigen Gesellschaften, bei denen die Gesellschafter als Unternehmer (Mitunternehmer) des Gewerbebetriebs anzusehen sind, z. B. die Reederei und die bürgerlich-rechtliche Gesellschaft, bei der die Erreichung der gemeinsamen Zwecke (§ 705 BGB.) in der Ausübung einer gewerblichen Tätigkeit besteht (Beispiel: Gemeinschaftlicher Betrieb eines Handwerks durch mehrere Handwerker).

Bei den Kapitalgesellschaften (Aktiengesellschaften, Kommanditgesellschaften auf Aktien, Gesellschaften mit beschränkter Haftung, Kolonialgesellschaften, bergrechtliche Gewerkschaften), den Erwerbs- und Wirtschaftsgenossenschaften und den Versicherungsvereinen auf Gegenseitigkeit ist nicht zu prüfen, ob ihre Tätigkeit im einzelnen Fall ein Gewerbe darstellt. Im § 2 Absatz 2 Ziffer 2 GewStG. wird unterstellt, daß Gesellschaften in den bezeichneten Rechtsformen stets und in vollem Umfang gewerblich tätig sind. Ist eine derartige Gesellschaft nur teilweise gewerblich tätig und betreibt sie im übrigen beispielsweise eine Land- oder Forstwirtschaft, so ist sie voll gewerbesteuerpflichtig. Dasselbe gilt auch für Kapitalgesellschaften, die überhaupt keine gewerbliche Tätigkeit ausüben. Demgemäß sind die Vermögensverwaltungs- und Grundstücksgesellschaften ebenso gewerbesteuerpflichtig wie Gesellschaften, die ausschließlich Land- oder Forstwirtschaft betreiben, wenn sie in der Rechtsform einer Kapitalgesellschaft geführt werden.

Die juristischen Personen des privaten Rechts, die nicht in § 2 Absatz 2 Ziffer 2 GewStG. aufgezählt sind, und die nichtrechtsfähigen Vereine unterliegen der Gewerbesteuer, soweit sie einen wirtschaftlichen Geschäftsbetrieb unterhalten, der über den Rahmen einer Vermögensverwaltung hinausgeht. Der Begriff des wirtschaftlichen Geschäftsbetriebs umfaßt an sich auch die Land- und Forstwirtschaft. Durch § 2 Absatz 3 GewStG. ist jedoch ein wirtschaftlicher Geschäftsbetrieb, der sich auf die Land- und Forstwirtschaft erstreckt, von der Gewerbesteuer befreit. Wenn z. B. eine rechtsfähige Stiftung landwirtschaftlichen Grundbesitz oder Forstbesitz bewirtschaftet, so ist dieser Betrieb nicht gewerbesteuerpflichtig. Eine Vermögensverwaltung, die die Steuerfreiheit nicht beeinträchtigt, liegt in der Regel vor, wenn Kapitalvermögen verzinslich angelegt wird oder wenn außerhalb eines gewerblichen Betriebs unbewegliches Vermögen oder Sachinbegriffe vermietet oder verpachtet werden.

2. Organgesellschaften. Die weitgehende Verschachtelung von Gesellschaften hat vielfach zur Folge, daß Gesellschaften trotz eigener Rechtsform dem Willen eines anderen Unternehmens derart unterworfen sind, daß sie einen eigenen Willen nicht entfalten können. Bei derartigen Gesellschaften kann nicht mehr von selbständigen Unternehmen gesprochen werden. § 2 Absatz 2 Ziffer 2 Satz 2 GewStG. bestimmt daher, daß eine Kapitalgesellschaft, die dem Willen eines anderen inländischen Unternehmens derart untergeordnet ist, daß sie keinen eigenen Willen hat, als Betriebstätte dieses Unternehmens gilt. Nach § 3 der Ersten GewStDVO. ist eine solche Unterordnung gegeben, wenn eine Kapitalgesellschaft (Organgesellschaft) nach dem Gesamtbild der tatsächlichen Verhältnisse finanziell, wirtschaftlich und organisatorisch in ein übergeordnetes Unternehmen eingegliedert ist. Ein Handeln der Untergesellschaft auf eigene Rechnung und Gefahr muß im Innenverhältnis ausgeschlossen sein.

Der Begriff der Organschaft ist im Gewerbesteuerrecht derselbe wie im Umsatzsteuer- und Körperschaftsteuerrecht. Die zu diesen Steuerarten ergangene Rechtsprechung über das Organverhältnis kann daher für die Gewerbesteuer übernommen werden. Nach der Rechtsprechung des Reichsfinanzhofs kann bei Vorliegen der gesetzlichen Voraussetzungen ein Organverhältnis nur anerkannt werden, wenn es einem berechtigten wirtschaftlichen Bedürfnis entspricht. Da die Organschaft es ermöglicht, Gewinne und Verluste verschiedener Unternehmen zum Ausgleich zu bringen und dadurch die Steuer zu mindern, kann ein Organverhältnis nur angenommen werden, wenn zwischen der Obergesellschaft und der Untergesellschaft einwandfreie Vereinbarungen vorliegen und wenn die Anerkennung der Organschaft nicht dazu führt, dem Steuerpflichtigen unberechtigte steuerliche Vorteile zu verschaffen.

Im Gegensatz zum Körperschaftsteuerrecht, das an der subjektiven Steuerpflicht der Organgesellschaft grundsätzlich festhält, ist im Gewerbesteuerrecht die Organgesellschaft als Betriebstätte des beherrschenden Unternehmens anzusehen. Daraus folgt aber nicht, daß der dem Gewerbeertrag zugrunde zu legende Gewinn für das beherrschende Unternehmen und für die Organgesellschaft einheitlich zu ermitteln ist. Die Gewinne der Obergesellschaft und der Untergesellschaft dürfen nicht etwa abweichend von der körperschaftsteuerlichen Behandlung in einer einheitlichen Bilanz zusammengefaßt werden. Es verbleibt vielmehr sowohl bei dem beherrschenden Unternehmen als auch bei der Organgesellschaft in demselben Umfang bei der getrennten Gewinnermittlung, wie sie bei der Körperschaftsteuer durchgeführt wird. Entsprechend der getrennten Gewinnermittlung sind auch die Gewerbeerträge für die Obergesellschaft und die Untergesellschaft getrennt zu ermitteln. Gleiches gilt für die Ermittlung der Gewerbekapitalien. Zur Vermeidung einer doppelten steuerlichen Belastung unterbleiben jedoch Hinzurechnungen nach § 8 und § 12 Absatz 2 GewStG., soweit die für die Hinzurechnung in Frage kommenden Posten bereits bei der Ermittlung des Gewerbeertrags oder des Gewerbekapitals einer Konzerngesellschaft berücksichtigt sind.

Beispiel: Die Obergesellschaft hat der Organgesellschaft einen Dauerkredit von 1 Million Reichsmark eingeräumt. Hier ist die 1 Million Reichsmark bei dem Gewerbeertrag (mit den Zinsen) und bei dem Gewerbekapital (mit der Summe) bei der Obergesellschaft berücksichtigt. Infolgedessen ist sie bei der Ermittlung des Gewerbeertrags und des Gewerbekapitals bei der Untergesellschaft nicht mehr hinzuzurechnen.

Auf die Summe der Gewerbeerträge und der Gewerbekapitalien sind die Steuermeßzahlen anzuwenden. Der sich danach ergebende einheitliche Steuermeßbetrag wird nach den Vorschriften über die Zerlegung auf die Gemeinden, in denen Betriebstätten vorhanden sind, zerlegt.

In den Fällen, in denen ein Organverhältnis zwischen dem Unternehmen eines Einzelkaufmanns oder einer Personengesellschaft und einer Kapitalgesellschaft besteht, ist zu beachten, daß in dem Einheitswert und damit auch in dem Gewerbekapital des Einzelunternehmens oder der Personengesellschaft — anders als in den Fällen, in denen das beherrschende Unternehmen eine Kapitalgesellschaft ist (Schachtelvergünstigung) — die Anteile an der Organgesellschaft voll enthalten sind. Zur Vermeidung einer doppelten steuerlichen Belastung müssen die Wertansätze für die Anteile an der Organgesellschaft aus dem Einheitswert des beherrschenden Unternehmens ausgeschieden werden. Für die Festsetzung des einheitlichen Steuermeßbetrags sind auf die Gesamtheit der Gewerbeerträge die Steuermeßzahlen anzuwenden, die nach § 11 GewStG. für das beherrschende Unternehmen maßgebend sind.

3. Erwerbs- und Wirtschaftsgenossenschaften im allgemeinen.

a) Erwerbs- und Wirtschaftsgenossenschaften sind ebenso wie die Kapitalgesellschaften stets und in vollem Umfang gewerbesteuerpflichtig. Es kommt im Gegensatz zu der Körperschaftsteuer nicht darauf an, ob die Genossenschaft einem Prüfungs- (Revisions-) Verband angeschlossen ist und ob ihr Geschäftsbetrieb sich auf den Kreis der Mitglieder beschränkt. Eine Ausnahme gilt nur für die im § 3 Ziffer 8 GewStG. erwähnten landwirtschaftlichen Genossenschaften. Wegen der Sonderbehandlung der Kreditgenossenschaften Hinweis auf die Ausführungen unter Abschnitt VI 4.

b) Gewerbeertrag. Im § 23 KStG. ist der Reichsminister der Finanzen ermächtigt, für bestimmte Gruppen von Erwerbs- und

Wirtschaftsgenossenschaften eine Befreiung von der Körperschaftsteuer oder die Anwendung eines ermäßigten Steuersatzes vorzuschreiben oder die Ermittlung ihres Einkommens besonders zu regeln. Von dieser Ermächtigung ist noch kein Gebrauch gemacht worden. Entsprechend der bei der Körperschaftsteuer getroffenen vorläufigen Regelung ist auch für die Gewerbesteuer im § 28 der Ersten GewStDVO. eine Übergangsregelung für die Rechnungsjahre 1937 und 1938 getroffen worden. Für die Ermittlung des Gewinns, der die Grundlage für den Gewerbeertrag bildet, gelten demgemäß die Vorschriften des KStG. 1925. Dabei sind nicht mehr anzuwenden die Vorschriften über den Verlustvortrag und über die Befreiung einzelner Arten von Einkünften (§ 11 Abs. 1 Nr. 3 und 4 KStG. 1925). Es gelten dagegen die Vorschriften über die Bewertungsfreiheit für kurzlebige Wirtschaftsgüter.

4. **Kreditgenossenschaften.** Für die Rechnungsjahre 1937 und 1938 sind § 28 Ziffer 2 der Ersten GewStDVO. gemäß die Einrichtungen der Kreditgenossenschaften, die der Pflege des eigentlichen Sparverkehrs dienen, von der Gewerbesteuer befreit. Nach dem KStG. 1925 ist eine Genossenschaft mit dem auf den Sparkassenverkehr entfallenden Teil der Einkünfte befreit, dagegen tritt bei der Gewerbesteuer eine Befreiung insoweit ein, als die Genossenschaft der Pflege des eigentlichen Sparverkehrs dient.

Was unter Sparverkehr zu verstehen ist, ergibt sich aus den §§ 22 ff. des Reichsgesetzes über das Kreditwesen (KWG.) vom 5. Dezember 1934 (RGBl. I S. 1203). Danach ist unter Sparverkehr die Entgegennahme von Spareinlagen und ihre Anlage zu verstehen. Spareinlagen sind Geldeinlagen auf Konten, die nicht den Zwecken des Zahlungsverkehrs, sondern der Anlage dienen und als solche, insbesondere durch Ausfertigung von Sparbüchern gekennzeichnet sind.

Das Gewerbesteuerrecht stellt ausdrücklich die „Einrichtungen" der Kreditgenossenschaften, die der Pflege des eigentlichen Sparverkehrs dienen, von der Gewerbesteuer frei. Nach § 25 KWG. sind die Kreditinstitute, die Spareinlagen annehmen, verpflichtet, das Spargeschäft (Spareinlagen und die zu ihrer Deckung bestimmten Anlagen) in der Buchführung von dem übrigen Geschäft getrennt zu führen und in den Monatsausweisen, in den Jahresbilanzen und in den Gewinn- und Verlustrechnungen gesondert auszuweisen. In den Jahresabschlüssen müssen sämtliche Kosten des Spargeschäfts ersichtlich gemacht werden. Nähere Bestimmungen zur Durchführung des § 25 KWG. sind noch nicht ergangen. Solange die getrennte Buchführung für die Geschäfte des eigentlichen Sparverkehrs nicht allgemein durchgeführt ist, wird für die Gewerbesteuer die Befreiung des Sparverkehrs der Kreditgenossenschaften ebenso geregelt wie bei den Sparkassen (Hinweis auf die Veranlagungsrichtlinien Abschnitt G II). Demgemäß gilt das folgende:

1. Der Gesamtgewinn der Kreditgenossenschaft ist nach den Vorschriften des KStG. 1925 zu ermitteln.

2. Die zur Ermittlung des Gewerbeertrags erforderlichen Hinzurechnungen und Kürzungen haben vor Ausscheidung eines etwaigen steuerfreien Gewinnanteils zu erfolgen.
3. Bei Ermittlung des steuerpflichtigen Teils des Gewerbeertrags ist von der Schuldenseite der Bilanz auszugehen. Der steuerpflichtige Teil des Gewerbeertrags ergibt sich aus dem Verhältnis, in dem die nicht in Spareinlagen bestehenden Einlagen und die eingegangenen Verbindlichkeiten einerseits zu den gesamten Einlagen und den eingegangenen Verbindlichkeiten anderseits stehen.

Beispiel:

1. Steuerlich ermittelter Gesamtgewinn . . . . 10 000 RM
Hinzurechnungen (§ 8 Ziffer 1 GewStG., § 17 der Ersten GewStDVO. . . . . 3 000 „
13 000 RM

Kürzungen (§ 9 Ziffer 1 GewStG.) . . . . 1 000 „
Gesamter Gewerbeertrag . . . . . . 12 000 RM

2. Aufteilung der Schuldenposten
Nicht in Spareinlagen bestehende Einlagen (z. B. Depositen, Giro- und Depositeneinlagen) . . . . 80 000 RM
Eingegangene Verbindlichkeiten . . . . . . 20 000 „
100 000 RM

Gesamte Einlagen . . . . 130 000 RM
Eingegangene Verbindlichkeiten . . . . . . 20 000 „
150 000 RM

3. Der steuerpflichtige Gewerbeertrag ergibt sich aus dem Verhältnis von 100 000 RM zu 150 000 RM = $^2/_3$. Steuerpflichtiger Gewerbeertrag demgemäß $^2/_3$ von 12 000 RM = 8000 RM.

Weichen die einzelnen Schuldenposten einer Kreditgenossenschaft am Stichtag von dem Jahresdurchschnitt erheblich ab, so kann auf Grund der Zweimonatsbilanzen ausnahmsweise der Jahresdurchschnitt der einzelnen Schuldenposten festgestellt und der Aufteilung zugrunde gelegt werden.

Für die Ermittlung des steuerpflichtigen Gewerbekapitals gilt die bei der Vermögensteuer für Sparkassen getroffene Regelung entsprechend (Hinweis auf § 51 RBewDB. 1935 und Rderl. vom 8. August 1935 S 3300—530 III Ziffer 13, RStBl. 1935 S. 1074, 1079).

Bei Berechnung der Lohnsumme (§ 24 GewStG.) bleiben bei den Kreditgenossenschaften die Vergütungen in dem Verhältnis außer Ansatz, in dem der steuerfreie Gewinn zu dem Gesamtgewinn der Kreditgenossenschaft steht.

Zu den Kreditgenossenschaften im Sinn des § 28 Ziffer 2 der Ersten GewStDVO. gehören auch die ländlichen Spar- und Darlehenskassen, nicht dagegen Warengenossenschaften, die neben ihrem üblichen Geschäftsbetrieb auch das Spargeschäft betreiben.

VII. Befreiungen.

1. Staatsbanken. Staatsbanken sind von der Körperschaftsteuer und von der Gewerbesteuer befreit, soweit sie Aufgaben staatswirtschaftlicher Art erfüllen. Alle übrigen Geschäfte sind voll steuerpflichtig. Steuerpflichtig sind insbesondere alle Geschäfte, die den Geschäften der Privatbanken ähnlich sind und zu einem Wettbewerb führen können.

Staatsbanken sind zur Zeit die folgenden Banken:

Bayerische Staatsbank in München,
Braunschweigische Staatsbank (Leihhausanstalt) in Braunschweig,
Bremer Landesbank (Staatsbank) in Bremen,
Hessische Landesbank-Staatsbank in Darmstadt,
Lippische Landesbank (Staatliche Kreditanstalt) in Detmold,
Lübeckische Kreditanstalt (Staatsanstalt) in Lübeck,
Preußische Staatsbank (Seehandlung) in Berlin,
Sächsische Staatsbank in Dresden,
Staatliche Kreditanstalt Oldenburg (Staatsbank) in Oldenburg,
Thüringische Staatsbank in Weimar.

Welche Geschäfte im einzelnen als Geschäfte anzusehen sind, die den Aufgaben staatswirtschaftlicher Art dienen, bestimmt sich nach den zur Körperschaftsteuer und Vermögensteuer ergangenen Verwaltungsanweisungen. Demgemäß sind Aufgaben staatswirtschaftlicher Art die Geschäfte, die mit dem wirtschaftlichen Eigenleben des Landes unmittelbar zusammenhängen. Alle sonstigen Geschäfte sind auch dann steuerpflichtig, wenn sie dem Wohl des Volksganzen dienen oder Zwecke erfüllen, die vom Reich oder von dem Gewährträger (Land) gefördert werden.

Die Ausgliederung der Geschäfte staatswirtschaftlicher Art erfolgt bei der Körperschaftsteuer und Vermögensteuer nach einem durchschnittlichen Hundertsatz, der für mehrere Jahre gilt. Der durchschnittliche Hundertsatz wird anläßlich der Betriebsprüfung festgestellt. Der für die Körperschaftsteuer und Vermögensteuer festgesetzte Hundertsatz ist auch für die Ausgliederung des steuerpflichtigen Teils des Gewerbeertrags und des steuerpflichtigen Teils des Gewerbekapitals maßgebend.

2. Sparkassen. Die öffentlichen oder unter Staatsaufsicht stehenden Sparkassen sind von der Gewerbesteuer befreit, soweit sie der Pflege des eigentlichen Sparverkehrs dienen. Die Freistellung der Sparkassen von der Gewerbesteuer entspricht der bei der Körperschaftsteuer und Vermögensteuer getroffenen Regelung.

Für die Ausgliederung des steuerpflichtigen Teils des Gewinns und des Vermögens gelten die für die Körperschaftsteuer und Vermögensteuer aufgestellten Richtlinien (Hinweis auf Veranlagungsrichtlinien Abschnitt G II; § 51 RBewDB. 1935 und Rderl. vom 8. August 1935 S 3300—530 III Ziffer 13, RStBl. 1935 S. 1074, 1079).

Der steuerpflichtige Teil des Gewerbeertrags kann auf zwei Arten ermittelt werden.

a) Die Hinzurechnung und Kürzung werden vor Ausscheiden des steuerpflichtigen Teils des Gewinns vorgenommen (Hinweis auf das für die Kreditgenossenschaften gebildete Beispiel unter Abschnitt VI 4).

b) Der steuerpflichtige Teil des Gewinns wird um die in §§ 8, 9 GewStG. bezeichneten Beträge in dem Verhältnis vermehrt und vermindert, in dem der steuerpflichtige Teil des Gewinns zum Gesamtgewinn steht.

Beide Arten der Ermittlung des steuerpflichtigen Teils des Gewerbeertrags führen zu demselben Ergebnis.

3. Krankenanstalten. Nach § 8 Absatz 1 der Ersten GewStDVO. sind Krankenanstalten von Gebietskörperschaften von der Gewerbesteuer befreit. Krankenanstalten von anderen Körperschaften des öffentlichen Rechts (z. B. Krankenanstalten von Kirchengemeinden) sind nur dann gewerbesteuerfrei, wenn sie die im § 8 Absätze 2 bis 6 der Ersten GewStDVO. aufgeführten Voraussetzungen erfüllen. Dasselbe gilt für Krankenanstalten, die von einer juristischen Person des privaten Rechts betrieben werden.

§ 8 Absatz 8 der Ersten GewStDVO. bestimmt, daß Privatkrankenanstalten nur dann zu den Krankenanstalten im Sinn der Absätze 2 bis 7 gehören, wenn sie die Konzession nach § 30 der Reichsgewerbeordnung besitzen. Diese Bestimmung gehört nach ihrem Inhalt zu § 8 Absatz 7. Ist die Konzession gemäß § 30 der Reichsgewerbeordnung erteilt worden, so liegt immer eine unter § 8 Absätze 2 bis 7 fallende Krankenanstalt vor.

4. Landwirtschaftliche Genossenschaften. Die im § 3 Ziffer 8 GewStG. bezeichneten landwirtschaftlichen Genossenschaften und Vereinigungen sind von der Gewerbesteuer befreit, soweit die gemeinschaftliche Benutzung land- und forstwirtschaftlicher Betriebseinrichtungen oder Betriebsgegenstände oder die Bearbeitung oder Verwertung der von den Mitgliedern selbstgewonnenen land- und forstwirtschaftlichen Erzeugnisse im Bereich der Land- und Forstwirtschaft liegt. Geht ihr Geschäftsbetrieb über den Kreis der Mitglieder hinaus, so sind sie grundsätzlich gewerbesteuerpflichtig.

Die Frage, ob die Tätigkeit der landwirtschaftlichen Genossenschaften noch im Bereich der Land- und Forstwirtschaft liegt, ist nach den Ausführungen im Abschnitt I 2 über die Abgrenzung der Land- und Forstwirtschaft gegenüber dem Gewerbebetrieb zu entscheiden. Zu beachten ist dabei, daß die Steuerfreiheit voraussetzt, daß ausschließlich von den Mitgliedern selbstgewonnene Erzeugnisse bearbeitet oder verwertet werden. Unterhält z. B. ein Waldbauverein

ein Sägewerk, so ist er gewerbesteuerfrei, wenn er eigene Erzeugnisse bearbeitet; werden jedoch — wenn auch nur in geringem Umfang — fremde Erzeugnisse bearbeitet, so tritt volle Steuerpflicht ein.

Von einer Besteuerung der unter § 3 Ziffer 8 GewStG. fallenden landwirtschaftlichen Genossenschaften und Vereinigungen kann abgesehen werden, wenn das Hinausgehen über den Kreis der Mitglieder lediglich auf einer gesetzlichen Vorschrift oder auf einer Anordnung des Reichsnährstands beruht.

Die Gewerbesteuerfreiheit einer landwirtschaftlichen Genossenschaft oder Vereinigung wird nicht dadurch aufgehoben, daß sie im Rahmen ihres Geschäftsbetriebs Hilfsgeschäfte gewerblicher Art tätigt, die der Betrieb mit sich bringt (Beispiel: Eine Molkereigenossenschaft beschafft Molkereibedarfsartikel, wie Milchkannen usw., für ihre Mitglieder).

5. Pensionskassen. Nach § 9 der Ersten GewStDVO. sind Pensionskassen und ähnliche Kassen von der Gewerbesteuer befreit, wenn sie die für eine Befreiung von der Körperschaftsteuer erforderlichen Voraussetzungen erfüllen. Diese Voraussetzungen sind in den §§ 13 bis 15 der Ersten KStDVO. (RStBl. 1935 S. 217) aufgestellt.

Pensions- und ähnliche Kassen, die sich noch nicht umgestellt haben, die aber die Voraussetzungen der Befreiungsvorschrift des § 9 Absatz 1 Nr. 10 KStG. 1925 erfüllen, sind für die Kalenderjahre 1936 bis 1938 von der Körperschaftsteuer befreit. Für diese Kassen sind bei der Ermittlung des Gewerbeertrags und des Gewerbekapitals für die Rechnungsjahre 1937 bis 1939 ebenfalls die Befreiungsvorschriften des § 9 Absatz 1 Nr. 10 KStG. 1925 anzuwenden. Hiernach sind steuerfrei:

> Rechtsfähige Pensions-, Witwen-, Waisen-, Sterbe-, Kranken-, Unterstützungs- und sonstige Hilfskassen für Fälle der Not oder Arbeitslosigkeit. Das gleiche gilt für nichtrechtsfähige Kassen dieser Art, wenn die dauernde Verwendung der Einkünfte für Zwecke der Kassen und für den Fall der Auflösung einer Kasse die Verwendung ihres Kapitals für entsprechende Zwecke gesichert ist. Hinweis auf Veranlagungsrichtlinien Abschnitt G III 1 a Abs. 2.

Von der Gewerbesteuer befreit sind hiernach auch die öffentlichen Pensionskassen, die ausschließlich der gesetzlichen Versorgung von Gemeindebeamten und Gemeindeangestellten dienen.

6. Neue Unternehmen. Neue Unternehmen können nach § 10 der Ersten GewStDVO. ganz oder teilweise von der Gewerbesteuer befreit werden, wenn sie die Voraussetzungen in Abschnitt C der Amtlichen Erläuterungen zum Gesetz über Steuererleichterungen vom 15. Juli 1933 (RStBl. 1933 S. 819, 832) erfüllen.

7. Hochsee- und Küstenfischerei. § 3 Ziffer 7 GewStG. gemäß ist die Hochsee- und Küstenfischerei von der Gewerbesteuer befreit, wenn sie mit weniger als sieben im Jahresdurchschnitt beschäftigten Arbeitnehmern oder mit Schiffen betrieben wird, die eine eigene Triebkraft von weniger als hundert Pferdekräften haben. Als Küstenfischerei im Sinn dieser Vorschrift gilt auch die Fischerei auf der Unterweser, Unterelbe und Unteroder, desgleichen die sogenannte Haffischerei. Die Binnenfischerei (Fischerei auf Binnengewässern einschließlich der Teichwirtschaft) gehört zur Landwirtschaft und unterliegt nicht der Gewerbesteuer.

VIII. Steuerschuldner.

§ 5 Absatz 1 GewStG. gemäß ist Steuerschuldner der Unternehmer. Als Unternehmer gilt der, für dessen Rechnung das Gewerbe betrieben wird. Bei einem Unternehmen, das von einer natürlichen Person betrieben wird, ist die natürliche Person, bei Unternehmen, die in Form von Kapitalgesellschaften betrieben werden, die Kapitalgesellschaft und bei Unternehmen, die in Form von Personengesellschaften betrieben werden, die Gesamtheit der Gesellschafter (§ 5 Absatz 1 Satz 2 GewStG.) der Unternehmer.

Neben den Vorschriften über die Steuerschuldnerschaft sind die Vorschriften der Reichsabgabenordnung über die Steuerhaftung zu beachten. Es kommen hier vor allem in Betracht die Vorschriften über die Steuerhaftung bei Organverhältnissen (§ 114 AO.), über die Steuerhaftung bei Überlassung von Gegenständen durch Angehörige oder wesentlich beteiligte Gesellschafter (§ 115 AO.) und die Vorschriften über die Steuerhaftung bei Übereignung eines Unternehmens (§ 116 AO.).

§ 5 Absatz 2 GewStG. enthält endlich noch Vorschriften über die Beendigung der Steuerschuldnerschaft im Fall des Wechsels in der Person des Unternehmers. Die Anwendung der Vorschrift setzt voraus, daß das Unternehmen als solches im wesentlichen unverändert fortgeführt wird. Wird das Unternehmen mit wesentlichen Änderungen fortgeführt, so findet nicht § 5 Absatz 2 GewStG. Anwendung, sondern es liegt dann Einstellung eines Betriebs und Eröffnung eines neuen Unternehmens vor (Hinweis auf § 22 GewStG.).

IX. Gewerbeertrag.

1. Gewinn bei natürlichen Personen und Personengesellschaften.

Bei Unternehmen, die von natürlichen Personen oder Personengesellschaften betrieben werden, ist § 14 Absatz 1 Satz 1 der Ersten GewStDVO. gemäß als Gewinn aus Gewerbebetrieb der Gewinn im Sinn der §§ 4 bis 7 EStG. anzusehen. Für Personengesellschaften gilt noch die besondere Bestimmung des § 14 Absatz 1 Satz 2 der Ersten GewStDVO. Danach gehören zum Gewinn aus Gewerbebetrieb auch die Vergütungen, die der Gesellschafter von der Personengesellschaft für seine Tätigkeit im Dienst der Gesellschaft oder für die Hingabe von Darlehen oder für die Überlassung von Wirtschaftsgütern bezogen hat. Dies entspricht der Regelung des § 15 Ziffer 2 EStG. Bei natürlichen Personen und Personengesellschaften wird daher der für die Einkommensteuer maßgebende Gewinn in der Regel mit dem für die Gewerbeertragsteuer festzustellenden Gewinn übereinstimmen.

Außer den Gesetzesvorschriften über die Gewinnermittlung sind noch die auf die Gewinnermittlung bezüglichen Bestimmungen der

Ersten EStDVO. und die hierauf bezüglichen allgemeinen Verwaltungsanordnungen zu beachten. Nicht anwendbar sind diejenigen Gesetzesvorschriften, Durchführungsbestimmungen und Verwaltungsanordnungen, deren Geltung sich entweder auf die Einkommensteuer beschränkt oder die nach Lage der Sache bei der Gewerbesteuer nicht angewendet werden können. Hiernach sind bei Ermittlung des Gewinns für Zwecke der Gewerbesteuer insbesondere die folgenden Vorschriften des Einkommensteuergesetzes nicht anzuwenden:

1. § 16 (Veräußerung des Betriebs), und zwar auch soweit die Veräußerung eines Teilbetriebs oder des Anteils eines Gesellschafters in Frage kommt;
2. § 17 (Veräußerung wesentlicher Beteiligungen);
3. § 24 (Entschädigungen usw.), es sei denn, daß derartige Einkünfte innerhalb eines Gewerbebetriebs anfallen;
4. § 30 (Besteuerung bei Auslandsbeziehungen), weil das Gewerbesteuergesetz im § 15 für solche Fälle eine besondere Vorschrift geschaffen hat. Danach hat der Oberfinanzpräsident in den Fällen, in denen die Einkommensteuer oder Körperschaftsteuer in einem Pauschbetrag festgesetzt wird, im Einvernehmen mit der oberen Gemeindeaufsichtsbehörde im Sinn des § 33 der Ersten Verordnung zur Durchführung der Deutschen Gemeindeordnung vom 22. 3. 1935 (RGBl. I S. 393)[1]) den einheitlichen Steuermeßbetrag in einem Pauschbetrag festzusetzen;

---

[1]) § 33 der Ersten Verordnung zur Durchführung der Deutschen Gemeindeordnung lautet:

(1) Bis auf weiteres ist Aufsichtsbehörde

	für die kreisangehörigen Gemeinden:	für die Stadtkreise:
in Preußen	der Landrat	der Regierungspräsident
in Bayern	das Bezirksamt	die Regierung, Kammer des Innern,
in Sachsen	die Amtshauptmannschaft	die Kreishauptmannschaft,
in Württemberg	der Landrat	die Ministerialabteilung für Bezirks- und Körperschaftsverwaltung,
in Baden	das Bezirksamt	der Landeskommissär
in Thüringen	das Kreisamt	der Minister des Innern,
in Hessen	das Kreisamt	der Reichsstatthalter in Hessen — Landesregierung —,
in Mecklenburg	der Landrat	das Staatsministerium, Abt. Inneres,
in Oldenburg		
a) Landesteil Oldenburg	der Amtshauptmann	der Minister des Innern,
b) Landesteil Birkenfeld	der Regierungspräsident	der Minister des Innern,
c) Landesteil Lübeck	der Regierungspräsident	der Minister des Innern,
in Anhalt	das Kreisamt, Abt. Inneres	das Staatsministerium, Abt. Inneres
in Braunschweig	die Kreisdirektion	der Minister des Innern,
in Lippe	der Landrat	die Landesregierung,
in Schaumburg-Lippe	der Landrat	die Landesregierung.

(2) Obere Aufsichtsbehörde im Sinne der Deutschen Gemeindeordnung ist die im Abs. 1 für Stadtkreise bestimmte Aufsichtsbehörde.

(3) In Preußen, Bayern, Sachsen, Württemberg und Baden nehmen die bisher zuständigen obersten Landesbehörden bis auf weiteres die Aufgaben der obersten Aufsichtsbehörde wahr. Sie sind an die Weisungen des Reichsministers des Innern gebunden.

5. § 50 Absatz 5 (Pauschfestsetzung bei beschränkt Steuerpflichtigen). Bei der Gewerbesteuer kann in solchen Fällen nach § 15 GewStG. der Steuermeßbetrag in einem Pauschbetrag festgesetzt werden.

Wird die Einkommensteuer nach dem Verbrauch festgesetzt (§ 48 EStG.), so muß für die Zwecke der Gewerbesteuer der Gewinn unter Anwendung der Gewinnermittlungsvorschriften des Einkommensteuergesetzes besonders ermittelt werden.

Im übrigen ist im Einzelfall zu prüfen, ob die Verwaltungsanordnungen ihrem Sinn nach auch für die Ermittlung des Gewinns aus Gewerbebetrieb für Zwecke der Gewerbesteuer angewendet werden können. Das wird dann nicht der Fall sein, wenn durch den Erlaß lediglich Billigkeitsmaßnahmen auf dem Gebiet der Einkommensteuer getroffen werden.

2. Gewinn bei Körperschaften und nichtrechtsfähigen Vereinen. Bei Körperschaften und nichtrechtsfähigen Vereinen gilt nach § 14 Absatz 2 der Ersten GewStDVO. als Gewinn das Einkommen im Sinn des § 6 des Körperschaftsteuergesetzes. Nach dieser Vorschrift bestimmt sich, was als Einkommen gilt und wie das Einkommen zu ermitteln ist, nach den Vorschriften des Einkommensteuergesetzes und den §§ 7 bis 16 KStG. Damit ist klargestellt, daß die Vorschrift des § 17 KStG. über das Mindesteinkommen auf die Gewerbesteuer nicht anzuwenden ist. Dagegen gilt die Schachtelvergünstigung (§ 9 KStG.) auch bei der Ermittlung des Gewinns für die Zwecke der Gewerbesteuer.

3. Die Auswertung der Ergebnisse der Veranlagung zur Einkommensteuer und Körperschaftsteuer. Die Ergebnisse der Veranlagung zur Einkommensteuer und zur Körperschaftsteuer sind für die Festsetzung des Steuermeßbetrags nach dem Gewerbeertrag nicht bindend. Das Finanzamt kann daher bei der Gewerbesteuer einen anderen Gewinn aus Gewerbebetrieb ermitteln als bei der Einkommensteuer oder Körperschaftsteuer. Der Steuerpflichtige kann im Gewerbesteuerverfahren Einwendungen gegen die Ermittlung des Gewinns aus Gewerbebetrieb unabhängig von dem Gang der Veranlagung bei der Einkommensteuer oder Körperschaftsteuer vorbringen. Ebenso sind die Ergebnisse des Rechtsmittelverfahrens auf dem Gebiet der Einkommensteuer und Körperschaftsteuer für die Festsetzung des Steuermeßbetrags bei der Gewerbesteuer nicht maßgebend. Infolgedessen muß ein Steuerpflichtiger, bei dem das Finanzamt entgegen seiner Einkommensteuererklärung und entgegen seiner Gewerbesteuererklärung Einkünfte als gewerbliche beurteilt hat, nicht nur gegen den Einkommensteuerbescheid, sondern auch gegen den Steuermeßbescheid zur Gewerbesteuer Einspruch einlegen, wenn er eine Änderung der Einkommensteuer- und der Gewerbesteuerveranlagung erreichen will.

Tatsachen, die nach § 222 AO. eine Berichtigungsveranlagung (eine Berichtigungsfeststellung) begründen, sind sowohl für die Einkommensteuer (Körperschaftsteuer) als auch für die Gewerbesteuer auszuwerten.

X. Hinzurechnungen.

1. **Dauerschulden.** Nach § 8 Ziffer 1 GewStG. sind dem Gewinn aus Gewerbebetrieb die Zinsen der Dauerschulden, soweit sie bei Ermittlung des Gewinns abgesetzt worden sind, hinzuzurechnen. Unter Dauerschulden sind nach der Fassung des Gesetzes Schulden zu verstehen, die wirtschaftlich mit der Gründung oder dem Erwerb des Betriebs (Teilbetriebs) oder eines Anteils am Betrieb oder mit einer Erweiterung oder Verbesserung des Betriebs zusammenhängen, oder bei denen der Gegenwert der nicht nur vorübergehenden Verstärkung des Betriebskapitals dient. Die Prüfung, ob es sich um Zinsen für solche Dauerschulden handelt, wird weitgehend dadurch vereinfacht, daß der Tatbestand „Schulden, die der nicht nur vorübergehenden Verstärkung des Betriebskapitals dienen", als allgemeiner Tatbestand die übrigen Tatbestände des § 8 Ziffer 1 mit umfaßt. Wesentlich ist für Dauerschulden, daß durch ihre Aufnahme dem Gewerbebetrieb nicht nur vorübergehend fremde Mittel dienstbar gemacht werden. Für die Beurteilung im einzelnen kommt es stets auf das der Kreditgewährung zugrunde liegende Abkommen an. Ein solches Abkommen kann ausdrücklich oder stillschweigend getroffen sein. Der wirkliche Wille der Beteiligten, nicht das, was die Beteiligten dem Wortlaut nach vereinbaren, entscheidet. Daß für einen Kredit eine kurze Kündigungsfrist ausgemacht ist, schließt die Annahme einer Dauerschuld nicht ohne weiteres aus, da dadurch der Kredit noch nicht zu einem vorübergehenden wird. Auch ein Kredit, für den von vornherein eine kurze Rückzahlungsfrist vereinbart ist, kann die Eigenschaft einer Dauerschuld haben. Das ist z. B. dann der Fall, wenn zwischen den Beteiligten bei der Kreditbewilligung ausbedungen oder aus ihrem Geschäftsverhältnis als üblich zu entnehmen ist, daß ein solcher Kredit sich ohne weiteres auf nicht nur vorübergehende Dauer verlängert. Aus der Üblichkeit einer solchen Verlängerung wird in der Regel auch auf ein stillschweigendes Abkommen über eine Dauerschuld geschlossen werden können. Es kommen Fälle vor, in denen nur zum Schein ein kurzfristiger Kredit vereinbart wird, um die langfristige Kreditgewährung der Gewerbesteuer zu entziehen. Auf solche Fälle ist § 6 StAnpG. anzuwenden. Jedes Kreditgeschäft muß daher für die Anwendung des § 8 Ziffer 1 GewStG. für sich betrachtet werden. Es ist nicht zulässig, mehrere Kreditgeschäfte als eine Einheit anzusehen und hiervon die Beantwortung der Frage abhängig zu machen, ob eine dauernde oder nur vorübergehende Krediteinräumung vorliegt.

Eine eindeutige Anweisung, bei welcher Laufzeit ein Kredit als Dauerschuld anzusehen ist, läßt sich nicht geben. Im allgemeinen wird man Schulden mit einer Laufzeit von 3 Monaten oder weniger nicht als Dauerschulden ansehen können. Als Richtlinie läßt sich der Satz aufstellen, daß Schulden mit einer Laufzeit von mehr als einem Jahr in der Regel als Dauerschuld anzusehen sind.

In einzelnen Fällen kann zweifelhaft sein, ob der Gegenwert aus der aufgenommenen Schuld überhaupt das Betriebskapital verstärkt. Die bisherige preußische Verwaltungsübung hat das auch dann angenommen, wenn die Schuldaufnahme zu dem Zweck erfolgt ist, verlorengegangenes Betriebskapital zu ersetzen. Hingegen gehören sogenannte durchlaufende Posten nicht zum Betriebskapital, weil das Merkmal der dauernden Widmung nicht gegeben ist.

Laufende Warenschulden sind in der Regel kurzfristige Schulden. Hierzu gehören in erster Linie Schulden, die dadurch entstehen, daß Waren auf Kredit geliefert werden und die Bezahlung aus dem Erlös erfolgt, vorausgesetzt, daß eine Verpflichtung des Lieferanten zu dauernder Belieferung oder Wiederauffüllung des Warenlagers nicht besteht. Zu den laufenden Schulden in diesem Sinn gehören auch die Bankschulden, die aufgenommen worden sind, um eine Warenschuld oder um Löhne bezahlen zu können. Die Verlängerung (Prolongation) einer kurzfristigen Schuld macht diese nicht ohne weiteres zu einer Dauerschuld. Erfolgt aber die Rückzahlung einer Schuld im allgemeinen erst nach ein- oder mehrjähriger Dauer, so wird hieraus trotz der Vereinbarung kurzer Kündigungsfristen auf ein stillschweigendes Abkommen über eine nicht nur vorübergehende Kreditgewährung zu schließen sein.

Für sogenannte Stillhalteschulden ist im § 18 der Ersten GewStDVO. eine Sonderregelung getroffen. Unter Stillhalteschulden sind Schulden zu verstehen, die den Gegenstand einer mit Zustimmung der Reichsbank getroffenen Vereinbarung zwischen Gruppen ausländischer Gläubiger und inländischer Schuldner (sogenannte Kreditabkommen) bilden. Solchen Stillhalteabkommen liegen nur kurzfristige Schulden zugrunde. Die Kreditabkommen lauten jeweils über ein Jahr. Für die Festsetzung der Steuermeßbeträge für das Rechnungsjahr 1937 kommen die Deutschen Kreditabkommen für 1935 (Laufzeit vom 1. März 1935 bis 20. Februar 1936) und das Deutsche Kreditabkommen für 1936 (Laufzeit vom 1. März 1936 bis 28. Februar 1937) in Frage. Diese Kreditabkommen sind zwischen dem Deutschen Ausschuß, der deutsche Bankinstitute, Handels- und Industriefirmen vertritt, der Reichsbank und der Deutschen Golddiskontobank einerseits und ausländischen Bankenausschüssen anderseits abgeschlossen. Die ausländischen Bankenausschüsse vertreten Bankfirmen in den Vereinigten Staaten von Amerika, Belgien, Tschechoslowakei, Dänemark, England, Frankreich, Holland, Schweden und Schweiz. Schulden, die unter diese Kreditabkommen fallen, gelten nicht als Dauerschulden.

Neue Warenschulden in ausländischer Währung können nach dem Neuen Plan nur eingegangen werden, wenn ihre Abdeckung gewährleistet ist. Eine Verlängerung der Laufzeit derartiger Verbindlichkeiten aus devisenwirtschaftlichen Gründen kann daher in der Regel nicht in Frage kommen. In Fällen, in denen die erforderlichen Bardevisen vorübergehend nicht zur Verfügung gestellt werden können, können sich vorübergehende Zahlungsschwierigkeiten ergeben. Den Verbindlichkeiten wird dadurch der Charakter kurzfristiger Schulden nicht genommen. Wegen der Behandlung von Dauerschulden (z. B. Anleihen), die aus devisenwirtschaftlichen Gründen im Zeitpunkt der Fälligkeit nicht oder nicht in der vertraglich vereinbarten Form zurückgezahlt werden können, ergeht besondere Anweisung.

Bei Kreditinstituten gelten hereingenommene Gelder, Darlehen und Anleihen nach § 17 der Ersten GewStDVO. insoweit als Dauerschulden, als der Ansatz der zum Anlagevermögen gehörigen Betriebsgrundstücke (einschließlich Gebäude) und dauernden Beteiligungen das Eigenkapital überschreitet. Diese Bestimmung ist aus folgenden Gründen getroffen worden: Bei den sogenannten hereingenommenen Geldern und bei den Darlehen handelt es sich im wesentlichen um Spareinlagen, Depositen, Kontokorrentkredite und kurzfristige Darlehen, also in den meisten Fällen um Schulden, die ihrem Wesen nach kurzfristige Schulden sind und bei denen daher weder der Kapitalertrag dem Einheitswert des Betriebes noch die Zinsen dem Betriebsgewinn hinzugerechnet werden dürfen. Diese Schulden müssen § 17 der Ersten GewStDVO. gemäß aber als Dauerschulden dann angesehen werden, wenn der aufgenommene Geldbetrag zur Verstärkung des Anlagevermögens verwendet worden ist. Zum Anlagevermögen in diesem Sinn gehören sämtliche Betriebsgrundstücke und dauernden Beteiligungen.

Beispiel:

Das Eigenkapital einer Bank beträgt . . .	1 Million *RM*,
die zum Anlagevermögen gehörigen Betriebsgrundstücke und die dauernden Beteiligungen sind in der Bilanz bewertet mit . . .	2 Millionen „ .
Es übersteigt also der Ansatz der zum Anlagevermögen gehörigen Betriebsgrundstücke und dauernden Beteiligungen das Eigenkapital um	1 Million *RM*.
Es betragen:	
Die hereingenommenen Gelder (zu 3 v. H.) =	3 Millionen *RM*,
die kurzfristigen Schulden (zu 1 v. H.) . =	1 Million „ ,
die Anleihe (zu 5 v. H.) . . . . =	1 „ „ .
Zusammen:	5 Millionen *RM*.

Von diesen 5 Millionen *RM* hereingenommener Gelder, Darlehen und Anleihen gilt der Betrag von 1 Million *RM* als Dauerschuld.

Festzustellen ist noch der Betrag der Zinsen, der auf die 1 Million *RM* entfällt und der zum Gewinn hinzuzurechnen ist. Dieser Zinsenbetrag ist nach dem gewogenen Durchschnitt wie folgt zu ermitteln:

Für die 3 Millionen *RM* hereingenommener Gelder 3 v. H. . . . . =	90 000 *RM* Zinsen
für die 1 Million *RM* kurzfristiger Darlehen 1 v. H. . . . . =	10 000 „ „
für die 1 Million *RM* Anleihe 5 v. H. . =	50 000 „ „
Summe:	150 000 *RM* Zinsen.

Der gewogene Zinsdurchschnitt beträgt mithin 3 v. H. Es entfallen daher als Zinsen auf den Betrag von 1 Million *RM*, der als Dauerschuld anzusehen ist, 30 000 *RM*.

Die Sonderregelung des § 17 der Ersten GewStDVO. über die Dauerschulden bei Kreditinstituten gilt auch für die Hinzurechnung von Dauerschulden bei der Feststellung des Gewerbekapitals. Hierbei weicht die Berechnung der als Dauerschulden geltenden Beträge von der oben wiedergegebenen Berechnung insofern ab, als die Betriebsgrundstücke und dauernden Beteiligungen nicht mit ihrem Steuerbilanzansatz, sondern mit ihrem Ansatz für den Einheitswert des Betriebsvermögens angesetzt werden.

2. Hinzurechnung der Gewinnanteile usw. des stillen Gesellschafters. Nach § 8 Ziffer 3 GewStG. sind die Gewinnanteile des stillen Gesellschafters sowie Gehälter und sonstige Vergütungen jeder Art, die für eine Beschäftigung des stillen Gesellschafters oder seines Ehegatten im Betrieb gewährt worden sind, dem Gewinn hinzuzurechnen. Dies gilt nicht für Fälle, in denen ein Angestellter, z. B. ein Prokurist, an dem Unternehmen mit einer geringen Vermögenseinlage als stiller Gesellschafter beteiligt ist.

3. Wesentlich Beteiligte. Nach § 8 Ziffer 6 GewStG. sind dem Gewinn Gehälter und sonstige Vergütungen jeder Art hinzuzurechnen, die von einer Kapitalgesellschaft usw. an wesentlich Beteiligte oder an ihre Ehegatten für eine Beschäftigung im Betrieb gewährt worden sind. Die ergänzende Bestimmung hierzu bildet § 16 der Ersten GewStDVO. Nach Absatz 2 dieser Bestimmung ist eine Person an einem Unternehmen wesentlich beteiligt, wenn sie und ihre Angehörigen zusammen zu mehr als einem Viertel beteiligt sind. Infolgedessen sind die Bezüge des Angehörigen eines wesentlich Beteiligten, der in der Kapitalgesellschaft beschäftigt ist, ohne selbst beteiligt zu sein, dem Gewinn nicht hinzuzurechnen.

4. Begriff der Gehälter im Sinn des § 8 GewStG. Nach § 8 Ziffern 3 bis 6 GewStG. werden unter gewissen Voraussetzungen Gehälter, die für eine Beschäftigung von Gesellschaftern, wesentlich Beteiligten, Ehegatten u. dgl. gewährt werden, dem Gewinn aus Gewerbebetrieb wieder hinzugerechnet. Zu den Gehältern im Sinn dieser Vorschriften gehören auch Ruhegehälter und ähnliche Bezüge.

5. Grundbesitz. Nach § 8 Ziffer 8 GewStG. werden dem Gewinn aus Gewerbebetrieb wieder hinzugerechnet die Hälfte der Miet- und Pachtzinsen für die Benutzung der nicht in Grundbesitz bestehenden Wirtschaftsgüter des Anlagevermögens, die im Eigentum eines anderen stehen. Die Vorschrift (wegen der entsprechenden Vorschrift bei der Berechnung des Gewerbekapitals Hinweis auf § 12 Absatz 2 Ziffer 2 GewStG.) geht von der Tatsache aus, daß zahlreiche Unternehmen mit gemieteten Maschinen, mit fremden Patenten (Lizenzen) u. dgl. arbeiten. Während nun diejenigen Unternehmen, die mit eigenen, wenn auch mit fremden Mitteln erworbenen Maschinen usw. arbeiten, den Reinertrag aus diesem Teil des Anlagevermögens in voller Höhe zu versteuern haben, würde das bei den Gewerbetreibenden, die mit gemieteten Maschinen arbeiten, nicht der Fall sein, weil sie die Miete als Betriebsausgabe absetzen können. Um hier eine Gleichstellung herbeizuführen, schreibt das Gesetz die Hinzurechnung der Hälfte der Miet- und Pachtzinsen vor. Das Gesetz geht davon aus, daß die Hälfte der Miet- und Pachtzinsen den Reinertrag aus den gemieteten Maschinen oder sonstigen beweglichen Gütern des Anlagevermögens darstellt. Grundbesitz scheidet nach dem Wortlaut des § 8 Ziffer 8 GewStG. von der Zurechnung aus, weil Grundbesitz grundsätzlich nur von der Grundsteuer erfaßt werden soll. Zu dem Grundvermögen gehören auch das Erbbaurecht und Gebäude, die auf fremdem Grund und Boden errichtet sind, selbst wenn sie nach bürgerlichem Recht wesentliche Bestandteile des Bodens geworden sind (vgl. hierzu §§ 50 ff. RBewG.).

XI. Kürzungen.

1. Grundbesitz. Ob der Grundbesitz zum Betriebsvermögen gehört, entscheidet sich danach, ob er nach den Vorschriften des Einkommensteuergesetzes oder Körperschaftsteuergesetzes als Betriebsvermögen des Unternehmers anzusprechen ist. (Hinweis auf Veranlagungsrichtlinien Abschnitt B II). Diese Regelung macht im Gegensatz zum RBewG. die Zugehörigkeit eines Grundstücks zum Betriebsvermögen nicht davon abhängig, ob das Grundstück zum überwiegenden Teil für Zwecke des Betriebs genutzt wird. Es ist daher u. U. festzustellen, welcher Teil des Einheitswerts eines Grundstücks zum Betriebsvermögen gehört. Von diesem Teil ist die Kürzung zu berechnen.

2. Maßgebender Einheitswert. Nach § 23 der Ersten GewSt.-DVO. ist maßgebend der Einheitswert auf den letzten Feststellungszeitpunkt (Hauptfeststellungs-, Fortschreibungs- oder Nachfeststellungszeitpunkt), der dem Beginn des Erhebungszeitraums unmittelbar vorangeht. Der Einheitswert des Hauptfeststellungszeitpunkts ist jedoch nur dann maßgebend, wenn er mindestens fünf Vierteljahre vor dem Beginn des Erhebungszeitraums liegt.

Beispiel: Für die Gewerbesteuer für das Rechnungsjahr 1937 ist maßgebend zunächst der Einheitswert auf den Hauptfeststellungszeitpunkt, der mindestens fünf Vierteljahre vor dem 1. April 1937 liegt, also der Einheitswert auf den 1. Januar 1935. Lediglich in den Fällen, in denen der Einheitswert im Weg der Fortschreibung oder Nachfeststellung auf den 1. Januar 1936 oder 1. Januar 1937 festgestellt worden ist, ist dieser maßgebend. Nachträgliche Änderungen des maßgebenden Einheitswerts durch Rechtsmittelentscheidung, Fortschreibung oder Nachfeststellung wirken sich nach § 218, § 225 a AO. auf den Steuermeßbescheid zur Gewerbesteuer insoweit aus, als dieser durch einen neuen Steuermeßbescheid ersetzt werden muß, dem der neue Einheitswert zugrunde zu legen ist. Das bedeutet, daß bei einer Änderung des maßgebenden Einheitswerts durch Rechtsmittel usw. der Steuermeßbescheid für die Gewerbesteuer auch insoweit durch einen neuen ersetzt werden muß, als der bisherige Steuermeßbescheid auf der Kürzung um 3 v. H. des Einheitswerts des im Grundbesitz bestehenden Betriebsvermögens bei Ermittlung des Gewerbeertrags beruht.

3. **Eintritt in die Steuerpflicht.** Die Vorschriften des § 9 Ziffer 1 GewStG. und des § 23 der Ersten GewStDVO. beruhen auf dem Gedanken, daß derselbe Steuergegenstand nicht zugleich zur Gewerbesteuer und zur Grundsteuer herangezogen werden soll. Für den Fall des Eintritts eines Betriebs in die Steuerpflicht im Lauf des Rechnungsjahrs ist nichts darüber bestimmt, ob bei Ermittlung des Gewerbeertrags eine Kürzung nach § 9 Ziffer 1 GewStG. zu erfolgen hat. Die Frage ist jedoch aus dem ganzen Zusammenhang und dem Sinn des Gesetzes zu bejahren.

Beispiel: A. verkauft am 1. Juli 1937 sein Grundstück an B., der in einem Teil des Gebäudes eine Gastwirtschaft eröffnet. Vom Gewerbeertrag des B. sind 3 v. H. des Teils des Einheitswerts zu kürzen, der dem Betrieb dient. Es ist nichts dagegen einzuwenden, wenn der dem gewerblichen Betrieb dienende Teil des Einheitswerts entsprechend der Vorschrift des § 32 Absatz 2 RBewDB. 1935 nach dem Verhältnis der Jahresrohmiete ermittelt wird. Es ist unbeachtlich, daß A. bis zum 31. März 1938 Schuldner der Grundsteuer bleibt.

4. **Grundstücksgesellschaften.** Nach § 9 Ziffer 1 Satz 2 GewStG. tritt an die Stelle der sonst vorgeschriebenen Kürzung bei sogenannten Grundstücksgesellschaften auf Antrag die Kürzung um den Teil des Gewerbeertrags, der auf den Grundbesitz entfällt, es sei denn, daß der Grundbesitz ganz oder zum Teil dem Gewerbebetrieb eines Gesellschafters oder einem Unternehmen dient, an dem ein Gesellschafter wesentlich beteiligt ist.

Wie sich aus dem Wortlaut der Vorschrift ergibt, beschränkt sich die Kürzung ausdrücklich auf den Teil des Gewerbeertrags, der auf den Grundbesitz entfällt. Steuerpflichtig bleiben also z. B. die Teile des Gewerbeertrags, die auf die Nutzung des Kapitalvermögens entfallen.

Beispiel: Eine Grundstücksgesellschaft, die gleichzeitig eigenes Kapitalvermögen hat, stellt für den 31. Dezember 1936 folgende Bilanz auf:

Besitzposten		Schuldposten	
Grundbesitz . .	1 500 000 RM	Aktienkapital . .	1 000 000 RM
Wertpapiere . .	500 000 „	Rücklagen I u. II	500 000 „
Bankguthaben .	50 000 „	Hypotheken . .	500 000 „
Forderungen . .	50 000 „	Gewinn . . .	100 000 „
	2 100 000 RM		2 100 000 RM

Der Einheitswert des Grundstücks beträgt .	2 000 000 RM.
Der Ermittlung des Gewerbeertrags ist der Gewinn von . . . . zugrunde zu legen.	100 000 RM
Hinzuzurechnen sind die Hypothekenzinsen mit	25 000 „
Summe des Gewinns u. der Hinzurechnungen	125 000 RM.

Übertrag	125 000 *RM*.
Hiervon sind zu kürzen 3 v. H. des Einheitswerts des Grundbesitzes, also 3 v. H. von 2 Millionen *RM*	60 000 *RM*
Mithin Gewerbeertrag:	65 000 *RM*.

An die Stelle der Kürzung um 60 000 *RM* kann aber auf Antrag die Kürzung um den Teil des Gewerbeertrags, der auf den Grundbesitz entfällt, treten. Unter Gewerbeertrag ist hier die Summe des Gewinns und der Hinzurechnungen zu verstehen. Es muß zunächst ermittelt werden, welcher Teil des Gewinns von 100 000 *RM* auf den Grundbesitz entfällt. Das wird in der Praxis dann auf Schwierigkeiten stoßen, wenn Betriebsausgaben, die nicht nur für Zwecke des Grundvermögens geleistet sind, entsprechend aufgeteilt werden müssen. Es soll z. B. angenommen werden, daß die Hypothek von 500 000 *RM* mit 5 v. H. jährlich = 25 000 *RM* zu verzinsen ist. Sie ist mit dem Betrag von 400 000 *RM* für den Grundbesitz und mit einem Betrag von 100 000 *RM* für die Anschaffung von Wertpapieren verwendet worden. Ferner wird angenommen, daß im vorliegenden Fall von dem Gewinn (100 000 *RM*) $^3/_4$ = 75 000 *RM* auf den Grundbesitz entfallen.

Der an die Stelle der Kürzung von 60 000 *RM* tretende Teil des Gewerbeertrags, der auf den Grundbesitz entfällt, errechnet sich hiernach wie folgt:

Gewinn aus dem Grundbesitz	75 000 *RM*.
Hinzuzurechnen die anteiligen Zinsen für Hypothekenschulden ($^4/_5$ von 25 000 *RM*)	20 000 „ .
Teil des Gewerbeertrags, der auf den Grundbesitz entfällt	95 000 *RM*.
Dieser Betrag ist von der Summe des Gewinns und der Hinzurechnungen zu kürzen.	
Summe des Gewinns und der Hinzurechnungen	125 000 *RM*,
abzuziehen	95 000 *RM*.
Mithin Gewerbeertrag in diesem Fall . . .	30 000 *RM*.

5. **Ausländische Betriebstätten inländischer Unternehmer.** Nach § 9 Ziffer 3 GewStG. wird die Summe des Gewinns und der Hinzurechnungen um den Teil des Gewerbeertrags des inländischen Unternehmens gekürzt, der auf eine nicht im Inland belegene Betriebstätte entfällt. Wenn der Teil des Gewerbeertrags des inländischen Unternehmens, der auf die im Ausland gelegene Betriebstätte entfällt, nicht aus der Buchführung des inländischen Unternehmens festzustellen ist, so muß geschätzt werden. Dabei sind einwandfreie Unterlagen, die das inländische Unternehmen beibringt, zu verwerten. Liegen Unterlagen nicht vor, so wird die Zerlegungsvorschrift des § 29 GewStG. oft angewendet werden können. Wegen Durchführung von Hinzurechnungen und Kürzungen Hinweis auf Abschnitt XIII 3.

XII. Maßgebendes Wirtschaftsjahr für die Ermittlung des Gewerbeertrags.

1. Wechsel des Unternehmens. Die Fälle des § 22 Absatz 3 GewStG. betreffen einen Tatbestand, bei dem ein Unternehmen übergeht und als gesondert geführter Betrieb erlischt. In diesem Falle ist bei der Ermittlung des Gewerbeertrags des erwerbenden Unternehmens auch derjenige Gewerbeertrag einzubeziehen, den der früher gesondert geführte Betrieb im Bemessungszeitraum erzielt hat.

Beispiel: Ein Betrieb, der mit dem Kalenderjahr bilanziert, geht am 1. Juli 1937 auf einen anderen Betrieb über. Bei Ermittlung des Gewerbeertrags für die Gewerbesteuer für 1938 ist auch der Gewinn mit anzusetzen, der in der Zeit vom 1. Januar bis 30. Juni 1937 erzielt worden ist. Sind Unterlagen für die Ermittlung des vom Vorgänger erzielten Gewerbeertrags nicht vorhanden, so ist der Gewerbeertrag zu schätzen.

In den Fällen, in denen der übernommene Betrieb bisher ein anderes Wirtschaftsjahr als der übernehmende Betrieb hatte, dürfen bei Ermittlung des Gewerbeertrags nur die Ergebnisse eines Zeitraums von zwölf Monaten zugrunde gelegt werden.

2. Umstellung des Wirtschaftsjahrs, Neugründung eines Gewerbebetriebs usw. Die Absätze 2 bis 4 des § 10 GewStG. betreffen eine Reihe von Fällen, in denen der Gewerbeertrag nicht nach den §§ 7 bis 9 GewStG. festgestellt wird, sondern in denen das mutmaßliche Ergebnis der ersten zwölf Monate des Gewerbebetriebs als Gewerbeertrag zugrunde zu legen ist (Umstellung des Wirtschaftsjahrs, Neugründung eines Gewerbebetriebs, Eintritt eines bereits bestehenden Gewerbebetriebs in die Steuerpflicht infolge Wegfalls des Befreiungsgrunds usw.). Dieses mutmaßliche Ergebnis der ersten zwölf Monate ist im Weg der Schätzung zu ermitteln. Verfahrensrechtlich ist darauf hinzuweisen, daß die Steuermeßbeträge in den Fällen des § 10 Absätze 2 bis 4 GewStG. endgültig, nicht etwa vorläufig (§ 100 AO.) festgesetzt werden.

Als mutmaßliches Ergebnis im Sinn des § 10 Absatz 2 GewStG. ist das Ergebnis der letzten zwölf Monate vor dem Ende des bei Umstellung gebildeten Rumpfwirtschaftsjahrs anzusetzen.

1. Beispiel: Ein Betrieb hatte bisher ein Wirtschaftsjahr vom 1. Juli bis 30. Juni. Im Jahr 1936 wird die Buchführung auf das Kalenderjahr umgestellt durch Einschiebung eines Rumpfwirtschaftsjahrs 1. Juli bis 31. Dezember 1936. Der Gewerbesteuer für 1937 ist das Ergebnis des Kalenderjahrs 1936 zugrunde zu legen, das an Hand der buchmäßigen Unterlagen zu schätzen ist.

2. Beispiel: Ein Betrieb, der bisher das Kalenderjahr als Wirtschaftsjahr hatte, geht im Jahr 1936 auf ein Wirtschaftsjahr über, das vom 1. Juli bis 30. Juni läuft. Es wird daher am 30. Juni 1936 ein Rumpfwirtschaftsjahr von sechs

Monaten gebildet. Der Gewerbesteuer für 1937 ist das Ergebnis des Zeitraums vom 1. Juli 1935 bis 30. Juni 1936 zugrunde zu legen, das an Hand der buchmäßigen Unterlagen zu schätzen ist.

Die Absätze 3 und 4 des § 10 GewStG. betreffen den Bemessungszeitraum bei Neugründung des Gewerbebetriebs oder bei Eintritt eines bisher steuerbefreiten Gewerbebetriebs in die Steuerpflicht. Der Unterschied zwischen den beiden Vorschriften besteht darin, daß Absatz 3 den Bemessungszeitraum für das auf die Begründung der Steuerpflicht folgende Rechnungsjahr regelt, daß dagegen Absatz 4 die entsprechende Vorschrift für das Rechnungsjahr darstellt, in dem der Betrieb in die Steuerpflicht eingetreten ist. Ist z. B. ein Gewerbebetrieb am 1. Juli 1937 eröffnet worden, so ist für die Ermittlung des Gewerbeertrags, der der Zugangsfestsetzung für das Rechnungsjahr 1937 zugrunde zu legen ist, § 10 Absatz 4 GewStG. maßgebend. Bei der späteren Festsetzung des Steuermeßbetrags nach dem Gewerbeertrag für das Rechnungsjahr 1938 ist die Vorschrift des § 10 Absatz 3 GewStG. anzuwenden.

XIII. Gewerbekapital.

1. Einheitswert. Als Gewerbekapital gilt der Einheitswert des gewerblichen Betriebs im Sinn des Reichsbewertungsgesetzes, vermehrt um die Hinzurechnungen nach § 12 Absatz 2 GewStG. und vermindert um die Kürzungen nach § 12 Absatz 3 GewStG. Der Steuermeßbescheid beruht hinsichtlich des Gewerbekapitals auf dem Einheitswert des gewerblichen Betriebs. Hier ist die Rechtslage eine andere als beim Gewerbeertrag. Während beim Gewerbeertrag der Anschluß an die einkommen- und körperschaftsteuerliche Gewinnermittlung nicht bindend ist, liegt beim Gewerbekapital eine unmittelbare Bindung an den Einheitswert des gewerblichen Betriebs vor. Für die Bindung des Steuermeßbescheids an die Ergebnisse der Einheitsbewertung gilt § 218 AO. Danach muß der Steuermeßbescheid von Amts wegen durch einen neuen Bescheid ersetzt werden, wenn die im Einheitswertbescheid enthaltene Feststellung des maßgebenden Einheitswerts durch Rechtsmittelentscheidung, durch Berichtigungsfeststellung oder durch Fortschreibung geändert ist. Wenn also der Steuerpflichtige Rechtsmittel gegen den Einheitswertbescheid eingelegt hat, braucht er insoweit gegen den Steuermeßbescheid kein Rechtsmittel einzulegen.

2. Maßgebender Einheitswert. Die Bestimmung des § 23 Absatz 1 der Ersten GewStDVO. über den maßgebenden Einheitswert bezieht sich sowohl auf § 9 Ziffer 1 als auch auf § 12 GewStG. Die Ausführungen unter Abschnitt XI 2 gelten auch für den Einheitswert, der der Ermittlung des Gewerbekapitals zugrunde zu legen ist. Ebenso wie bei der Ermittlung des Gewerbeertrags sind auch bei der Feststellung des Gewerbekapitals gewisse Hinzurechnungen und Kürzungen vorzunehmen. Es ist daher möglich, daß ein mit einem Minusbetrag festgestellter Einheitswert ein positives Gewerbekapital ergibt. Die Hinzurechnungen und Kürzungen sind auf den gleichen Stichtag vorzunehmen, auf den der Einheitswert des gewerblichen Betriebs festgestellt worden ist. Maßgebend ist also nicht etwa der Stand der Dauerschulden usw. zu Beginn des Erhebungszeitraums oder am Ende des Bemessungszeitraums, sondern der Stand in dem Zeitpunkt, auf den der Einheitswert festgestellt worden ist.

Im § 12 Absatz 2 GewStG. beziehen sich die Worte „soweit sie bei der Feststellung des Einheitswerts abgezogen sind" nur auf die Ziffer 1 dieses Absatzes, nicht auch auf Ziffer 2.

3. Inländisches Gewerbekapital. Nach § 12 Absatz 4 GewStG. ist bei der Festsetzung der Steuermeßbeträge nur das inländische Gewerbekapital zu berücksichtigen. Das Gewerbekapital der im Ausland befindlichen Betriebstätten bleibt außer Ansatz. Es muß daher gegebenenfalls bei den Hinzurechnungen und Kürzungen eine Ausscheidung der auf die inländischen Betriebstätten entfallenden Verbindlichkeiten, Wirtschaftsgüter usw. stattfinden. Auch beim Einheitswert muß der Wert der ausländischen Betriebstätten ausgegliedert werden.

XIV. Festsetzung des einheitlichen Steuermeßbetrags.

1. Zuständiges Finanzamt. Zuständig für die Festsetzung und Zerlegung der Gewerbesteuermeßbeträge ist nach § 73 Absatz 2 AO. das Betriebsfinanzamt (§ 72 Ziffer 2 AO.). Die Zuständigkeit der Finanzämter für die Gewerbesteuer wird sich im allgemeinen mit der Zuständigkeit für die Umsatzsteuer decken. Zuständig ist grundsätzlich das Finanzamt, in dessen Bezirk der Ort der Geschäftsleitung liegt. Diese Übereinstimmung ist aber u. a. nicht gegeben, wenn mehrere selbständige Betriebe eines Unternehmers in verschiedenen Finanzamtsbezirken belegen sind, aber einheitlich von einem Ort aus geleitet werden. Während hier die Umsatzsteuer einheitlich von dem Finanzamt verwaltet wird, in dessen Bezirk die einheitliche Leitung der Betriebe liegt, sind für die Festsetzung der Gewerbesteuermeßbeträge die Betriebsfinanzämter der einzelnen Betriebe zuständig.

In Bezirken, in denen die Einkommensteuer und die Umsatzsteuer, künftig auch die Gewerbesteuer, eines Unternehmers von verschiedenen Finanzämtern verwaltet werden, weil Wohnsitz und Betriebsitz in verschiedenen Bezirken liegen, muß eine enge Zusammenarbeit der beteiligten Finanzämter sichergestellt werden. Bis auf weiteres braucht die bisherige Zuständigkeitsregelung nicht geändert zu werden.

Der einheitliche Steuermeßbetrag braucht nicht festgesetzt zu werden, wenn die Gemeinde eine Gewerbesteuer nicht erhebt und eine Zerlegung des Steuermeßbetrags nicht in Betracht kommt.

2. Pflicht zur Abgabe der Gewerbesteuererklärung. Nach § 26 Ziffer 1 der Ersten GewStDVO. sind u. a. zur Abgabe einer Gewerbesteuererklärung ohne besondere Aufforderung verpflichtet alle gewerbesteuerpflichtigen Unternehmen, deren Gewerbeertrag im Wirtschaftsjahr den Betrag von 4000 RM oder deren Gewerbekapital an dem maßgebenden Feststellungszeitpunkt den Betrag von 20000 RM überstiegen hat. In dem nicht veröffentlichten Erlaß vom 23. Dezember 1936 L 1462 — 1 III war eine Grenze für das Gewerbekapital von 40000 RM festgesetzt. Für die Abgabe der Gewerbesteuererklärungen für das Rechnungsjahr 1937 ist ein Zuschlag nach § 27 der Ersten GewStDVO. nicht festzusetzen, wenn die Abgabe der Gewerbesteuererklärung nur deshalb unterblieben ist, weil das Gewerbekapital weniger als 40000 RM betragen hat. In Zweifelsfällen ist der Steuerpflichtige nachträglich zur Abgabe einer Gewerbesteuererklärung zu veranlassen (§ 26 Ziffer 5 der Ersten GewStDVO.).

XV. Zweigstellensteuer.

1. Allgemeines. Nach § 17 Absatz 1 GewStG. kann für Bank-, Kredit- und Wareneinzelhandelsunternehmen, die in einer Gemeinde eine Betriebstätte unterhalten, ohne in dieser ihre Geschäftsleitung zu haben, der Hebesatz hinsichtlich der in dieser Gemeinde belegenen Betriebstätte bis zu drei Zehnteln höher sein als für die übrigen Gewerbebetriebe (Zweigstellensteuer). Die Anforderung der erhöhten Gewerbesteuer ist im allgemeinen Sache der Gemeinde. Nur in den Bezirken, in denen auch die Erhebung der Gewerbesteuer den Finanzämtern übertragen ist, fällt auch diese Aufgabe den Finanzämtern zu. Erhebt der Steuerpflichtige gegen die Heranziehung zur Zweigstellensteuer keine Einwendungen, so wird die Anforderung der erhöhten Steuer rechtskräftig. Der Steuerpflichtige kann dann nicht mehr den Antrag nach § 212c Absatz 2 AO. an das Finanzamt stellen, zu entscheiden, ob eine Betriebstätte ganz oder zum Teil der Zweigstellensteuer unterliegt. Will der Steuerpflichtige Einwendungen gegen die Heranziehung zur erhöhten Steuer erheben, so hat er nicht etwa unmittelbar den Antrag nach § 212c AO. zu stellen, sondern gegen den Anforderungsbescheid das nach dem L a n d e s r e c h t gegebene Rechtsmittel einzulegen. Die Gemeinde hat dann unverzüglich die Sache zur weiteren Entscheidung an das Finanzamt abzugeben, da in dem Rechtsmittel stets ein Antrag nach § 212c Absatz 2 AO. zu erblicken ist. Gegen die Entscheidung des Finanzamts ist das Berufungsverfahren (Einspruch, Berufung, Rechtsbeschwerde) gegeben. Zuständig für die Entscheidung ist das Finanzamt, dem die Festsetzung der Steuermeßbeträge obliegt.

2. Bank- und Kreditunternehmen. Unter Bank- und Kreditunternehmen im Sinn des § 17 GewStG. sind Kreditinstitute im Sinn des Reichsgesetzes über das Kreditwesen vom 5. Dezember 1934 (RGBl. I S. 1203) zu verstehen.

3. Wareneinzelhandelsunternehmen. Unter Wareneinzelhandelsunternehmen ist jedes Unternehmen zu verstehen, soweit es allein oder neben anderen Geschäftszweigen (z. B. Großhandel) den Kleinhandel mit Waren, d. h. den unmittelbaren Absatz an den Verbraucher, betreibt. Dabei ist unerheblich, ob es sich um selbsthergestellte, bearbeitete oder angekaufte Waren handelt. Ist das Unternehmen nur zum Teil als Wareneinzelhandelsunternehmen anzusehen, so ist der Steuermeßbetrag nur insoweit zweigstellenpflichtig.

Der Teil des einheitlichen Steuermeßbetrags, der der Zweigstellensteuer zu unterwerfen ist, ist grundsätzlich unter Zugrundelegung des Gewerbeertrags zu ermitteln. Läßt sich der auf den zweigstellensteuerpflichtigen Teil des Unternehmens entfallende Gewerbeertrag nicht auf Grund der Buchführung oder anderer geeigneter Unterlagen feststellen, so muß geschätzt werden.

Nicht als Wareneinzelhandel im Sinn des § 17 GewStG. gilt der Handel mit Wasser, Gas, Elektrizität, Wärme oder mit Brennstoffen im Sinn des Gesetzes über die Regelung der Kohlenwirtschaft vom 23. März 1919 (RGBl. S. 342). Als Brennstoffe gelten hiernach: Steinkohle, Braunkohle, Preßkohle (Briketts) und aus Kohle hergestellter Koks.

Nach § 25 Absatz 4 GewStG. gilt die Vorschrift des § 17 entsprechend für die Lohnsummensteuer. Handelt es sich um eine Betriebstätte, die nur zum Teil zweigstellensteuerpflichtig ist, so ist der auf den zweigstellensteuerpflichtigen Teil der Betriebstätte entfallende Teil des Steuermeßbetrags unter Zugrundelegung der Arbeitslöhne zu ermitteln oder zu schätzen.

XVI. Technische Durchführung.

1. Listenführung und Festsetzung der Steuermeßbeträge. Bei den Finanzämtern ist die V.-Liste auch für die Zwecke der Gewerbesteuer zu verwenden. Auch die für die V.-Steuerpflichtigen geführte Anschriftplattenkartei ist für die Zwecke der Gewerbesteuer nutzbar zu machen. Dadurch wird erreicht, daß die Gewerbesteuerpflichtigen für die Gewerbesteuer mit denselben Steuernummern bezeichnet werden wie für die V.-Steuern. Soweit Steuerpflichtige bei einem Finanzamt nur gewerbesteuerpflichtig sein sollten, sind sie in einem Anhang zur V.-Liste zusammenzufassen. Dabei sind aber zwischen den Nummern der Steuerpflichtigen, die außer der Gewerbesteuer noch andere V.-Steuern zu entrichten haben, und den Nummern der Steuerpflichtigen, die nur für die Gewerbesteuer in Betracht kommen, Zwischenräume für den Nachtrag von Steuerpflichtigen zu lassen, die für die V.-Steuern und für die Gewerbesteuer zu überwachen sind.

Die Anschriftplatten der Gewerbesteuerpflichtigen sind mit dem Maschinensignal 12 und dem Kennbuchstaben „Gw" zu bezeichnen, und zwar sind die Kennbuchstaben entsprechend der Prägeanweisung in Zeile 3 auf Stelle 8 bis 9 zu prägen.

Um den Geschäftsverkehr zwischen den Finanzämtern und den Gemeindebehörden zu erleichtern, empfiehlt es sich, die Gewerbesteuerlisten der Gemeinden von den Adressiermaschinenstellen der Finanzämter aufstellen zu lassen. Die Gemeinden haben hierzu den Finanzämtern die erforderlichen Listenvordrucke zu liefern.

Die Festsetzung der Steuermeßbeträge hat grundsätzlich in einem Arbeitsgang mit der Veranlagung zur Einkommensteuer oder Körperschaftsteuer zu erfolgen.

Die festgesetzten Steuermeßbeträge sind in die V.-Liste einzutragen. Im Fall der Zerlegung sind dem Betrag die Buchstaben „Zlg" voranzusetzen.

2. Mitteilung der Steuermeßbeträge. Die ausgefertigten Gewerbesteuermeßbescheide sind den hebeberechtigten Gemeinden sofort nach der Festsetzung laufend zuzuleiten. Diese stellen dem Steuerpflichtigen den Steuermeßbescheid zusammen mit dem Steuerbescheid zu. Ist ein Steuermeßbetrag nicht festzusetzen, so ist trotzdem der Gemeinde ein auf 0 *RM* lautender Steuermeßbescheid zu übersenden. Die Gemeinde hat den auf 0 *RM* lautenden Gewerbesteuermeßbescheid dem Steuerpflichtigen mit einem Gewerbesteuerbescheid nur bekanntzugeben, wenn der Steuerpflichtige Vorauszahlungen geleistet oder Erteilung eines Steuerbescheids beantragt hat.

Entsprechend ist zu verfahren, wenn die Festsetzung des Gewerbesteuermeßbetrags berichtigt oder im Rechtsmittelverfahren geändert wird. Ist in der Rechtsmittelentscheidung der neue Steuermeßbetrag ziffernmäßig angegeben, so ist der neue Steuermeßbetrag der Gemeindebehörde mit besonderem Vordruck mitzuteilen.

Ist der einheitliche Steuermeßbetrag zu zerlegen, so ist der Steuermeßbescheid nicht der Gemeinde zuzuleiten, sondern dem Unternehmer vom Finanzamt bekanntzugeben. In diesem Fall ist der Berechnungsbogen für die Festsetzung des einheitlichen Steuermeßbetrags im Abschnitt B 6 durch den Zusatz „an den Unternehmer" handschriftlich zu ergänzen. Über die Zerlegung ist dem Unternehmer ein besonderer Zerlegungsbescheid bekanntzugeben. Außerdem ist sämtlichen beteiligten Gemeinden eine Mitteilung über die Zerlegung zu übersenden.

Die festgesetzten Gewerbesteuerbeträge sind auch den Industrie- und Handelskammern mitzuteilen, für deren Beiträge die Gewerbesteuermeßbeträge die Bemessungsgrundlage bilden. Mit den Industrie- und Handelskammern ist hierbei zu vereinbaren, daß sie ihre Beitragslisten den Finanzämtern zur Eintragung der Meßbeträge übersenden. Nachträgliche Festsetzungen und Änderungen der Gewerbesteuermeßbeträge sind durch besondere Vordrucke mitzuteilen.

Das gleiche gilt für die Handwerkskammern, wenn sie einen entsprechenden Antrag beim Oberfinanzpräsidenten stellen.

3. Meldewesen. Die nach § 165 d Absatz 2 AO. zu erstattenden Betriebsanmeldungen für gewerbliche Betriebe (Betriebstätten) sind bei der Gemeindebehörde zu bewirken, in deren Bezirk der gewerbliche Betrieb oder die Betriebstätte eröffnet wird. Die Gemeindebehörde hat die Anmeldung an das zuständige Finanzamt weiterzuleiten.

Das gleiche gilt für die Betriebsabmeldung und die Betriebsummeldung. Die Betriebsabmeldung ist zu erstatten bei Einstellung eines gewerblichen Betriebs oder bei Schließung einer gewerblichen Betriebstätte. Meldepflichtig ist der bisherige Unternehmer. Beim Wechsel des Unternehmers eines gewerblichen Betriebs oder einer gewerblichen Betriebstätte hat eine Betriebsummeldung zu erfolgen. Meldepflichtig ist der neue Unternehmer.

4. Überleitung. Soweit die Finanzämter auf dem Gebiet der Gewerbesteuer schon bisher mit weitergehenden Aufgaben als mit der

Festsetzung der Gewerbesteuermeßbeträge (z. B. mit der Festsetzung und Erhebung der Gewerbesteuer) befaßt sind und nicht bereits eine Rückübertragung derartiger Geschäfte auf Grund des § 18 Ziffer 2 Satz 3 AO. angeordnet ist, gelten für die weitergehenden Aufgaben bis auf weiteres die bisherigen Verfahrensvorschriften. Wenn dem Finanzamt auch die Erhebung der Gewerbesteuer obliegt, so gilt § 11 Absatz 1 StVO.

Für die Bekanntgabe der Steuerbescheide ist die Verordnung über Vereinfachung bei der Zusendung von Bescheiden im Besteuerungsverfahren vom 11. Dezember 1932 (RStBl. 1932 (RStBl. 1932 S. 1126) anzuwenden.

Berlin, 14. April 1937

Der Reichsminister der Finanzen

In Vertretung

Reinhardt.

V. Tabelle der Steuermeßbeträge bei natürlichen Personen und bei Gesellschaften

Abger. Gewerbeertrag		100	200	300	400	500	600	700	800	900
	Steuermeßbetrag									
1 000	—	—	—	1	2	3	4	5	6	7
2 000	8	9	10	11	12	14	16	18	20	22
3 000	24	26	28	30	32	34	36	39	42	45
4 000	48	51	54	57	60	63	66	69	72	76
5 000	80	84	88	92	96	100	104	108	112	116
6 000	120	125	130	135	140	145	150	155	160	165
7 000	170	175	180	185	190	195	200	205	210	215
8 000	220	225	230	235	240	245	250	255	260	265
9 000	270	275	280	285	290	295	300	305	310	315
10 000	320	325	330	335	340	345	350	355	360	365
11 000	370	375	380	385	390	395	400	405	410	415
12 000	420	425	430	435	440	445	450	455	460	465
13 000	470	475	480	485	490	495	500	505	510	515
14 000	520	525	530	535	540	545	550	555	560	565
15 000	570	575	580	585	590	595	600	605	610	615
16 000	620	625	630	635	640	645	650	655	660	665
17 000	670	675	680	685	690	695	700	705	710	715
18 000	720	725	730	735	740	745	750	755	760	765
19 000	770	775	780	785	790	795	800	805	810	815
20 000	820	825	830	835	840	845	850	855	860	865
21 000	870	875	880	885	890	895	900	905	910	915
22 000	920	925	930	935	940	945	950	955	960	965
23 000	970	975	980	985	990	995	1 000	1 005	1 010	1 015
24 000	1 020	1 025	1 030	1 035	1 040	1 045	1 050	1 055	1 060	1 065
25 000	1 070	1 075	1 080	1 085	1 090	1 095	1 100	1 105	1 110	1 115
26 000	1 120	1 125	1 130	1 135	1 140	1 145	1 150	1 155	1 160	1 165
27 000	1 170	1 175	1 180	1 185	1 190	1 195	1 200	1 205	1 210	1 215
28 000	1 220	1 225	1 230	1 235	1 240	1 245	1 250	1 255	1 260	1 265
29 000	1 270	1 275	1 280	1 285	1 290	1 295	1 300	1 305	1 310	1 315
30 000	1 320	1 325	1 330	1 335	1 340	1 345	1 350	1 355	1 360	1 365
31 000	1 370	1 375	1 380	1 385	1 390	1 395	1 400	1 405	1 410	1 415
32 000	1 420	1 425	1 430	1 435	1 440	1 445	1 450	1 455	1 460	1 465
33 000	1 470	1 475	1 480	1 485	1 490	1 495	1 500	1 505	1 510	1 515
34 000	1 520	1 525	1 530	1 535	1 540	1 545	1 550	1 555	1 560	1 565
35 000	1 570	1 575	1 580	1 585	1 590	1 595	1 600	1 605	1 610	1 615
36 000	1 620	1 625	1 630	1 635	1 640	1 645	1 650	1 655	1 660	1 665
37 000	1 670	1 675	1 680	1 685	1 690	1 695	1 700	1 705	1 710	1 715
38 000	1 720	1 725	1 730	1 735	1 740	1 745	1 750	1 755	1 760	1 765
39 000	1 770	1 775	1 780	1 785	1 790	1 795	1 800	1 805	1 810	1 815
40 000	1 820	1 825	1 830	1 835	1 840	1 845	1 850	1 855	1 860	1 865
41 000	1 870	1 875	1 880	1 885	1 890	1 895	1 900	1 905	1 910	1 915
42 000	1 920	1 925	1 930	1 935	1 940	1 945	1 950	1 955	1 960	1 965
43 000	1 970	1 975	1 980	1 985	1 990	1 995	2 000	2 005	2 010	2 015
44 000	2 020	2 025	2 030	2 035	2 040	2 045	2 050	2 055	2 060	2 065
45 000	2 070	2 075	2 080	2 085	2 090	2 095	2 100	2 105	2 110	2 115
46 000	2 120	2 125	2 130	2 135	2 140	2 145	2 150	2 155	2 160	2 165
47 000	2 170	2 175	2 180	2 185	2 190	2 195	2 200	2 205	2 210	2 215
48 000	2 220	2 225	2 230	2 235	2 240	2 245	2 250	2 255	2 260	2 265
49 000	2 270	2 275	2 280	2 285	2 290	2 295	2 300	2 305	2 310	2 315
50 000	2 320	2 325	2 330	2 335	2 340	2 345	2 350	2 355	2 360	2 365

[1]) Bei Hausgewerbetreibenden und Zwischenmeistern beträgt bei einem abgerundeten
Tabelle angegebenen Beträge (§ 11 Absatz 3 GewStG., § 24 der Ersten GewStDVO.).

Bei Gewerbeerträgen über 100000 RM. beträgt der Steuermeßbetrag 5 v. H. des abgerundeten Gewerbeertrags abzüglich 180 RM.

nach dem Gewerbeertrag im Sinn des § 2 Absatz 2 Ziffer 1 GewStG.[1])

Abger. Gewerbeertrag		100	200	300	400	500	600	700	800	900
	Steuermeßbetrag									
51 000	2 370	2 375	2 380	2 385	2 390	2 395	2 400	2 405	2 410	2 415
52 000	2 420	2 425	2 430	2 435	2 440	2 445	2 450	2 455	2 460	2 465
53 000	2 470	2 475	2 480	2 485	2 490	2 495	2 500	2 505	2 510	2 515
54 000	2 520	2 525	2 530	2 535	2 540	2 545	2 550	2 555	2 560	2 565
55 000	2 570	2 575	2 580	2 585	2 590	2 595	2 600	2 605	2 610	2 615
56 000	2 620	2 625	2 630	2 635	2 640	2 645	2 650	2 655	2 660	2 665
57 000	2 670	2 675	2 680	2 685	2 690	2 695	2 700	2 705	2 710	2 715
58 000	2 720	2 725	2 730	2 735	2 740	2 745	2 750	2 755	2 760	2 765
59 000	2 770	2 775	2 780	2 785	2 790	2 795	2 800	2 805	2 810	2 815
60 000	2 820	2 825	2 830	2 835	2 840	2 845	2 850	2 855	2 860	2 865
61 000	2 870	2 875	2 880	2 885	2 890	2 895	2 900	2 905	2 910	2 915
62 000	2 920	2 925	2 930	2 935	2 940	2 945	2 950	2 955	2 960	2 965
63 000	2 970	2 975	2 980	2 985	2 990	2 995	3 000	3 005	3 010	3 015
64 000	3 020	3 025	3 030	3 035	3 040	3 045	3 050	3 055	3 060	3 065
65 000	3 070	3 075	3 080	3 085	3 090	3 095	3 100	3 105	3 110	3 115
66 000	3 120	3 125	3 130	3 135	3 140	3 145	3 150	3 155	3 160	3 165
67 000	3 170	3 175	3 180	3 185	3 190	3 195	3 200	3 205	3 210	3 215
68 000	3 220	3 225	3 230	3 235	3 240	3 245	3 250	3 255	3 260	3 265
69 000	3 270	3 275	3 280	3 285	3 290	3 295	3 300	3 305	3 310	3 315
70 000	3 320	3 325	3 330	3 335	3 340	3 345	3 350	3 355	3 360	3 365
71 000	3 370	3 375	3 380	3 385	3 390	3 395	3 400	3 405	3 410	3 415
72 000	3 420	3 425	3 430	3 435	3 440	3 445	3 450	3 455	3 460	3 465
73 000	3 470	3 475	3 480	3 485	3 490	3 495	3 500	3 505	3 510	3 515
74 000	3 520	3 525	3 530	3 535	3 540	3 545	3 550	3 555	3 560	3 565
75 000	3 570	3 575	3 580	3 585	3 590	3 595	3 600	3 605	3 610	3 615
76 000	3 620	3 625	3 630	3 635	3 640	3 645	3 650	3 655	3 660	3 665
77 000	3 670	3 675	3 680	3 685	3 690	3 695	3 700	3 705	3 710	3 715
78 000	3 720	3 725	3 730	3 735	3 740	3 745	3 750	3 755	3 760	3 765
79 000	3 770	3 775	3 780	3 785	3 790	3 795	3 800	3 805	3 810	3 815
80 000	3 820	3 825	3 830	3 835	3 840	3 845	3 850	3 855	3 860	3 865
81 000	3 870	3 875	3 880	3 885	3 890	3 895	3 900	3 905	3 910	3 915
82 000	3 920	3 925	3 930	3 935	3 940	3 945	3 950	3 955	3 960	3 965
83 000	3 970	3 975	3 980	3 985	3 990	3 995	4 000	4 005	4 010	4 015
84 000	4 020	4 025	4 030	4 035	4 040	4 045	4 050	4 055	4 060	4 065
85 000	4 070	4 075	4 080	4 085	4 090	4 095	4 100	4 105	4 110	4 115
86 000	4 120	4 125	4 130	4 135	4 140	4 145	4 150	4 155	4 160	4 165
87 000	4 170	4 175	4 180	4 185	4 190	4 195	4 200	4 205	4 210	4 215
88 000	4 220	4 225	4 230	4 235	4 240	4 245	4 250	4 255	4 260	4 265
89 000	4 270	4 275	4 280	4 285	4 290	4 295	4 300	4 305	4 310	4 315
90 000	4 320	4 325	4 330	4 335	4 340	4 345	4 350	4 355	4 360	4 365
91 000	4 370	4 375	4 380	4 385	4 390	4 395	4 400	4 405	4 410	4 415
92 000	4 420	4 425	4 430	4 435	4 440	4 445	4 450	4 455	4 460	4 465
93 000	4 470	4 475	4 480	4 485	4 490	4 495	4 500	4 505	4 510	4 515
94 000	4 520	4 525	4 530	4 535	4 540	4 545	4 550	4 555	4 560	4 565
95 000	4 570	4 575	4 580	4 585	4 590	4 595	4 600	4 605	4 610	4 615
96 000	4 620	4 625	4 630	4 635	4 640	4 645	4 650	4 655	4 660	4 665
97 000	4 670	4 675	4 680	4 685	4 690	4 695	4 700	4 705	4 710	4 715
98 000	4 720	4 725	4 730	4 735	4 740	4 745	4 750	4 755	4 760	4 765
99 000	4 770	4 775	4 780	4 785	4 790	4 795	4 800	4 805	4 810	4 815
100 000	4 820	4 825	4 830	4 835	4 840	4 845	4 850	4 855	4 860	4 865

Gewerbeertrag von nicht mehr als 4000 RM. der Steuermeßbetrag nur die Hälfte der in der

Beispiel: Abgerundeter Gewerbeertrag . . . . . 249 800 RM.
hiervon 5 v. H. . . . . . . 12 490 RM.
abzuziehen . . . . 180 RM.
Steuermeßbetrag . . . . 12 310 RM.

Sachregister

(Die Zahlen bedeuten die Seiten)

FSC
www.fsc.org
MIX
Papier | Fördert gute Waldnutzung
FSC® C083411

Kolibri 360 GmbH
Ferdinand-Jühlke-Straße 7
99095 Erfurt, Deutschland
produktsicherheit@kolibri360.de